“十二五”普通高等教育本科国家级规划教材

生物化学

（第二版）

王冬梅　吕淑霞　主编

科学出版社
北京

内 容 简 介

本书为“十二五”普通高等教育本科国家级规划教材，共分为三大部分：第一部分是绪论，主要介绍了生物化学的研究内容，生物化学的发展历史及我国劳动人民和科学家在该领域的贡献，生物化学与其他学科间的关系及生物化学知识在工业、农业、医药业等领域的应用。第二部分是组成生命的物质基础，主要包括蛋白质、核酸、酶和生物膜的结构、性质和功能的介绍。第三部分是生命的物质代谢，包括代谢导论，生命物质的合成与分解以及代谢调节。每章章前有学习要点，章后有思考题，书后列有参考文献。另外，为提高学生的学习兴趣、扩大学生的知识面，书中以知识窗的形式对生物化学的新成果与新进展加以简要介绍。

本书可作为生命科学、农、林、医、药、食品等相关专业本科生专业基础课教材，也可作为研究生、教师与科研人员及其他专业人员的参考书。

图书在版编目（CIP）数据

生物化学 / 王冬梅，吕淑霞主编．—2版．—北京：科学出版社，2017.6

“十二五”普通高等教育本科国家级规划教材

ISBN 978-7-03-053114-8

Ⅰ．①生…　Ⅱ．①王…　②吕…　Ⅲ．①生物化学－高等学校－教材　Ⅳ．①Q5

中国版本图书馆 CIP 数据核字（2017）第 126223 号

责任编辑：刘　丹 / 责任校对：杜子昂　王萌萌
责任印制：赵　博 / 封面设计：铭轩堂

科学出版社出版
北京东黄城根北街 16 号
邮政编码：100717
http：//www.sciencep.com
北京九州迅驰传媒文化有限公司印刷
科学出版社发行　各地新华书店经销
*
2010年6月第　一　版　开本：787×1092　1/16
2018年1月第　二　版　印张：23 3/4
2025年12月第二十三次印刷　字数：592 000
定价：69.80 元
（如有印装质量问题，我社负责调换）

《生物化学》编委会名单

主　　编　王冬梅　吕淑霞

副 主 编　石振华　侯春燕　武金霞

编写人员（按姓氏汉语拼音排序）

陈志玲　高建华　韩胜芳　侯春燕

李小娟　林　英　刘　娜　吕淑霞

马　镝　倪志华　石振华　孙　磊

汪　澈　王冬梅　武金霞　周艳芬

第二版前言

生物化学是生命科学、农、林、医、药类本科生必修的一门专业基础课。

生物化学是生命科学领域发展迅猛的重要基础学科和前沿学科，是现代生命科学发展的重要支柱之一。有关生物化学的基础知识和相关研究内容，处处体现着其与现代生物学各个分支学科的相互交叉与渗透。因为其研究范畴不断拓宽且研究内容不断深化，在教学中要求知识及其结构不断更新与完善，所以我们进行《生物化学》第二版的编写与修订。

《生物化学》第一版有幸入选“十二五”普通高等教育本科国家级规划教材。在第二版的编写与修订过程中，全体编委对教材的结构体系和教学内容进行了认真细致的研讨与商榷，在保留原来编写特色的基础上，做了许多改进与创新，主要把握如下基本原则。

（1）保留原来的编写特色：编写中着重保证教材所要求的基础性、系统性、科学性、适用性和知识结构的合理性；重视知识内容的先进性，对前沿知识进行了精简介绍，以尽可能反映现代生物化学的新成果与新进展。

（2）提高教材的易读性和趣味性：《生物化学》第一版自2010年6月发行至今，先后经过多次印刷。在第二版修订时，编委对编写内容中每一句话的语言组织与描述都进行了认真推敲，努力使内容精练，语句通畅，重点突出，以保证教材的可读性和易读性。书中融入了党的二十大精神及课程思政等元素，充实并更新了知识窗内容，提高教材的趣味性，以激发学生学习生物化学的兴趣。

（3）提升教材数字化水平，检测学生学习成效：考虑学生的个性化学习特点，为增强学生的自学能力，调动学生的学习主动性与灵活性，检验学生的学习效果，书中以二维码的形式嵌入了精制的重点、难点内容的微课视频等数字化资源，即扫即看为实现教材的数字化建设奠定基础；还在每章后面补充了在线练习。

（4）制订新的结构体系：第二版中将原来“维生素与辅因子”一章作为一节并入第三章；将原来“含氮化合物的代谢”一章改为“蛋白质的酶促降解与氨基酸代谢”和“核酸的酶促降解与核苷酸代谢”两个独立章节；“核酸的生物合成”和“蛋白质的生物合成”分别为第十一章和第十二章；在糖类代谢之前，增加了“代谢导论”一章，包括新陈代谢的基本概念、新陈代谢的基本特征、新陈代谢研究的主要内容和方法及新陈代谢的生物能学等内容。

（5）调整写作内容与格式，全面勘误和纠错：对第一版有关章节的内容进行了适当的修改、调整和精练，对一些概念和理论进行了及时修正和充实，体现了生物化学的最新研究成果。对第一版中表述不严谨之处进行了修改，更换有关图片，使图文更加准确，内容更加全面。

（6）提升教材整体美观性：文中重点名词概念都增加了英文标注，全书双色印刷，以提高教材的印装质量和美观性。重新整理和更新教材中一些重要代谢反应、结构式和途径。

参加本书编写的成员多数是具有多年生物化学教学经验的一线教师。科学出版社编辑和“十二五”普通高等教育本科国家级规划教材《生物化学》编委会成员，在科学出版社召开了本书定稿会议，编委会成员就每个章节提出了具体的修订建议并达成共识。科学出版社农林与生命科学分社周万灏社长，对本书的再版提出希望和要求；科学出版社刘丹女士为本书组稿、编辑、策划做了大量工作，对此我们表示衷心感谢！

本书既适合作为生命科学、农、林、医、药、食品等专业本科生专业基础课教材，也可作为研究生、教师与科研人员及其他专业工作人员的参考书。

我们希望本书的编写与修订，能对国内出版的同类教材起到相得益彰的作用，促进生物化学高等教育。但由于编者的能力及水平有限，书中难免存在不足之处，敬请专家与读者批评指正。

编　者

2024 年 1 月

第一版前言

生物化学是生物学科中最活跃的基础学科之一。工业、农业、医药、食品、能源、环境科学等越来越多的研究领域都以生物化学理论为依据，以其实验技术为手段。生物化学是高等学校植物生产类、生物类及相关专业的重要专业基础课、必修课以及研究生入学考试的重要科目。打好坚实的生物化学基础，使学生对该学科的基本理论与基本研究技术的原理有较全面和清晰的理解，是学生对后续相关专业知识的学习和研究工作的共同需要。因此，为了满足现代农业及生命科学对科技人才的需要，根据农科、工科及综合院校植物生产类及生物类各专业人才培养计划对生物化学课程的要求，我们组织多年在教学一线从事生物化学理论与实验教学、具有丰富工作经验的教师编写了本书。在编写过程中，我们尽量实现教材内容科学性、准确性、系统性和实用性的有机统一。

全书共分为四大部分，第一部分是绪论，主要介绍了生物化学的研究内容，生物化学的发展历史，生物化学与其他学科的关系及其在各个领域的应用等。第二部分是组成生命的物质基础，主要介绍生物大分子的结构、性质和功能；由蛋白质、核酸、酶、维生素与辅因子及生物膜共五章组成。第三部分为生命的物质代谢，主要介绍生物大分子前体的合成和分解代谢途径以及生物能量的生成方式；由糖类代谢、生物氧化、脂质代谢、含氮化合物代谢、核酸的降解与生物合成及蛋白质的降解与生物合成共六章组成。第四部分即第十二章代谢调节。为了使本书具有时效性，并扩大学生知识面，本书还同时对生物化学的新成果与新进展以知识窗的形式加以简要介绍。每一章编写包括：学习要点、章节具体内容、知识窗及思考题，以方便学生学习。

本书可作为高等院校农学类及生物类各专业本科生教材，也可作为其他专业本科生与专科生教材，还可作为从事生命科学研究的教师、工作人员及研究生的参考书。

本书由王冬梅与吕淑霞主编。参加编写的单位有河北农业大学、沈阳农业大学、山西农业大学、河北师范大学、河北经贸大学、河北大学、首都师范大学、大同大学和晋中学院。在编写过程中，我们得到河北农业大学教务处、河北农业大学生命科学学院和科学出版社农林与生命科学分社的大力支持，在此我们深表谢意。

由于编者水平有限，书中难免有不足之处，敬请读者批评指正。

编　者

2010年4月

本书资源使用说明

读者购买正版教材，可获取本书配套资源，使用说明如下。

（1）刮开封底激活码的涂层，扫描二维码，根据提示，注册账号并登录“中科助学通”平台，激活本书的配套资源。

（2）本书配套有丰富的微课视频，激活本书后，有两种方式可以查看本书配套微课资源：①扫描书中二维码，即可查看对应视频；②关注“中科助学通”微信公众号，点击页面底端“开始学习”，在“全部科目”中选择“生物化学”科目，点击“图书资源”，即可查看本书所有的视频资源列表。

（3）本书各章配套有互动练习，方便读者进行学习效果测试。读者可直接扫描书中二维码，或登录“中科助学通”平台，点击“全部科目”→“生物化学”→“自我练习”→“专项练习”进行在线答题，提交后即可查看答题结果。

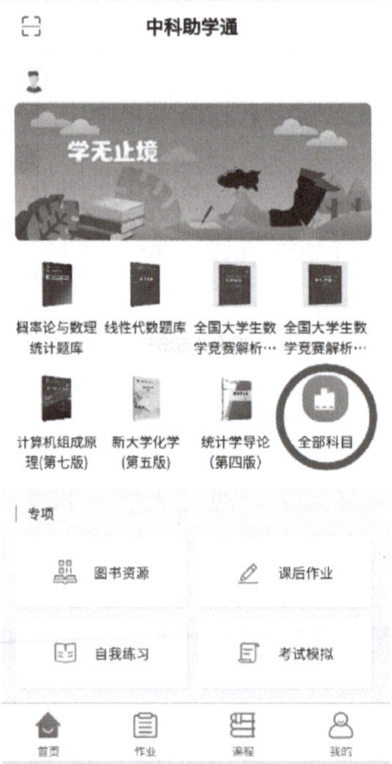

目 录

绪　论

一、生物化学的概念和研究内容

生物化学（biochemistry）是关于生命的科学，它是以生物体为研究对象，利用化学、物理学和生物学的方法研究生物体的物质组成、性质与结构，以及物质在生物体内发生的化学变化和这些变化与生命活动之间关系的科学。

生物化学的研究内容主要包括以下几个方面：①研究构成生物体的物质基础，即对蛋白质、核酸、糖类、脂类及对代谢起催化和调控作用的酶和维生素的结构、性质和功能开展研究；②研究构成生物体的这些物质在生命活动过程中的合成代谢、分解代谢及其在这些代谢过程中的能量转化和调节规律；③除了物质代谢和能量代谢之外，信息代谢也成为近代生物化学研究的核心内容，即生物体如何在细胞间和世代间保证信息准确地复制和传递。21 世纪是生命科学的世纪，从事生命科学研究的工作者越来越多，使生物化学的发展突飞猛进。目前，生物化学的理论和技术已经广泛渗透到多个学科和领域。根据生物化学研究的对象，可将其分为人体生物化学、动物生物化学、植物生物化学、微生物生物化学等；根据生物化学研究的领域，也可将其分为工业生物化学、农业生物化学、医学生物化学等；农业生物化学再细分，还可分为果树生物化学、昆虫生物化学、作物生物化学等。

本书只介绍生物化学研究的基本内容，如四大基本物质（蛋白质、核酸、糖类、脂类）的结构、性质、功能、代谢及代谢调节等，属于基础生物化学部分。

二、生物化学的发展

生物化学成为一门独立的学科，仅有一百多年的历史。但是，我国古代劳动人民早已在生产实践活动中积累了不少生物化学的知识并广泛应用这些知识生产生物制品。例如，在北魏贾思勰编著的《齐民要术》中，就有对酿酒、制醋、做酱及做豉的详细记载；唐末韩鄂编著的《四时纂要》中，也有关于制酪、制醋和造豉等的记载；在北宋寇宗奭撰写的《本草衍义》中，对做豆腐有较具体的叙述。

在欧洲，由于“生机论”的影响，生物化学的发展曾一度停滞不前。直到 18 世纪中叶，Priestley（1776）发现了光合作用；Lavoisier（1783）根据 Mayow（1674）提出的动物呼吸与有机物在空气中燃烧有相似性的观点，证实了动物的呼吸过程是体内缓慢、不发光的燃烧。在该过程中，吸进去的氧气被消耗，呼出二氧化碳，同时释放热能。19 世纪初，

Wöhler（1828）用人工方法在实验室合成了尿素，实现了在一定条件下无机物与有机物之间的转化。Pasteur 通过对乳酸发酵的研究，于 1857 年提出发酵是由微生物引起的，为发酵和呼吸的理论研究奠定了基础。1878 年 Kühen 提出用“enzyme”一词表示酶，意为“在酵母中”。1897 年 Büchner 兄弟用无细胞酵母提取液仍能使蔗糖发酵产生乙醇，表明发酵因子虽然由活细胞产生，但在离开细胞后仍能发挥作用，证明没有活细胞也可以进行如发酵这样复杂的生命活动，彻底推翻了“生机论”。

19 世纪末至 20 世纪初，生物化学发展成为一门独立的新兴学科。

20 世纪 30 年代以后，生物化学有了迅速的发展，主要代谢途径相继被阐明，许多著名的生物化学家如 Warburg、Keilin、Embden、Meyerhof、Krebs、Hill、Lipmann 等为此做出了重要贡献。其间突出的成就有：确定了糖酵解、三羧酸循环（也称 Krebs 循环）及脂肪分解等重要的分解代谢途径；对呼吸、光合作用及腺苷三磷酸（ATP）在能量转换中的关键位置有了较深入的认识。50 年代以后，生物化学已成为生物学研究领域中发展最迅速的学科。Watson 和 Crick 于 1953 年首次提出了 DNA 双螺旋结构模型，这一成果被誉为 20 世纪最重要的科学发现之一，成为生命科学发展史上的重要里程碑，开创了从分子水平研究生命活动的新纪元。从此以后，生物化学进入了以核酸研究为核心的时代，带动了新兴学科分子生物学的快速发展。特别是人类基因组计划的实施和人类基因图谱的完成，加速了人类认识生命的步伐，促进了对蛋白质组学的研究，使 21 世纪成为世人公认的生命科学世纪。

在我国，生物化学也得到了突飞猛进的发展，许多生物化学工作者在蛋白质变性理论、血液系统分析法、酶的作用机制及应用、免疫化学、血红蛋白变异、植物肌动蛋白的结构与功能、生物膜的结构与功能等方面做出了突出贡献，取得了国际水平的研究成果。1965 年，我国科学家经过多年坚持不懈的努力，获得了人工合成的牛胰岛素结晶，这是世界上第一个人工合成的蛋白质，此后，又合成了许多有实际应用价值的多肽激素；1972 年，科学家用 X 射线衍射法测定了猪胰岛素的空间结构，表明我国生物大分子的 X 射线晶体结构分析技术跨入了世界先进行列；1981 年，实现了酵母丙氨酸 tRNA 的人工全合成，这是世界上首次人工合成的核糖核酸，这项研究还带动了核酸类试剂和工具酶的研究，带动了多种核酸类药物包括抗肿瘤药物、抗病毒药物的研制和应用。特别值得一提的是，我国作为唯一的发展中国家参加了人类基因组计划，并出色地完成了 1% 的任务。之后，我国科学家相继绘制完成了水稻基因组精细图、家蚕基因组“框架图”，使我国成为世界基因组研究的强国之一。

三、生物化学与其他学科的关系

生物化学是用物理的、化学的原理和方法研究生物的一门科学，所以生物化学与化学特别是分析化学、有机化学及物理化学有着密切的关系。生物化学的研究对象是生物体，所以生物化学是介于生物学与化学之间的一门边缘学科，它与生物学的许多分支学科都有着密切关系。

生物化学与生理学是关系最为密切的姊妹学科。生理学主要研究生物体生命活动过程中各类细胞、组织和器官的功能，以及生物体对内外环境变化的反应。生命活动包括许多方面，其中有机物代谢是重要的研究内容，而有机物的代谢途径和调控机制正是生物化学的核心内容之一。生理学又可根据所研究的对象分为动物生理学、植物生理学及微生物生理学等，所以生物化学与这些学科都有着密切联系。

生物化学与分子生物学也是关系密切的姊妹学科，二者都是边缘性学科，发展十分迅速，迄今已形成了许多新理论和新概念，如基因组学、蛋白质组学、RNA 组学等；同时发展了许多新技术，如重组 DNA 技术、基因工程、基因芯片、克隆技术和转基因技术等。生物化学与分子生物学的理论和方法已被其他基础医学学科广泛应用，并已形成了许多新的分支学科，如分子免疫学、分子遗传学、分子细胞生物学、分子病理学、分子药理学及分子病毒学等。反过来，这些基础学科也促进了生物化学的发展。例如，免疫学的方法被广泛应用于蛋白质及蛋白质组学的研究。

生物化学与细胞生物学的关系也甚为密切。细胞生物学的研究内容是生物细胞的形态、成分、结构和功能，包括研究组成细胞的各种化学物质的性质及其变化，而生物化学所研究的生物分子都定位在细胞的某一部位而发挥作用。

生物化学与遗传学也有密切关系。核酸是生物的遗传信息载体，遗传信息的传递和表达涉及基因的复制、转录和翻译，而核酸和蛋白质的结构、生物合成与调控是生物化学和遗传学必须讨论的重大课题。

此外，生物化学的理论和技术已经逐渐渗透到了农业科学、食品科学、医药卫生及生态环境的各个研究领域。总之，当前生命科学中各相关学科互相渗透、互相促进，不断形成新的学科，如生物信息学。相信随着生命科学研究的不断深入，必将出现更多新兴学科。

四、生物化学的应用

生物化学的原理和技术已经渗透到了生命科学的各个研究领域，绝大多数生物学问题都需要从生物化学角度和用生物化学的方法才得以深入了解。可以说，生物化学在推动科学与社会经济的发展中占有越来越重要的地位。

在农业生产实践中，人们可以利用生物化学的原理阐明粮食作物和经济作物在不同生长环境下的代谢规律，通过设计合理的栽培措施为作物创造适宜的生长条件，保证获得高产、优质的作物产品；另外，也可通过生物化学分析筛选和培育农作物优良品种；还可望通过采用基因工程技术获得动植物新品种和实现粮食作物的固氮。随着生物化学研究的进一步发展，有可能在掌握了光合作用机制的基础上，使整个农业生产的面貌发生根本改变。

在工业生产实践中，生物化学在发酵、食品、制药、纺织、皮革等行业都显示了威力。例如，皮革的鞣制、脱毛，蚕丝的脱胶，棉布的浆纱都用酶法代替了老工艺。现代发酵工业、生物制品及制药工业包括抗生素、有机溶剂、有机酸、氨基酸、酶制剂、激素、血液制品及疫苗的生产等均创造了巨大的经济价值，特别是固定化酶和固定化细胞技术的应用更促进了酶工业和发酵工业的发展。

在医学研究领域，对一些常见病和严重危害人类健康的疾病的生化问题进行研究，有助于进行预防、诊断和治疗。例如，血清中肌酸激酶同工酶的电泳图谱用于冠心病诊断、转氨酶用于肝病诊断、淀粉酶用于胰腺炎诊断等。在治疗方面，磺胺类药物的发现开辟了利用抗代谢物作为化疗药物的新领域，如5-氟尿嘧啶用于治疗肿瘤。青霉素的发现开创了抗生素化疗药物的新时代，再加上各种疫苗的普遍应用，使很多严重危害人类健康的传染病得到控制或基本被消灭。另外，生物化学的理论和方法与临床实践的结合，产生了医学生化的许多领域。例如，研究生理功能失调与代谢紊乱的病理生物化学；以酶的活性、激素的作用与代谢途径为中心的生化药理学；与器官移植和疫苗研制有关的免疫生化等。

在国防研究领域，现代防生物战和防化学战中提出的许多课题都与生物化学知识有关。例如，射线对机体的损伤及其防护，神经性毒气对胆碱酯酶的抑制及解毒等。

由于学科间的互相渗透，迄今已产生了许多新兴的边缘学科，如分子生物学、分子遗传学、分子细胞生物学、结构生物学、生物信息学等。生物化学是这些新兴学科的理论基础，而这些学科的发展又为生物化学提供了新的理论和研究手段。学科间相互渗透、相互推动，为阐明生命现象的分子机制开辟了更加广阔的领域。

第一章 >>>

蛋　白　质

学习要点

蛋白质是生物体内重要的生物大分子，基本结构单位是氨基酸，氨基酸之间通过肽键连接成多肽链，蛋白质是由一条或多条多肽链构成的生物大分子。所有蛋白质都含有碳元素、氢元素、氧元素、氮元素和硫元素，蛋白质的平均含氮量为16%，可通过测定生物样品中的含氮量计算出样品中蛋白质的含量。蛋白质的结构可以分为一级结构、二级结构、三级结构和四级结构4个层次。蛋白质的一级结构是指多肽链中氨基酸的排列顺序，而二级结构、三级结构和四级结构又称为蛋白质的高级结构或构象。各种蛋白质的生物学功能是由其特定构象决定的，当蛋白质构象遭到破坏时，它的生物学功能也随之丧失。不同的蛋白质具有不同的理化性质，分离纯化蛋白质需要依据其性质来选择合适的方法。

蛋白质是生命的物质基础，人们对蛋白质的认识经历了一个漫长的过程。在我国古代，虽然没有提出蛋白质的概念，但人们可以利用蛋白质的沉淀性质制作豆腐。18世纪后，人们可以从凝固的血液中分离得到无色、可凝固的纤维状成分，命名为麸质式明胶。1747年，I. Beccari通过用水揉搓小麦面粉，将其中的淀粉除去后得到一种类似的麸质式明胶。人们还发现当动物乳汁被酸化时可以得到一种凝结沉淀物，称为酪蛋白。19世纪30年代中期，荷兰化学家G. J. Mulder对酪蛋白、纤维蛋白等进行了元素组成的系统分析，认为它们由碳元素、氢元素、氧元素和氮元素组成。同时，随着细胞学说及相关的类蛋白原生质概念的出现，产生了蛋白质一词。G. J. Mulder还观察到，有生命的东西离开蛋白质就不能生存，说明蛋白质是生物体内一种极重要的大分子有机化合物。

第一节　概　　述

蛋白质是一类最重要的生物大分子，其英文为protein，源自希腊语προτο，意为“最前面的”“首要的”或“最原初的”。

一、蛋白质是构成生物体的基本成分

无论是简单的低等生物，如病毒、细菌，还是复杂的高等生物，如植物、动物等，均含有蛋白质，它不仅是构成一切细胞和组织的重要组成成分，还是生物体中含量最丰富的大分子化合

物。不同生物体内蛋白质的含量存在差异，如病毒除少量含有核酸外几乎均由蛋白质组成，微生物中蛋白质的含量占细胞总质量的50%～80%，人体内蛋白质的含量约占人体总固体量的45%。

二、蛋白质功能的多样性

生物界中蛋白质的种类估计为10^{10}～10^{12}种。蛋白质是生物功能的载体，归纳起来蛋白质的生物学功能有以下几个方面。

1. 催化 生物催化功能是蛋白质重要的生物学功能之一。生物体内几乎所有的化学反应均由酶催化完成，酶是蛋白质中最大的一类，在国际生物化学联合会酶学委员会公布的《酶命名法》中已列出3000多种不同的酶。

2. 调节 许多蛋白质具有调节其他蛋白质执行生理功能的能力，这类蛋白质称为调节蛋白。例如，胰腺中β细胞分泌的胰岛素，分子质量为5700Da，是调节动物体内血糖代谢的一种激素蛋白，分泌不足时可导致糖尿病。另一类调节蛋白参与基因表达的调控，它们可以激活或抑制遗传信息转录为RNA（见第十三章）。

3. 转运和储存 很多小分子和离子的运输是由特定蛋白质来完成的。例如，红细胞中的血红蛋白通过血液的流动将氧气从肺部运输到其他组织；细胞膜上的钾离子通道是专门负责钾离子选择性通过的蛋白质通道。许多高等植物的种子，如小麦种子中的醇溶蛋白为种子萌发储存了足够氮元素，蛋类中的卵清蛋白为鸟类胚胎发育提供氮元素。

4. 防御 免疫（immunity）是人类和脊椎动物最重要的防御机制，机体的免疫功能与抗体有关。抗体又被称为免疫球蛋白，它能够识别进入机体的异体物质，如细胞、病毒和异体蛋白等，并与其结合而产生沉淀反应，使机体具有抵抗外界病原侵袭的能力。

5. 运动 一些蛋白质能够赋予细胞运动的能力，如肌动蛋白（actin）、肌球蛋白（myosin）、微管蛋白（tubulin）等，这类蛋白质在执行功能时都是丝状分子或丝状聚集体。例如，机体的运动与肌动蛋白和肌球蛋白的相对滑动有关，有丝分裂中染色体的运动、鞭毛或纤毛的运动等都与微管蛋白有关。马达蛋白（motor protein），如动力蛋白和驱动蛋白，它们可驱使小泡、颗粒和细胞器沿微管轨道移动。

6. 结构成分 结构蛋白具有强烈的韧性，能够维持器官、细胞的正常形态，从而建造和维持生物体的结构。结构蛋白的单体一般聚合成长的纤维或纤维状排列的多聚体保护层，如构成角、毛发、甲和蹄的α-角蛋白，存在于骨、腱、韧带、皮中的胶原蛋白。

7. 遗传信息表达 脱氧核糖核酸（DNA）是生物体主要的遗传物质，但DNA的复制、转录，蛋白质的翻译及翻译后修饰等都有蛋白质的参与，如果没有蛋白质分子，这些过程是不能完成的。

8. 接收和传递信息 生物体内各细胞间通过相互识别和相互作用达到功能上的协调统一。细胞针对外源信号分子所发生的细胞内生物化学变化及效应的整个过程称为信号转导（signal transduction）。通常情况下，细胞是通过受体（receptor）将外源信号导入细胞的。受体一般是细胞膜上或细胞内能够识别外源信号分子并与之结合的蛋白质，如细胞膜上的蛋白质类激素受体和细胞内的甾醇类激素受体等。

9. 其他功能 在动物的记忆和识别功能方面，蛋白质起着十分重要的作用。此外，有些蛋白质对人体是有害的，称为毒蛋白，如蛇毒蛋白、蓖麻蛋白、细菌毒素等，它们侵入人体后可引起各种毒性反应，甚至危及生命。一种来自植物的应乐果甜蛋白具有极高的甜度，可作为一种天然甜味剂；一种来自水母体内的蛋白质受紫外线激发可以发出绿色荧光，称为绿色荧光蛋白；细胞内还有些蛋白质能够协助其他蛋白质完成正确的折叠，形成正确的三维结构，但并不是这些蛋白质的组分，这类蛋白质称为分子伴侣（molecular chaperone）。

蛋白质种类繁多、分子大小不一、结构复杂，承担生物体内各种各样的生物学功能，是生命活动必不可少的生物大分子，在生物化学领域占有极其重要的地位。

三、蛋白质的组成

1. 蛋白质的元素组成 元素分析结果表明，蛋白质通常含有碳（50% ～ 60%）、氢（6% ～ 8%）、氧（19% ～ 24%）、氮（13% ～ 19%）、硫（0 ～ 3%）。有些蛋白质还含有一些其他微量元素，如磷、铁、锌、铜、钼、碘等。

蛋白质元素组成的一个重要特点是平均含氮量为 16%，这是凯氏（Kjeldahl）定氮法测定蛋白质含量的计算基础。扫描二维码观看“微量凯氏定氮法测定牛奶中蛋白质的含量”。

$$蛋白质含量 = 蛋白氮 \times 6.25$$

式中，6.25 为蛋白质系数，即 16% 的倒数，为 1g 氮所代表的蛋白质质量（克数）。

2. 蛋白质的基本结构单位 蛋白质可以被酸、碱或蛋白酶催化水解，在水解过程中逐渐被降解形成相对分子质量越来越小的肽段，直到最后成为氨基酸混合物。因此，氨基酸是组成蛋白质的基本结构单位。

不同的蛋白质水解方法各有优缺点，可以根据实际需要选择适宜的方法。

1）酸水解 常用 H_2SO_4 溶液或 HCl 溶液进行水解。一般采用 4mol/L H_2SO_4 溶液或者 6mol/L HCl 溶液回流煮沸 20h 左右，使蛋白质完全水解。酸水解不引起氨基酸的消旋作用，得到的是 L-氨基酸。但是色氨酸完全被破坏，羟基氨基酸（丝氨酸和苏氨酸）有一小部分被分解，天冬酰胺和谷氨酰胺的酰胺基被水解下来。

2）碱水解 一般采用 5mol/L NaOH 溶液煮沸 10 ～ 20h，使蛋白质完全水解。在碱水解过程中色氨酸稳定，不会被破坏，其他氨基酸均遭到不同程度的破坏，并且产生消旋现象，得到的产物是 D-氨基酸和 L-氨基酸的混合物，此混合物称为氨基酸的消旋物。此外，精氨酸在碱水解时可引起脱氨作用而生成鸟氨酸和尿素。

3）酶水解 在常温常压温和条件下水解蛋白质，不破坏氨基酸，也不产生消旋现象。通常一种酶不能将蛋白质完全水解，因此，酶水解主要用于蛋白质多肽链的部分降解。常用的蛋白酶有胰蛋白酶（trypsin）、胰凝乳蛋白酶或称糜蛋白酶（chymotrypsin）及胃蛋白酶（pepsin）等（详见本章第四节）。

第二节 氨 基 酸

氨基酸（amino acid）是蛋白质的基本结构单位。本节主要讲述组成蛋白质的氨基酸的分类、主要理化性质及分离分析方法。

一、氨基酸的结构与分类

自然界中存在的氨基酸大多数都不参与蛋白质的组成，称为非蛋白质氨基酸（nonprotein amino acid）。参与蛋白质组成的氨基酸称为蛋白质氨基酸（proteinogenic amino acid），目前发现由遗传密码直接决定的氨基酸有22种，其中20种是较早发现的较为常见的氨基酸，另外2种氨基酸在蛋白质中不常见，一个是硒代半胱氨酸（三字母和单字母代号分别为Sec和U，存在于含硒的蛋白质中，如谷胱甘肽过氧化物酶），另一个是吡咯赖氨酸（三字母和单字母代号分别为Pyl和O，仅存在于一些能产生甲烷的原核生物中）。此外，在某些蛋白质中还存在若干种不常见的氨基酸，它们是在已合成的多肽链上由常见氨基酸经特定酶催化形成的，称为稀有氨基酸（rare amino acid）。

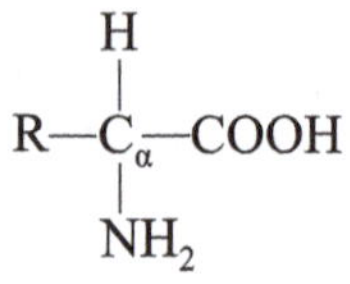

20种常见氨基酸在结构上有共同特点，即每个氨基酸分子（脯氨酸除外）中与羧基相连的α-碳原子（C_{α}）上都结合一个氨基（amino），故称为α-氨基酸。各种氨基酸的差别就在于与α-碳原子相连的R侧链不同。氨基酸的名称常用三字母或单字母简写符号表示。

（一）蛋白质中常见的氨基酸

蛋白质中常见的氨基酸可以按照侧链R基团的极性、R基团的化学结构或从营养学角度进行分类。其中，根据R基团的极性可将氨基酸分为以下4类。

1. 非极性R基团氨基酸 这一类包括8种氨基酸（表1-1），其中4种是带有脂肪烃侧链的氨基酸，即丙氨酸、缬氨酸、亮氨酸和异亮氨酸，这4种氨基酸的侧链是高度疏水的，都不能与水分子形成氢键，它们为避开水分子而倾向于聚集，这对建立和维持蛋白质的三级结构非常重要；2种芳香族氨基酸即苯丙氨酸和色氨酸；1种含硫氨基酸即甲硫氨酸；还有1种亚氨基酸即脯氨酸，其侧链与氨基形成一个刚性的环，脯氨酸往往造成多肽链的弯曲。这些氨基酸在水中的溶解度比极性R基团氨基酸小，其中丙氨酸的R基疏水性最小，介于非极性R基团氨基酸和不带电荷的极性R基团氨基酸之间。

表1-1 非极性R基团氨基酸

氨基酸名称	结构式	三字母符号	单字母符号
丙氨酸（alanine）	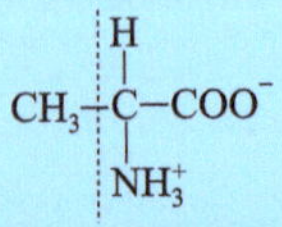	Ala	A
缬氨酸（valine）	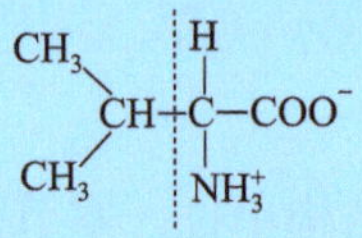	Val	V

续表

氨基酸名称	结构式	三字母符号	单字母符号
亮氨酸（leucine）	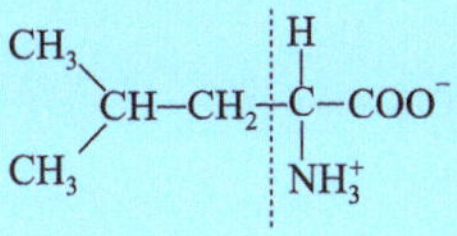	Leu	L
异亮氨酸（isoleucine）	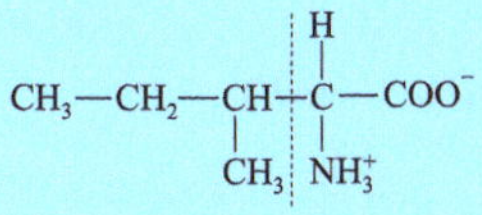	Ile	I
脯氨酸（proline）	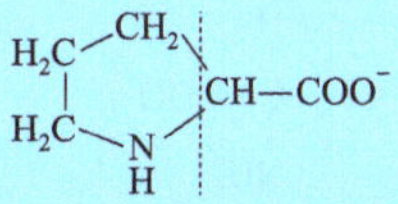	Pro	P
苯丙氨酸（phenylalanine）	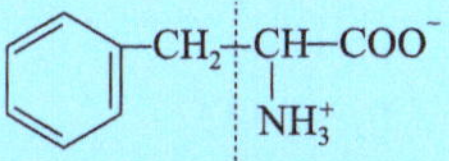	Phe	F
色氨酸（tryptophan）	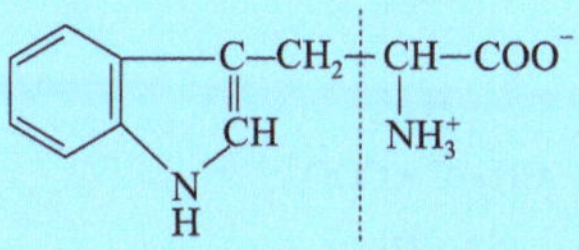	Trp	W
甲硫氨酸（methionine）	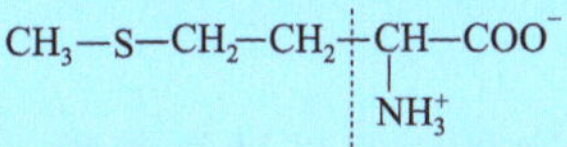	Met	M

2. 极性不带电荷的 R 基团氨基酸 这一类包括 7 种氨基酸（表 1-2），它们的 R 基团含有不解离的极性基团，可与水分子形成氢键，这组氨基酸比非极性 R 基团氨基酸易溶于水。其中 3 种氨基酸的 R 基团含有极性羟基，即丝氨酸、苏氨酸和酪氨酸；2 种酰胺，即天冬酰胺和谷氨酰胺，其侧链极性主要来自酰胺基；以及半胱氨酸和甘氨酸。半胱氨酸的侧链含有一个巯基（—SH），它可以失去质子，所以两个半胱氨酸分子可以通过二硫键连接形成胱氨酸，二硫键又称为二硫桥，对稳定某些蛋白质的三维结构有重要作用。甘氨酸的侧链是一个氢原子，它在 20 种常见氨基酸中结构最简单，有时也把它归入非极性 R 基团氨基酸。

表 1-2 极性不带电荷的 R 基团氨基酸

氨基酸名称	结构式	三字母符号	单字母符号
甘氨酸（glycine）	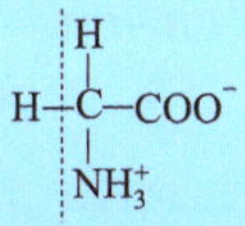	Gly	G
丝氨酸（serine）	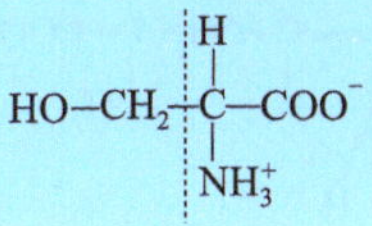	Ser	S

续表

氨基酸名称	结构式	三字母符号	单字母符号
苏氨酸（threonine）	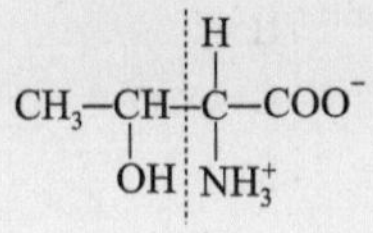	Thr	T
半胱氨酸（cysteine）	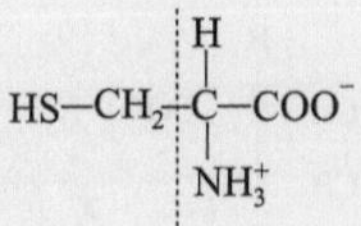	Cys	C
酪氨酸（tyrosine）	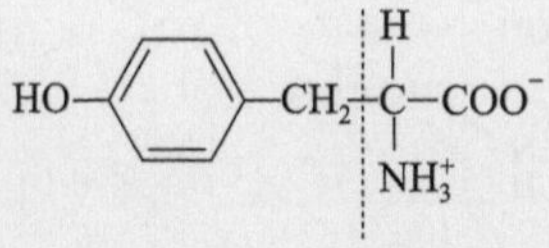	Tyr	Y
天冬酰胺（asparagine）	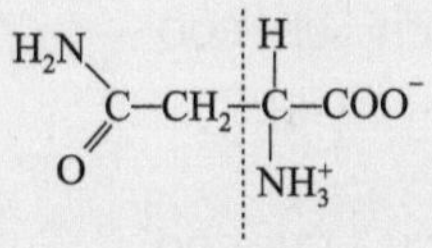	Asn	N
谷氨酰胺（glutamine）	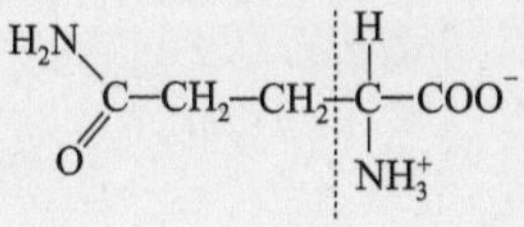	Gln	Q

3. 带正电荷的 R 基团氨基酸　这是一组碱性氨基酸（表 1-3），在生理 pH 时它们的侧链完全解离带正电荷，包括赖氨酸、精氨酸和组氨酸。组氨酸的侧链咪唑基解离常数为 6.0，接近生理 pH，因此组氨酸在生理条件下既可作为质子供体，又可作为质子受体，在生理条件下具有缓冲作用，此外，许多酶的活性中心含有组氨酸。赖氨酸含有 α-氨基和 ε-氨基，在生理 pH 时，ε-氨基以碱性氨离子（$—NH_3^+$）的形式存在，在蛋白质中通常带正电荷。精氨酸的侧链带有一个胍基，它是 20 种常见氨基酸中碱性最强的氨基酸。

表 1-3　带正电荷的 R 基团氨基酸

氨基酸名称	结构式	三字母符号	单字母符号
赖氨酸（lysine）	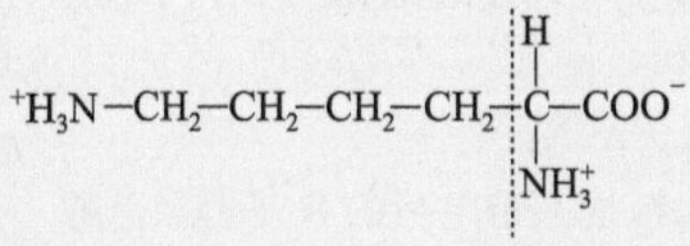	Lys	K
精氨酸（arginine）	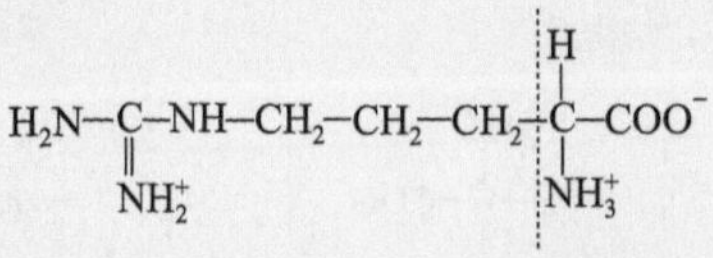	Arg	R
组氨酸（histidine）（pH 6.0）	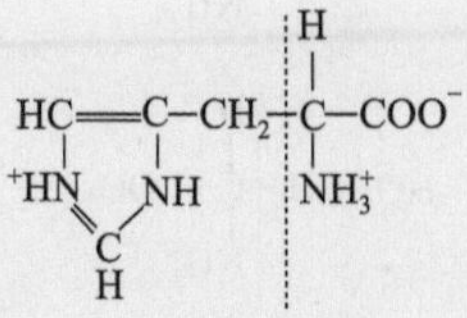	His	H

4. 带负电荷的 R 基团氨基酸 这是一组酸性氨基酸（表 1-4），在生理 pH 时它们的侧链完全解离带负电荷，包括天冬氨酸和谷氨酸。天冬氨酸和谷氨酸的侧链分别带有一个β-羧基和γ-羧基，在生理 pH 时，β-羧基和γ-羧基以—COO^- 负离子的形式存在，在蛋白质中通常带负电荷。

表 1-4 带负电荷的 R 基团氨基酸

氨基酸名称	结构式	三字母符号	单字母符号
天冬氨酸（aspartic acid）	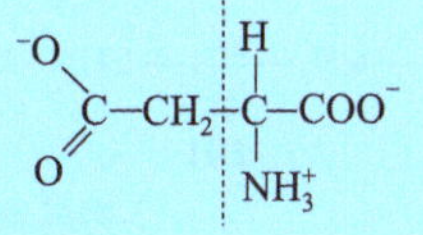	Asp	D
谷氨酸（glutamic acid）	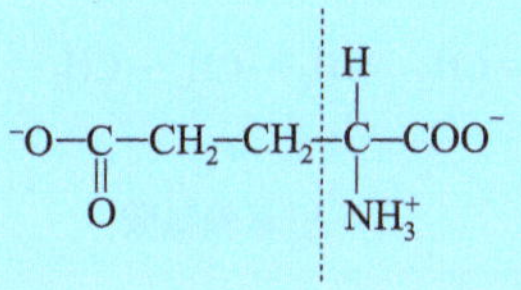	Glu	E

另外，按照 R 基团的化学结构还可以将氨基酸分为：芳香族氨基酸，3 种，包括酪氨酸、苯丙氨酸和色氨酸；杂环族氨基酸，2 种，包括组氨酸和脯氨酸；剩下 15 种常见氨基酸归为脂肪族氨基酸。

也可以从营养学角度考虑，把 20 种常见氨基酸分为以下 3 种。

必需氨基酸（essential amino acid）是指人体或其他脊椎动物不能合成或合成速度远不能满足机体的需要，必须由食物蛋白供给的氨基酸，共有 8 种，分别是异亮氨酸、甲硫氨酸、缬氨酸、亮氨酸、色氨酸、苯丙氨酸、苏氨酸和赖氨酸。

半必需氨基酸（semi-essential amino acid）是指人体虽能够合成，但在特定阶段（如青少年发育或妇女怀孕期间）不能满足正常生理需要的氨基酸，包括精氨酸和组氨酸。

非必需氨基酸（nonessential amino acid）是指人体或其他脊椎动物自身能由简单的前体合成，不需要从食物中获得的氨基酸。

（二）蛋白质中的稀有氨基酸

绝大多数蛋白质水解后可得到上述 20 种常见氨基酸，有些蛋白质水解后还可以得到少数特殊氨基酸，称为蛋白质的稀有氨基酸。这些氨基酸都是常见氨基酸的衍生物，如弹性蛋白和胶原蛋白中的 4-羟脯氨酸和 5-羟赖氨酸，肌球蛋白和组蛋白中的 6-*N*-甲基赖氨酸，凝血酶原中的γ-羧基谷氨酸，酪蛋白中的磷酸丝氨酸，哺乳动物肌肉中的 *N*-甲基甘氨酸等。蛋白质中的稀有氨基酸没有与其对应的密码子，它们都是在蛋白质合成以后，由常见氨基酸经过化学修饰形成的。几种稀有氨基酸的结构式如图 1-1 所示。

（三）非蛋白质氨基酸

除组成蛋白质的 20 种常见氨基酸和少数稀有氨基酸外，在各种组织和细胞中还有许

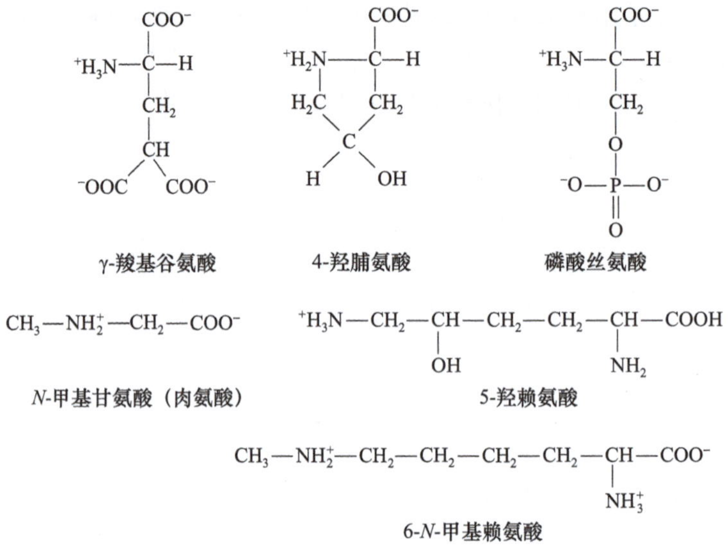

图 1-1　蛋白质中部分稀有氨基酸的结构式

多以游离或结合状态存在的其他氨基酸，但其不构成蛋白质，称为非蛋白质氨基酸。这些氨基酸大多数是蛋白质中存在的 L-α-氨基酸的衍生物，如鸟氨酸（ornithine）、瓜氨酸（citrulline）、高丝氨酸（homoserine）、高半胱氨酸（homocysteine）等。也有一些是 β-氨基酸、γ-氨基酸或 δ-氨基酸，如 β-丙氨酸、γ-氨基丁酸（图 1-2）。这些氨基酸在生物体中往往具有一定的生理功能。例如，鸟氨酸和瓜氨酸是合成精氨酸的前体，β-丙氨酸是维生素泛酸的组成成分，γ-氨基丁酸是神经传导递质。但大多数非蛋白质氨基酸的功能还不清楚。

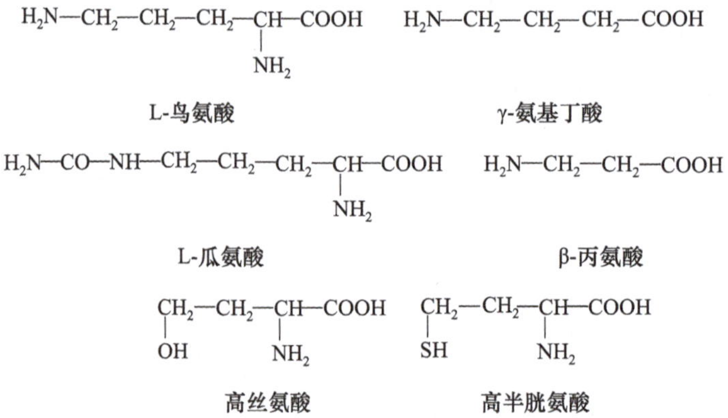

图 1-2　几种非蛋白质氨基酸的结构式

二、氨基酸的主要理化性质

氨基酸的结构决定其性质。不同氨基酸之间的差异只在侧链 R 基团上，因此氨基酸具有许多共同的性质。个别氨基酸由于其侧链的特殊结构还有许多特殊性质。

（一）氨基酸的一般物理性质

氨基酸是无色晶体或粉末，熔点极高，一般在200℃以上。各种氨基酸在水中的溶解度差别很大，均能溶于稀酸或稀碱，但不能溶于有机溶剂。不同的氨基酸呈味不同，有的无味，有的味甜，有的味鲜。例如，谷氨酸及其钠盐呈鲜味，常用作调味品。

1. 旋光性 除甘氨酸外，构成蛋白质的氨基酸中α-碳原子上连着4个互不相同的基团或原子（即—R、—NH_2、—COOH和—H），它们在空间排列的位置有两种互为镜像不能重叠的形式，成为两个对应的异构体，它们的分子式和结构式均相同，只是构型不同。氨基酸的构型可参照甘油醛的构型来确定：与D-甘油醛构型相同的氨基酸为D-氨基酸，与L-甘油醛构型相同的氨基酸为L-氨基酸，书写时，—NH_2在右边为D-型，—NH_2在左边为L-型（图1-3）。这种由于基团或原子在空间排列的不对称性而引起光学活性变化的立体结构称为构型（configuration）。除甘氨酸外，因为其他氨基酸都具有不对称的α-碳原子，所以都有L-型和D-型两种构型，但天然蛋白质中存在的氨基酸都是L-型氨基酸。

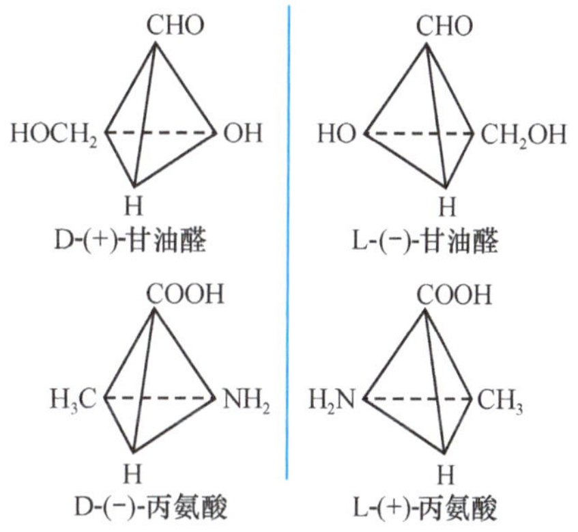

图1-3 甘油醛和丙氨酸的立体异构示意图

(+)代表右旋；(−)代表左旋

2. 光吸收性质 组成蛋白质的20种常见氨基酸在可见光区都不具有光吸收性质，但酪氨酸、色氨酸和苯丙氨酸因其R基团含有芳香环共轭双键系统，在近紫外光区（220～300nm）具有明显的光吸收能力（图1-4），酪氨酸、苯丙氨酸和色氨酸的最大吸收波长分别为275nm、257nm和280nm。由于蛋白质含有这些氨基酸，因此可以采用紫外分光光度法测定蛋白质溶液在280nm处的紫外吸收值，进而计算蛋白质的含量。

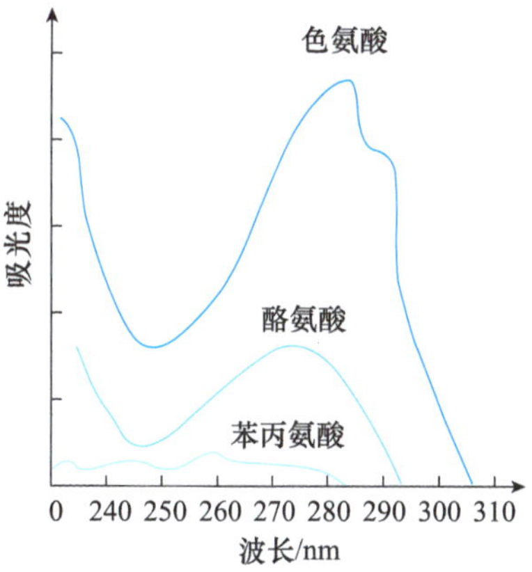

图1-4 色氨酸、酪氨酸和苯丙氨酸的紫外吸收光谱

（二）氨基酸的两性解离及等电点

根据Brönsted-Lowry的酸碱学说，酸是质子的供体，碱是质子的受体，氨基酸分子中既含有羧基，又含有氨基，在水溶液中它既可以作为酸释放质子，又可以作为碱接受质子，所以氨基酸是两性电解质（ampholyte）。实验证明，氨基酸在水溶液中或晶体状态时是以两性离子形式存在的。两性离子是指在同一个氨基酸分子上带有正负两种电荷，这种形式又称兼性离子（zwitterion）。

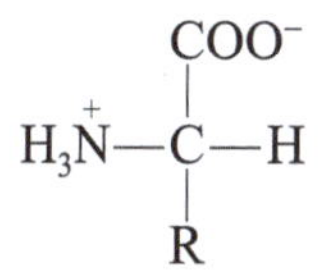

氨基酸是两性电解质，它在溶液中的带电状况随溶液的pH变化而变化，即氨基酸上的

氨基和羧基的解离取决于溶液的 pH。例如，甘氨酸，它完全质子化时可以看作一个二元弱酸，其解离情况如下。

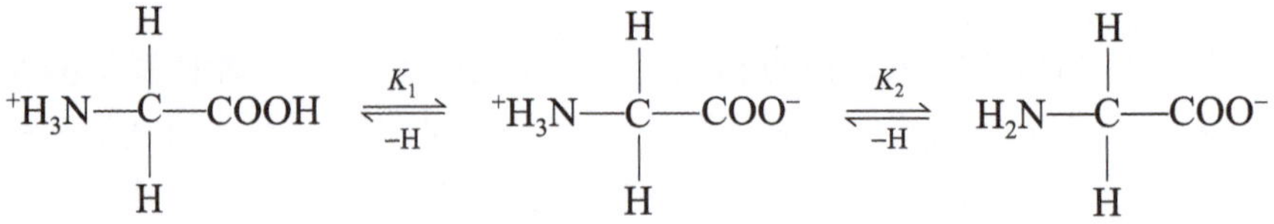

甘氨酸的阳离子形式(A^+)　甘氨酸的兼性离子形式(A^0)　甘氨酸的阴离子形式(A^-)

在一定 pH 条件下，氨基酸分子中所带的正电荷和负电荷数相同，即净电荷为零，此时溶液的 pH 称为该氨基酸的等电点（isoelectric point，pI）。不同氨基酸的结构不同，在给定 pH 条件下，氨基酸的解离情况不同，带电状况也不同。在等电点时，由于静电作用，氨基酸的溶解度最小。

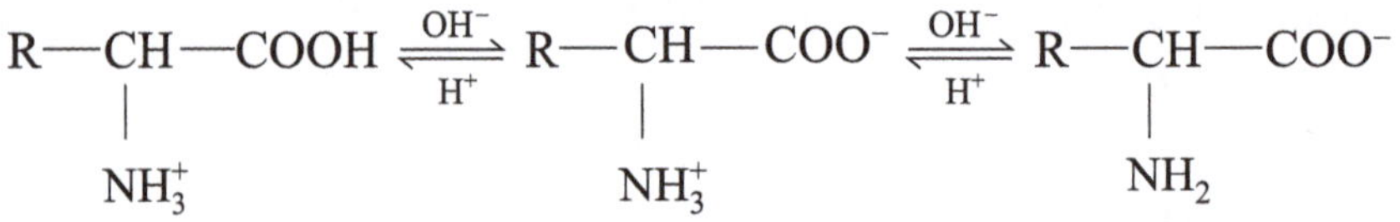

pH<pI　　pH=pI　　pH>pI

当溶液的 pH 等于等电点，即 pH=pI 时，氨基酸以两性离子形式存在，净电荷为零，在电场中不移动。

当溶液的 pH 小于等电点，即 pH < pI 时，氨基酸带正电荷，在电场中向负极移动。

当溶液的 pH 大于等电点，即 pH > pI 时，氨基酸带负电荷，在电场中向正极移动。

氨基酸的羧基、氨基及 R 侧链上的可解离基团都有一个特定的 pK 值（解离度，即解离常数的负对数），通常分别用 pK_1、pK_2、pK_R 表示。由于各种氨基酸分子上所含氨基、羧基等基团的数目不同及各种基团的 pK 值不同，因此每种氨基酸都有其各自特定的等电点，碱性氨基酸的等电点较高，如精氨酸为 10.76，而酸性氨基酸的等电点相对较低，如谷氨酸为 3.22（表 1-5）。

表 1-5　氨基酸可解离基团的解离常数和等电点

氨基酸	pK_1（—COOH）	pK_2（—NH_3^+）	pK_R（R 侧链）	pI
丙氨酸	2.34	9.69	—	6.02
缬氨酸	2.32	9.62	—	5.97
亮氨酸	2.36	9.60	—	5.98
异亮氨酸	2.36	9.68	—	6.02
脯氨酸	1.99	10.60	—	6.30
苯丙氨酸	1.83	9.13	—	5.48
色氨酸	2.38	9.39	—	5.89
甲硫氨酸	2.28	9.21	—	5.75
甘氨酸	2.34	9.60	—	5.97
丝氨酸	2.21	9.15	—	5.68
苏氨酸	2.63	10.43	—	6.53

续表

氨基酸	pK_1（—COOH）	pK_2（$—NH_3^+$）	pK_R（R 侧链）	pI
半胱氨酸	1.71	10.78	8.33（—SH）	5.02
酪氨酸	2.20	9.11	10.07（—OH）	5.66
天冬酰胺	2.02	8.8	—	5.41
谷氨酰胺	2.17	9.13	—	5.65
天冬氨酸	2.09	9.82	3.86（β-COOH）	2.97
谷氨酸	2.19	9.67	4.25（γ-COOH）	3.22
精氨酸	2.17	9.04	12.48（胍基）	10.76
赖氨酸	2.18	8.95	10.50（ε-氨基）	9.74
组氨酸	1.82	9.17	6.00（咪唑基）	7.59

注:“—”表示侧链无可解离基团

氨基酸的等电点可根据氨基酸分子中所带的可解离基团的 p*K* 值来计算。

以甘氨酸为例，根据其解离方程可推导出计算等电点的公式。

当甘氨酸在酸性溶液中以带净正电荷形式存在时，可以看作一个二元弱酸，具有两个可解离的 H^+，即—COOH 和$—NH_3^+$上的 H^+。根据甘氨酸的解离方程可得到：

$$K_1=\frac{[H^+][Gly^\pm]}{[Gly^+]} \qquad [Gly^+]=\frac{[H^+][Gly^\pm]}{K_1}$$

$$K_2=\frac{[H^+][Gly^-]}{[Gly^\pm]} \qquad [Gly^-]=\frac{[Gly^\pm]K_2}{[H^+]}$$

式中，K_1、K_2 为解离常数，当达到等电点时，$[Gly^+]=[Gly^-]$，即$\frac{[H^+][Gly^\pm]}{K_1}=\frac{[Gly^\pm]K_2}{[H^+]}$，则 $K_1K_2=[H^+]^2$。

方程两边取负对数：

$$-\lg[H^+]^2=-\lg K_1-\lg K_2$$

则：

$$2pH=pK_1+pK_2$$

$$pH=pI=\frac{(pK_1+pK_2)}{2}$$

由上式可知，pI 值只取决于两性离子两侧的可解离基团的 p*K* 值，而与氨基酸溶液的浓度无关。

氨基酸的等电点也可由实验测定。

氨基酸各个解离基团的 p*K* 值可通过测定氨基酸的滴定曲线获得，图 1-5 为甘氨酸的滴定曲线。完全质子化的甘氨酸有两个可解离基团，α-COOH 和 $α-NH_3^+$。当进行甘氨酸滴定时，以外加的碱量为横坐标，以 pH 为纵坐标可得 S 形曲线。根据曲线可知，pH 在 2.34 处有一转折，这时相当于 50% 的羧基解离，释放出的 H^+ 被 OH^- 中和，溶液中 $[H_3^+NCH_2COOH]=[H_3^+NCH_2COO^-]$，此时 $pH=pK_1$(α-COOH)。当继续加入碱，滴定曲线中间

pH=5.97，此时溶液中所有的 [$H_3^+NCH_2COOH$] 转变为 [$H_3^+NCH_2COO^-$]，绝大多数的甘氨酸分子以两性离子形式存在，甘氨酸分子上的净电荷为零，此时溶液的 pH 就是甘氨酸的等电点。继续加入碱，曲线在 pH=9.6 处又出现一拐点，此时相当于有 50% 的—NH_3^+ 作为质子供体而解离，释放出的 H^+ 被 OH^- 中和，溶液中 [$H_3^+NCH_2COO^-$]=[$H_2NCH_2COO^-$]，此时的 pH=pK_2（—NH_3^+）。pK 值是指某种解离基团有一半解离时的 pH，pK 值的大小可以表示解离基团酸性的强弱，pK 值小则酸性强。

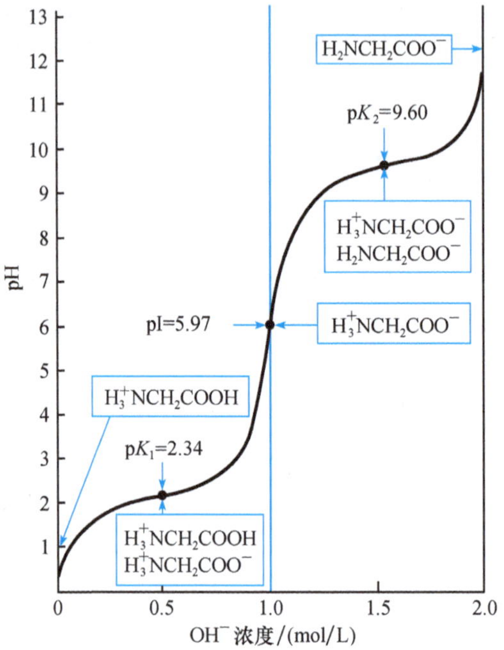

图 1-5　甘氨酸的滴定曲线

对于 R 侧链不解离的中性氨基酸的等电点，都可以根据公式 $pI=\frac{(pK_1+pK_2)}{2}$ 求得，所以甘氨酸的等电点 $pI=\frac{2.34+9.60}{2}=5.97$。

对于含有 3 个可解离基团的氨基酸来说，只要写出其解离公式，然后取两性离子两边的 pK 值的平均值，即可求出其 pI。例如，天冬氨酸的解离，完全质子化的天冬氨酸有 3 个可解离基团可以释放出质子，所以相当于一个三元弱酸。当它所处环境的 pH 从酸性逐渐改变至碱性时，3 个解离基团依次解离，所以有 3 个 pK 值，在不同 pH 条件下可以有 4 种离子形式。

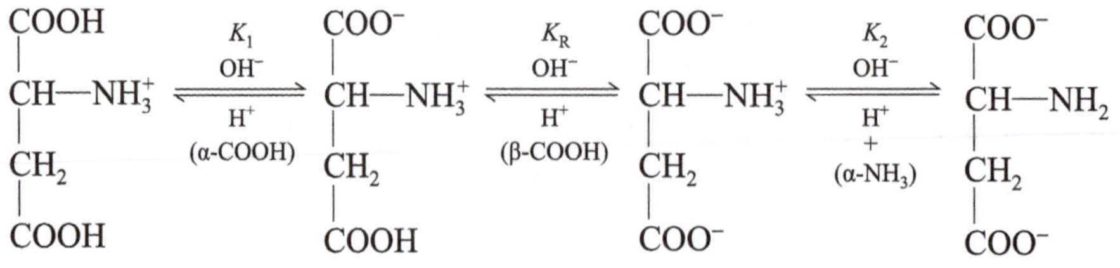

Asp^+　　$Asp^{\pm}$　　Asp^-　　$Asp^=$

在等电点时两性离子形式为 $Asp^{\pm}$，因此天冬氨酸的等电点 $pI=\frac{2.09+3.86}{2}=2.98$。

由此可见，氨基酸的等电点相当于该氨基酸的两性离子状态两侧的基团 pK 值之和的一半，根据此原则可求出任何一种氨基酸的等电点，即

$$中性氨基酸的等电点\ pI=\frac{(pK_1+pK_2)}{2}$$

$$酸性氨基酸的等电点\ pI=\frac{(pK_1+pK_R)}{2}$$

$$碱性氨基酸的等电点\ pI=\frac{(pK_2+pK_R)}{2}$$

（三）氨基酸的重要化学反应

氨基酸的化学反应主要是指氨基酸分子中 α-氨基、α-羧基及 R 基团所参与的反应。在此着重介绍几种在蛋白质化学研究中具有重要意义的氨基酸化学反应。

1. 茚三酮反应 茚三酮反应（ninhydrin reaction）是氨基酸的 α-氨基和 α-羧基共同参加的反应。α-氨基酸与水合茚三酮一起在弱酸性（pH 5 ～ 7）溶液中加热，可引起氨基酸的氧化分解，放出氨和二氧化碳，氨基酸生成醛，水合茚三酮则生成还原型茚三酮。最后还原型茚三酮、氨和另一分子茚三酮反应，缩合生成蓝紫色化合物，反应过程如图 1-6 所示。反应所生成蓝紫色产物的多少与氨基酸的浓度成正比，在 570nm 波长下进行比色就可测定样品中氨基酸的含量。

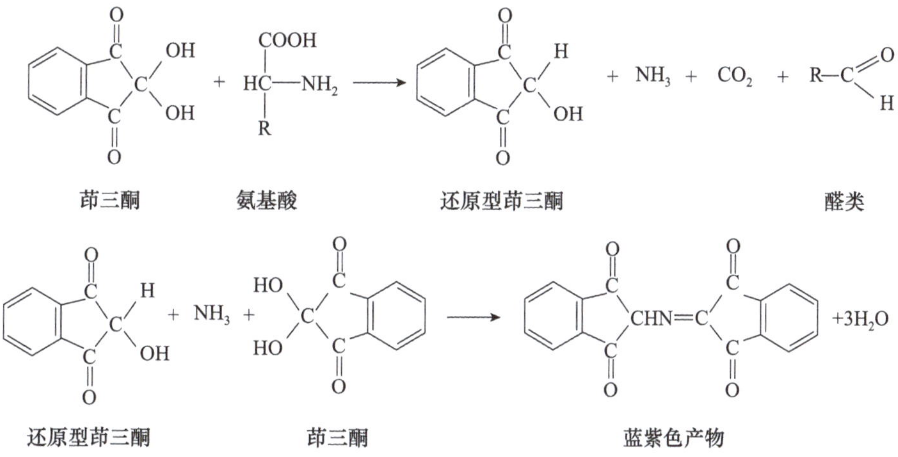

图 1-6 氨基酸与茚三酮反应

微课视频

两个亚氨基酸如脯氨酸和羟脯氨酸与茚三酮反应产生黄色物质，其在 440nm 有最大光吸收。

2. 桑格反应 桑格反应（Sanger reaction）是氨基酸与 2,4-二硝基氟苯（2,4-dinitrofluorobenzene，DNFB 或 FDNB）的反应（图 1-7）。在弱碱性（pH 8 ～ 9）条件下，

氨基酸的α-氨基很容易与DNFB反应，生成黄色的2,4-二硝基苯基氨基酸（dinitrophenyl amino acid，DNP-氨基酸）。该反应由Sanger首先发现，故而得名。

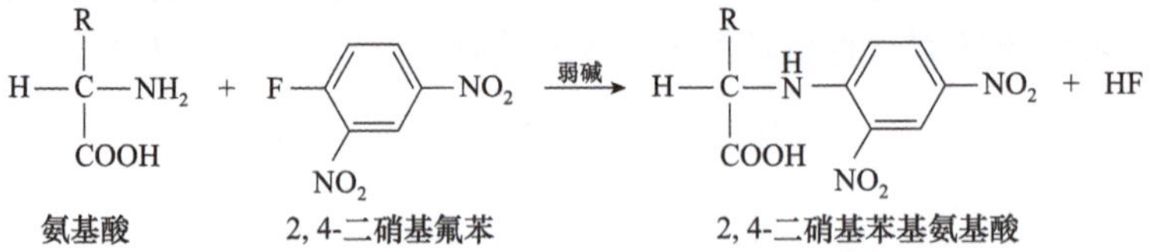

图1-7 氨基酸与2,4-二硝基氟苯的反应

多肽或蛋白质的N端氨基酸的α-氨基也能与DNFB反应，生成一种二硝基苯肽（DNP-肽）。由于硝基苯与氨基结合牢固，不易被水解，因此当DNP-多肽被酸水解时，所有肽键均被水解，只有N端氨基酸仍连在DNP上，形成的产物为黄色的DNP-氨基酸和其他氨基酸的混合液。混合液中只有DNP-氨基酸溶于乙酸乙酯，所以可用乙酸乙酯抽提并将抽提液进行色谱分析，再以标准的DNP-氨基酸作为对照鉴定出此氨基酸的种类。因此，2,4-二硝基氟苯法可用于鉴定多肽或蛋白质的N端氨基酸。

3. 艾德曼反应 艾德曼反应（Edman reaction）是氨基酸与异硫氰酸苯酯（phenylisothiocyanate，PITC）的反应（图1-8）。在弱碱性条件下，氨基酸的α-氨基与PITC反应生成相应的苯硫甲酰氨基酸（phenylthiocarbamoyl amino acid，PTC-氨基酸）。在酸性条件下，PTC-氨基酸环化形成在酸中稳定的苯乙内酰硫脲氨基酸（phenylthiohydantoin amino acid，PTH-氨基酸）。

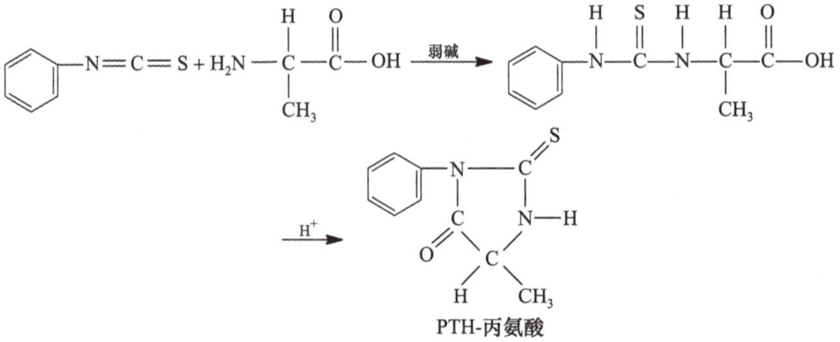

图1-8 氨基酸与异硫氰酸苯酯的反应

蛋白质或多肽的N端氨基酸的α-氨基也可有此反应，生成PTC-肽，在酸性溶液中释放出末端的PTH-氨基酸和比原来少一个氨基酸残基的多肽链。PTH-氨基酸在酸性条件下极稳定并可溶于乙酸乙酯，用乙酸乙酯抽提后，经高压液相层析鉴定就可以确定肽链N端氨基酸的种类。瑞典科学家Edman首先使用该反应测定蛋白质N端的氨基酸。该方法的优点是可以连续分析出N端的十几个氨基酸。氨基酸自动顺序分析仪就是根据该反应原理而设计的。

4. 丹磺酰氯反应 丹磺酰氯（dansyl chloride，DNS）是5-二甲基氨基萘-1-磺酰氯（5-dimethylaminonaphthalene-1-sulfonyl chloride）的简称。丹磺酰氯与氨基酸反应生成稳定的丹磺酰衍生物（图1-9），具有很强的荧光。丹磺酰氯与多肽链N端氨基酸的α-氨基反应生成丹磺酰-肽（DNS-肽），后者水解生成的丹磺酰-氨基酸，可用电泳法或层析法鉴定，该反应常用于鉴定多肽链的N端氨基酸。

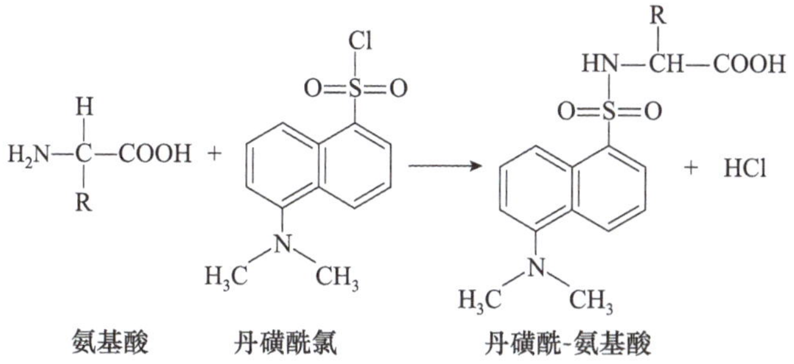

图 1-9 氨基酸与丹磺酰氯的反应

三、氨基酸的分离和分析

为了测定蛋白质中氨基酸的含量、组成或从蛋白质水解液中制取氨基酸，都需要对氨基酸混合物进行分离、分析。其方法较多，目前采用较多的是层析法。层析即色层分析，也称色谱（chromatography）。层析系统由固定相（stationary phase）和流动相（mobile phase）组成。依据分离原理不同，层析技术可以分为吸附层析、分配层析、离子交换层析、亲和层析等。按照流动相的形态可分为气相层析和液相层析。

1. 分配层析 分配层析（partition chromatography）是利用待分离组分（溶质）在固定相与流动相中的溶解度差异而实现分离的方法，其本质是溶质在固定相和流动相之间不断达到溶解平衡的过程。

溶质在两相中的分配情况，一般用分配系数（distribution coefficient）来描述：当一种溶质在两种互不相溶的溶剂中进行分配时，在一定温度下达到平衡后，溶质在两相中的浓度比值为一常数，即分配系数（K_d）。

$$K_d = \frac{C_A(\text{某一物质在流动相中的浓度})}{C_B(\text{某一物质在固定相中的浓度})}$$

在实际层析时，其层析行为一般并不直接取决于它的分配系数，而是取决于有效分配系数 K_{eff}。

$$K_{eff} = \frac{\text{某一物质在流动相中的总量}}{\text{某一物质在固定相中的总量}}$$

对液相-液相层析系统来说：

$$K_{eff} = \frac{C_A \times V_A}{C_B \times V_B} = K_d \times R_V$$

式中，C_A 和 C_B 的意义同前；V_A 和 V_B 分别为流动相和固定相的体积；R_V 为流动相和固定相的体积比。由此可见，K_{eff} 是 R_V 的函数，溶质的有效分配系数可以通过调整两相的体积比而加以改变。

利用分配层析法分离混合氨基酸，其先决条件是各种氨基酸在给定的分配层析系统中的分配系数要有差异。一般差异越大，越容易分开。

纸层析（paper chromatography）是一种基于分配层析的层析技术。当用纸层析对混合氨基酸进行分离分析时，滤纸纤维素吸附的水为固定相，展层用的有机溶剂为流动相。层析时，由于每一种氨基酸在这两相中的分配系数不同，在滤纸上移动的速率就不同，展层一定时间后，它们就分布在滤纸的不同位置上。

层析时，将样品点在滤纸的一个角上，称为原点。然后将其放入一个密闭的容器中，用一种溶剂系统进行展层，层析后烘干滤纸，再将其旋转 90° 采用第二种溶剂系统进行第二相展层。由于各种氨基酸在两种不同的溶剂系统中具有不同的迁移率（retention factor value，R_f），即溶质迁移距离与流动相迁移距离之比，因此它们就会彼此分开，当用茚三酮显色时，就会在滤纸上面出现各种氨基酸的斑点（图 1-10）。若氨基酸种类较少，进行一相层析即可。

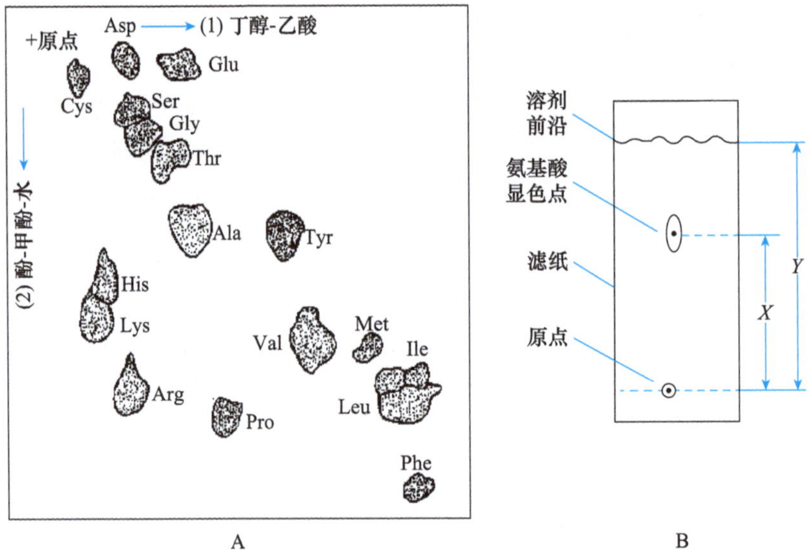

图 1-10 氨基酸的纸层析结果示意图

A. 氨基酸的双向纸层析图谱；B. 单向纸层析中氨基酸的 R_f 值，$R_f = X/Y$

2. 离子交换层析 离子交换层析（ion-exchange chromatography）是以具有离子交换性能的离子交换剂作为固定相，依据流动相组分中的离子与交换剂上的平衡离子进行可逆交换时结合力的大小而进行分离的一种层析方法。

离子交换树脂是一类常用的离子交换剂，是具有酸性或碱性基团的、人工合成的、具有网状结构的不溶性高分子化合物。例如，聚苯乙烯树脂是以苯乙烯为单体、苯二乙烯为交联剂进行聚合和交联反应生成的具有网状结构的高聚物，再通过化学反应引入带电基团。树脂一般都制成球形颗粒。

树脂按照其可解离的基团分为阳离子交换树脂和阴离子交换树脂。根据所解离基团酸碱性的强弱又可分为强酸型阳离子交换树脂、中强酸型阳离子交换树脂和弱酸型阳离子交换树脂及强碱型阴离子交换树脂、中强碱型阴离子交换树脂和弱碱型阴离子交换树脂。阳离子交换树脂含有酸性基团，如—SO_3H（强酸型）或—COOH（弱酸型），可解离出 H^+，溶液中的阳离子可以与 H^+ 发生交换而结合到树脂上。同理，阴离子交换树脂含有碱性基团，如—$N(CH_3)_3OH$（强碱型）或—NH_3OH（弱碱型），可解离出 OH^-，溶液中的阴离子能与之发生交换而结合到树脂上。

氨基酸在树脂上结合的牢固程度即氨基酸与树脂的亲和力，主要取决于它们之间的静电引力及氨基酸侧链与树脂基质聚苯乙烯之间的疏水相互作用。在 pH 为 3 左右时，氨基酸与阳离子交换树脂之间的静电引力的顺序：碱性氨基酸＞中性氨基酸＞酸性氨基酸。采用逐步提高洗脱液 pH 和盐浓度的方法来逐步降低氨基酸与树脂之间的亲和力。氨基酸的洗脱顺序大体上是酸性氨基酸、中性氨基酸和碱性氨基酸，实际的洗脱顺序是氨基酸的荷电性质与侧链的疏水性质的综合反映。

3. 气相色谱　当层析系统的流动相为气体，固定相为涂在固体颗粒表面的液体时，该层析技术称为气-液色谱（gas-liquid chromatography），简称气相色谱（gas chromatography，GC）。该技术是利用样品组分在流动的气相和固定在颗粒表面的液相中的分配系数、吸附能力、亲和能力等的不同而达到分离的目的。气相色谱分析需要气相色谱仪，它具有微量、快速的优点。

4. 高效液相色谱　层析系统中，当流动相是液体时，即液相色谱法（liquid chromatography，LC）。液相色谱的固定相既可以是固体，也可以是吸附在固体上的液体。经典的液相色谱中固定相柱效低，流动相在常压下输送，分析周期长。高效液相色谱法（high performance liquid chromatography，HPLC）是 20 世纪 70 年代初期在液相色谱的基础上发展起来的一种以液体为流动相的快速、灵敏、高效的色谱分离技术。与经典液相色谱相比，高效液相色谱中流动相采用高压输送（最高输送压力可达 4.9×10^7Pa），洗脱速度增大，使用的固定相支持剂颗粒很细，比表面积很大，柱效高，实现了自动化操作，因此多种类型的柱层析都可用 HPLC 来代替，如分配层析、离子交换层析、吸附层析及凝胶过滤等。

第三节　肽

一、肽的形成及命名

一个氨基酸的羧基与另一个氨基酸的氨基缩合脱去一分子水形成的化合物称为肽（peptide）（图 1-11）。氨基酸形成肽以后不再是原来完整的氨基酸分子，称为氨基酸残基（amino acid residue）。由 2 个氨基酸缩合形成的肽称为二肽（dipeptide），由 3 个氨基酸缩合形成的肽称为三肽（tripeptide），少于 10 个氨基酸残基的肽称为寡肽（oligopeptide），含有 10 个及以上氨基酸残基的肽称为多肽（polypeptide）。

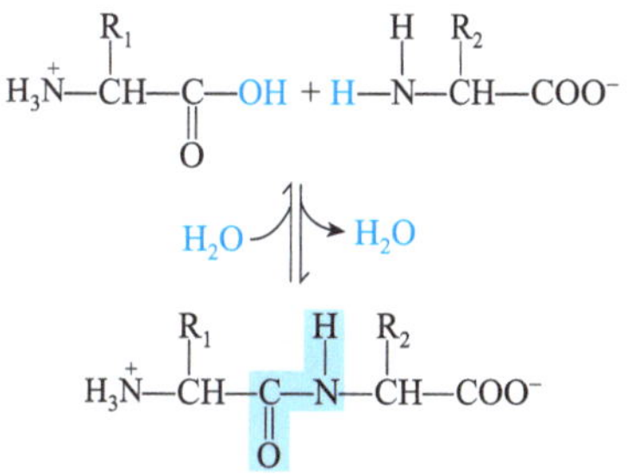

图 1-11　肽的形成与二肽的结构

除了少数环状肽以外，其他肽链都含有不对称的两端，其中一端有一个自由氨基，称为氨基端或N端（amino-terminus或N-terminus），在另一端有一个自由羧基，称为羧基端或C端（carboxyl-terminus或C-terminus）（图1-12）。

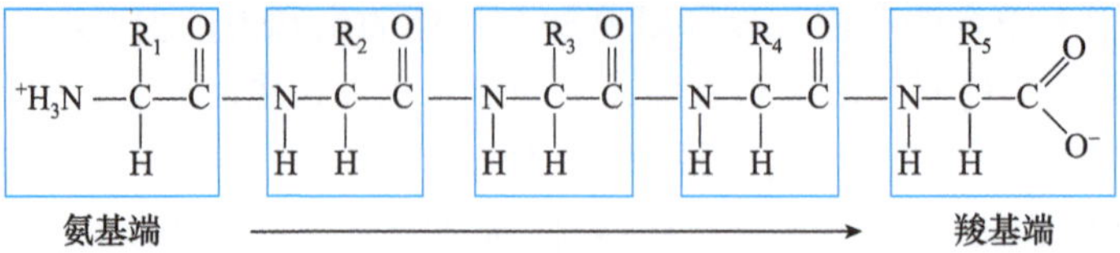

图1-12　一个五肽的结构

肽的命名从多肽链的N端开始，依次称某氨酰-某氨酰-……-某氨基酸。例如，由Ala-Glu-Gly-Lys组成的四肽，命名为丙氨酰-谷氨酰-甘氨酰-赖氨酸。

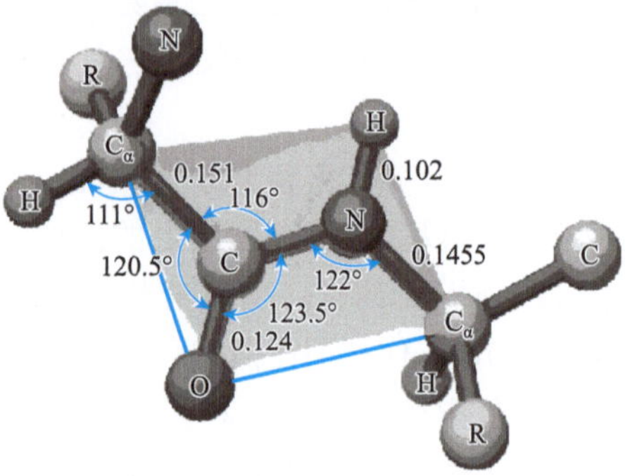

图1-13　肽平面结构

二、肽键和肽平面

肽键是指氨基酸脱水缩合形成的共价酰胺键，即—CO—NH—。肽键的键长为0.133nm，比一般有机化合物中正常的—C—N—单键（0.145nm）短，比典型的—C═N—双键（0.125nm）长，所以肽键具有部分双键性质，不能自由旋转。参与肽键形成的4个原子及2个相邻的α-碳原子几乎处于同一平面内，此平面结构称为肽平面（peptide planar）或肽单位（图1-13）。

微课视频

多肽链的主链骨架是由肽键连接的重复单位N—C_α—C组成的，酰胺氢和羰基氧结合在骨架上，不同氨基酸残基的侧链连接在α-碳原子上（图1-14）。

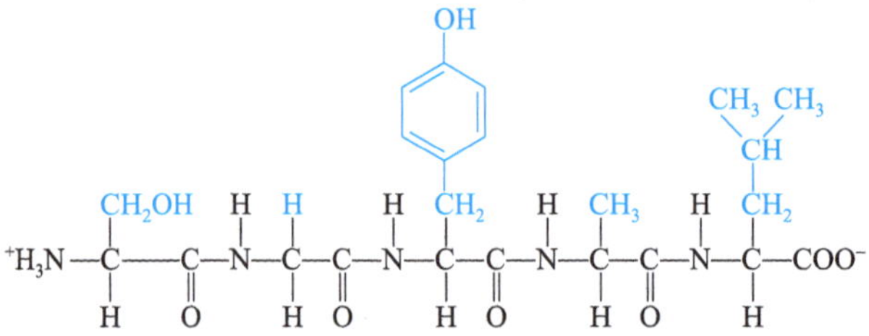
图1-14　多肽链的主链骨架结构

三、肽的理化性质

肽既有与游离氨基酸相同的一些性质，又具有其独特的性质。

1. 两性解离　肽在溶液中以兼性离子形式存在，肽的解离性质主要由R侧链中可解离基团决定。小肽的等电点pI可以由计算得出，较大的肽或蛋白质的等电点则可通过实验测得。

2. 旋光性　一种寡肽中只要不是全部由甘氨酸组成，它就具有旋光性，其旋光度应该是各个氨基酸旋光度的总和。

3. 双缩脲反应 肽具有氨基酸的α-氨基和α-羧基参与的所有反应。除此之外，肽还具有双缩脲反应。双缩脲（$NH_2—CO—NH—CO—NH_2$）是将尿素加热至180℃左右，两分子尿素缩合释放出一分子氨气后得到的产物。在碱性溶液中，双缩脲与Cu^{2+}结合，生成紫红色的络合物（最大吸收波长为540nm），这一呈色反应称为双缩脲反应（biuret reaction）。

三肽及以上的寡肽和多肽（蛋白质）具有与双缩脲结构相似的肽键，因此也具有双缩脲反应，在一定范围内，形成紫红色络合物的颜色深浅与肽浓度呈线性关系，因此可以采用双缩脲反应定量测定肽（蛋白质）浓度。

双缩脲反应可以区别氨基酸和肽，也可以检测蛋白质的水解程度。

四、天然存在的活性肽

生物体中广泛存在着许多长短不同的游离肽，有些肽具有特殊的生理调节功能，被称为活性肽（active peptide）。例如，谷胱甘肽（glutathione），一种存在于动植物和微生物细胞中的重要的三肽，缩写为GSH，它是由谷氨酸、半胱氨酸和甘氨酸组成的，结构如下。

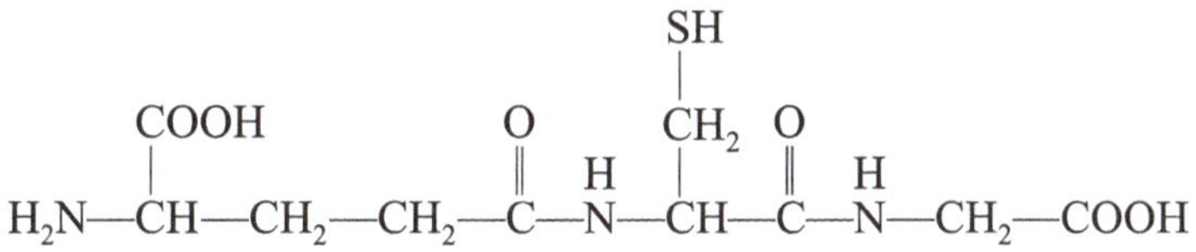

谷胱甘肽分子中有一个特殊的γ-肽键，是由谷氨酸的γ-羧基与半胱氨酸的α-氨基缩合而成的，这与蛋白质分子中的一般肽键不同。谷胱甘肽中因含有一个活泼的巯基，所以很容易氧化，两分子谷胱甘肽脱氢以二硫键相连形成氧化型的谷胱甘肽（GSSG）。

$$2GSH \underset{+2H}{\overset{-2H}{\rightleftharpoons}} GSSG$$

谷胱甘肽具有多方面的生理功能：可参与体内氧化还原反应；作为辅酶参与氧化还原反应；保护巯基酶或含Cys蛋白质中—SH的还原性；防止过氧化物积累；维持红细胞膜的完整性等。

鹅膏蕈素又称鹅膏蕈碱，是典型的鹅膏毒素类物质之一，为环状八肽（图1-15），能抑制真核生物RNA聚合酶II与RNA聚合酶III的活性。

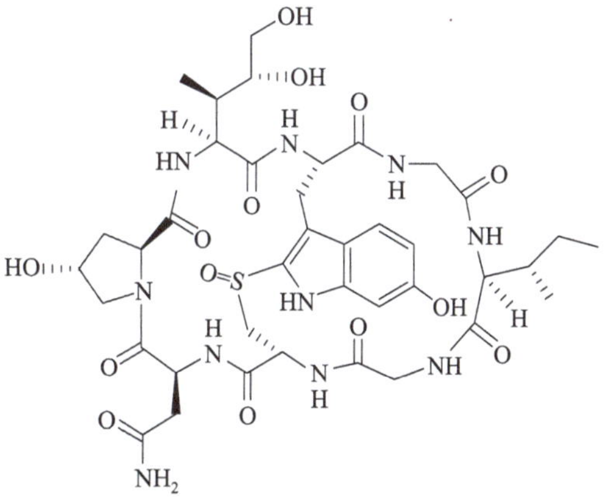

图1-15 鹅膏蕈碱的环状结构

催产素和加压素都是由脑垂体分泌的九肽激素（图1-16），催产素能刺激平滑肌引起子宫收缩，表现为催产及使乳腺排乳的作用。加压素能使小动脉收缩，增高血压，并减少排尿，表现为抗利尿作用。

又如短杆菌肽 S（图 1-17），能抗革兰氏阳性菌，对革兰氏阴性菌如绿脓杆菌、变形菌也有效。临床上用于治疗和预防化脓性病症。

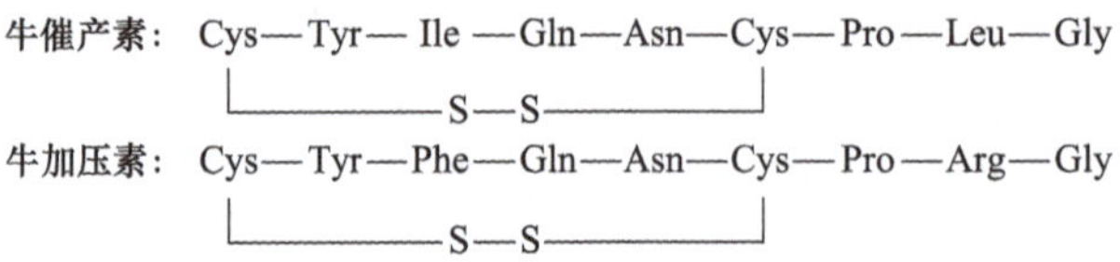

图 1-16　牛催产素和牛加压素的分子结构

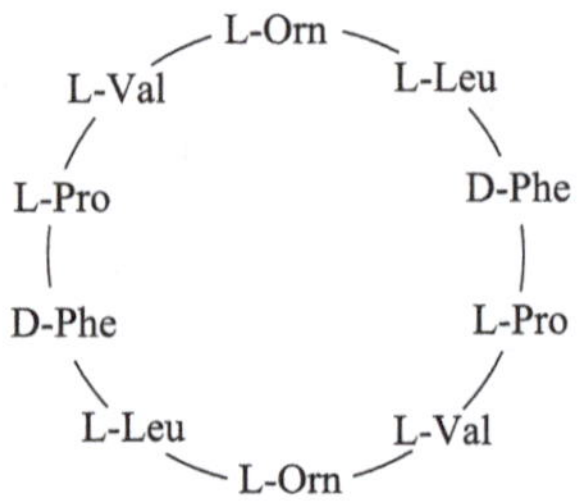

图 1-17　短杆菌肽 S 的分子结构

第四节　蛋白质的结构

蛋白质是由氨基酸按照一定的排列顺序通过肽键连接起来的生物大分子。自然界存在的蛋白质有 10^{10} ～ 10^{12} 种，不同的蛋白质具有不同的结构。蛋白质的结构可以分为 4 个层次来研究（图 1-18），即一级结构、二级结构、三级结构和四级结构。其中一级结构又称蛋白质的化学结构（chemical structure）、共价结构或初级结构，而二级结构、三级结构和四级结构又称蛋白质的空间结构、高级结构或三维结构（three dimensional structure）。

一、蛋白质的一级结构

（一）蛋白质一级结构的定义

蛋白质一级结构（primary structure）是指蛋白质或多肽链中氨基酸的排列顺序及二硫键的位置。一级结构是蛋白质高级结构的基础，包含着蛋白质分子所有结构层次的全部信息。蛋白质一级结构研究的内容包括蛋白质的多肽链数目、末端氨基酸种类、氨基酸组成、氨基酸排列顺序和二硫键位置等。

胰岛素是最早测得一级结构的蛋白质，由英国 F. Sanger 等于 1953 年完成。胰岛素是动物胰脏中胰岛细胞分泌的一种激素蛋白，其功能是调节糖代谢。胰岛素分子由 51 个氨基酸残基组成，分子质量为 5700Da，它由两条链组成，A 链包含 21 个氨基酸残基，B 链包含 30 个氨基酸残基。A 链和 B 链通过两个链间的二硫键连接在一起，在 A 链内部还有一个二硫键（图 1-19）。

20 世纪 50 年代末，美国学者 S. Moore 等完成了牛胰核糖核酸酶全序列分析（图 1-20）。该酶是由 124 个氨基酸残基组成的一条多肽链，分子内有 4 个链内二硫键，分子质量为 12 600Da，它的功能是水解核糖核酸分子中的磷酸二酯键。

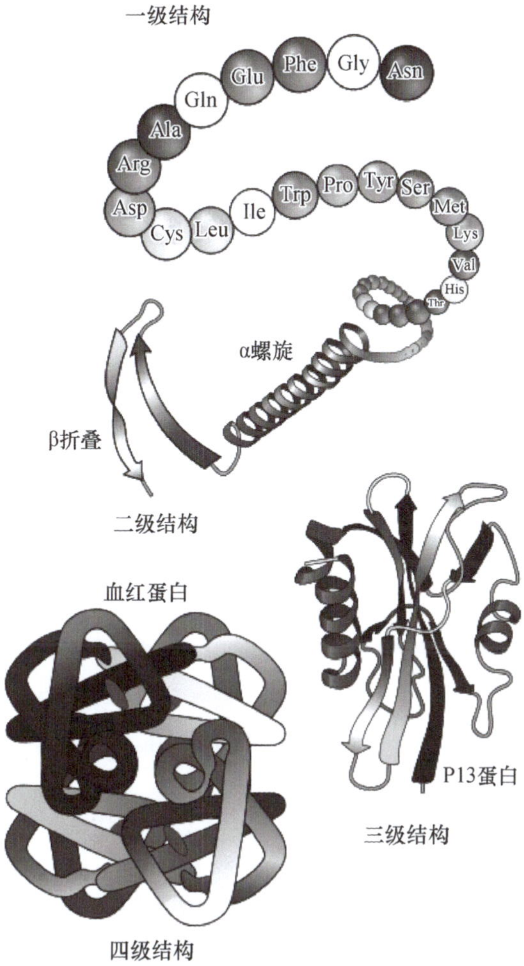

图 1-18 蛋白质结构层次示意图

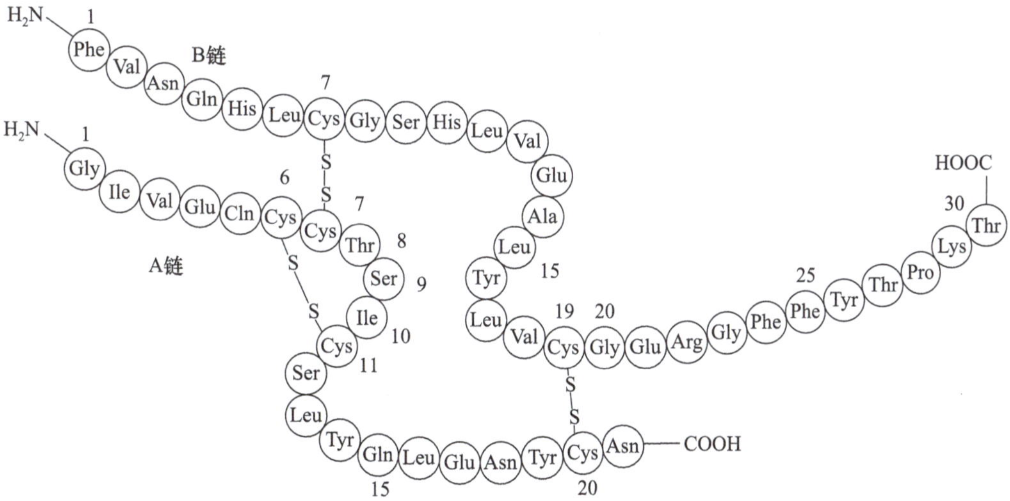

图 1-19 牛胰岛素的一级结构

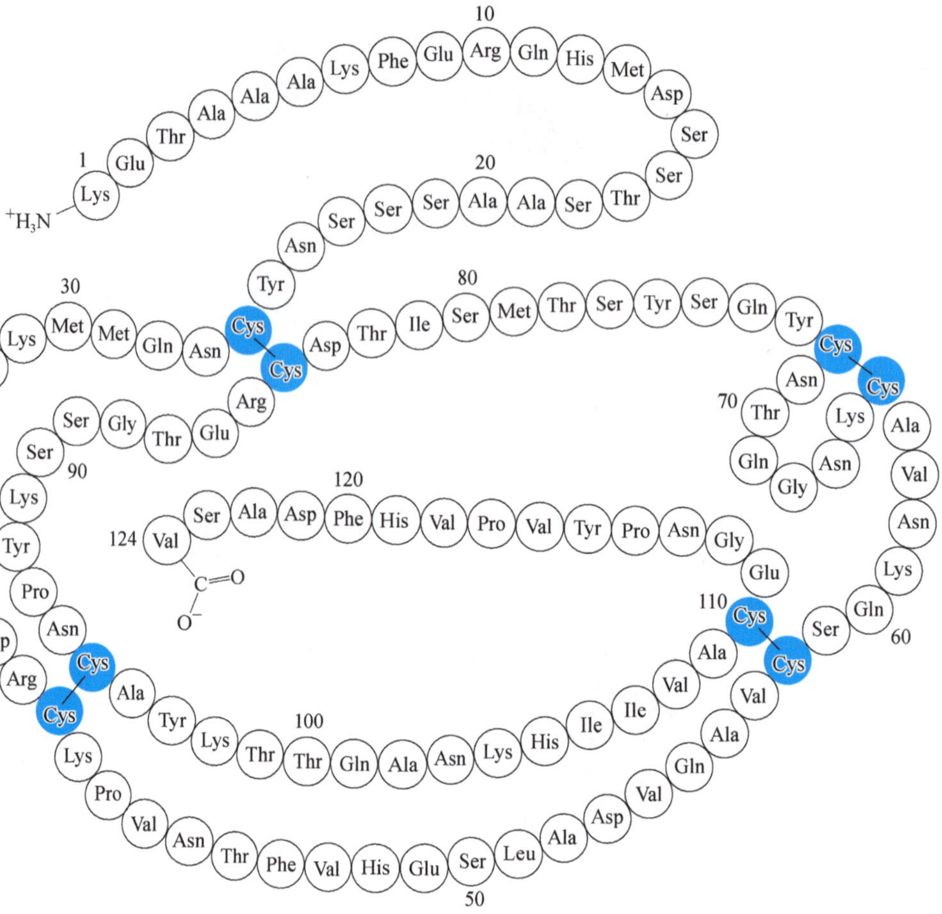

图 1-20 牛胰核糖核酸酶的氨基酸顺序

（二）蛋白质一级结构的测定

蛋白质一级结构的测定就是确定蛋白质或多肽链中氨基酸的排列顺序，这是揭示生命本质和理解蛋白质结构与功能关系的基础，是阐明遗传疾病发生机制的分子手段，也为研究生物进化提供分子佐证。

测定蛋白质一级结构的首要条件是要求蛋白质样品的纯度达到97%以上，必须知道蛋白质的相对分子质量。蛋白质一级结构的测定主要包括以下基本步骤。

1. 测定蛋白质分子中多肽链的数目 一般根据蛋白质N端或C端残基的量和蛋白质的相对分子质量来确定蛋白质分子中的多肽链数目。

2. 拆分蛋白质分子的多肽链 如果蛋白质分子是由一条以上多肽链构成的，则必须拆分这些多肽链，并对拆分后的每一条多肽链进行分离纯化。如果多肽链间是通过非共价键缔合的，可以用8mol/L尿素或6mol/L盐酸胍处理将蛋白质的多条肽链拆分；如果多肽链之间是通过共价二硫键交联的，则需要采用过甲酸将二硫键氧化，或用过量的β-巯基乙醇处理将二硫键还原。还原法应注意用碘乙酸等烷基化试剂保护还原后生成的巯基，以防止二硫键的重新生成。

3. 分析每一条多肽链的氨基酸组成 将待测样品进行完全水解，用氨基酸分析仪测定其氨基酸组成。

4. 鉴定多肽链的 N 端或 C 端残基 常用的 N 端测定方法有 2,4-二硝基氟苯法、异硫氰酸苯酯法和丹磺酰氯法。

测定 C 端最常用的方法是肼解法：将多肽溶于无水肼中，在 100℃下进行反应，羧基末端氨基酸以游离氨基酸释放出来，肽链其余部分的氨基酸残基都与肼生成氨基酸的酰肼化合物。

5. 将多肽链裂解成较小的片段 将每条多肽链用两种或两种以上的不同方法进行部分水解，这也是一级结构测定中的关键步骤。断裂多肽链的方法有化学法和酶解法。

化学法常用溴化氰法或羟胺法，二者作用的专一性见表 1-6。

表 1-6 溴化氰或羟胺水解肽键的专一性

试剂	识别位点
溴化氰	甲硫氨酸羧基形成的肽键
羟胺	Asn-Gly、Asn-Leu 和 Asn-Ala

酶解法常用的蛋白水解酶有胃蛋白酶、胰蛋白酶、糜蛋白酶等，其专一性见表 1-7。

表 1-7 部分蛋白水解酶的专一性

酶	来源	识别位点
胃蛋白酶	胃黏膜	Tyr、Phe、Trp 等疏水氨基酸残基的羧基端肽键，且断裂点两端须都是疏水性氨基酸
胰蛋白酶	胰脏	Arg、Lys 残基的羧基端肽键
糜蛋白酶（胰凝乳蛋白酶）	胰脏	Tyr、Phe、Trp 等芳香族氨基酸残基的羧基端肽键
葡萄球菌蛋白酶（Glu 蛋白酶）	金黄色葡萄球菌	在磷酸盐缓冲液（pH 7.8）中进行裂解时，能在 Glu 残基和 Asp 残基的羧基端断裂肽键；在碳酸氢铵缓冲液（pH 7.8）或乙酸铵缓冲液（pH 4.0）中，只能断裂 Glu 残基羧基端的肽键
梭菌蛋白酶（Arg 蛋白酶）	溶组织芽孢杆菌	Arg 残基的羧基端肽键
枯草杆菌蛋白酶	枯草芽孢杆菌	芳香族及脂肪族氨基酸残基的羧基端肽键

6. 分离纯化小的肽段并测定各肽段的氨基酸序列 一般采用电泳或色谱方法分离纯化小肽段。常用 Edman 降解法测定各肽段的氨基酸序列。目前，以 Edman 降解法为原理设计的蛋白质自动顺序分析仪免除了手工测序的麻烦，也大大提高了测定精度和效率。

7. 重建完整多肽链的一级结构 利用两套或两套以上肽段的氨基酸序列彼此之间的交错重叠，拼接出完整的多肽链氨基酸序列。

8. 确定二硫键的位置 通常在测定了蛋白质的氨基酸序列之后，需要确定二硫键的位置。

在不打开二硫键的情况下用胃蛋白酶对蛋白质进行水解，将水解得到的肽段进行分离。将分离得到的含有二硫键的肽段进行氧化或还原，切断二硫键。分离切断二硫键以后生成两个肽段，并确定这两个肽段的氨基酸顺序。将这两个肽段的氨基酸顺序与整条多肽链的氨基酸顺序进行比较，即可推断出二硫键的位置。

经典的确定二硫键位置的方法为对角线电泳。1966年，J. R. Brown及B. S. Hartlay提出用对角线电泳进行含二硫键肽的定位。此方法是将水解后的肽混合物进行第一相电泳分离。电泳完毕后，将样品纸条剪下，置于装有过甲酸的器皿中处理2h使二硫键断裂。然后将纸条固定于另一张纸上，在相同条件下，换垂直方向进行第二相电泳。在第二相电泳中，不含二硫键的肽段迁移率不变，电泳后各肽段在纸上呈对角线分布，而那些含二硫键的肽段由于被氧化，大小和电荷发生变化，迁移率发生改变，电泳后肽段偏离对角线。

分离得到含二硫键肽段后，即可进行氨基酸顺序分析，并与该蛋白质的完整氨基酸序列进行比较，即可确定形成二硫键的半胱氨酸的位置。

二、蛋白质的二级结构

（一）构象与构型

天然蛋白质都有特定的构象，所谓构象（conformation）是指分子中取代原子或基团在单键旋转时而形成的不同立体结构，这种空间位置的改变不涉及共价键的断裂。而构型（configuration）是指在立体异构体中取代原子或基团在空间的取向。一个碳原子与4个不同的基团相连时，只可能有两种不同的空间排列，这两种不同的空间排列称为不同的构型。构型的改变涉及共价键的断裂和重建。

（二）多肽链折叠的空间限制

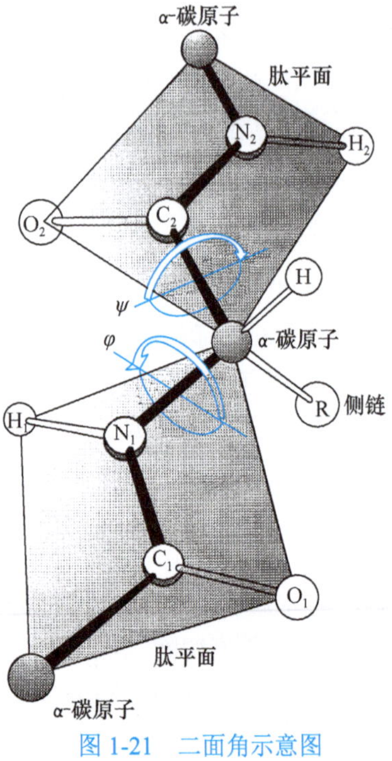

图1-21 二面角示意图

一个蛋白质的多肽链在生理条件下，只有一种或很少几种构象，这种构象即蛋白质的天然构象，天然构象保证了蛋白质的生物学活性，并且相当稳定。这一事实说明了天然蛋白质共价主链上的单键并不能任意自由旋转。

多肽链共价主链上的单键主要是指肽键和α-碳原子所形成的单键，肽链中能够旋转的只有α-碳原子形成的单键，而肽键的部分双键性质使它不能自由旋转。单键的旋转决定了肽平面的空间位置，以二面角来描述相邻肽平面的空间位置关系。

1. 二面角 一个肽平面绕$N_1—C_\alpha$旋转的角度用φ表示，而绕$C_\alpha—C_2$键旋转的角度用ψ表示，顺时针方向为正，逆时针为负，理论上φ和ψ可以取$-180°\sim180°$的任意角度。多肽链的所有可能构象都能用φ和ψ这两个构象角来描述，称为二面角（图1-21）。

当φ的旋转键$N_1—C_\alpha$两侧的$N_1—C_1$和$C_\alpha—C_2$呈顺式时，规定$\varphi=0°$。

当ψ的旋转键$C_\alpha—C_2$两侧的$C_\alpha—N_1$和$C_2—N_2$呈顺式时，规定$\psi=0°$。

从 C_α 向 N_1 看，顺时针旋转 $C_\alpha—N_1$ 键形成的 φ 角为正值，反之为负值。

从 C_α 向 C_2 看，顺时针旋转 $C_\alpha—C_2$ 键形成的 ψ 角为正值，反之为负值。

2. 多肽链折叠的空间限制 由于原子或基团之间不利的空间相互作用，肽链构象的范围是很有限的。肽单位理论上可以是反式（*trans*）构象或顺式（*cis*）构象。由于连接在两个 α-碳原子上的侧链基团之间的立体干扰，不利于顺式构象的形成，对伸展的反式构象的形成有利，因此蛋白质中几乎所有的肽单位都是反式构象。通过 X 射线晶体衍射分析发现蛋白质中大约有 6% 的脯氨酸残基处于顺式构象。一个蛋白质的构象取决于肽单位绕 $N—C_\alpha$ 键和 $C_\alpha—C$ 键的旋转，旋转本身受到肽链的主链和相邻残基的侧链原子之间的立体干扰的限制，因此，一个多肽主链实际上不可能有无限多种构象。

（三）蛋白质二级结构的定义及主要类型

蛋白质的二级结构（secondary structure）是指多肽链主链本身的折叠和盘绕方式，它只涉及肽链主链的构象及链内或链间形成的氢键。天然蛋白质中常见的二级结构包括 α 螺旋、β 折叠、β 转角和无规则卷曲等。

1. α 螺旋（α helix） α 螺旋具有以下结构特征（图 1-22）。

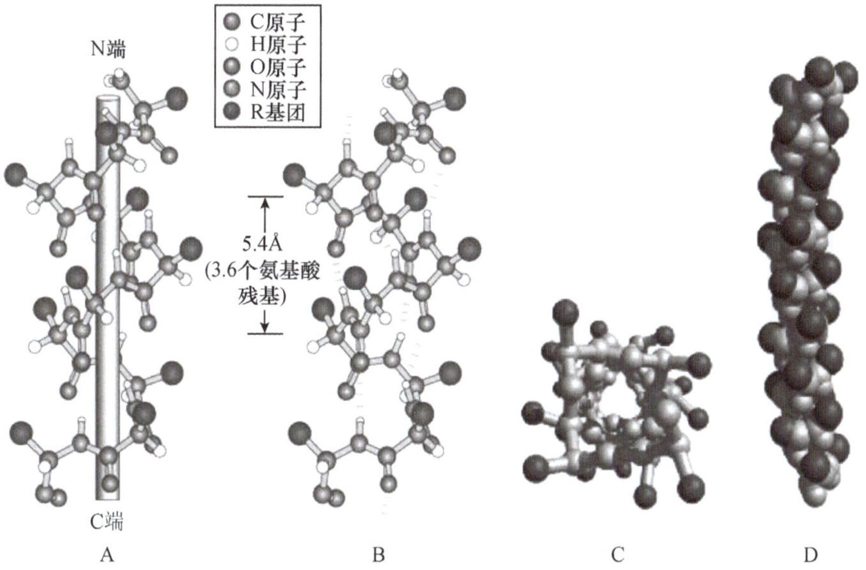

图 1-22 右手 α 螺旋的 4 种不同表示方式

A. 右手 α 螺旋的结构；B. 右手 α 螺旋的球棍模型；C. 右手 α 螺旋的俯面观（球棍模型）；D. 右手 α 螺旋的侧面观（空间填充模型）

（1）α 螺旋是一个类似棒状的结构，从外观看，紧密卷曲的多肽链主链构成了螺旋棒的中心部分，所有氨基酸残基的 R 侧链伸向螺旋的外侧，这样可以减少立体障碍。天然蛋白质中的 α 螺旋都是右手螺旋，肽链围绕其长轴盘绕成右手螺旋体。

（2）每圈 α 螺旋包含 3.6 个氨基酸残基，螺距为 0.54nm，即螺旋每上升一圈相当于向上平移 0.54nm。相邻两个氨基酸残基之间的轴心距为 0.15nm，每个残基绕轴旋转 100°。二面角 φ 和 ψ 分别约为 −57° 和 −48°。

（3）α 螺旋的稳定主要靠链内的氢键维持。螺旋中每个氨基酸残基的羰基氧与它后面第 4 个氨基酸残基的酰胺氢之间形成氢键，所有氢键与长轴几乎平行。螺旋内的一个氢键对结构稳定性的作用并不大，但 α 螺旋内的许多氢键的总体效应却能稳定螺旋的构象。实际上，α 螺旋结构是最稳定的二级结构。

蛋白质多肽链能否形成 α 螺旋体及螺旋体的稳定程度如何，与它的氨基酸组成和排列顺序有很大关系，R 侧链的电荷性质及大小都会影响螺旋的形成。有些氨基酸出现在 α 螺旋中的概率要比其他氨基酸多。例如，丙氨酸具有小的、不带电荷的侧链，非常有利于形成 α 螺旋构象。有些氨基酸则基本上不会出现在 α 螺旋中。例如，多肽链中有脯氨酸时 α 螺旋就被中断，这是因为脯氨酸 α- 亚氨基上的氢原子参与肽键形成后就再没有多余的氢原子形成氢键，所以在有脯氨酸存在的地方就不能形成 α 螺旋结构。又如，多聚异亮氨酸的 R 侧链体积大，造成空间阻碍，不能形成 α 螺旋；多聚精氨酸由于带正电荷而互相排斥，也不能形成 α 螺旋。

因为不同蛋白质的一级结构不同，所以不同蛋白质分子中 α 螺旋结构所占比例也大不相同。

2. β 折叠 β 折叠（β sheet）又称为 β 折叠片层（β plated sheet）和 β 构象（β conformation）等。β 折叠是由两条或多条几乎完全伸展的多肽链平行排列，通过链间的氢键进行交联而形成的，或一条肽链内的不同肽段间靠氢键而形成的片层状结构。多肽链呈扇面状折叠构象（图 1-23）。

β 折叠的结构特点如下。

（1）在 β 折叠中，多肽链几乎是完全伸展的。R 侧链交替地分布在片层的上方和下方，以避免相邻 R 侧链之间的空间障碍。

（2）相邻肽链主链上的 C═O 与 N—H 之间形成氢键，氢键与肽链的长轴近于垂直。所有的肽键都参与了链间氢键的形成，维持了 β 折叠结构的稳定。

（3）相邻肽链的走向可以是平行和反平行两种。在平行的 β 折叠结构中，相邻肽链的走向相同，从 N 端到 C 端是同一方向，氢键不平行。在反平行的 β 折叠结构中，相邻肽链的走向相反，从 N 端到 C 端是相反方向，氢键近于平行。从能量角度考虑，反平行 β 折叠结构更为稳定。

（4）平行的 β 折叠片层结构中，肽链同侧两个相邻的同一基团之间的间距为 0.65nm；而反平行的 β 折叠片层结构中其间距为 0.70nm。

3. β 转角 β 转角（β turn）又称为 β 弯曲（β bend）、β 回折（β reverse turn）、发夹结构（hairpin structure）等。蛋白质多肽链在形成空间构象的时候，经常会出现 180° 的 U 形回折，回折处的结构就称为 β 转角。β 转角一般由肽链上 4 个连续的氨基酸残基组成，其中 n 位氨基酸残基的羰基氧与 n+3 位氨基酸残基的酰胺氢之间形成氢键。常见的两种 β 转角类型 Ⅰ 和 Ⅱ（图 1-24）的主要区别是第 1 个氨基酸残基和第 2 个氨基酸残基形成的肽

平行β折叠

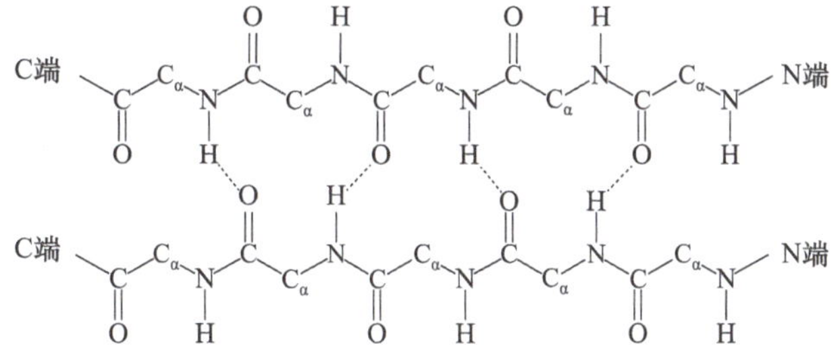

反平行β折叠

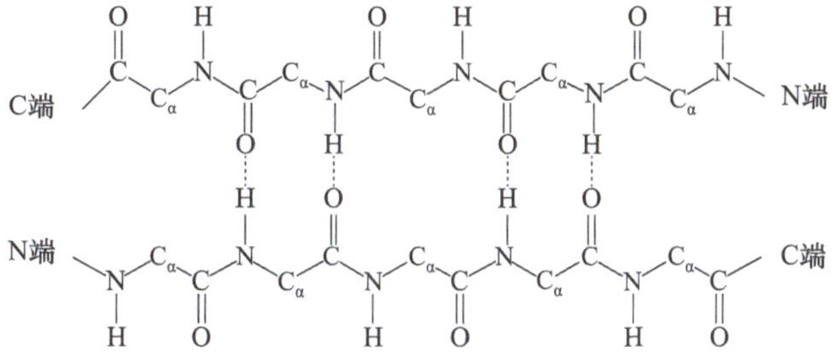

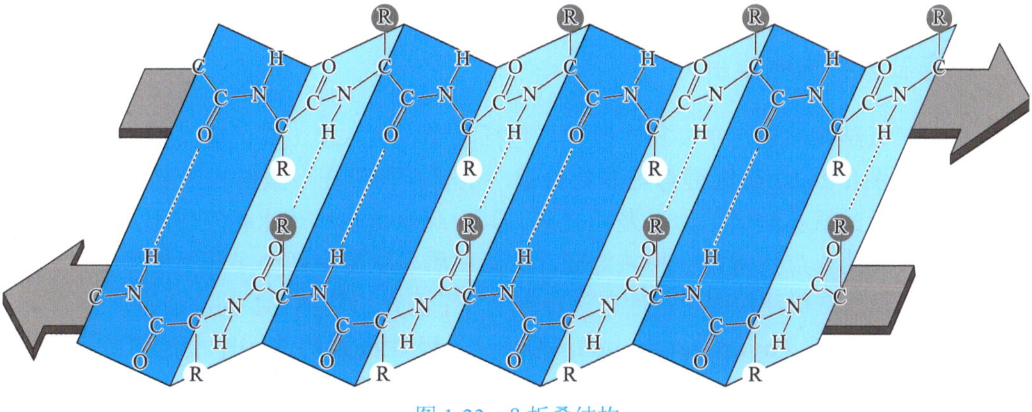

图 1-23 β 折叠结构

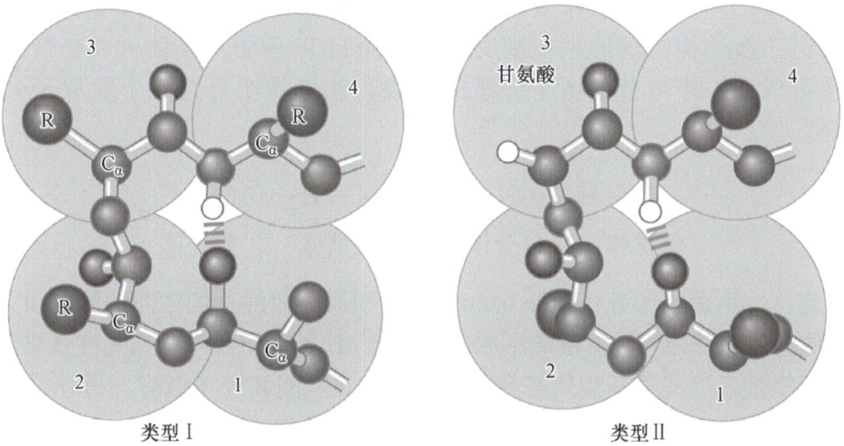

类型 I　　类型 II

图 1-24 两种 β 转角的结构

平面的朝向相差180°，β转角类型Ⅱ的第3个氨基酸残基往往是甘氨酸或其他小的亲水性氨基酸。目前发现的β转角多数分布在球状蛋白质分子表面。

4. 无规则卷曲 无规则卷曲也称自由回转（random coil）或卷曲（coil），泛指那些不能被归入明确的二级结构如β折叠或α螺旋的多肽区段，它们也像其他二级结构那样具有明确而稳定的结构，受侧链相互作用的影响很大，经常构成酶的活性中心和某些蛋白质特异的功能部位。

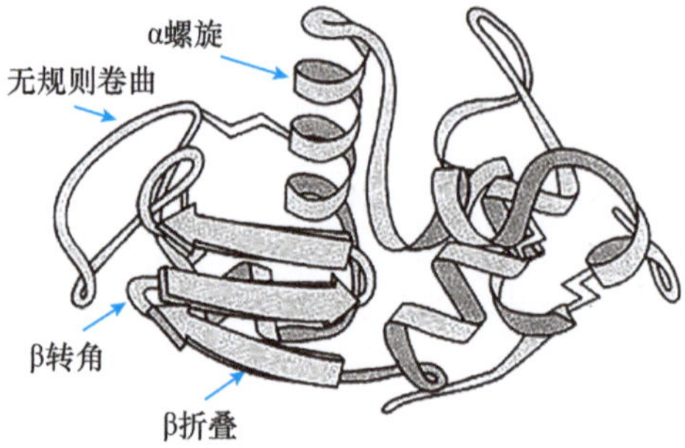

图1-25 蛋白质中的二级结构示意

有些蛋白质仅含有一种二级结构，但有些蛋白质中含有多种二级结构，如图1-25所示。

三、蛋白质的三级结构

蛋白质的三级结构（tertiary structure）是指构成蛋白质的多肽链在二级结构的基础上进一步盘绕、卷曲和折叠形成的特定空间结构，它包括肽链上所有原子的空间排布。三级结构中通常含有超二级结构和结构域。

（一）稳定三级结构的作用力

蛋白质三级结构的稳定主要靠次级键，包括氢键、疏水键、离子键及范德瓦耳斯力，还有二硫键（图1-26）。次级键都是非共价键，主要存在于在一级结构上相隔很远而高级结构中离得很近的氨基酸残基的R基团之间。其中疏水键也称疏水相互作用，是稳定三级结构的主要作用力。二硫键是一种共价键，由蛋白质多肽链中两个半胱氨酸残基的巯基形成，对维持蛋白质三级结构的稳定性有重要作用。下面介绍几种主要的次级键。

1. 氢键 氢键（hydrogen bond）是由一个极性很强的X—H上的氢原子（氢供体）与另一个电负性强的原子Y（如O、N、F等，氢受体）相互作用形成的一种吸引力，本质上仍属于弱的静电吸引作用。氢键除了用来稳定蛋白质的二级结构以外，在维持蛋白质三级结构中也起着重要作用。不过，稳定二级结构的氢键供体和受体来自主链，而稳定三级结构的氢键供体和受体一般来自R基团。氢键可以在带电荷的分子间形成，也可以在不带电荷的两个分子间形成。氢键的实质是一个氢原子被两个其他原子“瓜分”。

—O—H······N—		—N—H······O═C	
氢供体	氢受体	氢供体	氢受体

2. 离子键 所谓离子键（ionic bond）是带相反电荷的基团之间的静电引力，也称为盐键。蛋白质的多肽链由各种氨基酸组成，在生理pH条件下，有些氨基酸残基带正电荷，如赖氨酸和精氨酸，有些氨基酸残基带负电荷，如谷氨酸和天冬氨酸。另外，游离的N端氨基酸残基的氨基和C端氨基酸残基的羧基也分别带正电荷和负电荷，这些带相反电荷的基团之间都可以形成离子键。

一种带负电荷的基团　　一种带正电荷的基团

3. 疏水键　蛋白质分子含有许多非极性侧链和一些极性很小的基团，这些非极性基团避开水相，互相聚集在一起而形成的作用力称为疏水键（hydrophobic bond），也称疏水作用力或疏水相互作用。例如，缬氨酸、亮氨酸、异亮氨酸、苯丙氨酸、色氨酸等氨基酸的侧链基团具有疏水性，在水溶液中它们会避开周围的极性溶剂而聚集在一起，从而在分子内部形成疏水核心。这种疏水相互作用在维持蛋白质三级结构中起着非常重要的作用，它能够驱使蛋白质多肽链在溶液中快速折叠，并达到最终的构象状态。

4. 范德瓦耳斯力　范德瓦耳斯力（van der Waals force）是任何两个相距 0.3 ～ 0.4nm、不带电荷、非成键原子之间的作用力。范德瓦耳斯力非常弱，但在蛋白质分子中大量存在，所以对稳定蛋白质三级结构的作用也不容忽视。

这些次级键的键能都较弱，但由于它们在蛋白质分子中广泛存在，因此在维持蛋白质的空间构象上起着非常重要的作用。如果外界因素影响或破坏了这些次级键的形成，则会引起蛋白质空间结构的变化。图 1-26 为维持蛋白质三级结构稳定的各种作用力。

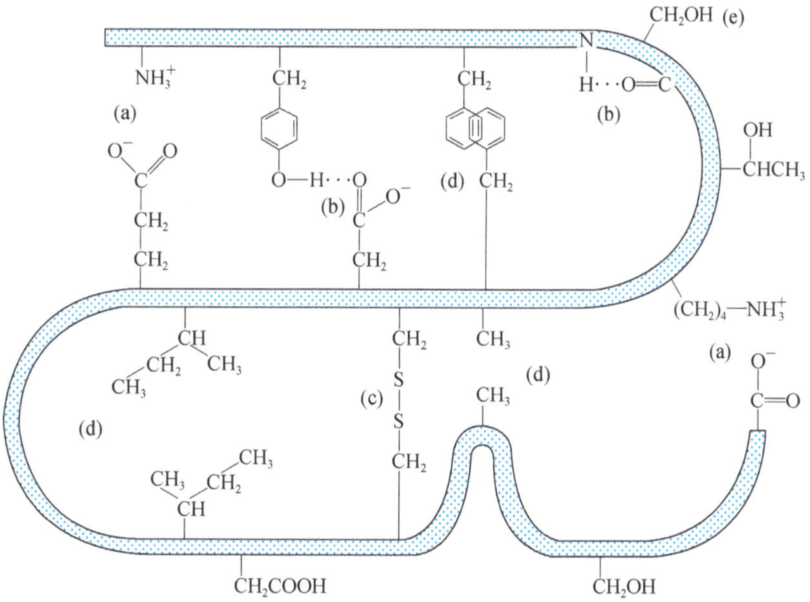

图 1-26　维持蛋白质三级结构稳定的各种作用力

（a）离子键；（b）氢键；（c）二硫键；（d）疏水键；（e）范德瓦耳斯力

（二）三级结构的结构部件

1. 超二级结构　超二级结构（super-secondary structure）是指由若干相邻的二级结构

单元彼此相互作用组合在一起，形成有规则、在空间上能够辨认的二级结构组合体，充当三级结构的构件。常见的超二级结构（图 1-27）如 α 螺旋聚集体（αα 型）、β 折叠聚集体（βββ 型），以及 α 螺旋和 β 折叠的聚集体，常见的是 βαβ 型聚集体。在一些纤维状蛋白质和球状蛋白质中都已发现有 α 螺旋聚集体（αα 型）的存在。在球状蛋白质中常见的是两个 βαβ 聚集体连在一起，形成 βαβαβ 结构，称为 Rossmann 卷曲（Rossmann-fold）。

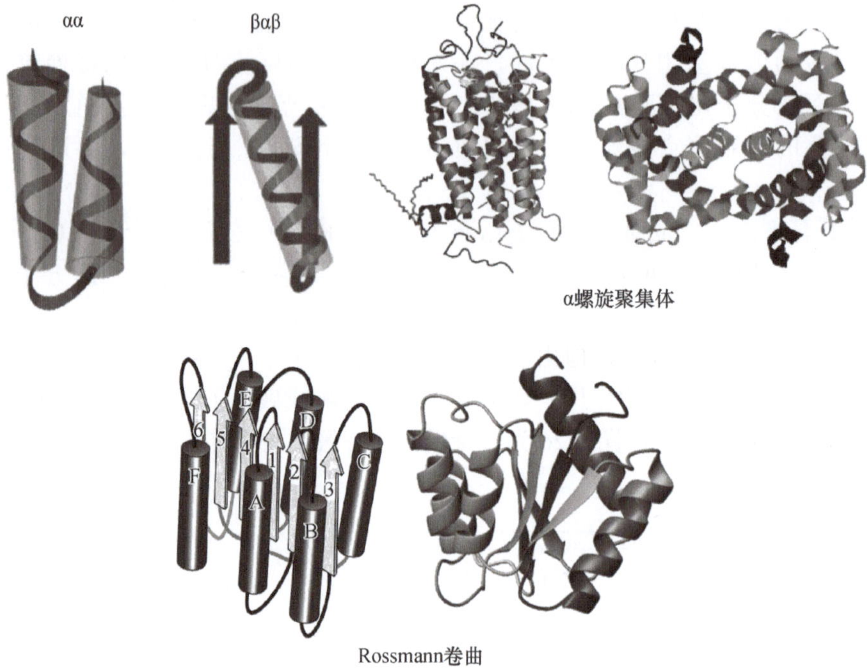

图 1-27　常见的超二级结构类型

知识窗

毛发结构及烫发原理

α-角蛋白是毛发的主要蛋白质，是 α 螺旋聚集体的典型实例。毛发中 α-角蛋白的基本结构是两股右手 α 螺旋向左缠绕，形成双链卷曲螺旋，两条双链卷曲螺旋结合形成初原纤维，两个初原纤维结合形成原纤维，4 个原纤维结合形成中级纤维，多个中级纤维结合在一起形成毛发（图 1-28）。α-角蛋白的伸缩性能很好，α-角蛋白在湿热条件下可以伸展转变为 β 构象，一根毛发纤维在湿热的情况下，可以拉长到原有长度的 2 倍，但在冷却干燥时又可自发地恢复原状。这是因为 α-角蛋白的 R 基团一般都比较大，不适于处在 β 构象状态，此外，α-角蛋白中的螺旋多肽链间有着很多的二硫键交联，这些二硫键也是当外力解除后使肽链恢复 α 螺旋构象的重要力量。

α-角蛋白的结构特点是烫发行业的生化基础，因此烫发可以看作一项生物化学工程。烫发时，首先把头发卷成一定的形状，在头发上涂抹含巯基化合物的还原剂溶液，以打开头发 α-角蛋白中的链间二硫键；然后进行加热处理，在湿热条件下，头发 α-角蛋白的螺旋内氢键被破坏，伸展成 β 构象；最后在头发上涂抹氧化剂，以便在相邻多肽链的半胱氨酸残基对（但不是处理前的残基对）之间形成新的二硫键（图 1-29）。当洗涤并冷却头发后，多肽链重新回到 α 螺旋构象。由于形成了新的二硫键，头发纤维的 α 螺旋束发生扭曲，变成波浪卷曲的形式。

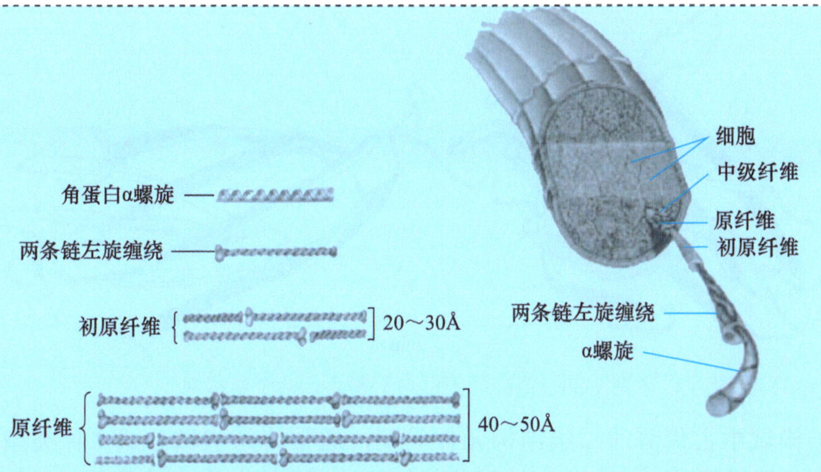

图 1-28 毛发的结构

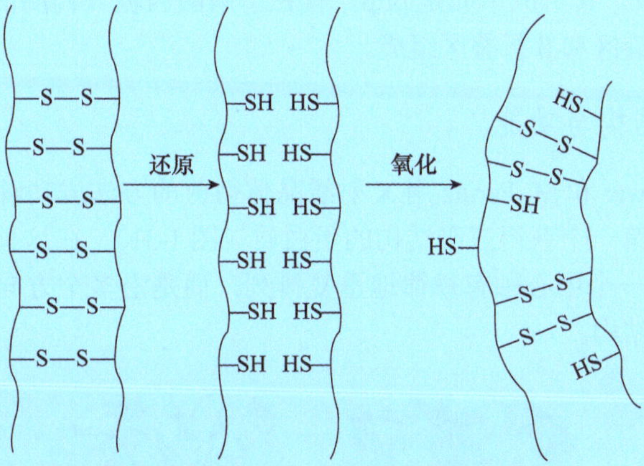

图 1-29 烫发过程中二硫键的打开与形成

2. 结构域 结构域（structural domain）是指多肽链在二级结构或超二级结构的基础上，进一步盘绕、卷曲形成三级结构的局部折叠区，是相对独立的紧密球状实体。对于较大的蛋白质分子，其三级结构往往是由两个或多个在空间上可明显区分的、相对独立的结构域缔合而成的。对于较小的蛋白质分子来说，结构域往往就是其三级结构，即较小的蛋白质是单结构域。结构域自身是紧密装配的，但结构域与结构域之间关系松懈，之间常常由一段长短不等的肽链相连，形成所谓铰链区。不同蛋白质分子中结构域的数目不同，同一蛋白质分子中的几个结构域可以相似也可以不同。图 1-30 为免疫球蛋白 G 轻链中的两个结构域。

对于含有多结构域的酶而言，活性中心往往就在结构域交界处，结构域容易发生相对运动，对活性中心的形成特别有利，尤其在酶执行功能时，更有利于底物靠近酶的活性中心。

对于许多蛋白质来讲，当其结构域在特殊条件下被分开后，每一个结构域仍保留各自原有的功能。

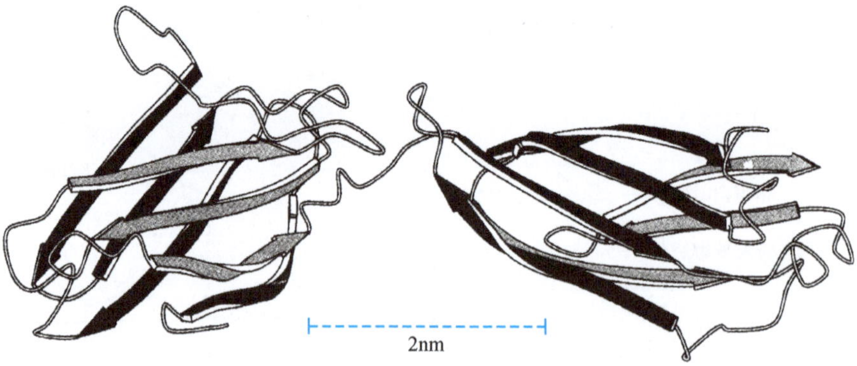

图 1-30 免疫球蛋白 G 轻链中的两个结构域

根据结构域中占优势的二级结构元件类型，通常将结构域分成 4 种类型：① α 结构域，完全由 α 螺旋组成，如在具有输氧功能的肌红蛋白中就存在典型的 α 结构域；② β 结构域，只含有 β 折叠、β 转角和不规则环等，如免疫球蛋白 G 轻链中只含有 β 折叠形成的结构域；③ α/β 结构域，其组成单元是 βαβ，存在于磷酸丙糖异构酶的结构域中；④ α+β 结构域，由独立的 α 螺旋区和 β 折叠区组成。

（三）肌红蛋白的结构与功能

1959 年，J. Kendwer 和 M. Perutz 用 X 射线晶体衍射的方法成功解析了抹香鲸肌红蛋白的三级结构，这也是第一个获得三级结构的蛋白质（图 1-31）。在这种球状蛋白质中，多肽链不是简单地沿着某一个中心轴有规律地重复排列，而是沿多个方向卷曲、折叠，形成一个紧密的近似球形的结构。

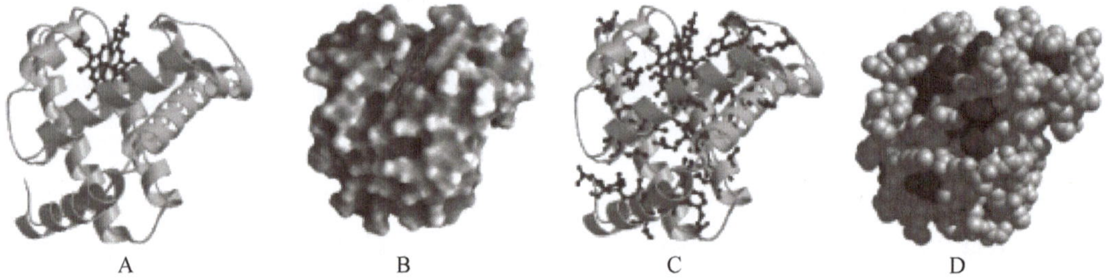

图 1-31 抹香鲸肌红蛋白的三级结构

A. 丝带模型，只显示主链；B. 表面形态的轮廓图；C. 丝带模型，显示侧链基团；D. 空间填充模型

肌红蛋白（myoglobin，Mb）是哺乳动物肌肉细胞中的贮氧蛋白质，由一条多肽链和一个血红素辅基构成，分子质量为 16 700Da，含有 153 个氨基酸残基，约 75% 的氨基酸残基折叠缠绕形成长度不等的 8 段 α 螺旋，这些螺旋从 N 端到 C 端依次被命名为 A、B、C…H。其中最长的 α 螺旋有 23 个氨基酸残基，最短的 α 螺旋只有 7 个氨基酸残基。螺旋之间是短的转角或小环，如 CD 就表示 C、D 螺旋之间的环，依此类推。疏水性残基包埋在球状分子的内部，而亲水性残基分布在分子的表面，使肌红蛋白具有水溶性。血红素辅基处在 α 螺旋包围的疏水口袋中，这种疏水的环境有利于血红素辅基中的铁原子直接与氧结合（图 1-32）。

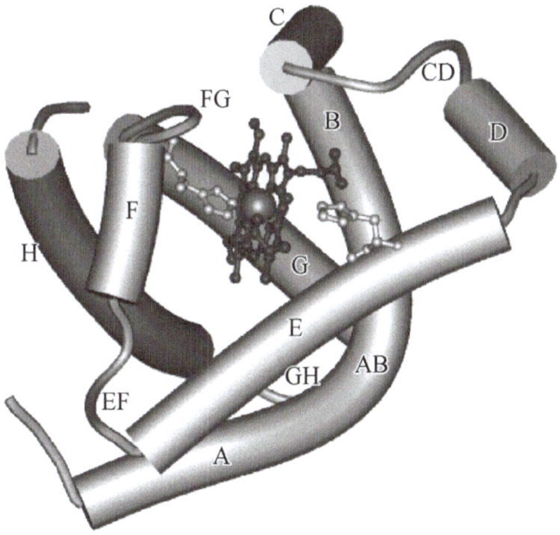

图 1-32　肌红蛋白的 8 个 α 螺旋和血红素辅基

血红素辅基由原卟啉和 Fe^{2+} 组成，分子呈扁平状，位于肌红蛋白分子中 E、F 螺旋之间的疏水空隙内。Fe^{2+} 有 6 个配位键，4 个与原卟啉吡咯环上的氮原子结合，第 5 个配位键与肌红蛋白第 93 位 His（His F8）残基的咪唑基氮原子结合，第 6 个配位键呈开放状态，是 O_2 的结合部位（图 1-33）。但如果 Fe^{2+} 被氧化成 Fe^{3+}，水分子就会占据第 6 个配位键，而导致氧气无法结合。CO 与 O_2 大小差别不大，也能与血红素辅基结合，且与血红素辅基的亲和力远远大于 O_2，这也是 CO 具有毒性的根本原因。

在溶液中，肌红蛋白分子上已结合氧的位置数与可能结合氧的位置数之比称为氧饱和度或饱和分数，以氧饱和度为纵坐标，氧分压为横坐标作图可得到氧合曲线。肌红蛋白的氧合曲线为双曲线形（图 1-34）。用 P_{50} 来定义肌红蛋白的氧饱和度达到一半时的氧分压，

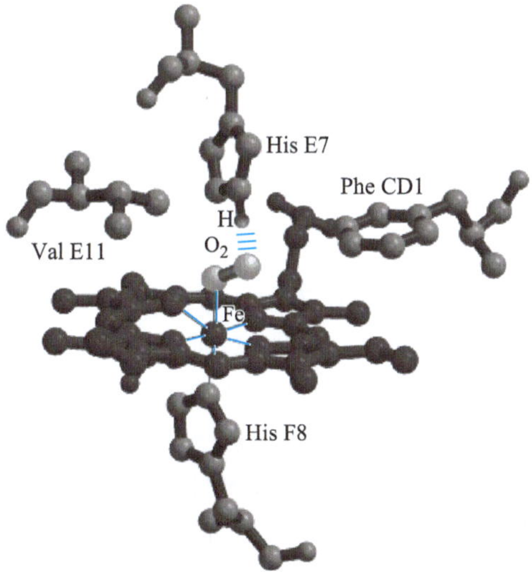

图 1-33　血红素辅基的结构

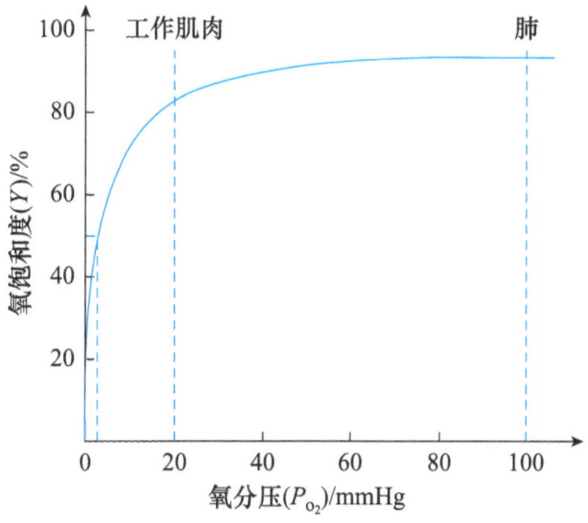

图 1-34　肌红蛋白的氧合曲线

Mb 的 P_{50} 为 2.8mmHg[①]，表明肌红蛋白在低氧分压时即可达到较高的氧饱和度，Mb 对氧具有高亲和性。一般情况下，静脉血中氧分压为 15mmHg 或者更高一些，因此大多数情况下肌红蛋白是高度氧合的，是氧的贮备库，只有在极低的氧分压情况下，如肌肉剧烈运动而缺氧时它才释放出氧气。

四、蛋白质的四级结构

（一）四级结构的定义

有些蛋白质分子含有两条或两条以上多肽链，每一条肽链都具有各自的三级结构。这些具有独立三级结构的多肽链通过非共价键彼此缔合而形成的聚合体结构就是蛋白质的四级结构（quaternary structure）。在具有四级结构的蛋白质中，每一个具有独立三级结构的多肽链称为该蛋白质的亚单位或亚基（subunit）。亚基之间通过其表面的次级键相互作用，形成完整的寡聚蛋白质分子。亚基一般只有一条肽链，亚基单独存在时没有活性。因此，蛋白质的四级结构主要是指亚基的种类、数目、空间排布及亚基之间的相互作用。

有些蛋白质的四级结构是均一的（homogeneous），即由相同的亚基组成，而有些则是不均一的，即由不同亚基组成。例如，烟草斑纹病毒的外壳蛋白是由 2200 个相同的亚基形成的多聚体；正常人血红蛋白 A 是由两个 α 亚基与两个 β 亚基形成的四聚体；天冬氨酸氨甲酰基转移酶由 6 个调节亚基与 6 个催化亚基组成。

维持蛋白质四级结构的作用力主要是次级键，包括氢键、疏水键、离子键及范德瓦耳斯力。

（二）血红蛋白的结构与功能

血红蛋白（hemoglobin，Hb）是由 4 条肽链组成的具有四级结构的蛋白质分子。血红蛋白的主要功能是在血液中运输 O_2 和 CO_2，此外还能和 H^+ 结合，从而维持体内的 pH。血红蛋白的分子质量为 65 000Da，由 2 条 α 链（含 141 个氨基酸残基）和 2 条 β 链（含 146 个氨基酸残基）组成（图 1-35）。

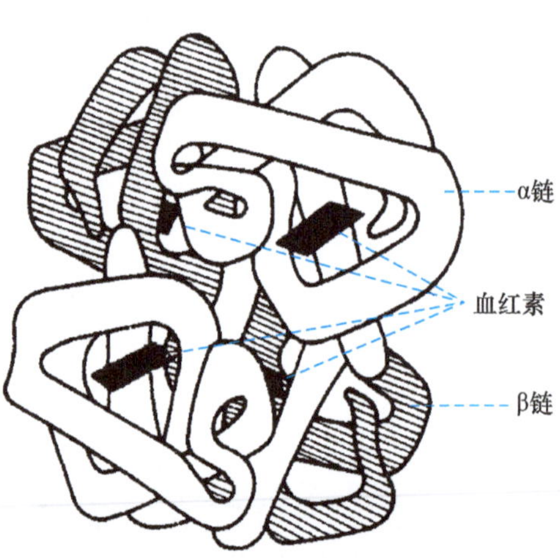

图 1-35　血红蛋白的四级结构示意图

微课视频

在血红蛋白的四聚体中，每个亚基含有一个血红素辅基。α 链和 β 链在一级结构上的差别较大，但它们的三级结构却均与肌红蛋白相似，形成近似球状的结构。每条肽链都含有约 75% 的 α 螺旋结构，并且也像肌红蛋白一样形成含有 8 个肽段的 α 螺旋体。每个亚基都与一个血红素辅基结合，血红素中的铁原子可以处在亚铁（Fe^{2+}）或高铁（Fe^{3+}）状态，只有亚铁形式才能结合 O_2。

① $1mmHg=1.333\ 22\times10^2Pa$

（三）血红蛋白的氧合曲线

Hb 的氧合曲线为 S 形（图 1-36），Hb 只有在氧分压达到一定水平时才与氧结合，一旦结合了氧，在氧分压变化很小的范围内即可达到 80% 的饱和度。如果氧分压降低，它也会很快释放氧。S 形曲线说明血红蛋白与氧的结合具有协同性，而肌红蛋白则没有。

血红蛋白未与氧结合时，其构象处于紧密型，是一个稳定的四聚体（$\alpha_2\beta_2$），这时与氧的亲和力很低。一旦 O_2 与血红蛋白分子中的一个亚基结合，即引起该亚基构象发生变化，并且会引起其余 3 个亚基构象相继发生变化，使整个分子构象发生改变，这种改变致使所有亚基的血红素铁原子的位置都变得适于与 O_2 结合，从而极大地加快了血红蛋白与氧结合的速度。在执行功能时，有一些寡聚蛋白与血红蛋白具有类似的构象改变。这种蛋白质一级结构不变，由于一个亚基与某种小分子结合而引起构象的改变，进而引起其余亚基以致整个分子的构象、性质和功能的变化，称为蛋白质的别构效应（allosteric effect）。这种与亚基结合的小分子称为配体（ligand）。

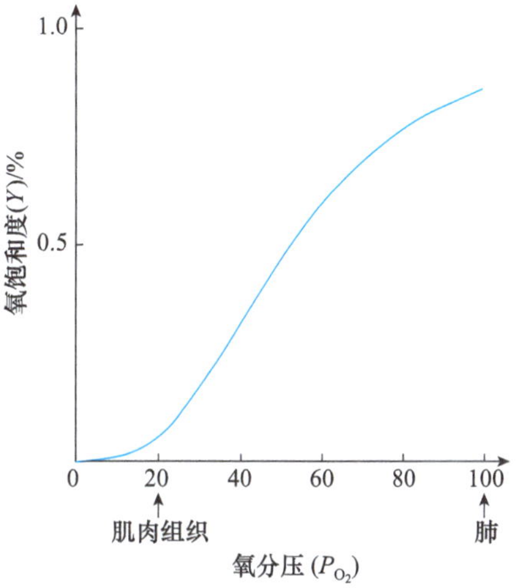

图 1-36 血红蛋白的氧合曲线

如果将血红蛋白中的 α 亚基和 β 亚基分离，单独的 α 亚基或 β 亚基的氧合曲线也和肌红蛋白的一样，都呈双曲线形，没有别构性质。可见，血红蛋白的别构性质来自于它的亚基之间的相互作用。这些都说明蛋白质的空间结构与其功能的实施具有相互适应性和高度统一性，结构是功能的基础。

知识窗

蛋白质结构测定及预测

蛋白质的高级结构是其行使生物学功能的基础，测定蛋白质的高级结构有助于了解蛋白质在生理条件下的作用方式，进而加深对生命活动的理解。截止到 2017 年 6 月，专门存储蛋白质结构的 PDB（protein data bank）数据库中，共发布 130 997 个蛋白质结构信息。其中 90% 左右的蛋白质结构是用 X 射线晶体学方法测定的，该方法是通过测定蛋白质分子在晶体中电子密度的空间分布，在一定分辨率下解析蛋白质中所有原子的三维坐标。但是，X 射线晶体学方法在测定液体或非晶态固体生物样品大分子的结构时受到一定的限制。在已知的蛋白质结构中，约 8% 是通过核磁共振技术（nuclear magnetic resonance，NMR）测得的。由于技术层面的限制，NMR 只能测定出分子质量为几万道尔顿的蛋白质的结构。另外，近几年超低温电子显微镜技术与电镜三维重构技术也被用于测定蛋白质的二级结构。

由于蛋白质的相对分子质量较大，理化性质千差万别，因此一些蛋白质很难提取或结晶，难以用现有技术测定其结构。另外，由于目前蛋白质结构测定技术自身的限制，人们难以测定所有蛋白质的结构。因此很多蛋白质的结构需要通过结构预测来判定。

蛋白质结构预测的方法主要分为比较建模法和从头预测法。比较建模法（同源建模法）是通过从已知蛋白质中选择模板结构，来预测未知蛋白质结构的方法。只要找到好的模板，就可以采用该方法较准确地预测未知蛋白质结构，是现在最为成熟的预测方法之一。从头预测法无需使用特定的模板，直接通过最小化能量函数来构造模型结构的方法。

第五节　蛋白质结构与功能的关系

蛋白质种类繁多，生物学功能各异，而其生物功能的多样性取决于蛋白质的分子结构。目前，蛋白质结构与功能关系的研究已成为从分子水平上认识生命现象的重要研究领域，它与生命起源、细胞分化、代谢调节等重大科学理论问题的解决密切相关。同时，也为解决工农业生产和医疗实践中所存在的许多重大问题提供重要的理论依据。

一、蛋白质的一级结构与功能

（一）蛋白质一级结构的变异与分子病

蛋白质的一级结构是蛋白质行使功能的基础，一级结构的关键部位发生变化，其生物活性也会改变或丧失，甚至产生疾病。这种由蛋白质分子一级结构的氨基酸排列顺序与正常顺序有所不同而导致的遗传性疾病称为分子病（molecular disease）。目前几乎所有遗传病都是由正常蛋白质分子结构改变引起的分子病，最典型的例子为镰状细胞贫血病（sicklemia）。镰状细胞贫血病是遗传基因突变导致血红蛋白分子氨基酸残基改变，从而由于一级结构改变而影响空间结构，进而影响其生物学功能。镰状细胞贫血病患者的血红蛋白分子与正常人的血红蛋白分子相比，在 574 个氨基酸残基中只有 2 处不同。正常人的血红蛋白 HbA 分子中的 β 链 N 端第 6 位氨基酸残基为谷氨酸，而镰状细胞贫血病患者的血红蛋白 HbS 分子中的 β 链 N 端第 6 位氨基酸残基为缬氨酸。谷氨酸是酸性、带负电荷的亲水性氨基酸；而缬氨酸是中性、非极性的疏水性氨基酸。一个氨基酸的改变，亲水基团变为疏水基团，就使血红蛋白分子表面的负电荷减少，这种变化使患者的血红蛋白容易发生聚集并形成杆状多聚体，从而使红细胞变形成为镰刀状。镰刀状细胞不像正常细胞那样平滑而有弹性，通过毛细血管时，镰刀状细胞易破裂，导致红细胞的数量减少，破坏血液循环。患者表现为乏力，剧烈运动可导致死亡。

β 链　　　1　2　3　4　5　6

HbA：H_2N-Val-His-Leu-Thr-Pro-**Glu**-Glu-Lys-……

HbS：H_2N-Val-His-Leu-Thr-Pro-**Val**-Glu-Lys-……

（二）同功能蛋白质中氨基酸顺序的种属差异

具有相同功能的蛋白质都具有相似的或完全相同的一级结构，这些在不同有机体中行使相同或相似功能的蛋白质称为同功能蛋白质或同源蛋白质（homologous protein）。研究发现，来自不同种属的同源蛋白质其一级结构上有许多位置的氨基酸残基对所有种属而言都相同，这些氨基酸残基称为不变残基（invariant residue），不变残基决定了蛋白质的生物学功能。另有一些氨基酸残基是可以改变的，称为可变残基（variable residue），可变部分反映不同生物体在进化上的差异，这种差异越大，生物种属间的差异也越大。

对不同种属的细胞色素c的研究结果充分证实了这一点。细胞色素c广泛存在于需氧生物细胞的线粒体中，是一种与血红素辅基共价结合的单链蛋白质，它在生物氧化反应中起重要作用。对各种生物细胞色素c的一级结构分析结果表明，虽然各种生物在亲缘关系上差别很大，但与功能密切相关的氨基酸顺序却有共同之处。构成不同种属细胞色素c的100个左右的氨基酸残基中，有28个氨基酸残基的位置是不变的，这些氨基酸都是保证细胞色素c功能的关键部位，其中有的是维持分子构象必需的；有的可能参与电子传递；有的可能参与“识别”并结合电子传递过程中其上游的细胞色素还原酶和下游的氧化酶。另外，亲缘关系越近，其结构越相似。表1-8为不同生物与人细胞色素c的氨基酸残基差异数目，可见人和黑猩猩的细胞色素c的氨基酸残基种类、排列顺序和三级结构大体上都相同，而人与马相比有12处不同，与鸡相比有13处不同，与酵母相比则有44处不同，相差最大。因此，可以根据它们在一级结构上的差异程度推断它们在亲缘关系上的远近，从而为研究生物进化提供有价值的依据。

表1-8 不同生物与人细胞色素c的氨基酸残基差异数目

生物名称	氨基酸残基差异数目	生物名称	氨基酸残基差异数目
黑猩猩	0	响尾蛇	14
恒河猴	1	海龟	15
兔	9	金枪鱼	21
袋鼠	10	狗鱼	23
牛、羊、猪	10	小蝇	25
狗	11	蛾	31
驴	11	小麦	35
马	12	粗糙链孢霉	43
鸡、火鸡	13	酵母菌	44

（三）一级结构的局部断裂与蛋白质的激活

生物体中的很多酶、蛋白质激素、凝血因子等蛋白质都具有重要的生物学功能，但它们往往在体内首先合成分泌的是无活性的前体（precursor）形式，这些前体只有以特定的方式断裂某一个或几个肽键后才能呈现生物学活性。酶的无活性前体称为酶原（zymogen）。

例如，胃蛋白酶原是由392个氨基酸残基组成的，在胃酸的作用下，其第42位与第43位氨基酸残基间的肽键断裂，失去42个氨基酸残基的肽段，变为有活性的胃蛋白酶，有活性的胃蛋白酶又可进一步去激活其他的胃蛋白酶原形成有活性的胃蛋白酶。又如，胰蛋白酶原进入小肠后在有Ca^{2+}的环境中受到肠激酶的激活，使酶原中赖氨酸和异亮氨酸之间的肽键被打断，失去N端一个含有6个氨基酸残基的肽段，剩余肽段进一步折叠，才形成有活性的胰蛋白酶（图1-37）。

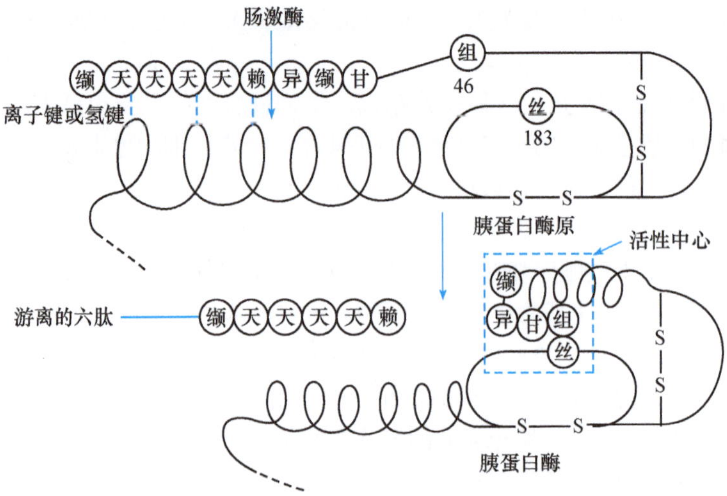

图 1-37 胰蛋白酶原的激活过程

二、蛋白质的空间结构与功能

各种蛋白质都有其特定的空间构象，而构象是表现其特殊生物学功能所必需的。当蛋白质空间结构遭到破坏时，其生物学功能也往往随之丧失；有的蛋白质在执行功能时，需要其空间构象进行相应改变才能更好地行使其功能；而有的蛋白质空间结构的改变会导致疾病。以下几个例子可充分说明蛋白质的空间结构与其功能的关系。

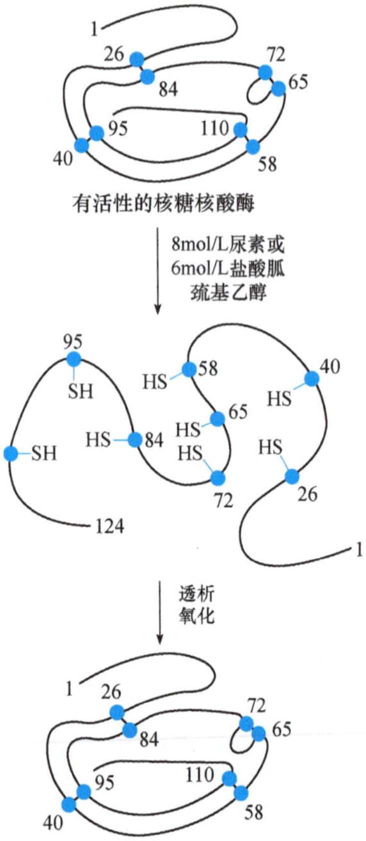

图 1-38 核糖核酸酶的变性与复性

（一）核糖核酸酶的变性与复性

蛋白质的变性与复性最直接有力的实验证据是 20 世纪 60 年代 C. B. Anfinsen 进行的牛胰核糖核酸酶（RNA 酶）的变性复性实验。

核糖核酸酶的功能是水解核糖核酸，其分子中含有 124 个氨基酸残基，由一条肽链经不规则折叠形成一个近似于球形的分子。维持核糖核酸酶构象稳定的因素除了次级键外还有 4 对二硫键。如果将天然的核糖核酸酶在 8mol/L 尿素或 6mol/L 盐酸胍存在的情况下用巯基乙醇处理，则分子中的 4 对二硫键被破坏，紧密的球状分子变成一条松散的多肽链，同时酶活性完全丧失。但如果用透析法除去尿素（或盐酸胍）和巯基乙醇后，松散的多肽链经氧化又可自发地折叠成原来的天然构象，因为二硫键又重新形成，并且酶活性也可以恢复（图 1-38）。Anfinsen 的实验说明，蛋白质多肽链的氨基酸排列顺序包含了自动形成正确空间构象所需要的全部信息，蛋白质的特定空间结构是其执行特有生物学功能的基础。

（二）血红蛋白的别构现象

前面已经述及，血红蛋白的氧合曲线为S形（图1-36）。这是由于血红蛋白是一种别构蛋白，在与氧结合时发生了别构现象。这种由于第一个亚基与配体的结合而影响了其他亚基与配体的结合速度的现象，称为协同效应（cooperative effect）。如果配体与第一个亚基的结合加大了配体与其他亚基的结合速度，称为正协同效应；与之相反，如果配体与第一个亚基的结合减小了配体与其余亚基的结合速度，则为负协同效应。可见，血红蛋白与氧的结合具有正协同效应。

别构效应是蛋白质在执行其生物学功能时表现出的一种十分普遍而重要的现象，也是调控蛋白质生物功能极为有效的方式。

（三）蛋白质的构象改变可引起疾病

生物医学研究表明，蛋白质一级结构不变而仅蛋白质空间构象的异常变化也会引起疾病的发生，这种疾病称为蛋白质构象病（protein conformational disease，PCD）。蛋白质构象病是由于组织中特定的蛋白质错误折叠后，构象发生了变化，进而聚集形成沉淀，产生毒性而引起病变。蛋白质构象病的特点是蛋白质一级结构未发生改变，只是空间构象发生了变化。

微课视频

疯牛病是由朊病毒蛋白（prion protein，PrP）引起的发生在牛身上的渐进性、致死性的中枢神经系统病变，即"牛海绵状脑病"（bovine spongiform encephalopathy，BSE）。这类疾病具有传染性、遗传性或散在发病的特点。正常动物和人的PrP分子质量为33～35kDa，其水溶性强，对蛋白酶敏感，二级结构包含多个α螺旋，称为PrP^c。当PrP^c中的部分α螺旋结构在未知因子作用下转变为β折叠构象时，成为具有侵染性的朊病毒致病蛋白PrP^{sc}，PrP^c与PrP^{sc}由同一基因编码，具有相同的氨基酸排列顺序和共价修饰，但三维结构差异很大（图1-39）。含有大量β折叠结构的PrP^{sc}容易发生聚集，沉淀在神经细胞中从而引起病变。PrP^{sc}对蛋白酶不敏感，水溶性差，而且对热稳定。

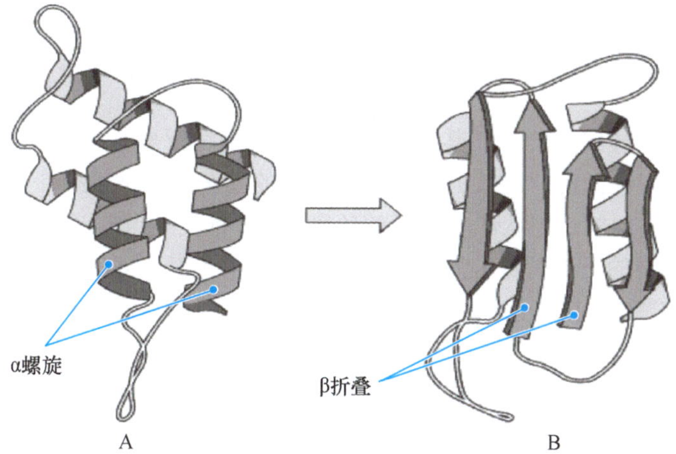

图1-39 朊病毒结构图

A. PrP^c；B. PrP^{sc}

部分构象病及其涉及的蛋白质见表 1-9。

表 1-9 部分构象病及其涉及的蛋白质

涉及的蛋白质	疾病
朊蛋白	克雅氏病（CJD）、新型变异性克雅氏病（牛海绵状脑病）、Gerstmann-Straussler-Scheinker 综合征、致死性家族失眠症、库鲁病
抑丝酶	α_1-抗胰蛋白酶缺陷肺气肿或肝硬化、抗凝血酶缺陷血栓病、C1 抑制物缺陷血管性水肿、神经抑丝酶包涵体家族性脑病（FENIB）
谷氨酰胺重复蛋白	遗传性神经变性病、亨廷顿病、脊髓小脑共济失调、Dentat-rubro-pallido-Ljysian 萎缩、Machado-Joseph 萎缩
β 淀粉样蛋白	阿尔茨海默病、唐氏综合征、淀粉样变性病
免疫球蛋白轻链	系统性 AL 淀粉样变性病、结节性 AL 淀粉样变性病
血清淀粉样 A 蛋白	巨细胞动脉炎、风湿性多肌痛

第六节 蛋白质的理化性质

蛋白质是由多种氨基酸残基通过肽键连接而成的高分子有机化合物，所以蛋白质具有一些与氨基酸相同的性质，如 R 基团的化学反应、两性解离性质等。但是蛋白质分子的相对分子质量较大，因此又表现出许多氨基酸所没有的独特性质。

一、蛋白质的紫外吸收性质

酪氨酸、色氨酸和苯丙氨酸 3 种芳香族氨基酸的 R 基团在 280nm 波长附近有最大光吸收，绝大多数蛋白质都含有这些氨基酸，因此测定 280nm 的紫外吸收值是对蛋白质进行定性和定量分析较为简捷的方法。

二、蛋白质的两性性质及等电点

蛋白质是由氨基酸组成的，在其分子表面带有很多可解离基团，如羧基、氨基、酚羟基、咪唑基、胍基等。此外，在肽链两端还有游离的 α-氨基和 α-羧基，因此蛋白质是两性电解质。溶液中蛋白质的带电状况与其所处环境的 pH 有关。当溶液在某一特定的 pH 条件下，蛋白质分子所带的正电荷数与负电荷数相等，即净电荷为零，此时蛋白质分子在电场中不移动，这时溶液的 pH 称为该蛋白质的等电点。在等电点时蛋白质的溶解度最小。由于不同蛋白质的氨基酸组成不同，因此都有其特定的等电点。如果蛋白质中碱性氨基酸较多，则等电点偏大，如果酸性氨基酸较多，则等电点偏小。酸碱氨基酸比例相近的蛋白质其等电点大多为中性偏酸，约为 5.0。

带电质点在电场中向相反电荷的电极移动，这种现象称为电泳（electrophoresis）。由于蛋白质在溶液中解离成带电的颗粒，因此可以在电场中移动，移动的方向和速度取决于所带净电荷的性质和数量及分子颗粒的大小和形状。由于各种蛋白质的等电点不同，利用等电聚焦电泳（isoelectric focusing electrophoresis，IEF）可以将等电点不同的蛋白质进行分离。

三、蛋白质的胶体性质

蛋白质是生物大分子，其分子的大小为 1 ～ 100nm，蛋白质溶液属于胶体溶液（colloidal solution），具有丁达尔效应（Tyndall effect）、布朗运动及不能通过半透膜等性质。

蛋白质能以稳定的胶体系统存在，主要是由于：①蛋白质分子表面有许多极性基团，如—NH_2、—COOH、—OH 等，这些基团与水有高度亲和性，很容易吸附水分子。实验证明，每克蛋白质可结合 0.3 ～ 0.5g 水，从而在蛋白质分子外面形成水化膜，使蛋白质分子彼此不能靠近，增加了蛋白质溶液的稳定性。②同一种蛋白质分子在非等电点状态时带有同性电荷而相互排斥，不会聚集沉淀。

蛋白质溶液的胶体性质具有重要的生理意义。在生物体中，蛋白质与大量水结合形成各种流动性不同的胶体系统，如细胞的原生质就是一个复杂的胶体系统，生命活动的许多代谢反应即在此系统中进行。

四、蛋白质的沉淀作用

蛋白质的沉淀作用（precipitation）是指向蛋白质溶液中加入适当试剂，破坏了蛋白质的水化膜或中和了蛋白质分子表面的电荷，从而使蛋白质胶体溶液变得不稳定而发生沉淀的现象。下列方法可使蛋白质产生沉淀并可有效地用于蛋白质的分离、纯化。

1. 盐析沉淀 向蛋白质溶液中加入大量的中性盐，使蛋白质溶解度降低并沉淀析出的现象称为盐析（salting out）。一方面，盐类离子与水的亲和性大，可与蛋白质争夺水分子，破坏蛋白质分子表面的水化膜。另一方面，盐类离子可大量中和蛋白质分子上的电荷，使蛋白质成为既不含水化膜又不带电荷的分子而聚集沉淀。不同的蛋白质分子，因为其分子表面极性基团的种类、数目及排布不同，其水化膜厚度不同，故盐析所需要的盐浓度也不一样，因此可通过调节蛋白质溶液的中性盐浓度，使不同的蛋白质分别沉淀，这种方法称为分段盐析（fractional salting out）。硫酸铵是盐析中最常用的中性盐。

当向蛋白质溶液中加入少量的中性盐时，蛋白质溶解度会增加，这种现象称为盐溶（salting in），这是由于蛋白质颗粒上吸附某种无机盐离子后，使蛋白质分子带同种电荷而相互排斥，并且与水分子的作用加强，从而使溶解度增加。

2. 有机溶剂沉淀 向蛋白质溶液中加入一定量的极性有机溶剂（如乙醇、丙酮等），可引起蛋白质脱去水化膜、降低介电常数而增加带电质点间的相互作用，使蛋白质分子聚集沉淀。有机溶剂沉淀蛋白质在生产实践和科学研究中应用广泛，如食品级酶制剂的生产、胰岛素的制备等大都使用有机溶剂沉淀蛋白质。

3. 等电点沉淀 蛋白质分子是两性电解质，蛋白质分子的荷电性质及电荷数量因 pH 不同而变化。蛋白质处于等电点时其净电荷为零，由于相邻蛋白质分子之间没有静电斥力而趋于聚集沉淀，其溶解度达到最低。等电点沉淀既可用来分离蛋白质，也可用来粗略测定蛋白质的等电点。

以上方法分离制备得到的蛋白质一般仍保持天然蛋白质的生物学活性，将其重新溶于水中仍然能成为稳定的胶体溶液。但用盐析法和有机溶剂来沉淀分离蛋白质时，需在低温下进行，在较高温度下进行会破坏蛋白质的天然构象。

4. 加热沉淀　几乎所有的蛋白质都会因加热变性而凝固。这是因为加热破坏了维持蛋白质空间构象的次级键，天然结构解体，肽链伸展，疏水基团暴露，导致蛋白质分子表面的水化膜破坏。少量盐类可以促进蛋白质加热凝固。当蛋白质处于等电点时，加热凝固最完全、最迅速。

5. 重金属盐沉淀　当蛋白质溶液的 pH 大于其等电点时，蛋白质带负电荷，可与重金属离子（Hg^{2+}、Ag^{+}、Pb^{2+}、Cu^{2+}）结合形成不溶性的蛋白盐而沉淀。如果有人误服了重金属盐类，可迅速用大量牛乳或豆浆等富含蛋白质的食物进行灌胃，使这些体外蛋白质与重金属离子形成不溶性盐，然后再服用催吐剂排出体外，以达到解毒作用。

6. 生物碱试剂和某些酸类沉淀　生物碱（alkaloid）是指存在于生物体内的有显著生理作用的一类含氮碱性物质。能够使生物碱沉淀的一类试剂称为生物碱试剂，如单宁酸、苦味酸、钨酸等。某些酸类通常是指三氯乙酸、磺基水杨酸和硝酸等。当溶液 pH 小于等电点时，蛋白质分子带正电荷，易与生物碱试剂和酸类物质的酸根负离子发生反应生成不溶性盐而沉淀。

五、蛋白质的变性与复性

微课视频

1. 蛋白质的变性　天然蛋白质分子受到某些理化因素的作用，其高级结构被破坏，生物学活性随之部分或全部丧失的现象称为蛋白质的变性作用（denaturation）。变性作用并不引起蛋白质一级结构的破坏，而是二级结构以上的高级结构的破坏，变性后的蛋白质称为变性蛋白。

1931 年我国生物化学家吴宪提出蛋白质变性作用的实质，他认为天然蛋白质的紧密结构及晶体结构是由分子中的次级键维系的，所以容易被物理的和化学的因素所破坏。当天然蛋白质分子因环境的影响，从有序而紧密的结构变为无序而松散的结构时，蛋白质就发生了变性。

能够引起蛋白质变性的因素有很多，物理因素有高温、高压、紫外线、X 射线、超声波、剧烈搅拌或振荡等。化学因素有强酸、强碱、尿素、胍、去污剂、重金属盐（如 Hg^{2+}、Ag^{+}、Pb^{2+} 等）和有机溶剂（如乙醇和氯仿）等。

蛋白质变性后许多性质都发生了变化，主要有以下几个方面。

（1）生物学活性丧失：蛋白质的生物学活性是指蛋白质所具有的酶、激素、毒素、抗原与抗体、载氧能力和收缩能力等。生物学活性丧失是蛋白质变性的主要特征。

（2）更容易被水解：蛋白质变性后，由于多肽链的构象变得更为伸展和松散，肽键更容易受到酸、碱和蛋白酶的作用。

（3）溶解度降低：这是由变性会导致疏水基团外露造成的。

（4）黏度增大：主要是因为球状蛋白质变性后由球形分子变为线形分子，使长宽比大大提高。

（5）结晶行为发生变化：变性通常使蛋白质丧失结晶能力。

蛋白质的变性在现实生活中有重要意义。在临床上或工作中经常使用加热、乙醇、紫外线等来消毒、杀菌，实际上就是使病毒和细菌的蛋白质变性而失去致病性和繁殖能力。另外，在生物体的生命活动中也有不少现象与蛋白质的变性作用有关，如机体衰老时，相应的蛋白质也逐渐缓慢地发生变性，亲水性相应减弱。

2. 蛋白质的复性 除去变性因素，在适当条件下变性蛋白质可恢复其天然构象和生物学活性，这种现象称为蛋白质的复性（renaturation）。

综合上述蛋白质的沉淀作用与变性作用，可以将蛋白质的沉淀反应分为两类。

（1）可逆的沉淀作用：此时蛋白质分子的结构尚未发生显著变化，除去引起沉淀的因素后，沉淀的蛋白质仍能溶解于原来的溶剂中，并保持其天然性质而不变性。例如，大多数蛋白质的盐析作用或在低温下用乙醇（或丙酮）短时间作用于蛋白质。在分离纯化蛋白质时，常常利用此类反应。

（2）不可逆沉淀作用：此时蛋白质分子内部结构发生重大改变，蛋白质发生变性而沉淀，不再溶于原来溶剂。例如，加热引起的蛋白质沉淀与凝固，蛋白质与重金属离子或某些有机酸的反应都属于此类。

蛋白质变性后，有时由于维持溶液稳定的条件仍然存在（如电荷），并不析出。因此变性蛋白质并不一定都表现为沉淀，而沉淀的蛋白质也未必都已变性。

六、蛋白质的颜色反应

蛋白质分子中的肽键、苯环、酚及某些氨基酸可与某些试剂产生颜色反应，这些颜色反应可应用于蛋白质的定性、定量分析。

1. 茚三酮反应 凡是含有α-氨基酸的蛋白质都能够与茚三酮反应生成蓝紫色化合物（详见本章第二节）。

2. 双缩脲反应 蛋白质分子中含有许多与双缩脲结构类似的肽键，也能发生双缩脲反应（详见本章第三节）。

3. Folin-酚反应 Folin-酚试剂由甲试剂与乙试剂组成，甲试剂包括碳酸钠、氢氧化钠、硫酸铜及酒石酸钾钠，乙试剂包括磷钼酸和磷钨酸。蛋白质分子中一般都含有酪氨酸残基和色氨酸残基，能与Folin-酚试剂起氧化还原反应。首先，在碱性溶液中，蛋白质分子与碱性铜试剂中的Cu^{2+}作用生成蛋白质-Cu^{2+}络合物；然后，该络合物中所含的酪氨酸残基或色氨酸残基可以还原乙试剂中的磷钼酸和磷钨酸，生成蓝色的化合物（即钼蓝和钨蓝的混合物）。此化合物在500nm波长处有最大吸收峰，可用来测定蛋白质的含量。

4. 考马斯亮蓝染料结合法 考马斯亮蓝染料结合法是1976年Bradford建立的测定蛋白质含量的一种方法。考马斯亮蓝（Coomassie brilliant blue）G-250在游离状态下呈红色，最大光吸收值在488nm，当它与蛋白质结合后变为蓝色，蛋白质-染料结合物在595nm波长处有最大光吸收，其光吸收值与蛋白质含量成正比。

5. 黄色反应　蛋白质溶液遇硝酸后先产生白色沉淀，加热后则白色沉淀变成黄色，再加碱，颜色加深呈橙黄色。这是因为硝酸将蛋白质分子中的苯环硝化，产生了黄色硝基苯衍生物。所以凡含有苯丙氨酸、酪氨酸、色氨酸的蛋白质均有此反应。

6. 米隆反应　米隆试剂为硝酸汞、亚硝酸汞、硝酸和亚硝酸的混合物。将此试剂加入蛋白质溶液后即产生白色沉淀，加热后沉淀变成红色。这是由酚类化合物所引起的反应，而酪氨酸含有酚基，所以含有酪氨酸的蛋白质及酪氨酸都有此反应。

7. 乙醛酸反应　在蛋白质溶液中加入乙醛酸，并沿管壁慢慢注入浓硫酸，在两液层之间就会出现紫色环，凡含有吲哚基的化合物都有这一反应。色氨酸及含有色氨酸的蛋白质有此反应。

8. 坂口反应　精氨酸分子中含有胍基，能与次氯酸钠（或次溴酸钠）及α-萘酚在氢氧化钠溶液中产生红色产物。精氨酸及含有精氨酸的蛋白质都有此反应。

第七节　蛋白质的分离纯化

细胞中含有成千上万种蛋白质，许多蛋白质在组织细胞中与核酸、多糖等生物分子结合在一起，它们在结构、性质上有许多相似之处，所以蛋白质的分离纯化是一项复杂的工作。

一、蛋白质分离纯化的一般原则

蛋白质分离纯化的目的是提高蛋白质的纯度，同时又要保持其生物学活性。要分离纯化某一种有活性的蛋白质，首先，应选择一种含目的蛋白质较丰富的材料。其次，应设法避免分离纯化过程中蛋白质变性。例如，分离纯化操作应在 0 ～ 4℃的低温下进行，同时避免过酸、过碱及剧烈的搅拌和振荡等，依据蛋白质的特性设法除去变性的蛋白质和其他杂蛋白，从而达到提高蛋白质纯度的目的。

二、蛋白质分离纯化的一般程序

蛋白质分离纯化的一般程序包括以下几个步骤。

（一）材料的预处理及细胞破碎

材料的预处理就是将蛋白质从组织或细胞中释放出来，并保持其原有的天然状态，不丧失生物学活性，需要采用适当的方法将组织和细胞破碎。常用的破碎组织细胞的方法有以下几种。

1. 机械法　这种方法是利用机械力的剪切作用使细胞破碎。常用设备有高速组织捣碎机、匀浆器、研钵等。

2. 渗透压冲击法　渗透压冲击法是将细胞放在高渗透压的溶液中（如一定浓度的甘

油或蔗糖溶液），由于渗透压作用，细胞内水分便向外渗出，细胞发生收缩，当达到平衡后，将细胞转入水或缓冲液中，由于渗透压的突然变化，胞外的水迅速渗入胞内，引起细胞快速膨胀而破裂。

3. 反复冻融法 将细胞放在低温下冷冻（约 −15℃），一方面使细胞膜的疏水结构破坏，增加细胞的亲水性；另一方面胞内水分结晶，形成冰晶粒，引起细胞膨胀而破裂，然后在室温下融化，反复多次而达到破碎细胞的目的。需注意的是，一些对温度变化敏感的蛋白质不宜采用此方法。

4. 超声波法 依据超声波在液体中的空穴化作用和剧烈的扰动作用使细胞膜上所受张力不均而致细胞破碎。

5. 酶法 微生物细胞具有坚硬的细胞壁结构，是细胞破碎的主要阻力，宜采用溶菌酶、几丁质酶、纤维素酶或蜗牛酶等破碎不同类型细胞的细胞壁。

（二）蛋白质的抽提

依据蛋白质的盐溶性质，通常选择适当的稀盐缓冲液提取蛋白质。抽提所用缓冲液的pH、离子强度、组成成分等条件的选择应根据待分离纯化蛋白质的性质而定。如果是对膜蛋白进行抽提，抽提缓冲液中一般要加入阴离子去污剂或表面活性剂（如十二烷基硫酸钠、TritonX-100 等），使膜结构破坏，利于蛋白质与膜分离。在抽提过程中，应注意温度不要过高，避免剧烈搅拌，以防止蛋白质变性。有时还需添加一定量的蛋白酶抑制剂以防止蛋白质的水解。

（三）蛋白质的粗分离

蛋白质粗分离的目的是除去大量杂蛋白，最常用的粗分离方法是沉淀技术，即根据蛋白质溶解度的差异进行分离。常用的几种方法如下。

1. 盐析沉淀法 不同蛋白质盐析所需要的盐饱和度不同，所以可通过调节盐浓度将目的蛋白沉淀析出。被盐析沉淀下来的蛋白质仍保持其天然性质，并能再度溶解而不变性。

不同离子沉淀蛋白质的能力不同。各阳离子沉淀能力为：$K^+ > Na^+ > Li^+ > NH_4^+$。常用于盐析的中性盐有硫酸铵、硫酸钠、氯化钠等，其中硫酸铵最常用，它溶解度大，受温度影响小。

2. 有机溶剂沉淀法 有机溶剂沉淀法也是常用的蛋白质粗分离方法，常用的有机溶剂有甲醇、乙醇或丙酮。

常温下，有机溶剂沉淀蛋白质或有机溶剂长时间作用于蛋白质会引起蛋白质变性，因此，采用有机溶剂沉淀蛋白质常在低温条件下进行。如果预先将有机溶剂冷却到 −60 ～ −40℃，在不断搅拌下加入有机溶剂以防止局部浓度过高，蛋白质变性问题会在很大程度上得到解决。

3. 等电点沉淀法 不同的蛋白质分子具有不同的等电点，当溶液的 pH 被调节到某一种蛋白质的等电点时，这种蛋白质将全部或大部分沉淀下来，那些等电点高于或低于该 pH 的蛋白质则仍留在溶液中。等电点沉淀得到的蛋白质仍保持天然构象，能够重新溶解于适当的 pH 和一定浓度的盐溶液中。

（四）蛋白质的细分离

经过粗分离得到的蛋白质样品一般仍然含有其他杂蛋白，须进一步分离纯化才能得到纯度较高的蛋白质制品。一般常依据蛋白质分子大小、荷电性质、疏水性质及生物学特性进行分离纯化，常用的方法如下。

1. 依据蛋白质分子大小

1）*透析和超滤*　透析（dialysis）是利用蛋白质等生物大分子不能透过半透膜的性质，将蛋白质与其他小分子如无机盐、单糖等分开的一种分离纯化技术。将待纯化的蛋白质溶液装入透析袋内，将透析袋放入盛有无离子水的大容器中，在不断搅拌下使小分子物质不断地透过半透膜而进入无离子水，更换几次无离子水，直至透析袋内的小分子物质降低到最小值即可。最常用于蛋白质盐析之后的脱盐。

超滤（ultrafiltration）是利用高压力或离心力，迫使水和其他小的溶质分子通过微孔滤膜，而蛋白质留在膜上，通过选择不同孔径的滤膜来截留不同分子质量的蛋白质，从而达到将大小分子分开的目的，同时具有浓缩效应。

2）*凝胶过滤层析*　凝胶过滤层析（gel-filtration chromatography）又称为分子排阻层析或分子筛层析，是依据蛋白质分子大小不同而进行分离的层析技术。凝胶过滤层析所用的介质为内部具有多孔网状结构的凝胶颗粒，凝胶的网孔大小决定了其能分离的蛋白质混合物的分子质量范围，如 Sephadex G-50 的分级分离范围是 1500 ～ 30 000Da。目前常用的凝胶有交联葡聚糖凝胶、聚丙烯酰胺凝胶和琼脂糖凝胶等。

凝胶过滤层析是将具有一定网孔的凝胶充分溶胀后装入层析柱中制成凝胶柱，当蛋白质混合样品流经凝胶柱时，大于网孔的蛋白质分子不能进入凝胶颗粒内部，而被排阻在凝胶颗粒之外，随着溶剂在凝胶颗粒间隙向下移动，最先流出柱体，比凝胶网孔小的蛋白质分子能不同程度地出入凝胶网孔内外，凝胶颗粒对蛋白质分子起到分子筛的作用。这样由于不同大小的蛋白质分子所经路径不同而得到分离，大分子物质先被洗脱下来，小分子物质后被洗脱下来。凝胶过滤层析的基本原理如图 1-40 所示。

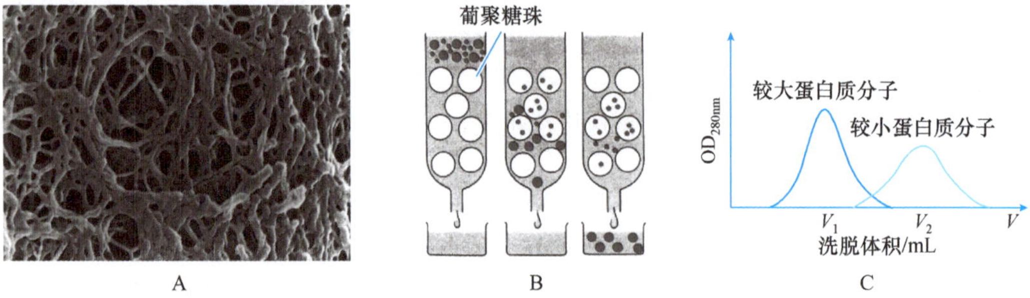

图 1-40　凝胶过滤层析示意图

A. 凝胶的网状结构；B. 凝胶过滤层析示意；C. 凝胶过滤层析检测图谱

2. 依据蛋白质的荷电性质

1）*离子交换层析*　离子交换层析是依据蛋白质的荷电性质差异而进行分离的技术。

常用的层析介质有离子交换纤维素、离子交换琼脂糖和离子交换葡聚糖等。

离子交换纤维素是人工合成的纤维素衍生物，它具有松散的亲水性网状结构，有较大的表面积，使蛋白质大分子可以自由通过，因此常用于蛋白质的分离。常用的纤维素衍生物有羧甲基纤维素和二乙氨基乙基纤维素。羧甲基纤维素（CM-cellulose）颗粒上带有羧甲基基团，是一种阳离子交换剂，在中性 pH 条件下，羧甲基上的氢质子可解离下来，溶液中带正电荷的蛋白质分子可与氢质子发生交换，结合于纤维素颗粒上的羧甲基负电荷。蛋白质分子与离子交换纤维素之间结合能力的大小取决于彼此间相反电荷基团之间的静电吸引力。二乙氨基乙基纤维素（DEAE-cellulose）颗粒上带有二乙氨基乙基基团，是一种阴离子交换剂，在中性 pH 条件下，它含有带正电荷的基团，可与溶液中的带负电荷的蛋白质分子结合。当某一蛋白质混合溶液通过装有 DEAE-纤维素的层析柱时，若蛋白质带正电荷，则不能结合而随着洗脱液流出层析柱，带负电荷的蛋白质可以结合到纤维素柱上，结合力取决于彼此相反电荷基团间的静电吸引力。

选用一定 pH 和离子强度的缓冲液进行洗脱，改变蛋白质分子所带的静电荷，可依次将蛋白质分子按结合力由小到大的顺序从层析柱上洗脱下来，达到相互分离的目的。

其他常用的离子交换剂还包括离子交换琼脂糖（DEAE-sepharose，CM-sepharose）和离子交换葡聚糖（DEAE-sephadex A-25、CM-sephadex C-50）等，采用这类离子交换剂分离纯化蛋白质时，既具有离子交换作用，又具有分子筛效应，有更高的分辨率。

2）电泳　电泳是依据蛋白质的荷电性质差异而进行分离的重要技术。聚丙烯酰胺凝胶电泳（polyacrylamide gel electrophoresis，PAGE）是以聚丙烯酰胺凝胶作为支持介质的一种常用电泳技术，广泛应用于分离生物大分子。将凝胶制成凝胶板，该凝胶具有一定的网孔结构，网孔的大小取决于单体丙烯酰胺与交联剂甲叉双丙烯酰胺的比例。在电场中，蛋白质分子向与其电性相反的电极泳动，其泳动速度不仅受电荷多少的影响，还受凝胶对蛋白质分子阻碍作用的影响。蛋白质分子在电场中泳动的结果以相对迁移率来衡量。相对分子质量较大、带电量较少及环形不规则的蛋白质分子相对迁移率较小，而相对分子质量较小、带电量较多且形状较为规则的蛋白质分子相对迁移率较大。电泳结束后经过考马斯亮蓝 R-250 染色，再脱色，可在透明凝胶上观察到蓝色的蛋白质条带（图 1-41）。

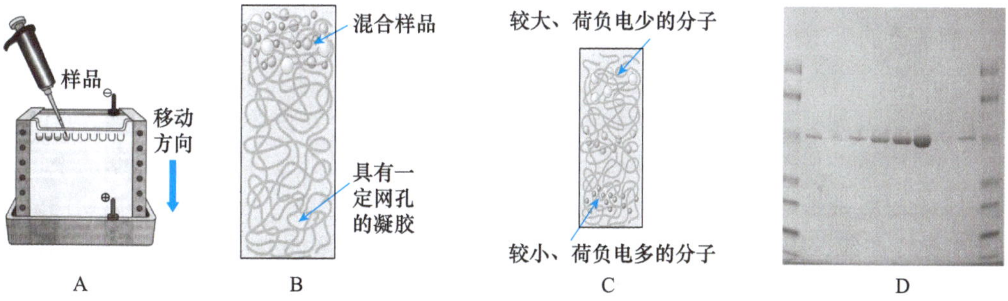

图 1-41　聚丙烯酰胺凝胶电泳过程示意图

A. 上样示意图；B. 样品进入凝胶；C. 混合样品经电泳后分离；D. 染色脱色后的蛋白质条带

SDS-聚丙烯酰胺凝胶电泳（SDS polyacrylamide gel electrophoresis，SDS-PAGE）是在

聚丙烯酰胺凝胶电泳系统中加入一定量的十二烷基硫酸钠（sodium dodecyl sulfate，SDS）和β-巯基乙醇（β-mercaptoethanol），带电颗粒的电泳迁移率主要依赖于其相对分子质量，而与其所带净电荷和分子形状无关。

SDS是一种阴离子去污剂，能破坏维持蛋白质高级结构的次级键，使蛋白质变性改变原有的空间构象呈线状展开。因为SDS带负电，所以形成的SDS-蛋白质复合物都带有相同密度的负电荷，其总量大大超过了蛋白质分子原来的电荷量，因而掩盖了不同种蛋白质间原有的电荷差别（图1-42）。β-巯基乙醇是一种还原剂，可使蛋白质分子中的二硫键打开。SDS-蛋白质复合物在凝胶电泳中的迁移率，不再受蛋白质分子原来的电荷和形状的影响，而仅取决于它们的分子大小。所以，在SDS-PAGE中蛋白质的迁移率只与蛋白质的相对分子质量有关。扫二维码可以观看“SDS-聚丙烯酰胺凝胶电泳法测定蛋白质的相对分子质量”视频。

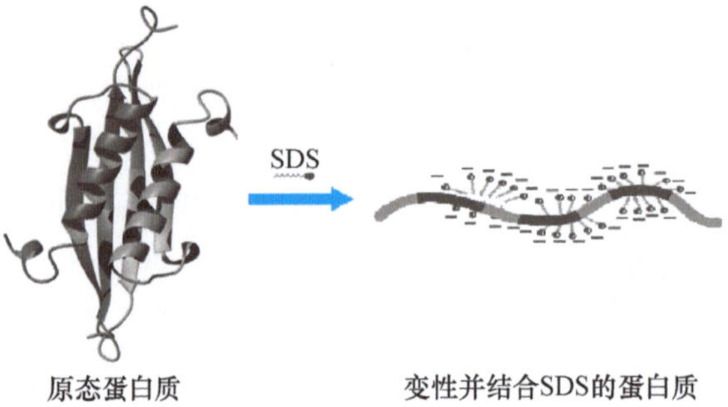

图1-42　SDS处理前后的蛋白质状态

等电聚焦电泳（isoelectric focusing electrophoresis，IFE）是在聚丙烯酰胺凝胶电泳介质中加入一种特殊的缓冲液（两性电解质），电泳过程中两性电解质形成一个pH梯度，待分离的蛋白质分子在这种pH梯度中迁移，最终聚集于与其等电点相同的区域，形成一个很窄的区带，这种电泳技术称为等电聚焦电泳。

蛋白质分子在大于其等电点的pH环境中解离成带负电荷的阴离子，在电场中向正极泳动，在小于其等电点的pH环境中解离成带正电荷的阳离子，在电场中向负极泳动，在等于其等电点的pH环境中，其所带的净电荷为零，泳动停止。如果在一个有pH梯度的环境中，对各种不同等电点的蛋白质混合样品进行电泳，则在电场作用下，各种蛋白质分子将按照它们各自的等电点大小在pH梯度中相对应的位置处进行聚焦，经过一定时间的电泳，最终不同等电点的蛋白质分子便分别聚焦于不同的位置（图1-43）。

等电聚焦电泳不仅能按等电点差异分离生物大分子混合物，还可以测定其等电点。将几种已知等电点的标准蛋白质（Marker）与待测蛋白质一起进行等电聚焦电泳，染色后测量各标准蛋白质条带距正极端的迁移距离，以聚焦距离为横坐标，pH为纵坐标绘图，得到一条pH梯度曲线，根据待测蛋白质的聚焦距离，即可从标准曲线上查出对应的pH，即待测蛋白质的等电点。

双向聚丙烯酰胺凝胶电泳（two-dimensional polyacrylamide gel electrophoresis，2D-PAGE）是一种IFE与SDS-PAGE相结合、分辨率更高的蛋白质电泳检测技术。第一向为等电聚焦电泳，蛋白质混合物因等电点差异而分离，聚焦至各自的等电点处。第二向为SDS-PAGE，即再依

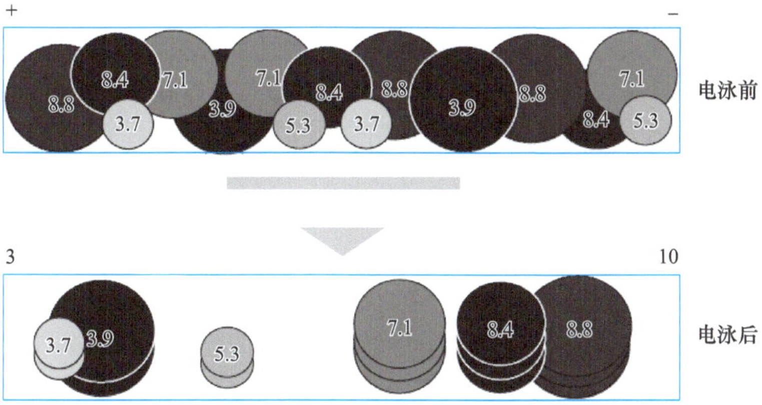

图 1-43　蛋白质等电聚焦示意图

据相对分子质量差异进行分离。蛋白质经双向电泳后呈现二维分布图，水平方向反映出蛋白质在等电点上的差异，垂直方向反映出它们在相对分子质量上的差别。目前，2D-PAGE 能够在同一块凝胶上同步检测和定量数千个蛋白质（图 1-44）。

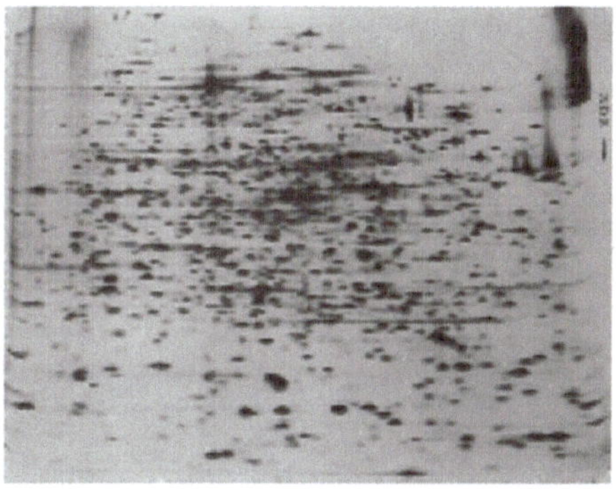

图 1-44　双向聚丙烯酰胺凝胶电泳检测大肠杆菌（*Escherichia coli*）中的蛋白质

蛋白质免疫印迹（Western blotting）是在凝胶电泳和固相免疫测定技术基础上发展起来的一种新的免疫生化技术，兼有 SDS-PAGE 的高分辨率及固相免疫测定的高特异性和敏感性，现已成为蛋白质分析的一种常规技术。

蛋白质免疫印迹一般包括以下几个步骤（图1-45）。

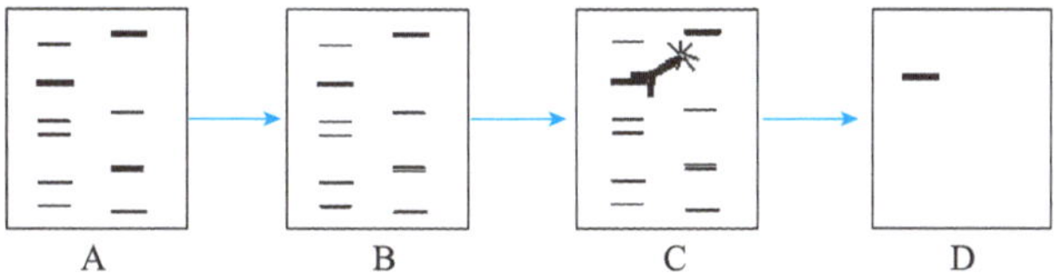

图 1-45　蛋白质免疫印迹流程图

A. 样品进行 SDS-PAGE；B. 蛋白质样品转印到硝酸纤维素膜上；C. 抗原抗体特异性反应；D. 酶标二抗催化底物显色，检出目的蛋白质

（1）蛋白质进行 SDS-聚丙烯酰胺凝胶电泳，随后电转印到固相基质（如硝酸纤维素膜）上。

（2）用非特异性、非反应活性分子封闭固相基质上未吸附蛋白质的区域。

（3）免疫杂交，利用抗原抗体特异性反应检出固相基质上的目的蛋白质。

（4）显色分析，无色底物被抗体上标记的酶催化，形成有色产物。

3. 依据蛋白质的疏水性质　疏水作用层析（hydrophobic interaction chromatography，HIC）是利用待分离组分中的疏水基团与固定相的疏水配基吸附力的差异，根据流动相洗脱时各个组分在介质中的迁移率不同而实现分离的层析技术。这是依据分子表面疏水性差别来分离蛋白质和多肽等生物大分子的一种较为常用的方法。

尽管蛋白质分子在折叠成一定空间构象时，通常是亲水基团分布在分子表面，而疏水基团埋藏在分子内部，但或多或少在分子表面也会分布着一些疏水基团，这些疏水基团可以与疏水性层析介质发生疏水相互作用而结合。不同蛋白质分子暴露在分子表面的疏水基团数量不同，表现的疏水性强弱不同，导致它们与疏水性层析介质之间的疏水作用力不同。疏水性强的组分吸附性强，疏水性弱的组分吸附性弱。

蛋白质分子在高盐溶液中疏水性增强，在低盐乃至纯水中疏水性逐渐降低。因此进行疏水作用层析时，一般选用高盐缓冲液平衡，使蛋白质疏水性增大而结合在介质上，通过有控制地降低盐浓度的方式进行洗脱，逐渐降低蛋白质的疏水性，使蛋白质从疏水介质上解吸下来。

4. 依据蛋白质的生物学特异性 亲和层析（affinity chromatography）是利用共价连接有特异配体的层析介质分离蛋白质混合物中能特异结合配体的目的蛋白的一种层析技术。其分离依据是许多蛋白质对特定的化学基团具有专一性结合的生物学特性，这些能被生物大分子如蛋白质所识别并与之结合的化学基团称为配基或配体（ligand）。

许多生物大分子具有与某化合物发生特异性可逆结合的特性，如酶与辅酶、酶与其竞争性抑制剂、抗原与抗体、维生素与结合蛋白、凝集素与多糖、核酸与其互补链及细胞与细胞表面特异蛋白等。这些生物大分子均可采用亲和层析进行分离纯化。

三、蛋白质相对分子质量测定

蛋白质是一类高分子化合物，它的相对分子质量一般为 10^4 ～ 10^6 或者更高。蛋白质相对分子质量的测定是蛋白质化学的重要内容。下面简要介绍几种测定蛋白质相对分子质量的方法。

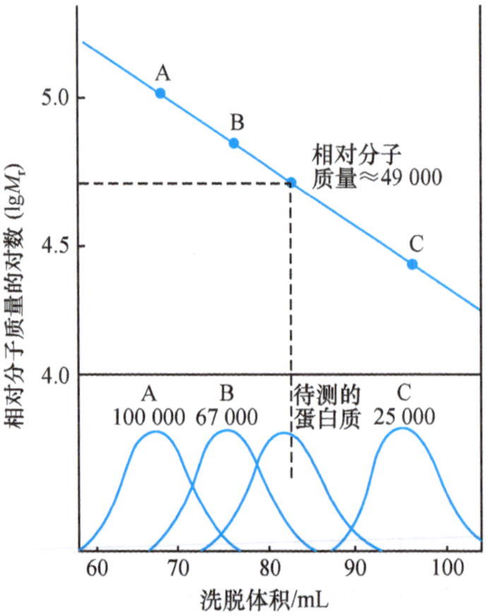

图 1-46 凝胶过滤层析中蛋白质相对分子质量与洗脱体积之间的关系

1. 凝胶过滤层析 凝胶过滤层析测定蛋白质相对分子质量的原理如“分离纯化方法”中所述。在一定范围内，蛋白质相对分子质量的对数和洗脱体积之间呈线性关系。当采用凝胶过滤层析测定蛋白质的相对分子质量时，首先用几种已知相对分子质量的标准蛋白质进行层析分析，以每种蛋白质的洗脱体积对它们的相对分子质量的对数作图，绘制出标准曲线。未知蛋白质在同样的条件下进行层析分析，根据其所用的洗脱体积，从标准曲线上即可求出此未知蛋白质的相对分子质量（图 1-46）。

2. SDS-PAGE 将已知相对分子质量的标准蛋白质与待测蛋白质在相同条件下进行 SDS-PAGE，用一种小分子染料作前沿物质，蛋白质分子在电泳中的移动距离和前沿物质移动距离的比值称为相对迁移率。当蛋白质的相对分子质量为 15 ～

200 时，蛋白质的相对迁移率与其相对分子质量的对数呈线性关系。以标准蛋白质相对分子质量的对数对其相对迁移率作图，得到标准曲线。根据未知蛋白质在同样条件下电泳测得的相对迁移率，依据标准曲线便可求出其相对分子质量（图 1-47）。对于由多个亚基形成的四级结构蛋白质来讲，SDS-PAGE 测得的只是亚基的相对分子质量。

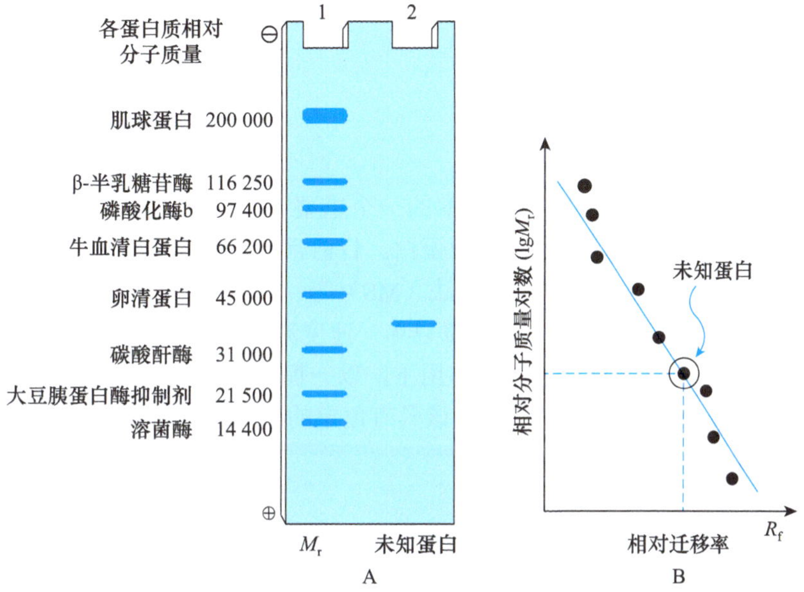

图 1-47　SDS-PAGE 测定蛋白质相对分子质量

A. 电泳分离图谱；B. 蛋白质相对分子质量对数与其相对迁移率的关系

3. 元素分析法　这种方法的测定基础是蛋白质的化学组成。用化学方法测定出蛋白质分子中某一特定元素成分的百分比，根据公式即可计算出蛋白质的最低相对分子质量。

最低相对分子质量 = 原子量 / 组成百分数 ×100

例如，细胞色素 c 含铁量为 0.45%，根据上述公式计算得到细胞色素 c 的最低相对分子质量为 12 237。该方法测定的元素如在蛋白质中只包含一个，则测定结果即该蛋白质的相对分子质量；如包含多个该元素，则测定结果是蛋白质的最低相对分子质量。例如，血红蛋白含铁量为 0.335%，按上述公式计算的血红蛋白的最低相对分子质量为 16 700，用其他方法测定的血红蛋白的相对分子质量为 68 000，可见每一个血红蛋白分子中含有 4 个铁原子。如果蛋白质中某一氨基酸的含量特别少，也可应用同样的原理，通过测定该氨基酸在蛋白质中的百分组成，从而计算出蛋白质的最低相对分子质量。

4. 沉降速度法　沉降速度法又称超速离心法。蛋白质溶液在受到强大的离心力作用时，蛋白质分子趋于下沉，沉降速度与蛋白质分子的大小、密度和分子形状有关，也与溶剂的密度和黏度有关。蛋白质颗粒在离心场中的沉降速度用每单位时间内颗粒下沉的距离来表示。在离心场中，蛋白质分子所受到的净离心力（离心力减去浮力）与溶剂的摩擦力平衡时，每单位离心场的沉降速度称为沉降系数（sedimentation coefficient）。国际上采用 Svedberg 单位作为沉降系数的单位，用 S 表示，以纪念超速离心法的创始人——瑞典著名的蛋白质化学家 T. Svedberg。一个 Svedberg 单位（或直接称一个 S）为 1×10^{-13}s，应用光学方法观察离心过程中蛋白质颗粒的沉降行为，再根据沉降速度求出沉降系数 S，将 S 带入下述公式，即可计算出蛋白质的相对分子质量。

$$M_r = RTS/D(1-v\rho)$$

式中，M_r 为相对分子质量；T 为热力学温度；R 为气体常数；D 为扩散系数；v 为大分子的偏微分比容；ρ 为溶剂的密度；S 为沉降系数。蛋白质的沉降系数为 1×10^{-13} ～ 200×10^{-13}s，即 1 ～ 200S。

四、蛋白质纯度鉴定

蛋白质的纯度是衡量蛋白质纯化方案的一个重要指标，是指在一定条件下目标蛋白质的相对均一性，即检测是否包含其他杂蛋白。目前常用的鉴定蛋白质纯度的方法有电泳法、高压液相色谱法、末端分析法、质谱法（MS）等。

纯蛋白质在不同 pH 下进行电泳时，都以单一速度泳动，在电泳图谱上显示一条谱带。在超速离心时，纯蛋白质在离心力场的作用下，以一恒定速度沉降。纯蛋白质在特定的溶剂体系中具有恒定的溶解度。纯蛋白质应该具有恒定的 N 端和 C 端组成。通常要依据两种不同的方法来鉴定蛋白质的纯度。

五、蛋白质组学研究

经典蛋白质化学主要研究蛋白质的制备、分离与纯化技术，蛋白质的分析与鉴定及蛋白质的结构与功能表征等，其着眼点往往是组织或细胞中的一种或一类蛋白质。蛋白质组（proteome）一词，是蛋白质（protein）与基因组（genome）两个词的组合，意指“一种基因组所表达的全套蛋白质”，即一种细胞乃至一种生物所表达的全部蛋白质。

蛋白质组学（proteomics）是以蛋白质组为研究对象的新领域，是指从整体角度对特定时间或特定环境条件下的细胞、组织或生物体所表达的全部蛋白质的特征，包括蛋白质的表达水平、翻译后的修饰、蛋白质之间的相互作用、蛋白质的功能等进行研究的科学。蛋白质组学研究是伴随着人类基因组计划的完成、后基因组计划的提出应运而生的。

1994 年澳大利亚的 M. Wilkins 第一次提出蛋白质组一词。1996 年在澳大利亚成立了世界上第一个蛋白质组研究中心（Australia Proteome Analysis Facility，APAF），1997 年第一次“国际蛋白质组学大会”召开，从此，蛋白质组学研究开始成为科学家关注的热点。2001 年国际人类蛋白质组组织（Human Proteome Organization，HUPO）在美国成立。2003 年人类基因组精确图谱（精确度 99% 以上）完成，它标志着后基因组时代（post-genome eara）的到来。后基因组时代的研究重点就是阐明基因组所表达的全部蛋白质的表达规律和生物功能，即进行大规模的蛋白质组学研究。

蛋白质组学的研究技术主要包括分离技术和鉴定技术。其中，二维电泳-质谱技术是常用于蛋白质组学研究的技术路线。二维电泳技术可以将 2000 ～ 3000 种不同种类的蛋白质按照等电点和相对分子质量差异进行高分辨率的分离，并可实现目的蛋白质的定量分析。但是，二维电泳技术存在低拷贝蛋白质难以鉴定，极酸或极碱蛋白质、分子质量极大（>200kDa）

或极小（<10kDa）蛋白质难以分离，难溶蛋白质（如膜蛋白）难以检测的限制。生物质谱技术则是蛋白质组学研究中最重要的鉴定技术，其基本原理是样品分子离子化后，根据不同离子之间的荷质比差异来分离并确定分子质量。质谱可对双向电泳分离后的蛋白质和肽段进行鉴定与分析。目前常用的生物质谱包括两种：基质辅助激光解吸电离-飞行时间质谱（matrix-assisted laser desorption/ionization-time of flight mass spectrum，MALDI-TOF-MS）和电喷雾质谱（electrospray ionization-time of flight mass spectrum，ESI-TOF-MS）。应用质谱技术分析蛋白质主要是根据蛋白质酶解后的肽质量指纹图谱（peptide mass fingerprint）和肽序列信息，使用蛋白质检索软件如 MASCOT（http: //www. matrixscience. com）搜索肽质谱数据库进行蛋白质鉴定。质谱技术具有测定灵敏度极高、消耗样品量极少的特点，已成为蛋白质组学研究中的核心工具。目前，质谱技术的发展方向是小型化、自动化、精确化和高通量。

另一种策略则是以质谱技术为核心，开发质谱鸟枪法（shot-gun）、定向蛋白质组学技术、定量蛋白质组学技术、毛细管电泳-质谱联用（CE-MS）及色谱-质谱联用（liquid chromatography-mass spectrum，LC-MS）等新策略直接鉴定全蛋白质组混合酶解产物。

蛋白质芯片（protein chip）是高通量微型化和自动化进行蛋白质分析的技术。蛋白质芯片是在固相支持物表面高密度排列探针蛋白点阵，通过如抗原-抗体专一性结合等相互作用特异地捕获样品中的靶蛋白，再通过检测器对靶蛋白进行定性或定量分析的技术。该技术能同时分析上千种蛋白质的变化情况，是蛋白质组学研究比较有发展潜力的工具，与靶蛋白结合的抗体的特异性是支撑该技术的关键。

激光捕获显微切割（laser capture microdissection，LCM）技术可以精确地从组织切片中取出研究者感兴趣的细胞，应用于组织 / 细胞样品的挑取，是一种原位技术。LCM 技术所获得的目的细胞，经蛋白质样品制备、荧光染料标记后与蛋白质芯片杂交，可以比较不同样品蛋白质表达的差异。目前，LCM-蛋白质芯片技术在蛋白质组学研究中的应用越来越多。

生物信息学是 20 世纪 80 年代末期随着基因组数据迅猛增加而逐渐发展起来的一门学科，是利用计算机对生命科学研究中的生物信息进行存储、检索和分析的科学。蛋白质组学研究提供的数据量十分巨大，必须要求高度自动化的处理，包括数据的输入、存储、加工、获取及数据库之间的联系。生物信息学在蛋白质组学研究中起着重要的作用。蛋白质组数据库是蛋白质组学研究水平的标志和基础，目前有许多蛋白质数据库，如 SWISS-PROT、PDB 等。此外，ExPASy 蛋白质分析专家系统（http://www.expasy.org）可以链接蛋白质相关的各种数据库，同时提供进行蛋白质序列、结构分析的工具和服务，是蛋白质组学研究人员经常访问的网站。

总之，大规模蛋白质相互作用的研究得到越来越多的关注，随之而来的必定是高通量和高精度的蛋白质相互作用检测技术的发展。

思考题

1. 简述蛋白质的分类方式。
2. 试写出 20 种常见蛋白质氨基酸的结构和三字母代号。

3. 简述肽键的特点及肽的性质。
4. 测定蛋白质一级结构的步骤有哪些？
5. 简述蛋白质一级结构和高级结构的区别与联系。
6. 蛋白质的理化性质有哪些？分别说明这些性质在蛋白质研究过程中的重要作用。
7. 简述蛋白质分离纯化的策略。
8. 简述离子交换层析分离纯化蛋白质的原理。
9. 简述 SDS-PAGE 在蛋白质研究工作中的应用。
10. 凝胶过滤层析和凝胶电泳中的分子筛效应有什么不同？为什么？
11. 举例说明蛋白质结构和功能的关系。

请扫描二维码
进行在线测试

第二章 >>>

核　　酸

学习要点

核酸是由许多核苷酸聚合成的生物大分子化合物，是生命有机体的基本组成物质之一。核酸广泛存在于动物、植物、微生物体内，常与蛋白质结合为核蛋白的形式。核酸是遗传信息的载体，以核苷酸为基本结构单位，按照一定的排列顺序以3′, 5′-磷酸二酯键相连接，并通过折叠、卷曲形成具有特定生物学功能的线形或环形多聚核苷酸。本章首先简要介绍核酸的种类、分布及其生物学功能；然后在介绍核酸化学组成的基础上，重点讨论核酸的分子结构与理化性质；最后扼要介绍核酸的分离纯化原则和方法。

核酸（nucleic acid）是以核苷酸为基本组成单位的生物大分子，具有复杂的结构和重要的生物学功能。核酸按其所含戊糖种类不同分为脱氧核糖核酸（deoxyribonucleic acid，DNA）和核糖核酸（ribonucleic acid，RNA）两大类。其中DNA是生物体主要的遗传物质，只有少数病毒以RNA作为遗传物质。DNA的这种作为遗传物质的功能与其结构是分不开的，DNA一级结构储存了遗传信息，二级结构有助于遗传物质的复制、转录、重组和修复。RNA的功能多样，除了参与蛋白质的合成之外，还可以作为某些病毒的遗传物质，也可以作为酶起催化作用等。

第一节　概　　述

核酸是一类重要的生物大分子物质。早在1868年，瑞士青年科学家F. Miescher首先从外科绷带脓细胞的核中分离出了一种富含磷元素的酸性化合物，由于存在于细胞核中而将它称为核素（nuclein）。核素实际上就是含有蛋白质的核酸制品，即核蛋白。1889年R. Altmann从酵母及其他动物细胞中分离得到不含蛋白质的核酸，并首先以“核酸”（nucleic acid）来命名。现已证明，动物、植物、细菌及病毒（朊病毒除外）都以核酸作为遗传物质。

一、核酸的种类及分布

根据戊糖组成不同，将核酸分为脱氧核糖核酸和核糖核酸两大类。两大类核酸在细胞内的分布区域是不同的。真核细胞中DNA主要集中在细胞核内，组成染色体（染色质），约占DNA总量的95%以上；线粒体、叶绿体等细胞器中也含有DNA，约占DNA总量的

5%。在原核细胞内DNA集中在拟核区。

RNA在原核细胞内主要分散在细胞质中。在真核细胞中，约75%的RNA存在于细胞质中，15%的RNA存在于线粒体和叶绿体内，约10%存在于细胞核中。细胞中的RNA主要有3种：信使RNA（messenger RNA，mRNA）、核糖体RNA（ribosomal RNA，rRNA）和转移RNA（transfer RNA，tRNA）。mRNA约占细胞总RNA的5%，它在蛋白质合成中起模板作用；rRNA约占细胞总RNA的80%，它与蛋白质结合构成核糖体，核糖体是合成蛋白质的场所；tRNA占细胞总RNA的10%～15%，它在蛋白质合成时起携带活化氨基酸的作用。线粒体、叶绿体中也有各自的mRNA、rRNA和tRNA。此外，还有一些含量较少的其他RNA分子存在于细胞中，如核内小RNA（small nuclear RNA，snRNA）、核仁小RNA（small nucleolar RNA，snoRNA）、胞质小RNA（small cytoplasmic RNA，scRNA）、小干扰RNA（small interfering RNA，siRNA）、小激活RNA（small activating RNA，saRNA）、向导RNA（guide RNA，gRNA）等，这些RNA具有特殊的结构和功能。根据RNA是否具有编码蛋白质的功能，又将其分为编码RNA和非编码RNA，显然，按照这样的划分，除mRNA之外的所有RNA都是非编码RNA。在非编码RNA中，一部分是细胞正常生存所必需的，呈组成型表达；另一部分只在生长发育的特殊时期表达，它们的表达能够在转录或翻译水平对其他基因的表达起到调控作用。

质粒（plasmid）DNA存在于许多细菌及酵母菌等生物中，是细胞染色体外能够进行自主复制的小的环状DNA。病毒一般由一种核酸分子（DNA或RNA）与蛋白质构成。

二、核酸的生物学功能

核酸的发现虽然较早，但其生物学功能却在很长时间内未被人们所认识，直到1944年O. T. Avery等在肺炎双球菌的转化实验中，才首次证明了DNA是细菌遗传性状的转化因子。肺炎双球菌是一种病原菌，存在光滑型（Smooth，S型）和粗糙型（Rough，R型）两种类型。其中，光滑型的菌株产生荚膜，有毒，侵入人体后会导致肺炎，而在小鼠体内可导致败血症，并使小鼠死亡；粗糙型的菌株不产生荚膜，无毒，在人或动物体内不会导致疾病发生。他们发现从S型肺炎双球菌中提取的DNA与R型肺炎双球菌混合后，能使某些R型菌转化为S型菌，且转化率与提取的DNA纯度呈正相关，若将DNA预先用DNA酶降解，则转化不发生。这说明S型菌的DNA将其遗传特性传给了R型菌，DNA就是遗传物质。

1952年A. D. Hershey和M. Chase的噬菌体侵染实验进一步证实了DNA是遗传物质的结论。他们用^{32}P标记噬菌体T_2的DNA，^{35}S标记蛋白质，然后侵染大肠杆菌。结果只有^{32}P标记的DNA进入细菌细胞内，而^{35}S标记的蛋白质仍留在细胞外，从而有力证明了DNA是噬菌体的遗传物质（图2-1）。

总之，DNA是遗传物质，是遗传信息的载体，负责遗传信息的储存和发布，并通过复制将遗传信息传给子代。

RNA的功能多样性主要包括：①参与蛋白质的合成，以DNA的某些区段（即某些基因）为模板，通过转录合成3种主要的RNA，即mRNA、tRNA和rRNA，它们在蛋白质合成过程中起重要作用。②在RNA病毒中，RNA起染色体作用，携带遗传信息，也是遗传

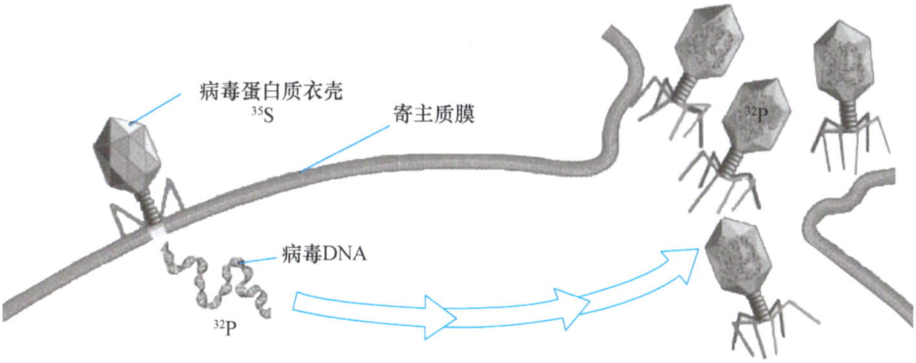

图 2-1 噬菌体 T_2 侵染细菌的实验

物质。③有些 RNA 还具有催化活性。长时间以来，人们认为酶都是蛋白质。1982 年，美国两位生物化学家 T. R. Cech 和 S. A. Altman 发现了某些 RNA 的催化作用，并提出了核酶（ribozyme）的概念。核酶的发现，证明了核酸既是信息分子，又是功能分子，对于研究生命的起源、了解核酸新功能及重新认识酶的概念等都具有重要意义。④调控基因表达的功能，如干扰 RNA 和反义 RNA 在翻译水平上参与其他基因的表达调控。⑤参与 RNA 前体的加工和细胞中分泌蛋白的运输等，如 snRNA 参与真核 mRNA 前体的剪接加工；7S RNA 与蛋白质一起组成信号识别颗粒引导分泌蛋白通过内质网膜。

知识窗

其他 RNA

20 世纪 80 年代以后，新技术不断产生，RNA 的研究也取得了突破性进展，人们发现了许多新的 RNA 分子，逐渐认识到 RNA 既是信息分子，又是功能分子。

小核 RNA（small nuclear RNA，snRNA）存在于真核细胞的细胞核内，是一类称为小核核蛋白复合体（snRNP）的组成成分，有 U1 snRNA、U2 snRNA、U4 snRNA、U5 snRNA、U6 snRNA 等，均为小分子核糖核酸，其功能是在 hnRNA 转变为 mRNA 的过程中，参与 RNA 的剪接，并且在将 mRNA 从细胞核运到细胞质的过程中起着十分重要的作用。核仁小 RNA（small nucleolar RNA，snoRNA）参与 rRNA 前体的加工及核糖体亚基的装配。

胞质小 RNA（small cytoplasmic RNA，scRNA）的种类很多，其中 7S RNA 与蛋白质一起组成信号识别颗粒（signal recognition particle，SRP）参与分泌性蛋白质的合成。反义 RNA（antisense RNA）由于它们可以与特异的 mRNA 序列互补配对，阻断 mRNA 翻译，能调节基因表达。核酶是具有催化活性的 RNA 分子或 RNA 片段。目前在医学研究中已设计出针对病毒的致病基因 mRNA 的核酶，抑制其蛋白质的生物合成，为基因治疗开辟新的途径，核酶的发现也推动了生物起源的研究。

微 RNA（microRNA，miRNA）是一种具有茎环结构的非编码 RNA，长度一般为 20～24 个核苷酸，在 mRNA 翻译过程中起开关作用。miRNA 可以与靶 mRNA 结合，产生转录后基因沉默作用（post-transcriptional gene silencing，PTGS），但在一定条件下能被释放，这样 mRNA 又能翻译蛋白质，由于 miRNA 的表达具有阶段特异性和组织特异性，它们在基因表达调控和控制个体发育中起重要作用。

端粒酶 RNA（telomerase RNA，TR）是端粒酶的一个组成部分，在具有端粒酶活性的细胞内，它作为逆转录的模板加在端粒的末端以解决染色体因复制而变短的问题，这种酶在大多数细胞里是没有活性的，在某些肿瘤细胞、转化细胞、干细胞及生殖细胞里活性较高，它与染色体末端的复制有关。

tmRNA 是存在于细菌中的一类代谢稳定的小 RNA，它的结构独特，其 5′ 端和 3′ 端序列有一个类似丙氨酰 tRNA 的结构，中间序列编码标记肽（tag peptide），兼具了 mRNA 和 tRNA 的特点。tmRNA 的功能：①将"滞留"在 mRNA 上的核糖体解脱下来；②将一段信号肽加在有缺陷的蛋白质的 C 端，使其有效水解。

第二节　核酸的化学组成

一、核酸的元素组成

核酸是生物大分子，在研究分子结构之前，必须清楚核酸的化学组成。经元素分析证明，核酸由碳、氢、氧、氮、磷 5 种元素组成，其中磷的含量在各种核酸中变化不大，DNA 的平均含磷量为 9.9%，RNA 的平均含磷量为 9.5%。故可通过测定核酸样品的含磷量计算出核酸的含量。

二、核酸的分子组成

采用不同的水解方法（酶解、酸解、碱解）可将核酸降解成核苷酸，核苷酸可再分解生成核苷和磷酸，而核苷可进一步分解生成戊糖和碱基。

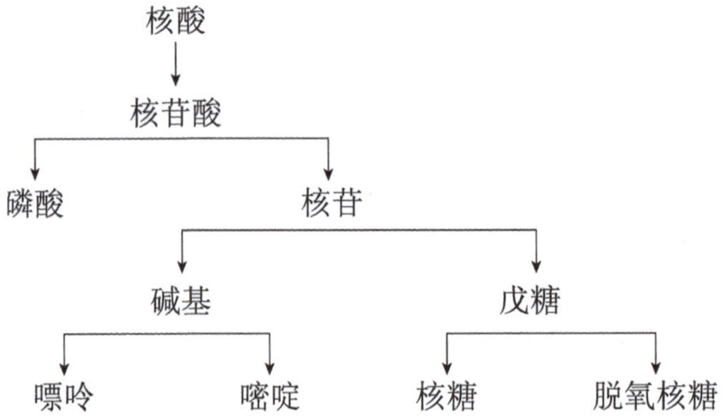

微课视频

由此可见，核酸的基本组成单位是核苷酸，基本组成成分是磷酸、戊糖和碱基。

（一）碱基

核酸中的碱基（base）有两类，它们分别是含有氮原子的嘌呤（purine）和嘧啶（pyrimidine）的衍生物。衍生于嘌呤的碱基称为嘌呤碱基，衍生于嘧啶的碱基称为嘧啶碱基，它们均为含氮的杂环化合物，具有弱碱性，又称含氮碱基。

1. 嘌呤碱基　核酸中的嘌呤碱基有两种：腺嘌呤（adenine，A）和鸟嘌呤（guanine，G）。DNA 和 RNA 分子中均含有这两种碱基，其结构如图 2-2 所示。

2. 嘧啶碱基 核酸中的嘧啶碱基主要有3种：胞嘧啶（cytosine，C）、尿嘧啶（uracil，U）和胸腺嘧啶（thymine，T）。在DNA中含胞嘧啶和胸腺嘧啶，在RNA中含胞嘧啶和尿嘧啶，其结构如图 2-3 所示。

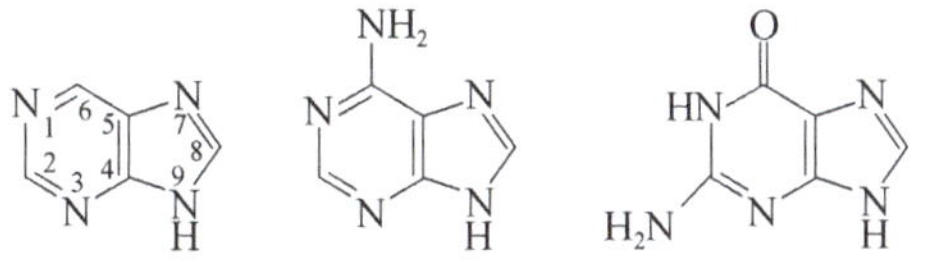

嘌呤　　腺嘌呤（6-氨基嘌呤）　　鸟嘌呤（2-氨基-6-氧嘌呤）

图 2-2 嘌呤的结构

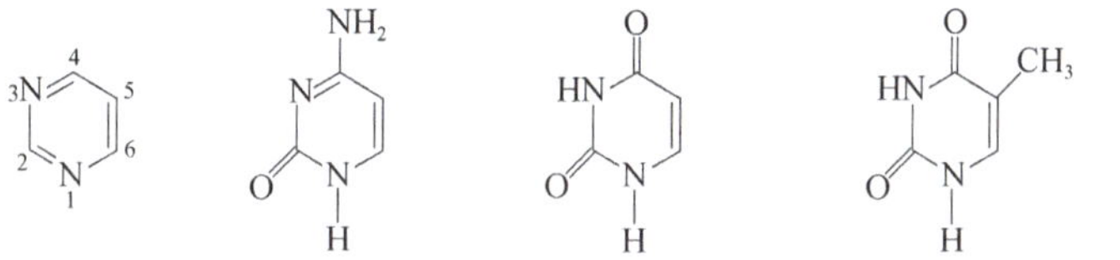

嘧啶　　胞嘧啶（2-氧-4-氨基嘧啶）　　尿嘧啶（2,4-二氧嘧啶）　　胸腺嘧啶（5-甲基-2,4-二氧嘧啶）

图 2-3 嘧啶的结构

以上 5 种碱基的酮基或氨基受所处环境 pH 的影响，可以形成酮-烯醇互变异构体或氨基-亚氨基互变异构体，这为碱基之间形成氢键提供了结构基础。

除以上 5 种基本碱基外，核酸分子中还有一些含量较少的其他碱基，称为稀有碱基（rare base）。稀有碱基种类很多，大多数是碱基环上的某一位置原子被一些化学基团（如甲基、甲硫基、羟基等）修饰后的衍生物，也有修饰戊糖或戊糖和碱基之间连接方式的差异，它们可以看作基本碱基的化学修饰产物，因此也称为修饰碱基（modified base），如 5-甲基胞嘧啶、次黄嘌呤、二氢尿嘧啶等。图 2-4 为几种稀有碱基的结构。

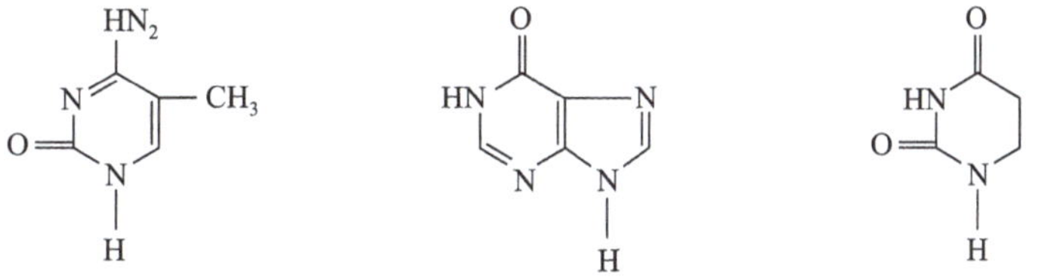

5-甲基胞嘧啶　　次黄嘌呤　　二氢尿嘧啶

图 2-4 稀有碱基的结构

（二）戊糖

核酸中的戊糖包括核糖和脱氧核糖两种，核酸的分类就是按照所含戊糖不同而分为两类的。RNA 分子中含 D-核糖，DNA 分子中含 D-2-脱氧核糖，它们在核酸中均以 β-呋喃型存在。脱氧核糖的化学稳定性比核糖好。戊糖分子中的碳原子位置用 1′～5′ 标记以示与碱基（嘌呤环或嘧啶环）中碳原子的区别。结构式如图 2-5 所示。

图 2-5　戊糖的结构

（三）核苷

戊糖和碱基缩合成的糖苷称为核苷（nucleoside）。其连接方式是戊糖第 1 位碳原子（C_1'）上的羟基与嘌呤碱基第 9 位氮原子（N_9）或嘧啶碱基第 1 位氮原子（N_1）上的氢脱水形成 C—N 糖苷键，腺嘌呤核苷（简称腺苷）及胞嘧啶核苷（简称胞苷）的结构式如图 2-6 所示。

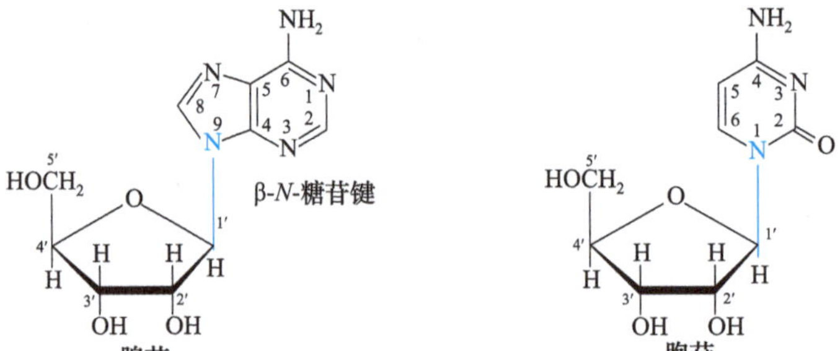

图 2-6　核苷的结构

核苷按其所含戊糖不同，分为核糖核苷和脱氧核糖核苷两类。核糖核苷是 RNA 的组成成分，脱氧核糖核苷是 DNA 的组成成分。核酸中常见核苷的碱基、全称、简称及代号如表 2-1 所示。

表 2-1　核酸中常见的核苷

碱基	RNA 中的核糖核苷			DNA 中的脱氧核糖核苷		
	全称	简称	代号	全称	简称	代号
腺嘌呤	腺嘌呤核苷	腺苷	A	腺嘌呤脱氧核苷	脱氧腺苷	dA
鸟嘌呤	鸟嘌呤核苷	鸟苷	G	鸟嘌呤脱氧核苷	脱氧鸟苷	dG
胞嘧啶	胞嘧啶核苷	胞苷	C	胞嘧啶脱氧核苷	脱氧胞苷	dC
尿嘧啶	尿嘧啶核苷	尿苷	U	—	—	—
胸腺嘧啶	—	—	—	胸腺嘧啶脱氧核苷	脱氧胸苷	dT

核酸中除了表 2-1 列出的常见核苷之外，还有少量的稀有核苷，这些稀有核苷的形成往往是由于含有稀有碱基或稀有戊糖（戊糖中的 2′-OH 被 2′-OCH_3 取代），或者是因为戊糖和碱基之间连接方式的差异。图 2-7 是几种稀有核苷的结构式。

（四）核苷酸

核苷酸是由核苷中戊糖的羟基发生磷酸化反应而形成的磷酸酯。由核糖核苷生成的磷酸酯称为核糖核苷酸，由脱氧核糖核苷生成的磷酸酯称为脱氧核糖核苷酸。图 2-8 是两种核苷酸的结构式。

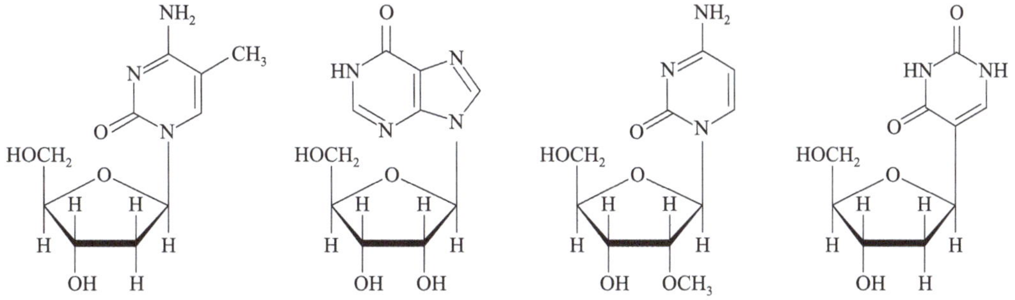

5-甲基脱氧胞苷　次黄嘌呤核苷　2′-*O*-甲基胞苷　假尿苷(ψ)

图 2-7　稀有核苷的结构

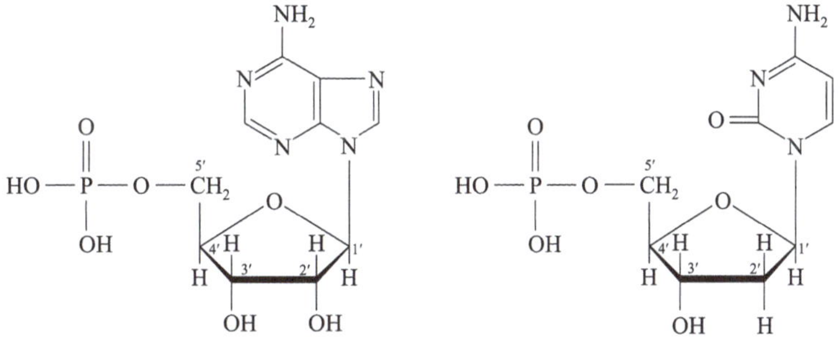

5′-磷酸腺苷（5′-腺苷酸，AMP）　5′-磷酸脱氧胞苷（5′-脱氧胞苷酸，dCMP）

图 2-8　核苷酸的结构

核糖核苷的戊糖环上的 2′、3′、5′ 位各有一个自由羟基，这些羟基均可与磷酸生成酯，可形成 3 种核苷酸。脱氧核糖核苷只在脱氧核糖环上的 3′、5′ 位有自由羟基，只能形成两种脱氧核苷酸。在生物体内的核苷酸多是 5′-核苷酸，它们是组成核酸的基本单位。

腺苷一磷酸（AMP）、鸟苷一磷酸（GMP）、胞苷一磷酸（CMP）、尿苷一磷酸（UMP）是构成 RNA 的基本单位；脱氧腺苷一磷酸（dAMP）、脱氧鸟苷一磷酸（dGMP）、脱氧胞苷一磷酸（dCMP）、脱氧胸苷一磷酸（dTMP）是构成 DNA 的基本单位。

在核酸中的各种核苷酸的全称、简称及代号如表 2-2 所示。

表 2-2　核酸中常见的核苷酸

核糖核酸			脱氧核糖核酸		
全称	简称	代号	全称	简称	代号
腺嘌呤核苷酸	腺苷酸	AMP	腺嘌呤脱氧核苷酸	脱氧腺苷酸	dAMP
鸟嘌呤核苷酸	鸟苷酸	GMP	鸟嘌呤脱氧核苷酸	脱氧鸟苷酸	dGMP
胞嘧啶核苷酸	胞苷酸	CMP	胞嘧啶脱氧核苷酸	脱氧胞苷酸	dCMP
尿嘧啶核苷酸	尿苷酸	UMP	胸腺嘧啶脱氧核苷酸	脱氧胸苷酸	dTMP

（五）几种重要的核苷酸及其衍生物

1. 多磷酸核苷酸 核苷一磷酸还可以进一步磷酸化生成核苷二磷酸和核苷三磷酸。例如，腺苷一磷酸（AMP）再结合一分子磷酸，可生成腺苷二磷酸（ADP）；腺苷二磷酸再结合一分子磷酸可生成腺苷三磷酸（ATP），如图 2-9 所示。

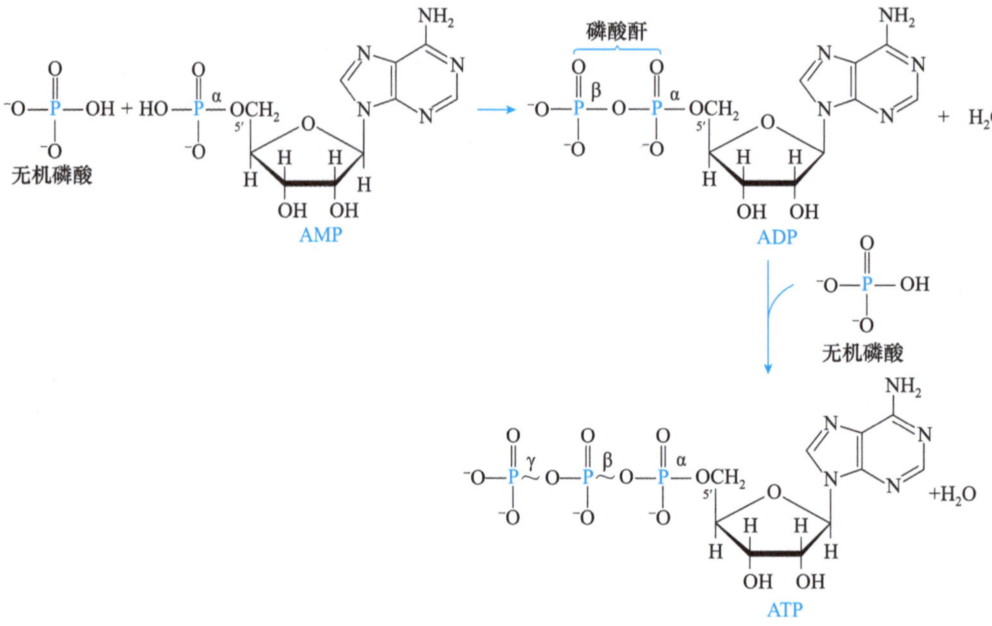

图 2-9 AMP、ADP 和 ATP 的转化及结构式

在 ADP 和 ATP 分子中，磷酸和磷酸之间以焦磷酸键相连。当焦磷酸键水解时，可释放出大量的能量供机体利用。这种由于水解而释放很高能量的焦磷酸键称为高能磷酸键（high energy phosphate bond），简称高能键。ADP 中的高能键很少被利用，它主要是接受能量转化为 ATP。ATP 在细胞的能量代谢过程中起着非常重要的作用，但它不是储能物质，而是能量的携带和传递者。

除了 ADP 和 ATP 外，生物体内其他的 5′-核苷一磷酸也可以进一步磷酸化形成核苷二磷酸和核苷三磷酸，即 GDP、CDP、UDP 和 GTP、CTP、UTP。5′-脱氧核苷一磷酸也可以进一步磷酸化，形成脱氧核苷二磷酸和脱氧核苷三磷酸，即 dADP、dGDP、dCDP、dTDP 和 dATP、dGTP、dCTP、dTTP。其中，ATP、GTP、CTP、UTP 是合成 RNA 的原料，dATP、dGTP、dCTP、dTTP 是合成 DNA 的原料。此外，UTP 还参与体内糖原的合成，CTP 参与磷脂的生物合成，GTP 参与蛋白质的生物合成等。GTP 和 UTP 的结构式如图 2-10 所示。

鸟苷四磷酸（$_{pp}G_{pp}$）和鸟苷五磷酸（$_{pp}G_{ppp}$）是 1969 年发现并弄清结构的多磷酸鸟苷酸。它们参与细菌基因转录的调节作用。$_{pp}G_{pp}$ 的结构式如图 2-11 所示。

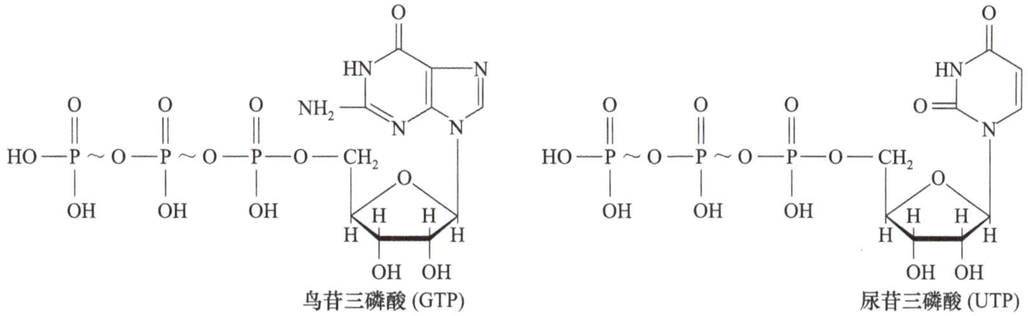

图 2-10 GTP 和 UTP 的结构

2. 环化核苷酸 在动物、植物及微生物细胞中，还普遍存在一类环化核苷酸，主要是 3′,5′-环腺苷酸（cAMP）和 3′,5′-环鸟苷酸（cGMP），其结构式见图 2-12。

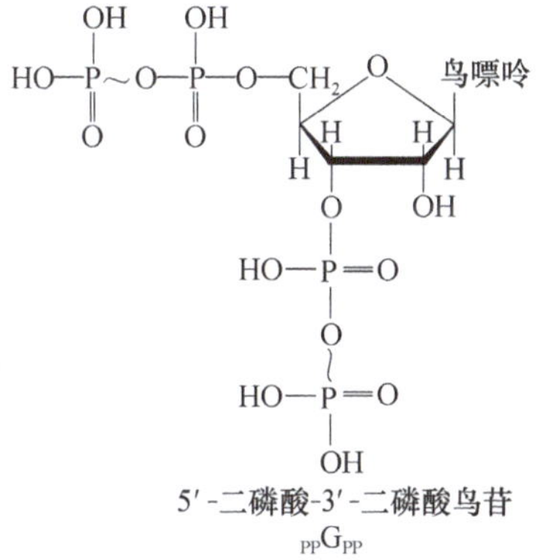

图 2-11 鸟苷四磷酸的结构

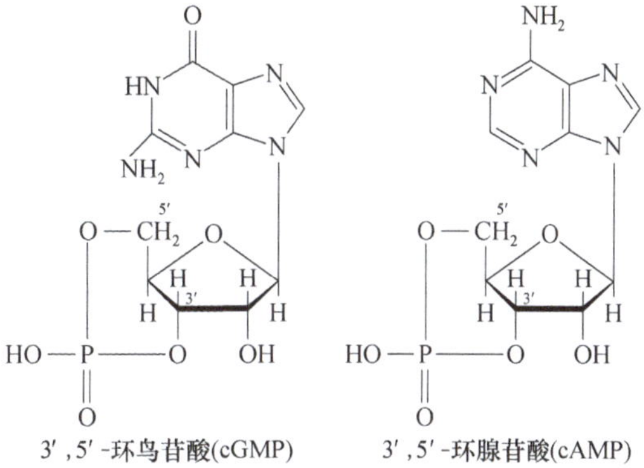

图 2-12 环化核苷酸的结构

环化核苷酸不是核酸的组成成分，在细胞中含量很少，但有重要的生理功能。现已证明，二者均可作为胞内第二信使，在细胞的代谢调节中发挥重要作用。

3. 辅酶类核苷酸 一些核苷酸或其衍生物还是重要的辅酶或辅基的组成成分，如 NAD^+（烟酰胺腺嘌呤二核苷酸）、$NADP^+$（烟酰胺腺嘌呤二核苷酸磷酸）及 FAD（黄素腺嘌呤二核苷酸）中都含有腺苷酸（见第三章的“维生素与辅因子”部分）。

第三节 核酸的分子结构

一、DNA 的分子结构

（一）DNA 的一级结构

DNA 的一级结构是指 DNA 分子中脱氧核糖核苷酸的排列顺序。不同的 DNA 分子（或片段）的一级结构不同，即脱氧核糖核苷酸排列顺序不同，也就是碱基排列顺序不同。脱氧核糖核苷酸的种类虽不多，但因其数目、比例和顺序的不同构成了多种结构不同的 DNA 分子。

1. 脱氧核糖核苷酸之间的连接键 DNA 链中一个脱氧核糖核苷酸的 3′-羟基和下一

个脱氧核糖核苷酸的5′-磷酸脱水以酯键相连。因此DNA中各脱氧核糖核苷酸间的连接键是3′, 5′-磷酸二酯键，也是稳定DNA一级结构的作用力。这种共价键一旦发生断裂，DNA的一级结构便遭到破坏。由相间排列的磷酸和戊糖构成了DNA分子的主链，而代表其生物学特性的碱基则可看作有次序连接在主链上的侧链基团。

2. 多聚脱氧核糖核苷酸链的方向性 DNA链具有方向性。每条多脱氧核糖核苷酸链都有一个3′端和一个5′端，在5′端有游离磷酸基团（即该末端的脱氧核苷酸5′位的磷酸基团不再与另一个脱氧核苷酸连接），在3′端有游离羟基（即该末端的脱氧核苷酸3′位的羟基不再与另一个脱氧核苷酸连接）。不管是书写还是读向一般都是从5′端到3′端。图2-13是DNA多脱氧核苷酸链的片段。

3. DNA一级结构的表示方法 DNA分子的一级结构相当复杂，为了书写方便，一般采用简化的表示方法。线条式表示法通常把5′端写在左侧，用垂直线表示戊糖的碳链，碱基写在垂直线上端，P代表磷酸基团，垂直线间含P的斜线代表3′, 5′-磷酸二酯键。字母式表示法就是用碱基序列表示DNA的一级结构。单字母A、T、G、C表示脱氧核苷酸（应为dA、dT、dG、dC，省去d），P表示磷酸基团，各种简化式的读向是从左到右，左侧为5′端，右侧为3′端，为了更加简洁常把P也省去，这种表示方法最简单，常用于文献中，也用于教科书中（图2-14）。

（二）DNA的二级结构

DNA的二级结构是指DNA的双螺旋结构。1953年，J. D. Watson和F. H. Crick在前人工作的基础上提出了DNA的双螺旋结构模型（图2-15）。

1. DNA双螺旋结构提出的主要依据

1）DNA的X射线衍射数据 M. Wilkins等发现，来源不同的DNA的X射线衍射图谱非常相似。X射线衍射图中DNA含有两条或两条以上具有螺旋结构的多核苷酸链，而且沿纤维长轴有0.34nm和3.4nm两个重要的周期性变化。

2）关于DNA碱基组成的研究 E. Chargaff等在分析不同生物的DNA碱基组成时，发现具有一些共同规律。

（1）不同生物DNA分子中腺嘌呤与胸腺嘧啶的数量相等，即A=T；鸟嘌呤与胞嘧啶的数量也相等，即G=C。所以嘌呤碱基和嘧啶碱基的总数相等，即A+G=C+T。

（2）DNA碱基组成具有种属特异性，即同种生物的DNA碱基组成相同，而不同生物间组成不同，如人、牛和大肠杆菌的DNA碱基组成比例完全不同。

（3）DNA碱基组成无组织器官的特异性，即同一生物体所有体细胞DNA的碱基组成高度相似。例如，牛的胸腺、脾和精子等器官的DNA碱基组成十分相近而无明显差别。

（4）生物体内的碱基组成一般不受年龄、生长状况、营养状况和环境等条件的影响。也就是说，每种生物的DNA具有各自特异的碱基组成，与生物的遗传特性有关。

DNA碱基组成的这些规律称为Chargaff规则，这些规则为研究DNA分子结构提供了重要依据。

3）DNA的碱基物化数据测定 DNA中的4种碱基，嘌呤碱基比嘧啶碱基大些，

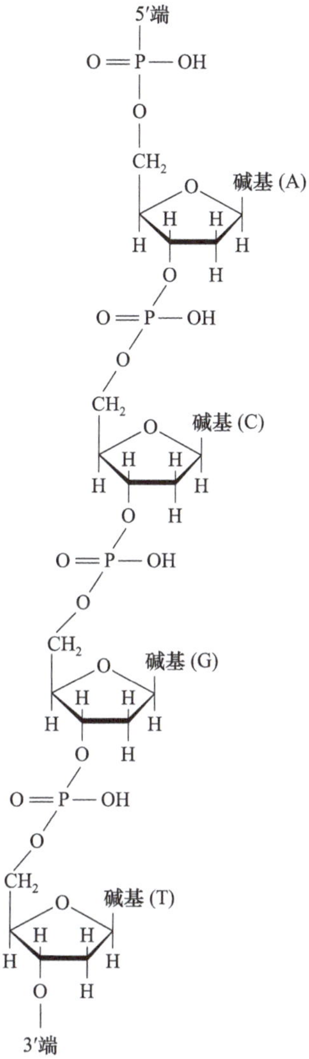

图 2-13 DNA 多脱氧核苷酸链的片段

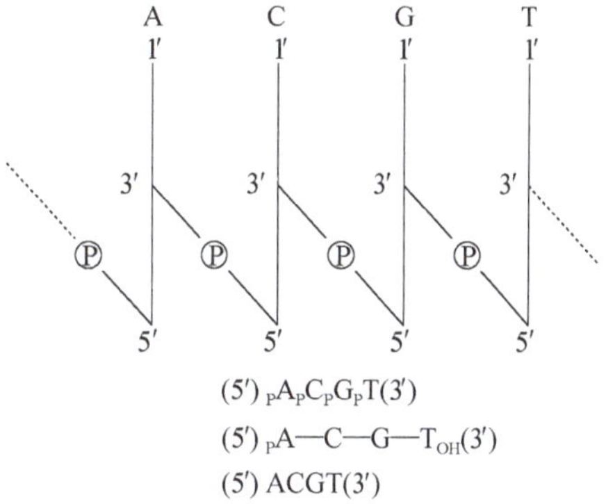

图 2-14 DNA 一级结构简式

如果嘌呤碱基与嘧啶碱基配对，从几何大小和键长键角来看是合适的。酸碱滴定也表明，DNA 中的磷酸基可滴定，而碱基上的氨基不能滴定，这说明氨基可能与羰基氧原子之间形成了氢键。后来又有人证明腺嘌呤和胸腺嘧啶间可以形成 2 个氢键；而鸟嘌呤和胞嘧啶之间可以形成 3 个氢键。

2. DNA 双螺旋结构模型的主要特征

（1）DNA 是反平行右手双螺旋结构。组成 DNA 分子的两条链走向相反，一条为 5′ → 3′ 走向，另一条是 3′ → 5′ 走向。

（2）双螺旋外侧是由“磷酸-脱氧核糖”交替排列形成的主链作为骨架，通过形成氢键而配对的碱基位于双螺旋的内侧。各碱基对平面相互平行，且与中心轴垂直。螺旋的直径为 2nm。碱基对之间的距离为 0.34nm，螺旋一圈含 10 个碱基对，螺距为 3.4nm。

（3）双螺旋碱基配对具有一定的规律性，即 A 与 T 配对，G 与 C 配对，这种配对规

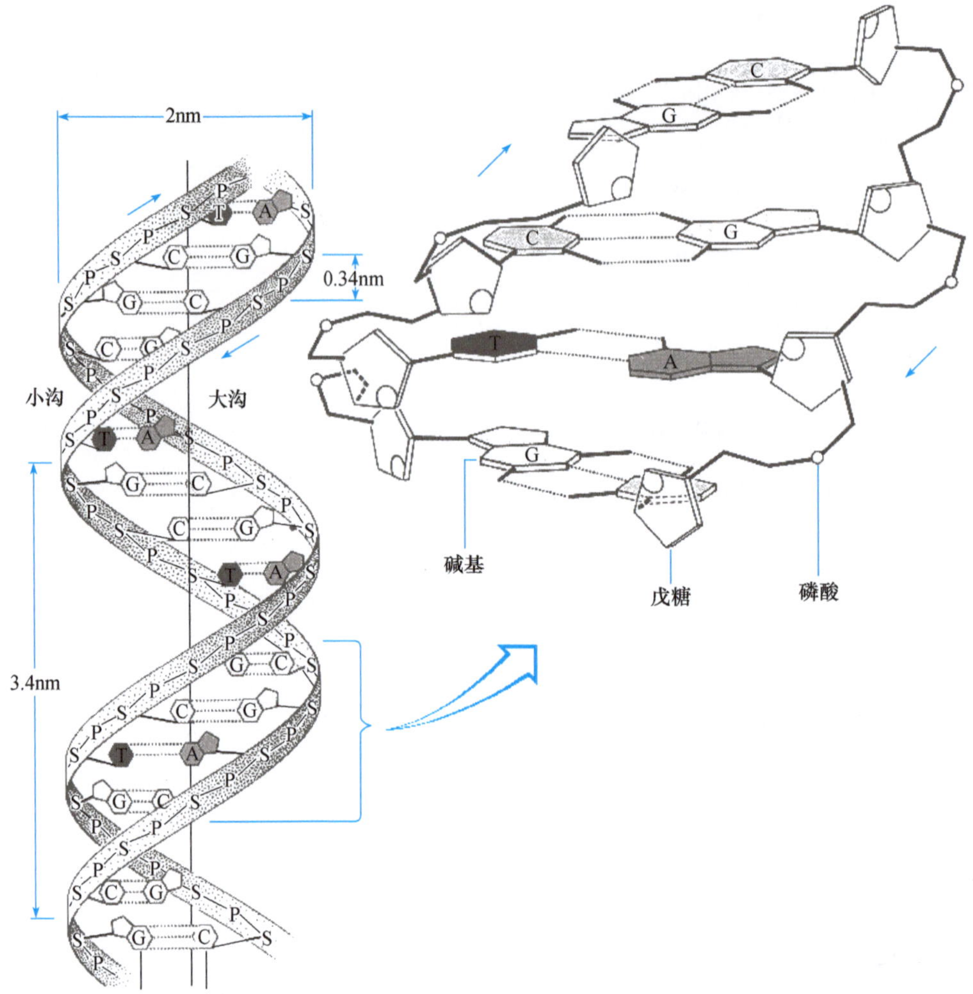

图 2-15　DNA 的双螺旋结构模型

律称为碱基互补规律。形成碱基对时，A 与 T 之间形成 2 个氢键，G 与 C 之间形成 3 个氢键（图 2-16）。碱基对中的 2 个碱基称为互补碱基，通过互补碱基而结合的两条链彼此称为互补链。

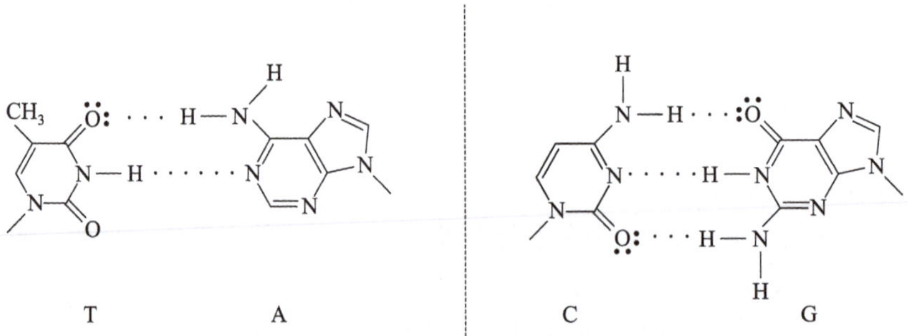

图 2-16　碱基配对示意图

（4）双螺旋表面形成两种凹槽。DNA 分子的两条链绕中心轴旋转时，由于碱基对与糖环连接是在碱基对的同侧而不是相反两侧，碱基对的这种方向性使其在双螺旋内部占据的空间是不对称的，因此在双螺旋表面形成两种凹槽，分别称为大沟（major groove）和小沟（minor groove），其中大沟对于 DNA 和蛋白质结合时的相互识别很重要，DNA 序列特异性结合蛋白在沟内可以辨认碱基顺序。

DNA 双螺旋结构模型最主要的特点是碱基互补配对。碱基配对规律具有十分重要的生物学意义。它是DNA复制、转录和RNA逆转录的分子基础，关系到生物遗传特性的传递与表达。

3. 双螺旋结构的稳定因素 DNA 双螺旋结构在生理状态下是很稳定的。维持这种稳定性的主要因素有以下几种。

（1）碱基堆积力（base stacking force）。碱基堆积力是双螺旋内部的碱基对在垂直方向上堆积产生的作用力，包括疏水相互作用和范德瓦耳斯力。嘌呤与嘧啶形状扁平，呈疏水性，分布于双螺旋结构内侧。大量碱基层层堆积，两相邻碱基的平面十分贴近，使双螺旋结构内部形成一个强大的疏水区，与介质中的水分子隔开。碱基堆积力是稳定 DNA 双螺旋结构的主要作用力。

（2）氢键。氢键包括螺旋内部的氢键和螺旋外部的氢键。螺旋内部的氢键是指碱基对之间的氢键，而螺旋外部的氢键是指戊糖-磷酸骨架上的亲水基团与水分子之间形成的氢键。

（3）离子键。在生理 pH 条件下，DNA 主链上的磷酸基团带有大量的负电荷，可与介质中的阳离子之间形成离子键以减少双链间的静电斥力，因而对 DNA 双螺旋结构也有一定的稳定作用。

4. DNA 二级结构的其他类型 J. D. Watson 和 F. H. Crick 所描述的 DNA 双螺旋结构是 DNA 在正常状态下一种形式，是在相对湿度为 92% 时析出的 DNA-钠盐纤维所呈现的构象，也是生物体内天然 DNA 的主要构象，称为 B-DNA。应用 X 射线衍射技术并结合电镜观察对 DNA 结构进一步研究发现，DNA 二级结构还有其他类型。

1）A-DNA 在相对湿度为 75% 的状态下，B-DNA 可转变为 A-DNA，A-DNA 也是反平行双链形成的右手螺旋，螺旋直径为 2.5nm，其碱基平面倾斜 20°，每转一圈需 11 个碱基对，比 B-DNA 粗一些。A-DNA 的生物学意义还不很清楚，研究发现，某些双链 RNA 的构象为 A-型，推测在 DNA 的复制、转录和逆转录过程中形成的 DNA-RNA 杂合链可能是 A-型构象，因此在复制和转录时 B-DNA 可能要转变为 A-DNA。

2）C-DNA X 射线衍射分析表明，让天然 DNA 的锂盐维持在相当低的湿度下（44%～66%）会产生 C-DNA，而且低的 d(G+C）含量会促使 B-DNA 向 C-DNA 的转变。如缓慢地加水到 C-DNA 内，会发生 C → A → B 的逆转化。C-DNA 与 B-DNA 相似，它的核苷酸构象参数与B-DNA相比仅稍有变化，大沟稍浅，小沟稍深，因而属B-DNA家族。

3）Z-DNA 自然界双链 DNA 大多为右手螺旋，但也有左手螺旋。美国科学家 A. Rich 根据 X 射线衍射数据分析了人工合成的具有特殊顺序的脱氧六核苷酸（dCGCGCG）的结果，发现该片段以左手螺旋存在于晶体中，从而推论自然界中有左手螺旋 DNA 存在。左手螺旋中磷酸和戊糖骨架呈 Z 字形（zigzag），因此命名为 Z-DNA。他们认为具 $(CG)_n$ 结构的 DNA 溶液从低盐浓度到高盐浓度时，右手螺旋 DNA 会转变为 Z-DNA。右手螺旋 DNA 与 Z-DNA 一般处于动态平衡。以上不同构象的 DNA 见图 2-17，其结构参数见表 2-3。

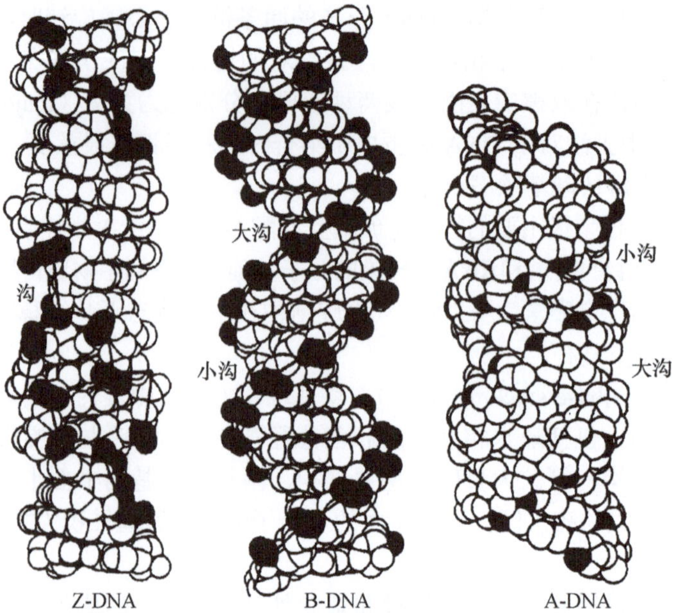

图 2-17　DNA 双螺旋结构的多态性

表 2-3　不同 DNA 双螺旋的结构参数

类型	旋转方向	螺旋直径 /nm	螺距 /nm	每圈碱基对数目	碱基对间垂直距离 /nm	碱基对与水平面间的倾角 /(°)
A-DNA	右	2.5	2.8	11	0.255	20
B-DNA	右	2.0	3.4	10	0.34	0
Z-DNA	左	1.8	4.5	12	0.37	7

4）三链 DNA　在 20 世纪 50 年代初期，M. Wilkins 根据 X 射线衍射图片曾设想过 DNA 可能有 3 条链，后来 J. D. Watson 和 F. H. Crick 等也曾构建过一些 T-DNA 模型。至今发现的三链 DNA 也称为铰链 DNA（hinged DNA，H-DNA），三链 DNA 可分为两大类，即三股螺旋结构和中国科学院白春礼等 1990 年用扫描隧道电子显微镜技术观察到的“三股发辫结构”。三股螺旋结构是在 DNA 双螺旋结构的基础上形成的，三链区的 3 条链中至少有一条链全部由嘌呤碱基组成（图 2-18）。根据第三条链的来源，三链 DNA 可分为分子间和分子内两组，分子内的三链 DNA 是由双螺旋中的一条链通过自身回折形成的。分子间的又分为两种：①由一条单链与发夹结构或环状双链所形成；②由一条单链与线状双链形成。根据三链的组成及相对位置又可分为 Pu-Pu-Py 和 Py-Pu-Py 两种类型（Pu 代表嘌呤链，Py 代表嘧啶链），其中最常见的是 Py-Pu-Py 型，它的 3 条链中有两条为正常的双螺旋，第三条嘧啶链位于双螺旋的大沟中，与嘌呤链的方向一致，并随双螺旋结构一起旋转，三链中碱基配对的方式与双螺旋 DNA 相同，即其碱基仍以 A-T、G-C 配对，但第三条链上的 C 必须质子化，且它与 G 只形成 2 个氢键（正常情况下是 3 个氢键），为了区别于 Watson-Crick 氢键，它被称为 Hoogsteen 氢键。

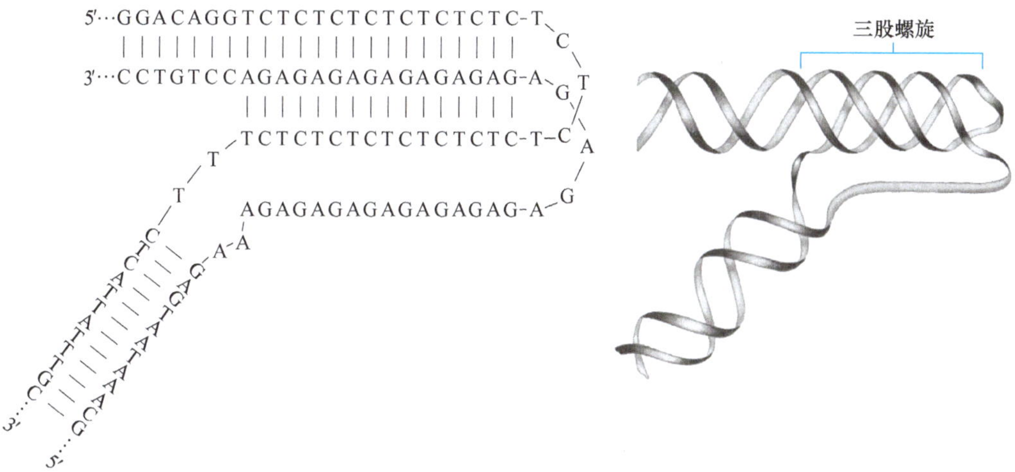

图 2-18 三股螺旋结构

分子内三链 DNA 是由一条单链通过自身回折形成的，其结构中含有两个环，为了满足形成过程中对极性及碱基配对的要求，这条单链必须具有特殊的序列，即其序列要具有镜像重复性（mirror repeat）。例如，对 Py-Pu-Py 型三链，两条嘧啶链相对于中间的嘌呤链来说具有镜像对称的关系。由于分子内三链的各条链都位于同一分子内，因此与分子间三链相比，它更易于形成。

三链 DNA 的研究有助于进一步弄清染色体结构及真核基因的复制、转录和重组的机制。此外，三链 DNA 有一定的应用价值。例如，可利用单链 DNA 片段将切割剂（如内切核酸酶）携带到 DNA 特定位点，从而达到选择性切断染色体 DNA 的目的，由于细胞内转录因子等调控蛋白只有和双螺旋 DNA 结合后才能打开特定基因使其转录，但是转录因子不能和三股螺旋结合，因此可利用寡聚 DNA 片段封闭转录因子的结合位点，从而达到关闭有害基因或病毒基因的目的。

5）G-四链体 DNA　G-四链体 DNA 是由富含串联重复鸟嘌呤的 DNA 或 RNA 折叠形成的高级结构。W. L. Sundpuist 和 A. Klug 在模拟一种原生动物棘毛虫的端粒 DNA 时，人工合成了一段 DNA 序列，发现在一定条件下模拟的富 G 单链 DNA 可形成四链体 DNA 结构。由此推测染色体端粒的单链之间也形成了四链体。H. Kang 等分别用实验证实在晶体和溶液中，富 G 单链 DNA 也能够形成四链体 DNA 结构。

四链体 DNA 的基本结构单位是 G-四联体（图 2-19），即在四联体的中心有一个由 4 个带负电荷的羰基氧原子围成的“口袋”。通过 G-四联体的堆积可以形成分子内或分子间的右手螺旋，与 DNA 双螺旋结构比较，G-四联体螺旋有两个显著的特点：一是它的稳定性取决于口袋内所结合的阳离子种类，已知钾离子的结合使四联体螺旋最稳定；二是它的热力学和动力学性质都很稳定。

就目前对一些生物的 DNA 序列分析得知，富含鸟嘌呤的 DNA 序列多见于一些在功能上及进化上都相当保守的基因组区域，许多研究表明，富鸟嘌呤 DNA 链所形成的 G-四链体 DNA 可能是作为分子之间相互识别的元件之一，在维持基因组稳定性和调控基因表达上有重要意义。

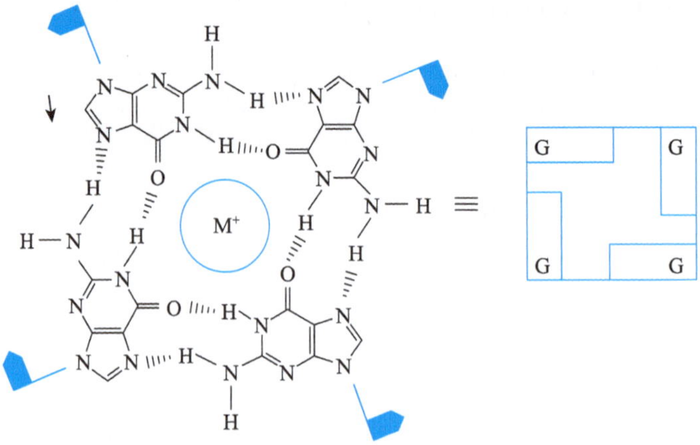

图 2-19　鸟嘌呤四联体

（三）DNA 的三级结构

DNA 分子在细胞内并非以线性双螺旋形式存在，而是在双螺旋结构的基础上进一步扭曲盘旋形成 DNA 的三级结构。DNA 的三级结构包括线状 DNA 形成的扭结、超螺旋（supercoil）和多重螺旋，以及环状 DNA 形成的扭结、超螺旋和连环等多种类型，其中超螺旋是最常见的三级结构。

当通过某种手段使 DNA 双螺旋每一圈的碱基对数目多于或少于 10 对，将会导致 DNA 双螺旋缠绕过度（过旋或紧旋）或不足（欠旋或松旋），如果将过旋或欠旋的 DNA 两端固定或者 DNA 本来是共价闭环的，DNA 将会因内部的张力无法释放而自发地形成超螺旋。过旋 DNA 会自动形成额外左手螺旋，称为正超螺旋（positive supercoil）；而欠旋则形成额外右手螺旋，称为负超螺旋（negative supercoil），自然界存在的环状 DNA 几乎全是负超螺旋。

通过电镜观察或实验证明，生物细胞内的 DNA 无论是环状还是线状分子均可形成不同程度的超螺旋，并以超螺旋状态存在于细胞内，如细菌质粒、某些病毒及线粒体的环状 DNA 分子，多扭曲成麻花状的超螺旋结构（图 2-20）。

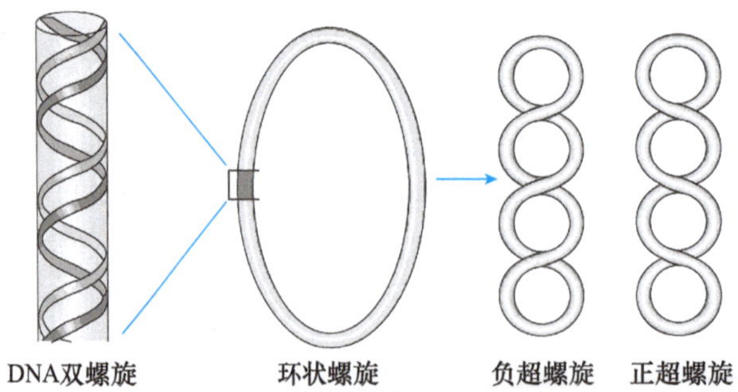

图 2-20　DNA 三级结构模式图

在真核细胞中，线状的双螺旋 DNA 分子先与组蛋白结合，盘绕形成核小体。许多核小体由 DNA 链连在一起构成念珠状结构（图 2-21）。由核小体构成的念珠状结构进一步盘绕压缩形成更高层次的染色质结构。据估算，人的 DNA 分子在染色质中反复折叠盘绕共压缩了近 8000 ～ 10 000 倍。

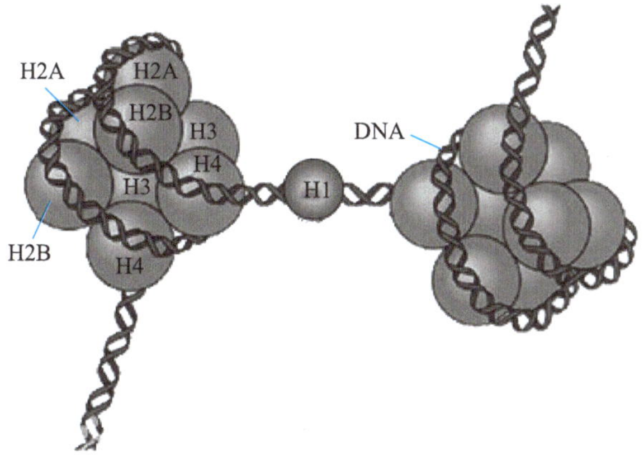

图 2-21 核小体结构示意图

负超螺旋 DNA 是由两条链的缠绕不足引起的，很容易解链，因此有利于 DNA 的复制、转录和重组。绝大多数生物体内的 DNA 在没有复制之前，均以负超螺旋的形式存在，以方便 DNA 在复制、转录和重组的启动阶段进行解链。当 DNA 开始进行复制、转录和重组时，随着解链的深入，其负超螺旋逐渐被消耗，并最终被正超螺旋取代。正超螺旋的出现会阻碍 DNA 继续进行复制和转录，而细胞内的 DNA 拓扑异构酶可及时清除正超螺旋。

二、RNA 的分子结构

生物体内 RNA 的种类有很多，它们的碱基组成、分子大小、生物学功能及在细胞中的分布均有所不同，因此结构也比较复杂。

RNA 的一级结构与 DNA 相同，也是由多个核糖核苷酸以 3′, 5′-磷酸二酯键连接成的多聚核苷酸长链。但二级结构与 DNA 不同，根据 RNA 的某些理化性质和 X 射线衍射分析研究证明，大多数天然 RNA 分子是一条单链，其许多区域自身发生回折，使可以配对的一些碱基相遇，由 A 与 U、G 与 C 之间配对形成的氢键连接起来，构成如 DNA 那样的双螺旋区，称为茎或臂；不能配对的碱基则形成环状突起（图 2-22），称为环。有 40% ～ 70% 核苷酸参与了双螺旋的形成，所以 RNA 分子是一条含短的不完全双螺旋区的多核苷酸链（图 2-23）。

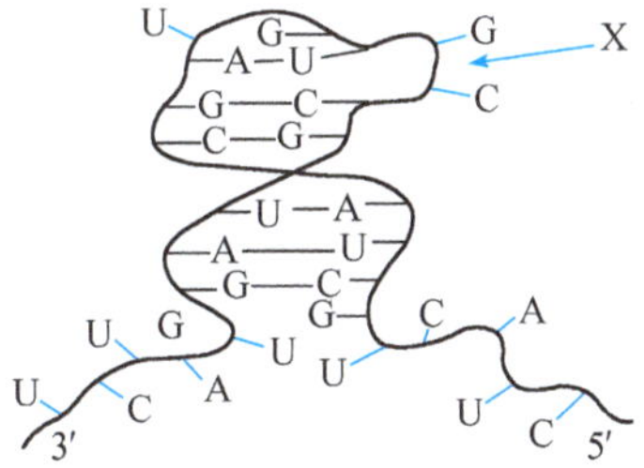

图 2-22 RNA 的双螺旋区（X 是环状突起）

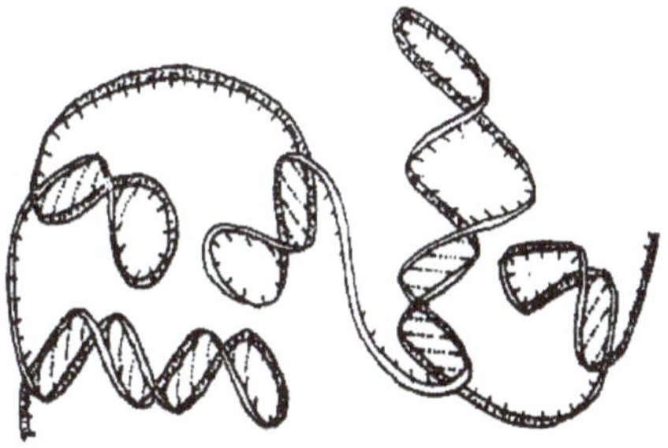

图 2-23 RNA 的二级结构

下面以细胞内最常见的3种RNA，即转移RNA（tRNA）、信使RNA（mRNA）和核糖体RNA（rRNA）为例，对RNA的结构做进一步说明。

（一）tRNA的分子结构

1. tRNA的一级结构 1965年，R. M. Holley及其同事首先测定了酵母丙氨酸tRNA的一级结构，它由76个核苷酸组成。现在许多tRNA的一级结构已被阐明，各种tRNA在一级结构上有以下共同特点。

（1）相对分子质量在2.5万左右，由70～90个核苷酸组成，沉降系数在4S左右。

（2）碱基组成中有较多的稀有碱基。

（3）3′端都为…$C_pC_pA_{OH}$，用来接受活化的氨基酸，所以这个末端称为接受末端。

（4）5′端大多为$_p$G…，也有的为$_p$C…。

2. tRNA的二级结构 tRNA的二级结构大都呈三叶草形（图2-24）。双螺旋区构成了三叶草的叶柄，突环区像是三叶草的三片小叶。由于双螺旋结构所占比例较高，tRNA的二级结构十分稳定。三叶草形结构由四环四臂组成。

氨基酸接受臂（amino acid arm）由7对碱基组成，富含鸟嘌呤，3′端为CCA，接受活化的氨基酸。

二氢尿嘧啶环（dihydrouridine loop，简称D环）由8～12个核苷酸组成，具有两个二氢尿嘧啶，故得名。通过由3～4对碱基组成的双螺旋区（二氢尿嘧啶臂，简称D臂）与tRNA分子的其余部分相连。

反密码环（anticodon loop）由7个核苷酸组成。环中部为反密码子，由3个碱基组成。次黄嘌呤核苷酸（也称肌苷酸，缩写成I）常出现于反密码子中。反密码环通过由5对碱基组成的双螺旋区（反密码臂）与tRNA的其余部分相连。

额外环（extra loop）由3～18个核苷酸组成。不同的tRNA具有不同大小的额外环，所以是tRNA分类的重要指标。

TψC环由7个核苷酸组成，通过由5对碱基组成的双螺旋区（TψC臂）与tRNA的其余部分相连。除个别例外，几乎所有的tRNA在此环中都含有TψC。核糖体与tRNA的结合依赖于其对TψC环的识别。

3. tRNA的三级结构 S. H. Kim和J. D. Robertus（1974）应用X射线衍射分析法对tRNA晶体进行研究，并先后阐明了tRNA的三级结构。tRNA的三级结构呈现倒L形构象（图2-25），该构象的形成主要依赖于D环上的碱基和TψC环上的碱基之间建立的氢键。参与三级结构的许多氢键并非通常的A-U和G-C碱基对。所有的氢键将D臂和TψC臂折叠在一起，两个功能端被有效地隔开，即氨基酸接受臂位于L的一端，与另一端的反密码子相距约7nm，而TψC环和D环构成倒L形的拐角。在倒L形构象中，碱基的排列都尽可能地增加碱基平面之间的疏水作用力，这也是仅次于氢键的稳定倒L形构象的因素。

（二）mRNA的分子结构

细胞内mRNA的含量很低，但种类繁多，且分子大小不一。细胞在发育的不同时期

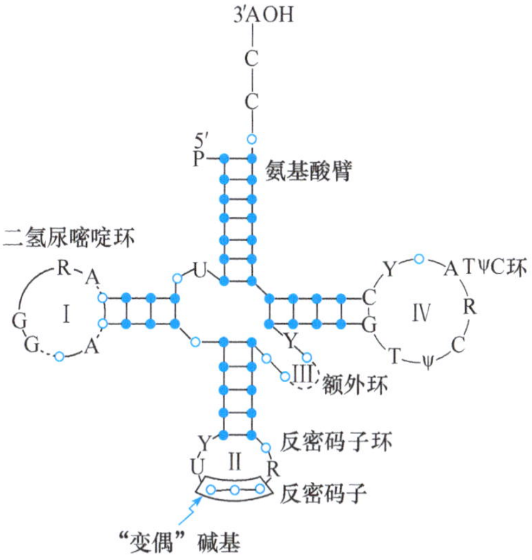

图 2-24　tRNA 的二级结构

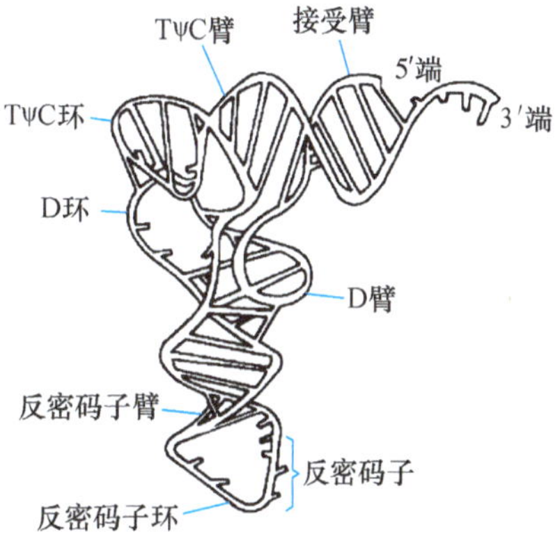

图 2-25　tRNA 的三级结构

有不同种类的 mRNA。在所有的 RNA 中，mRNA 的寿命最短。真核生物细胞中新形成的 mRNA 的初级产物比成熟的 mRNA 大得多，称为核不均一 RNA（heterogeneous nuclear RNA，hnRNA）。hnRNA 经过一系列的剪接成为成熟的 mRNA。由于 mRNA 的不稳定性，对其二级结构和高级结构的研究较少。下面着重介绍原核生物和真核生物中 mRNA 的一级结构特点。

1. 真核生物 mRNA 的一级结构　真核生物 mRNA 为单顺反子（monocistron）结构，即一个 mRNA 分子只包含一条多肽链的信息，指导一条多肽链的生物合成。在成熟 mRNA 的 5′ 端有 7-甲基鸟嘌呤-三磷酸核苷（m^7G_{ppp}），称为 5′ 帽子结构。帽子结构的功能：可保护 mRNA 不被外切核酸酶水解，增加 mRNA 的稳定性；能与帽子结合蛋白质结合形成复合体，协助 mRNA 由细胞核向细胞质转运；并且在蛋白质的生物合成中促进核糖体与翻译起始因子的结合。真核生物 mRNA 的 3′ 端有长 50 ～ 200 个核苷酸的 polyA（polyadenylic acid）尾巴，被称为多聚 A 尾。polyA 是在转录后经 polyA 聚合酶的作用添加上去的。polyA 有多方面功能，它与 5′ 帽子结构共同负责 mRNA 从细胞核到细胞质的转移；与 mRNA 的半衰期有关。真核生物 mRNA 分子的 5′ 端和 3′ 端都有相当长的非编码区序列，中间是蛋白质的编码翻译区（图 2-26）。

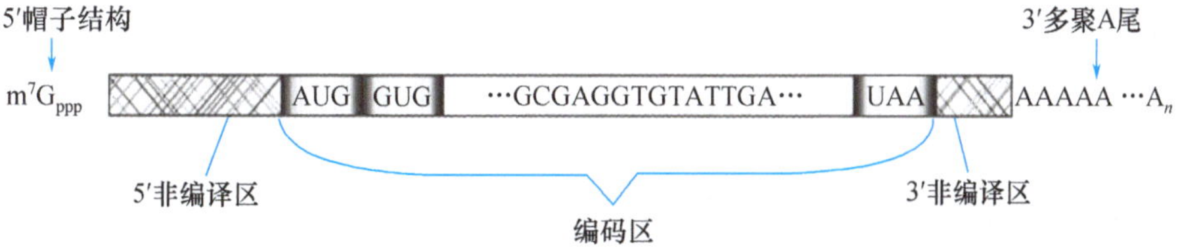

图 2-26　真核生物 mRNA 的基本结构

2. 原核生物 mRNA 的一级结构　原核生物的 mRNA 结构简单，一个 mRNA 分子往往含有几个功能上相关的蛋白质的编码序列，可翻译出几种蛋白质，称为多顺反子（polycistron）。在原核生物中 mRNA 的编码序列之间有间隔序列，可能与核糖体的识别和结合有关。在 5′ 端与 3′ 端有与翻译起始和终止有关的非编码序列，5′ 端没有帽子结构，3′ 端没有多聚 A 尾。原核生物 mRNA 的半衰期比真核生物的短得多。

通常 mRNA 分子自身回折产生许多双链结构。在原核生物中，如 M 噬菌体 RNA 外壳蛋白编码区，经计算有 66.4% 的核苷酸以双链结构的形式存在。真核生物 mRNA 也具有丰富的二级结构，如鸭珠蛋白 mRNA 和兔珠蛋白 mRNA 分别有 45% ～ 60% 和 55% ～ 62% 的核苷酸残基处在碱基配对之中。所以出现在 mRNA 分子上最多的二级结构也是茎环结构。

（三）rRNA 的分子结构

许多 rRNA 的一级结构都已明确，不同 rRNA 的碱基比例和碱基序列各不相同。原核生物主要的 rRNA 有 3 种，即 5S rRNA、16S rRNA 和 23S rRNA。真核生物则有 4 种，即 5S rRNA、5.8S rRNA、18S rRNA 和 28S rRNA。

目前虽已测出不少 rRNA 分子的一级结构，但对其二级、三级结构及其功能的研究还需进一步深入。根据所测定 rRNA 的碱基序列推导出的二级结构基本上都是由部分双螺旋和部分单链突环相间排列而形成的茎环结构。大肠杆菌 5S rRNA 的二级结构如图 2-27 所示。

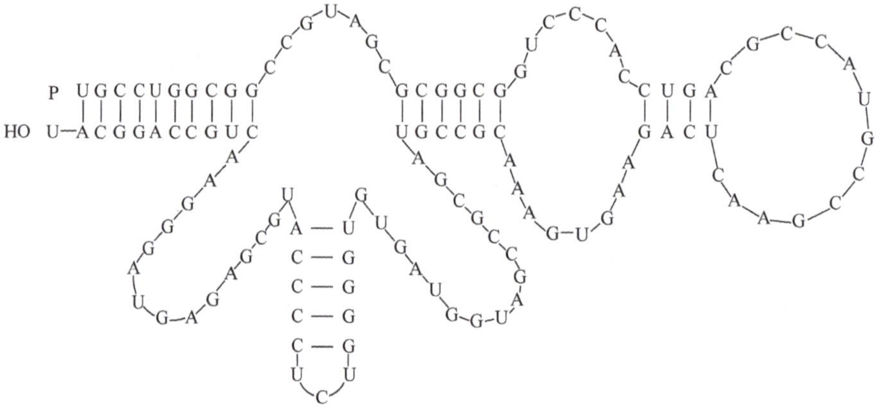

图 2-27　大肠杆菌 5S rRNA 的二级结构

三、核酸与蛋白质的复合体——核糖体、染色体、病毒

（一）核糖体

核糖体是由蛋白质和 rRNA 构成的复合体。所有生物的核糖体都由大小不同的两个亚基组成。原核生物核糖体为 70S，由 50S 和 30S 两个亚基组成，30S 小亚基含 16S rRNA 和 21 种蛋白质，50S 大亚基含 23S 和 5S 两种 rRNA 及 34 种蛋白质。真核生物核糖体为 80S，是由 60S 和 40S 两个亚基组成，40S 的小亚基含 18S rRNA 及约 33 种蛋白质，60S 大亚基则由 28S、5.8S 和 5S 3 种 rRNA 及约 50 种蛋白质组成（表 2-4）。

表 2-4 原核细胞和真核细胞核糖体结构比较

		原核细胞（70S）	真核细胞（80S）
大亚基		50S	60S
	rRNA	23S	28S
		5S	5S
			5.8S
	蛋白质	34 种	约 50 种
小亚基		30S	40S
	rRNA	16S	18S
	蛋白质	21 种	约 33 种

（二）染色体

染色体（chromosome）主要是由核酸和蛋白质组成的核蛋白复合体，为遗传信息的载体。染色体中的核酸包括 DNA 和 RNA，蛋白质包括组蛋白和非组蛋白，此外，染色体中还含有无机离子、少量碳水化合物和脂质等。生化研究表明，组成染色体的化学成分中，蛋白质含量约为 DNA 的两倍，根据组成蛋白质的氨基酸特点分为组蛋白和非组蛋白两类。RNA 含量很少，还不到 DNA 量的 10%。

组蛋白（histone）是指染色体中的碱性蛋白质，其特点是富含两种碱性氨基酸（赖氨酸和精氨酸），根据这两种氨基酸在蛋白质分子中的相对比例，又将组蛋白分为 5 种类型，即 H1、H2A、H2B、H3 和 H4。H1 代表极富赖氨酸的组蛋白，H2A 和 H2B 代表稍富赖氨酸的组蛋白，H3 和 H4 代表富精氨酸的组蛋白。所有真核生物染色体中均含有这 5 种组蛋白。组蛋白的含量与 DNA 含量之比约为 1 ∶ 1。组蛋白中也含有一定的酸性氨基酸，但在这 5 种组蛋白中，其含量均低于碱性氨基酸。组蛋白的分子质量为 10 ～ 20kDa，等电点（pI）为 7.5 ～ 10.5，这些强极性氨基酸使蛋白质带上大量正电荷，成为组蛋白与 DNA 结合及蛋白质之间相互作用的主要化学力之一。在各物种中，H3 和 H4 的序列极少有差异，这种生物进化上的高度保守性暗示着其功能的重要性。其他 3 种组蛋白在不同种属之间存在着较大的差异。组蛋白的功能是保持细胞周期中染色质的结构，同时对 DNA 起到保护作用。另外，组蛋白与 DNA 结构复合体的形成也会束缚 DNA 分子，对基因的表达可能会起到一定的抑制作用。

非组蛋白（non-histone protein，NHP）是指染色体中组蛋白以外的其他蛋白质，它是一大类种类繁杂的各种蛋白质的总称。估计总数为 300 ～ 600，分子质量为 7 ～ 80kDa，等电点为 3.9 ～ 9.2。对于其中许多单个成分的结构和功能，目前还了解甚少。

染色体的基本结构单位是核小体。核小体（nucleosome）是由 DNA 和 H1、H2A、H2B、H3 和 H4 5 种组蛋白共同构成的。两分子的 H2A、H2B、H3 和 H4 形成一个八聚体的组蛋白核心，再在其外面缠绕大约 150bp 的 DNA 双链形成大小为 5nm×11nm 的扁平圆柱状核心颗粒。核小体的核心颗粒之间再由 DNA（约 60bp）和组蛋白 H1 共同构成连接区，连接起来形成念珠状的染色质细丝。染色质细丝螺旋化形成染色质纤维，后者进一步卷曲、折叠形成染色单体。这样，DNA 的长度被压缩近万倍。染色体结构模式如图 2-28 所示。

（三）病毒

病毒主要由核酸和蛋白质组成。核酸位于它的中心，称为核心（core）或基因组（genome），蛋白质包围在核心周围，形成衣壳（capsid）。衣壳是病毒颗粒的主要支架结构和抗原成分，它由许多在电镜下可辨别的形态学亚单位（subunit）——衣壳粒（capsomere）所构成，有保护核酸等作用。有些较复杂的病毒（一般为动物病毒，如流感病毒），其衣壳外还被一层含蛋白质或糖蛋白的类脂双层膜所覆盖，这层膜称为包膜（envelope），有的在包膜上还长有刺突（spike）等附属物。包膜的有无及其性质与该病毒的宿主专一性和侵入等功能有关。

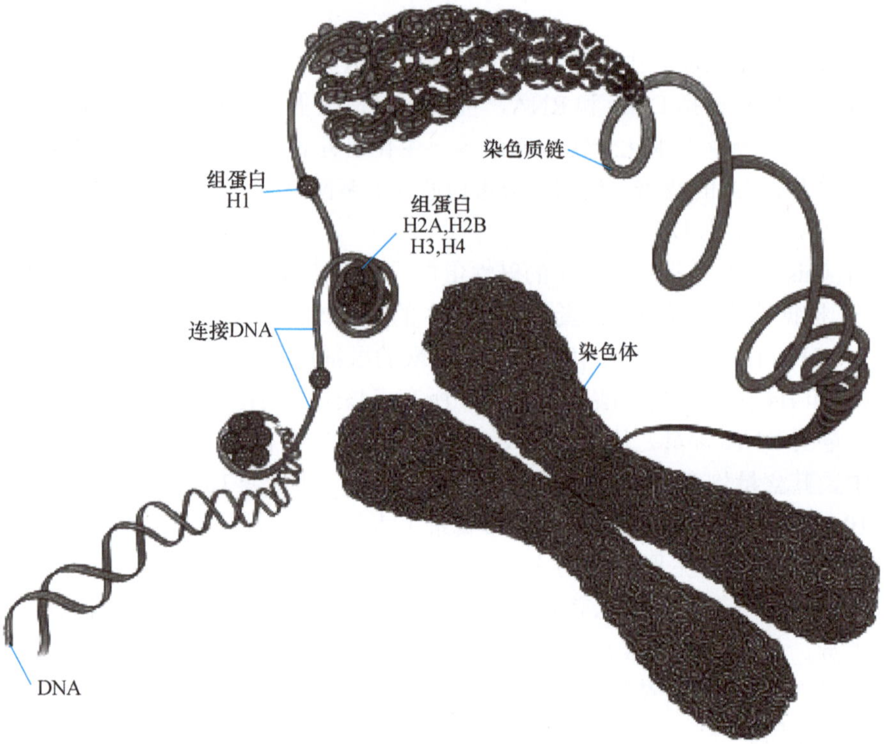

图 2-28　核小体缠绕及染色体结构示意图

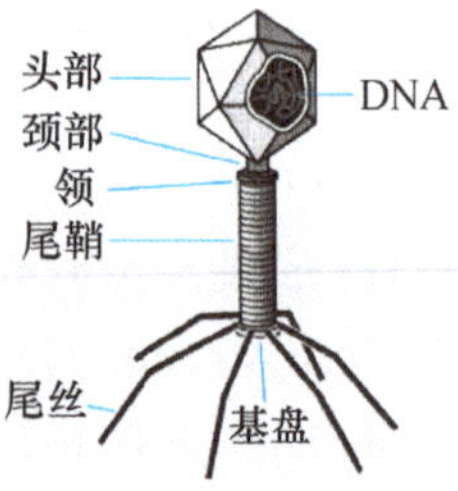

图 2-29　T_2 噬菌体结构

病毒的核酸为 DNA 或 RNA，至今还未发现同时含 DNA 和 RNA 的病毒。大多数病毒的核酸为双链 DNA 或单链 RNA，但也有一些很简单的细菌病毒含单链 DNA，而呼肠弧病毒则含双链 RNA。大多数植物病毒含单链 RNA，动物的病毒有些含单链 RNA 或双链 RNA，有些含单链 DNA 或双链 DNA。不同病毒的核酸分子大小及其所含的基因数目都有很大差异。图 2-29 为含双链 DNA 的 T_2 噬菌体结构。

第四节　核酸的理化性质

一、核酸的一般物理性质

核酸都是白色固体物质，DNA 分子是长而没分支的多核苷酸链，呈纤维状；RNA 分子短，呈粉末状。它们都微溶于水，形成有一定黏度的溶液。DNA 溶液比 RNA 溶液的黏度大。核酸不溶于乙醇、乙醚和氯仿等一般的有机溶剂，因此常用乙醇从溶液中沉淀核酸。DNA 和 RNA 在细胞内常与蛋白质结合形成核蛋白，两种核蛋白在盐溶液中的溶解度不同，DNA 核蛋白难溶于 0.14mol/L 的 NaCl 溶液，可溶于 1 ～ 2mol/L 的 NaCl 溶液；而 RNA 核蛋白易溶于 0.14mol/L 的 NaCl 溶液，不溶于 1 ～ 2mol/L 的 NaCl 溶液，因此常选择不同浓度的盐溶液来分离两种核蛋白。

核酸在受到强大离心力作用时，可从溶液中沉降下来，其沉降速度与核酸大小和密度有关。RNA 只有局部双螺旋，它的密度比双螺旋 DNA 大，环状 DNA 的密度比开环或线状 DNA 大，单链 DNA 的密度比双链 DNA 大，超螺旋 DNA 的密度比松弛态 DNA 大。根据核酸的沉降特性，可以用超离心法分离纯化核酸，也可以测定核酸的沉降系数或相对分子质量。

二、核酸的两性性质

核酸和核苷酸分子中既有酸性的磷酸基团，又有弱碱性的碱基，所以都是两性电解质。因磷酸的酸性较强，通常表现为酸性。核酸和蛋白质一样具有等电点，能进行电泳，利用这一性质可将相对分子质量大小不同的核酸分开。核酸的等电点较低，DNA 的 pI 为 4 ～ 4.5，RNA 的 pI 为 2 ～ 2.5。根据核酸在等电点时溶解度最小的性质，可通过调节溶液的 pH 使核酸从溶液中沉淀下来。

三、核酸的紫外吸收性质

核酸中的嘌呤和嘧啶碱基具有共轭双键，能强烈吸收紫外光，因此核酸具有紫外吸收性质。其最大的吸收峰在 260nm 处。DNA 和 RNA 的紫外吸收光谱无明显差异。

核酸的紫外吸收值比其各核苷酸成分的吸收值之和低 30% ～ 40%，这是由核酸有规律的双螺旋结构中碱基紧密堆积在一起造成的。当核酸变性或降解时，其碱基暴露，紫外吸收值增高。因此根据核酸紫外吸收值的变化可判断其变性或水解程度（图 2-30）。

实验室中根据核酸的紫外吸收性质可定量测定少量的 DNA 或 RNA。通常利用紫外分光光度计读出核酸样品在 260nm 和 280nm 处的 OD 值，根据 OD_{260}/OD_{280} 的值即可判断样品的纯度。纯 DNA 的 OD_{260}/OD_{280} 应为 1.8，纯 RNA 应为 2.0。样品中如含有杂蛋白及苯

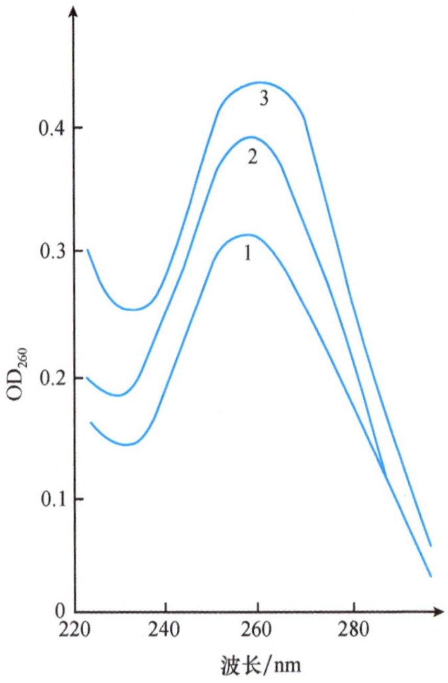

图 2-30 DNA 紫外吸收光谱

1. 天然 DNA；2. 变性 DNA；3. 核苷酸总吸收值

酚，OD_{260}/OD_{280} 的值即明显降低。不纯的样品不能用紫外吸收法进行定量测定。对于纯的样品，只要读出 260nm 的 OD 值即可算出其含量。通常按 1 OD 值相当于 50μg/mL 双链 DNA，或 40μg/mL 单链 DNA（或 RNA），或 20μg/mL 寡核苷酸进行计算。这个方法既快速又准确，而且不会浪费样品。

四、核酸的变性和复性

（一）变性

在某些理化因素作用下，核酸分子中碱基对之间的氢键断裂，有规律的双螺旋结构变成单链的无规律的“线团”，空间结构被破坏，但一级结构不变，相对分子质量不变，这一变化过程称为核酸的变性（denature）。

核酸变性后，因双链解开，碱基暴露，所以在 260nm 的紫外吸收值明显增强，这种现象称为增色效应（hyperchromic effect）。同时黏度下降，浮力密度升高，生物学活性降低、丧失或不变。

引起 DNA 变性的因素有化学因素（如强酸、强碱、尿素）和物理因素（如高温）。由温度升高而引起的变性称为 DNA 的热变性。DNA 的热变性的特点主要是加热引起双螺旋结构的解体，因此又称 DNA 的解链作用。

微课视频

实验表明，DNA 的热变性一般在较窄的温度范围内发生，就像晶体在熔点时突然熔化一样。通常将 DNA 变性所需的狭窄温度范围的中点，即熔解曲线中点所对应的温度，称为解链温度或熔解温度（melting temperature），用 T_m 表示（图 2-31）。DNA 的 T_m 值一般为 70 ～ 85℃，不同来源的 DNA 其 T_m 值不同。DNA 的 T_m 值大小与下列因素有关。

1）DNA 的均一性　首先均一性是指 DNA 分子中碱基组成的均一性，如人工合成的只含有一种碱基对的多核苷酸片段，与天然 DNA 比较，其 T_m 值范围就很窄。因前者在变性时氢键断裂几乎可以“同步”进行，故所要求的变性温度更趋于一致。其次还包含有待测样品 DNA 的组成是否均一，如样品中只含有一种病毒 DNA，其 T_m 值范围较窄，若混杂有其他来源的 DNA，则 T_m 值范围较宽。其原因显然也与 DNA 的碱基组成有关。所以 T_m 值可作

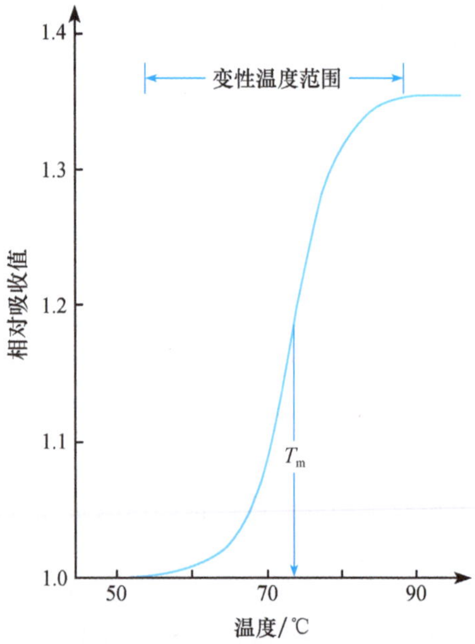

图 2-31 DNA 增色效应和解链温度

为衡量 DNA 样品均一性的标准。

2）（G+C）含量　（G+C）含量越高，T_m 值越高，反之越低。这是因为 G-C 碱基对之间有 3 个氢键，这也是含 G-C 碱基对多的 DNA 分子更为稳定的缘故。通过测定 T_m 值可推算出 G-C 碱基对的百分含量。其经验公式为

$$(G + C)\% = (T_m - 69.3) \times 2.44$$

也可以利用该公式依据（G+C）含量来计算 T_m 值。

3）介质中的离子强度　溶液中的阳离子能够中和或屏蔽 DNA 主链上的磷酸根负电荷，减弱两条链之间的斥力而增加 DNA 双螺旋的稳定性。所以，溶液中的离子强度越高，DNA 的熔解温度就越高。通常将 DNA 制品保存在较高浓度的缓冲液或溶液中，一般选择在 1mol/L 的 NaCl 中保存。

4）其他变性因素　许多容易形成氢键的试剂（如尿素和甲酰胺）能够破坏碱基对之间的氢键，因此可以降低 DNA 的 T_m 值。而那些能够提高碱基溶解性的试剂（如甲醇）因能减弱碱基之间的疏水作用，也会导致 T_m 下降。某些蛋白质（如单链结合蛋白）因为能够稳定 DNA 单链状态，也能降低 T_m 值。

RNA 的 T_m 值较为复杂，对于双链 RNA 来说，其 T_m 值的性质与 DNA 相近。但绝大多数 RNA 为单链，其分子内的双螺旋区域有限，导致 RNA 在变性时，性质变化程度不及 DNA，其 T_m 值也较低。

（二）复性

变性 DNA 在适宜条件下，两条彼此分开的互补链可重新恢复成双螺旋结构，这个过程称为 DNA 的复性（renaturation）。热变性的 DNA 经缓慢冷却也可以复性，这一过程称为退火（annealing）（图 2-32）。影响复性的因素大致包括以下几方面。

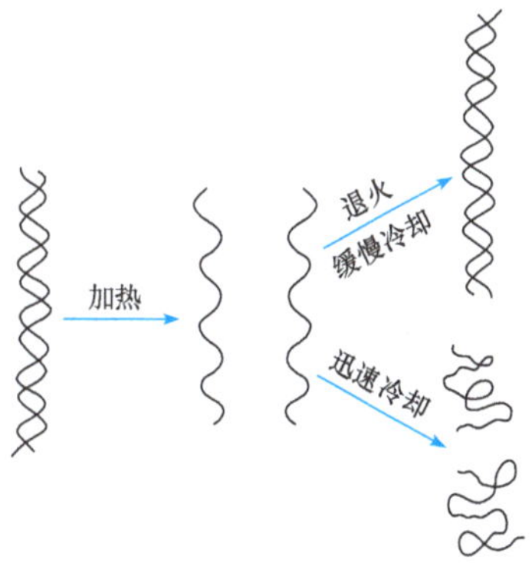

图 2-32　DNA 的热变性及复性过程

1. DNA 顺序的复杂性　简单序列的 DNA 分子，如多聚 A 和多聚 T 这两种单链序列复性时，互补碱基的配对较易实现。而复杂序列的 DNA，如小牛 DNA 的非重复部分，一般以单拷贝存在于基因组中，这种复杂序列要实现互补，显然要比上述简单序列困难得多。

2. 温度　一般认为，比 T_m 低 25℃左右的温度是复性的最佳条件，越远离此温度，复性速度就越慢。在很低的温度（如 4℃以下）下，分子的热运动显著减弱，互补链结合的机会自然大大减少。从热运动的角度考虑，维持在 T_m 以下较高温度，更有利于复性。复性时温度下降必须是一个缓慢过程，若在超过 T_m 的温度下迅速冷却至低温（如 4℃以下），复性几乎是不可能的，核酸实验中经常以此方式保持 DNA 的变性（单链）状态。这说明降温时间太短及温差太大均不利于复性。

3. DNA 浓度　复性的第一步是两个单链分子间的相互作用“成核”。这一过程进行的速

度与 DNA 浓度的平方成正比。即溶液中 DNA 分子越多，相互碰撞结合“成核”的机会越大。

4. DNA 片段大小 随着片段增大，链间错配频率提高，互相找到互补链的机会就会减少，因此小片段 DNA 比大片段易于复性。

5. 离子强度 复性必须在一定离子强度的溶液内进行，常采用 0.15 ~ 0.5mol/L 的 NaCl 溶液。

DNA 复性后，不但其生物活性和理化性质得以恢复，而且其紫外吸收值也随之变小，这种现象称为减色效应（hypochromic effect）。

DNA 热变性后，双链变成单链，如果让其与其他不同来源的单链 DNA 或 RNA 一起进行退火处理，若它们之间碱基互补，则可形成 DNA-DNA 或 DNA-RNA 双链分子，这个过程称为分子杂交（hybridization）。所形成的 DNA-DNA、DNA-RNA 分子称为杂交分子。目前，分子杂交技术已被广泛应用于基因结构和基因定位的研究中。

第五节 核酸的分离纯化和含量测定

核酸的制备、定量测定及组分的分析是研究核酸的基础。核酸因来源和种类不同，分离纯化的方法也各不相同，而且随着研究的深入，分离纯化的方法还在不断改进发展。

一、核酸的提取和分离

从动植物组织和微生物中提取核酸的一般原则：首先要破碎细胞，提取核蛋白，然后将核酸和蛋白质分离，再沉淀核酸进行纯化。

破碎细胞 ⟶ 提取核蛋白 ⟶ 分离 ⟶ 核酸 $\xrightarrow{\text{乙醇}}$ 核酸（粗品）⟶ 纯化

分离 ⟶ 蛋白质

核酸属于大分子化合物，具有复杂的空间三维结构，为了使得到的核酸保持天然状态，在提取分离时要注意避免强酸、强碱对核酸的降解，避免高温、机械剪切力及剧烈搅拌等对核酸空间结构的破坏，操作时还应在溶液中加入核酸酶抑制剂以抑制核酸酶对核酸的降解，整个过程要在低温（0℃左右）条件下进行。另外，由于 RNA 很不稳定，而 RNA 酶（RNase）又无处不在，因此在提取 RNA 时除了必须加入核酸酶抑制剂如核糖核酸酶阻抑蛋白（RNasin）以抑制 RNA 酶的活性外，还要防止外源 RNA 酶的作用，实验者须戴口罩和手套，玻璃器皿都要经过高温焙烤，塑料用具及试剂要经高压灭菌，不能高压灭菌的用具要用 0.1% 的二乙基焦碳酸盐（DEPC）处理。

（一）核蛋白的提取

核酸在自然状态下往往以核蛋白的形式存在。根据 DNA 核蛋白和 RNA 核蛋白在不同浓度的氯化钠溶液中溶解度不同的特点，可将其从细胞匀浆中提取出来并进行分离。在1～2mol/L氯化钠溶液中DNA核蛋白溶解度很高，而在0.14mol/L氯化钠溶液中DNA核蛋白几乎不溶解；对于RNA核蛋白来说，则刚好相反。因此，可用1～2mol/L氯化钠溶液和0.14mol/L氯化钠溶液从细胞匀浆中分别将DNA核蛋白和RNA核蛋白分离提取出来。

（二）核蛋白中蛋白质的去除

提取到核蛋白后，还要除去其分子中的蛋白质成分，才能得到游离的核酸。去除核蛋白中的蛋白质成分常用的方法有蛋白酶K的消化和酚/氯仿的多次抽提。如果抽提DNA，可先用RNA酶去除残留的RNA；如果抽提的是RNA，可先用DNA酶尽可能地去除残留的DNA。在酚/氯仿抽提过程中，核酸溶解在上层水相，而变性的蛋白质处于两相的界面。

（三）核酸的纯化

核蛋白除去蛋白质后，得到的核酸需要进一步分离纯化。先用乙醇或异丙醇沉淀核酸，得到核酸粗品，再将不同种类的核酸进行分离，如线形DNA与环状DNA的分离，不同相对分子质量的DNA分离等。常用的分离纯化技术有离心、电泳和层析等。

1. 离心 许多细胞器和生物大分子在普通离心力场中不易沉降，必须在高速或超速（一般以25 000r/min以上为超速）离心力场中才会沉降。核酸的沉降速度与核酸的相对分子质量、形状、离心力场的强度及介质的黏度有关。离心力场强度越大、介质黏度越小则沉降速度越快；核酸的相对分子质量越小、形状越伸展则沉降速度越慢，沉降系数相应也越小。如果使用CsCl密度梯度离心分离DNA，因为G-C含量越多浮力密度越大，所以G-C含量高的DNA相较于G-C含量少的DNA要位于离心管的下部；结构越紧密的DNA浮力密度越大，经离心后也处于离心管的下部。

2. 电泳 电泳是目前应用最普遍的分离纯化核酸的方法，操作简便，设备易置，而且快速灵敏。凝胶电泳因具有分子筛和电荷双重效应，所以分离效率很高。在琼脂糖凝胶电泳时，用荧光染料溴化乙锭（ethidium bromide，EB）染色，可检测到少至1ng的DNA。除了分离纯化核酸外，凝胶电泳还常用于鉴定核酸制品的纯度和测定核酸的含量及相对分子质量。

3. 层析 层析是利用被分离物质某些理化性质的差异而建立的分离分析方法，包括吸附层析、亲和层析、离子交换层析等方法。例如，利用羟基磷灰石柱层析可分离单链DNA和双链DNA，利用寡聚dT亲和层析分离带有多聚腺苷酸尾巴的真核生物mRNA。

二、核酸含量的测定

核酸含量常用紫外分光光度法、定磷法、定糖法等进行测定。在此仅介绍定磷法和定糖法。

（一）定磷法

根据DNA的平均含磷量为9.9%，RNA的平均含磷量为9.5%的特点，可通过测定核酸样品的含磷量计算出核酸的含量。

用强酸将核酸样品分子中的有机磷转变为无机磷酸，无机磷酸与钼酸反应生成磷钼酸，磷钼酸在还原剂如抗坏血酸（维生素C）、氯化亚锡等的作用下，还原成钼蓝。钼蓝于660nm处有最大吸收值，在一定浓度范围内，钼蓝溶液的颜色深浅和无机磷酸的含量成正比，可用比色法测定。若溶液中有无机磷存在，需做对照测定，以消除无机磷的影响，提高准确性。

（二）定糖法

核糖和脱氧核糖在浓硫酸或浓盐酸的作用下可脱水分别生成糠醛和ω-羟基-γ-酮基戊醛，再分别与苔黑酚和二苯胺反应，分别生成绿色和蓝色物质，绿色化合物在670nm处有最大吸收值，而蓝色化合物在595nm处有最大吸收值，可用分光光度法测定其溶液的吸收值。在一定浓度范围内，溶液的吸收值与核酸的含量成正比。

知识窗

DNA测序发展

DNA测序，是现代生物学研究的重要手段之一。DNA测序技术经过了三个发展阶段。测序技术的每一次变革，都对基因组研究、疾病医疗研究、药物研发、育种等领域产生巨大的推动作用。第一代DNA测序技术是1977年由F. Sanger发明的末端终止法。Sanger法的核心原理是由于ddNTP的2′位和3′位都不含羟基，其在DNA合成过程中不能形成磷酸二酯键，因此可以用来中断DNA合成反应，在4个DNA合成反应体系中分别加入一定比例带有放射性同位素标记的ddNTP（分别为ddATP、ddCTP、ddGTP和ddTTP），通过凝胶电泳和放射自显影后可以根据电泳带的位置确定待测分子的DNA序列。第一代测序技术的主要特点是测序读长可达1000bp，准确性高达99.999%，是迄今唯一可以进行“从头至尾”测序的方法，但存在成本高、速度慢等方面的不足，并不是最理想的测序方法。使用第一代Sanger测序技术完成的人类基因组计划，花费了30亿美元巨资，用了13年。

因第一代测序技术通量较低，无法满足更高要求的研究工作，所以经过不断的技术开发和改进，诞生了第二代测序技术。其核心原理是利用超声波打断DNA进行文库构建，桥式PCR扩增与变性，然后利用边合成边测序的方法进行测序。第二代测序技术极大地降低了测序成本且极大地提高了测序速度，完成一个人的基因组测序只需一周左右。然而第二代测序技术在测序前要通过PCR对待测片段进行扩增，增加了测序的错误率。而且第二代测序产生的测序结果长度较短，需要对测序结果进行人工拼接，因此比较适合于对已知序列的基因组进行重新测序，而在对全新的基因组进行测序时还需要结合第一代测序技术。

第三代测序技术最大的特点就是单分子测序，实现了对每一条DNA分子的单独测序。测序过程无需进行PCR扩增。基本原理：DNA聚合酶和模板结合，四色荧光标记4种碱基（即dNTP），在碱基配对阶段，不同碱基的加入会发出不同荧光，根据光的波长与峰值可判断掺入的碱基类型。第三代测序的特点：①实现了DNA聚合酶内在自身的反应速度，一秒可以测10个碱基，测序速度是化学法测序的2万倍；②实现了DNA聚合酶内在自身的延续性（延续性，也就是DNA聚合酶一次可以合成很长的片段），一个反应就可以测非常长的序列，第二代测序可以测到上百个碱基，但是第三代测序可以测几千个碱基；③它的精度非常高，达到 99.9999%；④可以直接测 RNA 的序列，既然 DNA 聚合酶能够实时观测，那么以 RNA 为模板复制 DNA 的逆转录酶也同样可以，RNA 的直接测序，将大大降低体外逆转录产生的系统误差；⑤还可以直接测甲基化的 DNA 序列，实际上 DNA 聚合酶复制 A、T、C、G 的速度是不一样的，如以正常的 C 或者甲基化的 C 为模板，DNA 聚合酶停顿的时间不同。根据这个不同的时间，可以判断模板的 C 是否甲基化。

思考题

1. 简述 RNA 的种类和分布。
2. 肺炎双球菌转化实验是如何证明 DNA 是遗传物质的？
3. 简述 DNA 双螺旋结构模型的要点及稳定因素。
4. 试述 tRNA 三叶草二级结构的特点。
5. 核酸的理化性质和它们的结构有何关系？
6. 何谓核酸变性？影响特定核酸分子 T_m 的因素有哪些？
7. 何谓 DNA 复性？影响复性的因素有哪些？
8. 试述核酸分离纯化的基本方法及其原理。

请扫描二维码
进行在线测试

第三章 >>>

酶

学习要点

酶作为生物催化剂，与其他催化剂相同，可以通过降低反应的活化能来提高反应速度。酶的显著特点是催化效率极高，具有高度的专一性，作用条件温和，活性受到调节和控制。绝大多数的酶是蛋白质。按照酶催化的反应类型将其分为六大类：氧化还原酶类、转移酶类、水解酶类、裂合酶类、异构酶类和合成酶类。

酶促反应动力学是研究酶促反应的速度及影响酶促反应速度各种因素的科学。影响酶促反应速度的因素有：底物浓度、酶浓度、温度、pH、抑制剂和激活剂。

酶的活性中心是具有三维结构的疏水裂隙，包括结合部位和催化部位。

被广泛接受的用来解释酶作用专一性的理论是“诱导契合”模型。酶之所以具有极高的催化效率，是因为酶与其作用的底物形成了过渡态中间产物，极大地降低了反应的活化能。酶催化具有高效性的因素主要有：邻近效应与定向效应、形变效应、酸碱催化、共价催化、酶活性中心的低介电区域和金属离子。

酶的分离纯化是酶学研究的基础。根据绝大多数酶是蛋白质的特点，一般采用分离纯化蛋白质的方法进行酶的分离纯化。在酶的制备过程中，每一步都要测定酶活力和比活力，以了解酶的得率及纯化倍数，以便判断酶的纯化效果。

大多数水溶性维生素的衍生物可作为酶的辅酶或辅基，在物质代谢中发挥重要作用。

对酶的认识和描述始于18世纪对胃分泌物消化食物的研究，此项研究一直持续到19世纪并涉及唾液和各种植物提取物在淀粉形成糖过程中的作用。19世纪50年代，L. Pasteur认为酵母通过发酵将糖转变成乙醇的过程是由酵素（ferment）催化的。他推断酵素是与活的酵母细胞不能分开的，从而形成了盛行多年的“生机论”（vitalism）。1878年，W. F. Kühne首先把这些分子称为酶（enzyme），其词根来自希腊文，意思是“在酵母内”。1897年，Büchner兄弟制备了不含酵母细胞的提取物，发现酵母提取物可以将糖转化为乙醇，这说明发酵是由在细胞外仍能发挥功能的分子所推动的，“生机论”被否定。此后，许多新酶的分离和性质研究推动了生物化学的蓬勃发展。1926年J. B. Sumner从刀豆中分离并结晶出脲酶，揭示了酶的化学本质是蛋白质。20世纪80年代，美国科学家T. Cech在研究四膜虫rRNA前体加工时发现了具有催化功能的RNA，并称之为核酶（ribozyme）。20世纪后半叶，细胞代谢过程中的酶促反应得到广泛研究，数千种酶被纯化，许多酶的结构和催化机制得到阐明，使人们可以在分子水平认识酶的功能。

第一节 概　　述

酶是生命活动的基础，几乎生物体内的一切化学反应均是在酶催化下进行的。大多数酶是由活细胞产生的一类具有催化功能的生物分子，所以又称为生物催化剂（biocatalysts）。酶所催化的化学反应称为酶促反应（enzymatic reaction）。在酶促反应中被酶催化的物质称为底物（substrate，S），经酶催化所产生的物质称为产物（product，P）。

一、酶的作用特点

酶作为生物催化剂与一般催化剂相比，既有相同点又有不同点。

（一）酶和一般催化剂的共同特点

催化剂的作用是加快化学反应的速度，使反应加速达到平衡，但是不能改变化学反应的平衡常数。催化剂本身在反应前后也不发生变化。

在任何一个化学反应体系中，反应物需要到达一个特定的高能状态即过渡态以后才能发生反应。处于过渡态的分子即活化分子，反应物中活化分子数越多，则反应速度越快。反应物从稳定的基态到活化的过渡态，需要的能量为活化能（activation energy）。在一个化学反应体系中，活化能越小，则能够克服能障的分子数越多，反应速度就越快。酶作为生物催化剂能瞬时与反应物结合成过渡态中间产物，降低反应所需活化能，从而提高反应速度（图 3-1）。

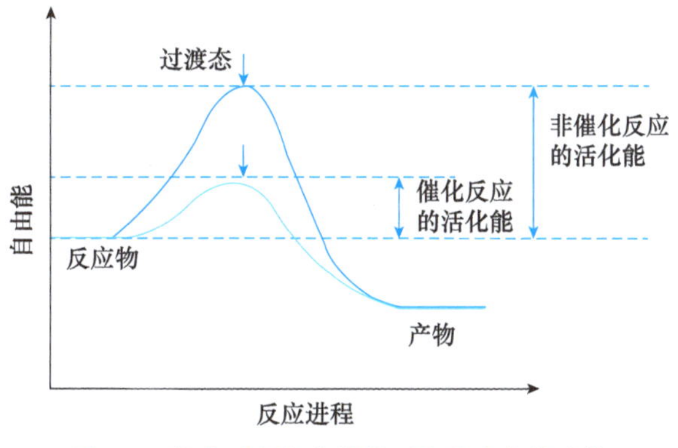

图 3-1　催化过程与非催化过程自由能的变化

（二）酶作为生物催化剂的特点

1. 极高的催化效率　酶催化反应时具有极高的催化效率。酶促反应一般要比非酶催化剂催化的反应速度快 $10^7 \sim 10^{13}$ 倍，比无催化剂的反应快 $10^8 \sim 10^{20}$ 倍。因为酶和非酶催化剂虽然都使反应的活化能降低，但酶催化比非酶催化降低的活化能要大得多。例如，20℃时，H_2O_2 分解成 H_2O 和 O_2 的反应，酶和非酶催化的活化能如表 3-1 所示。

表 3-1 H_2O_2 分解反应的活化能

反应条件	活化能 /(kJ/mol)
无催化剂	75.2
胶体铂催化	48.9
过氧化氢酶催化	＜8.4

2. 酶在活性中心与底物结合 酶的活性中心（active center）或活性部位（active site）是指酶分子上直接与底物结合，并将底物转化为产物的区域。也就是说，酶在其活性中心与所催化的底物相结合。

3. 高度专一性 酶作用的专一性（specificity）即酶对其催化底物的严格选择性，又称为特异性，是指一种酶只能作用于一种或一类物质的性质。非酶催化剂对其作用底物没有严格的选择性，如盐酸可以催化蛋白质、核酸、脂肪等多种物质水解。酶对作用底物具有高度的专一性，如淀粉酶（amylase）只催化淀粉水解，蛋白酶（protease）只催化蛋白质的水解，对其他物质不具有催化作用。酶作用的专一性是酶的重要特点之一，具有很重要的生物学意义，也是和非酶催化剂相比最主要的区别。

4. 温和的作用条件 酶是由生物细胞产生的生物大分子，可在常温、常压、温和的 pH 环境下进行催化反应。例如，用酸水解淀粉生产葡萄糖，需要在 245～294kPa、140～150℃的高温及耐酸设备下反应才能进行；若用淀粉酶水解淀粉，在 65℃条件下，一般设备即可。凡能使生物大分子变性的因素，如高温、高压、强酸、强碱、重金属盐等都能使酶失去活性。

5. 酶的活性受到调节和控制 酶不仅是代谢反应的催化剂，还是代谢途径的调节元件。细胞对酶的调节是新陈代谢最基本的调控方式，细胞通过调控酶的浓度和活性而控制代谢途径的速度，从而维持代谢的有序性。一旦破坏了这种有序性，就会导致代谢紊乱，产生疾病，甚至死亡。酶的活性调节主要包括别构调节、共价修饰调节及酶分子的聚合与解聚调节等。酶浓度的调节，即基因表达的调节。

6. 某些酶的催化活性与辅因子有关 生物体内酶的种类很多，一些酶的催化活性只需要多肽链中的氨基酸残基来维持，另一些酶还需要其他的化学组分参与，这些化学组分称为辅因子。一旦辅因子从酶蛋白上脱离，酶的活性即丧失或大大降低。

二、酶的底物专一性

酶作用的专一性是酶最重要的特点之一。在一定条件下，一种酶只能催化一种或一类结构相似的底物进行反应。酶对底物的专一性通常可分为以下几种类型。

（一）结构专一性

结构专一性是指酶对所催化的底物结构具有严格的选择性。根据酶对底物结构要求的严格程度不同，可分为绝对专一性和相对专一性两类。

1. 绝对专一性 有些酶对底物要求严格，只作用于一种底物，而不作用于其他任何物质，这种专一性称为绝对专一性（absolute specificity）。例如，脲酶只催化尿素水解，对其他一切尿素的衍生物如甲基尿素不起作用。

2. 相对专一性　有些酶对底物的要求比绝对专一性低，可作用于一类结构相近的底物，这种专一性称为相对专一性（relative specificity）。相对专一性又可分为键专一性（linkage specificity）和基团专一性（group specificity）两种。键专一性是指一些酶只作用于一定的化学键，而对键两端的基团无严格要求。这类酶对底物结构要求较低，如酯酶的作用是水解酯键，而对构成酯键的有机酸和醇（或酚）则无严格要求。基团专一性是指酶不但要求一定的化学键，还对键一端的基团有严格要求。例如，蛋白酶可以催化肽键的水解，动物消化道中的几种蛋白酶专一性各不相同。胰蛋白酶只专一性地水解赖氨酸或精氨酸羧基形成的肽键；胰凝乳蛋白酶专一性地水解由芳香族氨基酸或带有较大非极性侧链氨基酸羧基形成的肽键；弹性蛋白酶专一性地水解丙氨酸、甘氨酸及短脂肪链氨基酸羧基形成的肽键；胃蛋白酶水解芳香族或其他疏水氨基酸羧基形成的肽键（图 3-2）。

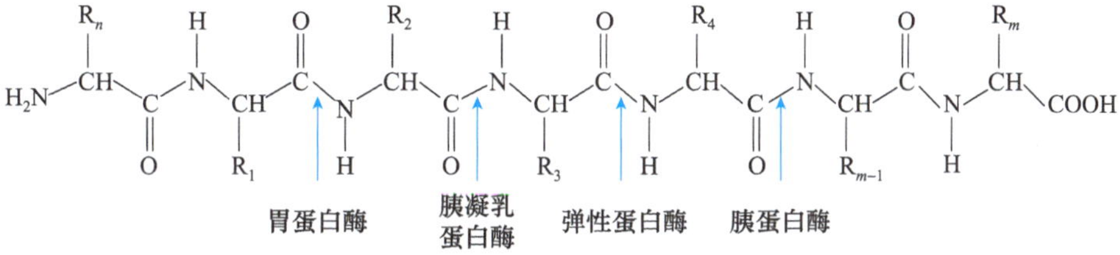

图 3-2　消化道中几种蛋白酶的专一性

R_1. 芳香族氨基酸及其他疏水氨基酸；R_2. 芳香族氨基酸或带有较大非极性侧链的氨基酸；R_3. 丙氨酸、甘氨酸、丝氨酸等短脂肪链氨基酸；R_4. 赖氨酸、精氨酸

（二）立体异构专一性

当底物具有立体异构体时，酶只能催化一种立体异构体发生化学反应，而对另一种立体异构体则无作用，这种专一性称为立体异构专一性（stereospecificity）。立体异构专一性可分为三类。

1. 旋光异构专一性　当底物具有旋光异构体时，酶只能作用于其中的一种，即旋光异构专一性。例如，L-氨基酸氧化酶只作用于 L-氨基酸，对 D-氨基酸不起作用。

2. 几何异构专一性　有的酶对于有顺反异构体的物质，只能作用于某一种，这称为几何异构专一性。例如，延胡索酸酶只能催化延胡索酸（反丁烯二酸）加水生成苹果酸，而不能催化顺丁烯二酸加水。

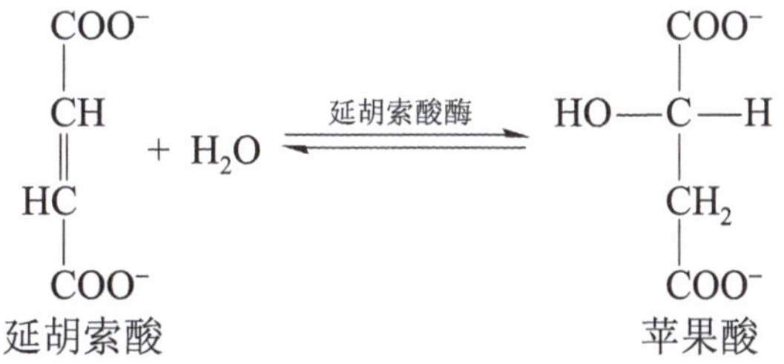

3. 潜手性专一性　有些酶对在有机化学上属于对称分子中的两个等同的基团，只催化其中一个，而不催化另一个，即潜手性专一性。例如，在甘油激酶的作用下，一端由 ^{14}C

标记的甘油与 ATP 作用，仅产生一种标记产物，1-磷酸甘油。甘油分子的两个—CH_2OH 基团从有机化学的观点看完全相同，但酶却能加以区别。

酶的立体异构专一性有很重要的实践意义。例如，某些药物只有某一种构型才有生理效应，其异构体可能没有活性，或具有毒性作用。而有机合成的药物一般为两种异构体的消旋产物，利用酶则可进行不对称合成或不对称拆分。例如，用乙酰化酶制备 L-氨基酸时，将有机合成的 D-氨基酸和 L-氨基酸经乙酰化后，再用乙酰化酶处理，这时只有乙酰-L-氨基酸被水解，于是便可将 L-氨基酸与乙酰-D-氨基酸分开。

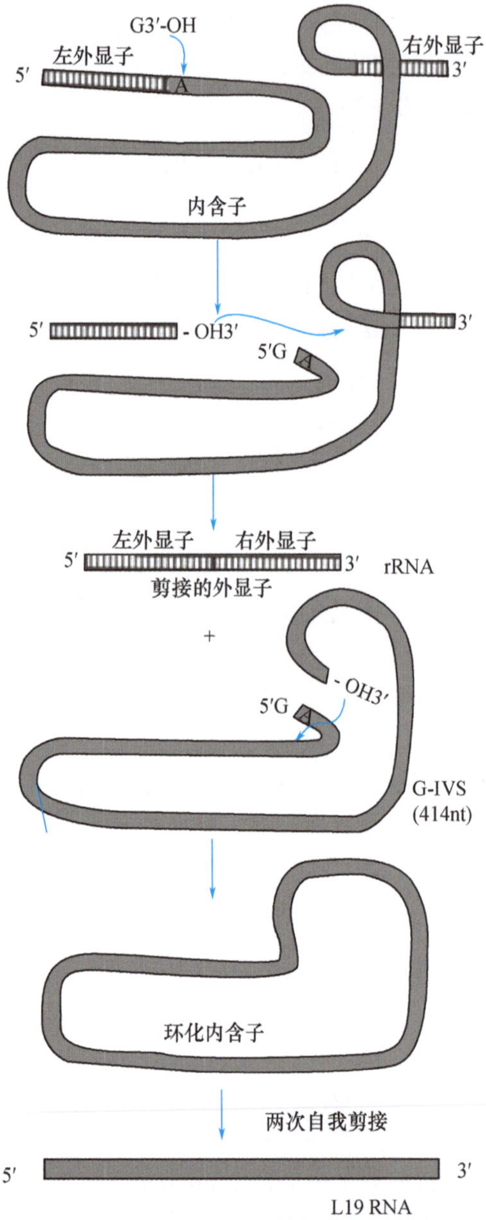

图 3-3　四膜虫 rRNA 成熟过程中的剪接

三、酶的化学本质及化学组成

（一）酶的化学本质

1926 年 J. B. Sumner 首次从刀豆中获得脲酶结晶，发现脲酶晶体的组分几乎都是蛋白质，因此推断所有酶都是蛋白质。由于缺乏更多的例证，这一观点当时还不被认可。直到 1930 年 J. H. Northrop 和 M. Kunitz 结晶出胃蛋白酶、胰蛋白酶及其他消化酶，并发现它们都是蛋白质以后，J. B. Sumner 的结论才被广泛接受。为此，1949 年 J. B. Sumner 和 J. H. Northrop 共同获得诺贝尔化学奖。至今已经有数千种酶被证明是蛋白质。因此长期以来的传统观念一直认为酶的化学本质就是蛋白质，它们的催化活性依赖于蛋白质天然构象的完整性。

20 世纪 80 年代初，美国科学家 T. Cech 以原生动物四膜虫为材料，研究 rRNA 的转录。发现 26S rRNA 前体（约 6400nt）在成熟过程中，其内含子（intron）（414nt）通过剪接反应被除去，使两个外显子（exon）拼接起来，形成成熟的 rRNA。这个催化反应是在没有任何蛋白酶的参与下发生的，因此称为自我剪接（self-splicing），证明了 RNA 具有催化功能，这种具有催化活性的 RNA 被称为核酶（ribozyme）。除去的 414nt 的内含子再经自我剪接除去一个 15nt 片段，形成 399nt 的环状内含子，开环后再除去一个 4nt 片段，形成线状 RNA（395nt），称为 L19 RNA（图 3-3）。体外研究证明，L19 RNA 仍具有催化功能，既有 RNA 酶活性，又有 RNA 聚合酶活性。

核酶的发现突破了酶的化学本质是蛋白质这一传统观念。到目前为止，除了少数具有催化活性的 RNA 分子外，所有酶都是蛋白质。

（二）酶的化学组成

和其他蛋白质一样，有些酶仅由氨基酸残基组成，不含其他成分，属于简单蛋白质，如淀粉酶、蛋白酶、脂肪酶和脲酶等。这些酶的活性只取决于蛋白质的结构。另一些酶，其结构中除含有蛋白质外，还含有其他非蛋白质的小分子物质或金属离子，这类酶属于结合蛋白质。其中，蛋白质部分称为脱辅基酶（apoenzyme）或脱辅基蛋白（apoprotein），非蛋白质部分统称为辅因子（cofactor），脱辅基酶或脱辅基蛋白与辅因子结合后形成的复合物称为全酶（holoenzyme），即全酶 = 脱辅基酶或脱辅基蛋白 + 辅因子。只有全酶才有催化活性。

酶的辅因子包括金属离子及有机化合物，按其与蛋白质部分结合的牢固程度不同，可分为辅酶和辅基。与蛋白质部分结合松散，可用透析法除去的小分子有机化合物称为辅酶（coenzyme），如烟酰胺腺嘌呤二核苷酸（NAD^+）和烟酰胺腺嘌呤二核苷酸磷酸（$NADP^+$）等。辅基（prosthetic group）是指以共价键与蛋白质部分紧密结合，不能用透析法除去的辅因子，如细胞色素氧化酶中的铁卟啉，丙酮酸氧化酶中的黄素腺嘌呤二核苷酸（FAD）等。辅酶与辅基的区别只在于其与蛋白质部分结合的牢固程度不同，并无严格的界限。生物体内酶的种类很多，而辅酶（辅基）的种类却较少。一般情况下，一种辅酶（辅基）能够与不同的蛋白质结合形成不同的全酶。例如，NAD^+ 和 $NADP^+$ 可与多种蛋白质构成多种专一性不同的脱氢酶类。这说明全酶中蛋白质部分决定酶催化的专一性，而辅酶或辅基在酶促反应中起着传递电子、原子或某些化学基团的作用。作为全酶辅因子的金属离子及辅酶（辅基）分别见表 3-2 和表 3-3。

表 3-2 酶分子中的金属离子辅因子

金属离子	酶
Cu^{2+}	细胞色素氧化酶（cytochrome oxidase）
Mg^{2+}	己糖激酶（hexokinase）
Mn^{2+}	精氨酸酶（arginase）
Zn^{2+}	乙醇脱氢酶（alcohol dehydrogenase）
Ni^{2+}	脲酶（urease）
Fe^{2+} 或 Fe^{3+}	细胞色素氧化酶（cytochrome oxidase），过氧化氢酶（catalase）
Mo^{2+}（也需要 Fe^{2+}）	固氮酶（dinitrogenase）
K^+（也需要 Mg^{2+}）	丙酮酸激酶（pyruvate kinase）

表 3-3 转移特定原子或功能基团的辅酶（辅基）

被转移的化学基团	辅酶（辅基）
氢原子、电子	黄素腺嘌呤二核苷酸
氢原子、电子	烟酰胺腺嘌呤二核苷酸
氢原子、电子	烟酰胺腺嘌呤二核苷酸磷酸
氨基	磷酸吡哆醛
酰基	辅酶 A
羧基	生物素或焦磷酸硫胺素
一碳单位	四氢叶酸

（三）单体酶、寡聚酶、多酶复合体

根据酶蛋白的分子结构特点，可以将酶分为单体酶、寡聚酶和多酶复合体 3 种类型。

1. 单体酶 单体酶（monomeric enzyme）通常只有一条肽链，如溶菌酶和胰蛋白酶等，但有的单体酶由多条肽链构成，肽链之间以二硫键连接，如胰凝乳蛋白酶由 3 条肽链组成，肽链间以 5 对二硫键连接形成一个共价整体。

2. 寡聚酶 寡聚酶（oligomeric enzyme）由两个或两个以上的亚基组成，这些亚基可以是相同的，也可以是不同的。多数寡聚酶含偶数亚基，但也有个别寡聚酶含奇数亚基，如荧光素酶、嘌呤核苷磷酸化酶均含 3 个亚基。亚基之间不是共价结合，彼此靠次级键结合，很容易分开。大多数寡聚酶的亚基聚合形式是有活性的，亚基解聚之后则失去活性。相当数量的寡聚酶是调节酶，在代谢调控中起重要作用。

3. 多酶复合体 多酶复合体（multienzyme complex）是由几种酶靠非共价键彼此嵌合而成的复合体。这类酶有利于一系列反应的连续进行。多酶复合体相对分子质量很大，一般都在几百万以上。例如，大肠杆菌（*Escherichia coli*）糖代谢中的丙酮酸脱氢酶复合体（pyruvate dehydrogenase complex）由 3 种酶 60 条多肽链组成；细菌及植物体内脂肪酸合成过程中的脂肪酸合酶复合体（fatty acid synthase complex）由 6 种酶和一个酰基载体蛋白构成。

第二节 酶的命名及分类

目前已知的酶有数千种之多，而且随着生物化学和分子生物学的发展，会发现更多的新酶。为了准确地识别某一种酶，避免在研究和应用中发生混乱，要求每一种酶都有准确的名称和明确的分类。

一、酶的命名

（一）习惯命名法

酶的习惯命名主要包括以下几项原则。

（1）根据酶所作用的底物命名，如催化淀粉水解的酶称为淀粉酶，催化蛋白质水解的酶称为蛋白酶。

（2）根据酶催化反应的类型命名，如催化氧化反应的酶称为氧化酶，催化基团转移的酶称为转移酶等。

（3）有的酶结合上述两个原则命名，如琥珀酸脱氢酶、胆红素氧化酶等。

（4）有时在底物名称前加上酶的来源，如唾液淀粉酶、胃蛋白酶、胰蛋白酶等。

习惯命名法比较简单，尽管缺乏系统性和科学性，但由于应用历史较长，而且使用方便，目前还被人们使用。

（二）国际系统命名法

1961年国际生物化学学会酶学委员会提出了一套系统命名法。国际系统命名法原则规定，每种酶的名称应当明确酶的底物及催化反应的性质，两个底物参加反应时应同时列出，中间用冒号（：）分开。如其中一个底物为水时，水可略去。如“草酸氧化酶”（习惯名），系统名称为“草酸：氧氧化酶”；谷丙转氨酶（习惯名），系统名称为“丙氨酸：α-酮戊二酸氨基转移酶”。国际系统命名原则很严格，一种酶只能有一个名称。

二、酶的分类

1. 国际系统分类法 根据酶所催化的反应性质，国际系统分类法将酶分为六大类，即氧化还原酶类、转移酶类、水解酶类、裂合酶类、异构酶类和合成酶类，分别用1、2、3、4、5、6来表示。

1）氧化还原酶类 氧化还原酶类（oxido-reductases）是一类催化氧化-还原反应的酶，包括氧化酶、脱氢酶及羟化酶等。其催化反应通式为：

$$AH_2 + B \rightleftharpoons A + BH_2$$

例如，乳酸脱氢酶以NAD^+为辅酶，将乳酸氧化成丙酮酸。

乳酸 丙酮酸

2）转移酶类 转移酶类（transferases）催化某些基团的转移反应，即将一种分子上的某一基团转移到另一种分子上的反应，包括转酮酶、转醛酶、转氨酶及激酶等。其反应通式为：

$$AX + B \rightleftharpoons A + BX$$

例如，谷丙转氨酶属于转移酶类中的氨基转移酶，该酶需要磷酸吡哆醛为辅基，使谷氨酸上的氨基转移到丙酮酸上，谷氨酸形成α-酮戊二酸，丙酮酸转变成为丙氨酸。

谷氨酸 丙酮酸 α-酮戊二酸 丙氨酸

3）水解酶类 水解酶类（hydrolases）催化底物的加水分解反应。水解酶类大都属于细胞外酶，在生物体内分布最广，常见的有蛋白酶、淀粉酶、核酸酶、脂肪酶、磷酸酶及硫酯酶等。反应通式为：

$$AB + HOH \rightleftharpoons AOH + BH$$

如磷酸二酯酶催化磷酯键的水解。

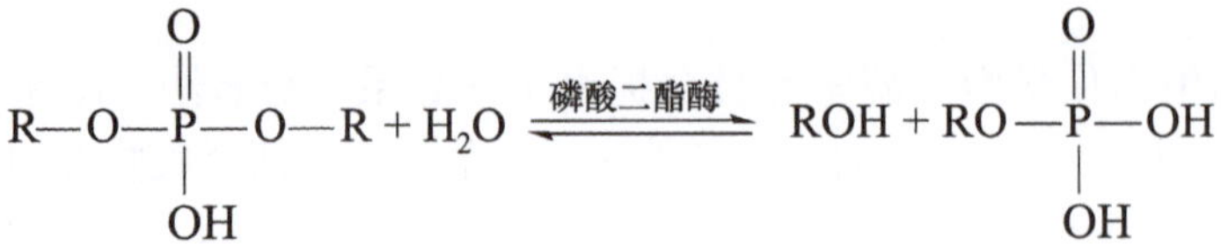

磷酸二酯　　　　　　　醇　　磷酸单酯

4）裂合酶类　裂合酶类（lyases）催化从底物移去一个基团而形成双键的反应或其逆反应，包括脱羧酶、醛缩酶、水合酶及裂解酶等。反应通式为：

$$AB \rightleftharpoons A + B$$

这类酶最常见的为C—C、C—O、C—N、C—S裂合酶亚类。例如，醛缩酶可催化1,6-二磷酸果糖裂解为磷酸二羟丙酮及3-磷酸甘油醛，是糖酵解过程中一个重要的酶。

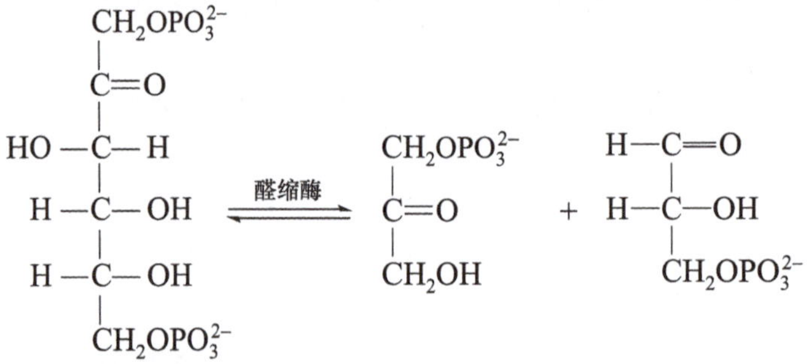

1,6-二磷酸果糖　　磷酸二羟丙酮　　3-磷酸甘油醛

5）异构酶类　异构酶类（isomerase）催化同分异构体之间的相互转化，即分子内部基团的重新排列，反应通式为：

$$A \rightleftharpoons B$$

按照异构化的类型不同，可以分为消旋酶、差向异构酶、异构酶及变位酶等。例如，6-磷酸葡萄糖异构酶可催化6-磷酸葡萄糖转变为6-磷酸果糖。

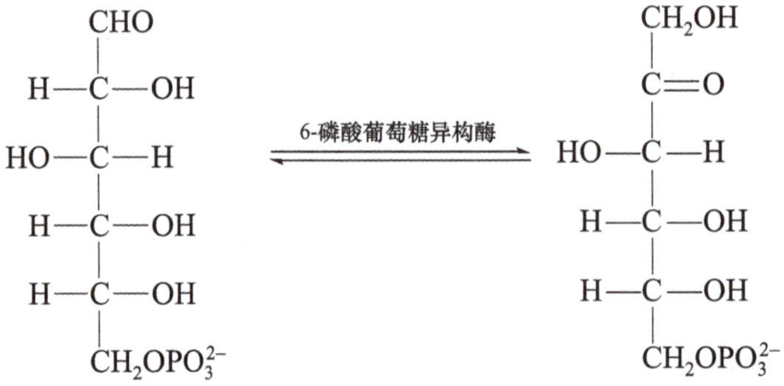

6-磷酸葡萄糖　　　　　　6-磷酸果糖

6）合成酶类　合成酶类（synthetases），也称连接酶类（ligases），催化消耗ATP的合成反应，即由两种物质合成一种新物质的反应。主要分为合成酶和羧化酶。反应通式为：

$$A + B + ATP \rightleftharpoons AB + ADP + Pi$$

或

$$A + B + ATP \rightleftharpoons AB + AMP + PPi$$

如谷氨酰胺合成酶催化谷氨酰胺的合成反应。

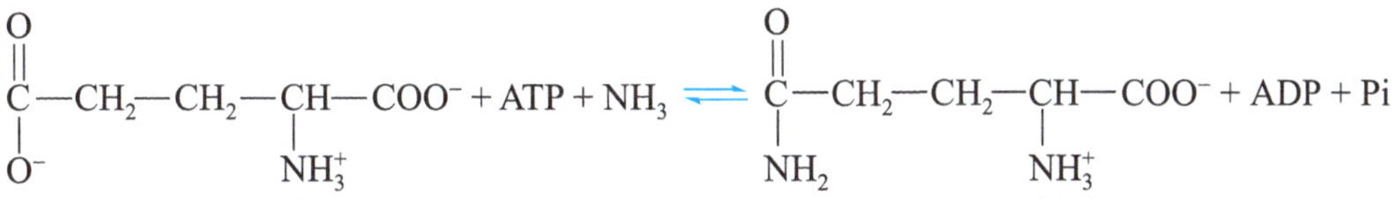

谷氨酸　　　　　　　　　　　　谷氨酰胺

2. 酶的标码　为了对酶进行有效地分类和查询，国际酶学委员会规定每一个酶都有一个由 4 个数字组成的系统分类标码，每个数字之间用“·”隔开。其中第一个数字表明该酶属于六大类酶中的哪一类；第二个数字指出该酶属于哪一个亚类；第三个数字指明该酶属于哪一个亚亚类；第四个数字表明该酶在亚亚类中的排号。标码之前冠以 EC（Enzyme Commision）。例如，醇脱氢酶的系统分类编码为 [EC1.1.1.1]，其中第一个数字“1”表示该酶属于氧化还原酶类（第一大类）；第二个数字“1”表示属于氧化还原酶的第一亚类，作用于供体的 CHOH 基团；第三个数字“1”表示该酶属第一亚类的第一小类，该小类的酶所催化的反应以 NAD^+ 或 $NADP^+$ 为受氢体；第四个数字表示该酶在小类中的特定序号。

第三节　酶促反应动力学

酶促反应动力学（kinetics of enzyme-catalyzed reaction）的核心问题是研究酶催化反应的速度及各种因素对反应速度的影响。这些因素包括底物浓度、酶浓度、温度、pH、激活剂和抑制剂等。对酶促反应动力学的研究有助于阐明酶的结构与功能的关系，也可为酶作用机制的研究提供数据；有助于寻找最有利的反应条件，以最大限度地发挥酶催化反应的高效率；有助于了解酶在代谢中的作用等。因此酶促反应动力学的研究具有重要的理论和实践意义。

一、酶促反应速度

酶促反应速度（reaction velocity 或 reaction rate）是酶促反应动力学中的一个基本概念，用单位时间内、单位体积中底物的减少量或产物的增加量来表示，单位为浓度/单位时间。实际上，酶促反应速度是对酶活性高低的反映，酶活力是指酶催化一定化学反应的能力。酶促反应速度越快，说明酶的活性越高，催化反应的能力越强。如果以产物生成量对反应时间作图，得到酶促反应进程曲线（图 3-4），曲线上任何一点的斜率就是对应时间的反应速度。可以看出，在酶促反应的开始阶段，曲线的斜率（即反应速度）几乎是恒定不变的，但随着反应时间的延长，由于底物浓度降低、产物浓度增加而加速逆反应的进行、产

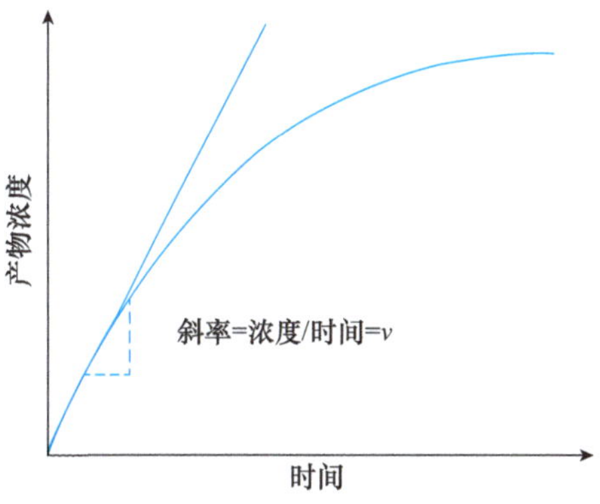

图 3-4　酶促反应进程曲线

物对酶的反馈抑制、酶本身逐渐失活等，曲线逐渐变得平缓，反应速度逐渐下降。如果反应时间足够短，则可以避免上述干扰因素。因此在动力学实验中，一般在底物浓度远大于产物时（底物消耗不超过 5%），测定其初速度（initial rate 或 initial velocity）v_0。

二、影响酶促反应速度的因素

（一）底物浓度对酶促反应速度的影响

1903 年 V. Henri 在前人的基础上利用蔗糖酶水解蔗糖，研究底物浓度与反应速度之间的关系。当酶的浓度固定不变时，可以测出一系列不同底物浓度下的反应初速度 v_0，以 v_0-[S] 作图，可以得到图 3-5 的双曲线。

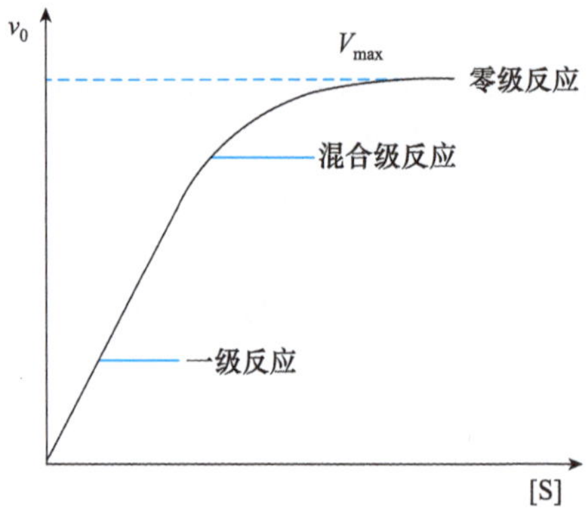

图 3-5　底物浓度对酶促反应初速度的影响

为了解释酶促反应速度和底物浓度之间的双曲线关系，V. Henri 提出了中间复合物学说（intermediate complex hypothesis），认为酶（用 E 表示）催化反应时首先与底物 S 结合形成复合物 ES，然后酶再催化底物转化成产物 P，同时释放出原来的酶，即

$$E + S \underset{k_2}{\overset{k_1}{\rightleftharpoons}} ES \xrightarrow{k_3} E + P$$

此反应能够很好地解释上述酶促反应速度和底物浓度之间的双曲线关系。当底物浓度很低时，酶未被底物饱和，这时反应速度取决于底物浓度，底物浓度越大，反应速度也越快，反应速度与底物浓度成正比，表现为一级反应。随着底物浓度的不断增加，酶逐渐被底物饱和，反应速度的加快和底物浓度不再成正比，这一阶段的反应表现为混合级反应。如果继续加大底物浓度，达到某一定值后，再增加底物浓度，酶促反应速度也不再增加，而是趋于恒定，说明此时酶已经被底物所饱和，酶促反应速度不再随底物浓度的变化而变化，表现为零级反应。

根据中间产物学说，酶促反应有两个步骤，这样总反应速度应由反应活化能最高的一步即 ES → E+P 决定，这一步就是限速步骤。因此酶促反应的速度取决于复合物 ES 的浓度。ES 复合物的存在已在各种不同的实验中得到证实，特别是来自电子显微镜和 X 射线衍射分析方面的研究，直接观察到了复合物 ES 的存在。

1. 米氏方程　1913 年 L. Michaelis 和 M. Menten 根据中间复合物学说，提出了一个简单模型，即酶与底物反应的“快速平衡模型”，反应开始时，酶首先与底物结合形成一个酶-底物中间复合物（ES），这是一个快速的可逆过程。

$$E + S \underset{k_2}{\overset{k_1}{\rightleftharpoons}} ES \tag{3-1}$$

然后，复合物 ES 慢速分解产生游离酶和产物。由 S 转变成 P 的总反应速度由这一步决定，即 $v_0=k_3[ES]$。k_1、k_2、k_3 分别为各步骤的反应速率常数。

$$ES \xrightarrow{k_3} P + E \tag{3-2}$$

由于 ES 分解成 P 的速度很慢，不足以破坏式（3-1）的快速平衡。因此快速平衡时，ES 生成的速度 k_1（$[E_t]-[ES]$）[S] 与 ES 分解速度 $k_2[ES]$ 相等（$[E_t]$ 为总酶浓度），从而得

$$[ES]=\frac{k_1[E_t][S]}{k_1[S]+k_2} \tag{3-3}$$

由于 $v_0=k_3[ES]$，所以将式（3-3）代入，得

$$v_0=\frac{k_3[E_t][S]}{\frac{k_2}{k_1}+[S]} \tag{3-4}$$

当所有酶被底物饱和时，$[ES]=[E_t]$，反应速度达最大，即 $V_{max}=k_3[E_t]$，代入式（3-4），即得

$$v_0=\frac{V_{max}[S]}{\frac{k_2}{k_1}+[S]} \tag{3-5}$$

设 $K_s=k_2/k_1$，K_s 为 ES 的解离常数，代入式（3-5），得

$$v_0=\frac{V_{max}[S]}{K_s+[S]} \tag{3-6}$$

将这一数学方程式称为米氏方程，米氏方程表明了底物浓度与反应速度之间的定量关系。

1925 年，G. E. Briggs 和 J. B. S. Haldance 提出了“稳态模型”，对米氏方程进行了修正。对于一个已知的酶促反应，酶总是以两种形式存在：未与底物结合的游离酶和与底物结合的 ES。当酶与过量的底物混合后，会有一个起始阶段，系统中的复合物 ES 浓度由零逐渐增加到一定数值，这通常是一个很快的过程。之后在一定时间内，复合物 ES 不断地生成和分解，进而达到稳态（steady state）。稳态时，反应系统中 ES 的生成速度和 ES 的分解速度相等，复合物 ES 浓度保持不变。该模型认为稳态时，ES 的分解不仅与 ES → E+S 有关，还与 ES → P+E 有关。总反应为

$$E+S \underset{k_2}{\overset{k_1}{\rightleftharpoons}} ES \xrightarrow{k_3} E+P \tag{3-7}$$

ES 生成速度：$k_1([E_t]-[ES])[S]$。

ES 分解速度：$k_2[ES]+k_3[ES]$。

当酶反应体系处于稳态时，$k_1([E_t]-[ES])[S]=k_2[ES]+k_3[ES]$。

整理得

$$[ES]=\frac{[E_t][S]}{\frac{k_2+k_3}{k_1}+[S]} \tag{3-8}$$

因为 $v_0=k_3[ES]$，所以

$$v_0=\frac{k_3[E_t][S]}{\frac{k_2+k_3}{k_1}+[S]} \tag{3-9}$$

将 $V_{max}=k_3[E_t]$ 代入式（3-9），同时设 $\frac{k_2+k_3}{k_1}=K_m$，整理式（3-9），即得到米氏方程

$$v_0=\frac{V_{max}[S]}{K_m+[S]} \tag{3-10}$$

这就是根据稳态平衡理论推导出的酶促反应动力学方程，大多数酶的动力学行为均符合此方程。其中，K_m 为米氏常数（Michaelis constant），是由速率常数组成的一个复合常数。

米氏方程所描述的酶促反应速度与底物浓度之间的定量关系，与实验测定的数值相吻合（图 3-5）。当 [S] 很低时，$[S] \ll K_m$，那么米氏方程的分母中 [S] 可以忽略不计，方程可以简化为 $v_0=V_{max}[S]/K_m$，v_0 与 [S] 呈线性依赖关系，这说明反应速度与底物浓度成正比，为一级反应；当 [S] 很高时，$[S] \gg K_m$，那么米氏方程的分母中 K_m 可以忽略不计，方程可以简化为 $v_0=V_{max}$，说明此时反应速度达到了最大值，与底物的浓度无关，反应为零级反应；当 $[S]=K_m$ 时，$v_0=V_{max}/2$，也就是当底物浓度等于 K_m 时，酶促反应速度等于最大反应速度的一半。所以 K_m 就是酶促反应速度达到最大反应速度一半时的底物浓度，它的单位是浓度单位：mol/L 或 mmol/L。

2. 动力学参数的意义

1）K_m 的意义和应用　米氏常数在酶学和代谢研究中均为重要的特征数据。

（1）K_m 是酶的一个特征性常数，K_m 的大小只与酶的性质有关，而与酶的浓度无关。不同的酶 K_m 可以差别很大，即使是同一种酶针对不同的底物其 K_m 也有差异（表 3-4）。K_m 值随测定的底物、pH、温度和离子强度的改变而改变。对不同酶促反应而言，在一定条件下酶都有各自特定的 K_m，这一特点可用来对酶进行鉴别。

微课视频

表 3-4　一些酶的 K_m

酶	底物	K_m/(mmol/L)
己糖激酶（hexokinase）	ATP	0.40
	D-葡萄糖	0.05
	D-果糖	1.50
胰凝乳蛋白酶（chymotrypsin）	甘氨酰酪氨酰甘氨酸	108.00
	N-苯甲酰酪氨酰胺	2.50
	N-甲酰酪氨酰胺	12.00
碳酸酐酶（carbonic anhydrase）	HCO_3^-	26.00
β-半乳糖苷酶（β-galactosidase）	D-乳糖	4.00

（2）根据 K_m 值可以鉴定酶的天然底物。在米氏方程推导中，设 $K_m=k_2+k_3/k_1$，而 $K_s=k_2/k_1$，只有当在 $k_3 \ll k_1$、k_2 时，可以将 K_m 看作 K_s，才可以近似地表示酶对底物亲和力的大小。K_m 越大，表示酶对底物的亲和力越小，意味着达到 V_{max} 一半时所需的底物浓度越大。一种酶有几种底物，就有几个 K_m 值，其中 K_m 值最小的底物称为该酶的最适底物或天然底物。因为 K_m 值越小，达到最大反应速率一半所需要的底物浓度就越小，表示酶对该底物的亲和

力越大，不需要很高的底物浓度反应就可以达到 V_{max}。例如，表 3-4 中己糖激酶和胰凝乳蛋白酶的最适底物分别为 D-葡萄糖和 *N*-苯甲酰酪氨酰胺。

（3）若已知某个酶的 K_m 值，可计算在某一底物浓度下的反应速度相当于的 V_{max} 百分率。例如，当 [S]=3K_m 时，代入米氏方程，则 $v_0=V_{max}3K_m/4K_m=75\%V_{max}$。

（4）K_m 值可以帮助推断某一代谢反应的方向和途径。催化可逆反应的酶，对正反两个方向反应底物的 K_m 值往往是不同的，测定这些 K_m 值的差别及细胞内正反两个方向反应底物的浓度，可以大致推测该酶催化正反两方向反应的效率，这对了解酶在细胞内的主要催化方向及生理功能有重要意义。

一种物质在生物体内的代谢途径往往不止一个，在一定条件下该代谢物究竟走哪一条代谢途径，可由 K_m 推测。例如，丙酮酸在某些生物体内可被乳酸脱氢酶、丙酮酸脱氢酶和丙酮酸脱羧酶催化，分别形成乳酸、乙酰辅酶 A 和乙醛，这 3 种酶的 K_m 值分别为 1.7×10^{-2}mmol/L、1.3mmol/L 和 1.0mmol/L。当丙酮酸浓度较低时，不能同时被几种酶作用。究竟走哪一条途径则取决于 K_m 值最小的酶，只有 K_m 值小的酶与丙酮酸的亲和力最大，此时该反应比较占优势。所以，当丙酮酸浓度较低时，主要转变成乳酸。

（5）根据 K_m 寻找代谢途径的限速步骤。当一系列不同的酶催化一个代谢途径的连锁反应时，如能确定各种酶的 K_m 值及其相应底物的浓度，有助于寻找代谢途径的限速步骤。例如，酶甲、乙、丙分别催化 A → B → C → D 三步连续反应，若它们对相应底物 A、B、C 的 K_m 分别为 10^{-2}mol/L、10^{-3}mol/L、10^{-4}mol/L，而细胞内 A、B、C 的浓度均接近 10^{-4}mol/L，则可推知限速反应是 A → B 这一步。

（6）K_m 值可以帮助判断抑制类型。测定不同抑制剂对某个酶的 K_m 及 V_{max} 的影响，可以区别该抑制剂是竞争性抑制剂还是非竞争性抑制剂（详见本节“抑制剂对酶促反应速度的影响”）。

2）V_{max}　在一定的酶浓度下，酶对特定底物的 V_{max} 也是一个常数。如果一个酶促反应的酶浓度发生变化，V_{max} 也随之改变。

3）k_{cat}　当 [S] 很大时，$V_{max}=k_3[E_t]$，即 $k_3=V_{max}/[E_t]$，所以 k_3 表示当酶被底物饱和时，每秒钟每个酶分子转换底物的分子数，这个常数又称为转换数或催化常数（catalytic constant，k_{cat}），k_{cat} 越大，酶的催化效率越高。

3. K_m 值和 V_{max} 的求法　K_m 值和 V_{max} 可以根据实验数据通过 v_0-[S] 作图直接求得。依据酶的动力学实验的基本资料，在一系列底物浓度 [S] 下测定酶促反应的速度 v_0，得到图 3-5 的双曲线，可以得到 V_{max}，再从 1/2V_{max} 可以求得相应的 [S]，即得 K_m 值。实际上，该法需要使用很大的 [S]，得到反应速度也只是趋近于 V_{max}，而达不到真正的 V_{max}，不能测得准确的 V_{max} 和 K_m 值。为了测得准确的 V_{max} 和 K_m 值，可以把米氏方程的形式加以变换，使它成为直线方程，然后用图解法求出 V_{max} 和 K_m 值。对于米氏方程的形式变换有多种，其中最常用的为 Lineweaver Burk 法，即双倒数作图法（double-reciprocal plot）。

将米氏方程两边取倒数，得

$$\frac{1}{v_0}=\frac{K_m+[S]}{V_{max}[S]}$$

整理后得

$$\frac{1}{v_0}=\frac{K_m}{V_{max}[S]}+\frac{1}{V_{max}}$$

以 $1/v_0$-$1/[S]$ 作图得一直线（图 3-6）。其斜率为 K_m/V_{max}，横轴截距为 $-1/K_m$，纵轴截距为 $1/V_{max}$。

酶促反应速度的双倒数作图法在区分特定酶促反应机制及分析酶的抑制类型中非常重要。

（二）酶浓度对酶促反应速度的影响

在一定 pH 和温度下，如果底物浓度足够大，增加酶浓度可增加反应速度，即反应速度与酶浓度成正比。v_0-[E] 作图为一直线（图 3-7）。

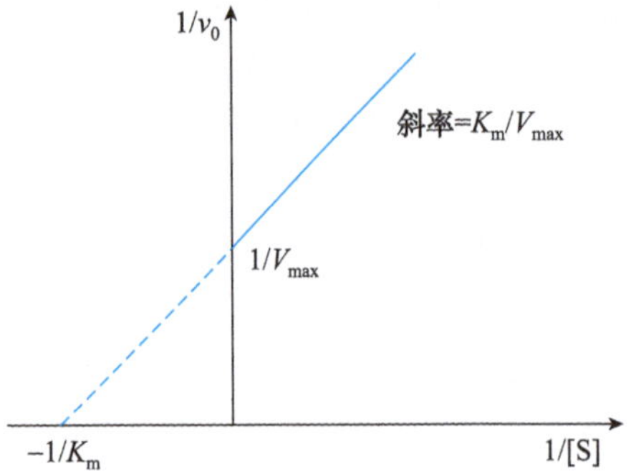

图 3-6　$1/v_0$ 对 $1/[S]$ 的关系曲线

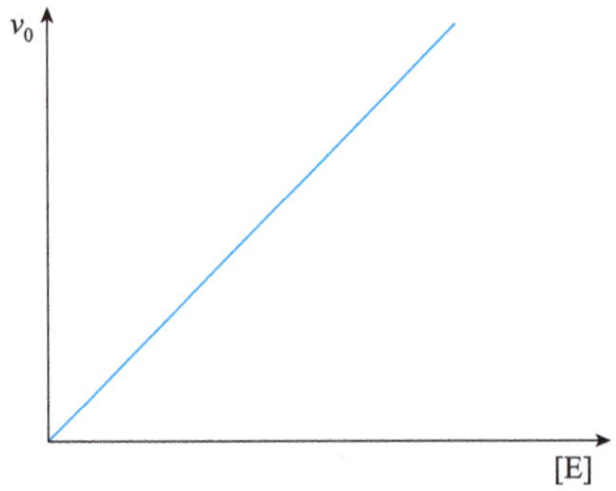

图 3-7　酶浓度对酶促反应速度的影响

（三）温度对酶促反应速度的影响

温度对酶促反应速度的影响有两个方面：一方面，随着温度升高，活化分子数增加，反应速度加快。温度每提高 10℃，其反应速度与原来的反应速度之比称为反应的温度系数（temperature coefficient），用 Q_{10} 表示。对于许多酶来说，Q_{10} 为 1 ～ 2，即温度每升高 10℃，酶促反应速度为原反应速度的 1 ～ 2 倍。另一方面，当温度达到一定高度后，酶会发生变性，导致酶的活性降低甚至丧失，反应速度下降。绝大多数酶在 60℃以上即完全失活。温度对酶促反应速度这两方面影响的综合结果，使温度与酶促反应速度的关系呈钟罩形曲线（图 3-8）。可以看出大多数酶都有一个最适温度（optimum temperature）。在最适温度下，反应速度最大。

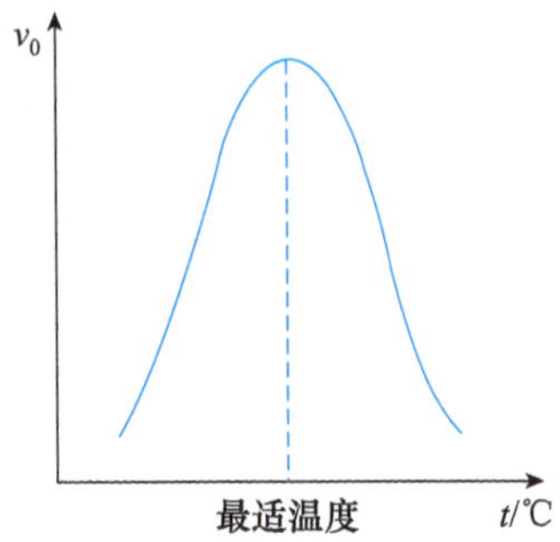

图 3-8　温度对酶促反应速度的影响

酶的最适温度不是酶的特征常数，它常因其他条件如底物种类、作用时间、pH 和离子强度等因素的影响而改变。

（四）pH 对酶促反应速度的影响

酶的活性受其环境 pH 的影响极为显著。大多数酶需要在一定的 pH 范围内才具有催化反应的能力。一种酶表现其最高活性时的环境 pH，称为该酶的最适 pH（optimum pH）。低于或高于最适 pH 时，酶的活性均降低（图 3-9）。

每一种酶在一定条件下都有它的最适 pH，酶的最适 pH 不是一个特征常数，受多种因素的影响，如受底物的种类和浓度、缓冲液成分和浓度等的影响。一般来说，大多数酶的最适 pH 为 5.0 ～ 8.0，植物和微生物体内的酶最适 pH 多为 4.5 ～ 6.5，动物体内的酶最适 pH 多为 6.5 ～ 8.0。但也有例外，如胃蛋白酶的最适 pH 为 1.5，肝中精氨酸酶的最适 pH 则为 9.7。

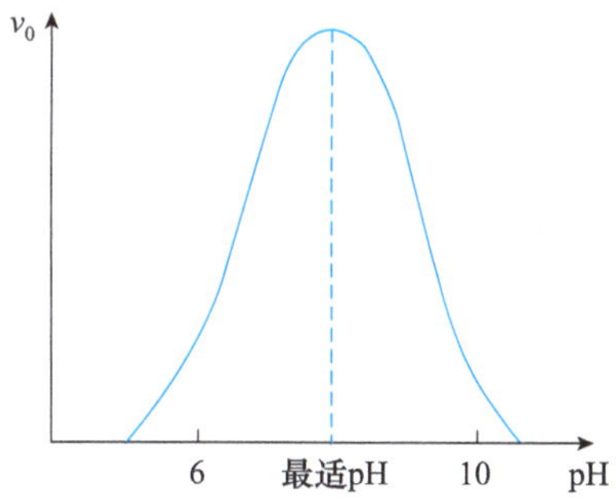

图 3-9　pH 对酶促反应速度的影响

pH 对酶促反应速度的影响可能有以下两方面原因。

（1）影响酶蛋白的空间结构。过高或过低的 pH 都会改变酶活性中心的构象，甚至会改变整个酶蛋白的结构，从而使酶的活性降低或丧失。

（2）影响酶和底物的解离。pH 影响酶活性中心有关基团的解离，从而影响与底物的结合或催化，使酶的活性降低；pH 也影响底物的解离状态，或者使底物不能与酶结合，或者结合后不能生成产物；也可能影响中间复合物 ES 的解离状态，不利于催化生成产物。如胃蛋白酶与带正电荷的蛋白质分子相结合最为敏感，乙酰胆碱酯酶也只有底物带正电荷时最易与底物结合，蔗糖酶则要求底物处于兼性离子时最易结合。因此，pH 对不同酶和底物的影响不同，对其酶促反应速度的影响也就不同。

应当指出，在酶的提取和测定时一般选择在酶的稳定 pH 范围内进行，实际操作中往往采用缓冲液体系（pH 的变化不超过 ±0.1）。

（五）激活剂对酶促反应速度的影响

凡是能提高酶活性的物质都称为激活剂（activator）。大部分激活剂是无机离子或小分子有机化合物，另外还有一些能激活酶原的酶类也属于激活剂。激活剂对酶的作用具有一定的选择性，即一种酶的激活剂对另一种酶而言很可能起抑制作用。

1. 无机离子　起激活剂作用的金属离子有 K^+、Na^+、Mg^{2+}、Zn^{2+}、Fe^{2+}、Ca^{2+} 等，其中 Mg^{2+} 是多种激酶及合成酶的激活剂。无机阴离子有 Cl^-、Br^-、I^-、CN^-、NO_3^-、PO_4^{3-} 等，Cl^- 是动物唾液中 α-淀粉酶最强的激活剂，Br^- 也有激活作用，但作用较弱。

无机离子作为激活剂可能有以下几方面的原因：①与酶分子中的氨基酸侧链基团结合，稳定酶催化作用所需的空间结构；②作为底物（或辅酶）与酶蛋白之间联系的桥梁；③作为辅酶或辅基的组成部分协助酶完成催化作用。

2. 小分子有机化合物　某些还原剂如半胱氨酸、还原型谷胱甘肽、维生素 C（抗坏血酸）等，对含有巯基的酶具有激活作用，这是由于这些酶需要其分子中的巯基处于还原状态才具有催化作用。例如，在分离纯化木瓜蛋白酶或 3-磷酸甘油醛脱氢酶的过程中，往往需要加入上述还原剂，以保护巯基不被氧化。再如，一些金属离子螯合剂，能除去重金属离子对酶的抑制作用，提高酶的活性，也可视为酶的激活剂，如乙二胺四乙酸（ethylene diamine tetraacetic acid，EDTA）。

3. 某些酶类 一些蛋白酶可以选择性地水解酶原中的肽键，使无活性的酶原转变成有活性的酶，这些蛋白酶可以看成酶的激活剂。

（六）抑制剂对酶促反应速度的影响

凡使酶的活性降低或丧失，但并不引起酶蛋白变性的作用称为抑制作用（inhibition）。能够引起抑制作用的化合物则称为抑制剂（inhibitor）。酶的抑制剂一般能够与酶的必需基团以非共价或共价的方式形成比较稳定的复合体或结合物。所谓酶的必需基团（essential group）是指酶分子中与酶的催化活性密切相关的化学基团，它包括酶活性中心的基团和活性中心以外与维持整个酶分子的空间构象有密切关系的基团。

抑制作用不同于失活作用（inactivation），凡是可以使酶蛋白变性而引起酶活力丧失的作用，称为失活作用，能使酶蛋白变性的物质，称为变性剂。抑制剂对酶的抑制作用有一定的选择性，一种抑制剂只能使某一类或某几类酶的活性受到抑制；而变性剂对酶的失活作用无选择性。

研究酶的抑制作用是研究酶的结构与功能、酶的催化机制及阐明代谢途径的基本手段，也可以为生物防治、生物医药等提供理论依据。抑制作用可以分为两大类：不可逆抑制作用和可逆抑制作用。

1. 不可逆抑制作用 抑制剂通常以共价键与酶的必需基团结合而引起酶活性丧失，不能用透析、超滤等物理方法除去抑制剂而恢复酶活性，称为不可逆抑制作用（irreversible inhibition），引起酶的不可逆抑制作用的物质称为不可逆抑制剂（irreversible inhibitor）。由于被抑制的酶分子受到不同程度的化学修饰，因此不可逆抑制也就是酶的修饰抑制。这种抑制作用随着抑制剂浓度的增加而逐渐增加，当抑制剂的量大到足以和所有酶结合时，酶的活性就完全被抑制。

根据不可逆抑制剂对酶的选择性不同，不可逆抑制可以分为非专一性的不可逆抑制作用和专一性的不可逆抑制作用。

1）非专一性的不可逆抑制作用 非专一性的不可逆抑制作用是指一种抑制剂可作用于酶分子上的一类或几类基团，这些基团是酶的必需基团，作用后引起酶的失活，主要有以下几类非专一性的不可逆抑制剂。

（1）有机磷化合物：常见的有二异丙基氟磷酸（diisopropyl fluorophosphate，DFP），如农药敌敌畏、敌百虫、对硫磷（parathion）等。这类化合物能抑制某些蛋白酶及酯酶的活性，与酶分子活性中心的丝氨酸羟基共价结合，使其磷酰化，从而使酶失活，产生不可逆抑制作用。有机磷杀虫剂强烈地抑制胆碱酯酶的活性，使乙酰胆碱不能及时分解成为乙酸和胆碱，导致乙酰胆碱积累过多，从而使一些以乙酰胆碱为传导介质的神经系统处于过度兴奋状态，引起神经中毒症状。因此这类有机磷杀虫剂又称为神经毒剂。解磷定（pyridine aldoxime methyliodide，PAM）或氯磷定能把酶上的磷酸根除去，使酶恢复活性。在临床上常用它们作为有机磷农药中毒后的解毒药物，其作用过程如下。

有机磷杀虫剂　　胆碱酯酶　　磷酰化胆碱酯酶

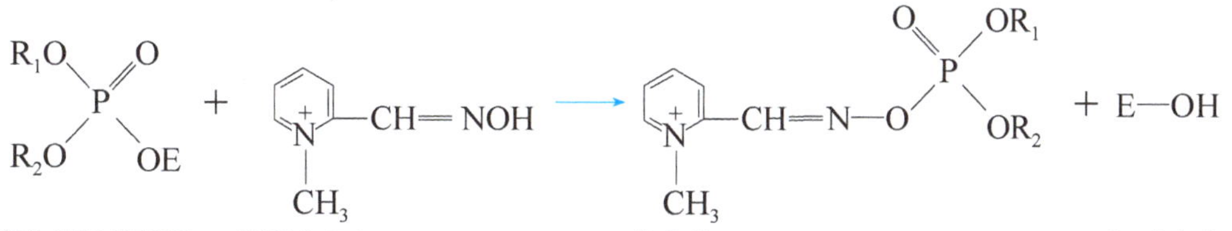

磷酰化胆碱酯酶　　解磷定(PAM)　　磷酰化PAM　　胆碱酯酶

（2）有机砷化合物：这类化合物与酶分子中的半胱氨酸残基作用，抑制含有巯基酶的活性。例如，路易斯毒气（lewisite，$CHCl{=}CHAsCl_2$）与酶的巯基结合而使人畜中毒；二巯基丙醇（dimercapto-1-propanol）和二巯基丁二酸钠（sodium dimercaptosuccinate）等含巯基的化合物可使酶复活。

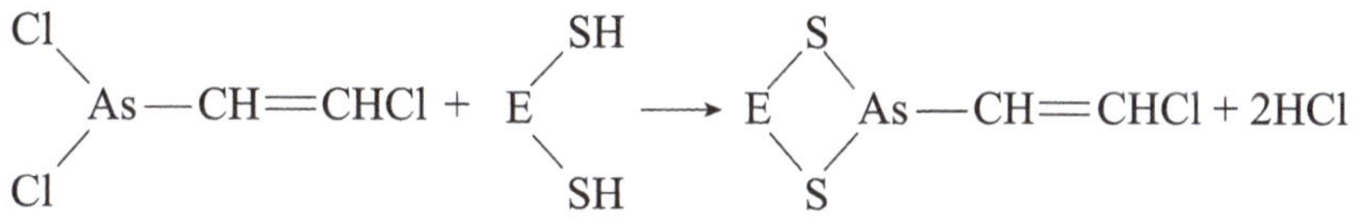

路易斯毒气　　巯基酶　　失活的酶　　酸

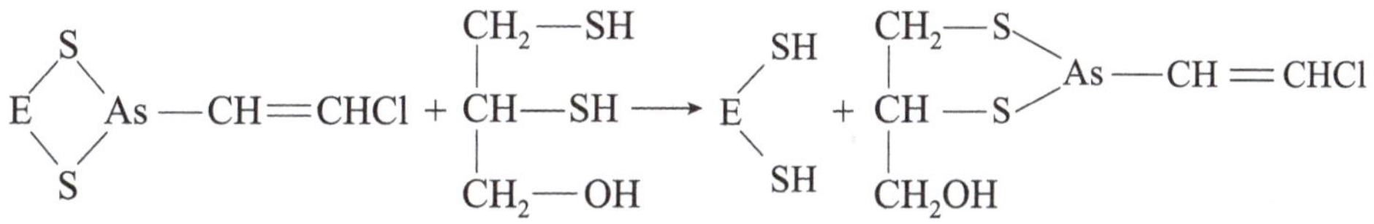

失活的酶　　二巯基丙醇　　复活的酶　　二巯基丙醇与砷剂结合物

（3）烷基化试剂：这类试剂通常含一个活泼的卤素原子，如碘乙酸、碘乙酰胺和2,4-二硝基氟苯等，可以与酶分子的巯基、氨基、羧基和咪唑基等进行反应，如与含巯基的酶作用。

$$E{\cdot}SH + ICH_2CONH_2 \longrightarrow E-S-CH_2-CONH_2 + HI$$

（4）重金属盐：某些重金属离子（Pb^{2+}、Cu^{2+}、Hg^{2+}）能与生理pH条件下带负电荷的酶分子进行不可逆结合，从而使酶的活性被抑制。

（5）氰化物、硫化物、CO：可与含铁卟啉的酶（细胞色素氧化酶）中的Fe^{2+}结合，使酶失活。

2）*专一性的不可逆抑制作用*　专一性的不可逆抑制作用是指抑制剂专一地作用于某一种酶活性中心的必需基团而导致酶失活，它是研究酶活性中心的重要试剂。可分为底物类似物抑制剂和自杀性底物抑制剂两种类型。

（1）底物类似物抑制剂：这类抑制剂是根据底物的化学结构设计的，具有底物类似的结构，可以和相应酶的活性中心结合，同时还带有一个活泼的化学基团，能与酶的必需基团共价结合，从而抑制酶活性。在酶作用机制研究中，可以利用这一类抑制剂对酶分子的活性中心进行亲和标记，以确定反应的必需基团。例如，甲苯磺酰苯丙氨酰氯甲酮（tosyl-

L-phenylalanine chloromethyl ketone，TPCK）为胰凝乳蛋白酶的底物类似物，在与胰凝乳蛋白酶的活性中心结合后，便共价修饰其中的 His 残基，导致酶活性受到抑制。

（2）自杀性底物抑制剂：这类抑制剂不但具有天然底物的类似结构，本身也是酶的底物，而且有一个潜伏的反应基团。通过酶的催化作用，这一潜伏反应基团被活化，并与酶活性中心的必需基团发生共价结合从而抑制了酶的活性，如同酶的自杀，因此此类抑制剂被称为自杀性底物（suicide substrate）。

例如，β-卤代-D-Ala 是细菌中丙氨酸消旋酶（alanine racemase，AR）的不可逆抑制剂，为磷酸吡哆醛酶类的自杀性底物，作用机制如图 3-10 所示。AR 能将 L-Ala 转变成为 D-Ala，而 D-Ala 是细菌细胞壁肽聚糖的重要原料，AR 受到抑制后可以阻断肽聚糖的合成，从而抑制细菌的生长，因此，β-卤代-D-Ala 是一种抗菌药物。

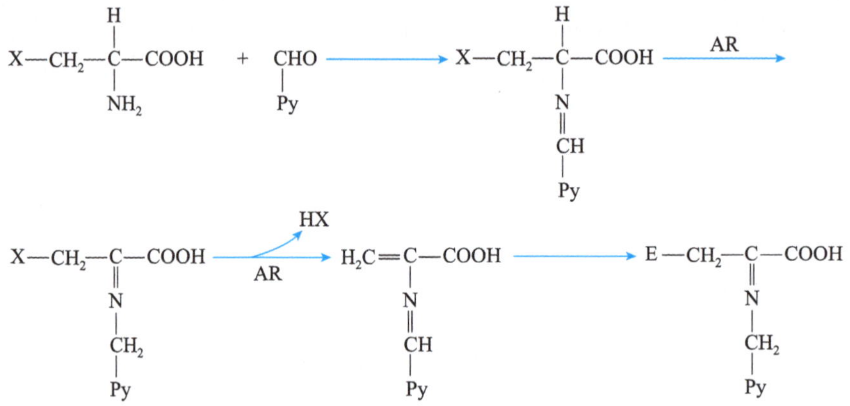

图 3-10 β-卤代-D-Ala 的作用机制

2. 可逆抑制作用 抑制剂与酶以非共价键结合而引起酶活性降低或丧失，可用透析或超滤等物理方法除去抑制剂，恢复酶的活性，这种抑制作用是可逆的，称为可逆抑制作用（reversible inhibition）。引起酶的可逆抑制作用的物质称为可逆抑制剂（reversible inhibitor）。

根据可逆抑制剂与酶结合的情况，可逆抑制作用可以分为竞争性、非竞争性和反竞争性抑制作用。

1）竞争性抑制作用 竞争性抑制（competitive inhibition）作用是最常见的可逆抑制类型。抑制剂（I）与底物（S）竞争酶（E）的活性中心（图 3-11），当抑制剂占据酶的活性中心后会阻止底物与酶的结合。竞争性抑制剂常是一些与底物结构类似的化合物，能够与酶结合形成复合物 EI，但 EI 不能分解成产物 P，因此降低了酶的催化效率。在竞争性抑制中，底物或抑制剂与酶的结合都是可逆的。

在竞争性抑制剂存在的情况下，米氏方程变为

$$v_0 = \frac{V_{max}[S]}{\alpha K_m + [S]}$$

其中，

$$\alpha = 1 + \frac{[I]}{K_i}$$

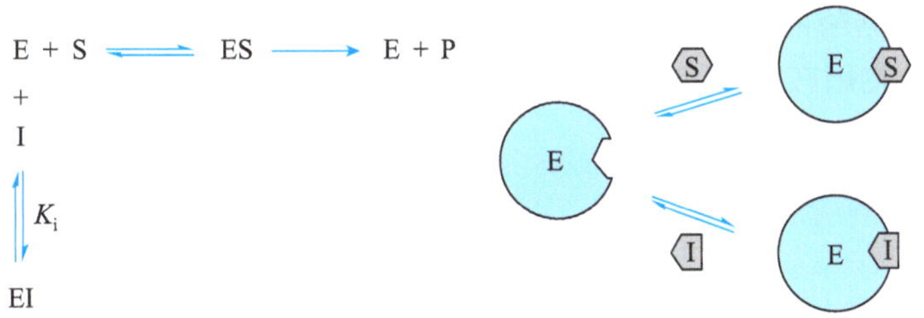

图 3-11　竞争性抑制剂与酶的结合

$$K_i=\frac{[E][I]}{[EI]}$$

K_i 为抑制剂与酶结合的平衡常数，在实验中测得的 αK_m 称为表观 K_m。当没有抑制剂时 α 为 1。在有抑制剂时，酶与底物的表观 K_m 提高 α 倍，其大小与抑制剂的浓度有关。由于竞争性抑制剂与酶的结合是可逆的，因此可以通过增加底物浓度来解除。

其对应的双倒数方程如下。

$$\frac{1}{v_0}=\left(\frac{\alpha K_m}{V_{max}}\right)\frac{1}{[S]}+\frac{1}{V_{max}}$$

由双倒数方程作图，得到双倒数图形（图 3-12）。从图中可以清楚地看出，加入竞争性抑制剂后，V_{max} 不变，但能降低酶与底物的亲和力，即表观 K_m 增大。

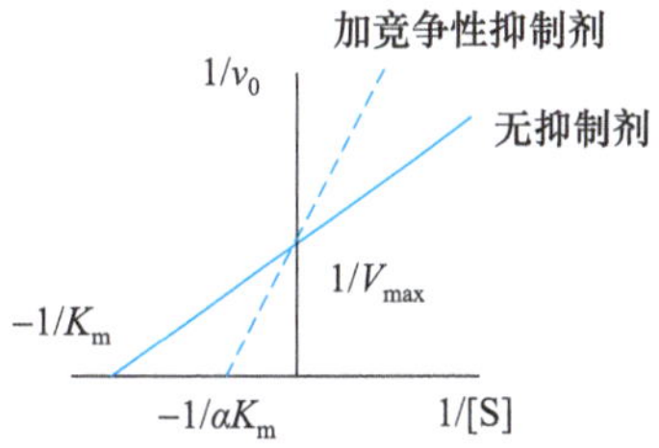

图 3-12　竞争性抑制动力学图

竞争性抑制最典型的例子是丙二酸或戊二酸与琥珀酸竞争结合琥珀酸脱氢酶，但是琥珀酸脱氢酶不能催化丙二酸或戊二酸脱氢，具体过程如下。

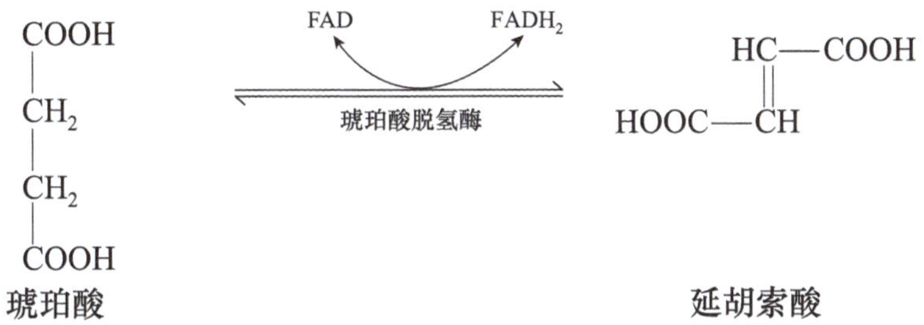

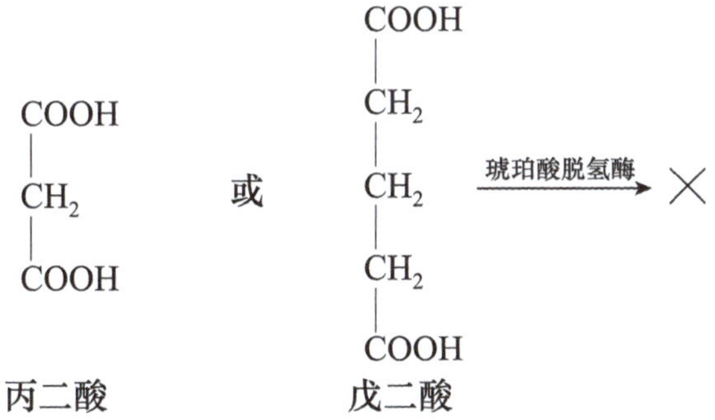

一些药物是根据酶的竞争性抑制原理设计的（表 3-5），如抗癌药物阿拉伯糖胞苷、5-氟尿嘧啶，抗菌药物磺胺类药物等。

表 3-5　某些药物或体内代谢物对酶的竞争性抑制作用

药物（抑制剂）	被抑制的酶	竞争底物	临床应用及机制
磺胺药	二氢叶酸合成酶（细菌）	对氨基苯甲酸	抗菌作用（抑制四氢叶酸合成）
氨基蝶呤	二氢叶酸还原酶	二氢叶酸	抗白血病
5-氟尿嘧啶（5-FU）	尿嘧啶核苷磷酸化酶（胸腺嘧啶核苷磷酸化酶）	尿嘧啶（胸腺嘧啶）	抗癌作用（抑制核苷酸合成）
别嘌呤醇	黄嘌呤氧化酶	黄嘌呤，次黄嘌呤	抗痛风（抑制尿酸生成）
苯丙胺（麻黄碱）	单胺氧化酶	肾上腺素（去甲肾上腺素）	中枢兴奋，抗哮喘

磺胺类药物的结构与对氨基苯甲酸十分相似（图 3-13），是二氢叶酸合成酶的竞争性抑制剂。对磺胺敏感的细菌在生长和繁殖时不能直接利用外源的叶酸，只能在二氢叶酸合成酶的作用下利用对氨基苯甲酸合成二氢叶酸。二氢叶酸可以再还原为四氢叶酸，后者是合成核酸所必需的，氨基苯磺酰胺抑制了细菌二氢叶酸的合成，使细菌核酸的合成受阻，从而抑制了细菌的生长和繁殖。人体能从食物中直接利用叶酸，因此其代谢不受磺胺类药物的影响。

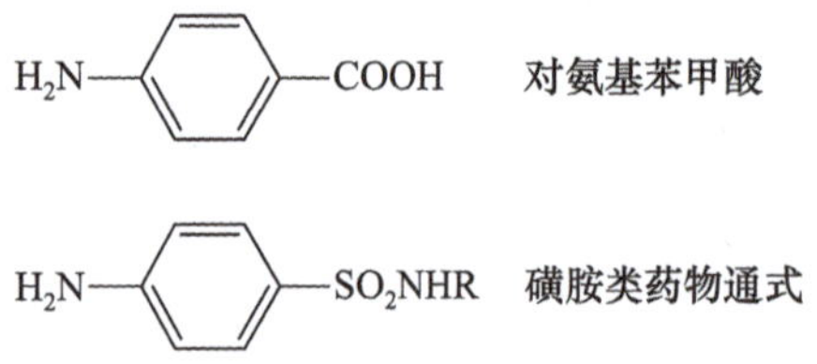

图 3-13　对氨基苯甲酸与磺胺类药物的结构式

2）非竞争性抑制作用　非竞争性抑制（noncompetitive inhibition）作用的特点是抑制剂与酶活性中心以外的基团相结合，所以底物和抑制剂可以同时与酶结合，两者之间没有竞争关系。底物可以与游离酶结合生成 ES，也可以与酶和抑制剂的复合物（EI）结合生成 ESI。同样抑制剂可以与游离酶结合生成 EI，也可以与酶和底物的复合物（ES）结合生成 ESI（图 3-14）。但是 ESI 不能再分解形成产物，因此酶活性降低。这种抑制作用不能通过增加底物浓度来解除。

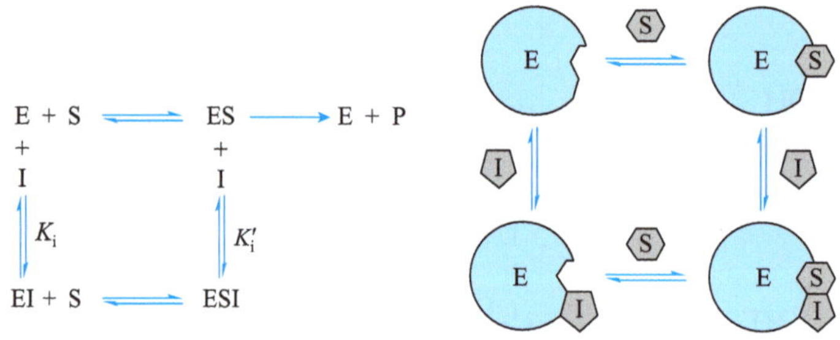

图 3-14　非竞争性抑制剂与酶的结合

在非竞争性抑制剂存在下，米氏方程变为

$$v_0 = \frac{V_{max}[S]}{\alpha(K_m + [S])}$$

其中，

$$\alpha = 1 + \frac{[I]}{K_i}$$

$$K_i = \frac{[E][I]}{[EI]}$$

$$K_i' = \frac{[ES][I]}{[ESI]}$$

K_i'为抑制剂与 ES 结合的平衡常数，在非竞争抑制作用中，$K_i = K_i'$。

非竞争性抑制作用的双倒数方程为

$$\frac{1}{v_0} = \left(\frac{\alpha K_m}{V_{max}}\right)\frac{1}{[S]} + \frac{\alpha}{V_{max}}$$

由双倒数方程作图，得到相应的双倒数图形（图 3-15）。由图 3-15 可以看出，加入非竞争性抑制剂后，K_m 不变，V_{max} 变小。

3）反竞争性抑制作用　反竞争性抑制（uncompetitive inhibition）作用是指酶只有与底物结合后才能与抑制剂结合，生成 ESI 复合物，但 ESI 不能分解形成产物（图 3-16）。

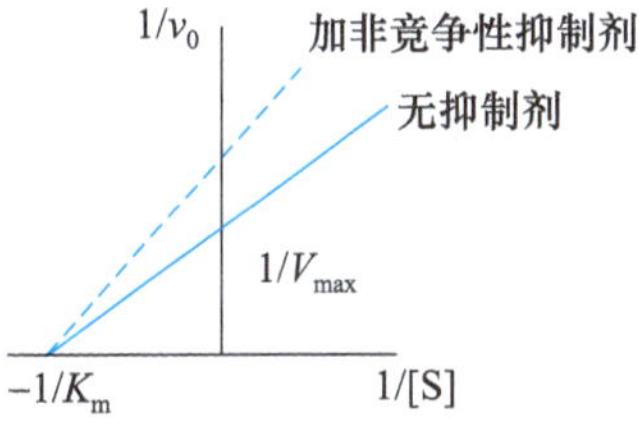

图 3-15　非竞争性抑制动力学图

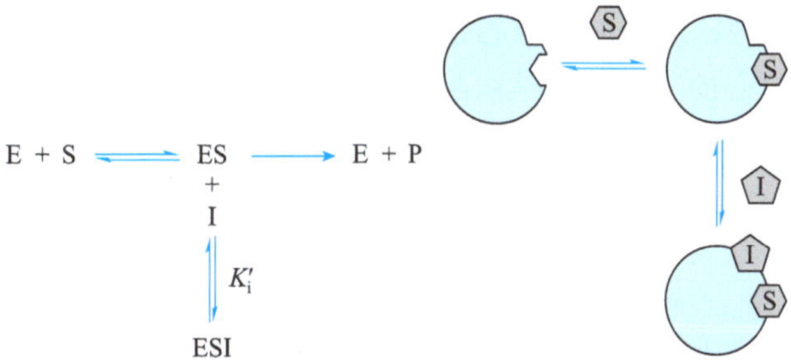

图 3-16　反竞争性抑制剂与酶的结合

在非竞争性抑制剂存在的情况下，米氏方程变为

$$v_0 = \frac{V_{max}[S]}{K_m + \alpha'[S]}$$

其中，

$$\alpha' = 1 + \frac{[I]}{K_i'}$$

反竞争性抑制作用的双倒数方程为

$$\frac{1}{v_0} = \left(\frac{K_m}{V_{max}}\right)\frac{1}{[S]} + \frac{\alpha'}{V_{max}}$$

由双倒数方程作图，得到相应的双倒数图形（图 3-17）。在实验中测得的 K_m/α' 为反竞争性抑制作用的表观 K_m。由图 3-17 可以看出，加入反竞争性抑制剂后，表观 K_m 和 V_{max} 都减小。

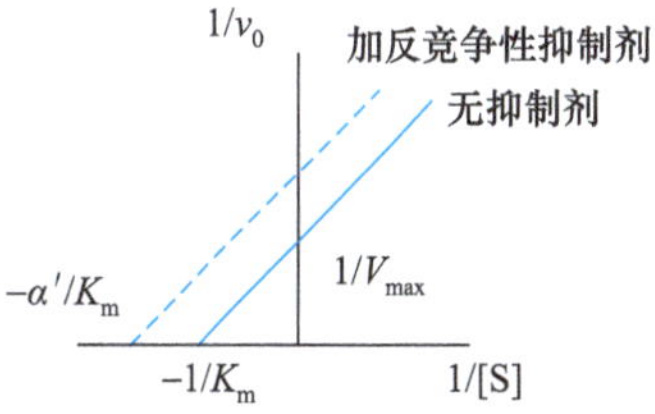

图 3-17　反竞争性抑制动力学图

第四节　酶的作用机制

一、酶活性中心的特点

酶的活性中心是酶分子上结合底物并将底物转化成产物的区域。酶的活性中心包括两个功能部位：结合部位和催化部位。酶分子与底物结合的部位或区域一般称为结合部位（binding site），此部位决定酶的专一性。酶分子中促使底物发生化学变化的部位称为催化部位（catalytic site），此部位决定酶所催化反应的性质。

尽管酶的种类繁多，其结构、专一性及催化反应类型多样，但其活性中心具有一些共同特点。

（1）活性中心只占酶分子总体积的很小一部分，通常只占整个酶分子的 1% ～ 2%。已知几乎所有的酶都由 100 个以上氨基酸残基组成，分子质量在 10kDa 以上，分子直径大于 2.5nm，而活性中心只由几个氨基酸残基构成。其中催化部位一般只由 2 ～ 3 个氨基酸残基组成，而结合部位的残基数目因不同的酶而异，可能是一个，也可能是数个。

（2）酶的活性中心是一个三维实体，不是一个点、一条线，甚至也不是一个面。活性中心的三维结构是由酶的一级结构所决定且在一定外界条件下形成的。活性中心的氨基酸残基在一级结构上可能相距甚远（图 3-18），甚至位于不同的肽链上，通过肽链的盘

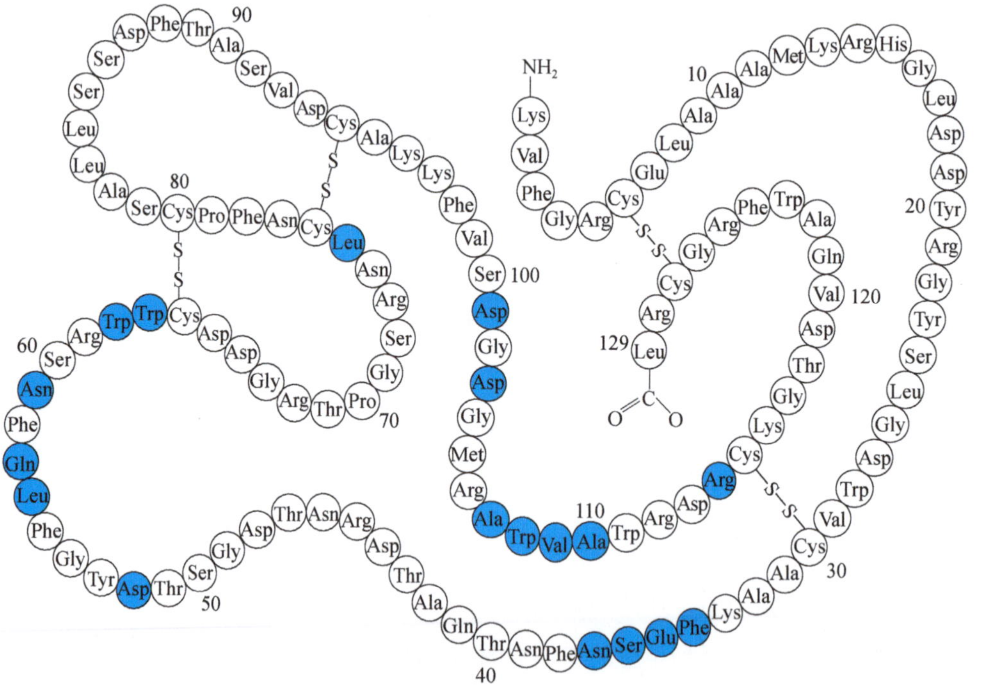

图 3-18　鸡蛋清溶菌酶的氨基酸顺序

涂成蓝色的为活性中心的氨基酸残基

绕、折叠而在空间结构上相互靠近。可以说没有酶的空间结构，也就没有酶的活性中心。一旦酶的空间结构受到物理因素或化学因素影响时，酶的活性中心便遭到破坏，酶即失活。

（3）酶的活性中心构象并不是和底物的形状正好互补的，而是在酶和底物结合的过程中，底物分子或酶分子，有时是两者的构象同时发生了一定的变化后才互补的，这时催化基团的位置正好在所催化底物键的断裂和即将生成键的适当位置，说明酶的活性中心具有一定柔性。

（4）酶的活性中心一般位于酶分子表面的一个裂隙内。底物分子结合到裂隙处并发生催化作用。裂隙内是相对疏水的环境，非极性基团较多，有利于与底物结合。

（5）底物通过较弱的次级键结合到酶分子上。实验证实，当酶催化某一反应时，酶首先和底物结合生成中间复合物（ES），中间复合物的形成主要靠氢键、离子键、范德瓦耳斯力和疏水键等次级键。

（6）酶活性中心具有柔性或可运动性。我国著名生物化学家邹承鲁对酶分子变形过程中的构象变化与活性变化进行了比较研究，发现在酶的变形过程中，当酶分子的整体构象还没有受到明显影响之前，活性中心已大部分被破坏，因而造成活性的丧失。说明酶的活性中心相对于整个酶分子来说更具柔性，这种柔性或可运动性很可能正是表现其催化活性的一个必要因素。

活性中心的形成要求酶蛋白分子具有一定的空间结构，因此，酶分子中其他部位的作用对于酶的催化作用来说，可能是次要的，但绝不是毫无意义的，它们至少为酶活性中心的形成提供了结构基础。所以酶的活性中心与酶蛋白的空间构象的完整性之间，是辩证统一的关系。

二、酶作用专一性的机制

酶的专一性是酶作用的重要特点之一。为了解释酶作用专一性的机制，人们提出了3种模型。

（一）锁与钥匙模型

1894年，E. Fisher在对酶作用专一性进行研究的基础上提出了锁与钥匙模型（lock and key model）。E. Fisher认为酶分子表面具有特定的可与底物互补的结构，酶与底物的结合如同一把钥匙对一把锁一样。也就是说两个生物分子之间特定的相互作用是通过分子表面的互补结构来完成的，如图3-19所示。该模型的不足之处在于认为酶的结构是刚性的，它不能解释一个酶可以催化正逆两个反应，因为产物（或逆反应的底物）的形状、构象和底物完全不同。

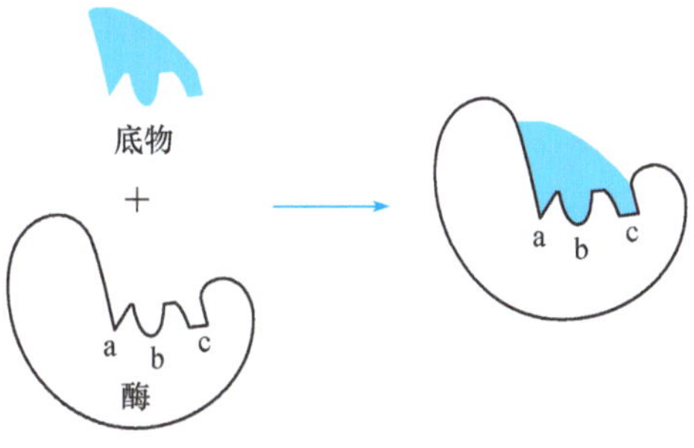

图3-19 锁与钥匙模型示意图

（二）诱导契合模型

随着研究的深入，人们发现底物与酶结合时，酶分子本身不是固定不变的。1958年，D. Koshland提出了解释酶作用专一性的诱导契合模型（iduced-fit model），该模型认为，酶的活性中心并不是和底物正好互补，当酶分子与底物接近时，底物能诱导酶分子的构象发生一定的变化，使结合基团和催化基团转入有效的作用位置，酶和底物才能完全互补契合，酶催化底物发生转化（图 3-20）。

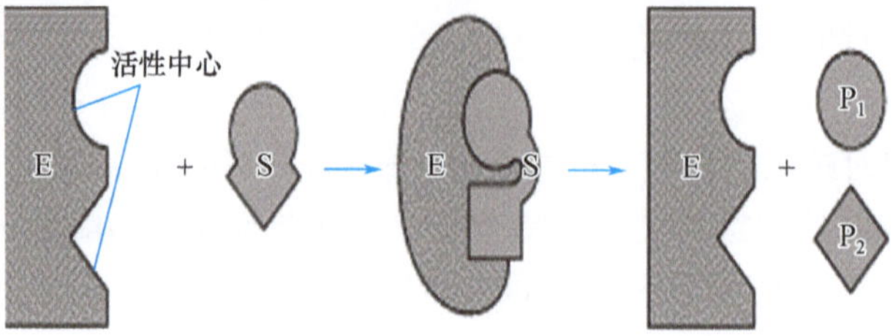

图 3-20 诱导契合模型示意图

E. 酶分子；S. 底物；P_1，P_2. 产物

微课视频

例如，己糖激酶催化葡萄糖转化为 6-磷酸葡萄糖时，在底物葡萄糖结合之后，己糖激酶的构象发生了有利于底物结合的变化（图 3-21）。

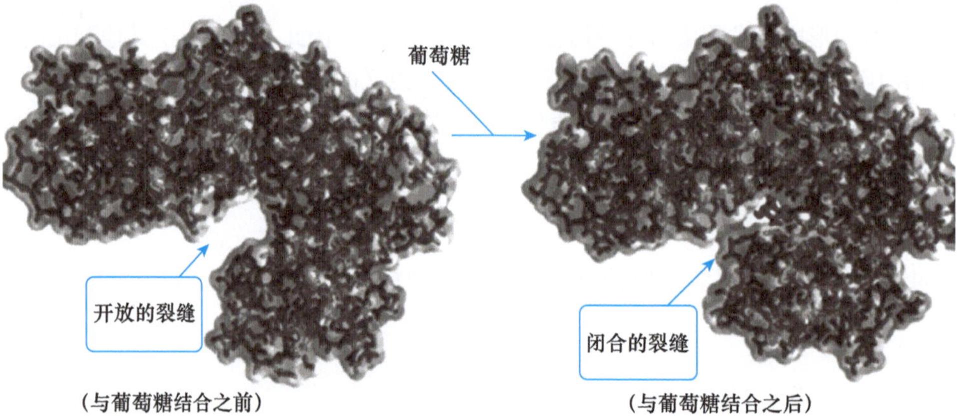

图 3-21 己糖激酶结合葡萄糖前后的构象变化示意图

（三）三点附着模型

三点附着模型（three-attachment model）认为，底物在活性中心的结合必须至少有 3 个结合点都匹配的时候，酶才会催化相应的反应。它可以很好地解释立体异构专一性和潜手性专一性等。

三、酶作用高效性的机制

在任何一个化学反应体系中，底物需要到达一个特定的高能状态即过渡态后才能发生反应。在酶促反应中，酶可以使底物从基态到过渡态需要的活化能大大降低，从而表现出极高的催化效率。那么，酶是如何降低反应的活化能的呢？

（一）过渡态稳定学说

1946 年，L. Pauling 提出了酶催化的过渡态稳定学说。该学说认为，酶与过渡态底物的亲和力要比基态底物高得多，所以酶有助于底物向过渡态转变，从而使反应活化能大大降低，反应速率得到显著提高。

假定底物是一根金属棒，金属棒发生的化学反应是棒的断裂。该反应要发生，首先金属棒要克服能障，进入弯曲的过渡态（图 3-22A）。按照过渡态稳定理论，当这一过程有酶催化时，由于酶与过渡态底物的亲和力要比基态底物高得多，因此酶的活性中心与基态的金属棒并不互补，而是与弯曲的过渡态互补，即能与过渡态更稳定地结合。当基态的金属棒进入酶的活性中心后，在活性中心各种反应性基团的作用下，不得不发生形变，很快进入过渡态，因此活化能较非酶催化反应大幅度降低（图 3-22C）。如果酶活性中心与基态的金属棒亲和力高，二者会形成十分稳定的 ES 状态，金属棒要进入过渡态，需要克服比非酶催化反应更大的活化能，反而不利于反应（图 3-22B）。

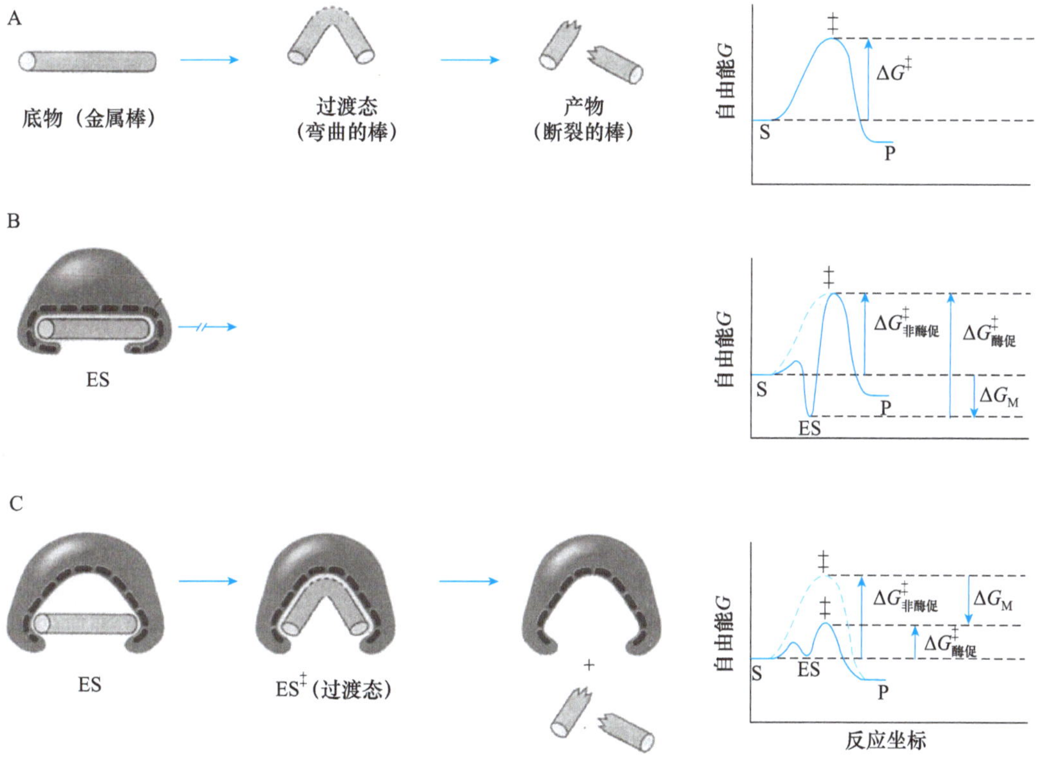

图 3-22 底物与酶结合时构象变化示意图

A. 没有酶参与的反应；B. 酶与基态底物互补；C. 酶与过渡态底物互补

（二）酶作用的高效性因素

现已知酶催化反应时，可通过多种方式促使底物向过渡态转变，从而大大降低反应的活化能。这些方式主要包括邻近效应与定向效应、形变效应、酸碱催化、共价催化、酶活性中心的疏水微环境、金属离子催化等。

1. 邻近效应与定向效应　　邻近效应（approximation）是指酶与底物结合形成中间复合物后，使底物（如双分子反应）在酶活性中心的有效浓度得以极大的增高，由于化学反应速度与底物浓度成正比，在这种局部的高浓度下，反应速度将会显著提高的一种效应。定向效应（orientation）是指底物的反应基团之间及酶的催化基团与底物的反应基团之间的正确取位产生的效应（图 3-23）。这样才可以使底物在局部高浓度下以一种正确的方式相互碰撞，从而发生反应。因此邻近和定向效应使分子间反应变为分子内反应，从而加快反应速度。

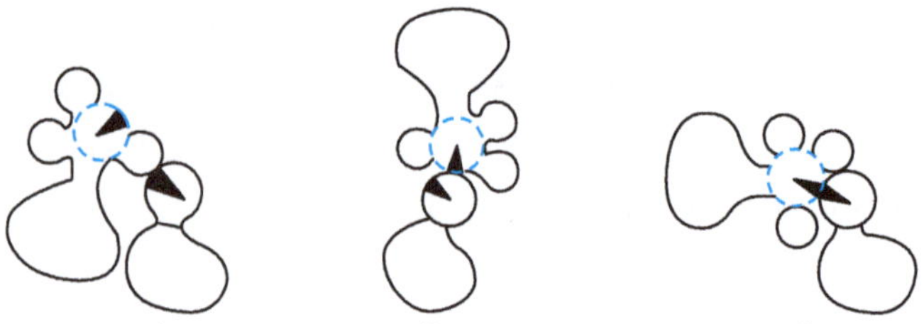

图 3-23　邻近效应和定向效应示意图

A. 不合适靠近，不合适的定位；B. 合适的靠近，不合适的定位；C. 合适的靠近，合适的定位

2. 形变效应　　形变效应（distortion）是指酶分子活性中心上的某些基团可使底物分子的某些基团的电子云密度发生变化，产生电子张力，导致底物扭曲和变形，使底物接近过渡态结构，底物的敏感键更易于断裂，从而降低反应的活化能，使反应更快地进行（图 3-22）。酶与底物之间通过氢键、疏水相互作用和离子键这些弱的相互作用力而结合，复合物 ES 中每一次弱的相互作用的形成伴随着少量能量的释放，释放的能量称为结合能，结合能在驱动底物形变向过渡态转变中发挥重要作用。X 射线衍射分析发现，溶菌酶与底物结合时引起 D-糖环由椅式构象转变为半椅式构象。同时，由于底物的诱导，酶分子的构象也会发生变化，在酶促反应中，酶分子与底物分子都发生了形变，从而形成一个相互契合的酶-底物复合物，进一步转变为过渡态，加快酶促反应的进行。

3. 酸碱催化　　酸碱催化（acid-base catalysis）是通过瞬时地向反应物提供质子或从反应物接受质子以稳定过渡态加速反应的一种机制。酸碱催化可分为狭义的酸碱催化（specific acid-base catalysis）和广义的酸碱催化（general acid-base catalysis）。H^+ 和 OH^- 为狭义的酸碱催化剂，起着狭义的酸碱催化作用。质子供体及质子受体为广义的酸碱催化剂，可起广义的酸碱催化作用，由于体内 H^+ 和 OH^- 浓度很低，广义的酸碱催化作用在生物体内酶促反应中起更重要的作用。细胞内许多反应均属于广义的酸碱催化作用，如羰基的加成反应、肽和酯的水解、双键的脱水反应、各种分子的重排和取代反应等。酶分子中存在的可起广义酸碱催化反应的基团包括氨基、羧基、巯基、酚羟基及咪唑基等（表 3-6）。这些基团在近中性 pH 范围内，作为质子供体或受体起广义的酸碱催化作用。

表 3-6 酶分子中可起酸碱催化的功能基团

氨基酸残基	广义酸基团（质子供体）	广义碱基团（质子受体）
Glu, Asp	R—COOH	$R-COO^-$
Lys, Arg	$R-\overset{+}{N}H_3$	$R-\ddot{N}H_2$
Cys	R—SH	$R-S^-$
His	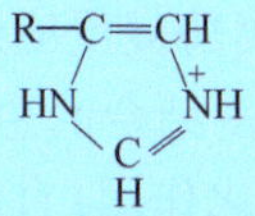	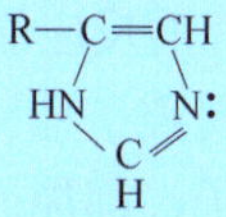
Ser	R—OH	$R-O^-$
Tyr	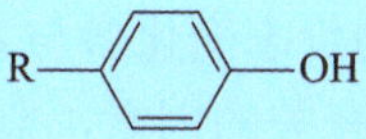	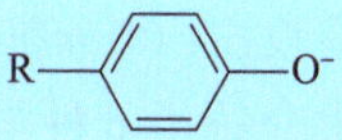

影响酸碱催化反应速率的因素有两个：酸碱的强度（pH）及给出质子或接受质子的速度。表 3-6 的功能基团中，组氨酸的咪唑基是催化中最有效、最活泼的基团。咪唑基的解离常数约为 6.0，因此它在接近生理 pH 条件下，一半以酸形式存在，另一半以碱形式存在，也就是说咪唑基既可以作为质子供体，又可以作为质子受体，在酶促反应中发挥作用。同时咪唑基供出或接受质子的速度十分迅速，其半衰期小于 10^{-10}s，并且供出和接受质子的速度几乎相等。由于咪唑基有如此特点，尽管组氨酸在大多数蛋白质中含量很少，却往往是酶活性中心的组成部分。

4. 共价催化 共价催化（covalent catalysis）是指酶在催化过程中，与底物暂时形成不稳定的共价中间物，有利于底物转变成过渡态，使反应活化能降低，从而提高反应速度。共价催化可分为亲核催化（nucleophilic catalysis）和亲电子催化（electrophilic catalysis）。前者是酶的亲核基团对底物具有部分正电性的原子进行亲核攻击，形成共价中间物。后者是酶的亲电子基团攻击底物分子中富含电子或带部分负电荷的原子，形成共价中间物。酶分子中的亲核基团主要有：组氨酸的咪唑基、丝氨酸的羟基及半胱氨酸的巯基。此外，一些辅酶中也具有亲核基团。

氨基酸残基	亲核基团
His	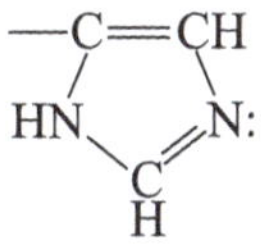
Cys	$-CH_2-\ddot{S}H$
Ser	$-CH_2-\ddot{O}H$

酶分子上的亲核基团被质子化的共轭酸，如$-NH_3^+$即亲电基团，它可从底物中吸取一对电子，发生亲电催化。在酶的亲电催化过程中，有时其必需的亲电子物质不是共轭酸，而是酶的辅因子，其中金属离子就是很重要的一类，如 Mg^{2+}、Mn^{2+}、Fe^{3+}。

5. 酶活性中心是疏水的微环境 酶活性中心往往位于酶分子表面疏水的裂隙内部，该部位的介电常数相对较低。在非极性环境中两个带电基团之间的静电作用比极性环境中显著增高。因为水的极性和形成氢键的能力使其成为一种具有高度作用力的分子，它的介电常数非常高，水的高极性使其在离子外形成定向的溶剂层，产生自身电场，结果就大大减弱了它所包围的离子间的静电相互作用或氢键作用。当底物与酶的活性中心结合时，使底物处于一个低介电常数区，减少了底物与水分子的作用，使底物分子的敏感键和酶的催化基团之间的反应能力加强，有助于提高酶促反应速度。

6. 金属离子催化 无论是与酶紧密结合的金属离子，还是从溶液中同底物一起吸收的金属离子，都能通过几种途径参与催化作用：①通过与底物之间的离子相互作用起定向效应；②通过与带负电荷的底物结合屏蔽负电荷，有利于具有阴离子性质的电子对对底物进行亲核攻击；③金属离子通过可逆的价态变化参与氧化还原反应。

以上介绍了6种与酶催化高效率有关的因素，需要注意的是，这些因素不一定同时在一个酶中起作用，往往不同的酶起主要作用的因素不同，各有其特点。

知识窗

过渡态类似物

由于酶促反应中过渡态存在时间极短且不稳定，很难直接观察到过渡态，但是人们可以利用对酶反应机制的了解来推测过渡态的近似结构，设计一些与过渡态类似的稳定分子，称为过渡态类似物（transition-state analog）。理论上这类分子比底物更适合酶的活性中心，因此它们与酶的结合比底物与酶形成的复合物ES更紧密。有实验证明有些类似物与酶的结合是底物的10^2～10^6倍，这很好地说明了酶的活性中心与底物的过渡态确实是互补的。该原理常用于制药工业中的新药设计，如被称为蛋白酶抑制剂的抗艾滋病高效药物就是根据HIV蛋白酶的活性中心设计的紧密结合的过渡态类似物。

四、胰凝乳蛋白酶的作用机制

以上介绍了酶催化作用的一般原则，下面以胰凝乳蛋白酶为例说明酶的催化机制。

（一）胰凝乳蛋白酶的结构特点

胰凝乳蛋白酶（EC3.4.4.5）是研究最早、最彻底的蛋白酶，可断裂Phe、Trp、Tyr等疏水氨基酸羧基形成的肽键。它的一级结构如图3-24所示。胰凝乳蛋白酶由A、B、C三条肽链通过2对链间和3对链内二硫键连接而成。在此一级结构的基础上，胰凝乳蛋白酶分子形成一个紧密的椭球体，大小为5.1nm×4.0nm×4.0nm，多数芳香族氨基酸残基和疏水氨基酸残基包埋在分子内部，而多数带电或亲水的氨基酸残基分布在分子表面。通过对酶分子进行特异性的化学修饰研究了胰凝乳蛋白酶的活性中心结构。实验证实胰凝乳蛋白酶的活性中心由3个极性氨基酸残基——His57、Asp102和Ser195构成。His57、Asp102和Ser195之所以能形成酶的活性中心，可能是由于酶分子肽链卷曲盘绕成立体结构，使这些在一级结构上相距较远的氨基酸残基能够相互靠近（图 3-25）。近年来，使用高分辨率的 X 射线衍射分析已证明这 3 个氨基酸残基在三维结构中的确十分靠近。

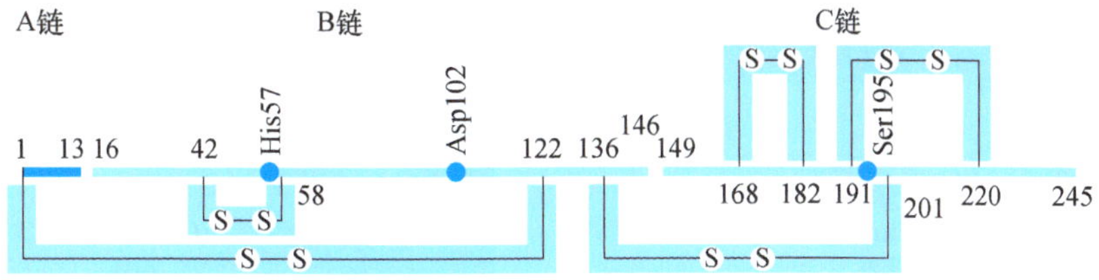

图 3-24 胰凝乳蛋白酶一级结构示意图

His57、Asp102 和 Ser195 为活性中心的氨基酸残基

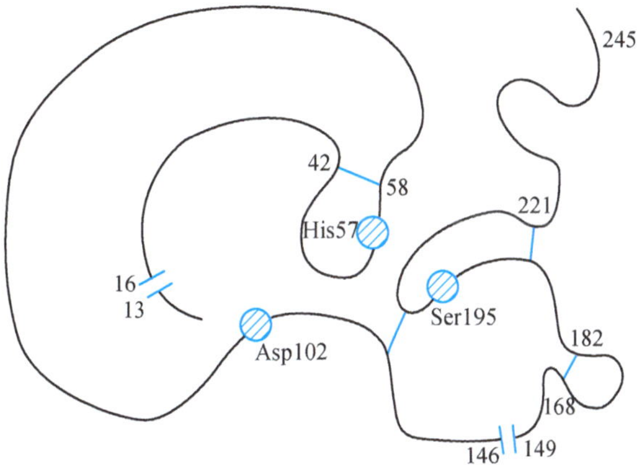

图 3-25 胰凝乳蛋白酶的肽链折叠

（二）胰凝乳蛋白酶的作用机制

1. 催化三联体 研究显示，酶分子活性中心的 His57、Asp102 和 Ser195 3 个氨基酸残基形成一个氢键体系（图 3-26），可称为催化三联体。其中 His57 的咪唑基作为桥梁连接着 Asp102 羧基及 Ser195 羟基。Asp102 与 His57 以氢键结合，使得 His57 变为一种强的广义碱，可将 Ser195 去质子化，从而使 Ser195 羟基成为很强的亲核基团，能够亲核攻击底物敏感肽键中的羰基碳原子，形成共价的酰化中间复合物。

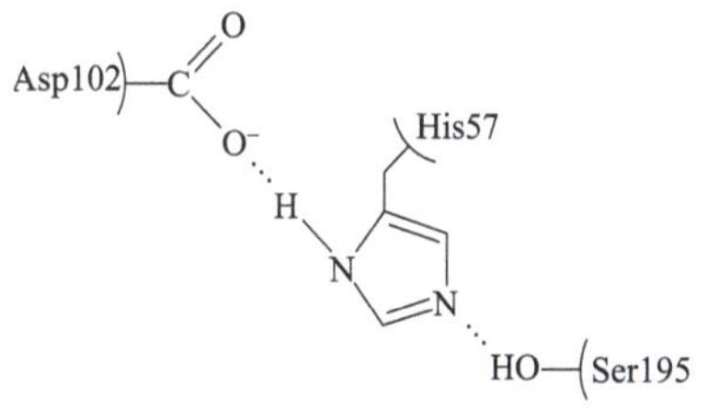

图 3-26 胰凝乳蛋白酶的催化三联体

微课视频

2. 胰凝乳蛋白酶催化肽键水解的过程 胰凝乳蛋白酶催化肽键水解的可能机制如图 3-27 所示，主要分为酰化和脱酰化两个阶段。

第一阶段：酰化反应阶段。当底物结合到酶的活性中心后，催化三联体的 Ser195 羟基亲核攻击要断裂肽键的羰基碳，与羰基碳共价连接，形成短暂的酰化中间物。下一步是 His57 作为质子供体将质子提供给肽键的酰胺氮，得到共价的质子化胺。随后促进肽键的断裂，形成酰基-酶中间体和产物 1（胺）。

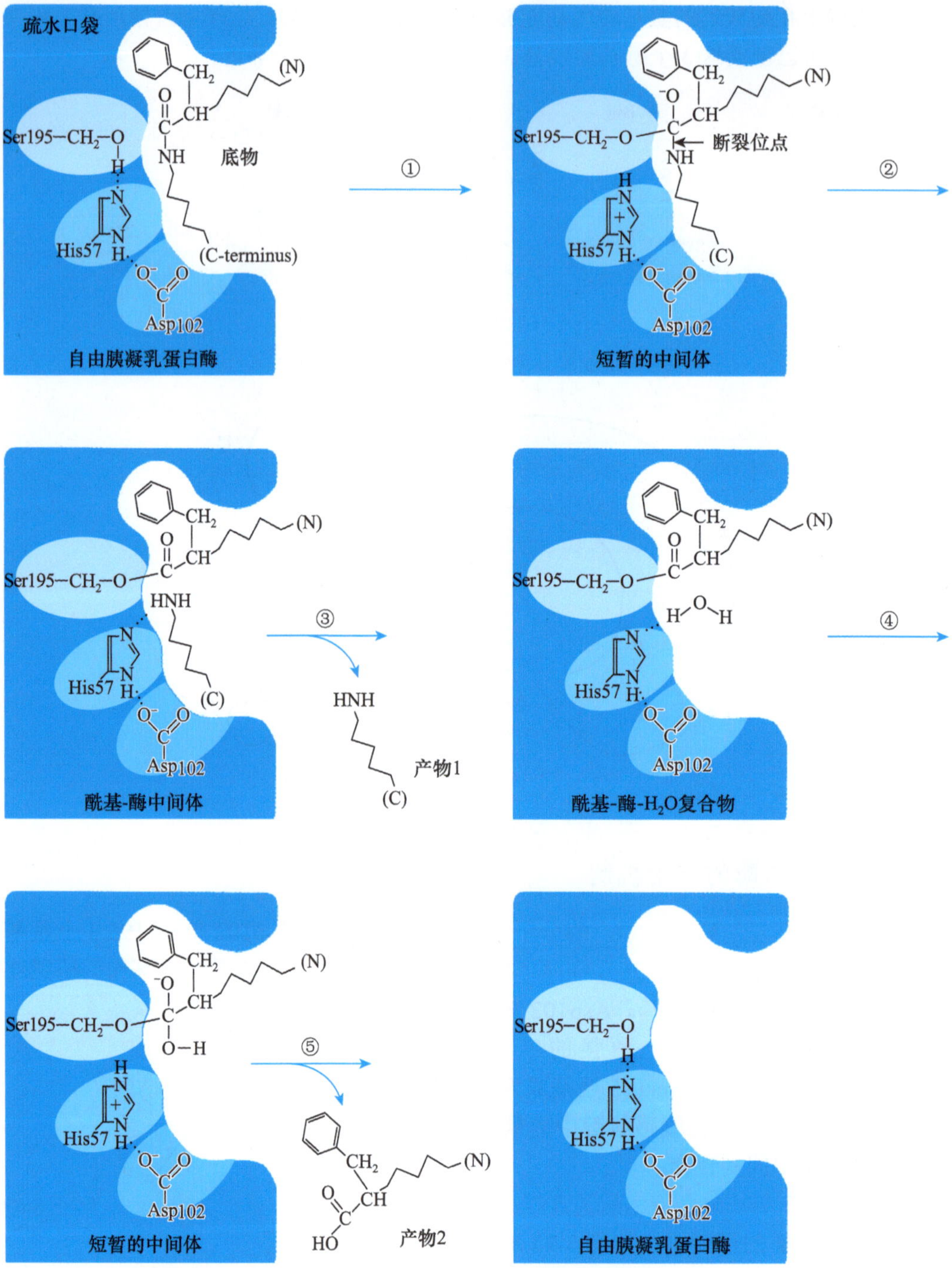

图 3-27 胰凝乳蛋白酶催化的详细机制

第二阶段：脱酰化阶段。胺从底物中释放出去以后，水进入活性中心，作为亲核试剂攻击羰基碳，产生另一个短暂的中间体。在这一步中 His57 作为广义碱从攻击的水分子接受一个质子，随后把这个质子提供给 Ser 的氧，促使 Ser 羟基氧与羰基碳之间的共价键断裂，产物 2 从活性中心脱离，这时酶又恢复自由状态，可以再去进行下一轮催化。

对胰凝乳蛋白酶的催化机制研究不仅说明了过渡态稳定性原理，同时也提供了一个阐明酸碱催化和共价催化的典型例子。

第五节 生物体内重要的调节酶

在一个代谢途径中，至少有一个酶的活性可被调节，从而控制整个代谢途径的速度。这个酶就是调节酶。别构酶、共价修饰调节酶及同工酶都是重要的调节酶。

一、别构酶

（一）别构酶的概念

在蛋白质一章已经对别构效应做过介绍。具有别构效应的酶称为别构酶（allosteric enzyme），又称为变构酶。这些酶分子除了具有活性中心外，还含有别构中心。某些小分子物质（效应物或称配体）可与别构中心结合，使酶分子构象发生改变，从而导致酶活性改变。起抑制作用的效应物为别构抑制剂（allosteric inhibitor），起激活作用的效应物为别构激活剂（allosteric activator）。一般代谢反应中催化第一步反应或交叉处反应的酶多为别构酶。

（二）别构酶的基本特征

（1）别构酶多为寡聚酶，含有两个或两个以上亚基。活性中心和别构中心可能位于不同的亚基或相同亚基的不同部位。

（2）大多数别构酶的动力学曲线是S形。酶分子构象中一般存在多个效应物结合位点，即一个别构酶分子上可以有一个以上的活性中心和别构中心，可以结合一个以上的底物分子和效应物分子，而且活性中心和别构中心之间可以通过构象的变化相互影响，产生协同效应。一个效应物分子与别构酶的别构中心结合后，影响第二个效应物分子与别构中心的结合速率，这就是协同效应。

协同效应又分为正协同效应和负协同效应。有些别构酶与效应物结合后，酶的构象发生变化，有利于后续的底物分子或效应物分子与酶结合，这种协同效应称为正协同效应（positive cooperative effect）。有些别构酶，当一分子效应物与之结合后，构象发生变化，这种新的构象不利于后续的底物分子或效应物分子继续与酶结合，则这种协同效应称为负协同效应（negative cooperative effect）。

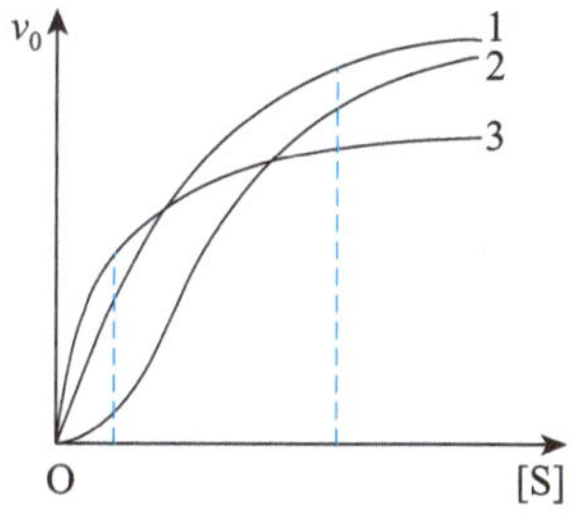

图 3-28 别构酶与米氏酶的动力学曲线比较

1. 米氏酶；2. 具正协同效应的别构酶；3. 具有负协同效应的别构酶

具有正协同效应的别构酶，其 v_0-[S] 的动力学曲线不是双曲线，而是S形曲线（图3-28）。其酶促反应速度与底物浓度之间的关系不符合米氏方程。S形曲线表明别构酶结合了底物分子（或效应物）后，构象发生了变化，新的构象大大增加了酶对后续底物或效应物分子的亲和性，促进底物或效应物与酶的结合。这意味着底物浓度有较小的变化，酶促反应速度即可做出灵敏的应答。

天冬氨酸转氨甲酰酶（aspartate transcarbamylase，ATCase）是具有正协同效应的别构酶，ATCase是大肠杆菌嘧啶核苷酸（CTP）生物合成途径中的第一个酶，催化的反应如下。

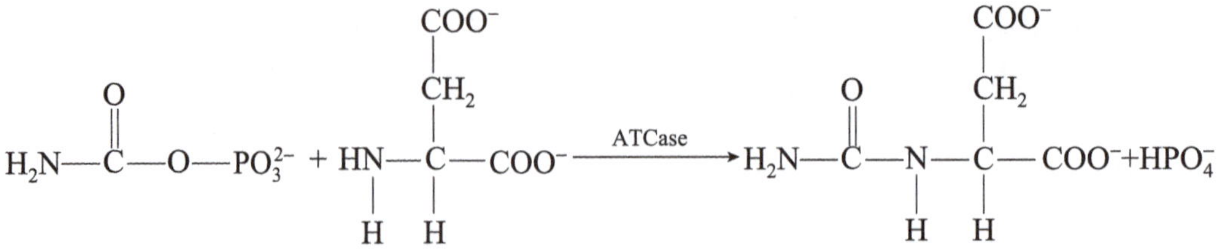

氨甲酰磷酸　　天冬氨酸　　　　氨甲酰天冬氨酸

ATCase由两个三聚体构成的催化亚基和三个二聚体构成的调节亚基组成。催化亚基有活性中心，调节亚基有别构中心（图3-29）。

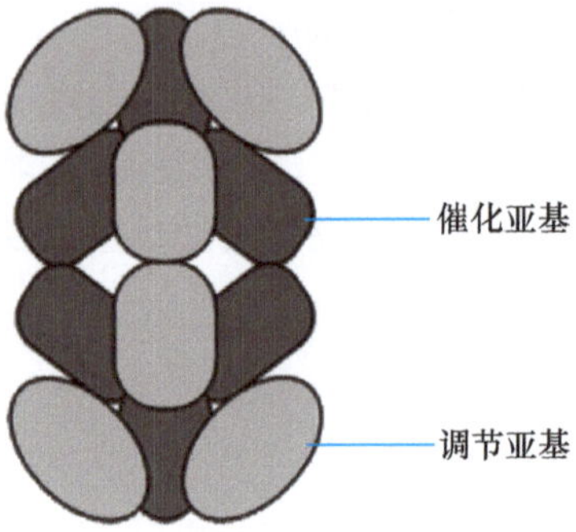

图3-29　天冬氨酸转氨甲酰酶的结构

研究表明，ATCase活性受到嘧啶核苷酸生物合成途径的终产物CTP的反馈抑制和嘌呤核苷酸ATP的激活。而且氨甲酰磷酸和天冬氨酸与酶的结合具有协同性，反应速率对底物浓度的曲线为S形。氨甲酰磷酸和天冬氨酸既是酶的底物又是酶的正效应物，二者与酶的协同结合使底物浓度在一个很窄的范围内就能启动氨甲酰天冬氨酸的合成。

具有负协同效应别构酶极少，其动力学曲线在表观上与双曲线相似，但意义不同。v_0对[S]的变化不敏感。可保证某些重要的反应受[S]波动的影响较小。

（三）别构酶的协同效应模型

为解释别构酶协同效应的机制，曾提出多种酶分子模型，其中最重要的有齐变模型和序变模型。

1. 齐变模型　齐变模型（concerted or symmetry model）是J. Monod、J. Wyman和J. P. Changeux于1965年提出的，又称MWC模型（图3-30）。该模型的要点如下。

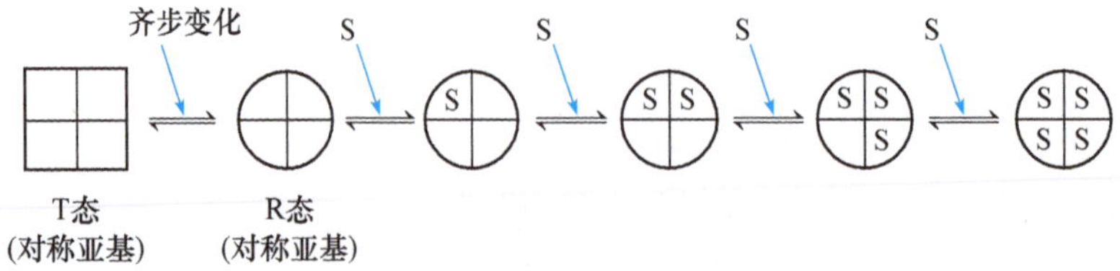

图3-30　别构酶的齐变模型

（1）别构酶是由确定数目的亚基构成的寡聚酶，各个亚基占有相等的地位，每个别构酶都有一个对称轴。

（2）每一个亚基对一种效应物只有一个结合位点。

（3）每个亚基有两种构象状态，一种是有利于结合底物或效应物的松弛构象（relaxed state，R），另一种为不利于结合底物或效应物的紧张构象（tensed state，T）。两种状态的构象可以互变，这取决于外界条件及亚基的相互作用，且构象转变的方式是齐变方式或称同步协同方式，即各亚基在同一时间内均处于相同的构象状态，如果一个亚基从 T 态转变为 R 态，则其他亚基几乎同时转变为 R 态，不存在 TR 杂合态。

别构激活剂与别构抑制剂浓度的比例决定别构酶处于哪种状态。当无效应物存在时，酶构象趋于 T 态，当有少量底物时，酶构象向 R 态转变，当构象已经转变为 R 态后，又进一步大大增强对底物的亲和力。齐变模型可以很好地解释正协同效应，但不能解释负协同效应。

2. 序变模型　序变模型（sequential model）是 D. Koshland、G. Nemethyl 和 D. Filmer 于 1966 年提出来的，又称 KNF 模型（图 3-31），要点如下。

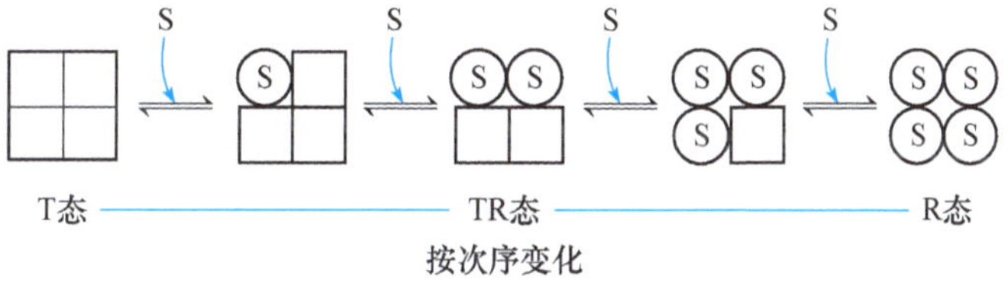

图 3-31　别构酶的序变模型

（1）当效应物不存在时，别构酶只有一种构象状态存在（T），而不是处于 T-R 的平衡状态，只有当效应物与酶结合后，才能诱导酶的构象由 T 态向 R 态转变。

（2）别构酶构象的转变是以序变方式进行的。当效应物与一个亚基结合后，可引起该亚基构象变化，并使相邻亚基易于发生同样的构象变化，增加对第二个效应物分子的亲和力，更有利于与第二个效应物分子结合。当第二个效应物结合后，又可导致第三个亚基发生类似变化。如此顺序传递，直至所有亚基最后都处于同样构象。序变机制的特点是存在各种 TR 杂合态。

序变模型既可以解释正协同效应，也可以解释负协同效应。

二、共价修饰调节酶

共价修饰调节酶（covalently modulated enzyme）是指酶活性因其分子内的某些氨基酸残基发生共价修饰而发生变化。共价修饰可以分为可逆的共价修饰和不可逆的共价修饰两种方式。

1. 可逆的共价修饰调节　可逆的共价修饰是指在其他酶的催化下，酶分子可以共价结合或脱去某些基团，引起酶分子构象的改变，使其活性得到调节。目前已发现有几百种酶被翻译后都要进行可逆的共价修饰，其中一部分处于代谢的分支途径，是对代谢流量起调节作用的关键酶。

目前已知有 6 种可逆共价修饰的类型，如磷酸化与脱磷酸化、腺苷酰化与脱腺苷酰化、尿苷酰化与脱尿苷酰化、乙酰化与脱乙酰化、甲基化与去甲基化及—SH/S—S类型。其中，最常见的是酶的磷酸化与脱磷酸化共价修饰调节类型。

在蛋白激酶催化下，将ATP或GTP分子上的γ位磷酸基团转移到底物蛋白质分子的某些特定氨基酸残基上，而蛋白磷酸酶催化的是其逆反应，将共价结合的磷酸基团水解下来。一般认为，在生理条件下，几乎所有的磷酸化反应都需要Mg^{2+}，底物蛋白质被磷酸化的氨基酸残基有两类：一类是Thr、Ser、Tyr、Asp、Glu等，以“P—O”键连接；另一类是Lys、Arg、His等，以“P—N”键连接。最常见的是蛋白质分子上的Ser、Thr被磷酸化。

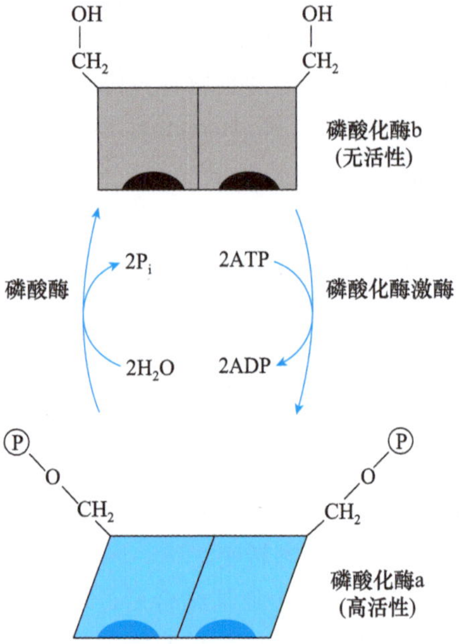

图3-32 骨骼肌中糖原磷酸化酶的共价修饰调节

如图3-32所示，骨骼肌中的糖原磷酸化酶，其活性调节依靠磷酸基团共价结合到酶分子上或从酶分子上脱下来实现。磷酸化酶激酶（phosphorylase kinase，PhK）是糖原代谢中的一个关键调节酶，它催化低活性的糖原磷酸化酶b磷酸化，转化成高活性的磷酸化酶a，从而加强了糖原的分解代谢。

2. 不可逆的共价修饰 主要是指无活性的酶原失去部分肽段从而形成或暴露活性中心、形成有活性酶分子的过程。该部分内容详见第十三章代谢调节。

三、同工酶

（一）概念

1959年，C. L. Markert首次用电泳分离了动物乳酸脱氢酶（lactate dehydrogenase，LDH）的多种分子形式，将其称为同工酶（isozyme或isoenzyme）。同工酶是指生物体内催化相同化学反应，而蛋白质分子结构、理化性质、免疫性能等方面都存在明显差异的一组酶。

同工酶不仅存在于同一个生物体的不同组织中，甚至存在于同一组织、同一细胞的不同亚细胞结构中。生物体内同工酶存在的意义主要在于适应不同组织或不同细胞器在代谢上的不同需要。研究证明，同工酶在各组织或细胞器中分布的不同及它们之间底物特异性和动力学的差别，决定同工酶在体内的功能是不同的。天冬氨酸转氨酶有两种同工酶，分别位于线粒体和细胞质中。它们在物理性质、免疫性质及动力学形态方面都显著不同。线粒体酶倾向于催化草酰乙酸转变为天冬氨酸，而细胞质酶则倾向于催化天冬氨酸转变为草酰乙酸。这样，通过这对同工酶就解决了草酰乙酸不能穿过线粒体内膜的矛盾。同工酶的另一重要生理意义是为复杂的代谢体系提供选择性调节。有些同工酶通常位于分支代谢途径的控制点，分别受到不同终产物的反馈抑制，能精确地调节各个代谢途径的反应速度。同工酶是研究代谢调节、分子遗传、生物进化、个体发育、细胞分化和癌变的有力工具，在生物学研究领域占有重要的地位。

（二）同工酶举例

在同工酶研究中，研究最多的是乳酸脱氢酶（lactate dehydrogenase，LDH），该酶催化如下反应。

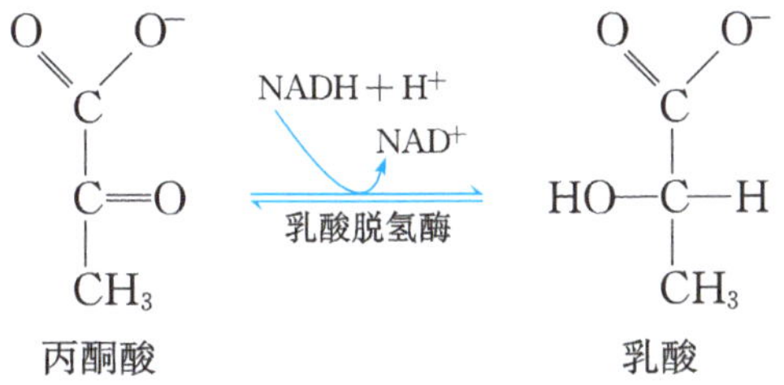

高等动物的乳酸脱氢酶（LDH）有 5 种形式：H_4、H_3M_1、H_2M_2、H_1M_3、M_4，分别称为 LDH1 ～ LDH5。它们是由 H 和 M 两种亚基组成的四聚体。M 亚基和 H 亚基在氨基酸组成上有较大差别，H 亚基富含酸性氨基酸，而 M 亚基富含碱性氨基酸。

LDH 同工酶具有组织特异性，LDH1 在心肌中相对含量高，而 LDH5 在肝脏、骨骼肌中相对含量高，这与它们的生理功能相关。LDH1 对乳酸的亲和力高，易使乳酸脱氢氧化生成丙酮酸，后者进一步氧化可释放出能量供心肌活动的需要；而 LDH5 对丙酮酸的亲和力高，易使丙酮酸被还原成乳酸，这对保证肌肉在短暂缺氧时仍可获得能量至关重要。LDH 同工酶相对含量的改变在一定程度上能反映某脏器的功能，因此，在临床医学上，常利用这些同工酶在血清中相对含量的改变作为某脏器病变鉴别诊断的依据。例如，心肌受损患者的血清 LDH1 含量上升，肝细胞受损者的血清 LDH5 含量增高。

第六节　酶的分离纯化与酶活力测定

一、酶的分离纯化

研究酶的结构、性质、动力学、结构与功能的关系，以及酶作为药物或生化试剂等实际应用均需高度纯化的酶制剂。已知的大多数酶都是蛋白质，因此适用于蛋白质分离纯化的方法原则上也适用于酶的分离纯化，具体方法请参见第一章蛋白质。在酶的分离纯化过程中，一定要注意避免变性因素导致酶活力的丧失。

二、酶活力测定

在研究酶性质、酶的分离纯化及酶的应用工作中都需要测定酶活力。

（一）酶活力的概念

酶活力（enzyme activity）也称酶活性，是指酶催化一定化学反应的能力。酶活力大小可以用酶促反应初速度表示。因为反应初速度未受各种复杂因素的影响，能真正反映酶的活力。

（二）酶活力单位

酶活力的高低一般以酶活力单位（active unit，U）表示，酶活力单位就是酶活力的度量单位，是指在一定条件下，达到某一反应速度所需的酶量。

为了使各种酶活力单位标准化，1961 年国际酶学委员会建议使用“国际单位”表示酶活力，即在最适反应条件（25℃，其他为最适条件）下，每分钟催化 1μmol 底物转化为产物所需的酶量为一个酶活力单位（IU），即 1IU=1μmol/min。

1972 年国际酶学委员会又推荐一种新的酶活力国际单位，即 Katal（简称 Kat）单位，即在最适条件下，每秒钟催化 1mol 底物转化为产物所需的酶量，定为 1Kat 单位，1Kat=1mol/s，1Kat=6×10^7IU，1IU=1/60μKat。

在实际应用中，有些情况下用国际单位不方便，人们仍然用习惯沿用的单位。例如，乳酸脱氢酶，其活力单位可以定义为：在 25℃，pH 7.5 条件下，每分钟 A_{340} 增加 0.1 个单位或 0.05 个单位为一个活力单位。也可以定义为：在最适条件下，每分钟增加 10μmol/L 或 5μmol/L 丙酮酸为一个酶活力单位。

（三）酶活力的测定方法

酶活力测定常用的方法有终点法和动力学法两种。终点法是指测定完成一定量反应所需的时间，动力学法是指测定单位时间内酶催化的化学反应量。

1. 分光光度法 分光光度法（spectrophotometry）是指利用底物和产物在紫外或可见光区的光吸收不同，选择一适当的波长，直接测定反应过程中底物的减少量或产物的增加量。该法简便、灵敏，可检测到纳摩尔水平的变化，可以连续地读出反应过程中光吸收的变化，已成为酶活力测定中最重要的方法之一。几乎所有的氧化还原酶都可用该法测定酶活力。例如，还原型 NADH 和 NADPH 在 340nm 有光吸收，而氧化型 NAD^+ 和 $NADP^+$ 在该波长下无光吸收，因此可以以 340nm 处光吸收的变化测定脱氢酶的活力。

如果酶促反应的产物可以与特定的化学试剂反应生成稳定的有色物质，该有色物质在某一可见光波长处有最大光吸收，其颜色深浅在一定范围内与酶促反应的产物浓度有线性关系，也可以用分光光度法测定酶活力。例如，蛋白酶活力测定，蛋白酶水解酪蛋白，产生的酪氨酸可与 Folin-酚试剂反应生成稳定的蓝色化合物，其最大吸收波长为 680nm，在一定范围内蓝色化合物颜色的深浅与酪氨酸的量之间有线性关系，可用于定量测定。

2. 荧光法 依据底物或产物荧光性质的差别测定酶活力的方法为荧光法（fluorometry）。该法的灵敏度比分光光度法高若干个数量级，且荧光强度与激发光的光源有关，因此在酶学研究中荧光法越来越多地被采用，特别是对一些快速反应的测定。其缺点是易受其他物质干扰，如蛋白质能吸收和发射荧光，这种干扰在紫外区尤为显著，故用荧光法测定酶活力时，尽可能选择可见光范围的荧光进行测定。

3. 同位素测定法 同位素测定法（isotope test）以放射性同位素标记底物，经酶催化，分离带放射性同位素标记的产物，测定产物的脉冲数即可换算出酶的活力单位数。该法的优点是灵敏度极高，可达 fmol 或更高水平。已知六大类酶几乎都可以用此方法测定酶活力。常用于底物标记的同位素有 ^{3}H、^{14}C、^{32}P、^{35}S 和 ^{131}I 等。例如，蛋白激酶的活力测定，可以用 [γ-^{32}P]-ATP 作为底物，通过蛋白激酶催化组蛋白的磷酰化反应，以三氯乙酸把磷酰化的组蛋白与未反应的 [γ-^{32}P]-ATP 分离开，经洗涤、烘干、计数，通过放射性同位素计数的改变计算出蛋白激酶的活力单位数。

4. 电化学法　电化学法（electrochemical method），即 pH 测定法，用高灵敏度的 pH 计跟踪反应过程中 H^+ 的变化，用 pH 的变化表示酶促反应速率。也可以用恒定 pH 法，酶促反应过程中引起的 H^+ 的变化，用不断滴入碱或酸来保持其 pH 恒定，以加入的碱或酸的量来表示酶促反应速率。如果酶促反应过程中有氧的变化，可以用氧电极测定酶活力。

（四）比活力

酶的比活力（specific activity）是指每毫克酶蛋白质所具有的酶活力单位数，酶的比活力单位为 U/mg。比活力是表示酶制剂纯度的一个重要指标。对同一种酶来说，酶的比活力越高，纯度越高。为方便实际使用，有时也可以用每克酶制剂或每毫升酶制剂含有多少活力单位数来表示酶的比活力（U/g，U/mL），酶的比活力是酶学研究和生产中经常使用的数据，用以比较每单位质量蛋白质的催化能力。例如，某两个酶制剂生产厂都生产 α-淀粉酶，其中甲厂的指标为 3000U/g，乙厂的指标为 4000U/g，由此可知乙厂酶制剂的纯度较高。

三、得率和纯化倍数

在酶的分离纯化工作中，必须测定每一分离步骤后所得酶液的总活力和比活力，由此计算得率和纯化倍数，以考察所采取的分离纯化程序是否合理。

总活力（U）= 活力单位数 / 酶液体积（mL）× 总体积（mL）

比活力 = 总活力（U）/ 总蛋白（mg）

得率 = 每步骤的总活力 / 第一步骤的总活力，以百分比表示，第一步骤的得率定为 100%。

纯化倍数 = 每步骤的比活力 / 第一步骤的比活力，起始时的纯化倍数定为 1。

一个正常、较合理的纯化程序，随着纯化的进行，由于杂蛋白的不断去除，总蛋白质量会逐渐减少。在纯化操作过程中，酶分子不可避免地受到各种变性因素的影响而部分失活，如搅拌、有机溶剂、温度等的影响，另外，去除杂蛋白过程中不可避免地将部分酶分子与杂蛋白一起弃去，使总活力逐渐降低，回收率也逐渐降低，但比活力不断增加，纯化倍数会越来越高。

以从某细菌分泌的某种胞外酶的分离纯化为例，说明各分离步骤指标的计算。将细菌发酵液离心，弃去菌体沉淀（胞外酶在上清液中），得上清液 1000mL，测定总蛋白为 100mg，总活力为 200U。经过硫酸铵盐析，重新将沉淀溶解于去离子水中，透析完全后得 100mL 酶液，测定总蛋白为 80mg，总活力为 180U。经过 DEAE-Cellulose-32 离子交换柱层析纯化，收集得到300mL酶液，测定总蛋白为30mg，总活力为150U。最后经过Sephadex G-100分子筛层析纯化，得到50mL酶液，测定总蛋白为15mg，总活力为120U，经聚丙烯酰胺凝胶电泳检测，显示单条酶带。整个纯化流程总结于表3-7。

表3-7 某种酶纯化总表

步骤	总体积/mL	总蛋白/mg	总活力/U	比活力/(U/mg)	得率/%	纯化倍数
离心	1000	100	200	2.00	100	1.00
盐析	100	80	180	2.25	90	1.13
离子交换	300	30	150	5.00	75	2.50
分子筛	50	10	100	10.0	50	5.00

第七节　维生素与辅因子

人类对维生素的认识可以追溯到公元前3500年，当时古埃及人发现夜盲症可以被一些食物治愈，中国唐代医学家孙思邈也曾用动物肝脏防治夜盲症，用谷皮汤熬粥防治脚气病。1886年，荷兰医生C. Eijkman在印度尼西亚开始研究当时亚洲流行的脚气病的病因，但未成功。1911年，波兰化学家L. Funk发现糙米中存在能够防治脚气病的物质（维生素B_1）是一种胺（一类含氮化合物）。因此L. Funk提议将这种化合物称为vitamine，意为“vital amine”，中文意思就是“生命的胺”，说明它的重要性。然而随后发现，许多其他的维生素并不含有“胺”结构，但是由于Funk的叫法已经广泛采用，所以这种叫法一直沿用，而仅将amine的最后一个“e”去掉，成为了“vitamin”(维生素，音译为“维他命”)。1912年，F. G. Hopkins和L. Funk推出维生素缺乏假说，推测人体系统中如果缺乏特定的足够量的维生素，将会引起特定的疾病。在20世纪初，通过提供缺乏特定成分的食物给实验动物食用的方法，科学家成功地将如今大家熟知的维生素分离并且鉴别了出来。

一、维生素的概念

维生素是维持生物体正常生命活动所必需的一类小分子有机化合物。虽然机体对它的需要量很小（一个人每日需要量在微克或毫克级），但由于它们在体内不能合成或合成量难以满足机体的需要，必须从食物中获取。当机体长期缺乏某种维生素时，就会出现相应的维生素缺乏症。

二、维生素的分类

维生素都是小分子有机化合物，其化学结构各异，有脂肪族、芳香族、脂环族、杂环和甾类化合物等。由于维生素之间在化学性质上没有相互关联，各种维生素化学结构及性质相差甚远，在功能方面也各有不同，不便于进行分类。通常根据溶解度将维生素分为脂溶性和水溶性两大类。

水溶性维生素包括B族维生素、维生素C，在生物体内多以辅酶或辅基的形式参与物质代谢和能量代谢。

脂溶性维生素包括维生素A、维生素D、维生素E、维生素K等，它们不溶于水，而溶于脂肪及脂溶剂（如苯、乙醚及氯仿等）。在食物中，这类维生素通常和脂质共存，其在肠道中的吸收也与脂质密切相关。当脂质吸收不良时，脂溶性维生素的吸收也会大大减少，甚至会引起缺乏症。

维生素A（维生素A_1、维生素A_2）是由β-胡萝卜素转化的不饱和一元醇，主要存在于哺乳动物及鱼的肝脏中，绿色植物中存在维生素A原（provitamine A），即胡萝卜素（carotene），包括α-胡萝卜素、β-胡萝卜素、γ-胡萝卜素和玉米黄素（zeaxanthin）。维生素A的首要作用是构成视觉细胞内的感光物质，缺乏时易造成眼干燥症。

维生素D（维生素D_2、维生素D_3、维生素D_4、维生素D_5）是固醇类化合物，在动植物中均存在，动物的肝脏、肾脏、脑、皮肤及蛋黄、牛奶中含量较高。其主要功能是促进肠壁对钙和磷的吸收，调节钙磷代谢，有助于骨骼钙化和牙齿形成，缺乏维生素D时易产生佝偻病。

维生素E（α-生育酚、β-生育酚、γ-生育酚、δ-生育酚）又称生育酚（tocopherol），是苯并二氢吡喃的衍生物，在各种植物油，如麦胚油、棉籽油、玉米油、大豆油中含量丰富。维生素E具有抗氧化作用，在某些动物实验中具有促进生殖发育的作用。

维生素K（维生素K_1、维生素K_2）是2-甲基萘醌的衍生物，广泛分布于绿色植物（如苜蓿、菠菜等）及动物肝脏中，有促进血液凝固的作用，故维生素K又称为凝血维生素。

三、水溶性维生素与辅因子

（一）维生素B_1与TPP

维生素B_1又称抗神经炎维生素，是最早被发现的维生素。它的化学结构是由含硫的噻唑环和含氨基的嘧啶环组成，故称硫胺素。硫胺素在生物体内由硫胺素激酶催化与ATP作用转化成焦磷酸硫胺素（thiamine pyrophosphate，TPP）（图3-33）。

TPP是体内糖代谢过程中催化α-酮酸氧化脱羧酶的辅酶（参与脱羧），也是磷酸戊糖途径中转酮酶的辅酶（参与转移糖醛基）。例如，在糖分解代谢过程中，TPP作为丙酮酸脱氢酶复合体和α-酮戊二酸脱氢酶复合体中脱氢酶的辅酶分别参加丙酮酸及α-酮戊二酸的氧化脱羧作用（详见第六章糖类代谢）。在丙酮酸脱羧过程中，TPP噻唑环C_2上的氢可以解离出H^+而形成负碳离子，亲核进攻丙酮酸羰基碳，诱发脱羧基，形成羟乙基TPP（图3-34）。

微课视频

由于维生素B_1和糖代谢关系密切，当维生素B_1缺乏时，糖的氧化受阻，使以葡萄糖为唯一能源来源的神经系统供能出现障碍，导致多发性周围神经炎，即脚气病，大量的丙酮酸滞留在血液中，还加重心脏负担，重者出现心力衰竭等症状。

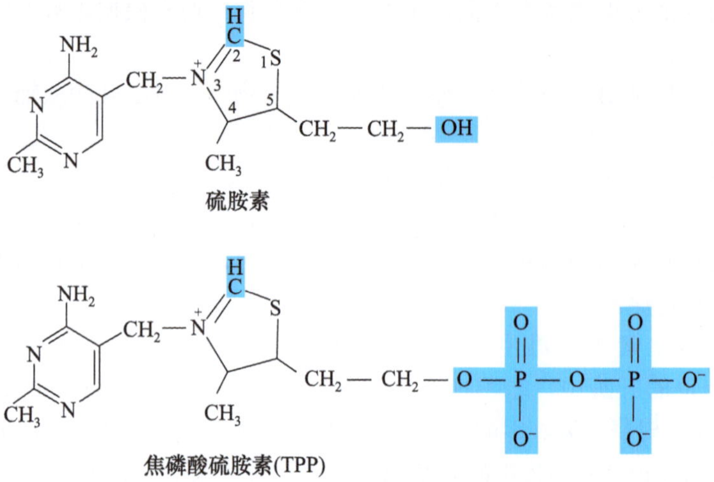

图 3-33　维生素 B_1 及辅酶 TPP 的结构

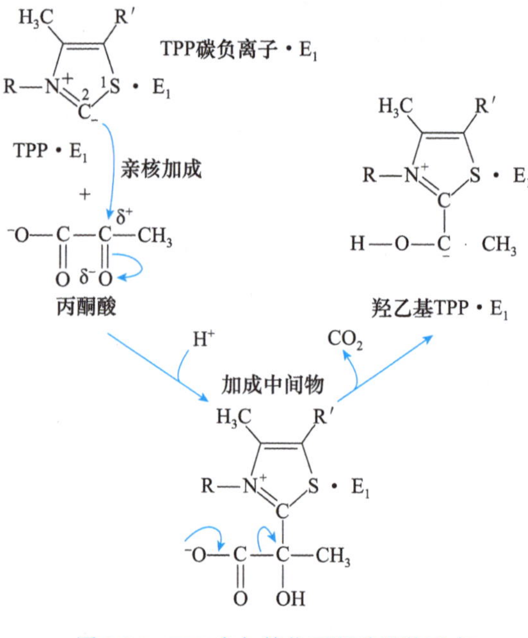

图 3-34　TPP 参与催化丙酮酸脱羧反应

维生素 B_1 主要存在于种子外皮及胚芽中，米糠、麦麸、酵母、瘦肉中含量丰富，蔬菜中白菜和芹菜维生素 B_1 含量较多。维生素 B_1 极易溶于水，因此米类谷物不宜多次淘洗以免造成营养损失。

（二）维生素 B_2 与 FMN 和 FAD

维生素 B_2 又称核黄素（riboflavin），是核糖醇与 7,8-二甲基异咯嗪的缩合物（图 3-35）。在生物体内维生素 B_2 以黄素单核苷酸（flavin mononucleotide，FMN）和黄素腺嘌呤二核苷酸（flavin adenine dinucleotide，FAD）的形式存在（图 3-36）。二者是一些氧化还原酶的辅基，与蛋白质部分结合牢固，这种结合体称为黄素蛋白。

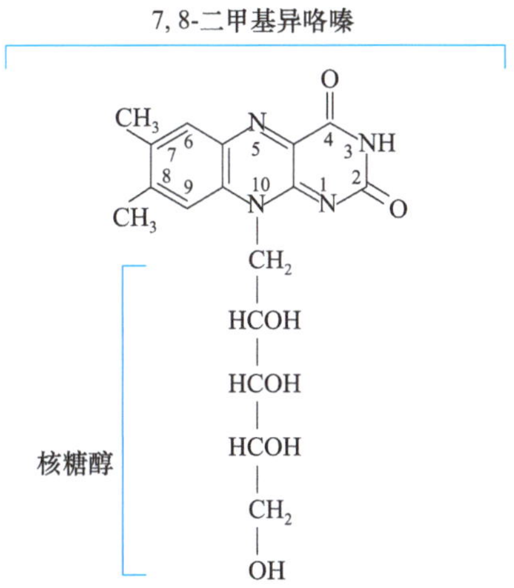

图 3-35　维生素 B_2（核黄素）的结构

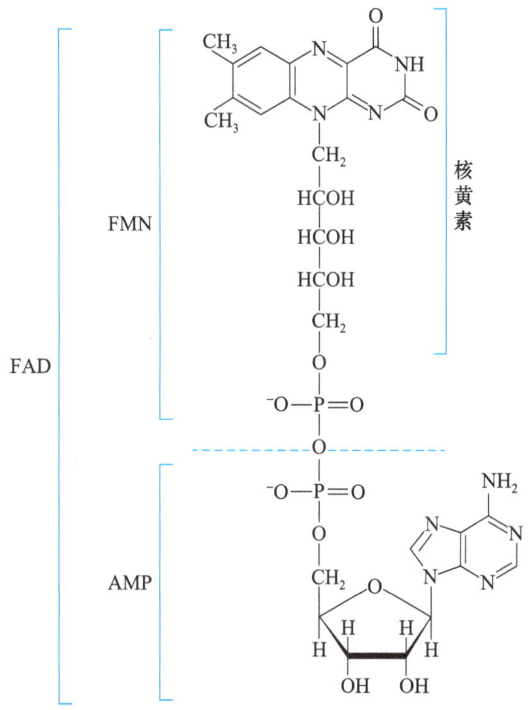

图 3-36　FMN 和 FAD 的结构

FMN 和 FAD 分子中异咯嗪环的第 1 和第 5 位氮原子上各有一个活泼的双键，可被加氢分别还原为 $FMNH_2$ 和 $FADH_2$，此过程是可逆的。因此 FMN 和 FAD 通过参与体内各种氧化还原反应（图 3-37），而促进糖、脂肪和蛋白质的氧化。膳食中长期缺乏维生素 B_2 时，物质和能量代谢发生紊乱，主要症状为口角炎、舌炎、阴囊炎和巩膜充血等。

维生素 B_2 在动植物中广泛存在，酵母、肝脏、蛋黄、奶、大豆、小麦、青菜中含量丰富。绿色植物和很多微生物都能合成核黄素，但人体内不能合成，必须由食物供给。

（三）维生素 PP 与 NAD^+ 和 $NADP^+$

维生素 PP 即维生素 B_3，包括烟酸（nicotinic acid）和烟酰胺（nicotinamide）两类化合物，均属吡啶衍生物。烟酸为吡啶-3-羧酸，烟酰胺为烟酸的酰胺，在生物体内主要以烟酰胺形式存在（图 3-38）。

烟酰胺在生物体内可以转化成烟酰胺腺嘌呤二核苷酸（NAD^+，又称辅酶Ⅰ）和烟酰胺腺嘌呤二核苷酸磷酸（$NADP^+$，又称辅酶Ⅱ），结构如图 3-39 所示。NAD^+ 和 $NADP^+$ 均为脱氢酶的辅酶，参与氧化还原反应。NAD^+ 和 $NADP^+$ 的分子中烟酰胺吡啶环的第 4 位

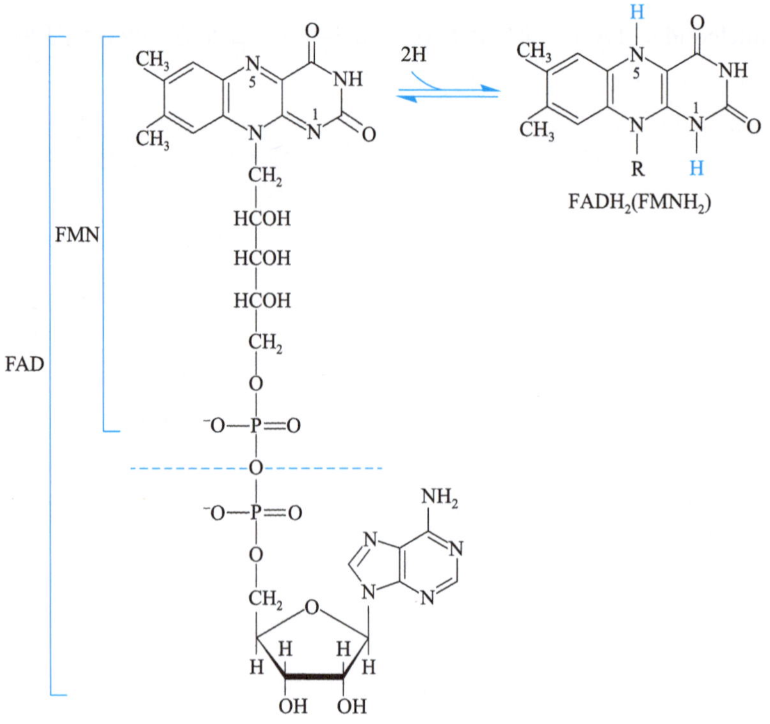

图 3-37 FMN 和 FAD 的氧化还原变化

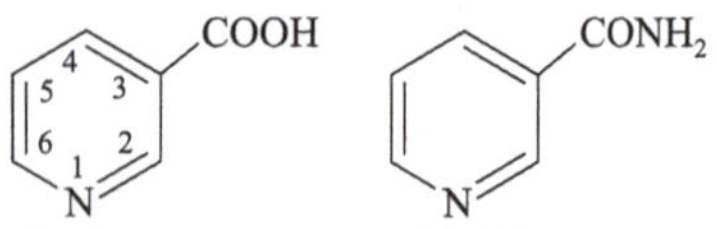

烟酸　　烟酰胺

图 3-38 烟酸和烟酰胺的结构

碳原子能接受底物脱下的一个氢负离子，变为还原型的 NADH 和 NADPH，底物的另一个 H^+ 则释放到溶液中，其反应式如图 3-40 所示。依赖于 NAD^+ 和 $NADP^+$ 的脱氢酶，可以催化多种不同类型的反应，如简单的脱氢、氨基酸脱氨生成 α-酮酸、醛的氧化、双键的还原、碳氮键的氧化等。

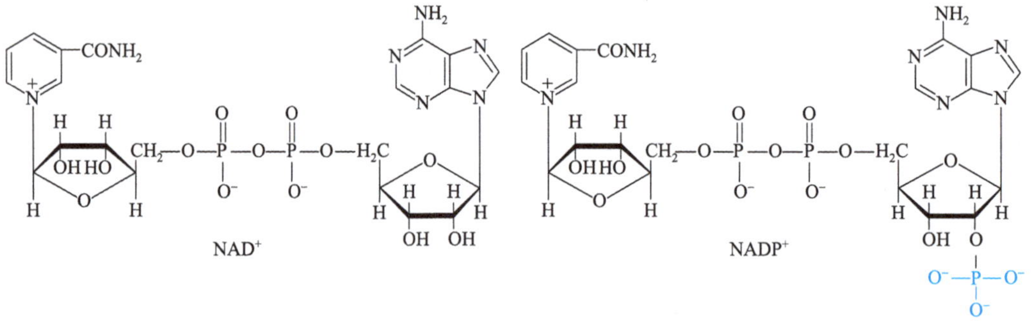

图 3-39 NAD^+ 和 $NADP^+$ 的结构

人类缺乏维生素 PP 主要表现为癞皮病。维生素 PP 在酵母、肉类、谷物和花生等食品中含量丰富。补充维生素 PP 可预防和治愈癞皮病，故维生素 PP 又称为抗癞皮病因子或抗癞皮病维生素。

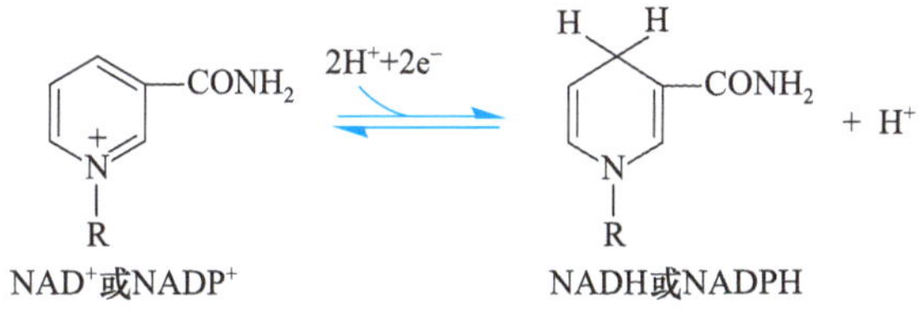

图 3-40 NAD⁺ 和 NADP⁺ 的氧化还原

（四）泛酸与 CoA 和 ACP

泛酸（pantothenic acid）因在生物界广泛存在，因此又称为遍多酸。泛酸是由 α,γ-二羟基-β,β-二甲基丁酸与 β-丙氨酸以肽键缩合而成的酸性物质（图 3-41）。

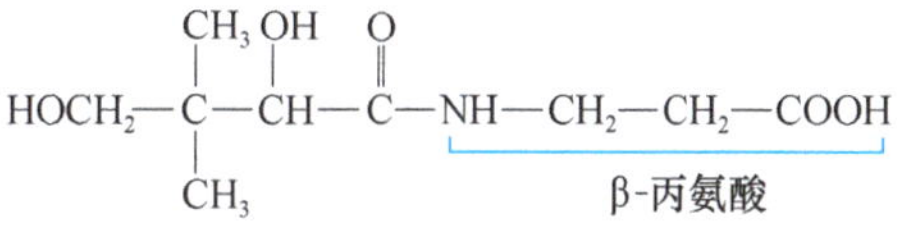

图 3-41 泛酸的结构

在机体内，泛酸与 ATP 和巯基乙胺经一系列反应合成辅酶 A（coenzyme A，CoA），其结构式如图 3-42 所示。CoA 是酰化酶的辅酶，它的—SH 可与酰基形成硫酯，在酰化反应中充当酰基的载体。例如，当携带乙酰基时形成 CH_3CO—SCoA，称为乙酰辅酶 A。辅酶 A 对糖、脂和蛋白质分解代谢中的乙酰基转移起着重要作用。泛酸也是脂酰载体蛋白（acyl carrier protein，ACP）的组成成分（图 3-43），与脂肪酸合成密切相关。

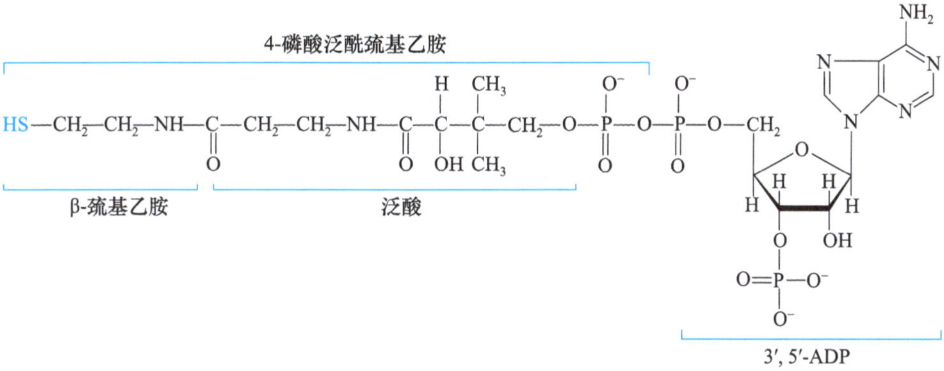

图 3-42 辅酶 A 的结构

图 3-43 ACP 的结构

泛酸在食物中含量丰富，同时肠道中细菌也能合成，可间接被人体利用，因此人类很少发生泛酸缺乏症。

（五）维生素 B_6 和磷酸吡哆醛及磷酸吡哆胺

维生素 B_6 又称吡哆素，包括吡哆醇（pyridoxine）、吡哆醛（pyridoxal）、吡哆胺（pyridoxamine）三种物质，它们在生物体内可相互转化。维生素 B_6 在体内经磷酸化作用转变为相应的磷酸酯（图 3-44），磷酸吡哆醛（pyridoxal-5-phosphate，PLP）和磷酸吡哆胺（pyridoxamine-5-phosphate）是氨基酸代谢中多种酶的辅酶。

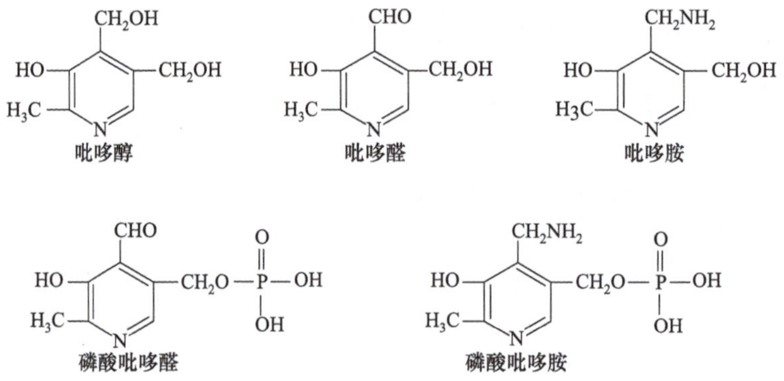

图 3-44 维生素 B_6 及其辅酶的结构

磷酸吡哆醛和磷酸吡哆胺作为辅酶广泛参与涉及氨基酸的各种反应：转氨基作用、脱羧作用、脱氨基作用、消旋作用等。例如，在转氨基反应中，磷酸吡哆醛作为转氨酶的辅酶。无底物时，磷酸吡哆醛的醛基碳与酶活性中心的赖氨酸 ε-氨基以醛亚胺即 Schiff 碱结合，底物氨基酸到达活性中心后，磷酸吡哆醛即接受氨基酸的氨基生成醛亚胺中间产物，再转变为酮亚胺，最后酮亚胺水解生成磷酸吡哆胺和 α-酮酸，此过程可逆，所以磷酸吡哆胺又可以将氨基交给另一 α-酮酸，使之变为相应的氨基酸，而磷酸吡哆胺给出氨基后又变为磷酸吡哆醛（图 3-45）。

维生素 B_6 在食物中分布很广，尤其是酵母、蛋黄、肝、谷物中含量丰富，肠道细菌也可以合成维生素 B_6，一般人在正常情况下很少发生维生素 B_6 缺乏症。

（六）生物素

生物素（biotin），又称为维生素 H（图 3-46），是由带有戊酸的噻吩和尿素结合而成的一个双环化合物。

在生物体内，生物素作为多种羧化酶的辅基，参与 CO_2 的固定。生物素的羧基与羧化酶的赖氨酸 ε-氨基以酰胺键连接，于是生物素通过细长的碳氢链系在酶分子上，这种结构对于羧化反应十分重要。在羧化过程中，CO_2 先与生物素尿素环上的 N_1' 结合，然后生物素再将所结合的 CO_2 转移给适当的受体（图 3-47）。

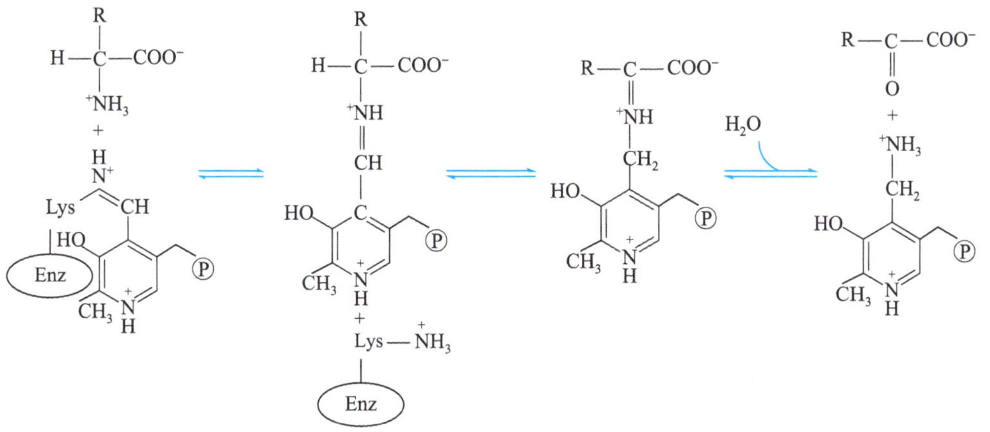

图 3-45 磷酸吡哆醛参与的转氨基作用

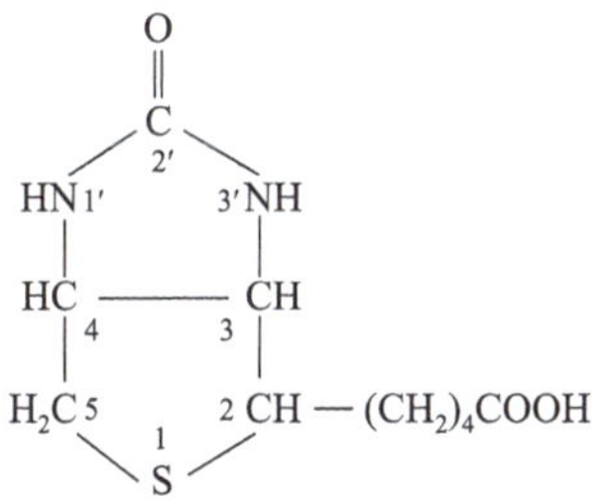

图 3-46 生物素的结构

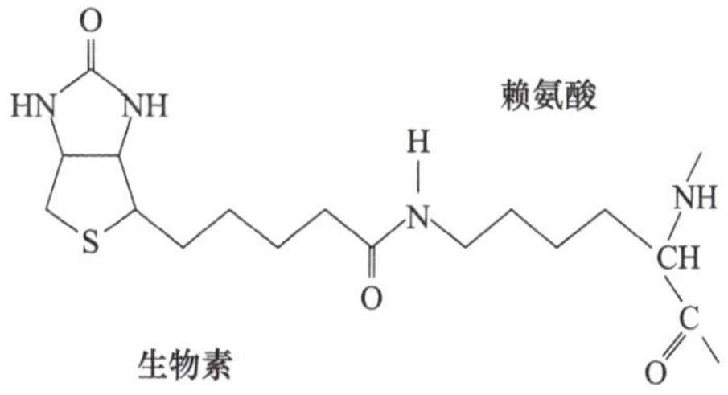

图 3-47 生物素与酶分子赖氨酸残基 ε-氨基共价连接

生物素来源广泛，在酵母、肝、蛋黄、谷物和蔬菜中存在，肠道细菌也可以合成供人体需要，故一般很少出现生物素缺乏症。但是如果大量食用生鸡蛋清，因其含有抗生物素蛋白即亲和素（avidin），能与生物素结合使生物素活性丧失，就会造成生物素缺乏。

（七）叶酸与四氢叶酸

叶酸（folic acid）最初是从动物肝脏中分离出来的，后来发现叶酸是由植物合成的，在绿叶中含量十分丰富，因此命名为叶酸。植物体中的叶酸是由蝶啶、对氨基苯甲酸与寡聚谷氨酸连接而成，即寡聚谷氨酸叶酸。在消化道内这种形式的叶酸经结合酶作用，转变为单谷氨酸叶酸后，才能被吸收。其结构如图 3-48 所示。

叶酸的 5、6、7、8 位置，在 $NADPH+H^+$ 存在下，可被还原为四氢叶酸（tetrahydrofolate，THF）（图 3-49）。四氢叶酸是一碳基团转移酶的辅酶，一碳单位如甲基、亚甲基、甲酰基、甲川基及亚胺甲基等可结合在它的 N_5 或 N_{10} 位（图 3-50），继而参与体内多种物质如嘌呤、嘧啶、丝氨酸、甲硫氨酸、胆碱等的合成，同时也可影响核酸和蛋白质的合成。

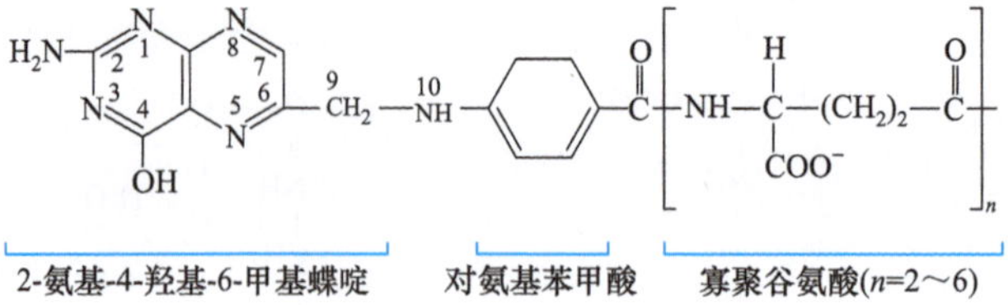

图 3-48　叶酸的结构

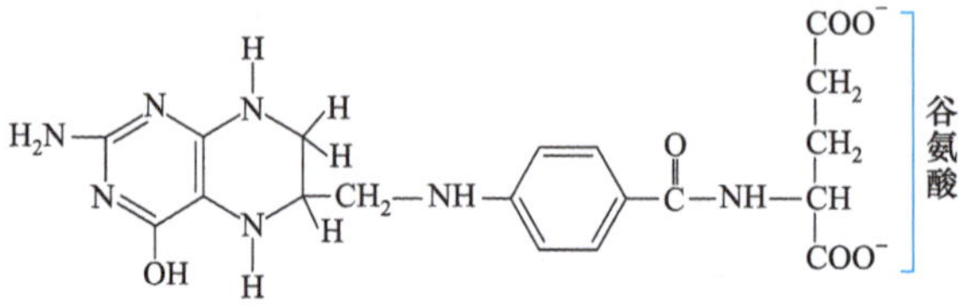

图 3-49　四氢叶酸的结构

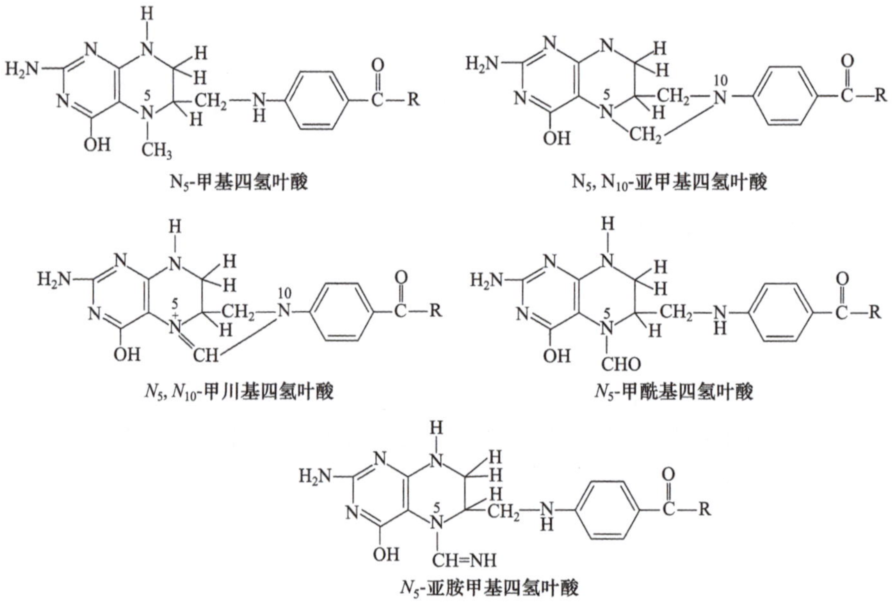

图 3-50　能被四氢叶酸转移的一碳单位

由于叶酸间接与核酸和蛋白质的生物合成有关，缺乏时 DNA 合成受到抑制，使骨髓幼红细胞中 DNA 合成减少，细胞分裂速度降低，细胞体积变大，细胞核内染色质疏松，形成巨幼红细胞，最终导致巨红细胞性贫血。因此叶酸在临床上可用于治疗巨红细胞性贫血病。

叶酸广泛存在于肝、肉、鱼、蛋、酵母及蔬菜中，人类肠道细菌也能合成，所以一般情况下不易发生缺乏症。

（八）维生素 B_{12} 及其辅酶

维生素 B_{12} 是体内唯一含有金属元素的维生素，因分子中含钴和多个酰胺基，故又称钴胺素。

维生素 B_{12} 的结构比较复杂，分子中除含有钴原子外，还有 5,6-二甲基苯并咪唑、3-磷酸核糖、氨基异丙醇和类似卟啉环的咕啉环成分。5,6-二甲基苯并咪唑的一个氮原子与 3-磷酸核糖形成糖苷键，3-磷酸核糖与氨基-异丙醇通过磷酯键相连，氨基异丙醇的氨基再与咕啉环的丙酸支链连接。钴原子位于咕啉环的中央，并与环上氮原子和 5,6-二甲基苯并咪唑的另一个氮原子以配位键结合。在钴原子上结合不同的基团，如—CN、—OH、CH_3 或 5′-脱氧腺苷，就分别得到氰钴胺素、羟钴胺素、甲钴胺素和 5′-脱氧腺苷钴胺素（图 3-51）。其中，甲钴胺素和 5′-脱氧腺苷钴胺素是维生素 B_{12} 主要的辅酶形式，二者在代谢中的作用不同。

甲钴胺素是 N_5-甲基四氢叶酸甲基转移酶的辅酶，此酶催化 N_5-甲基四氢叶酸和高半胱氨酸之间发生不可逆的甲基转移，产生四氢叶酸和甲硫氨酸，甲硫氨酸活化为 *S*-腺苷甲硫氨酸即可提供甲基。生物体内合成胆碱、肌酸、肾上腺素等所需的甲基均由 *S*-腺苷甲硫氨酸提供。5′-脱氧腺苷钴胺素在体内作为几种变位酶的辅酶，参与分子内重排。

缺乏维生素 B_{12} 时，易导致神经系统受损。另外，因为维生素 B_{12} 与叶酸的作用相关，缺乏时还易导致巨红细胞性贫血。

维生素 B_{12} 广泛存在于动物食品中，在肝、心、肉、蛋、奶和鱼类中含量丰富，植物中不含维生素 B_{12}。

（九）维生素 C

维生素 C 又称抗坏血酸（ascorbic acid）。维生素 C 是一种含有 6 个碳原子的多羟基内酯化合物，其分子中 C_2 和 C_3 位上两个相邻的烯醇式羟基易解离释放出 H^+，而被氧化成脱氢抗坏血酸，氧化型抗坏血酸和还原型抗坏血酸可以相互转变，是生物体内的氧化还原体系之一（图 3-52）。

由于维生素 C 的 C_4 及 C_5 是两个不对称碳原子，因此有光学异构体，包括 D 型和 L 型。D 型维生素 C 一般不具有抗坏血酸的生理功能，自然界存在的具有生理活性的是 L 型抗坏血酸。

维生素 C 的生理功能主要有以下两个方面。

一是参与体内的氧化还原反应。作为还原剂保持许多巯基酶的—SH 处于还原状态，保持酶的活性；维生素 C 还可使谷胱甘肽还原，谷胱甘肽通过与重金属结合而使之排出体外，起解毒作用；保护不饱和脂肪酸使之不被氧化为过氧化物，防止自由基的产生，起到保护细胞、抗衰老的作用；使难以吸收的 Fe^{3+} 还原为 Fe^{2+}，促进血红素的合成；促使叶酸还原为四氢叶酸，用于辅助治疗贫血；使维生素 A、维生素 E 等处于还原状态保持其活性。

二是作为羟化酶的辅酶，参与体内多种羟化反应。羟基化反应是体内多种重要化合物合成的必经步骤。例如，胶原蛋白合成时，多肽链中的脯氨酸和赖氨酸等残基分别在胶原脯氨酸羟化酶和胶原赖氨酸羟化酶催化下羟化为羟脯氨酸和羟赖氨酸残基。当维生素 C 缺乏时，胶原蛋白的合成受阻，导致毛细血管壁通透性和脆性增加，易破裂出血，称为坏血

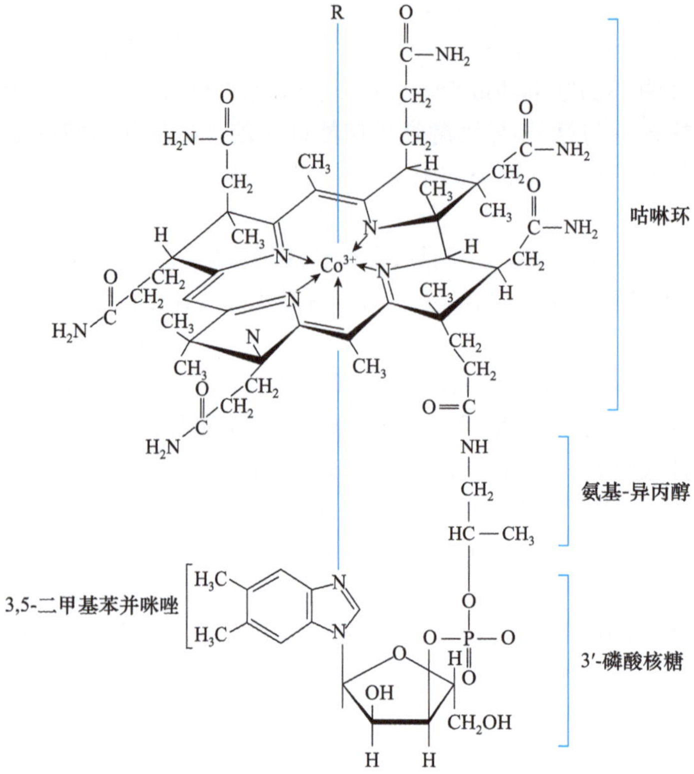

R	名称
—CN	氰钴胺素
—OH	羟钴胺素
$—CH_3$	甲钴胺素
5′-脱氧腺苷	5′-脱氧腺苷钴胺素

图 3-51 维生素 B_{12} 的结构

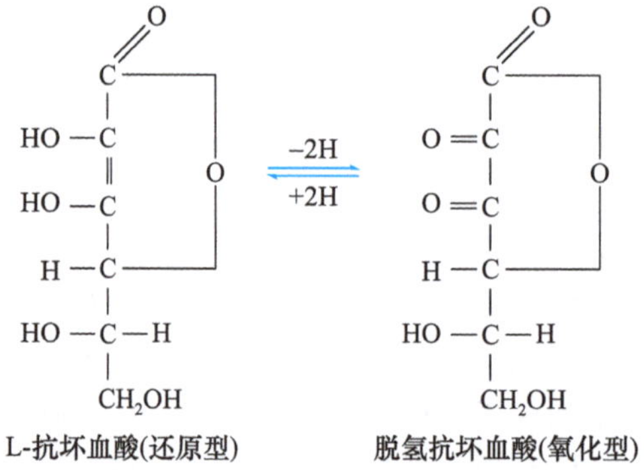

图 3-52 抗坏血酸的氧化型和还原型的互变

病，所以维生素C能防治坏血病，故得名抗坏血酸；另外，维生素C还促进类固醇的羟化，使胆固醇转变为胆酸排出体外。

维生素 C 广泛存在于新鲜水果和蔬菜中，人体不能合成，必须由食物供给。

（十）硫辛酸

硫辛酸（lipoic acid）不是维生素，人体可以合成。但硫辛酸是生物代谢中重要的辅因子。硫辛酸是一种含硫的脂肪酸，在6、8位上有二硫键相连，又称6,8-二硫辛酸，以闭环的氧化型和开环的还原型两种状态存在，二者可以相互转化（图3-53）。

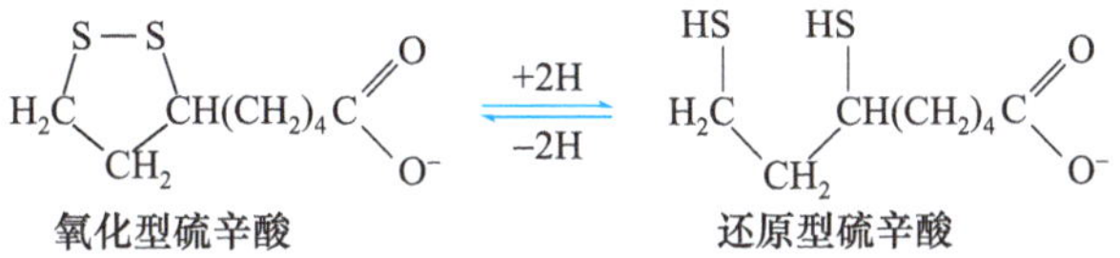

图3-53　硫辛酸的氧化型和还原型的互变

硫辛酸是一种酰基载体。在糖代谢中，硫辛酸作为丙酮酸脱氢酶复合体和α-酮戊二酸脱氢酶复合体中的辅助因子，同酶分子中赖氨酸残基的ε-NH_2以酰胺键共价结合，起着转移酰基的作用（图3-54）。

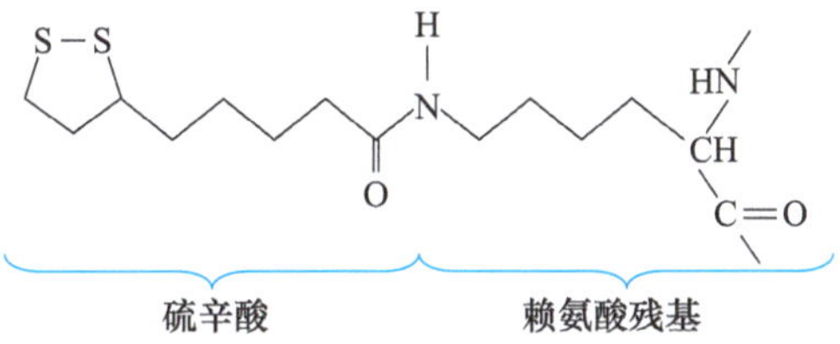

图3-54　硫辛酰胺复合物

还原型硫辛酸是一种超强的抗氧化剂，可帮助机体清除自由基，还可保护和再生其他抗氧化剂，如维生素C和维生素E。

硫辛酸在自然界分布广泛，动物肝脏和酵母中含量尤为丰富，人类还没有发现与硫辛酸相关的缺乏病。

思考题

1. 辅酶和辅基有什么不同？在酶促反应中起什么作用？
2. 什么是酶的专一性？酶的专一性分为哪几类？请解释酶专一性的假说。
3. 试解释酶催化高效性的机制。
4. 简述温度对酶促反应速度的影响。
5. 什么是别构酶和别构效应？
6. 1g淀粉酶制剂溶于1000mL无离子水中，取1mL上述酶液，加入一定淀粉溶液中，在最适条件下作用，测得每5min分解0.25g淀粉，计算每克酶制剂所含的淀粉酶活力单位数（淀粉酶活力单位的定义：在最适条件下，每小时分解1g淀粉所需的酶量）。
7. 下列数据是一个酶促反应S → P的记录：

[S]/(mol/L)	6.25×10^{-6}	7.5×10^{-5}	1.0×10^{-4}	1.0×10^{-3}	1.0×10^{-2}
v_0/[nmol/(L · min)]	15	56.25	60	74.9	75

（1）求 K_m 和 V_{max}。

（2）当 [S] 分别为 2.5×10^{-5}mol/L 和 5.0×10^{-5}mol/L 时，求 v_0。

8. 新采摘的玉米的甜味是因为籽粒中蔗糖的含量高。由于采摘后一天内大约 50% 的游离蔗糖被转化成淀粉，因此采摘后几天的玉米便失去了甜味。为了保持玉米的甜味，可以将带皮的玉米穗浸泡在沸水中几分钟然后在凉水中冷却。玉米经过这样的加工并低温贮存可以维持其甜味。这个过程的生化基础是什么？

9. 一个二肽酶对二肽 Ala-Gly 和二肽 Leu-Gly 的 K_m 分别为 2.8×10^{-4}mol/L 和 3.5×10^{-2}mol/L，哪一个二肽是酶的最适底物？该酶的两个非竞争性抑制剂的 K_i 值分别为 5.7×10^{-2}mol/L 和 2.6×10^{-4}mol/L，哪一个是最强抑制剂？

10. B 族维生素在代谢反应中是如何发挥作用的？

11. 蛋清的存在可以防止蛋黄腐败，请分析原因。

请扫描二维码
进行在线测试

第四章 >>>

生　物　膜

学习要点

生物膜是细胞的外周膜（质膜）和细胞内的膜系统的统称。细胞的物质运输、能量转换、细胞识别及信息传递等生命活动都与生物膜密切相关。生物膜是由脂质、蛋白质及糖类等组成的超分子体系，其中膜蛋白是生物膜功能的主要体现者，脂质不仅是生物膜的骨架，还参与信号传递。流动镶嵌模型是广为人们接受的生物膜结构模型。

生物体的基本结构与功能单位是细胞，细胞的外周膜（质膜）和细胞的内膜系统（如线粒体膜、叶绿体膜、内质网膜、高尔基体膜和核膜等）统称为生物膜（biological membrane）。质膜充当一种选择性透过屏障，将细胞与外界有效地隔离开，为细胞的生命活动提供相对稳定的内环境。细胞内的膜系统将细胞内的空间分隔成具有相互独立结构的各种细胞器或功能小室，既提高了各种细胞活动的效率，又方便了对它们的调节控制。生物膜不仅是一个被动的屏障，还参与了物质的跨膜运输、能量转换、细胞识别及信息传递等多种生命活动。

第一节　生物膜的化学组成

人们在光学显微镜下发现了细胞，但此后的几百年却没有观察到质膜，在很长的一段时间里，甚至怀疑细胞是否有一个确切的边界结构。后来细胞生理学家在研究细胞内渗透压时证明了质膜的存在。直到 20 世纪 50 年代初随着电镜技术的发展，人们才在电镜下观察到了质膜的超微结构。

通过对不同来源的生物膜进行化学分析表明，几乎所有生物膜都主要由蛋白质和脂质两大类物质组成，此外，还有糖、水和金属离子等。每种生物膜都有其特征性的蛋白质和脂质，而且蛋白质和脂质的组成比例随生物膜的种类不同而不同，这种不同的比例与膜的生物学功能密切相关。一般来说，功能越复杂的膜，蛋白质所占的比例越大，且种类越多；而功能越简单特化的膜，蛋白质的含量和种类也越少。例如，神经髓鞘膜主要起包裹神经和绝缘的作用，因此它的主要组成成分是脂质；而细菌质膜及线粒体内膜需要进行大量的酶促反应，因而含有更多的蛋白质。细胞膜的组成成分也不是一成不变的，它会随着细胞的生长、分化、外界病毒（或细菌）感染、服用激素或药物、外界温度变化及营养状况条件的改变而变化。表 4-1 列出了几种生物膜的化学组成。

表 4-1 几种生物膜的化学组成（干重的百分比，%）

生物膜	蛋白质	脂
人髓鞘质膜	18	79
鼠肝细胞质膜	44	52
人红细胞质膜	49	43
大肠杆菌质膜	75	25
线粒体内膜	76	24

一、膜脂

膜脂是生物膜的基本组成部分。构成生物膜的脂主要包括磷脂、糖脂和固醇三类，它们都是两性脂，其中磷脂的含量最高。不同的细胞其脂质组成差异较大。

（一）磷脂

磷脂（phospholipid）是含有磷酸基团的脂质，它构成了膜脂的基本成分。生物膜中的磷脂主要有甘油磷脂（glycerophosphatide）和鞘磷脂（sphingomyelin，SM）。甘油磷脂占膜脂的大多数，主要包括磷脂酸（phosphatidic acid）、磷脂酰胆碱（phosphatidylcholine，PC）、磷脂酰乙醇胺（phosphatidylethanolamine，PE）、磷脂酰丝氨酸（phosphatidylserine，PS）和磷脂酰肌醇（phosphatidylinositol，PI）等，它们都是甘油的衍生物。以甘油为骨架，甘油分子的第 1、第 2 位碳原子的两个羟基分别与两个脂肪酸的羧基酯化生成酯，第 3 位碳原子的羟基与磷酸酯化，即形成磷脂酸，它是最简单的甘油磷脂，一般含量很少，但它是其他甘油磷脂合成的前体。磷脂酸再分别与胆碱、乙醇胺、丝氨酸、肌醇等结合，即形成磷脂酰胆碱、磷脂酰乙醇胺、磷脂酰丝氨酸和磷脂酰肌醇等（图 4-1）。

甘油磷脂是两性分子，即由亲水部分和疏水部分组成。其中，磷酸基团及其连接的胆碱、乙醇胺、丝氨酸等构成该分子的亲水头部，而两条较长的脂酰链为其疏水的尾部。这一特征决定了它们在生物膜中的双分子排列（脂双层结构）。

甘油磷脂不仅是生物膜的骨架，对膜起支撑作用，近年的研究表明它们还在信号转导过程中起重要作用，如磷脂酸及磷脂酰肌醇的衍生物 4,5- 二磷酸磷脂酰肌醇 [phosphtidylinositol 4,5-bisphosphate，PIP_2]、1,4,5- 三磷酸肌醇（inositol 1,4,5-trisphosphate，IP_3）等都是信号分子。

鞘脂（sphingolipid）与甘油磷脂在结构上均含有一个亲水的头部和两个疏水的尾部（图 4-2），但鞘脂中含有鞘氨醇而不含甘油。若鞘氨醇 C_2 上的—NH_2 与一分子含长烃链的脂肪酸的羧基以酰胺键相连即神经酰胺（ceramide），神经酰胺是所有鞘脂的母体。如果以磷酸胆碱或磷酸乙醇胺取代神经酰胺分子中 C_1 上的羟基氢，即鞘磷脂，其结构特征与甘油磷脂很相似。鞘磷脂在围绕许多神经细胞轴突并使之绝缘的髓鞘质中含量特别丰富。

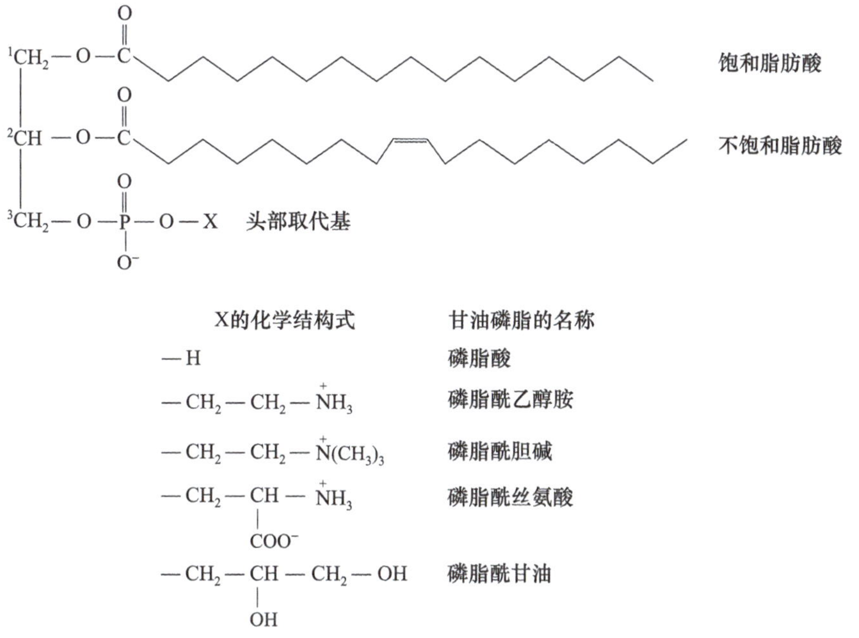

微课视频

图 4-1 甘油磷脂的结构

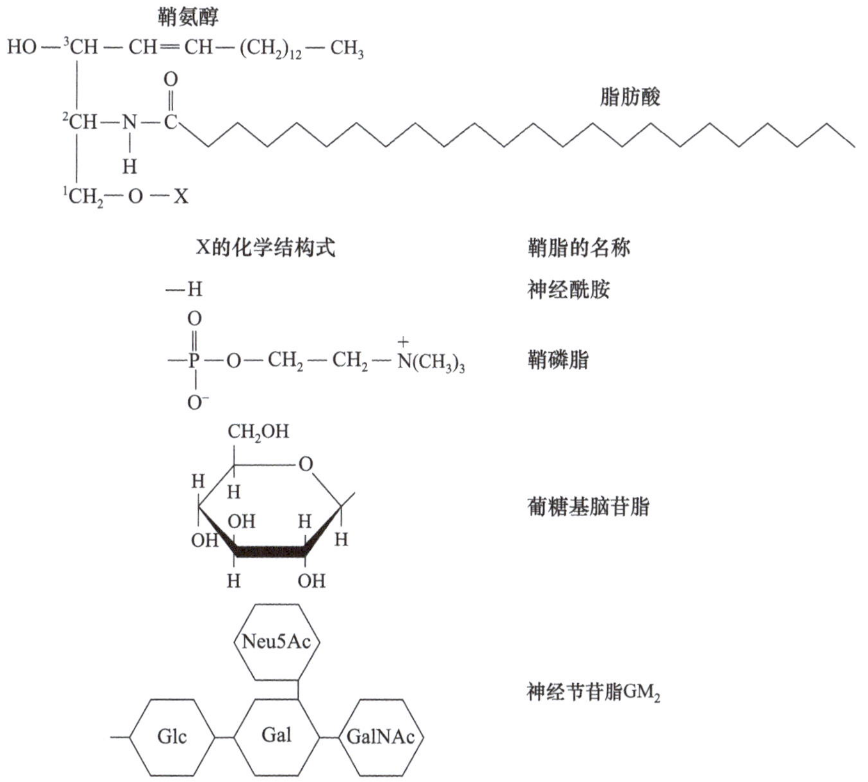

图 4-2 鞘脂的结构

Glc.D-葡萄糖；Gal.D-半乳糖；GalNAc.*N*-乙酰-D-半乳糖胺；Neu5Ac.*N*-乙酰神经氨酸

过去对鞘脂研究较少，认为它是不具有生物活性的物质。但近年来的研究发现，神经酰胺、1-磷酸鞘氨醇都是信号分子，而且鞘脂还参与膜的运输、离子通道的调节等很多重要过程。很多研究报道还表明，鞘脂与细胞的生长、分化、衰老、凋亡及应激反应等都有密切关系，也与肿瘤、糖尿病、神经退行性疾病（如阿尔茨海默病、帕金森病等）的发生有关。

（二）糖脂

生物膜中的磷脂除了甘油磷脂外，在细菌和植物细胞质膜中还有一类含有糖基的甘油酯，此类脂质与甘油磷脂一样均是甘油的衍生物，如单半乳糖甘油二酯和双半乳糖甘油二酯（图 4-3）。另外，植物叶绿体膜中还存在 6-亚硫酸-6-脱氧-α-葡萄糖甘油二酯，但这一脂质在植物的其他组织和器官中含量很少。一般将含有糖基的脂类，即糖脂复合物也称为糖脂（glycolipid）。如以葡萄糖或半乳糖取代神经酰胺分子中 C_1 上的羟基氢，即脑苷脂（cerebroside），它的极性头部含有糖基；如以复杂的寡糖残基取代神经酰胺分子中 C_1 上的羟基氢，即神经节苷脂（ganglioside）（图 4-2）。脑苷脂和神经节苷脂属于糖脂，但因为含有鞘氨醇，有时也把它们归为鞘脂部分。

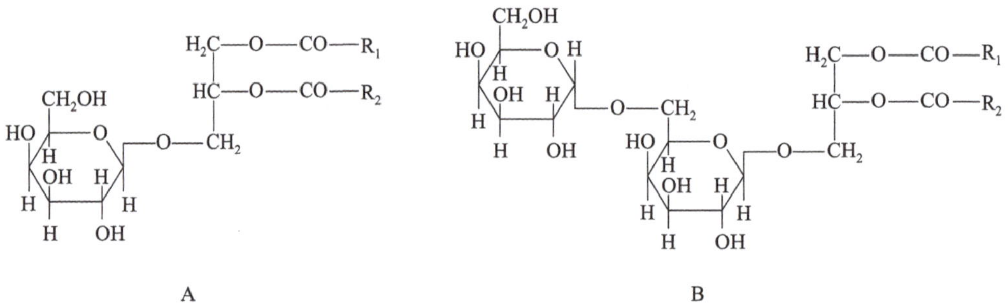

图 4-3　含有糖基的甘油酯

A. 单半乳糖甘油二酯；B. 双半乳糖甘油二酯

知识窗

神经节苷脂

鞘脂类一直被认为仅是细胞结构的组成部分，随着研究的深入，人们发现它参与许多重要的生命过程。神经节苷脂（ganglioside）是最复杂的鞘脂，含有由几个糖基组成的巨大极性头部，其糖基至少包括一个 *N*-乙酰基神经氨酸（唾液酸）。现已知的神经节苷脂超过 60 种。神经节苷脂是细胞表面膜的基本成分，约占脑中脂质的 6%，其他组织也含有神经节苷脂，但量少些。神经节苷脂中伸出细胞膜外的复杂糖头，是调节一些重要生理功能的特定垂体糖蛋白激素的受体。神经节苷脂也是如霍乱毒素那样的细菌蛋白毒素的受体。已证明神经节苷脂是细胞识别的决定因素，因此它们可能在组织生长和分化及癌症发生中有重要作用。神经节苷脂降解的异常，可能与几种遗传性神经节苷脂储存疾病（如家族性黑蒙性白痴）有关，其特征是致死性的神经退化。

（三）固醇

固醇类都是环戊烷多氢菲的衍生物，因为含有醇基故命名为固醇（sterol）。固醇也是一类重要的膜脂，动植物及微生物细胞生物膜所含固醇的种类是不同的。动物膜固醇主要是胆固醇（cholesterol），胆固醇在调节膜的流动性、增加膜的稳定性及降低水溶性物质的通透性等方面都起着重要的作用。植物膜固醇中，胆固醇含量很低，主要是豆固醇（stigmasterol）和谷固醇（sitosterol）。许多真菌如酵母质膜甾醇以麦角固醇（ergosterol）为主（图 4-4）。

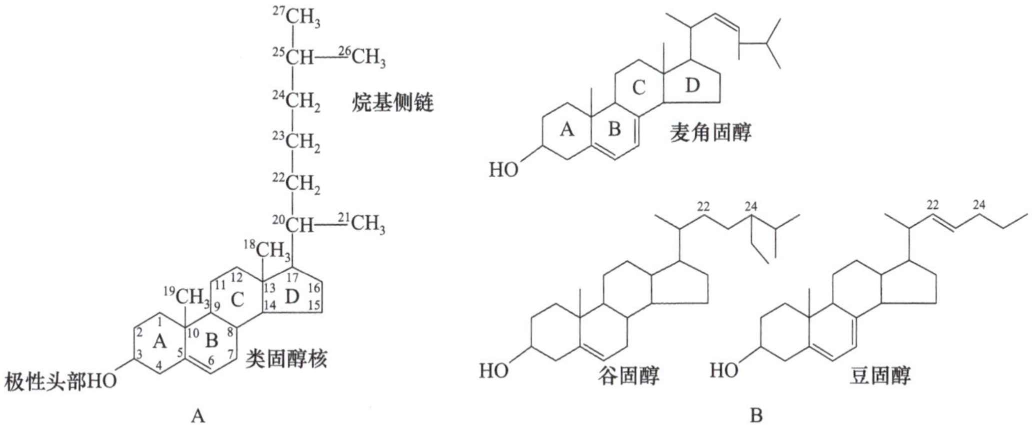

图 4-4 几种固醇的结构

A. 胆固醇的结构；B. 其他几种固醇结构

二、膜蛋白

生物膜具有物质运输、能量转换等多种功能，而这些功能主要是由膜蛋白来完成的。例如，有些膜蛋白作为运输载体或“泵”，参与离子或某些分子的跨膜转运过程；有些作为酶、电子或质子传递体，参与细胞内能量的转换；有些作为受体、抗原传递信息。

质膜中很多膜蛋白以共价键与寡糖结合形成糖蛋白复合物，其中丝氨酸、苏氨酸和天冬氨酸残基是蛋白质中易与糖共价结合的位点。

三、糖类

生物膜中的糖类大多数与膜蛋白结合，形成糖蛋白。少数与膜脂结合，形成糖脂。这些糖蛋白和糖脂复合物在质膜中的含量很丰富，而且其中的糖类主要暴露在细胞外表面。

由于单糖间结合方式、排列顺序、种类、数量及分支不同，形成了各种细胞表面的特异“化学天线”，这是细胞识别和交换信息的分子基础（图 4-5）。细胞之间可借此互相识别并交换信息，还可以接受外来的化学信号。

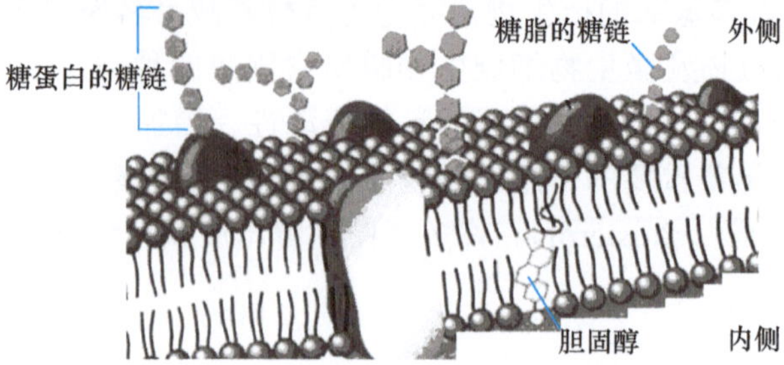

图 4-5　质膜中糖蛋白与糖脂的糖链

第二节　生物膜的结构

生物膜主要是由蛋白质、两性脂质和糖类组装而成的一种薄膜状结构，厚度为 7～10nm。生物膜中蛋白质和脂质的性质决定了生物膜的基本结构。科学家通过对生物膜结构的大量研究，对其结构的认识不断深入，曾提出了很多种关于膜结构的理论模型。

一、生物膜结构的研究历史

1899 年，E. Overton 在研究植物细胞膜的通透性时提出脂质和胆固醇类物质可能是构成细胞膜的主要组分。1925 年，荷兰科学家 E. Gorter 与 F. Grendel 用丙酮抽提了红细胞膜的脂质并铺成单分子层，用 Langmuir 槽测定了其表面积，同时估算了红细胞膜的表面面积。结果发现，前者是后者的两倍，因而提出了膜中脂质分子以双分子层排列的模型（图 4-6）。后来经研究证明脂质双分子层的概念是正确的。迄今为止，脂质双分子层是生物膜结构主体的论点仍然被广泛接受。

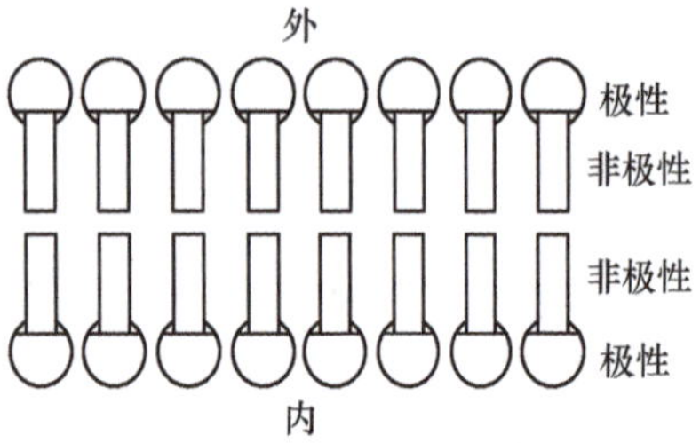

图 4-6　脂质双分子层模型

微课视频

1935 年，H. Danielli 和 J. Davson 在 F. Gorter 与 E. Grendel 提出的连续的磷脂双分子层构成生物膜主体的基础上，提出了三夹板模型，进一步解释蛋白质定位的问题。他们认为两层磷脂分子的脂肪酸烃链伸向膜的中心，极性端朝向膜外两侧的水相，蛋白质则以单层形式覆盖于膜的两侧，从而形成“蛋白质-脂质-蛋白质”的三夹板（或“三明治”）式结构（图 4-7）。这个模型曾得到电镜观察和 X 射线衍射分析等实验结果的支持。

1964 年，J. D. Robertson 提出了单位膜模型（图 4-8）。该模型与三夹板模型相同之处是膜也有三层结构，即“蛋白质-脂质-蛋白质”。不同之处是蛋白质以单层肽链的厚度，以

β 折叠形式通过静电作用与磷脂极性头部相结合，而且蛋白质在两侧呈不对称性分布。但是，人们逐渐发现大多数生物膜所含的脂质并不全是连续的，而且大多数膜蛋白都需要用比较剧烈的方法（如去污剂、有机溶剂、超声波等）才能从膜上分离下来。这些都是单位膜模型难以解释的。

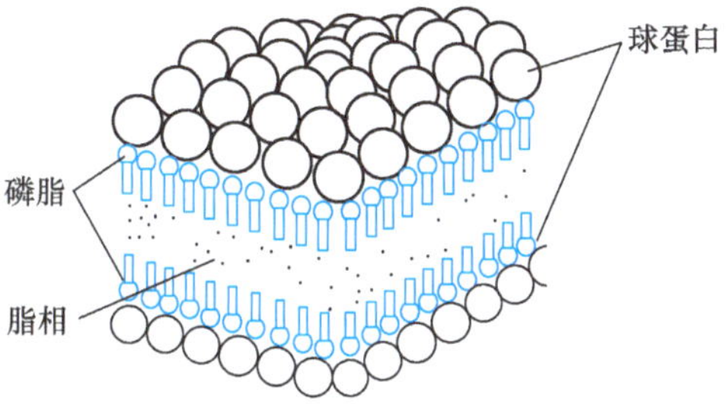

图 4-7 三夹板模型

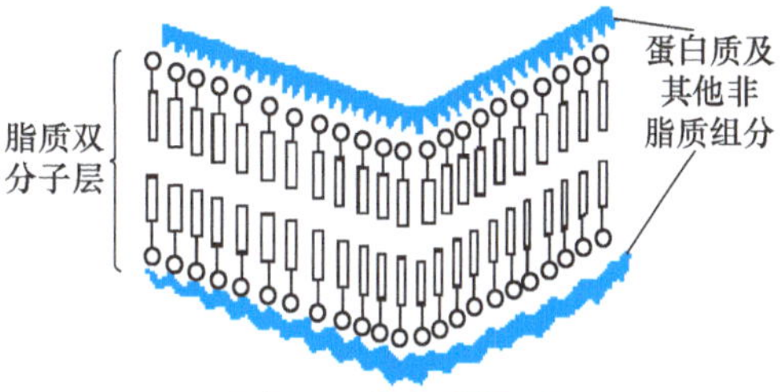

图 4-8 单位膜模型

在生物膜的流动性和膜蛋白分布的不对称性等研究获得一系列重要成果的基础上，1972 年，美国的 S. J. Singer 与 G. L. Nicolson 提出了流动镶嵌模型（fluid mosaic model）（图 4-9）。该模型与以前提出的各种模型的差别在于突出了膜的流动性和蛋白质分布的不对称性。它认为生物膜是一种流动的、嵌有各种蛋白质的脂质双分子层结构，其中蛋白质就像一座座冰山漂移在流动的脂质海洋中。蛋白质在膜中的分布是不对称的，即具有方向性，一些蛋白质仅在膜的一侧突出，而另一些蛋白质则暴露于膜的内外两侧。

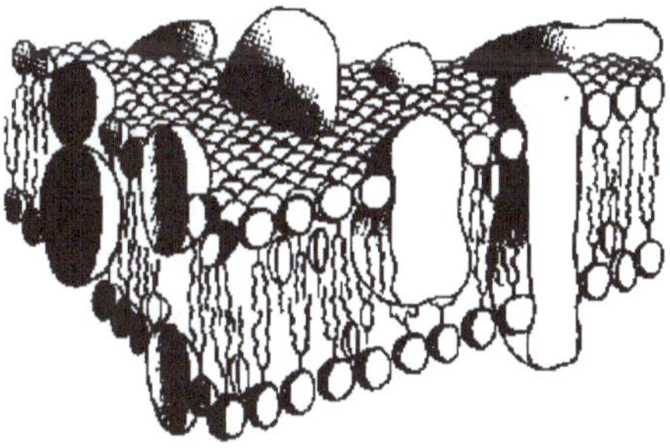
图 4-9 流动镶嵌模型

生物膜的流动镶嵌模型虽然得到比较广泛的实验支持，但仍存在局限性。它忽视了蛋白质、脂质等组分间的相互作用及这些作用的不均匀性。随着研究的深入，人们逐渐认识到生物膜存在着流动性不同的微区。

二、目前对生物膜结构的认识

（一）脂质双分子层是生物膜的基本结构

实验发现，当两性的脂质与水混合时，其亲水的头部与水相接触，疏水的尾部则尽可能相互靠近，而将水从其邻近部位排出，从而自动形成 3 种不同类型的脂质聚合体，即微团、双分子层结构及脂质体（liposome）（图 4-10）。微团是疏水部位在内而亲水部位朝向外侧的球形结构，内部不含水。当脂质分子极性头部的有效截面积大于其非极性尾部的酰基侧链截面积时易形成这种结构，如游离脂肪酸、溶血磷脂等。当脂质分子极性头部的有效截面积等于其非极性尾部的酰基侧链截面积时易形成双分子层结构，如甘油磷脂和鞘脂。双分子层是由两个脂单层形成的一个二维结构，即每个单层的疏水尾部朝向内侧，远离水面，相互作用。亲水的头部则与双分子层表面的水发生作用，但边缘的疏水部位与水相会发生短暂的接触，使此结构相对不稳定，会进一步自我封合为双层微囊，即形成脂质体。

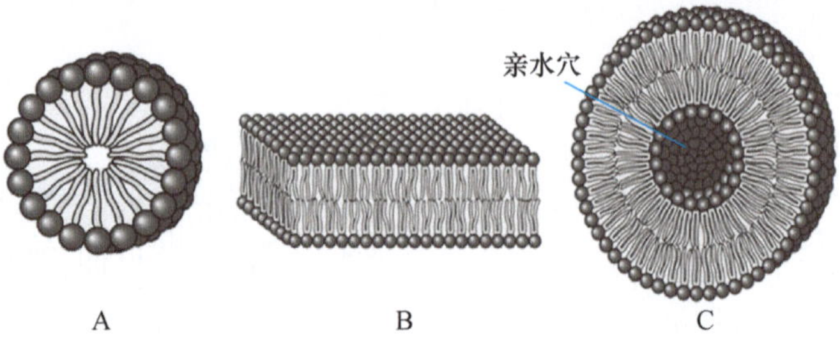

图 4-10　两性脂质在水中的聚集

A. 微团；B. 脂质双分子层；C. 脂质体

脂质体是一种由磷脂双分子层包被的囊泡状结构，从热力学角度来讲，脂质体结构具有最大的稳定性，因为它们的疏水尾部之间存在强大的疏水相互作用，而极性头部之间还可以形成氢键、离子键等次级键。这种脂双层小泡包绕着水，形成了一个分离的水相间隔。

另外，电镜观察及膜的 X 射线衍射分析等结果均显示，生物膜的基本结构是脂质双分子层。

（二）膜蛋白在脂质双分子层中的分布

细胞中有 20% ～ 25% 的蛋白质是与膜结构相联系的。根据膜蛋白与膜脂的相互作用方式及其在膜中排列部位的不同，可以将其分为两大类，即外周蛋白和内在蛋白。

1. 外周蛋白　外周蛋白（peripheral protein）也称为外在蛋白，分布在膜的表面，它们通过极性氨基酸残基侧链以静电引力、氢键等次级键与膜脂的极性头部，或与某些膜蛋白的亲水部分相结合（图 4-11），如结合在线粒体内膜上的细胞色素 c、己糖激酶等，均属于此类。外周膜蛋白比较容易分离，经过温和的处理，如改变介质的离子强度、pH，或加入金属螯合剂等即可把外周膜蛋白分离下来。从膜上分离下来的外周膜蛋白呈水溶性。此类蛋白质占膜蛋白的 20% ～ 30%。

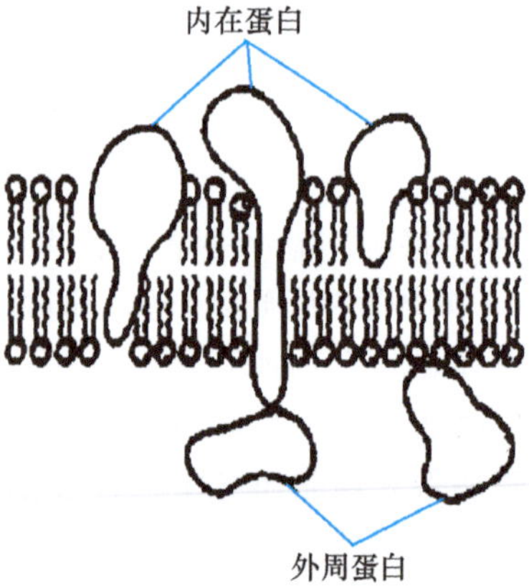

图 4-11　膜蛋白在生物膜中的分布和种类

2. 内在蛋白　内在蛋白（integral protein）也称为整合蛋白，通过非极性氨基酸残基侧链与膜脂分子的疏水部分以疏水相互作用牢固结合，它们不同程度地插入或横跨脂质双分子层（图 4-11）。内在蛋白不易从膜上分离，只有使用比较剧烈的条件，如加入表面活性剂、有机溶剂或使用超声波才能将其从膜上溶解下来。它们的特征是水不溶性，分离下来之后，一旦去掉表面活性剂或有机溶剂，又能聚合成水不溶性。内在膜蛋白质占膜蛋白的 70% ～ 80%，往往担负着重要的功能，如受体、离子通道、离子泵、膜孔、运载体（transporter）及各种膜酶等。内在膜蛋白与脂质双分子层疏水区相接触的部分中，由于水分子的排除，多肽分子本身形成氢键的趋向大大增加，因此它们往往以 α 螺旋或 β 折叠形式存在，尤其以前者更为普遍（图 4-12）。

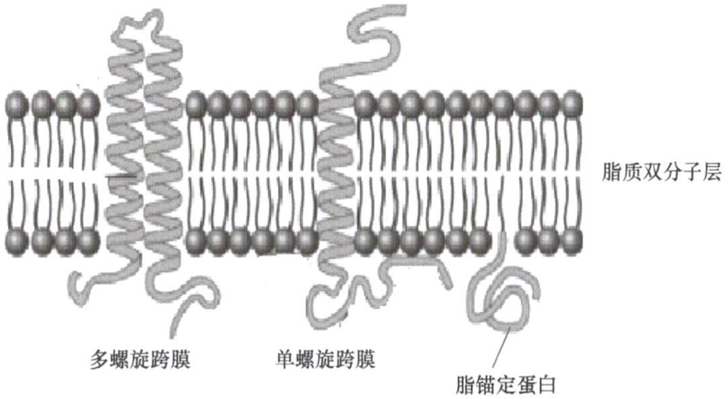

图 4-12 膜内在蛋白的分布示意图

有些膜内在蛋白本身并没有进入膜内，而是以共价键连接到膜脂上，如碱性磷酸酯酶，它与糖基磷脂酰肌醇共价连接，有时也把它们称为膜锚定蛋白或脂锚定蛋白（lipid anchored protein）。

要深入了解膜蛋白的功能必须要解析它们的三维结构。但是由于膜内在蛋白含量低、分离纯化困难等，目前被解析三维结构的内在蛋白数量还很少，这也是 21 世纪生物科学研究领域的一个难题。由于膜蛋白结构的测定工作具有极其重要的意义和高度的挑战性，吸引了越来越多的研究者在这一广阔的领域中积极探索，也使它成为结构生物学研究的前沿。

（三）生物膜的流动性

膜的流动性是生物膜的基本特征之一，也是细胞进行生命活动的必要条件。膜的流动性包括膜脂和膜蛋白的运动状态。大量研究结果表明，合适的流动性对生物膜表现其正常功能具有十分重要的作用。例如，物质运输、能量转换、信息传递、细胞分裂、细胞融合、内吞、外排及激素的作用等都与膜的流动性有密切关系。

1. 膜脂的流动性 在生理条件下，膜脂大多数表现为流动的液晶态，当温度降至一定程度时即从液晶态转变为类似晶体的凝胶状态，凝胶态也可以熔解为液晶态。将液晶态和凝胶态的相互转变称为相变（图4-13）。发生相变时的温度称为相变温度（transition temperature），不同膜脂的相变温度也各不相同。

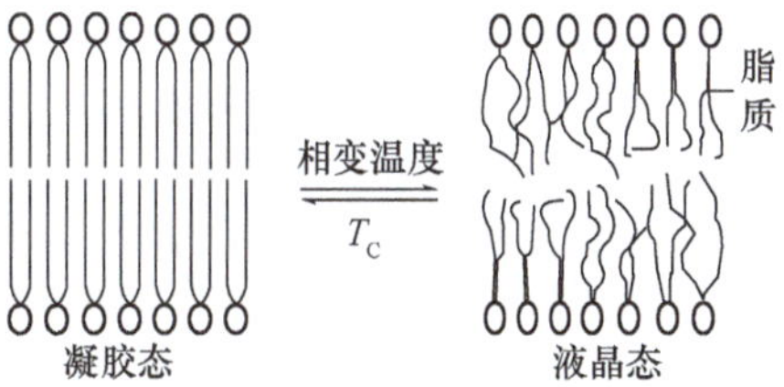

图 4-13 膜脂的相变

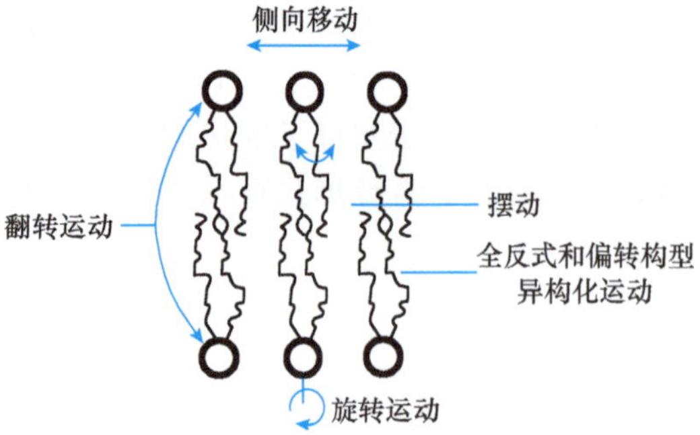

图 4-14　膜脂分子的几种运动方式

在相变温度以上时，磷脂分子能做的运动包括侧向移动（或侧向扩散）、旋转、上下翻转及脂烃链的摆动等（图 4-14）。膜脂分子在脂质双分子层中做翻转运动时，由于膜脂分子是一种两性分子，做翻转运动必须通过脂质双分子层的疏水区，因此与其他运动方式相比，这种运动速度要慢得多。

影响膜脂流动性的因素有很多，主要包括温度、脂酰基的碳链长度和不饱和程度及胆固醇的含量等。温度越高，膜的流动性越强。脂肪酸烃链越长，其间相互作用也越强，脂质双分子层的流动性将会降低。脂肪酸烃链不饱和程度越高，流动性越强。因为不饱和脂肪酸的顺式双键会产生烃链的扭曲，并且会促进双键两侧烃链的旋转运动，分子间的距离也增大，降低了脂质分子间排列的有序性，从而削弱了相邻脂质的相互作用。胆固醇在调节膜脂的流动性方面具有双重作用。在相变温度以上时，胆固醇能够填充到不饱和碳氢链因弯曲产生的缝隙之中，加强脂质分子疏水尾巴之间的作用力，因而降低膜的流动性；在相变温度以下时，胆固醇的刚性环状结构夹杂在饱和碳氢链之间，不利于疏水尾巴的有序排列，这时它反而能够增加膜的流动性。

2. 膜蛋白的流动性　膜蛋白在脂双层中可以侧向扩散，L. D. Frye 和 M. Edidin 在 1970 年所做的细胞融合实验首先证明了膜蛋白具有这种运动方式。小鼠细胞和人体细胞都有一些特定的蛋白质，并可以用特异的抗体通过免疫荧光标记来检测膜蛋白的定位。用带有不同颜色的抗鼠细胞膜蛋白荧光抗体和抗人细胞膜蛋白荧光抗体分别标记小鼠和人的细胞表面，通过荧光显微镜观察，可见当两种细胞融合后数分钟内，在杂合细胞表面即出现颜色混合，说明膜蛋白可以快速在脂质双分子层内扩散。

荧光漂白恢复技术也可以验证膜蛋白的流动性。例如，用荧光素标记膜蛋白，然后用激光束照射细胞表面的某一区域，使被照射区的荧光发生不可逆的淬灭变暗。但由于膜蛋白在脂质双分子层内的扩散运动，在停止激光照射后一定时间，原荧光淬灭区域的亮度又可增加甚至恢复到与周围的荧光强度一致的水平，并且荧光恢复的速率与蛋白质流动的速率成正比。

膜蛋白还可以围绕与膜平面垂直的轴进行旋转运动。这种运动方式比侧向扩散的速度要慢，不同的内在膜蛋白由于本身及微环境的差别，它们的旋转扩散也有很大的差异。

3. 膜流动性的生理意义　膜脂适宜的流动性是膜蛋白表现正常生理功能的必要条件。这是因为膜脂的流动性对膜内在蛋白嵌入脂质双分子层的深度有一定影响。当膜脂流动性降低时，嵌入的膜蛋白暴露于水相的部分就会增加；相反，如果膜脂流动性增加，嵌入的膜蛋白则更多地深入脂质双分子层中。因此，膜脂流动性的变化会影响膜蛋白的构象与功能。在生物体内，可以通过细胞代谢、pH、金属离子（Mg^{2+}、Ca^{2+} 等）等因素使膜具有合适的流动性从而表现正常功能。如果超出调节范围，生物膜就会发生病变。已经发现很多疾病患者的病变细胞膜或红细胞膜的流动性有异常变化。例如，急性淋巴细胞白血病患者的淋巴细胞膜流动性明显高于正常人。也有报道，迪谢内型进行性肌肉营养不良症（Duchenne muscular dystrophy，DMD）患者的红细胞、骨骼肌细胞及肝细胞膜的流动性都比正常人的低。β-脂蛋白缺乏症和遗传性球形红细胞症患者的红细胞膜流动性也明显低于正常人。

此外，植物的抗冷性也与生物膜的流动性相关。我国学者报道，玉米或水稻等农作物的抗冷性与其线粒体膜的流动性具有一定的内在联系。

（四）生物膜的不对称性

生物膜的不对称性包含了结构的不对称和功能的不对称。这里主要讲结构的不对称性。一般来说，构成膜组分的脂质、蛋白质和糖类在膜两侧的分布都是不对称的。就膜脂而言，人红细胞膜的外层含磷脂酰胆碱和鞘磷脂较多，内层则含磷脂酰丝氨酸和磷脂酰乙醇胺较多。这种不对称分布会导致膜内外两层的电荷数量、流动性等产生差异。膜脂的不对称分布与膜蛋白的定向分布及其功能也有着密切的关系。

蛋白质在膜上的定位也是不对称的，如有的外周膜蛋白位于膜的内侧，有的则专一分布在膜的外侧。就内在膜蛋白来说，有的插入外层，有的则从内层插入，即使是跨膜的内在膜蛋白，无论是它们在膜两层的疏水区，还是暴露在两侧的亲水部分都是不同的。

另外，糖类在膜上的分布也是不对称的，糖蛋白及糖脂中的寡糖均分布在膜的非细胞质一侧。

第三节　生物膜的功能

一、物质的跨膜运输

细胞能主动地从环境中摄取所需的营养物质如糖、氨基酸和无机盐，同时排出代谢废物和产物，使细胞保持动态平衡，这对维持细胞的生命活动是极为重要的。小分子物质的跨膜运输主要依靠浓度梯度、电势差或同时依靠二者进行。另外，大多数小分子物质的运输还需要通过膜上的转运载体蛋白来介导。而大分子的运输主要通过膜泡运输的方式进行。下面分别介绍小分子物质及大分子物质的跨膜运输。

（一）小分子物质的跨膜运输

根据物质被运输的过程是否需要消耗能量，小分子物质的运输可分为被动运输和主动运输。

1. 被动运输　被动运输（passive transport）是物质从高浓度的一侧跨膜转运到低浓度的一侧，即顺浓度梯度的转运过程。这是一个不需要能量的自发性过程。根据是否需要专一性载体蛋白，又可将被动运输分为简单扩散和协助扩散。

1）简单扩散　简单扩散（simple diffusion）是小分子依赖于膜两侧的浓度差，从高浓度的一侧向低浓度一侧扩散的过程，不需要能量，也不需要载体，扩散的速度与膜两侧分子的浓度差成正比。由于膜的基本结构是脂质双分子层，只有非极性的小分子及不带电荷的极性小分子以简单扩散的方式通过膜，如 O_2、N_2、CO_2、H_2O、尿素、乙醇等。这主要与物质在油 / 水中的分配系数有关。脂溶性越高，越容易通过膜。事实上，在细胞的物质运输过程中，透过脂质双分子层的简单扩散现象很少，绝大多数情况下，物质是通过载体或者通道来转运的。离子、葡萄糖、核苷酸等物质有的是通过协助扩散，有的则是通过主动运输的方式进行转运。

2）协助扩散　协助扩散（facilited diffusion）与简单扩散有相同之处，它也是物质从高浓度的一侧向低浓度的一侧转运的过程，也不需要消耗能量。但不同的是这种转运方式需要特异的膜蛋白即转运蛋白参与。葡萄糖进入红细胞就是通过葡萄糖特异性转运蛋白通过协助扩散来实现的。红细胞中新陈代谢能量的产生依赖于葡萄糖的持续供给。红细胞的葡萄糖转运蛋白是一种分子质量为 45kDa 的内在膜蛋白，具有 12 个跨膜 α 螺旋区，螺旋通常不会排成一列，其中 5 ～ 6 个螺旋聚集可以组装成一个具有亲水残基的跨膜通道，来运输葡萄糖（图 4-15）。由于需要转运蛋白的帮助，因此协助扩散在动力学上具有明显的饱和效应，即当被转运物质的浓度不断增加时，运送速率会出现一个极限值，而简单扩散不具有饱和效应（图 4-16）。

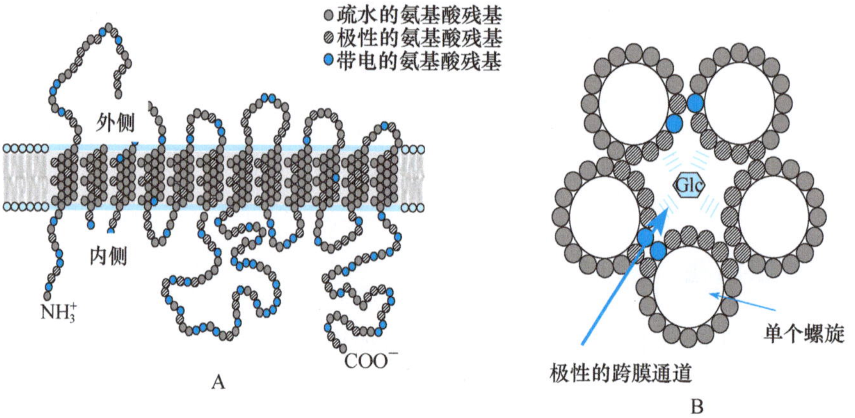

图 4-15　葡萄糖转运蛋白的结构

A. 葡萄糖转运蛋白的结构模型；B. 极性的跨膜通道

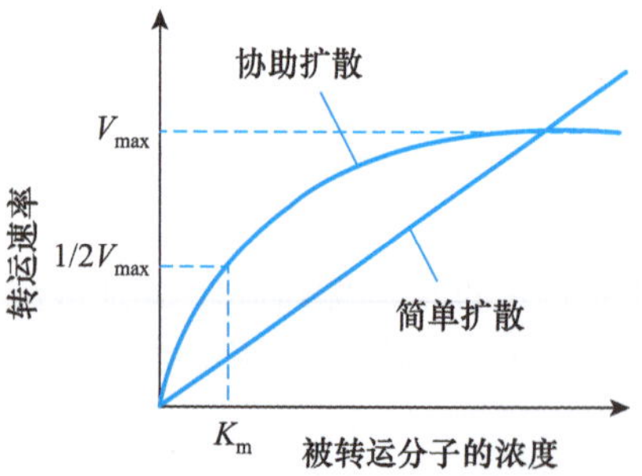

图 4-16　协助扩散的饱和效应

2. 主动运输　主动运输（active transport）是需要能量并且逆浓度梯度的转运过程。如果被转运物质带有电荷，则物质在跨膜运输时，需要逆两个梯度，一个是浓度梯度，另一个是电荷梯度。这二者的总和又称为电化学梯度。主动运输过程中能量的来源可直接偶联于 ATP 的水解，或者偶联于某一离子顺浓度梯度的转移。

1）Na^+ 和 K^+ 的运输　无论动物、植物，还是细菌，细胞内外都存在着离子浓度差。例如，细胞内的

K^+ 浓度比胞外高，而 Na^+ 浓度比胞外低。这种明显的离子梯度显然是逆浓度梯度主动运输的结果。执行这一转运功能的体系称为 Na^+-K^+ 泵，Na^+-K^+ 泵就是分布于细胞膜上的 Na^+-K^+-ATP 酶，它可以利用水解 ATP 提供的能量来驱动 Na^+ 和 K^+ 的主动运输。Na^+-K^+-ATP 酶主要由 α 和 β 两种亚基组成，其中 α 亚基包括酶活性中心和离子通道。肾脏 Na^+-K^+-ATP 酶的 α 亚基含有 1016 个氨基酸残基，组成 10 个跨膜螺旋。α 亚基上有 Na^+ 和 K^+ 结合位点、磷酸化位点及与乌本苷（抑制剂）的结合位点。β 亚基是含有 302 个氨基酸残基的跨膜糖蛋白，目前功能还不清楚（图 4-17）。

关于 Na^+-K^+-ATP 酶的作用机制，人们普遍接受的是构象变化假说（图 4-18）。该假说认为在 Na^+ 存在的情况下，Na^+-K^+-ATP 酶可将 ATP 末端的磷酸基转移到 ATP 酶的天冬酰胺残基上，磷酸化作用导致酶的构象发生变化，从而将 Na^+ 泵出细胞。然后在 K^+ 存在下，ATP 酶去磷酸化，恢复到原来构象，而将 K^+ 从细胞外运进细胞内。这一步反应可被乌本苷抑制，而 Mg^{2+} 和少量的膜脂有助于 Na^+-K^+ 泵活性的提高。在 Na^+ 和 K^+ 的主动运输过程中，Na^+-K^+-ATP 酶经历了磷酸化和去磷酸化的变化过程，每一次变化过程中，可以向膜外泵出 3 个 Na^+，向膜内泵入 2 个 K^+。

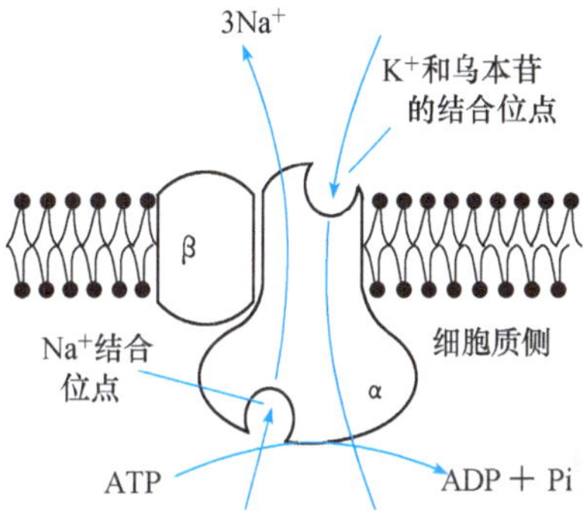

图 4-17 Na^+-K^+-ATP 酶逆浓度梯度主动运输 Na^+ 和 K^+

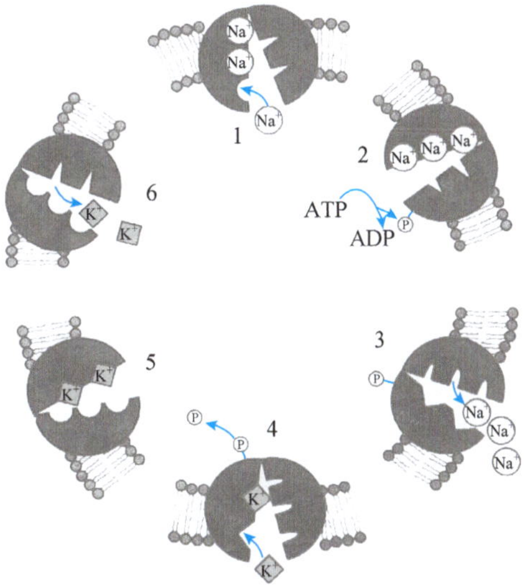

图 4-18 Na^+-K^+-ATP 酶的作用模型

1. Na^+ 的结合；2. Na^+ 的结合引起细胞质侧 ATP 酶的磷酸化；3. 磷酸化作用使其构象发生变化，运送 Na^+ 通过膜并释放 Na^+ 到细胞外侧；4. K^+ 的结合；5. K^+ 的结合引起 ATP 酶去磷酸化；6. 去磷酸化的结果使酶回到原来的构象，运送 K^+ 通过膜并释放 K^+ 到细胞质侧

由 Na^+-K^+-ATP 酶维持的离子梯度差具有重要的意义。它不但维持了细胞的膜电位，而且成为可兴奋细胞（如神经、肌细胞等）的活动基础，还能驱动某些细胞中糖和氨基酸的转运。

2）糖和氨基酸的运输

（1）协同运输（co-transport）。一些糖或氨基酸的主动运输并不是靠直接水解 ATP 提供能量，而是依赖于以离子梯度形式储存的能量。在动物细胞中形成这种离子梯度的通常是 Na^+。在小肠和肾细胞中，葡萄糖的运输是伴随 Na^+ 一起被送入细胞的，所以这种运输称为协同运输，由于葡萄糖和 Na^+ 运输方向相同，也称为同向协同运输，反之则为反向协同运输。由于膜外 Na^+ 浓度高，Na^+ 顺电化学梯度流向膜内，葡萄糖利用 Na^+ 梯度储存的能量，通过专一的运输载体，伴随 Na^+ 一起进入细胞。Na^+ 浓度梯度越大，葡萄糖进入的速度越快。如果细胞外的 Na^+ 浓度明显降低，葡萄糖的运送也就减慢或停止。但是，由于进入膜内的 Na^+ 通过膜上的 Na^+-K^+ 泵又被运送到膜外，以维持 Na^+ 浓度梯度，从而使葡萄糖可以不断利用 Na^+ 浓度梯度形式的能量进入细胞（图 4-19）。动物细胞质膜中氨基酸的运输，也是通过运输蛋白伴随 Na^+ 进行协同运送的。但在细菌中，很多糖与氨基酸的运送是由质子梯度推动的。

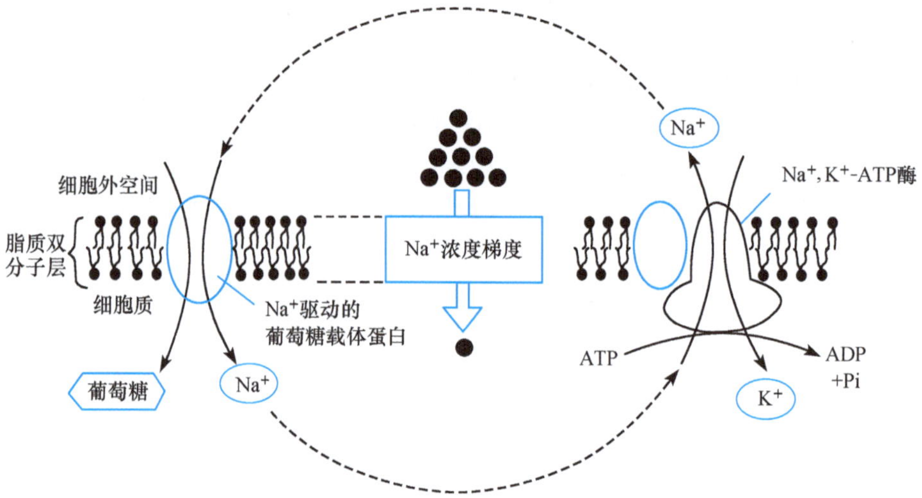

图 4-19 葡萄糖的同向协同运输示意图

（2）基团运输。一般来说，物质通过膜运输时不需要经过化学修饰，但有些糖在过膜时需要被磷酸化修饰，以糖-磷酸的形式才能通过膜，这称为基团运输（group transport）。例如，1964 年 Rosman 等在大肠杆菌中发现的磷酸转换酶系统，能利用磷酸烯醇式丙酮酸（phosphoenolpyruvic acid，PEP）作为磷酸基团的供体，使糖磷酸化并运送通过细胞膜（图 4-20）。可见这种主动运输形式中的能量来自于 PEP，而不是 ATP。细菌中的脂肪酸、嘌呤和嘧啶等物质的运输也可能是通过基团运输进行的。

（二）大分子物质的跨膜运输

大分子物质的跨膜运输与小分子物质有很大不同。多核苷酸、多糖及蛋白质等大分子物质甚至颗粒物质主要是通过外排作用和内吞作用被运输的，大分子的外排和内吞过程都是要消耗能量的。蛋白质的跨膜运输除内吞、外排作用之外，还有跨内质网膜和线粒体膜、叶绿体膜等多种运输类型。

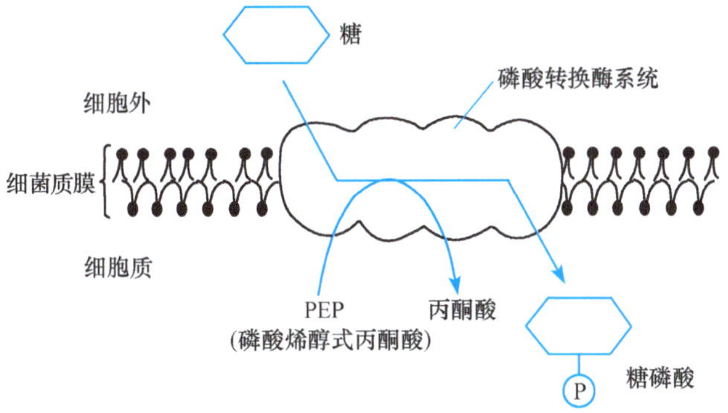

图 4-20 细菌中糖的基团运输示意图

1. 外排作用 细胞内物质先被囊泡裹入形成分泌泡，然后与细胞质膜接触、融合并向外释放被裹入的物质，这个过程称为胞吐作用或外排作用（exocytosis）（图 4-21）。真核细胞对合成物质的分泌通常是通过外排作用完成的。例如，胰岛素的分泌，产生胰岛素的细胞将胰岛素分子堆积在细胞内的囊泡中，然后这种分泌囊泡与质膜融合并打开，从而向细胞外释放胰岛素。

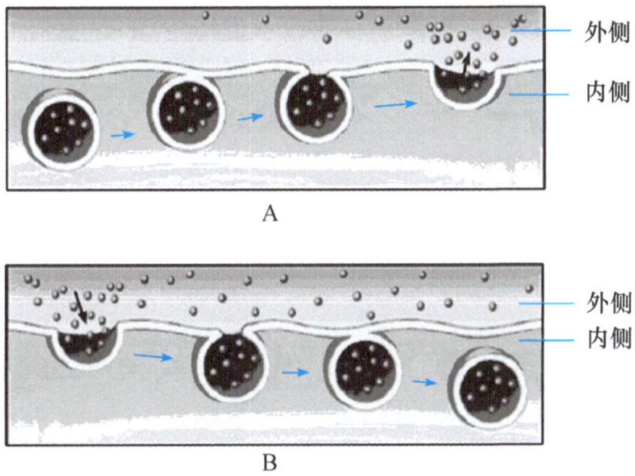

图 4-21 外排（A）与内吞（B）作用示意图

2. 内吞作用 细胞从外界摄入的大分子物质或者颗粒，逐渐被质膜的一小部分包围内陷，之后从质膜上脱落下来而形成含有摄入物质的细胞内囊泡的过程，称为内吞作用（endocytosis）（图 4-21）。内吞作用又可分为吞噬作用、胞饮作用及受体介导的内吞作用。

（1）吞噬作用：凡以大的囊泡形式内吞较大的固体颗粒，如细菌及细胞碎片等的过程，称为吞噬作用（phagocytosis）。例如，高等动物免疫系统的巨噬细胞内吞侵入的细菌。吞噬作用是一个需要能量的主动运输过程，但不具有明显的专一性。

（2）胞饮作用：胞饮作用（pinocytosis）是指以小的囊泡形式将少量胞外液体吞入细胞的过程。被吞入的微滴常含有离子或小分子，胞饮作用也不具有明显的专一性。

（3）受体介导的内吞作用：受体介导的内吞作用是指被吞物（称为配体）与细胞表面的专一性受体结合，并随即引发细胞膜的内陷，形成囊泡将配体裹入并输入细胞内的过程。

因此，这是一种专一性很强的内吞作用，能使细胞选择性的摄入大量专一性配体。例如，动物细胞摄取胆固醇的过程就是通过受体介导的内吞作用实现的。

二、能量转换

一切生命活动都需要能量，生物体所需的能量大都来自糖类、脂肪及氨基酸等的氧化，并通过氧化磷酸化将有机物中储存的化学能转化为生物能 ATP。光合磷酸化是光合生物捕获太阳光能并将其转化为 ATP 的手段。真核生物中，氧化磷酸化发生在线粒体内膜上，而光合磷酸化发生在叶绿体的类囊体膜上。

线粒体有两层膜，其内膜有许多向内的折叠称为嵴（cristae）。嵴的存在增加了内膜的面积，扩大了它产生 ATP 的能力。内膜含有大约 20% 的脂质和 80% 的蛋白质，是蛋白质含量最高的生物膜。许多脱氢酶类、电子传递体及氧化磷酸化酶类等均定向有序地排列在内膜及嵴上。它们的精确定位与排列，使呼吸底物脱下的电子，能够沿着内膜上的电子传递链进行传递，并能与 ADP 的磷酸化相偶联形成 ATP。

与线粒体内膜上的能量转换相类似，叶绿体内的能量转换同样依赖于膜系统上有关成分的精细排列。在叶绿体中含有许多扁平盘状的、由膜包围着的颗粒或囊泡，称为类囊体（thylakoid），它们通常堆积在一起形成称为基粒（grana）的结构。在类囊体膜上嵌合着光合作用的色素及进行光合反应和 ATP 合成的酶复合体。因此光合作用的光反应，即由光能驱动 NADPH 和 ATP 的合成过程，就发生在类囊体膜内。NADPH 和 ATP 在叶绿体基质中被用来将 CO_2 固定以形成糖类。

三、信号转导

生物有机体为了适应外界环境的变化，保持其功能上的协调统一，就要求有一个完善的细胞间相互识别、相互反应和相互作用的机制，这一机制称为细胞通信（cell communication）。在这一系统中，细胞通过质膜或胞内受体感受信息分子的刺激，将细胞外的信号跨膜转导至胞内，从而影响细胞的生物学功能，这一过程称为信号转导（signal transduction）。水溶性信息分子必须首先与质膜受体结合，启动细胞内信号转导的级联反应，将细胞外的信号跨膜转导至胞内；脂溶性信息分子可进入胞内，与胞质或核内受体结合，通过改变靶基因的转录活性，诱发细胞特定的应答反应。受体是指生物膜上、胞质内或核内能识别生物活性物质（激素、神经递质、毒素、药物、抗原和其他细胞黏附分子等）并与之特异结合的生物大分子。根据受体在细胞中的定位，可将它们分成细胞膜受体和细胞内受体，后者又可分为细胞质受体和细胞核受体。绝大多数受体是蛋白质，少数是糖脂。能与受体结合的活性分子常被称为配体。胞间的信号分子就是配体，也称为第一信使。

根据受体的结构和功能的不同，跨膜信号转导的路径大致可分为 4 类（图 4-22）。其中离子通道受体、受体酶和 G 蛋白偶联受体介导的信号转导都属于质膜受体介导的信号转导途径。

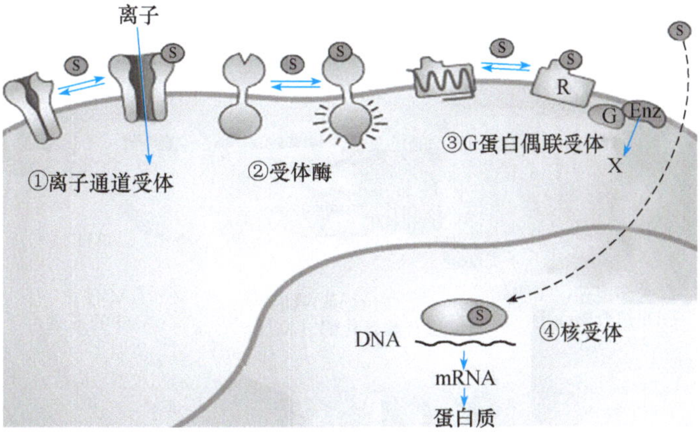

图 4-22 4 类跨膜的信号转导途径

1. 离子通道受体介导的信号转导 离子通道受体本身就是离子通道。通道的开放（或关闭）不仅涉及离子本身的跨膜转运，还可实现化学信号的跨膜转导。主要存在于神经、肌肉等可兴奋细胞，其信号分子为各种神经递质。神经递质通过与离子通道受体结合而改变其构象，导致离子通道的开启或关闭，改变质膜的离子通透性，在瞬间将胞外化学信号转换为电信号，继而改变细胞的兴奋性。

2. 受体酶介导的信号转导 受体酶均含有一个胞外的配体结合结构域和一个胞内的酶催化位点，中间有一段跨膜区连接。一般来说，受体酶是蛋白激酶，它能催化靶蛋白的酪氨酸残基发生磷酸化，继而通过级联的磷酸化反应激活一系列下游蛋白，最终实现细胞外信号对细胞功能的调节，胰岛素受体属于这一类。其他受体酶在接受胞外信号刺激后会催化合成胞内第二信使 cGMP，心钠素（atrial natriuretic factor）的受体属于这种类型。

3. G 蛋白偶联受体介导的信号转导 G 蛋白即鸟苷酸结合蛋白，是一类位于质膜胞质面、能与 GDP 或 GTP 结合的外周膜蛋白，由 α、β、γ 三个亚基组成，以三聚体形式存在时为非活化型，当 α 亚基与 GTP 结合并导致 βγ 二聚体脱落时则变成活化型。当信号分子与 G 蛋白偶联受体结合后激活 G 蛋白，进而影响质膜上某些离子通道或酶的活性而产生细胞内信号分子和后续的生物学效应。cAMP 信号转导系统在激素-受体复合物的作用下，G 蛋白转变为活性形式而激活腺苷酸环化酶，该酶催化 ATP 生成细胞内第二信使 cAMP，cAMP 进一步激活蛋白激酶 A 及其下游蛋白质，从而调节细胞内活动（图 4-23）。

4. 核受体介导的信号转导 亲脂性配体自由通过质膜进入细胞，在胞质或胞核内与受体结合成配体-受体复合物，如在胞核内可直接与 DNA 应答元件相互作用而调节靶基因的表达。

甾醇类激素在动物细胞的生长发育中发挥重要调控作用，其信号转导途径主要通过核受体直接调控基因表达。植物细胞中也存在油菜素甾醇类（brassinosteroid，BR）激素，其受体 BRI1 是位于细胞膜上的富含亮氨酸重复序列的跨膜类受体蛋白激酶，在感知和转导 BR 信号过程中发挥重要作用。

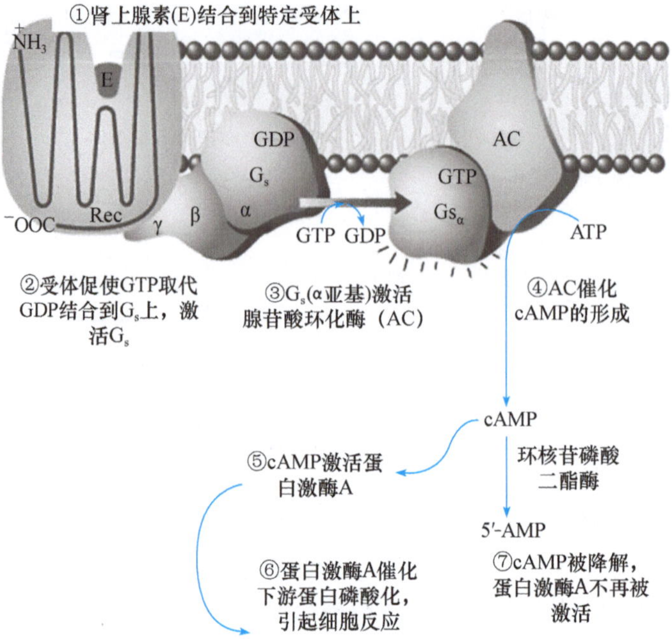

图 4-23　G 蛋白偶联受体介导的信号转导

四、细胞识别

在生命活动中，细胞与细胞之间及细胞与外源物质之间必须通过准确的识别，使细胞对其他细胞和物质进行判定和确认，从而做出相应的反应。人们普遍认为，细胞的识别功能是通过细胞膜上的糖蛋白来实现的。例如，植物的花粉与柱头之间的识别是亲和力产生的前提，雌蕊可以识别并排斥同株植物产生的花粉。目前认为，在柱头和花粉粒上存在一类称为 S 蛋白的糖蛋白，同种 S 蛋白之间的排斥作用及不同 S 蛋白之间的相互亲和作用，是花粉粒和柱头之间相互识别的分子基础。再如，在豆科植物的根系和根瘤菌的专一性识别和结合过程中，糖蛋白也可能起着重要作用。

知识窗

细胞膜与癌变

癌细胞是由体内正常细胞发生癌变而形成的。从理论上来说，正常细胞和癌细胞之间在结构和功能方面总会有差别。近年来，随着对膜研究的深入，已经发现了癌细胞许多表型变化及其相应的恶性行为均与细胞表面的结构、理化性质和功能的改变有密切关系，因此有人将癌症称为膜的分子病。

知识窗

胞内外物质和信息的沟通，细胞和细胞间信息的相互交流，多凭借存在于膜上的特殊“通道”、运载蛋白或膜受体。受体与其特异的配体结合后常可直接、间接地引发相应的生物学效应。而膜受体一旦因某些原因发生变化或缺陷，则可能会导致细胞内外或细胞间信息转导发生障碍，进而引发疾病。受体异常会导致的一些疾病如表 4-2 所示。

表 4-2 受体异常引发的一些疾病

分类	相关受体	临床特征
家族性高胆固醇血症	LDL 受体	血浆 LDL 升高，动脉粥样硬化
家族性肾性尿崩症	ADH V2 型受体	男性发病，多尿、口渴和多饮
视网膜色素变性	视紫质	进行性视力减弱
遗传性色盲	视锥细胞视蛋白	色觉异常
严重联合免疫缺陷症	IL-2 受体 γ 链	T 细胞减少或缺失，反复感染
II 型糖尿病	胰岛素受体	高血糖，血浆胰岛素正常或升高

思考题

1. 什么是生物膜？试述研究生物膜的重要性。
2. 试述生物膜的主要组分及其作用。
3. 从生物膜结构模型的演化谈谈人们对生物膜结构的认识过程。
4. 生物膜流动镶嵌模型的要点是什么？
5. 什么是生物膜的流动性？
6. 什么是生物膜的不对称性？
7. 物质被动运输和主动运输的基本特点分别是什么？
8. 试述 Na^+-K^+ 泵的作用机制及其生物学意义。
9. 什么是内吞作用和外排作用？它们有什么共同特点？

请扫描二维码
进行在线测试

第五章 >>>

代谢导论

学习要点

在前面的章节中，讨论了生物体中的蛋白质、核酸、酶、维生素及生物膜的结构及功能。这些物质在生物体内不是静止不变的，而是不停地发生着化学变化。新陈代谢就是生物体内一切化学变化的总称。生物体内的代谢反应几乎都是由酶催化完成的，一种物质的转变，通常由一系列连续的酶促反应构成，前一种酶作用的产物往往是后一种酶作用的底物，从而构成特定的代谢途径。

新陈代谢包括分解代谢和合成代谢两个方面。分解代谢是生物体将大的、复杂的有机分子转变成较小的、较简单的物质，同时放出能量的过程。合成代谢是生物体利用能量将小分子或大分子的结构元件构建成自身大分子的过程。

ATP是一种高能磷酸化合物，因为它具有较高的磷酸基团转移势能，是磷酸基团转移反应的中间载体，所以在生物体的能量转换过程中起枢纽作用，通常被比作“能量通货”。ATP在动力学上是稳定的。

新陈代谢的功能可以概括为5个方面：生物体从周围环境中获得营养物质；将外界引入的营养物质转变成自身所需要的结构单元；将结构单元装配成自身的生物大分子；分解自身大分子形成新的功能分子；提供生命活动所需的一切能量。

第一节　新陈代谢概述

一、新陈代谢的基本概念及特点

1. 新陈代谢的概念　　生物体内进行的所有化学反应总称为新陈代谢（metabolism），简称代谢。通过代谢反应生物体可以将外界获得的营养物质转变为自身的分子并提供生命活动所需要的能量。

新陈代谢包含物质的分解和合成两个方面。生物体将从环境获得的或自身储存的大的、复杂的有机分子如糖类、脂类、蛋白质通过一系列反应转变为较小的、较简单的物质的过程称为分解代谢（catabolism），其主要目的是获得生命活动所需的能量。分解代谢通常由3个阶段组成：第一阶段，复杂的大分子（如淀粉、糖原、蛋白质、核酸和脂肪等）降解成它们的组成单位，如单糖、氨基酸、核苷酸、甘油、脂肪酸。在这一阶段不产生有用的能量。第二阶段，将第一阶段产生的小分子组成单位进一步分解为更小的分子，主要为乙酰辅酶A，在此阶段产生少量的ATP。第三阶段，乙酰辅酶A进入三羧酸循环，其乙酰基被完全氧化为CO_2，每有1个乙酰基被氧化，就有4对电子被转移到NAD^+和FAD上，然后电子从这些辅酶的还原型进入电子传递链流向O_2，生成H_2O，同时电子传递释放的能量驱动氧化磷酸化过程，产生大量的ATP。这一阶段是糖类、脂类、蛋白质等各类有机分子分解代谢最终的共同代谢途径。合成代谢（anabolism）则是生物体利用能量将小分子或较大分子的结构元件构建成自身大分子的过程。

分解代谢和合成代谢都强调的是物质的转换，属于物质代谢（substance metabolism），与物质代谢相伴的还有能量的转换，即能量代谢（energetic metabolism）。一切生命活动都需要能量，太阳能是一切生物体最根本的能量来源。具有叶绿素的光养生物通过光合作用，将 CO_2 和 H_2O 合成葡萄糖，即将太阳能转变为化学能储藏在葡萄糖分子中。而依靠外界营养物质为生的异养生物，则通过将葡萄糖等营养物氧化分解获得能量，这种能量一般以 ATP 的形式存在并被需能过程所利用。ATP 是所有细胞中主要的化学能载体，它使放能反应与需能反应相偶联。

无论是分解代谢还是合成代谢，都由一系列的酶促反应构成。生物体内数以千计的代谢反应根据功能可以归纳为多条代谢途径（metabolic pathway），每一条代谢途径都是通过一系列酶的连续作用将一种化学物质最终转化为另一种化学物质。其中前一个酶的产物往往是后一个酶作用的底物，所以这些酶促反应产物统称为代谢物（metabolite）或代谢中间物（metabolite intermediate）。在一个细胞内有多条代谢途径，既相互独立又相互关联，形成代谢网络（图5-1）。

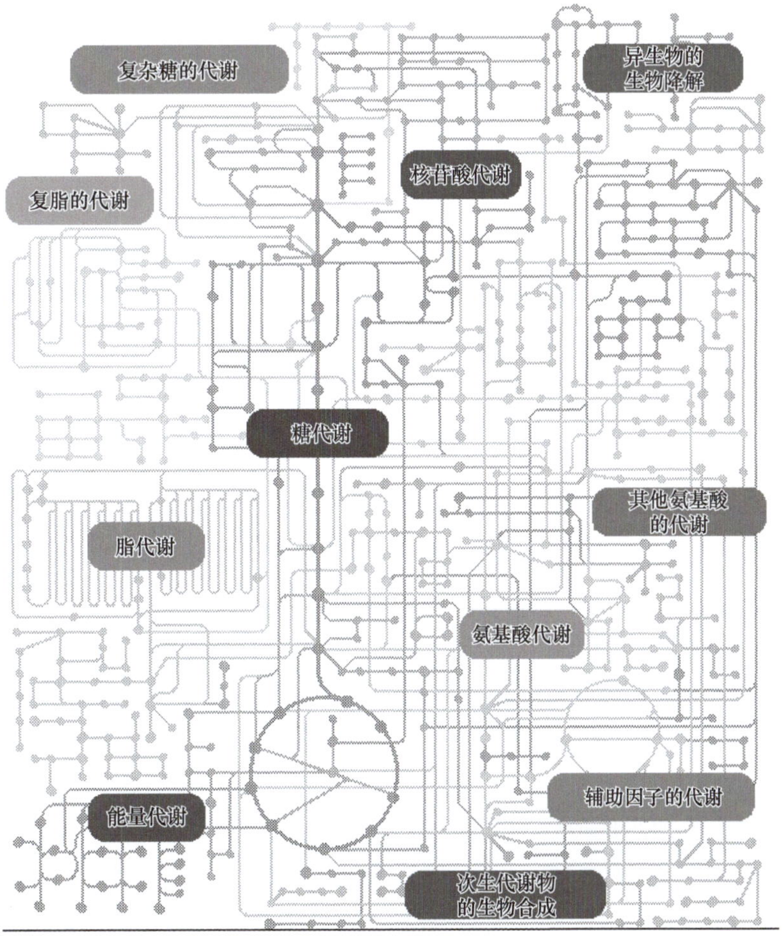

图 5-1 代谢网络（杨荣武，2012）

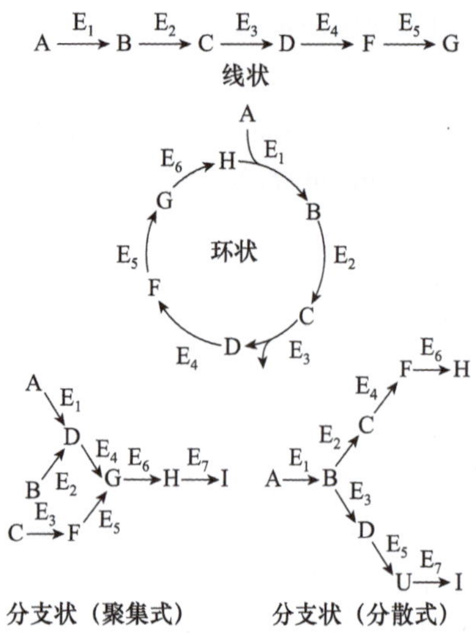

图 5-2　代谢途径的方向性

根据代谢途径进行的方向，可以将其归纳为线状、环状和分支状 3 种类型（图 5-2）。例如，在葡萄糖的分解代谢中糖酵解途径呈线状，三羧酸循环呈环状，而分支状则出现在许多氨基酸的合成代谢中。

同一种物质，其分解代谢和合成代谢的途径一般是不相同的，它们并不是简单的逆转。但有些代谢反应，两种代谢途径可以共同利用。

2. 新陈代谢的特点　生物体内的代谢反应具有以下特点。

（1）反应条件温和：生物体内的代谢反应几乎都是在酶的催化下完成的，都是在极温和的条件下进行的。

（2）反应途径的单向性：尽管每一个代谢途径中的多数反应都是可逆的，但总会有一两步反应由于 ΔG 值为极大的负值而不可逆。不可逆反应的存在决定了整条代谢途径的单向性，这更有利于机体对代谢进行调控。

（3）每条代谢途径进行的速度都是可以被调控的：每一个代谢途径进行的速度并不是恒定不变的，当外界环境发生变化或接受来自其他细胞的信号时，细胞也需要通过调控酶的活性来实现对代谢途径速率的调控，从而对这些变化和信号做出反应。

（4）一条代谢途径至少存在 1 个限速步骤：对代谢途径速率的调控并不需要对一条代谢途径上所有的酶活性进行调控，只需要对其中的一两个关键酶进行调控即可，因为整个途径的反应速度主要由关键酶决定，该酶即限速酶（rate-limiting enzyme），由限速酶催化的反应即该代谢途径的限速步骤，限速步骤一般是代谢途径的第一步不可逆反应。

（5）各种生物体在基本代谢途径上是高度保守的：从低等生物到高等生物，其基本的代谢途径是极为相似的，如糖酵解途径存在于所有生物体中。

（6）各个代谢途径在真核细胞中是高度区域化的：在真核细胞内，由于催化不同代谢途径的酶类往往存在于一定的亚细胞结构区域或胞质中，因此真核细胞中的代谢途径被高度区域化（表 5-1）。代谢途径的区域化使某些调节因素可以专一性地影响细胞内某一部分的酶活性，而不致影响其他部位酶的活性，从而对代谢途径进行精准调控。

表 5-1　代谢途径的区域化

代谢途径	发生区域
三羧酸循环、氧化磷酸化、脂肪酸氧化、氨基酸分解	线粒体
糖酵解、脂肪酸合成、磷酸戊糖途径	细胞质基质
DNA 复制、转录、转录后加工	细胞核、线粒体、叶绿体
膜蛋白和分泌蛋白的合成	粗面内质网
脂肪、磷脂和胆固醇的合成	光面内质网
翻译后加工（糖基化）	内质网、高尔基体
尿素循环	肝细胞线粒体和细胞质基质

二、新陈代谢的研究方法

阐明生物体内的一个代谢途径主要需要从3个方面着手：确定参与代谢反应的酶与辅酶的结构与性质，这需要对酶进行分离纯化及定性、定量研究；还需确定代谢途径中的底物、中间产物和终产物的结构、名称和反应类型；另外就是研究代谢途径的调控机制。

新陈代谢的研究可以利用生物整体、器官或微生物细胞群开展实验，称为体内研究，用拉丁语“*in vivo*”表示，是“在体内”的意思。还可以利用器官组织制成切片、匀浆或提取液进行研究，称为“*in vitro*”，即“在体外”的意思。近代生物分离、纯化技术的发展使代谢研究的对象可精细到个别的细胞、细胞器，甚至是个别的酶及中间代谢物。

新陈代谢的研究方法是多种多样的，下面着重介绍新陈代谢研究中最常用到的几种方法。

1. 同位素示踪法 同位素示踪法是研究代谢途径最有效的一种方法。生物体内存在着很多条代谢途径，每一条途径中又包含多种物质，究竟各代谢途径间如何联系及不同物质间又是如何转变的？如果在研究中应用适当的标记物作示踪剂分析跟踪化合物在体内的变化，就可以知道它们之间相互转变的关系，确定与标记物有关的代谢途径。早在同位素示踪法应用之前，1904年德国科学家F. Knoop就开始应用苯环标记脂肪酸，研究脂肪酸的分解代谢。但这种化学标记方法会改变代谢物的性质，在使用时有一定的局限性。1935年美国生物化学家R. Schoenheimer将同位素标记法引入代谢研究。他在1941年发表的《机体组成的动态》（*The Dynamic State of Body Constituents*）一书中叙述了用天然同位素标记的营养物饲喂小鼠的许多实验研究。他发现标记的氨基酸进入了血清中的球蛋白、抗体、清蛋白等成分中。他用重氢标记软脂酸，发现重氢掺入小鼠体内的许多其他脂肪酸分子中。他的一系列实验揭示了生命有机体在不断地进行着新陈代谢，体内的各种物质在不断地进行更新。

利用同位素进行标记不但不会改变被标记化合物的化学性质，而且可以根据需要选择不同的同位素和不同的标记部位。目前常用的同位素有^{32}P、^{14}C、^{3}H、^{35}S等。

生物体内一些重要代谢途径的阐明都有同位素示踪法的贡献，如卡尔文循环。美国科学家M. E. Calvin从1946年起利用^{14}C标记CO_2，培养单细胞小球藻，然后对提取液进行双向纸层析，研究了小球藻在光合作用中CO_2同化的早期产物。在双向纸层析放射自显影图谱中，他发现放射性最早出现在3-磷酸甘油酸分子中，随后出现在其他中间产物中。并确定CO_2的受体是1,5-二磷酸核酮糖，碳同化的过程需要消耗ATP与NADPH。经过9年的努力，他终于弄清了光合作用中CO_2同化的循环式途径，即卡尔文循环。为此，在1961年他被授予诺贝尔化学奖。

2. 使用酶的抑制剂 一条代谢途径上的每一步反应都是在酶的催化下完成的，选择使用一些酶的抑制剂可使代谢途径受阻。如果代谢途径中的某一步反应被抑制，就会导致该步反应的底物和前面所有代谢中间产物的积累（图5-3），有利于对这些中间产物进行分离、纯化，可以为阐明代谢途径提供直接证据。

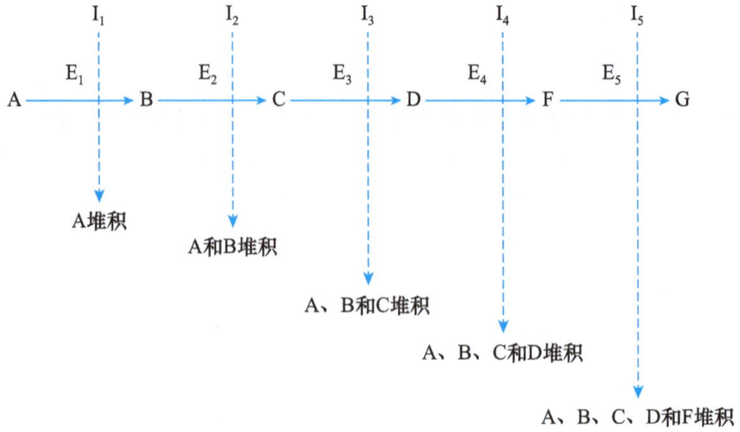

图 5-3 使用酶的抑制剂确定代谢途径

用这种方法最早探明的代谢过程是酵母的乙醇发酵，即葡萄糖分解成乙醇的过程。例如，利用碘乙酸可使酵母发酵液中积累 3-磷酸甘油醛（由于抑制了 3-磷酸甘油醛脱氢酶的活性）；利用氟化物可造成 3-磷酸甘油酸和 2-磷酸甘油酸的积累（由于抑制了烯醇化酶的活性）。

3. 利用遗传缺陷症 患有遗传缺陷症的患者，由于先天基因的突变而缺乏某一种酶，从而引起某种代谢不正常，表现为该酶作用的前体不能进一步被利用而积累，出现在血液中或随尿液排出体外。测定这些代谢物有助于阐明相关代谢途径。例如，尿黑酸尿症就是由于没有尿黑酸氧化酶而引起的一种遗传缺陷症，患者尿液中有尿黑酸积累，放置后尿液变成黑色，因为尿黑酸被氧化并聚合成类似黑色素的物质。遗传缺陷症的概念是在 1902 年由英国医学家 A. Garrod 率先提出的，他的研究认为尿黑酸尿症是一种遗传病，受孟德尔遗传因子控制，患者可能是隐性遗传因子的纯合体。并且他认识到尿黑酸是苯丙氨酸和酪氨酸降解的一种正常的中间产物，患者尿黑酸之所以积累是因为其降解被阻断。他的结论是“正常代谢中苯环的分裂由一种特殊的酶作用，而在尿黑酸尿症患者体内这种酶是缺少的”。在当时能把基因和酶联系起来，无疑是超前的见解。

受人类先天性代谢缺陷症研究的启发，人们进一步使用微生物的基因突变型研究代谢途径。利用各种诱变法如 X 射线照射法引起微生物的基因发生突变，这种突变型微生物可能造成酶或代谢途径的缺失。许多代谢途径的中间步骤都是利用这种方法得以阐明的。另外，模式植物拟南芥因突变体库的建立，也越来越多地被用于代谢研究。

4. 利用基因操作法 主要是利用遗传转化等技术，使细胞中某一种酶过量表达或抑制表达，来确定某一种酶在细胞中的功能及它在代谢中所发挥的作用。

第二节 代谢中的生物能学

新陈代谢是生命活动最基本的特征，生命有机体要维持生长、发育、遗传及繁殖等生命活动，必须要吸收能量并将其转化为生物功。所以能量代谢是新陈代谢研究的另一重要问题。生物能学（bioenergetics）也称为生化热力学，专门研究生命系统内的能量流动和转化规律。

一、生化反应中自由能的变化

几乎所有生命体代谢所需的能量都直接或间接地来自太阳的辐射能，生物体通过生化反应，如绿色植物通过光合磷酸化将太阳能转化为化学能，动物通过氧化磷酸化利用食物中的化学能供机体进行生命活动。所以生物体要不断地从环境中摄入能量，摄入的能量主要可以用于：一是为肌肉的收缩或其他细胞的运动提供能量；二是为体内分子或离子的主动运输提供能量；三是为由生物小分子前体合成生物大分子提供能量。由于每一种生命活动都和能量代谢密切相关，因此生物体中这些生化反应的能量变化规律同样遵循热力学定律。

（一）自由能、熵和焓的概念

（1）吉布斯自由能（Gibbs free energy，*G*）：是指生物体在常温常压下用以做功的能量。自由能是深入了解生物化学反应最重要的热力学函数，通过自由能的变化可以了解一个生化反应能否自发进行，是放能反应还是吸能反应。

（2）熵（entropy，*S*）：表示一个化学体系组成的混乱度。一个系统越有序，其熵值就越低。

（3）焓（enthalpy，*H*）：是指一个化学体系中的总热能。

自由能、熵和焓都是重要的热力学函数，在标准温度和压力下，它们之间的关系可表示如下。

$$G = H - TS$$

由于熵和焓的实际数值很难测定，因此准确测定任何体系的实际自由能是很困难的。然而当一个化学反应在一个恒定的温度下发生后，我们可以测定其反应前后自由能的变化，自由能的变化可表示如下。

$$\Delta G = \Delta H - T\Delta S$$

式中，ΔG 表示反应体系自由能的变化；ΔH 表示体系总热能变化，即焓变，ΔG 和 ΔH 的单位分别为 J/mol 或 cal/mol(1cal = 4.148J)；ΔS 表示体系的熵变，ΔS 的单位为 J/(mol · K)(25℃ = 298K)；T 表示绝对温度。

显然当反应物的自由能大于产物的自由能时，该反应的 $\Delta G < 0$，为放能反应，可以自发进行；当反应物的自由能与产物的自由能相等时，该反应的 $\Delta G=0$，体系处于平衡状态；若反应物的自由能小于产物的自由能，该反应的 $\Delta G > 0$，为吸能反应，反应不能自发进行，必须给体系供给能量，反应才能进行。

对于任何化学反应体系，当反应体系还没有处于平衡状态时，总有一种“驱动力”促使反应处于平衡状态，这种“驱动力”就是自由能的变化。由上式可知，自由能的变化和反应条件有关。ΔG 是一个标准自由能变化的函数，标准自由能变化是指在标准温度为 298K（25℃），压力为 101 325Pa（一个大气压），反应物浓度为 1.0mol/L 的条件下，反应体系自由能的变化，用 ΔG^0 表示。而对于生物体来说，由于反应温度多为 37℃，且反应多发生在 pH 7 附近，因此生物体系中标准态的氢离子浓度为 10^{-7}mol/L，而不是 1.0mol/L（pH=0），水的浓度也基本上是 55.5mol/L，所以生物体中标准态的自由能变化常用 $\Delta G^{0\prime}$ 表示。

（二）自由能变化与化学反应平衡常数的关系

平衡常数也是反映化学反应能否自发进行的重要参数。

对于任一化学反应：

$$A + B \longrightarrow C + D$$

平衡常数和自由能的关系如下：

$$\Delta G = \Delta G^{0\prime} + RT\ln K'eq$$

反应达到平衡时，$\Delta G=0$，所以：

$$\Delta G^{0\prime} = -RT\ln K'eq \text{ 或 } \Delta G^{0\prime} = -2.303RT\lg K'eq$$

式中，$K'eq=[C][D]/[A][B]$，$K'eq$ 为与 $\Delta G^{0\prime}$ 对应条件下的反应平衡常数；R 为气体常数；T 为绝对温度。所以通过平衡常数可以求出标准自由能的变化。

（三）自由能变化与氧化还原电位的关系

在代谢反应中，氧化还原反应是很重要的一种类型。氧化还原的本质是电子的迁移，失电子被氧化，得电子被还原，通常用氧化还原电位（oxidation-reduction potential）相对地表示各种化合物得失电子的能力，氧化还原电位用 E 来表示。

理论上，任何一个氧化还原反应都可以被设计成一个原电池。在该电池中，输出电子的一端为负极，得到电子的一端为正极，当用导线连接正、负电极时，就有电流从导线上通过，两电极间的电位差，即电池的电动势。

目前，由于对氧化还原电位的绝对值尚无法测定，通常用比较法测得其相对数值，因此常用标准状态下的氢电极作为比较的电极。把这个电极与待测电极组成原电池，在一定温度下，就可测得电池的电动势，即待测电极在该温度下的氧化还原电位。标准状态是指当溶液中氧化态和还原态物质及参与电极反应的 H^+ 或 OH^- 的浓度都为 1mol/L（若为气体则其分压为 1 个大气压），温度为 25℃，pH=0 时的状态。在此状态下测得的氧化还原电位为标准氧化还原电位，用 E^0 表示。在生物能学中，把 pH=7.0 时测得的氧化还原电位称为生化标准氧化还原电位，用 $E^{0\prime}$ 表示。

参加氧化还原反应的氧化态与还原态化合物或基团，称为氧化还原对，氧化还原电位的大小主要取决于氧化还原对本身的性质，同时也受溶液中各物质浓度、气体分压及反应温度等因素的影响。这些因素之间的定量关系可用 Nernst 方程表示。Nernst 方程规定了标准氧化还原电位（$E^{0\prime}$）、待测电位（E）及反应体系中氧化剂与还原剂浓度比值之间的关系：

$$E = E^{0\prime} + 2.3RT/nF\lg[\text{氧化剂}]/[\text{还原剂}]$$

式中，E 为全部浓度达 1mol/L 时的待测电位；$E^{0\prime}$ 为 pH=7.0 时氧还对的标准电位；R 为气体常数 [8.31J/(mol · K)]；T 为绝对温度；F 为法拉第常数 [96.5kJ/(v · mol)]；n 为转移的电子数。

生物体中许多重要物质参与氧化还原反应体系的标准氧化还原电位已被测定，表 5-2 列出了若干物质的 $E^{0\prime}$。通过比较各物质标准氧化还原电位的高低，就可了解它们对电子亲和力的大小。

表 5-2 生物体中若干物质的标准氧化还原电位（$E^{0\prime}$）

反应系	标准氧化还原电位（$E^{0\prime}$）
$\frac{1}{2}O_2 + 2H^+ + 2e \longrightarrow H_2O$	+0.816
$Fe^{3+}+e \longrightarrow Fe^{2+}$	+0.771
细胞色素 $a_3Fe^{3+}+e \longrightarrow$ 细胞色素 a_3Fe^{2+}	+0.39
细胞色素 $aFe^{3+}+e \longrightarrow$ 细胞色素 aFe^{2+}	+0.29
细胞色素 $cFe^{3+}+e \longrightarrow$ 细胞色素 cFe^{2+}	+0.25
细胞色素 $c_1Fe^{3+}+e \longrightarrow$ 细胞色素 c_1Fe^{2+}	+0.22
辅酶 Q+2H+2e $\longrightarrow$ 辅酶 QH_2	+0.10
细胞色素 $bFe^{3+}+e \longrightarrow$ 细胞色素 bFe^{2+}	+0.07
延胡索酶 +2H+2e $\longrightarrow$ 琥珀酸	+0.031
乙酸 $+CO_2+2H^++2e \longrightarrow$ 丙酮酸 $+H_2O$	−0.70
琥珀酸 $+CO_2+2H^++2e \longrightarrow$ α-酮戊二酸 $+H_2O$	−0.67
乙酸 $+2H^++2e \longrightarrow$ 乙醛 $+H_2O$	−0.58
3-磷酸甘油酸 $+2H^++2e \longrightarrow$ 3-磷酸甘油醛 $+H_2O$	−0.55
α-酮戊二酸 $+CO_2+2H^++2e \longrightarrow$ 异柠檬酸	−0.38
乙酰 CoA$+CO_2+2H^++2e \longrightarrow$ 丙酮酸 +CoA	−0.48
1,3-二磷酸甘油酸 $+2H^++2e \longrightarrow$ 3-磷酸甘酸醛 +Pi	−0.29
乙醛 $+2H^++2e \longrightarrow$ 乙醇	−0.197
丙酮酸 $+2H^++2e \longrightarrow$ 乳酸	−0.185
$FAD+2H^++2e \longrightarrow FADH_2$	−0.18*
草酰乙酸 $+2H^++2e \longrightarrow$ 苹果酸	−0.166
延胡索酸 $+2H^++2e \longrightarrow$ 琥珀酸	−0.031
$2H^++2e \longrightarrow H_2$	−0.421
$NAD^+H^++2e \longrightarrow NADH$	−0.32
$NADP^+H^++2e \longrightarrow NADPH$	−0.32
NADH 脱氢酶（FMN 型）$+2H^++2e \longrightarrow$ NADH 脱氢酶	−0.30
（$FMNH_2$ 型）标准氢电极 E^0=0.00	

注：$E^{0\prime}$ 是在 pH=7.0，30℃，与标准氢电极构成的原电池时的测定值；*FAD/$FADH_2$ 只是辅酶的单独测定值，当辅酶与酶蛋白结合构成全酶后，其 $E^{0\prime}$ 为 0.0 ～ 3.0

电子总是从低氧化还原电位向高氧化还原电位流动，在表 5-2 中，$E^{0\prime}$ 值越小或越负，表明该氧化还原对越易失去电子，是强的还原剂；反之，$E^{0\prime}$ 值越大或越正，表明该氧化还原对越易获得电子，是强的氧化剂。其中 O_2/H_2O 的 $E^{0\prime}$ 值为 0.82V，所以该氧化还原对具有很高的亲电子能力，是很强的氧化剂。

在恒温、恒压条件下，体系自由能的降低值代表了体系做有用功（W）的能力。所以可把一个氧化还原反应看成一个可以做最大功的原电池，其所能做的有用功（W）就是最大电功，等于通过的电量 Q 和电池电动势 ε 的乘积。

$$-\Delta G = W_{\max} = Q\varepsilon$$

根据法拉第定律：

$$Q = nF$$

式中，n 为转移电子的物质的量，F 为法拉第常数 96.5kJ/(V · mol)［或 23.06kcal/(V · mol)］。所以，标准自由能变化 $\Delta G^{0\prime}$ 与 $\varepsilon^{0\prime}$ 之间存在下列关系：

$$-\Delta G^{0\prime} = nF\varepsilon^{0\prime}$$

式中，$\varepsilon^{0\prime}$ 为标准氧化还原电位的变化，其值等于 $\Delta E^{0\prime}$，所以上式可写为：

$$-\Delta G^{0\prime} = nF\Delta E^{0\prime}$$

利用以上公式，可以通过标准氧化还原电位的变化来计算出氧化还原反应中标准自由能变化，从而计算出 $\Delta G^{0\prime}$。

二、高能化合物

生化反应中，有些化合物在水解时或基团转移反应中可释放出大量自由能（大于 21kJ/mol 或 5kcal/mol），这些化合物被称为高能化合物（high-energy compound）。在新陈代谢过程中，能量的储存和释放是逐步进行的，这个过程主要是通过高能化合物的生成和水解来完成的，所以高能化合物在生物体的能量转换过程中占有重要地位。

（一）高能化合物的类型

机体内高能化合物很多，但最重要的一类就是高能磷酸化合物，这类分子中的酸酐键水解时能释放出大量自由能，这类能释放出大量自由能的化学键称为高能键（high energy bond），为了区别于一般的化学键，常用符号“～”表示。

现将生物体内的高能化合物根据它们的键型特点分为以下几种类型。

1. 磷氧键型

（1）酰基磷酸化合物，各物质的名称与化学结构式对应如下。

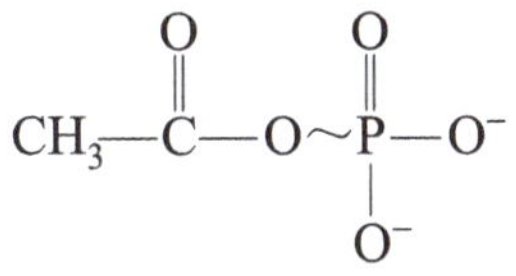

乙酰磷酸（acetyl phosphate）

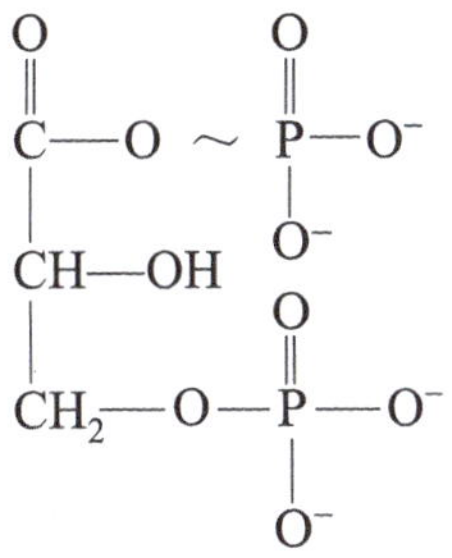

1,3-二磷酸甘油酸
（1,3-bisphosphoglycerate）

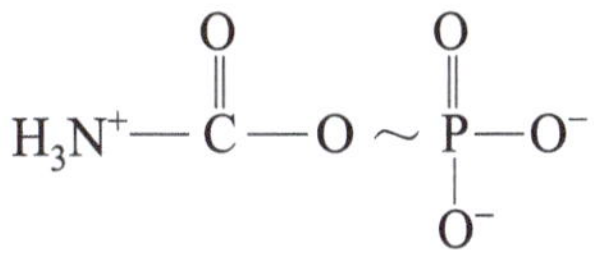

氨甲酰磷酸
（carbamyl phosphate）

（2）焦磷酸化合物，主要有焦磷酸和三磷酸腺苷。

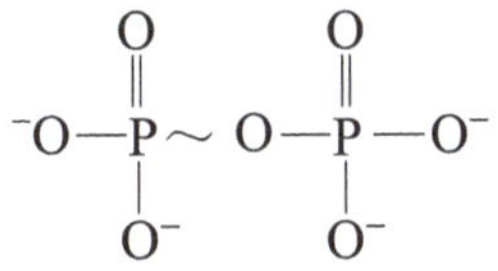

焦磷酸
（inorganpyrophosphate）

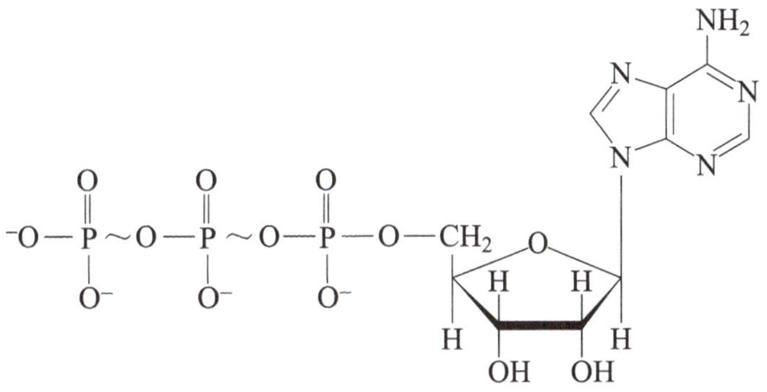

三磷酸腺苷（adenosine triphosphate，ATP）

（3）烯醇式磷酸化合物，主要有磷酸烯醇式丙酮酸。

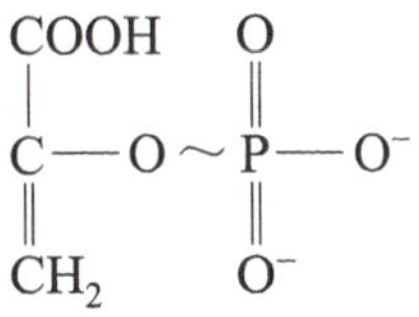

磷酸烯醇式丙酮酸（phosphoenolpyruvate，PEP）

2. 氮磷键型

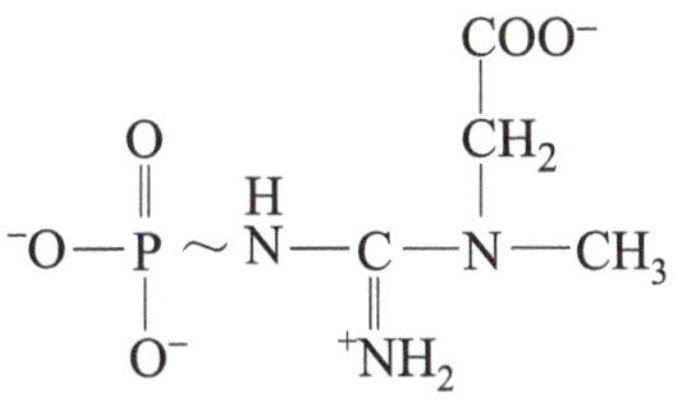

磷酸肌酸（creatine phosphate）

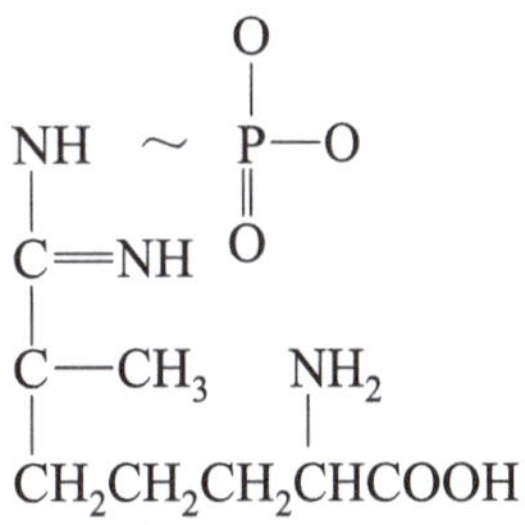

磷酸精氨酸（phosphoarginine）

3. 硫酯键型

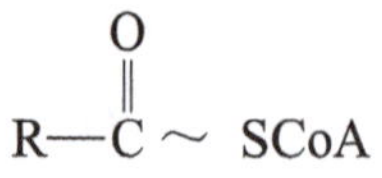

脂酰辅酶 A（fatty acyl-CoA）

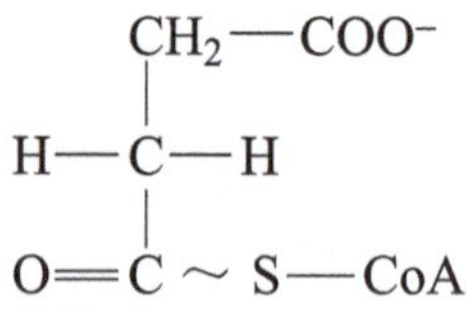

琥珀酰辅酶 A（succinyl-CoA）

4. 甲硫键型

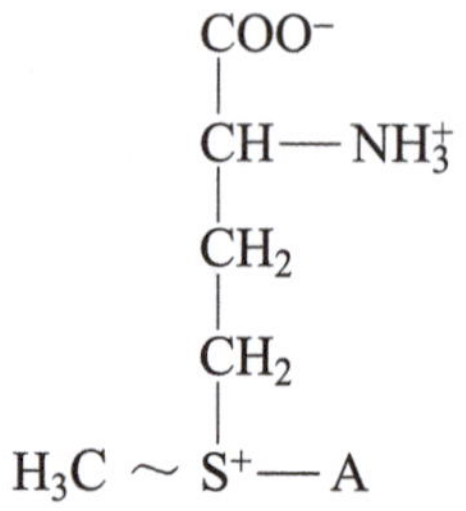

S-腺苷甲硫氨酸（*S*-adenosyl methionine）

（二）重要的高能化合物——ATP

1. ATP 水解可释放大量自由能 ATP 具有较高的磷酸基团转移势能是由它的结构特点决定的。在 pH=7 环境中，ATP 分子中的 3 个磷酸基团完全解离成带 4 个负电荷的离子形式（ATP^{4-}），ATP^{4-} 中 4 个负电荷之间产生静电斥力，促使 ATP 水解减弱斥力；释放的磷酸被共振杂化的形式稳定；另外，ADP 和 Pi 的水合程度比 ATP 高，更稳定；较低的产物浓度（H^+）驱使 ATP 向水解方向进行。ATP 水解释放 30.5kJ/mol 的自由能。

$$ATP^{4-} + H_2O \longrightarrow ADP^{3-} + Pi^{2-} + H^+$$

总的来说，在 ATP 的水解反应过程中，反应物的不稳定性和产物的稳定性或反应物内的静电斥力和产物的共振杂化稳定使 ATP 水解释放大量能量。

2. ATP 在能量转化中的枢纽作用 尽管体内存在各种类型的高能化合物，但是在能量转换过程中起到枢纽作用的却是高能磷酸化合物 ATP。从低等的单细胞生物到高等的人类，能量的转换几乎都是以 ATP 为中心来进行的，如果把能量比喻为货币，那么 ATP 的作用就如同金融系统中的货币流通一样，所以人们通常把 ATP 看作细胞内的“能量通货”。

ATP 之所以能作为细胞内的“能量通货”，主要是因为，一方面 ATP 具有较高的磷酸基团转移势能，是磷酸基团转移反应的中间载体；另一方面 ATP 在动力学上是稳定的。

生物体内任何一个磷酸化合物的合成都可以通过偶联另一个具有更高的自由能释放的磷酸化合物的分解来完成。例如，磷酸从 PEP 分解出来释放的能量比驱动磷酸和 ADP 合成 ATP 的能量还要多，因此一个磷酸基团从 PEP 直接转移到 ADP 上在热力学上是可行的。

$$\begin{array}{ll} PEP + H_2O \longrightarrow \text{丙酮酸} + Pi & \Delta G^{0\prime} = -61.9\text{kJ/mol} \\ ADP + Pi \longrightarrow ATP + H_2O & \Delta G^{0\prime} = 30.5\text{kJ/mol} \\ \hline PEP + ADP \longrightarrow \text{丙酮酸} + ATP & \Delta G^{0\prime} = -31.4\text{kJ/mol} \end{array}$$

PEP 的磷酸基团转移势能非常高，ATP 正好位于“中游”位置，6-磷酸葡萄糖则很低（表 5-3）。ATP 所处的独特位置使它成为最重要的能量载体，使细胞内的放能反应和需能反应建立了偶联关系。

表 5-3　一些磷酸化合物水解的标准自由能变化

磷酸化合物	$\Delta G^{0\prime}$/(kJ/mol)
磷酸烯醇式丙酮酸	-61.9
氨甲酰磷酸	-51.4
1,3-二磷酸甘油酸	-49.3
磷酸肌酸	-43.1
乙酰磷酸	-42.3
磷酸精氨酸	-32.2
ATP（ATP ⟶ ADP+Pi）	-30.5
ADP（ADP ⟶ AMP+Pi）	-30.5
1-磷酸葡萄糖	-20.9
6-磷酸果糖	-15.9
6-磷酸葡萄糖	-13.8
1-磷酸甘油	-9.2

ATP 的另一个化学特性对于它在代谢中作为“能量通货”也是非常关键的。虽然 ATP 在水溶液中是热力学不稳定的，可以作为一个很好的磷酸基团提供者，但它在动力学上是稳定的。由于磷酸酸酐键的无催化断裂需要极大的活化能（200～400kJ/mol），ATP 无法自发地将磷酸基团转移到水中或细胞中数百种其他潜在的受体上，仅在有特定酶降低反应活化能的情况下，ATP 上的磷酸基团才能顺利转移，从而保证细胞通过调控作用于 ATP 的不同的酶来调控 ATP 携带的能量在胞内的分布。

在生物体中 ATP 不断形成又不断消耗，所以 ATP 是能量的传递者，并不是能量的储存者。在神经和肌肉细胞中，ATP 的含量很低，在哺乳动物的脑和肌肉中为 3 ～ 8mmol/kg。这些 ATP 只能提供肌肉剧烈活动 1s 左右，所以不可能成为能量的储存者。在这些可兴奋组织中，真正的能量储存者是磷酸肌酸。当能量供应充足时，ATP 将其中的自由能和磷酰基在磷酸肌酸激酶的作用下传递给肌酸生成磷酸肌酸（图 5-4）。反之，当细胞需要能量时，磷酸肌酸再把能量和磷酰基转移给 ADP 形成 ATP 供细胞利用。

图 5-4　肌酸和磷酸肌酸之间的转变

另外，在某些无脊椎动物的肌肉中，能量的储存形式也不是 ATP，而是磷酸精氨酸，其作用和磷酸肌酸相似。

3. ATP 的其他功能

（1）ATP 可以转变为其他三磷酸核苷。ATP 在酶的催化下可以转变为 CTP、UTP、GTP 等，CTP、UTP 和 GTP 分别为磷脂合成、多糖的合成和蛋白质的合成提供能量。

（2）ATP 是某些酶和代谢途径的调节因子。ATP 可以作为许多酶的别构效应物来调节酶的活性，从而对相应的代谢途径进行调控。

（3）ATP 转变成 AMP 和焦磷酸有特殊作用。在脂肪酸的活化反应中（见第八章中脂肪酸分解部分），ATP 转变为焦磷酸，焦磷酸在细胞内很容易水解为两个无机磷酸，释放 -33.6kJ/mol 的自由能，使总反应的 $\Delta G^{0\prime}$ 更负。焦磷酸的水解不仅可以使反应更加完全，还使磷酸根可以循环利用。

三、能荷

ATP 是生命活动中能量的主要直接供体，因此 ATP 在体内不断产生又不断被消耗，ATP、ADP 和 AMP 的转换率非常高。但它们在机体内总能保持相应的平衡状态，以适应细胞对能量的需求。

细胞所处的能量状态用 ATP、ADP 和 AMP 之间的关系式来表示，称为能荷（energy charge），公式如下：

$$\text{能荷} = \frac{[\text{ATP}] + 1/2[\text{ADP}]}{[\text{ATP}] + [\text{ADP}] + [\text{AMP}]}$$

能荷是细胞所处能量状态的一个指标，当细胞内的 ATP 全部转变为 AMP 时能荷值为 0，当 AMP 全部转变为 ATP 时，能荷值为 1。大多数细胞的能荷为 0.8 ～ 0.95，进一步说明细胞内 ATP 的产生和利用都处于一个相对稳定的状态。

思考题

1. 生物体进行新陈代谢的意义是什么？
2. 为什么说 ATP 在生物能量转换过程中起到枢纽作用？
3. 简述生物体内高能化合物的类型。

请扫描二维码
进行在线测试

第六章 >>>

糖类代谢

学习要点

糖类代谢是生物体内广泛存在的物质代谢，包括糖的分解代谢和合成代谢。在糖的分解代谢部分重点掌握糖酵解、三羧酸循环和磷酸戊糖途径的进行场所、反应历程和化学计量与能量收支，理解各条途径的生理意义及主要调控部位；在糖的合成部分重点掌握糖异生途径。在多糖代谢中了解淀粉和糖原的降解与合成方式。

糖类是自然界分布最广的物质之一，从细菌到高等动植物有机体都含有糖类物质，其中植物体中的含量最为丰富。糖类物质在生物体内可作为能量物质、结构物质、信息及生理活性物质等发挥重要作用。

糖类是生物能量的主要来源。动物、植物和微生物都能利用糖类分解代谢产生的能量以供给生命活动及生长发育的需要。

糖是人类及大多数动物的主要食物。糖类摄入体内后，一般在酶的作用下转化为葡萄糖，经血液运输到各个细胞及组织氧化后产生能量。

微生物和低等动物除了可以利用葡萄糖外，还能利用其他糖类，如真菌可分解纤维素。

糖类是细胞及组织的重要结构成分。细胞膜的糖蛋白、糖脂；结缔组织的透明质酸、硫酸软骨素等；植物细胞壁的主要成分纤维素、半纤维素、果胶等；无脊椎动物昆虫、甲壳类等的外骨骼存在的壳多糖（几丁质）及低等生物的肽聚糖等都属于糖类物质。糖类代谢的中间产物为合成氨基酸、核苷酸、脂肪酸、甘油等提供碳原子或碳骨架，进而合成蛋白质、核酸、脂类等生物大分子。

糖类可以作为细胞识别的信息分子。糖类有多种异构体，结构变化丰富，其与蛋白质结合形成糖蛋白，糖蛋白是分子间及细胞间识别的重要信息物质。例如，人体免疫反应中抗原抗体的识别、植物花粉和柱头的识别、豆科植物的根与根瘤菌之间的识别等都有糖类物质参与。

糖类可以作为生理活性物质，少数糖类对哺乳动物具有生理活性。例如，肝素具有抗凝血作用，某些菌类多糖具有增强免疫功能的作用等。

第一节　生物体内的糖类

糖类物质是指含有多羟基的醛类或酮类化合物及其产生的缩聚物或衍生物（水解后产生

多羟基醛或酮）。糖类物质主要由碳、氢、氧组成，因多数单糖的C∶H∶O＝1∶2∶1，常写成 $C_n(H_2O)_n$，所以习惯上也称为碳水化合物（carbohydrate）。按照糖的功能基团可把糖分为醛糖和酮糖；根据糖类的结构性质及聚合程度可分为单糖、寡糖和多糖；按照有无其他非糖成分又可分为单成分糖和复合糖。

一、单糖

单糖（monosaccharide）只含有一个羰基，不能再水解为更简单的糖。最简单的单糖是D-甘油醛和二羟丙酮。

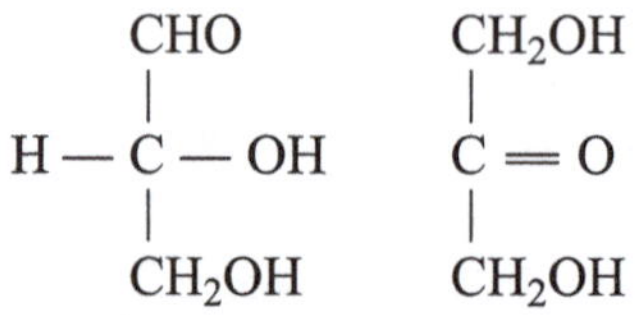

D-甘油醛　　二羟丙酮

含有醛基的单糖称为醛糖，如甘油醛、葡萄糖、核糖等；含有酮基的单糖称为酮糖，如二羟丙酮、果糖、核酮糖等。单糖又根据碳原子数分为三碳糖、四碳糖、五碳糖、六碳糖、七碳糖，习惯也称为丙糖、丁糖、戊糖、己糖、庚糖。例如，三碳糖也称为丙糖，六碳糖也称为己糖。

生物体内最常见的单糖是戊糖（如核糖和脱氧核糖）和己糖（如葡萄糖和果糖），其结构如图6-1所示。

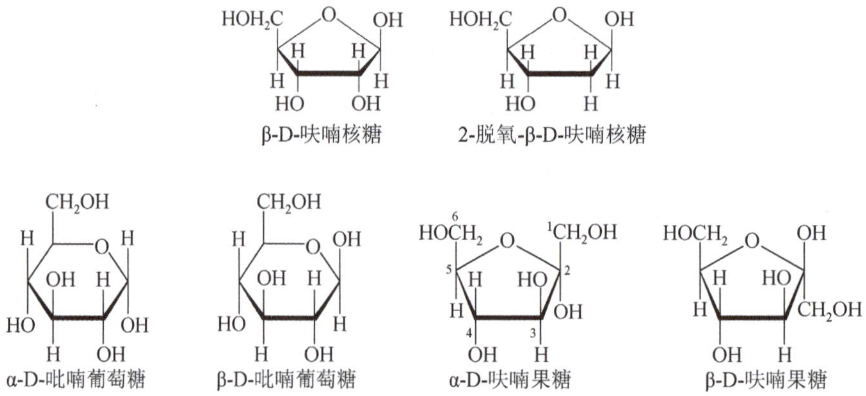

图6-1　几种单糖的结构

二、双糖

生物体内常见的双糖（disaccharide）主要有蔗糖、麦芽糖、乳糖等。

蔗糖（sucrose）是由α-D-葡萄糖和β-D-果糖以α，β(1→2）糖苷键连接缩合形成的，其结构如图6-2所示。

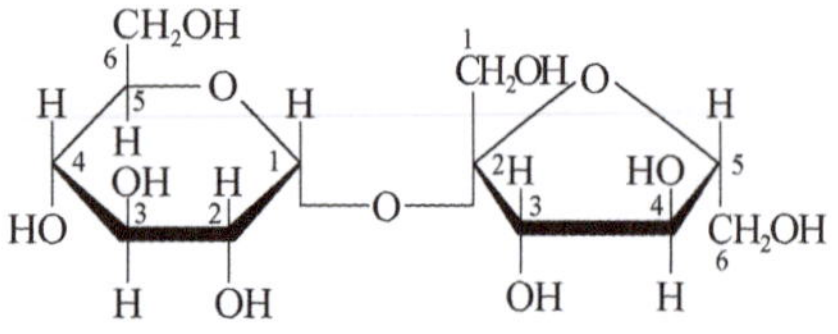

图6-2　蔗糖的结构

蔗糖没有半缩醛羟基，即没有还原性的末端基团，属于非还原糖。

麦芽糖（maltose）是由两分子 α-D-葡萄糖以 α（1 → 4）糖苷键连接缩合形成的。麦芽糖保留了半缩醛羟基，属于还原糖，如图 6-3 所示。

生物体内麦芽糖含量极少，几乎测不到（包括动物和植物），但并非不存在。植物种子在萌发时储藏的淀粉水解，麦芽糖含量略有增多，然后迅速由麦芽糖酶水解为葡萄糖。

乳糖（lactose）是 β-D-半乳糖和 α-D-葡萄糖以 β，α（1 → 4）糖苷键连接缩合形成的，其化学名称为半乳糖-β，α（1 → 4）葡萄糖苷，属于还原糖，其结构如图 6-4 所示。

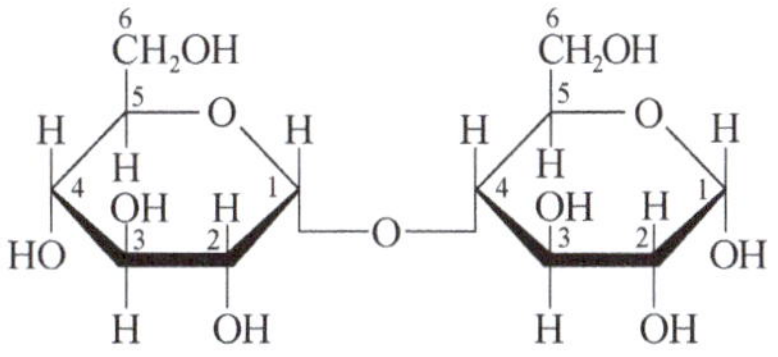

图 6-3 麦芽糖的结构

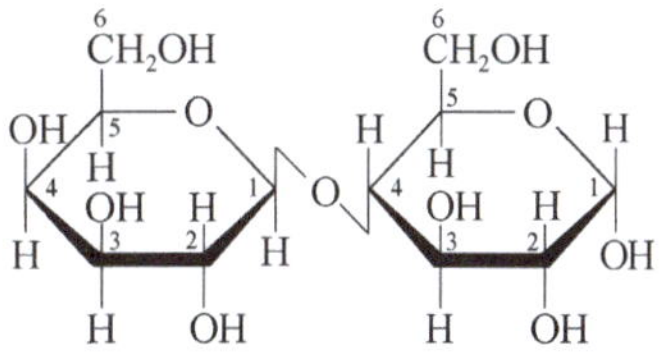

图 6-4 乳糖的结构

乳糖主要存在于哺乳动物乳汁中（牛奶中含乳糖 4% ～ 7%），甜度明显低于蔗糖和麦芽糖，溶解性略差，所以奶粉溶液呈乳浊状。乳糖在体外可被稀盐酸水解，体内可被乳糖酶水解。但有个别成年人或老人由于胃肠中缺乏乳糖酶，喝牛奶会腹泻或腹痛。

三、多糖

（一）多糖的特征

多糖（polysaccharide）是由多个单糖通过糖苷键聚合成的高分子聚合物。因单糖数目随机而不固定，所以多糖没有固定的相对分子质量和确定的物理常数。多糖是自然界存在量最大的一类有机物质，也是人类重要的食物来源和工业原料。

多糖一般难溶于水或根本不溶于水，也不能形成晶体，没有甜味，旋光性不明显，化学性质比较稳定，除了在一定条件下发生降解反应外，很难发生氧化、还原、成苷、成酯等反应，尤其是构成动植物骨架的多糖如纤维素、几丁质等，化学性质更为稳定。根据来源不同，多糖可分为植物多糖、动物多糖和微生物多糖；根据功能不同，可分为贮存多糖和结构多糖；根据组成差异可分为同多糖（homo polysaccharide）（如淀粉、糖原、纤维素、壳多糖等）和杂多糖（heter polysaccharide）（如果胶、透明质酸、硫酸软骨素等）。

（二）重要的多糖

1. 淀粉和糖原 淀粉（starch）由植物合成，糖原（glycogen）由动物合成，二者都是以 α-D-葡萄糖为单体的多聚糖。聚合方式为以 α(1 → 4) 糖苷键连接形成直链，以 α(1 → 6) 糖苷键连接形成支链，如图 6-5 所示。

天然淀粉为直链淀粉和支链淀粉的混合物，直链淀粉占 10% ～ 30%。直链淀粉微溶于水，溶于热水，支链淀粉不溶于水，但遇水能够吸收水分膨胀成糊状。淀粉遇碘显蓝紫色（直链）或紫红色（支链）。

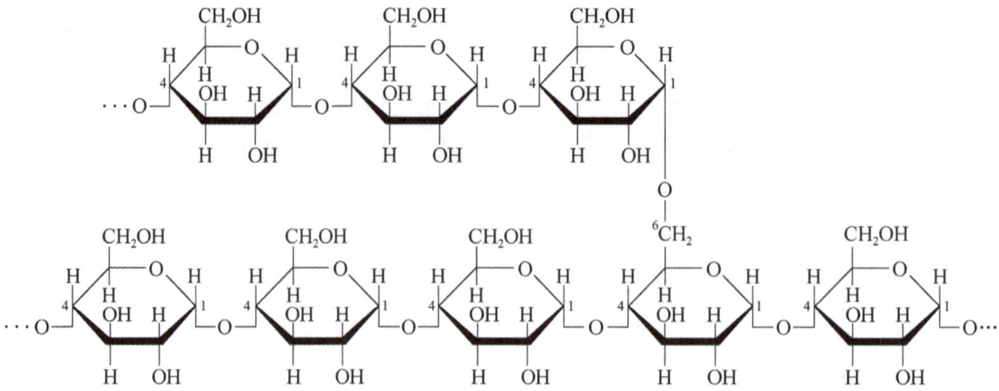

图 6-5　淀粉和糖原中葡萄糖的连接方式

糖原是人和动物的储藏营养性多糖，是细胞葡萄糖的储存形式，也是代谢和剧烈运动最易动用的多糖。糖原的相对分子质量在 120 000 以上，结构与淀粉相似，与淀粉的不同在于糖原几乎全部为分支链，支链上还有分支，每个分支上有一个非还原性末端，糖原以颗粒形式存在于肝脏和骨骼肌中，有“动物淀粉”之称。糖原可溶于沸水，遇碘显棕红色。

2. 纤维素　纤维素（cellulose）是由 β-D- 葡萄糖以 β（1 → 4）糖苷键连接而成的链状聚合物。与淀粉结构不同的是，在纤维素结构中不存在分支。纤维素存在于植物细胞壁中，是构成植物支持组织的主要结构物质。纤维素的单链结构片段简图如图 6-6 所示。

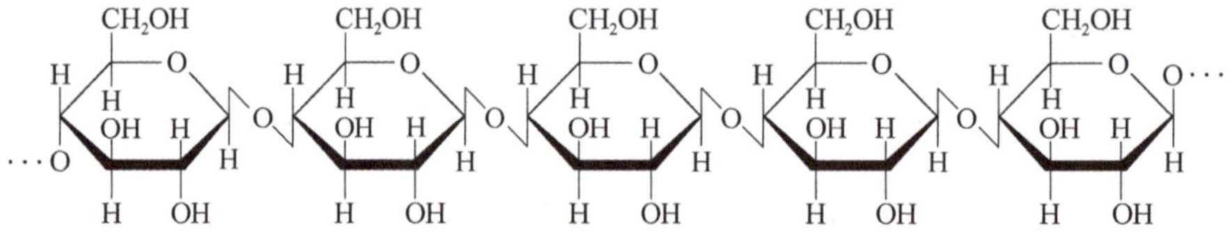

图 6-6　纤维素的单链结构片段简图

纤维素在性质上不溶于水，可被纤维素酶水解为纤维二糖。某些微生物可分泌纤维素酶来分解纤维素。近些年已筛选出含有高纤维素酶活性的微生物，能将纤维素水解成纤维二糖与葡萄糖等。反刍动物瘤胃中的某些细菌含有纤维素酶，能帮助消化纤维素；而人体消化道内的细菌没有纤维素酶，因此食物中的纤维素不能被消化。但纤维素作为膳食的主要成分，具有刺激胃肠蠕动、清洁消化壁和增强消化功能，同时还能稀释与加速食物中的致癌物等有毒物质的清除，有利于保护消化道和预防结肠癌，因此，纤维素也是维持健康的重要物质。

3. 壳多糖　壳多糖也称几丁质（chitin）或甲壳素，是以 *N*- 乙酰-β-D- 葡糖胺为单体通过 β（1 → 4）糖苷键连接形成的聚合物（图 6-7）。几丁质是甲壳动物（如虾、蟹）及昆虫体壁物质，称为无脊椎动物的外骨骼。几丁质不溶于水，化学性质非常稳定，人体不能消化。

4. 果胶酸　果胶酸（pectin acid）是以 α-D- 半乳糖醛酸为单体通过 α（1 → 4）糖苷键连接的聚合物，是植物细胞壁间的黏结物质。纯果胶酸有 100 个左右单体，有一定的水溶性。但半乳糖醛酸的羧基常与钙结合形成果胶酸钙（或与镁结合形成果胶酸镁），借助钙盐把果胶酸交联起来，使其几乎不溶于水。

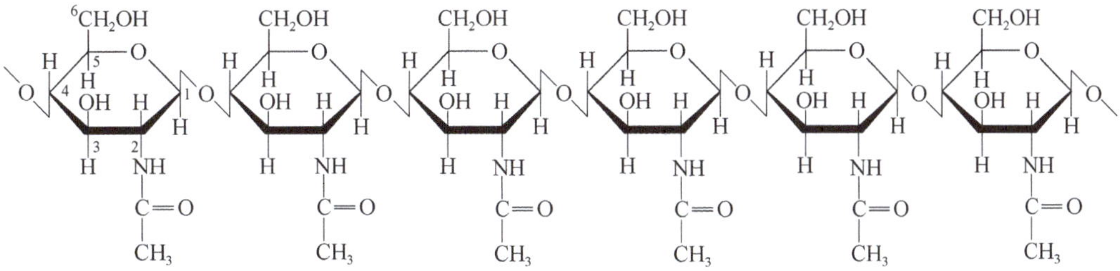

图 6-7　壳多糖（几丁质）结构简图

随着细胞的发育进程，果胶酸的半乳糖醛酸的羧基还常与甲基结合形成果胶酸甲酯。当细胞成熟或进入衰老阶段，甲酯化程度可高达 80% 以上，果胶酸则主要以果胶酸甲酯的形式存在。由于甲酯化，其不能形成钙盐，因此细胞间黏结较松弛，表现出成熟果实变软，以及自然落叶和落果等现象。

由于果胶酸、果胶酸钙和果胶酸甲酯常混合为一体，不易划分，常将这种混合物称为果胶（pectin）。在果实成熟或器官衰老时，会有多聚半乳糖醛酸酶和果胶酸酶引起果胶分解，促进细胞黏结松弛，导致果实明显变软或器官脱落。某些植物病原微生物（如白菜软腐病菌）能产生分解果胶酸盐的酶，使细胞与细胞松开。

5. 透明质酸　透明质酸（hyaluronic acid）是以 β-D-葡萄糖醛酸和 *N*- 乙酰-β-D-葡萄糖胺为单体，通过 β（1 → 3）糖苷键和 β（1 → 4）糖苷键重复交替连接形成的杂聚多糖，也称糖胺聚糖（glycosaminoglycan），其结构如图 6-8 所示。

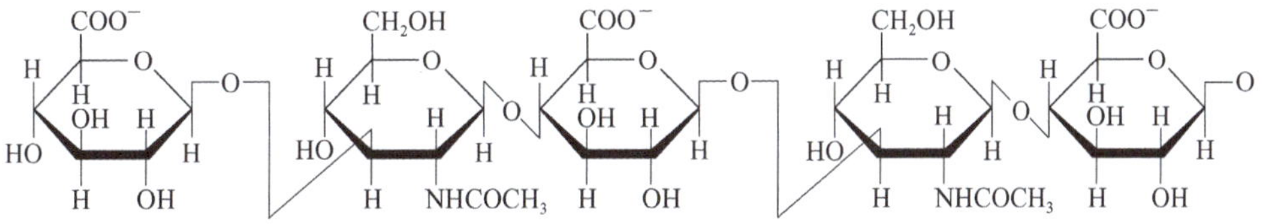

图 6-8　透明质酸结构简图

透明质酸主要存在于人和动物眼睛的玻璃体、角膜、关节液中及软骨、筋、腱等部位，是结缔组织间质和细胞间质的主要成分。在组织中有缓冲、润滑作用，且有助于阻滞入侵微生物及毒性物质的扩散。由于这类多糖可溶于水，大多呈现黏性，因此又称为黏多糖（mucopolysaccharide）。细菌有透明质酸酶，感染后可引起透明质酸分解，造成关节水肿、囊肿、发炎等症状。蜂毒、蛇毒中也有透明质酸酶。

6. 硫酸软骨素　硫酸软骨素（chondroitin sulfate）属于黏多糖。结构与透明质酸有相似之处，是以 β-D-葡萄糖醛酸和 *N*-乙酰-β-D-半乳糖胺硫酸酯为单体，通过 β（1 → 3）糖苷键和 β（1 → 4）糖苷键重复交替连接聚合成的杂聚多糖。硫酸基可以在 β-D-半乳糖胺的 C_6 位或 C_4 位形成硫酸酯。所以硫酸软骨素分为软骨素-6-硫酸（图 6-9）和软骨素-4-硫酸两种。

软骨素-6-硫酸存在于动物软骨等多种组织中。软骨素-4-硫酸过去称为硫酸软骨素 B，在皮肤、胃肠黏膜及肌腱中较多，所以也称为硫酸皮肤素（dermatan sulfate）。

7. 肽聚糖　肽聚糖是细菌细胞壁的主要成分。分子中有短肽链，结构比较复杂。

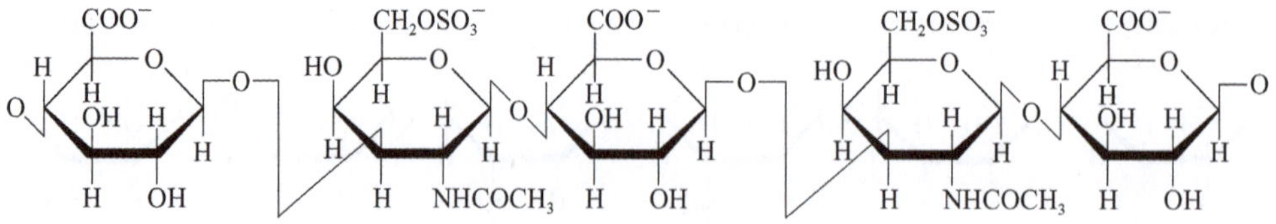

图 6-9 软骨素-6-硫酸结构简图

肽聚糖（peptidoglycan）的结构是由多糖和短肽两类物质共价连接形成的具有网状结构的杂聚多糖。其中的多糖组分是以 *N*-乙酰-β-D-葡糖胺（NAG）和 *N*-乙酰胞壁酸（NAM）以 β（1→4）糖苷键交替连接形成的杂聚多糖。短肽组分包括四肽和五肽两种肽链。*N*-乙酰胞壁酸 C_3 位的羟基与乳酸的 α-羟基以醚键连接，乳酸的羧基以酰胺键与四肽相连（图 6-10）。四肽为 L-Ala-D-Glu-L-Lys-D-Ala，连接在 *N*-乙酰胞壁酸的 3-羟基处乳酸侧链的羧基上，四肽中含有 D-氨基酸，其中的 D-Glu 是 γ-羧基参与肽键形成。

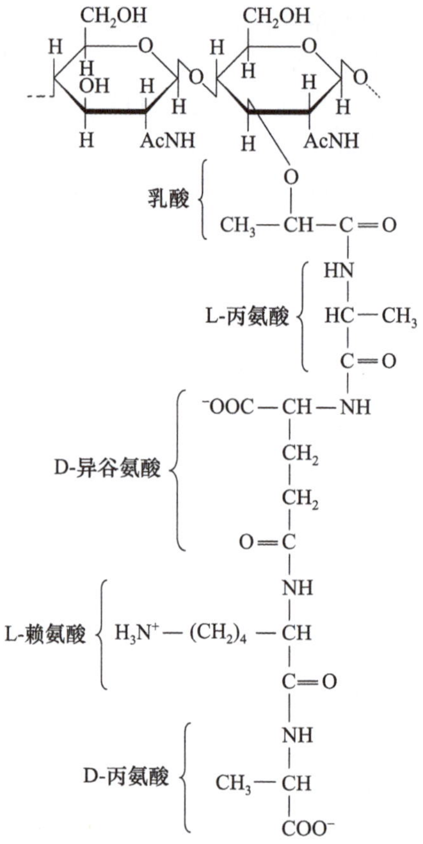

图 6-10 肽聚糖重复单位示意图

五肽一般为五聚甘氨酸。两条相邻肽聚糖链上的四肽侧链之间通过五肽桥相互连接（图 6-11）。革兰氏阳性菌与革兰氏阴性菌的肽聚糖交联方式略有不同。

溶菌酶可作用于肽聚糖的多糖链，使多糖链断裂导致菌体吸水膨胀破裂而杀死细菌。青霉素类抗生素可抑制肽聚糖短肽之间的交联，无法合成完整的细胞壁而发挥抑制细菌生长与繁殖的作用。

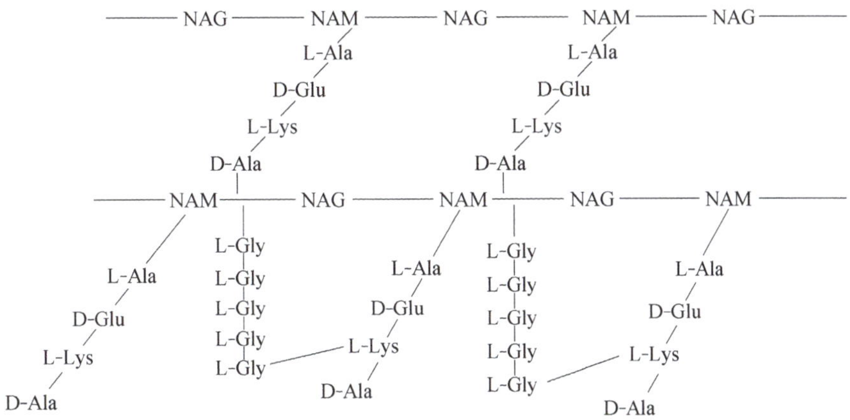

图 6-11 肽聚糖中 NAG 和 NAM 形成的多糖与短肽交联示意图

第二节 多糖和双糖的酶促降解

糖类物质是所有生物最基本的代谢底物，不同生物所能利用的糖类有所不同，绝大多数生物细胞进行糖类的分解代谢都是以葡萄糖为底物。而多糖、双糖必须水解成单糖才能进行分解代谢，其他类型的单糖如半乳糖、鼠李糖等，通常是经一些特定的途径转化为葡萄糖才能进入分解代谢。

一、多糖的酶促降解

（一）淀粉的降解

1. 动物体内淀粉的消化和吸收 淀粉是高等植物的储存多糖，是人类粮食及动物饲料的重要来源。人体和动物不能直接吸收大分子淀粉，食物中淀粉必须通过消化道水解酶分解成小分子的葡萄糖。对人或动物而言，淀粉的消化从口腔开始，但因食物在口腔中停留的时间很短，唾液中的α-淀粉酶将淀粉水解为糊精，当食物进入胃后，唾液中的α-淀粉酶在胃酸作用下很快失去活性。因此，淀粉的消化主要是在小肠腔内和小肠黏膜上皮细胞表面进行。小肠是消化糖最重要的器官，肠腔中含有来自胰腺的胰α-淀粉酶，可催化淀粉内部的α（1→4）糖苷键水解，形成带有α（1→6）糖苷键的α-极限糊精及麦芽糖、麦芽三糖和麦芽寡糖。存在于小肠黏膜上皮细胞表面的寡糖α（1→6）糖苷酶、麦芽糖酶和异麦芽糖酶可将它们继续水解，去掉以α（1→6）糖苷键连接的葡萄糖单位，水解产生的葡萄糖可被小肠黏膜细胞吸收，进行单糖的分解代谢。

2. 植物体内淀粉的降解 在植物体内，淀粉在酶的作用下有水解和磷酸解两种降解途径，因此降解的产物也不同。

1）淀粉的水解 在植物中参与淀粉水解的酶有α-淀粉酶（α-amylase）、β-淀粉酶（β-amylase）、脱支酶（debranching enzyme）和麦芽糖酶。

（1）α-淀粉酶：α-淀粉酶属于淀粉内切酶，其作用方式是从淀粉链中间切开 α（1 → 4）糖苷键，水解直链淀粉后的产物为葡萄糖、麦芽糖、麦芽三糖和低聚糖的混合物。水解支链淀粉后的产物为葡萄糖、麦芽糖、麦芽三糖和 α-极限糊精。α-极限糊精是指含 α（1 → 6）糖苷键，由 3 个以上葡萄糖基构成的极限糊精。极限糊精是指淀粉酶不能再分解的支链淀粉残基，如图 6-12 所示。

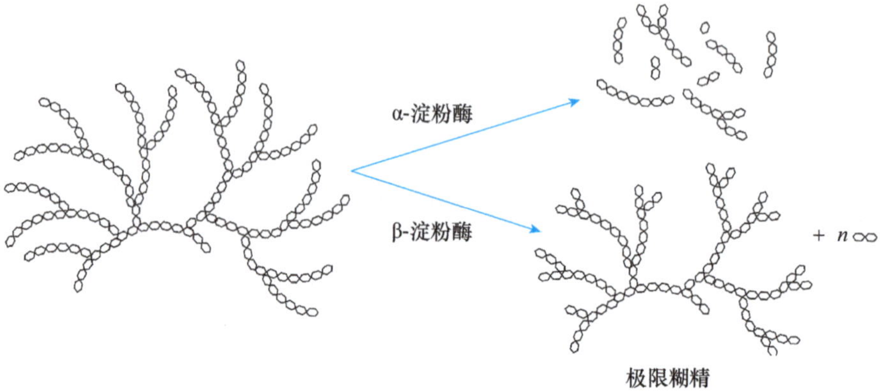

图 6-12　α- 淀粉酶、β- 淀粉酶水解支链淀粉示意图

（2）β-淀粉酶：β-淀粉酶属于淀粉外切酶，其作用方式是从淀粉分子的非还原性末端开始，水解 α（1 → 4）糖苷键而生成麦芽糖。直链淀粉经 β-淀粉酶水解后的产物是麦芽糖；支链淀粉经 β-淀粉酶水解后的产物有麦芽糖和 β-极限糊精。β-极限糊精是指 β-淀粉酶作用到离分支点 2 ～ 3 个葡萄糖基为止的剩余部分。

α-淀粉酶在植物各器官中广泛发挥作用，但种子除外，种子只有在萌发时 α-淀粉酶才被诱导合成。β-淀粉酶存在于休眠种子或大豆种子及块茎、块根等器官中。α-淀粉酶和 β- 淀粉酶都是水解 α（1 → 4）糖苷键的酶，两者对温度和酸的耐受能力不同。α-淀粉酶耐高温、不耐酸，在 70℃时 15min 仍保持活性，低 pH（pH=3）时失活；β-淀粉酶恰好相反，在 70℃时 15min 酶蛋白变性失活，pH 3 时仍保持活性。

（3）脱支酶：脱支酶又称 R 酶，是专一性水解 α（1 → 6）糖苷键的酶。支链淀粉经 α- 淀粉酶和 β-淀粉酶水解后剩下的极限糊精中含有 α（1 → 6）糖苷键的支链基团，由 R 酶将其水解，但是 R 酶不能直接水解处于淀粉内部的 α（1 → 6）糖苷键。

淀粉水解产生的麦芽糖在植物体内难以直接利用，须经麦芽糖酶水解成葡萄糖后才能参与糖的代谢。

2）*淀粉的磷酸解*　植物体内还有一种淀粉磷酸化酶（amylophosphorylase），在磷酸存在情况下，可催化淀粉的磷酸解，即在非还原性末端将葡萄糖切下，产生 1-磷酸葡萄糖，新产生的非还原性末端继续进行磷酸解。磷酸化酶不能将支链淀粉完全降解，只能降解到距分支点 4 ～ 6 个葡萄糖残基为止，留下一个大而有分支的多糖链，称为磷酸化酶极限糊精，再在转移酶、脱支酶作用下脱掉分支。所以将支链淀粉彻底降解为 1-磷酸葡萄糖需要 3 种酶。

淀粉磷酸化酶广泛存在于高等植物的叶片和绝大多数储藏器官中，此酶在低温时活跃，所以甘薯冷藏会变甜。

（二）糖原的降解

糖原可以看作动物淀粉，结构与支链淀粉相似，只是分支更多，主要储存于肌肉和肝脏中。肌糖原用于提供运动所需要的能量，而肝糖原起着维持血糖浓度的作用。

动物对自身糖原的降解主要是在糖原磷酸化酶催化下进行的，转移酶和脱支酶共同负责对支链的切除。

糖原磷酸化酶的活性受到磷酸化的共价修饰调节，糖原磷酸化酶被磷酸基修饰后表现为有催化活性，称为糖原磷酸化酶 a，脱去磷酸基后则失去活性，称为糖原磷酸化酶 b。糖原磷酸化酶 a 是外切酶，在磷酸存在的情况下，从糖原非还原性末端每次磷酸解下一个葡萄糖，产物是 1-磷酸葡萄糖。

肌糖原降解产生的 1-磷酸葡萄糖不能进入糖酵解或磷酸戊糖途径，必须转变成 6-磷酸葡萄糖。1-磷酸葡萄糖可经磷酸葡萄糖变位酶催化，转变成 6-磷酸葡萄糖，然后进入糖的分解代谢。

二、双糖的酶促降解

生物体中的双糖在相应酶的催化下被降解为单糖，然后进一步被氧化分解，或转化为其他化合物。例如，人和高等动物的肠黏膜细胞中有蔗糖酶、麦芽糖酶和乳糖酶，可以将相应的双糖水解为单糖。

（一）蔗糖的降解

蔗糖是植物界中分布最广的双糖，是植物固定碳和能量的一种最基本的化合物，它不仅是主要的光合产物，还是碳水化合物运输的主要形式。蔗糖的水解由蔗糖酶（sucrase）催化，此酶也称蔗糖转化酶（sucrose invertase），在植物体内广泛存在。蔗糖水解后产生 1 分子葡萄糖和 1 分子果糖。

$$\text{蔗糖} + H_2O \xrightarrow{\text{蔗糖酶}} \text{葡萄糖} + \text{果糖}$$

蔗糖降解的另一条途径是在蔗糖合酶（sucrose synthase）的作用下，将蔗糖中的葡萄糖转移到 UDP（尿苷二磷酸）上，生成 UDPG（尿苷二磷酸葡萄糖）。UDPG 可作为淀粉合成时的糖基供体。

$$\text{蔗糖} + \text{UDP} \xrightleftharpoons{\text{蔗糖合酶}} \text{果糖} + \text{UDPG}$$

（二）麦芽糖的降解

植物体内的麦芽糖主要来自淀粉的水解。一般情况下，植物体内游离的麦芽糖极少，只有在种子萌发时大量淀粉水解，游离麦芽糖才增多。麦芽糖酶（maltase）可将麦芽糖水解为葡萄糖再进入糖的氧化分解途径，或转化为其他单糖或多糖。

$$麦芽糖 + H_2O \xrightarrow{麦芽糖酶} 2葡萄糖$$

（三）乳糖的降解

乳糖的水解由β-半乳糖苷酶（galactosidase）即乳糖酶催化，生成1分子半乳糖和1分子葡萄糖。

$$乳糖 + H_2O \xrightarrow{\beta\text{-半乳糖苷酶}} 葡萄糖+半乳糖$$

个别成年人或老人由于胃肠中缺乏乳糖酶，乳糖不能被吸收而积累在小肠腔中，渗透作用使液体大量流入小肠，因此表现出喝牛奶后腹胀、腹痛或腹泻等症状。

第三节　糖　酵　解

糖的分解在生物体内存在多条途径，即使在同一细胞中也不止一种。多条代谢途径的存在是适应自然环境的结果，能有效地保证糖分解代谢进行，维持正常生命活动。

糖的分解代谢途径通常分为无氧分解和有氧分解两种方式。糖的无氧分解是指糖在分解途径中不需要分子氧参与，但并不意味着代谢途径要在无氧条件下进行。糖的无氧分解是不彻底的分解，释放的能量有限。糖的有氧分解途径是指糖在分解过程中需要分子氧参与，糖可被彻底分解，释放较多的能量。

一、糖酵解的概念

糖酵解（glycolysis）是指葡萄糖经过一系列酶促反应最终被降解为丙酮酸并伴随ATP生成的过程，是一切有机体中普遍存在的葡萄糖降解途径。糖酵解一词源自希腊语 *glyco*（糖）和 *lysis*（裂开），意为“糖的裂开”。

发酵现象早在几千年前就被人们认识和利用，如人们利用发酵过程酿酒和制醋。直到1897年，H. Büchner 和 E. Büchner 兄弟将酵母汁液榨出用于动物实验，加入蔗糖作为防腐剂，意外发现蔗糖被酵母汁降解了，认为酵母汁中有使糖降解的活性物质。由此才开始了对发酵现象化学本质的认识，开创了糖酵解研究的新纪元。

在对糖酵解的研究初期，很长时间无法知晓糖酵解过程中糖的中间转化过程。20世纪30年代，G. Embden 提出己糖是从1,6-二磷酸果糖裂解，以及裂解后的一些反应步骤的设想。之后 O. Meyerhof 和 J. Parnas 等又对其假设进行了修改和补充，到40年代就基本清楚了糖酵解的全部反应过程。鉴于 G. Embden、O. Meyerhof 和 J. Parnas 在糖酵解研究中的杰出贡献，糖酵解的反应历程又称为 Embden-Meyerhof-Parnas 途径，简称 EMP 途径。整个反应途径是在细胞质中完成的。

二、糖酵解途径的反应历程

糖酵解途径从葡萄糖开始，到降解为丙酮酸为止，共有10步反应。可以分两个阶段。

（一）吸能反应阶段

葡萄糖经过 4 步反应产生两分子三碳糖，即 3-磷酸甘油醛和磷酸二羟丙酮，两个三碳糖是同分异构体，接下来的反应以 3-磷酸甘油醛向下继续进行，这一阶段共消耗 2 分子 ATP（图 6-13）。所以有人称该阶段为吸能（或耗能）反应阶段，也有人称其为糖酵解的准备阶段。

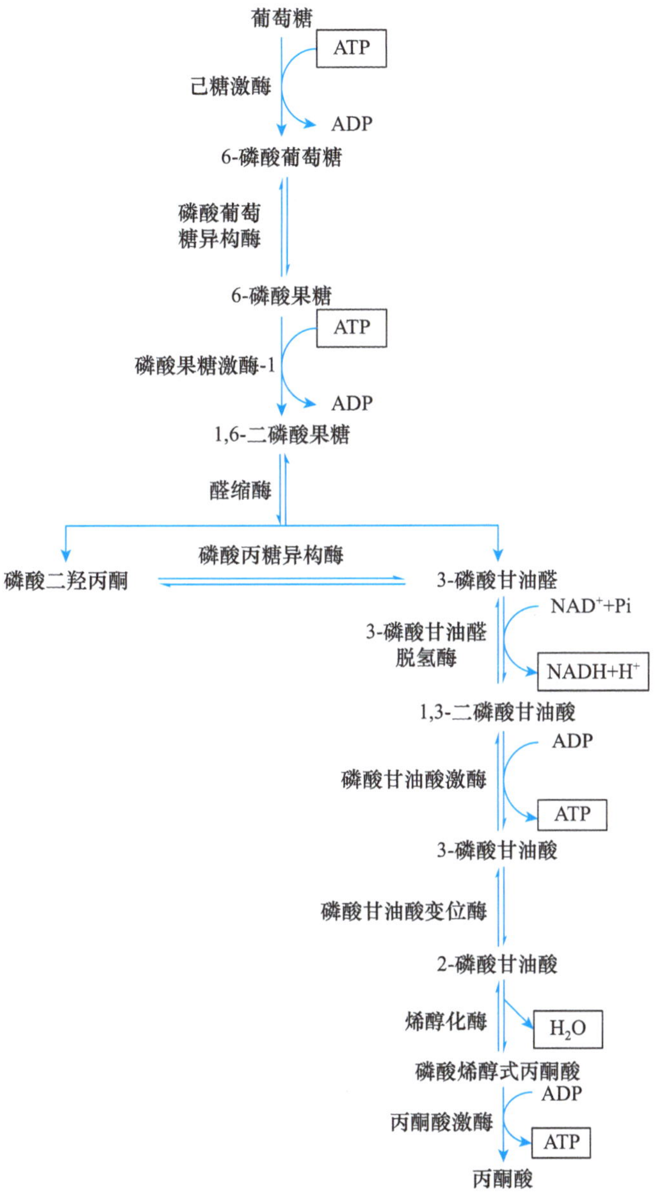

图 6-13 糖酵解的反应历程

微课视频

1. 葡萄糖的磷酸化 葡萄糖不能直接进入分解反应，必须先进行活化。葡萄糖的磷酸化就是葡萄糖的活化。该反应是消耗 ATP 的不可逆反应，由己糖激酶（hexokinase）或葡萄糖激酶（glucokinase）催化，ATP 提供磷酸基团，同时需要 Mg^{2+} 参与，将葡萄糖磷酸化为 6-磷酸葡萄糖。Mg^{2+} 与 ATP 形成复合物，屏蔽磷酸基团的负电荷，有助于酶的催化。缺乏 Mg^{2+} 的 ATP 成为一种竞争性抑制剂。

葡萄糖磷酸化的意义在于：①降低细胞内游离葡萄糖浓度，有利于胞外葡萄糖通过转运体进入胞内；②使葡萄糖带上负电荷，极性增加，很难从细胞中渗出；③活化的葡萄糖不稳定，有利于其在细胞内的进一步代谢。

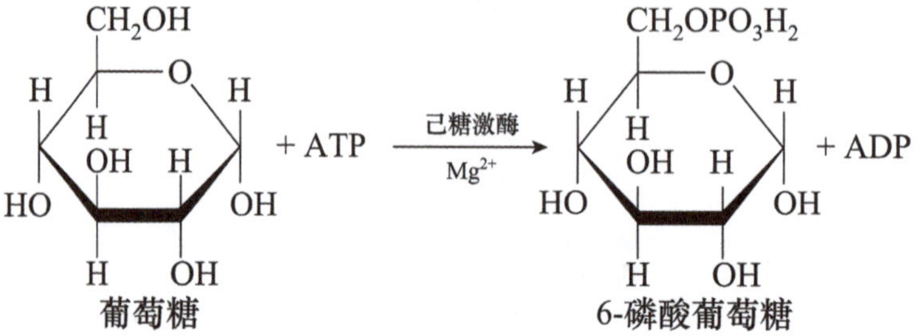

己糖激酶是别构酶，6-磷酸葡萄糖和 ADP 分别是负调节物和正调节物。

己糖激酶的专一性不强。除催化葡萄糖的磷酸化以外，还可以催化其他己糖的磷酸化。

己糖激酶是组成型酶（constitutive enzyme），对葡萄糖的亲和力较高，因此对确保高等动物细胞（在血糖浓度较低时），特别是脑细胞和红细胞有持续的葡萄糖供应很重要。相比之下，葡萄糖激酶是一种诱导酶，与葡萄糖的亲和力较低，只有在血糖浓度较高时，才被诱导表达并表现出活性，因此对及时清除饱餐后血液中过多的葡萄糖，稳定血糖水平很重要。

2. 6-磷酸葡萄糖异构化为 6-磷酸果糖 6-磷酸葡萄糖由磷酸葡萄糖异构酶（phosphoglucose isomerase）或磷酸己糖异构酶（phosphohexose isomerase）催化转变为 6-磷酸果糖。反应是可逆的，需要 Mg^{2+}，反应结果使醛糖异构为酮糖。

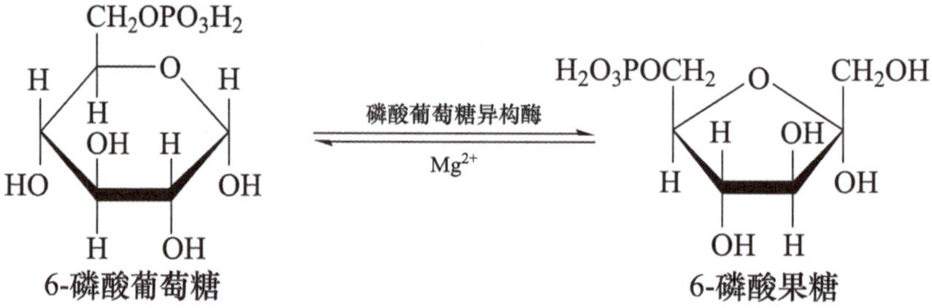

3. 6-磷酸果糖的磷酸化 6-磷酸果糖由磷酸果糖激酶-1（phosphofructokinase-1，PFK-1）催化，与 ATP 作用转变为 1,6-二磷酸果糖。

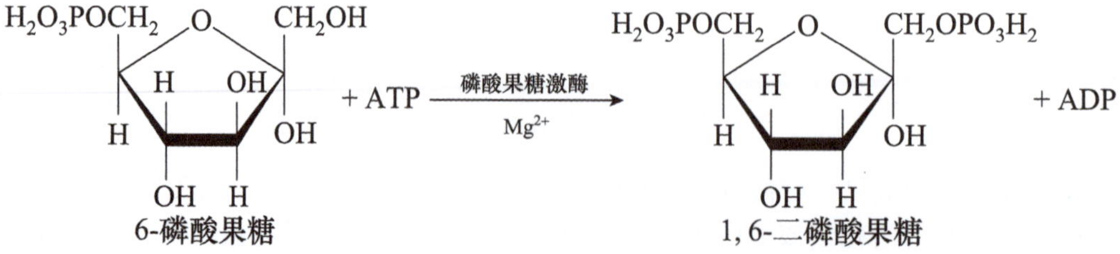

这一步磷酸果糖的活化也是消耗 ATP 的不可逆反应，同样需要 Mg^{2+}。催化 6-磷酸果糖磷酸化的磷酸果糖激酶是别构酶，是糖酵解和糖异生途径的重要调节酶。ATP 和柠檬酸是该酶的负调节物，AMP 和 2,6-二磷酸果糖为正调节物。

4. 1,6-二磷酸果糖的裂解 由二磷酸果糖醛缩酶（fructose bisphosphate aldolase，习惯上简称为醛缩酶）催化 1,6-二磷酸果糖裂解为 3-磷酸甘油醛（glyceraldehyde-3-phosphate，GAP）和磷酸二羟丙酮（dihydroxyacetone phosphate，DHAP）。

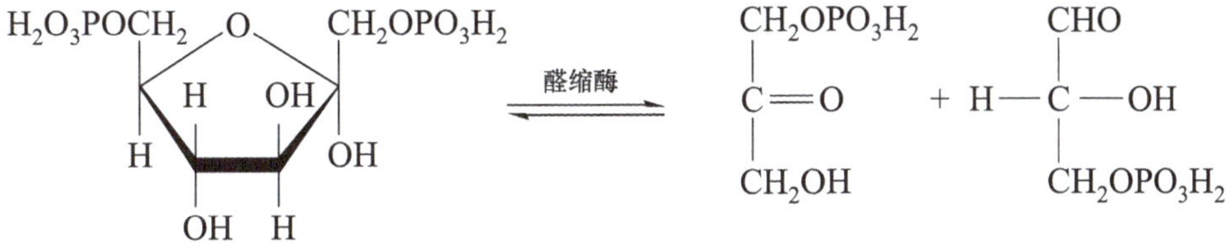

1,6-二磷酸果糖　　磷酸二羟丙酮　　3-磷酸甘油醛

这一步是可逆反应，但代谢产物 3-磷酸甘油醛在细胞内不断被消耗，其浓度很低，使正反应能够进行。

5. 磷酸丙糖的异构化 3-磷酸甘油醛和磷酸二羟丙酮之间是同分异构体，可以在磷酸丙糖异构酶（triose phosphate isomerase，TIM）作用下相互转化。

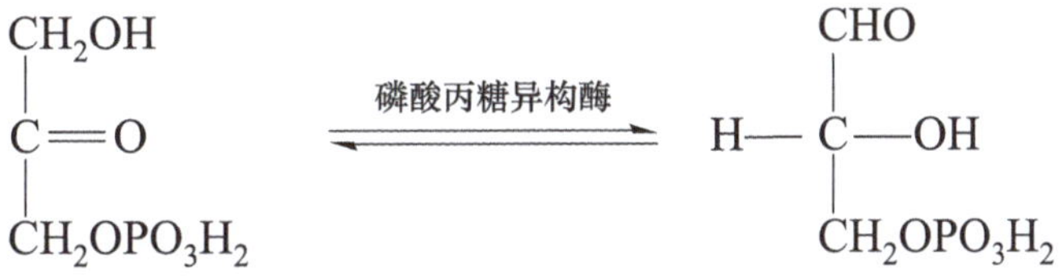

磷酸二羟丙酮　　3-磷酸甘油醛

（二）释能反应阶段

葡萄糖在经过第一阶段的活化和裂解后形成了三碳糖，便开始进入糖酵解的第二阶段，即氧化和释能阶段（图 6-13）。这一阶段共产生 4 分子 ATP，有人称其为糖酵解的"偿还"阶段。

1. 3-磷酸甘油醛氧化为 1,3-二磷酸甘油酸 在无机磷酸的参与下，3-磷酸甘油醛脱氢氧化为 1,3-二磷酸甘油酸。反应由 3-磷酸甘油醛脱氢酶（glyceraldehyde-3-phosphate dehydrogenase，GAPDH）催化，辅酶是 NAD^+，反应是可逆的。反应中形成的 1,3-二磷酸甘油酸是具有酰基磷酸高能键的高能化合物，糖氧化产生的能量暂时就储存在此化合物中。

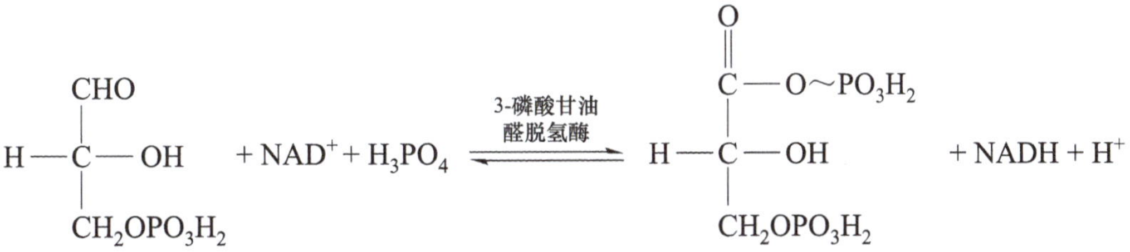

3-磷酸甘油醛　　1,3-二磷酸甘油酸

3-磷酸甘油醛脱氢酶对于糖酵解途径中的能量转换有重要作用。此酶由 4 个相同的亚

基构成，活性中心有半胱氨酸—SH，碘乙酸或甲基汞都是该酶的有效抑制剂。

砷酸可代替磷酸进入上述反应生成1-砷酸-3-磷酸甘油酸，该化合物很不稳定，进一步分解产生3-磷酸甘油酸，导致下一步的ATP合成受阻。所以砷酸并不抑制糖酵解，但对于能量转换是一种损失。

2. 1,3-二磷酸甘油酸生成3-磷酸甘油酸 1,3-二磷酸甘油酸在磷酸甘油酸激酶（phosphoglycerate kinase）的催化下，高能磷酸键断裂，释放的能量使磷酸基转移给ADP生成ATP，这一过程称为底物水平的磷酸化（substrate phosphorylation）。

由于1分子葡萄糖产生2分子三碳糖，因此这里产生2分子ATP。

1,3-二磷酸甘油酸　　　3-磷酸甘油酸

3. 3-磷酸甘油酸生成2-磷酸甘油酸 3-磷酸甘油酸在磷酸甘油酸变位酶（phosphoglycerate mutase）的作用下转变为2-磷酸甘油酸，这是一步可逆的异构化反应，需要Mg^{2+}。

不同来源的磷酸甘油酸变位酶具有不同的催化机制。例如，酵母来源的磷酸甘油酸变位酶，以2,3-二磷酸甘油酸（2,3-diphosphoglyceric acid，BPG）为辅因子，BPG首先将磷酸甘油酸变位酶激活，使其成为具有活性的磷酸化形式，随后催化3-磷酸甘油酸转变成2-磷酸甘油酸。而来自小麦麦胚细胞的磷酸甘油酸变位酶就不需要BPG作为辅因子。

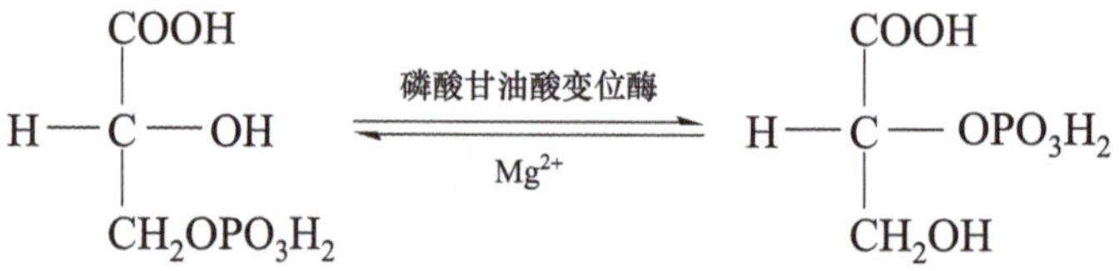

3-磷酸甘油酸　　　2-磷酸甘油酸

4. 2-磷酸甘油酸生成磷酸烯醇式丙酮酸 在烯醇化酶（enolase）的催化下，2-磷酸甘油酸脱水生成磷酸烯醇式丙酮酸（phosphoenolpyruvate，PEP），该反应需要Mg^{2+}参与。氟化物能够与Mg^{2+}和磷酸基团形成络合物，干扰2-磷酸甘油酸与烯醇化酶的结合从而抑制该酶的活性。PEP含有一个高能磷酸键，具有很高的转移磷酸基团的势能。

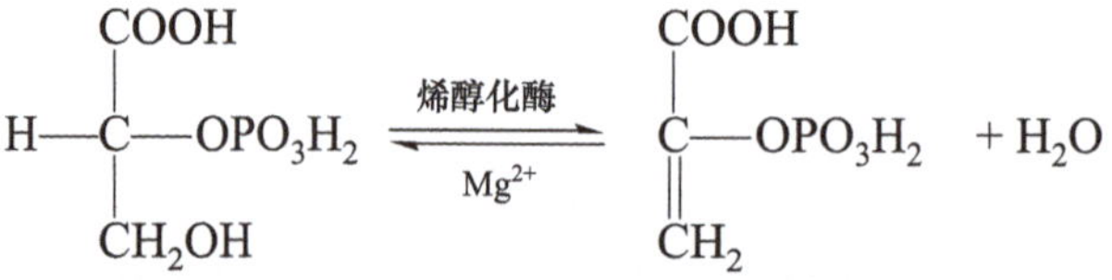

2-磷酸甘油酸　　　磷酸烯醇式丙酮酸

在测定血糖浓度时，在样品中常加入少量的氟化钠以阻止糖酵解，使测定结果更准确。

5. 磷酸烯醇式丙酮酸生成丙酮酸 磷酸烯醇式丙酮酸由丙酮酸激酶（pyruvate kinase）催化，需要Mg^{2+}和K^{+}参与，脱去磷酸基生成丙酮酸。同时由于反应中释放出较多的自由能，可使磷酸基转移给 ADP 生成 ATP。这是糖酵解途径中第二次发生底物水平磷酸化。这一步反应是不可逆的。

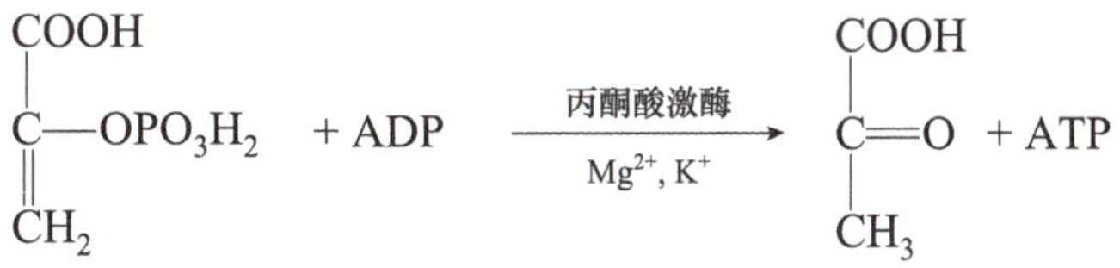

磷酸烯醇式丙酮酸　　　　丙酮酸

丙酮酸激酶是糖酵解途径最后一个调节酶，属于别构酶，效应物主要有 3 个，1,6-二磷酸果糖是正效应物，ATP 和丙氨酸是负效应物。此外，细胞内的长链脂肪酸、乙酰辅酶 A 对丙酮酸激酶的活性也有一定的抑制作用。

三、糖酵解产生的能量

糖酵解的意义在于为生命活动及其他合成代谢提供活跃的化学自由能和碳骨架中间产物。葡萄糖等有机分子所含的化学能不能为生命活动直接利用，必须通过分解代谢将能量转化为一种可利用的形态，即一种高能态分子，其中以 ATP 为代表。

糖酵解过程从 1 分子葡萄糖开始，经过两次活化，消耗 2 分子 ATP，裂解为 2 分子三碳糖，最终产生 2 分子丙酮酸。每个三碳糖脱氢氧化时产生 1 分子 $NADH+H^+$，两次底物水平磷酸化产生 2 分子 ATP。所以 1 分子葡萄糖经历糖酵解过程，净产生 2 分子 ATP 和 2 分子 $NADH+H^+$。

$$\text{葡萄糖} +2NAD^+ +2ADP+2Pi \longrightarrow 2\ \text{丙酮酸} +2NADH+2H^+ +2ATP+2H_2O$$

四、糖酵解的生物学意义

1. 糖酵解是存在于一切生物体内糖分解代谢的共有途径　糖酵解途径是所有生物进行糖分解代谢的共有途径，无论在有氧还是无氧条件都能为生物的生命活动提供能量，尤其是在无氧条件下，是不可缺少的重要代谢途径。对需氧生物来说，糖酵解途径虽然不需要分子氧，但对生物适应暂时的无氧（或缺氧）条件也是十分重要的。

2. 糖酵解可为生物细胞活动提供能量　通过糖酵解，生物体获得生命活动所需的部分能量 ATP。当生物体在相对缺氧（如高原氧气稀薄或氧的供应不足如激烈运动时）条件下，糖酵解是糖分解的主要形式，也是获得能量的主要方式，但糖酵解只将葡萄糖分解为三碳化合物，释放的能量有限，因此是机体供氧不足或有氧氧化受阻（呼吸、TCA 机能障碍）时补充能量的应急措施。

3. 糖酵解为其他代谢途径提供中间产物　糖酵解的中间产物及终产物，可作为其他代谢途径的底物或原料。例如，6-磷酸葡萄糖是磷酸戊糖途径的底物；丙酮酸可作为合成丙氨酸的碳骨架；磷酸二羟丙酮（DHAP）是合成甘油的原料，还可以通过羧化等过程产生草酰乙酸作为天冬氨酸合成的原料等。糖酵解的终产物丙酮酸经氧化脱羧形成乙酰辅酶 A，直接进入三羧酸循环彻底氧化分解为二氧化碳和水，同时释放大量能量。

4. 糖酵解为糖的异生提供基本途径　糖酵解的中间产物或者能转变成此类中间产物的物质，如乳酸、甘油、丙氨酸、天冬氨酸等，都可在氧化过程中转变成丙酮酸或草酰乙酸，它们进一步在肝脏中经糖酵解的主要逆过程、绕过 3 个不可逆步骤转变成糖，即糖酵解为糖的异生提供了基本途径。

五、糖酵解途径的调控

生物体内所有代谢反应均是可调控的，这是生物代谢的最大特点。物质的代谢是由酶控制的，对代谢途径的调节即对代谢途径中关键酶的调节。

糖酵解中有三步反应是不可逆的，分别由己糖激酶、磷酸果糖激酶和丙酮酸激酶催化，因此这三种酶对糖酵解速度起到关键调节作用。

1. 己糖激酶活性的调节　己糖激酶催化的反应是糖酵解途径的入口，其活性受产物 6-磷酸葡萄糖的反馈抑制。当 6-磷酸葡萄糖浓度过高时，己糖激酶活性降低，以减少 6-磷酸葡萄糖的积累。ATP 对该酶也有抑制作用。AMP 和 ADP 对己糖激酶有激活作用。

2. 磷酸果糖激酶活性的调节　磷酸果糖激酶-1（PFK-1）是糖酵解过程中最重要的调节酶，糖酵解速度主要取决于该酶的活性，因此它是一个限速酶。

磷酸果糖激酶-1 的活性受 ATP、NADH、柠檬酸和长链脂肪酸的抑制，而 ADP 和 AMP 对该酶有激活作用。PFK-1 有两个 ATP 结合位点，一个处于活性中心，ATP 作为底物与之结合；另一个是位于活性中心外的调节位点，与别构效应物结合，该位点与 ATP 亲和力较低。只有当细胞能量水平较高时，即 ATP 含量较高，而 ADP 和 AMP 的含量较低，ATP 结合于 PFK-1 的调节位点，酶的构象变化，导致酶活性降低，从而降低糖酵解速度。当细胞能量水平较低时，即 ATP 含量较少，而 ADP 和 AMP 的含量较多，二者对磷酸果糖激酶-1 有激活作用，从而加速糖酵解速度。细胞内柠檬酸或长链脂肪酸含量高，意味着有丰富的碳骨架存在（即丰富的生物合成前体），二者通过抑制磷酸果糖激酶-1 的活性降低糖酵解速度使葡萄糖无须为提供碳骨架而降解。

另外，2,6-二磷酸果糖（F-2,6-BP）是磷酸果糖激酶-1（PFK-1）强有力的别构激活剂。有研究表明，当哺乳动物细胞内缺乏它时，糖酵解将难以进行。F-2,6-BP 是细胞内以 6-磷酸果糖为底物，由区别于 PFK-1 的磷酸果糖激酶 -2（PFK-2）催化生成，反应是不可逆的，需要 Mg^{2+}。2,6-二磷酸果糖在细胞内不能进一步代谢，但在 2,6-二磷酸果糖磷酸酶（fructose-2,6-bisphosphatase，FBPase）的催化下，可重新转变为 6-磷酸果糖。PFK-2 与 FBPase 是同一蛋白质的不同形式，该蛋白质的去磷酸化形式具有激酶活性，而磷酸化形式具有磷酸酯酶的水解活性。

3. 丙酮酸激酶　丙酮酸激酶的催化反应控制着糖酵解途径的出口。丙酮酸激酶的活性受 1,6-二磷酸果糖的前馈激活和 ATP 的抑制。当 1,6-二磷酸果糖发生积累时会引起丙酮酸生成速度加快，而 ATP 充足时则引起丙酮酸生成减慢。这样使代谢速度随产物的积累或消耗而变化，进而使代谢维持平衡。丙酮酸本身虽没有反馈抑制作用，但丙酮酸的衍生物丙氨酸对该酶具有别构抑制作用，丙氨酸过多说明前体物质丙酮酸过剩。

六、丙酮酸的去路

糖酵解的终产物为丙酮酸，从合成代谢来讲，可作为糖异生（合成葡萄糖）的原料，或作为生成丙氨酸、草酰乙酸等的碳骨架。从分解代谢角度来讲，丙酮酸的进一步分解关键取决于氧的有无。在有氧条件下，丙酮酸进入线粒体内，经三羧酸循环可彻底氧化分解为 CO_2 和 H_2O。

在无氧条件下或氧气供应不足时，丙酮酸的去路有两条途径（图 6-14）：一是直接被 NADH 还原生成乳酸；二是丙酮酸脱羧生成乙醛，再在乙醇脱氢酶的催化下由 NADH 还原生成乙醇。

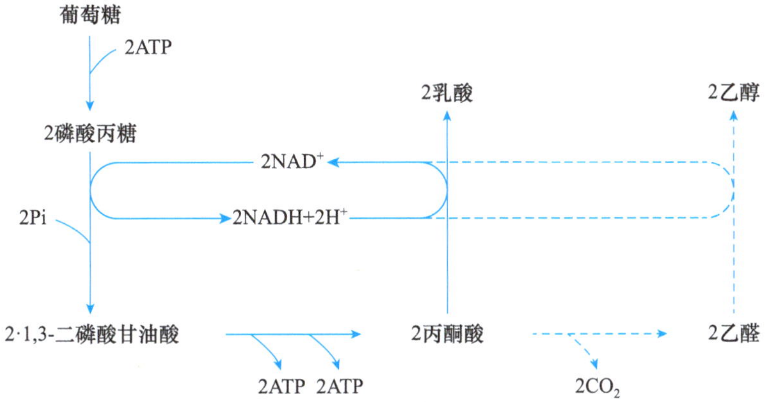

图 6-14　丙酮酸在无氧条件下的去路

1. 丙酮酸生成乳酸　动物在激烈运动或由于呼吸、循环系统障碍而发生供氧不足时，葡萄糖酵解产生的丙酮酸被乳酸脱氢酶（lactate dehydrogenase，LDH）催化，产生乳酸，还原剂为 NADH。这个反应同样发生在厌氧或相对厌氧条件下的许多细菌（如乳酸杆菌）体内。

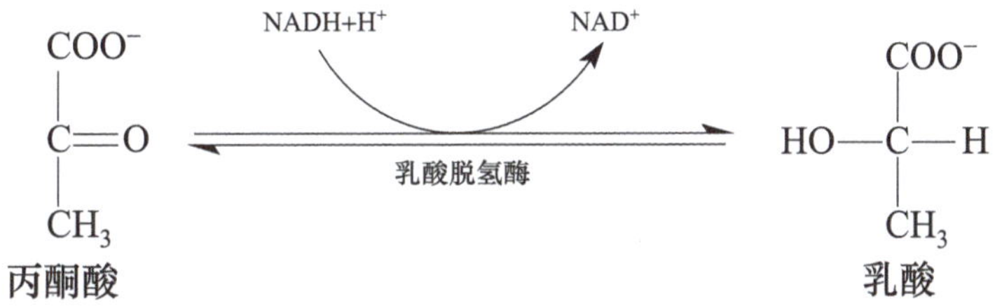

在此反应中，EMP 途径中的 3-磷酸甘油醛氧化时所形成的 NADH 在丙酮酸的还原反应中被消耗掉了，使 NAD^+ 得到再生，从而维持糖酵解在无氧条件下持续不断地运转。如果 NAD^+ 不能再生，由于细胞质中的 NAD^+ 是有限的，因此一定时间后糖酵解将因 NAD^+ 的枯竭而终止。

动物、植物及微生物都可进行乳酸发酵。如果动物缺氧时间过长，将大量积累乳酸，造成代谢性酸中毒，严重时会导致死亡。乳酸发酵可用于生产奶酪、酸奶、食用泡菜及青贮饲料等。例如，食用泡菜的腌制就是乳酸杆菌大量繁殖，产生乳酸积累导致酸性增强，抑制了其他细菌的活动，因而使泡菜不致腐烂。

2. 丙酮酸生成乙醇　在植物和某些微生物中，丙酮酸由丙酮酸脱羧酶催化脱羧生成乙醛，该酶需 TPP 作为辅基。然后再由乙醇脱氢酶催化，NADH 为辅酶，还原乙醛生成乙醇。在乙醛生成乙醇的过程中，NAD^+ 也得到再生。

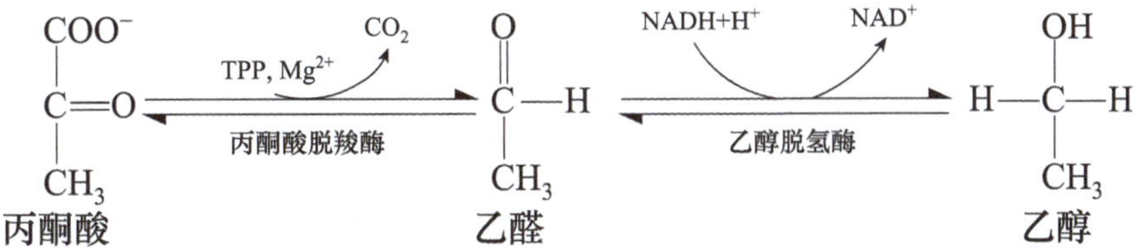

在酵母中由葡萄糖转变为乙醇的过程称为乙醇发酵（alcoholic fermentation）。乙醇发酵也存在于缺氧的植物器官中。例如，甘薯在长期淹水供氧不足时，块根进行无氧呼吸，产生乙醇而使块根具有酒味。

3. 丙酮酸形成乙酰 CoA 在有氧条件下，丙酮酸进入线粒体被氧化脱羧生成乙酰 CoA，催化此反应的酶是丙酮酸脱氢酶系。

$$丙酮酸 + NAD^+ + CoASH \xrightarrow{丙酮酸脱氢酶系} 乙酰CoA + CO_2 + NADH + H^+$$

在线粒体内，NADH 通过线粒体中的电子传递链把电子传递给 O_2，同时 NAD^+ 再生出来。乙酰 CoA 进入三羧酸循环，被彻底氧化生成 CO_2 和 H_2O。

知识窗

肿瘤与糖酵解

生物体内的肿瘤细胞生长与分裂速度极快，对氧气的需要通常会超出血管的供氧能力。随着肿瘤的生长，其细胞获取氧气的能力减弱，从而处于缺氧状态，此时糖酵解成为细胞获得能量 ATP 的主要来源。肿瘤细胞在缺氧的状态下，受缺氧诱导的转录因子（hypoxia inducible transcription factor，HIF-1）被激活，并进入细胞核与 DNA 上的缺氧应答元件（hypoxia response element）结合，从而诱导绝大多数参与糖酵解途径的酶和葡萄糖的跨膜转运蛋白 GLUT1、GLUT2 的表达，通过这种“量变”方式进而大大提高糖酵解速率，以满足肿瘤细胞对 ATP 的需求。肿瘤细胞这种对缺氧环境的适应能力，使其能够存活下来一直到新血管的增生。实际上，HIF-1 还能同时诱导促进新血管生长的血管内皮生长因子（vascular endothelial growth factor，VEGF）的表达。

第四节 三羧酸循环

需氧生物在有氧条件下，对糖的分解并不只局限于糖酵解过程。糖酵解释放的能量极为有限，这对于多细胞的大型生物是无法满足能量需求的。糖酵解过程可看作葡萄糖完全氧化的准备阶段，糖酵解产生的丙酮酸在有氧条件下将进入糖的有氧分解途径，完全氧化为 CO_2 和 H_2O，释放全部能量。

一、丙酮酸氧化脱羧生成乙酰 CoA

丙酮酸在细胞质中不能继续氧化，必须进入线粒体，先经历氧化脱羧生成乙酰 CoA，再通过三羧酸循环彻底氧化分解，最后形成 CO_2 和 H_2O。

1. 丙酮酸进入线粒体 丙酮酸可自由通过线粒体外膜，经过内膜时需要内膜上的载体蛋白转运。载体蛋白嵌在内膜上，称为丙酮酸转运蛋白，该蛋白具有特异性，可将丙酮酸转运至线粒体基质。

2. 丙酮酸脱氢酶复合体 丙酮酸的氧化脱羧反应由丙酮酸脱氢酶复合体（pyruvate dehydrogenase complex）催化完成。此酶是多酶复合物，通常也被称为丙酮酸脱氢酶系，位于线粒体中，包括丙酮酸脱氢酶（E_1）、二氢硫辛酸转乙酰酶（E_2）和二氢硫辛酸脱氢酶

(E_3)，以及 TPP、CoA、FAD、NAD^+、Mg^{2+} 和氧化型硫辛酸 6 个辅助因子。硫辛酸在细胞内通常以硫辛酰胺的形式与硫辛酸转乙酰酶共价相连（即硫辛酸侧链上的羧基与酶的赖氨酸残基上的 ε-NH_2 形成酰胺键），作为酰基的载体参与 α-酮酸的氧化脱羧。

丙酮酸脱氢酶复合体是一个调节酶和限速酶。调节物为乙酰 CoA 和 NADH。其中乙酰 CoA 抑制 E_2 活性，NADH 抑制 E_3 的活性，抑制效应可被 CoA 和 NAD^+ 逆转。另外，丙酮酸脱氢酶的磷酸化与脱磷酸化共价修饰调节控制着该酶的活性，即 E_1 的磷酸化状态没有活性，去磷酸化状态有活性。

3. 丙酮酸在线粒体中的氧化脱羧反应 由丙酮酸脱氢酶复合体所催化的丙酮酸氧化脱羧反应分 5 步进行，各个步骤紧密相连，最终使丙酮酸氧化脱羧转化为乙酰 CoA，脱下的氢最后交给 NAD^+ 转为 NADH。反应过程如图 6-15 所示。

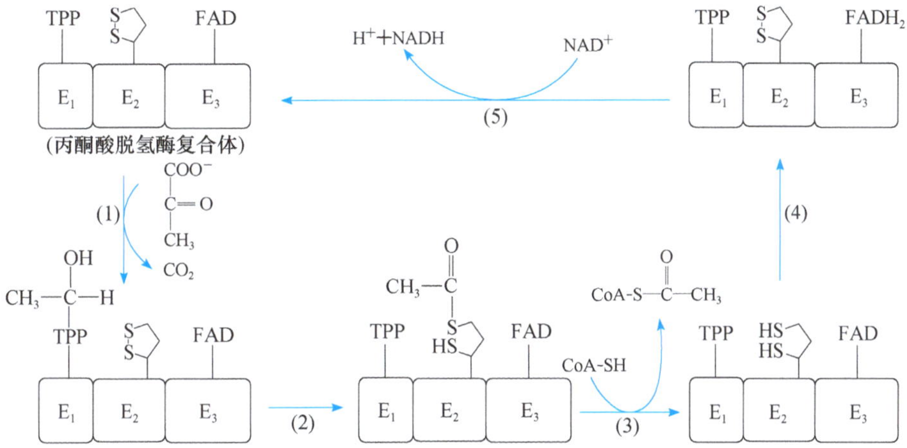

图 6-15 丙酮酸脱氢酶复合体催化丙酮酸脱羧反应示意图

（1）丙酮酸与 TPP 反应，脱羧产生羟乙基-TPP 和 CO_2，反应由酶 E_1 催化，以 TPP 为辅基。

（2）羟乙基-TPP 与酶 E_2 的辅基硫辛酰基（氧化型）结合，生成乙酰-二氢硫辛酰胺的酶复合物。反应仍由酶 E_1 催化。

（3）乙酰-二氢硫辛酰胺（酶复合物）与 CoA 反应，生成乙酰 CoA，硫辛酰胺基被释放并还原。反应由酶 E_2 催化。生成的乙酰 CoA 反馈抑制 E_2 活性。

（4）还原态的硫辛酰基与酶 E_3 的辅基 FAD 反应，硫辛酰基被氧化为二硫化物状态，FAD 被还原为 $FADH_2$。反应由酶 E_3 催化。

（5）$FADH_2$ 与辅酶 NAD^+ 进行氧化还原反应，$FADH_2$ 被氧化为 FAD，NAD^+ 被还原为 NADH+H^+。产物 NADH 反馈抑制 E_3 活性。

丙酮酸氧化脱羧形成乙酰 CoA 是连接糖酵解和三羧酸循环的纽带，其总反应如下。

$$\underset{\text{丙酮酸}}{\begin{matrix}\text{COOH}\\|\\\text{C}{=}\text{O}\\|\\\text{CH}_3\end{matrix}} + \text{CoA-SH} + NAD^+ \xrightarrow[\text{TPP、硫辛酸、FAD、}Mg^{2+}]{\text{丙酮酸脱氢酶复合体}} \underset{\text{乙酰CoA}}{H_3C-\overset{\overset{\displaystyle O}{\|}}{C}-S-\text{CoA}} + CO_2 + \text{NADH} + H^+$$

丙酮酸脱羧后产生的乙酰 CoA 进入三羧酸循环进一步氧化。NADH 进入电子传递链，释放的能量用于 ATP 合成。

二、三羧酸循环的反应历程

乙酰 CoA 的氧化是由三羧酸循环来完成的。三羧酸循环是指乙酰 CoA 先与草酰乙酸合成柠檬酸，而后经过一系列氧化、脱羧生成 CO_2 并再生草酰乙酸的循环反应过程，因为循环反应的第一个产物柠檬酸为三羧酸，故称为三羧酸循环（tricarboxylic acid cycle），简称 TCA 循环，也称为柠檬酸循环（citric acid cycle）。它是由德国的 H. A. Krebs 正式提出的，所以又称 Krebs 循环。

三羧酸循环共 8 步反应，除琥珀酸脱氢酶固定在线粒体内膜上，循环中的其他酶都在线粒体基质中。TCA 循环从乙酰 CoA 与草酰乙酸结合开始，乙酰基经 2 次脱羧形成 CO_2 被完全分解，反应中有 4 步脱氢氧化，每次脱去的氢转移到作为氢载体的辅基或辅酶上形成 $FADH_2$ 或 NADH，在琥珀酰 CoA 裂解时发生一次底物水平的磷酸化，产生 1 分子 GTP，主要反应过程如图 6-16 所示。

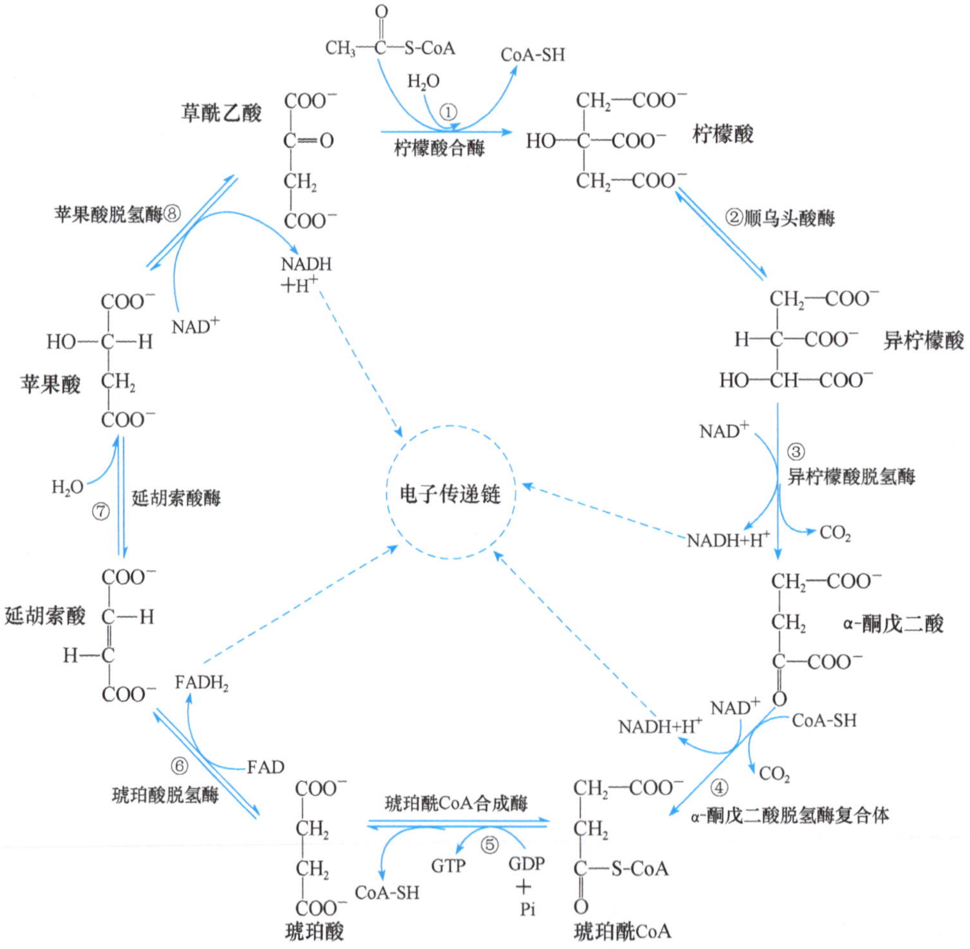

图 6-16　三羧酸循环反应历程

1. 乙酰 CoA 与草酰乙酸缩合形成柠檬酸　三羧酸循环的第一步是柠檬酸的形成。由柠檬酸合酶（citrate synthase）催化，乙酰 CoA 中乙酰基的甲基与草酰乙酸的羰基碳连接，形成一个中间过渡产物柠檬酰 CoA，然后水解为柠檬酸和自由的 CoA。CoA 重新参与丙酮酸的氧化脱羧过程。

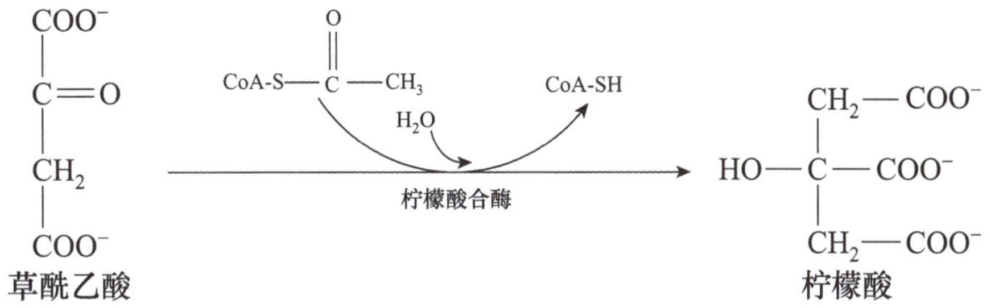

这一步是放能反应（$\Delta G^{0\prime}$=–32.2kJ/mol），较大的负标准自由能变化使反应单向不可逆进行，保证循环运转。柠檬酸合酶是调节酶，其活性受 ATP、NADH、琥珀酰 CoA 及柠檬酸的抑制，而被乙酰 CoA、草酰乙酸和 AMP 激活。

氟乙酰 CoA 可与草酰乙酸结合形成氟柠檬酸导致致死性合成，可作为杀虫药。

2. 柠檬酸异构化形成异柠檬酸　柠檬酸由顺乌头酸酶（aconitase）催化，通过脱水形成一个中间产物顺乌头酸，再进行加水反应生成异柠檬酸。

这一步是可逆反应。在反应处于平衡态时（pH 7.0，25℃），异柠檬酸的比例很小（柠檬酸：顺乌头酸：异柠檬酸＝90 ：4 ：6）。异柠檬酸在循环中不断消耗，使反应向正反应方向进行。

3. 异柠檬酸氧化脱羧生成 α-酮戊二酸　异柠檬酸由异柠檬酸脱氢酶（isocitrate dehydrogenase）催化，先脱氢经过一个中间过渡产物草酰琥珀酸，然后脱羧为 α- 酮戊二酸，三羧酸转变为二羧酸。异柠檬酸脱氢酶的辅酶为 NAD^+。

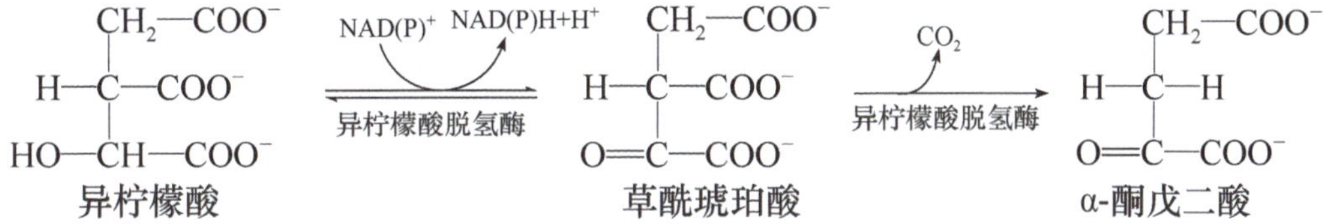

异柠檬酸脱氢酶是三羧酸循环中的第二个调节酶，受 NADH 和 ATP 的别构抑制，可被 NAD^+、ADP、Ca^{2+} 激活。在植物细胞内异柠檬酸脱氢酶的活性还受共价修饰的调节，磷酸化状态时无脱氢酶的活性。

4. α-酮戊二酸氧化脱羧为琥珀酰 CoA　由 α-酮戊二酸脱氢酶复合体（α-ketoglutarate dehydrogenase complex）催化，α-酮戊二酸脱氢氧化和脱羧，并与 CoA 结合为琥珀酰 CoA。这是一步标准自由能变化较大的反应（$\Delta G^{0\prime}$ = –33.5kJ/mol），是不可逆反应。

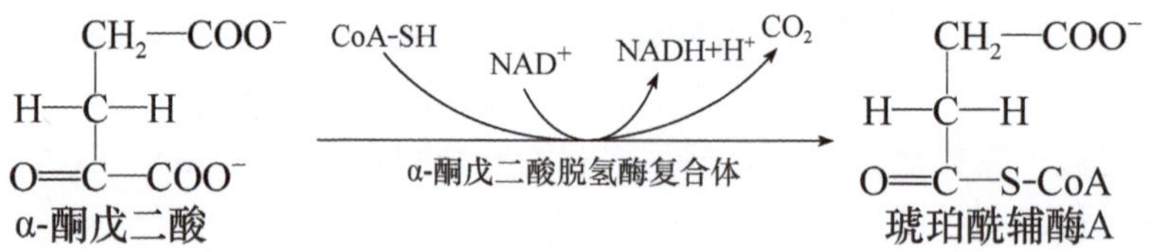

α-酮戊二酸脱氢酶复合体与丙酮酸脱氢酶复合体非常相似，包括α-酮戊二酸脱氢酶（E_1）、二氢硫辛酰转琥珀酰酶（E_2）、二氢硫辛酰脱氢酶（E_3），以及TPP、CoA、FAD、NAD^+、Mg^{2+}和氧化型硫辛酸6个辅因子。

α-酮戊二酸整个氧化脱羧反应过程与丙酮酸脱羧反应极其相似，具体过程可参见前面丙酮酸脱羧反应。α-酮戊二酸脱氢酶复合体与丙酮酸脱氢酶复合体的调节也比较相似，但没有共价修饰调节。

5. 琥珀酰CoA转化为琥珀酸 这是一步可逆反应。反应由琥珀酰辅酶A合成酶（succinyl-CoA synthetase）催化。琥珀酰CoA与乙酰CoA一样，分子中有一个高能的硫酯键，反应中硫酯键裂解，释放的能量转移给GDP生成GTP，这是三羧酸循环中唯一的底物水平磷酸化。

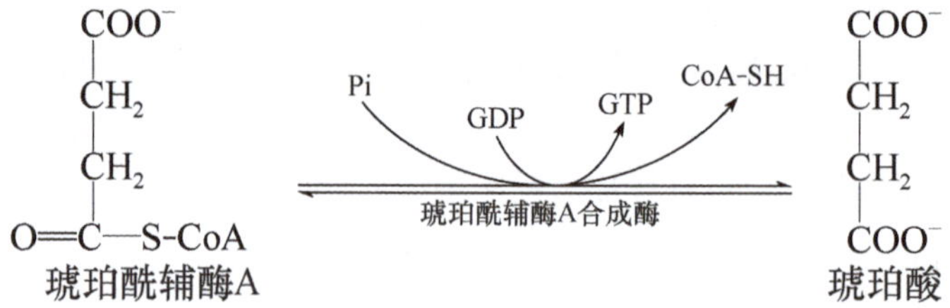

6. 琥珀酸脱氢生成延胡索酸 琥珀酸由琥珀酸脱氢酶（succinate dehydrogenase）催化脱氢，转化为延胡索酸（反丁烯二酸），FAD为辅基，丙二酸是此酶的竞争性抑制剂。此酶位于线粒体内膜上。反应中形成的还原型$FADH_2$可直接通过琥珀酸脱氢酶进入线粒体内膜的呼吸链进行电子传递。

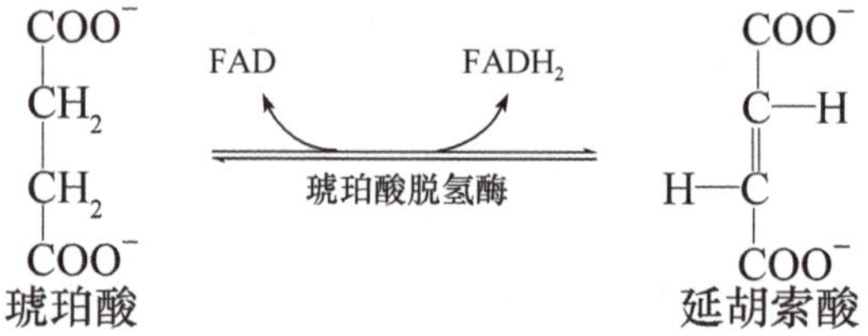

7. 延胡索酸被水化生成L-苹果酸 延胡索酸由延胡索酸酶（fumarase）催化加水反应生成L-苹果酸，所以此酶也称为延胡索酸水合酶（fumarate hydratase），没有辅基或辅酶参与。此酶的特点是立体专一性强，不产生D-苹果酸。

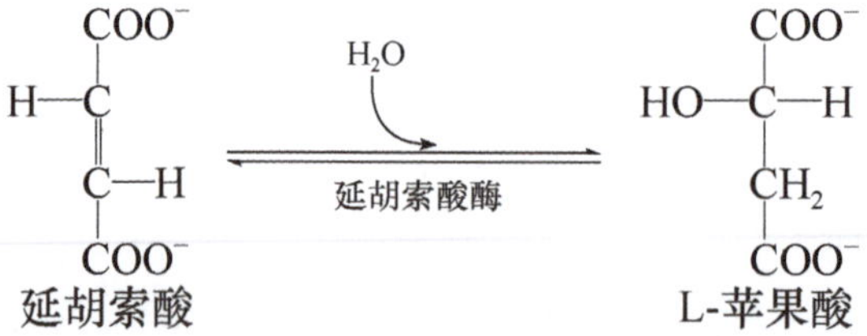

8. 苹果酸脱氢生成草酰乙酸 L-苹果酸由苹果酸脱氢酶（malate dehydrogenase）催化脱氢生成草酰乙酸，辅酶NAD^+还原为NADH。

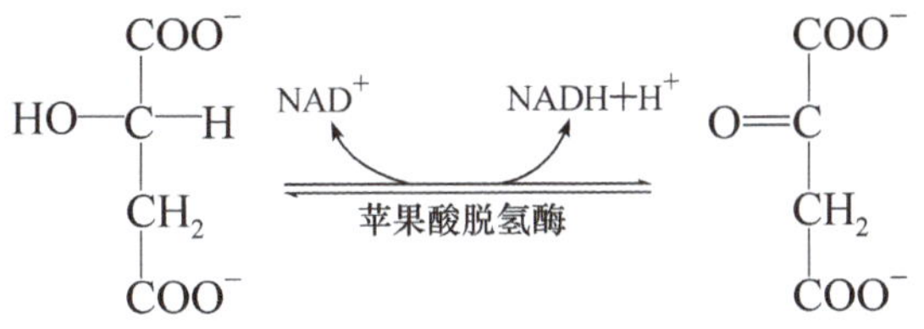

L-苹果酸　　　　　　　　　　草酰乙酸

苹果酸的脱氢反应出现较大的自由能变化（$\Delta G^{0\prime} = 29.7\text{kJ/mol}$），说明苹果酸转化为草酰乙酸是比较困难的，逆反应要大于正反应。但由于草酰乙酸不断被消耗而处于浓度非常低的情况下，正反应才能得以进行。

完成以上 8 步反应，即将进入下一次循环。在循环反应中，两步有中间过渡产物，一个是柠檬酸异构化产生的顺乌头酸，另一个是异柠檬酸脱羧到生成 α-酮戊二酸之间产生一个草酰琥珀酸，所以过去也有书中写作 10 步反应。

三、三羧酸循环的能量释放

在三羧酸循环中丙酮酸被氧化为 CO_2，能量全部释放，三羧酸循环是需氧细胞能量供应的主要来源。

丙酮酸脱羧氧化中形成乙酰基和 1 分子 CO_2 及 1 分子 NADH。乙酰基进入三羧酸循环后被氧化成 2 分子 CO_2，脱下的氢用于还原形成 3 分子 NADH 和 1 分子 $FADH_2$，由琥珀酰 CoA 生成琥珀酸时发生底物水平磷酸化形成 1 分子 GTP。三羧酸循环的反应如下。

微课视频

$$\text{乙酰 CoA}+3NAD^{+}+FAD+GDP+Pi+2H_2O$$
$$\longrightarrow 2CO_2+3（NADH+H^{+}）+FADH_2+GTP+CoA$$

每分子 $NADH+H^+$ 在线粒体呼吸链中氧化可生成 2.5 分子 ATP，而 1 分子 $FADH_2$ 可生成 1.5 分子 ATP。则 1 分子乙酰 CoA 总共生成 $3\times2.5+1\times1.5+1 = 10$ATP（其中 1 个为 GTP）。加上丙酮酸脱羧氧化一步产生的 1 分子 $NADH+H^+$，则 1 分子丙酮酸彻底氧化分解产生的能量为 $10+2.5 = 12.5$ATP。

如果从葡萄糖算起，1 分子葡萄糖可产生 2 分子丙酮酸，则可产生 25 分子 ATP。再加上糖酵解的 2 分子 $NADH+H^+$（相当于 3 或 5 分子 ATP）和 2 分子 ATP，所以 1 分子葡萄糖完全氧化可产生 30 或 32 分子 ATP。

ATP 末端的磷酸基水解时的标准自由能变化为 –30.5kJ/mol。葡萄糖完全氧化标准自由能按 –2840kJ/mol 计，则能量利用效率约为 $30.5\times32/2840=34.4\%$。

不仅糖类可以通过三羧酸循环氧化分解释放大量能量，其他有机分子的彻底氧化分解也需要通过三羧酸循环来实现。例如，多数氨基酸脱氨后产生的酮酸可通过不同的转化途径进入三羧酸循环，有些则是三羧酸循环的中间产物，如丙氨酸脱氨产生丙酮酸，天冬氨酸产生草酰乙酸，谷氨酸产生 α-酮戊二酸等。脂类分解过程形成大量的乙酰 CoA，也要通过三羧酸循环彻底氧化分解。

四、三羧酸循环的生物学意义

三羧酸循环是生命活动中最重要的代谢途径，既是物质分解代谢的重要组成部分，也是物质合成的重要步骤，为生命活动及其他生物合成提供能量和原料。

1. 三羧酸循环为机体提供大量能量 通过三羧酸循环将糖等燃料分子彻底氧化分解，与呼吸链偶联产生大量的 ATP。这是生物细胞活动可利用的最有效和最直接的能量形式。

2. 为其他生物合成代谢提供原料 三羧酸循环的一些中间产物，可以作为氨基酸、脂肪酸及核苷酸等的合成原料。例如，α-酮戊二酸可氨基化生成谷氨酸，草酰乙酸可用于合成天冬氨酸，天冬氨酸也是合成核苷酸的原料，琥珀酰 CoA 常用于合成卟啉，在哺乳动物体内可进一步合成血红素，在植物体内可合成叶绿素等物质。

3. 三羧酸循环是沟通物质代谢的枢纽 三羧酸循环是糖类、脂类、蛋白质等物质代谢联络的枢纽。如前所述，丙氨酸脱氨产生丙酮酸，天冬氨酸产生草酰乙酸，谷氨酸产生 α-酮戊二酸，脂类分解过程形成大量的乙酰 CoA，都要通过三羧酸循环才能彻底氧化为 CO_2 并进行能量转换。而三羧酸循环产生的中间产物又为合成氨基酸、核苷酸、卟啉等物质提供碳骨架。所以三羧酸循环既是物质的分解代谢途径，也是物质合成代谢的组成部分。

五、三羧酸循环中间产物的回补

三羧酸循环的中间产物草酰乙酸和 α-酮戊二酸常离开循环途径，用于天冬氨酸和谷氨酸的合成，琥珀酰 CoA 用于合成卟啉等。由于这些中间产物的离开，引起中间产物的浓度下降，最终导致草酰乙酸浓度降低，从而影响三羧酸循环的运转，因此必须不断补充中间产物才能维持其循环正常进行，这种补充称为回补反应（anaplerotic reaction）。在线粒体内主要是草酰乙酸的回补反应。

草酰乙酸的回补主要有以下几条途径。

1. 丙酮酸羧化生成草酰乙酸 丙酮酸在丙酮酸羧化酶（pyruvate carboxylase）的催化下，与 CO_2 结合羧化为草酰乙酸。

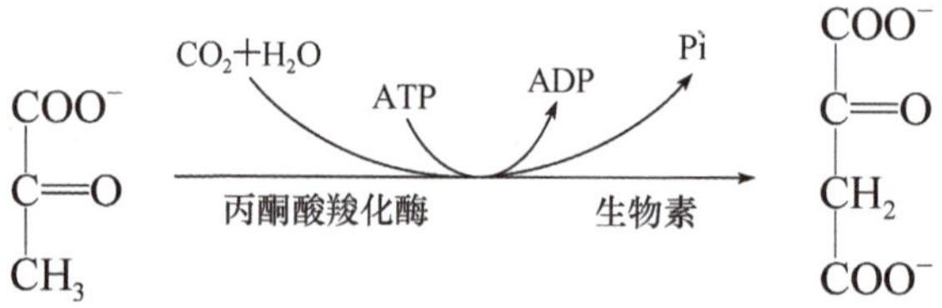

丙酮酸　　草酰乙酸

这一反应在线粒体中进行，是不可逆反应。丙酮酸羧化酶是调节酶，受乙酰 CoA 激活。三羧酸循环中的草酰乙酸或循环中任何一种中间产物不足，都会导致 TCA 循环减慢，结果会使乙酰 CoA 的浓度相对升高。高浓度的乙酰 CoA 会激活丙酮酸羧化酶，使丙酮酸羧化产生更多的草酰乙酸。

丙酮酸羧化是动物细胞线粒体中草酰乙酸回补的重要途径。

2. 丙酮酸羧化为苹果酸后再脱氢产生草酰乙酸 丙酮酸在苹果酸酶（malic enzyme）的催化下与 CO_2 反应生成苹果酸，NADPH 作为氢供体和辅酶，该反应在胞质中进行。苹果酸可进入线粒体，由苹果酸脱氢酶催化，沿三羧酸循环途径生成草酰乙酸。

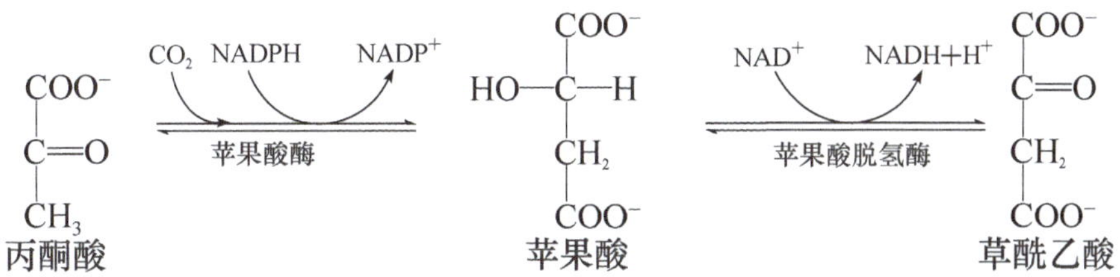

这一反应还有另外一种意义，苹果酸酶以 NADPH 为辅酶，苹果酸脱氢酶以 NAD^+ 为辅酶，可通过苹果酸进入线粒体，将线粒体外的 NADPH 的氢带入线粒体氧化，反之也可以将线粒体内 NADH 的氢带出线粒体，在细胞质中转化为 NADPH，用于需要 NADPH 作为还原剂的合成反应。

3. 氨基酸脱氨产生酮酸进入 TCA 循环再转化为草酰乙酸 很多氨基酸分解代谢时都产生酮酸，可以进入三羧酸循环回补中间产物的不足。例如，天冬氨酸脱氨后产生草酰乙酸，谷氨酸脱氨后形成 α-酮戊二酸，都能进入三羧酸循环。

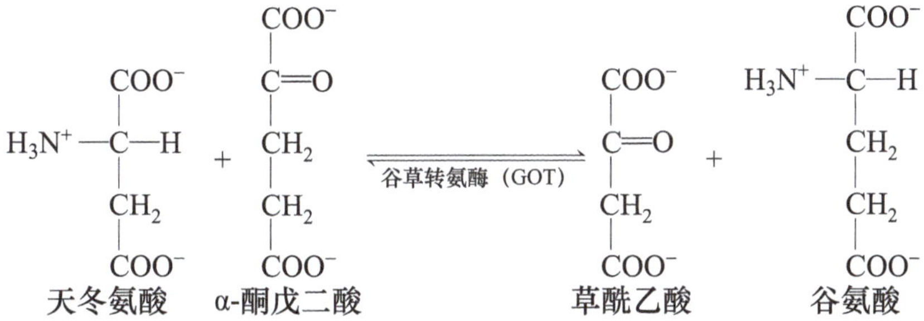

丙氨酸脱氨后产生丙酮酸，可以羧化产生草酰乙酸。还有一些其他氨基酸脱氨产生的酮酸可转化为三羧酸循环的中间产物，最终也能形成草酰乙酸。

4. 磷酸烯醇式丙酮酸生成草酰乙酸 在植物和细菌中，磷酸烯醇式丙酮酸在磷酸烯醇式丙酮酸羧化酶（phosphoenolpyruvate carboxylase）的催化下生成草酰乙酸。在动物的心脏和骨骼肌中，由磷酸烯醇式丙酮酸羧激酶（phosphoenolpyruvate carboxykinase）催化磷酸烯醇式丙酮酸转化为草酰乙酸。

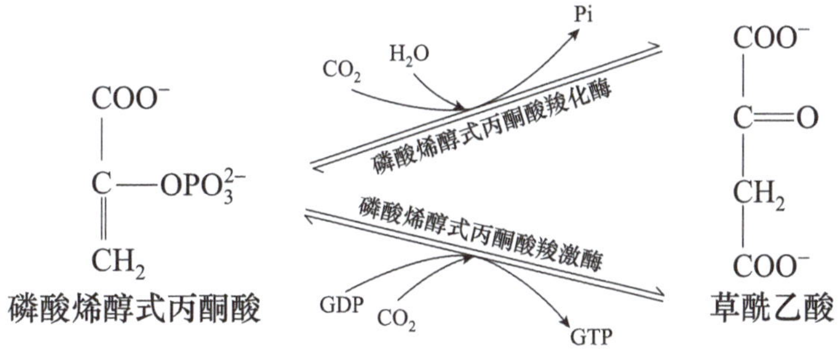

六、三羧酸循环的调控

三羧酸循环的速度主要取决于细胞对 ATP 的需求量及对中间产物的需要。在细胞中 ATP 积累较多及 NADH 氧化较慢的情况下，ATP、NADH 和乙酰 CoA 则作为别构抑制剂抑制三羧酸循环速度。其抑制作用的位点主要是循环中的3个调节酶，其中最主要的是异柠檬酸脱氢酶的调节，其次是α-酮戊二酸脱氢酶。至于柠檬酸合酶，对它的调控多见于原核生物。三羧酸循环的调节控制见表6-1。

表6-1 三羧酸循环的调节控制

柠檬酸合酶	异柠檬酸脱氢酶	α-酮戊二酸脱氢酶
抑制剂：ATP、NADH、琥珀酰CoA、柠檬酸	抑制剂：ATP、NADH	抑制剂：琥珀酰CoA、NADH、高能荷
激活剂：乙酰CoA、草酰乙酸、AMP	激活剂：ADP、NAD^+、Ca^{2+}	激活剂：AMP、Ca^{2+}

第五节 磷酸戊糖途径

葡萄糖在大部分生物细胞中是通过糖酵解和三羧酸循环途径氧化为CO_2的，脱下的氢经过电子传递链的传递，与氧结合生成水，在电子传递过程中释放的能量驱使ADP磷酸化生成ATP。但这并不是唯一的氧化途径。20世纪30年代就有人发现细胞中糖的无氧氧化不只是糖酵解途径。例如，在向组织匀浆中添加糖酵解抑制剂碘乙酸（抑制3-磷酸甘油醛脱氢酶）或氟化钠（抑制烯醇化酶）后，葡萄糖仍有一定量的消耗，说明葡萄糖在胞质中还有其他分解代谢途径。

1931年，O. Warburg及F. Lipman等发现了6-磷酸葡萄糖脱氢酶和6-磷酸葡萄糖酸脱氢酶，其辅酶都是$NADP^+$；用同位素^{14}C分别标记葡萄糖C_1和C_6，发现葡萄糖$^{14}C_1$更容易氧化成$^{14}CO_2$，表明葡萄糖氧化可以直接发生在C_1生成CO_2。F. Dickens继续O. Warburg等的研究，发现了很多中间产物，由于氧化后产生磷酸戊糖，于1953年提出了磷酸戊糖途径（pentose phophate pathway，PPP），当时称为已糖支路（hexose monophosphate shunt，HMS）。后来也曾称为已糖单磷酸途径（HMP）、磷酸葡萄糖氧化途径、戊糖支路、戊糖磷酸循环等。

一、磷酸戊糖途径的反应历程

磷酸戊糖途径广泛存在于动植物细胞内，在细胞质中进行，与糖酵解途径相似，不需要分子氧，是糖代谢的一个重要途径。整个过程可分为两个阶段，即葡萄糖氧化脱羧阶段和非氧化的分子重排阶段。

（一）葡萄糖氧化脱羧阶段

从葡萄糖开始的氧化脱羧共有4步反应，首先是葡萄糖活化生成6-磷酸葡萄糖，然后通过3种酶分别催化的脱氢、水解和脱氢脱羧3步反应，由$NADP^+$作为氢的受体，产生高还原力物质NADPH，脱去1分子CO_2，生成磷酸戊糖。氧化阶段是不可逆的。

1. 葡萄糖转变成6-磷酸葡萄糖 这一步反应与糖酵解中的葡萄糖活化是一样的。因此也有将这一步反应不列入磷酸戊糖途径的反应历程。葡萄糖磷酸化以后形成6-磷酸葡萄糖，既可进入糖酵解途径，也可以进入磷酸戊糖途径，具体流向视细胞中代谢情况而定。

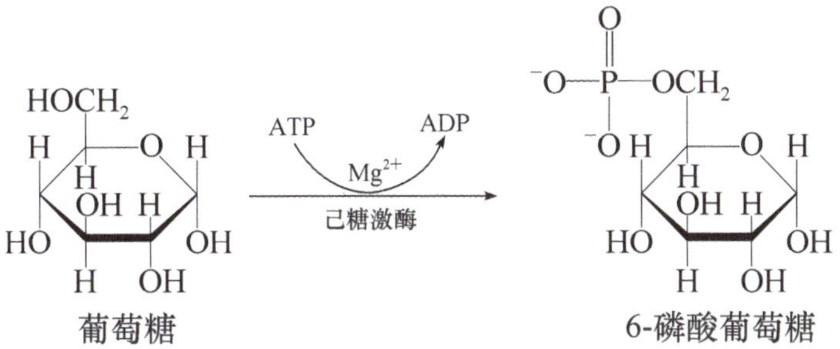

2. 6-磷酸葡萄糖的脱氢反应 在6-磷酸葡萄糖脱氢酶（glucose-6-phosphate dehydrogenase）的催化下，以$NADP^+$为辅酶，6-磷酸葡萄糖脱氢氧化生成6-磷酸葡萄糖酸内酯及NADPH。内酯分子不稳定，能够自发进行水解，但速度很慢。6-磷酸葡萄糖脱氢酶是别构调节酶，受NADPH反馈抑制。

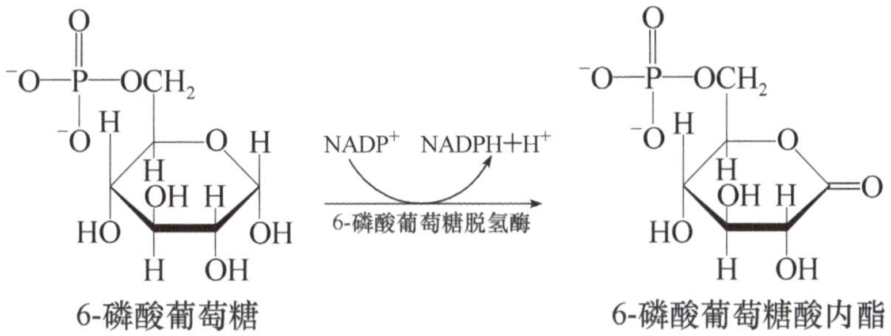

微课视频

3. 6-磷酸葡萄糖酸内酯的水解反应 在专一的6-磷酸葡萄糖酸内酯酶（6-phosphogluconolactonase）的作用下，不稳定的6-磷酸葡萄糖酸内酯快速水解为6-磷酸葡萄糖酸。这一反应是不可逆的。

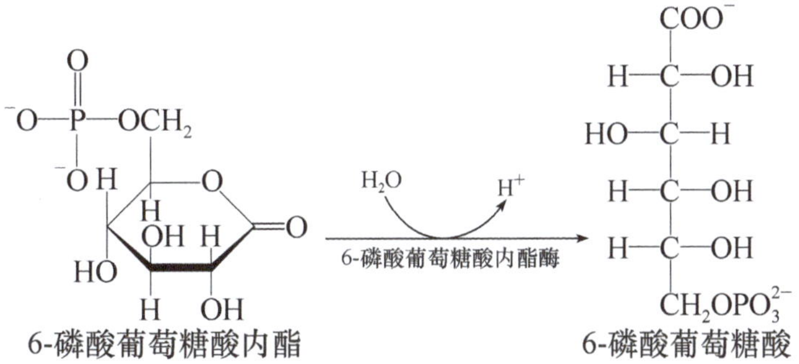

4. 6-磷酸葡萄糖酸的脱氢脱羧反应 在6-磷酸葡萄糖酸脱氢酶（6-phosphogluconate dehydrogenase）的作用下，6-磷酸葡萄糖酸氧化脱羧生成5-磷酸核酮糖和CO_2。仍以$NADP^+$为辅酶，生成NADPH。在氧化脱羧过程中，先形成一个中间过渡产物3-酮基-6-磷酸葡萄糖酸，再脱羧为5-磷酸核酮糖。这一反应也是不可逆的。

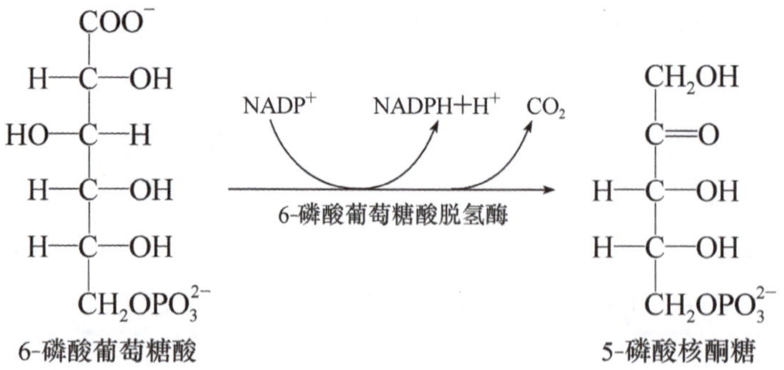

6-磷酸葡萄糖经过 2 次脱氢和 1 次脱羧，生成 2 分子 NADPH+H^+ 和 1 分子五碳糖，1 分子 CO_2，消耗 1 分子 H_2O。葡萄糖在磷酸戊糖途径中的氧化脱羧阶段到此完成，其总反应如下。

$$\text{6-磷酸葡萄糖} + 2NADP^+ + H_2O \longrightarrow \text{5-磷酸核酮糖} + CO_2 + 2NADPH + 2H^+$$

葡萄糖的氧化脱羧阶段形成了两种重要物质：5-磷酸核酮糖和 NADPH，5-磷酸核酮糖异构化产生的磷酸核糖，可以参与核苷酸的合成；而 NADPH 不能进入线粒体氧化，主要提供还原力，作为供氢体用于其他代谢物的合成。然而，很多细胞对 NADPH 的需求远远高于 5-磷酸核酮糖，这样细胞内的磷酸戊糖途径（PPP）就特别活跃，5-磷酸核酮糖必然出现过剩，那么，细胞就必须存在一种机制来及时处理剩余的 5-磷酸核酮糖。实际上，这种机制就是 5-磷酸核酮糖通过非氧化的分子重排阶段，生成磷酸己糖。

（二）非氧化的分子重排阶段

非氧化阶段是磷酸戊糖分子在异构酶、转酮酶和转醛酶的催化下互变异构及重排，产生 6-磷酸果糖和 3-磷酸甘油醛，此阶段产生的中间产物包括了三碳糖、四碳糖、五碳糖、六碳糖、七碳糖。这些分子重组反应都是可逆反应，反应的方向取决于产物的消耗或积累，一些中间产物也会离开反应途径用于其他合成代谢。非氧化阶段共有 5 步，通过此阶段的异构、碳单位转移或分子重排，6 分子的磷酸戊糖转化成 5 分子的磷酸己糖。

1. 5-磷酸核酮糖异构化为 5-磷酸核糖 由磷酸戊糖异构酶（phosphopentose isomerase）催化，5-磷酸核酮糖经历一个烯醇式中间产物，转化为 5-磷酸核糖。5-磷酸核糖可用于核酸的合成。

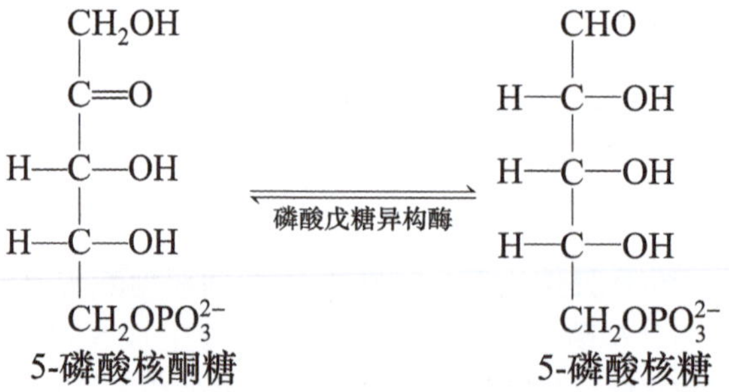

2. 5-磷酸核酮糖异构化为 5-磷酸木酮糖 由磷酸戊糖差向异构酶催化，5-磷酸核酮

糖也经历一个烯醇式中间结构，然后异构为5-磷酸木酮糖。差向异构酶（epimerase）也称表异构酶。

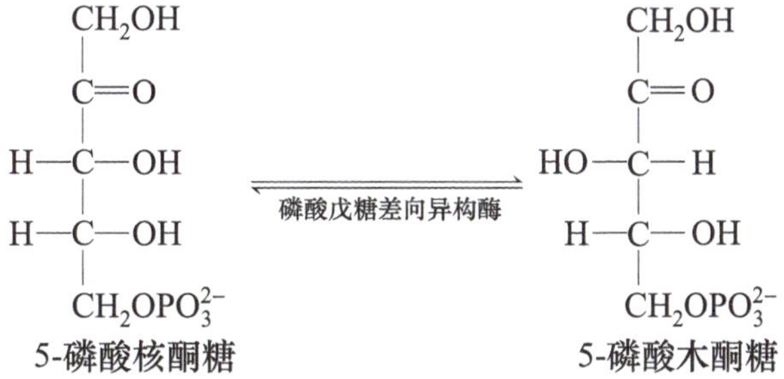

5-磷酸核酮糖经过两次异构转化，为下一步碳单位转移做好准备。

3. 5-磷酸核糖和5-磷酸木酮糖反应生成3-磷酸甘油醛和7-磷酸景天庚酮糖　反应由转酮酶（transketolase）催化，5-磷酸木酮糖的二碳单位（羟乙醛基）转移到5-磷酸核糖上，重组为三碳糖和七碳糖。该酶需要TPP作为辅酶，同时需要Mg^{2+}。

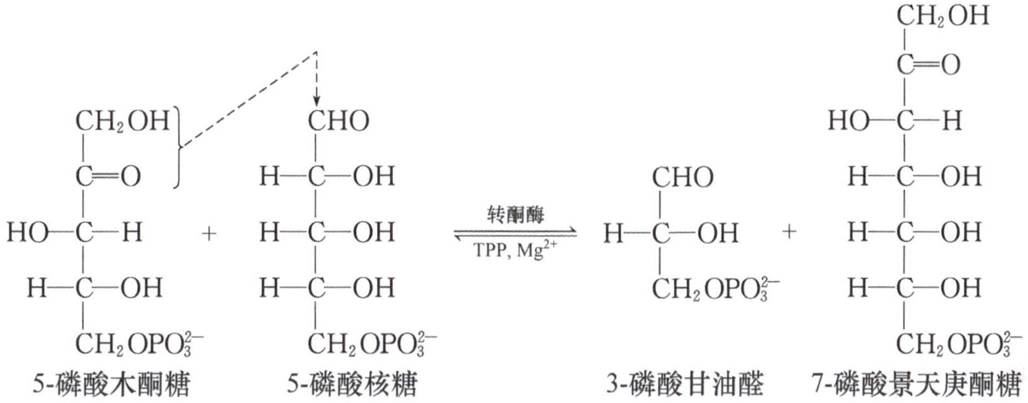

4. 7-磷酸景天庚酮糖与3-磷酸甘油醛反应生成6-磷酸果糖和4-磷酸赤藓糖　反应由转醛酶（transaldolase）催化，7-磷酸景天庚酮糖上的三碳单位（二羟丙酮基）转移到3-磷酸甘油醛上，分别生成四碳糖和六碳糖。该酶不需要任何辅助因子。

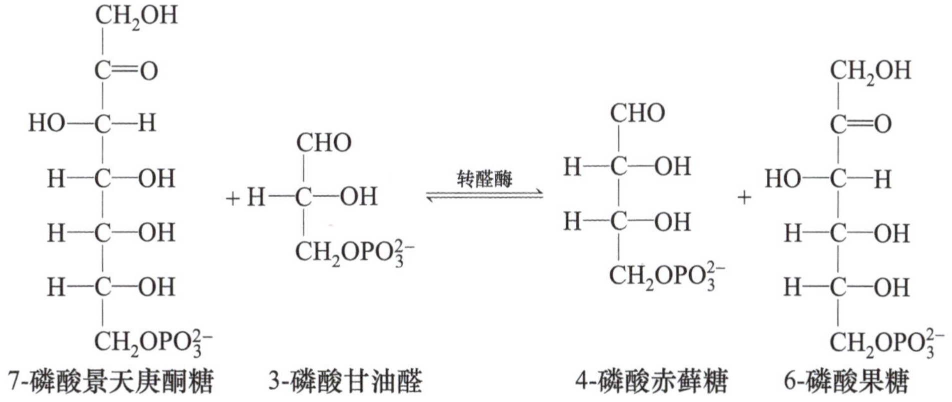

5. 5-磷酸木酮糖和4-磷酸赤藓糖反应生成3-磷酸甘油醛和6-磷酸果糖　反应由转酮

酶催化，5-磷酸木酮糖的二碳单位（羟乙醛基）转移到4-磷酸赤藓糖上，分别生成三碳糖和六碳糖。这步反应与第3步相似。

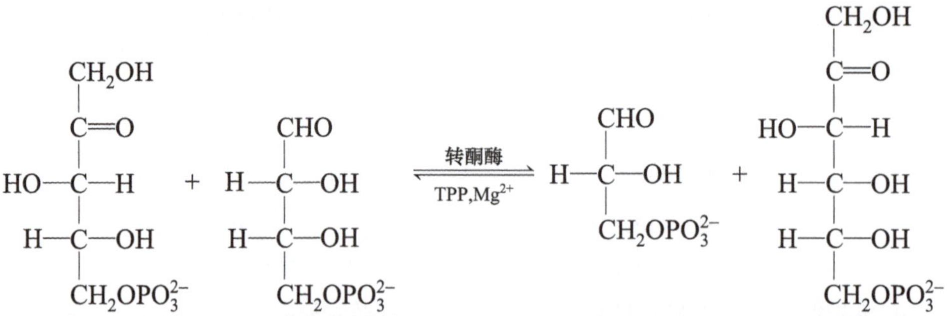

5-磷酸木酮糖　4-磷酸赤藓糖　3-磷酸甘油醛　6-磷酸果糖

1个葡萄糖分子是不可能完成上述反应的，至少要3分子同时进行才可以完成。因此，磷酸戊糖途径的非氧化阶段总反应为

$$5\text{-磷酸核酮糖}\times 3 \longrightarrow 6\text{-磷酸果糖}\times 2+3\text{-磷酸甘油醛}\times 1$$

或者是

$$5\text{-磷酸核酮糖}\times 6 \longrightarrow 6\text{-磷酸果糖}\times 4+3\text{-磷酸甘油醛}\times 2$$

由葡萄糖的非氧化分子重排阶段可以看出，6分子5-磷酸核酮糖可生成4分子6-磷酸果糖和2分子3-磷酸甘油醛。如果2分子3-磷酸甘油醛经醛缩酶生成1分子1,6-二磷酸果糖，然后在二磷酸果糖磷酸酶催化下水解生成1分子6-磷酸果糖和1个磷酸；那么，相当于6分子5-磷酸核酮糖生成了5分子6-磷酸果糖和1个磷酸。所以，6分子6-磷酸葡萄糖完成一次氧化脱羧产生6个CO_2和6个五碳糖，经过分子重排可再生出5分子6-磷酸果糖，相当于1个6-磷酸葡萄糖分子经过6次循环完全被氧化。每次循环经历2次氧化脱氢形成2分子$NADPH+H^+$，按此计算则1分子6-磷酸葡萄糖经过6次循环完全氧化后可产生12分子$NADPH+H^+$（图6-17）。即磷酸戊糖途径的总反应为

$$6\text{-磷酸葡萄糖}\times 6+12NADP^++7H_2O \longrightarrow 6CO_2+12NADPH+12H^++6\text{-磷酸果糖}\times 5$$

如果从葡萄糖进入磷酸戊糖途径开始计算，还要消耗6分子ATP，则

$$\text{葡萄糖}\times 6+6ATP+12NADP^++7H_2O \longrightarrow 6CO_2+6ADP+12NADPH+12H^++6\text{-磷酸果糖}\times 5+Pi$$

二、磷酸戊糖途径的生物学意义

从磷酸戊糖途径释放的能量来看，1分子葡萄糖完全氧化为CO_2形成12分子NADPH，如按照NADPH在电子传递过程形成的ATP数（2.5个）来计算，相当于30分子ATP。能量转换效率还是很高的。但磷酸戊糖途径在细胞质中进行，NADPH几乎不能进入线粒体用于形成ATP，途径本身也未产生ATP。从这点来讲，磷酸戊糖途径对于细胞所需的活化态能量（ATP）供应是无助的。磷酸戊糖途径是生物体内普遍存在的一种糖代谢途径，其作用不在于能量供应，而在于多种其他生物学功能。

1. PPP途径为细胞内的合成反应提供还原力　细胞质中存在很多还原性生物合成反应，如脂肪的合成，四氢叶酸、核苷酸及脱氧核苷酸的合成，非光合细胞中硝酸盐、亚硝

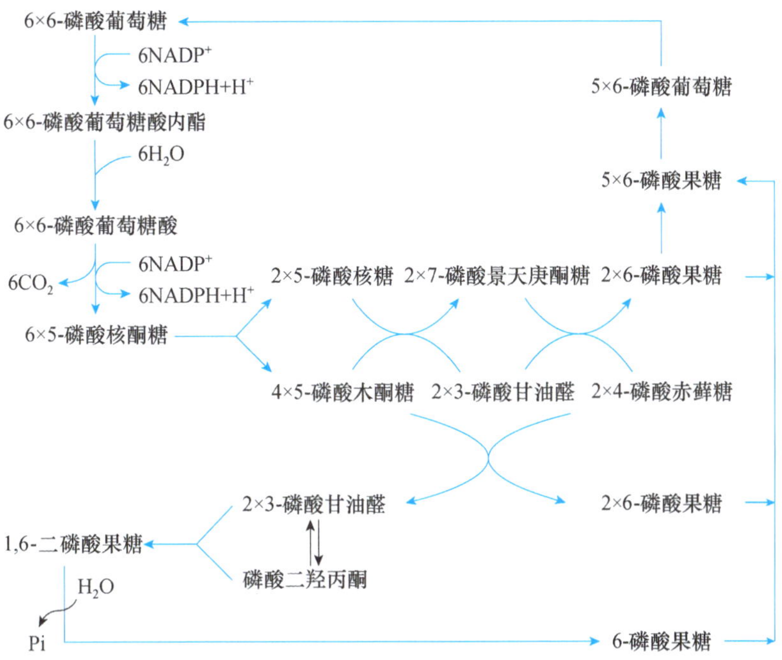

图 6-17 磷酸戊糖途径（乘号前数字表示分子数）

酸盐的还原，氨的同化，氨基酸的合成，丙酮酸羧化还原成苹果酸等。这些合成反应都要经历还原过程，需要 NADPH 作为氢供体。尤其是脂肪酸、固醇类的合成需要大量的氢供体 NADPH。在细胞中产生 NADPH 的代谢主要是磷酸戊糖途径，所以 PPP 途径的主要作用之一是为细胞的合成反应提供还原力 NADPH。

2. NADPH 在红细胞中使谷胱甘肽保持还原状态 NADPH 是谷胱甘肽还原酶（glutathione reductase）的辅酶，在还原型谷胱甘肽（GSH）的再生反应中发挥着重要作用（图 6-18）。而 GSH 在动物红细胞中具有两个非常重要的功能，一是 GSH 能够维护血红蛋白中的血红素铁呈还原状态，即血红素辅基的 Fe^{2+} 不被氧化；二是 GSH 能够防止红细胞的膜质发生过氧化反应，保护红细胞免受过氧化物的损害。因为红细胞富含氧气，在富氧的环境中，极容易产生对细胞膜上的脂质具有破坏性的过氧化物；而且成熟的红细胞完全失去合成蛋白质和脂质的能力，如果细胞膜受损不能再修复，容易造成溶血。而 NADPH 在动物红细胞中能够保持谷胱甘肽呈还原状态，在 GSH 存在的情况下，谷胱甘肽过氧化物酶能及时清除过氧化物，阻止其对红细胞的损害，从而维护膜的完整，因此，红细胞中磷酸戊糖途径比较活跃。6-磷酸葡萄糖脱氢酶是磷酸戊糖途径的第一个酶，人类如果出现该酶的遗传缺失，红细胞中 NADPH 将会降低，长期缺乏 NADPH 会导致红细胞氧化损伤进而引起贫血病。

$$2GSH+ROOH \xrightarrow[\text{过氧化物酶}]{\text{谷胱甘肽}} GSSG+H_2O+ROH$$

$$2GSH+NADP^+ \xleftarrow[\text{还原酶}]{\text{谷胱甘肽}} GSSG+NADPH+H^+$$

图 6-18 红细胞中谷胱甘肽过氧化物酶和谷胱甘肽还原酶的作用

3. NADPH 参与免疫增强机体的抵抗力 在巨噬细胞（phagocyte）膜上存在 NADPH 氧化酶（NADPH oxidase），该酶能催化 NADPH 上的电子转移给 O_2，形成超氧阴离子以杀死入侵的微生物（图 6-19）。在巨噬细胞同微生物的“较量”中，NADPH 氧化酶消耗大量的 NADPH，这就极大程度地依赖 PPP 途径，如果 NADPH 缺乏，就会导致机体极易受到感染。

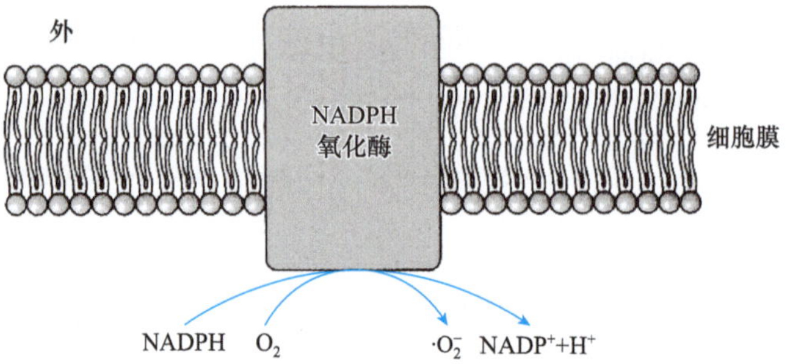

图 6-19 巨噬细胞膜上的 NADPH 氧化酶的防御功能

4. PPP 途径为细胞内核酸等物质合成提供原料 细胞内很多物质的合成是需要多种糖类作为组分或碳骨架的。磷酸戊糖途径产生的多种糖类中间产物可用于其他物质的合成。最重要的中间产物 5-磷酸核糖可用于核苷酸及核酸的合成；同时也是组氨酸合成的原料；4-磷酸赤藓糖和 3-磷酸甘油醛可进入莽草酸途径用于合成莽草酸，进一步合成芳香族氨基酸；可见 PPP 途径与核酸及蛋白质的代谢相连。芳香族氨基酸及莽草酸途径的中间产物也是植物合成木质素等多种次生物质的原料。

5. PPP 途径和 EMP 等途径可以进行相互沟通和补充 PPP 途径是由葡萄糖直接氧化起始的，可单独进行氧化分解的途径。因此可以和 EMP、TCA 相互补充、相互配合，增加机体的适应能力。磷酸戊糖途径中的中间产物可与糖酵解途径沟通，如两途径都消耗 6-磷酸葡萄糖，都有中间产物 3-磷酸甘油醛和 6-磷酸果糖，在代谢中可以相互沟通和补偿，使能量供应和物质转化更为合理。3-磷酸甘油醛处于糖分解代谢的枢纽位置，如果 PPP 受阻，3-磷酸甘油醛则进入无氧或有氧分解途径，反之，如果用碘乙酸抑制 3-磷酸甘油醛脱氢酶，使糖酵解和三羧酸循环不能进行，3-磷酸甘油醛则进入磷酸戊糖途径。

另外，磷酸戊糖途径产生的一系列单糖（三碳糖、四碳糖、五碳糖、六碳糖、七碳糖）与光合作用的卡尔文循环途径中的单糖相同，几乎是卡尔文循环的逆转。尽管光合作用在叶绿体中进行，中间产物不能直接沟通，但其中间产物和一些共同的酶之间还是有联系的。

总之，磷酸戊糖途径在整个代谢过程中没有氧的参与，但可使葡萄糖降解，这在种子萌发的初期作用很大。通常，磷酸戊糖途径在机体内可以和 EMP、TCA 相互补充、相互配合，同时进行；但在不同生物及不同组织器官中所占比例不同。例如，在植物中，有时可占 50% 以上，在动物及多种微生物中约有 30% 的葡萄糖经此途径氧化。可见，糖代谢途径的多样性和内在联系性，有助于生物做出适应性代谢的调节，增加机体的适应能力。

三、磷酸戊糖途径的调控

磷酸戊糖途径的速度主要由生物合成时对 NADPH 的需要所调节。NADPH 反馈抑制 6-磷酸葡萄糖脱氢酶和 6-磷酸葡萄糖酸脱氢酶的活性。当 NADPH 在脂肪等生物合成中被消耗时，$NADP^+$ 水平增加，反馈抑制被解除，进而 PPP 途径活跃，以保证 NADPH 的产生。因此，$NADP^+$ 与 NADPH 的比值是 PPP 途径最重要的调控因素，PPP 的调动与 NADPH 的利用密切关联。

第六节 糖异生作用

糖作为生物体物质组成的重要成分之一，一方面，通过不同途径不断地进行分解代谢，为细胞活动及物质合成提供能源和碳源；另一方面，生物体可以通过不同途径合成各种糖，如单糖、双糖及多糖。其中葡萄糖是非常重要的单糖之一。

葡萄糖的生物合成可以通过光合作用和葡萄糖异生作用完成，其中的光合作用是某些光合微生物及绿色植物所特有的合成途径。光合作用是糖生物合成的最基本途径，分为两个阶段：一个是光合色素吸收光能经光合电子传递链生成同化力 $NADPH+H^+$ 和 ATP；另一个是利用同化力通过卡尔文循环将 CO_2 和 H_2O 合成糖。有关光合反应机制在植物生理学教材中有详细阐述，本节只介绍生物体中普遍存在的葡萄糖异生作用。

一、糖异生作用的概念

糖异生（gluconeogenesis）是指由非糖类物质合成葡萄糖的过程。这是广泛存在于动物、植物、真菌和微生物中的一条关键途径。

非糖物质主要是指生糖氨基酸、乳酸，以及与三羧酸循环有关的有机酸如丙酮酸、草酰乙酸等。反刍动物分解纤维素产生的乙酸、丙酸等物质也可进行糖异生。

动物不能进行光合作用，动物组织的糖类来源一是从食物中摄取，二是从非糖类物质通过糖异生转化而来。非糖类物质的来源包括食入的和自身组织中的蛋白质、氨基酸及有机酸等物质。糖异生是动物组织中糖的重要来源。

植物虽然能进行光合作用，但在某些情况下也需要进行糖异生作用。例如，以储藏蛋白质和脂肪为主的一些种子，在种子萌发时需要将储藏的蛋白质和脂肪转化为糖。

许多微生物能够依赖乳酸、丙酸等有机物为营养而生存，就在于它们能够通过糖异生作用合成葡萄糖。

二、糖异生途径的反应历程

糖异生途径是在细胞质和线粒体中共同完成的。

在糖酵解中，葡萄糖转变为丙酮酸，而在葡萄糖异生作用中则是由丙酮酸转变为葡萄糖。糖异生的反应历程基本上是糖酵解过程的逆转，中间产物是相同的。但葡萄糖异生并不是糖酵解的简单逆转。因为在糖酵解中，由己糖激酶、磷酸果糖激酶和丙酮酸激酶催化的三步反应释放大量的自由能，是不可逆的，所以必须通过另外一些酶催化绕过这三个不可逆的反应步骤，葡萄糖异生作用才能顺利进行。

1. 由丙酮酸逆转为磷酸烯醇式丙酮酸　在糖酵解中由磷酸烯醇式丙酮酸到丙酮酸是不可逆反应，这一步逆转要通过以下 4 步酶促反应进行。

1）丙酮酸羧化生成草酰乙酸　丙酮酸羧化酶存在于线粒体中。丙酮酸通过载体蛋白进入线粒体，再在丙酮酸羧化酶催化下结合 CO_2 羧化为草酰乙酸。这是糖异生的一步关键反应。

$$\text{丙酮酸}+CO_2+ATP+H_2O \xrightarrow[\text{生物素}]{\text{丙酮酸羧化酶}} \text{草酰乙酸}+ADP+Pi$$

丙酮酸羧化酶是调节酶，乙酰辅酶 A 为正效应物。

2）草酰乙酸转化为苹果酸　草酰乙酸不能自由通过线粒体膜到达细胞质，而苹果酸可以出入线粒体。草酰乙酸要在三羧酸循环中先生成苹果酸，由苹果酸脱氢酶催化，NADH 作为辅酶。

$$\text{草酰乙酸}+NADH+H^+ \xrightleftharpoons{\text{苹果酸脱氢酶（线粒体内）}} \text{L-苹果酸}+NAD^+$$

3）苹果酸由线粒体进入细胞质脱氢生成草酰乙酸　苹果酸由线粒体进入细胞质，由细胞质中苹果酸脱氢酶催化转为草酰乙酸，以 NAD^+ 为辅酶。

$$\text{苹果酸}+NAD^+ \xrightleftharpoons{\text{苹果酸脱氢酶（细胞质内）}} \text{草酰乙酸}+NADH+H^+$$

细胞质中的苹果酸脱氢酶也可以 $NADP^+$ 为辅酶，与线粒体中的苹果酸脱氢酶略有不同。

4）草酰乙酸脱羧转化为磷酸烯醇式丙酮酸　在细胞质中草酰乙酸由磷酸烯醇式丙酮酸羧激酶催化，GTP 供能，脱去羧基生成磷酸烯醇式丙酮酸。

$$\text{草酰乙酸}+GTP \xrightleftharpoons{\text{磷酸烯醇式丙酮酸羧激酶}} \text{磷酸烯醇式丙酮酸}+GDP+CO_2$$

在植物叶片中草酰乙酸可由磷酸烯醇式丙酮酸羧化酶催化转为磷酸烯醇式丙酮酸。

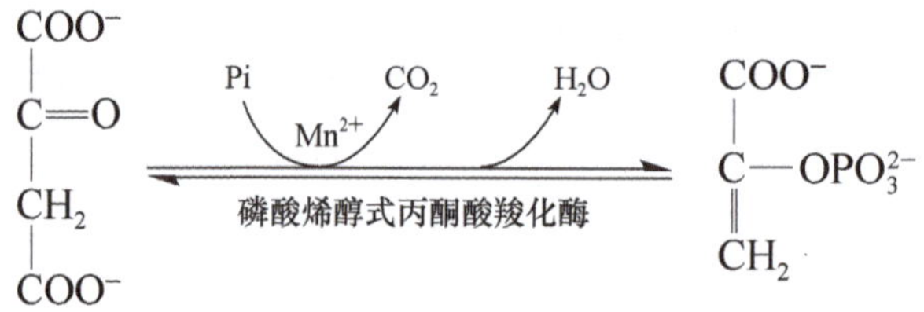

草酰乙酸　　　　磷酸烯醇式丙酮酸

2. 由 1,6-二磷酸果糖转变为 6-磷酸果糖　糖酵解中 6-磷酸果糖在磷酸果糖激酶的催化下转变为 1,6-二磷酸果糖，该反应不可逆。其逆反应由果糖-1,6-二磷酸酶（fructose-1,6-bisphosphatase，过去称果糖磷酸酯酶）催化，1,6-二磷酸果糖脱磷酸基逆转为 6-磷酸果糖。

$$\text{1,6-二磷酸果糖}+H_2O \xrightarrow{\text{果糖-1,6-二磷酸酶}} \text{6-磷酸果糖}+HPO_4^{2-}$$

这一步是糖异生途径的第二个关键性反应，也是糖异生的关键性调控部位。果糖二磷酸酶是别构酶，可被 AMP 和 2,6-二磷酸果糖强烈抑制，而被 ATP、柠檬酸、3-磷酸甘油酸激活。

3. 由 6-磷酸葡萄糖转变为葡萄糖　6- 磷酸葡萄糖要脱去磷酸基，须经葡萄糖-6-磷酸酶（glucose-6-phosphatase）催化，生成游离的葡萄糖。

$$\text{6-磷酸葡萄糖}+H_2O \xrightarrow{\text{葡萄糖-6-磷酸酶}} \text{葡萄糖}+HPO_4^{2-}$$

葡萄糖-6-磷酸酶在脑和肌肉中不存在，原因可能是因为脑和肌肉消耗糖多，不存在输出。

在葡萄糖异生中只要完成以上三步反应，糖异生作用就可以沿糖酵解其他可逆步骤进行逆转，使非糖化合物转化为葡萄糖（图 6-20）。

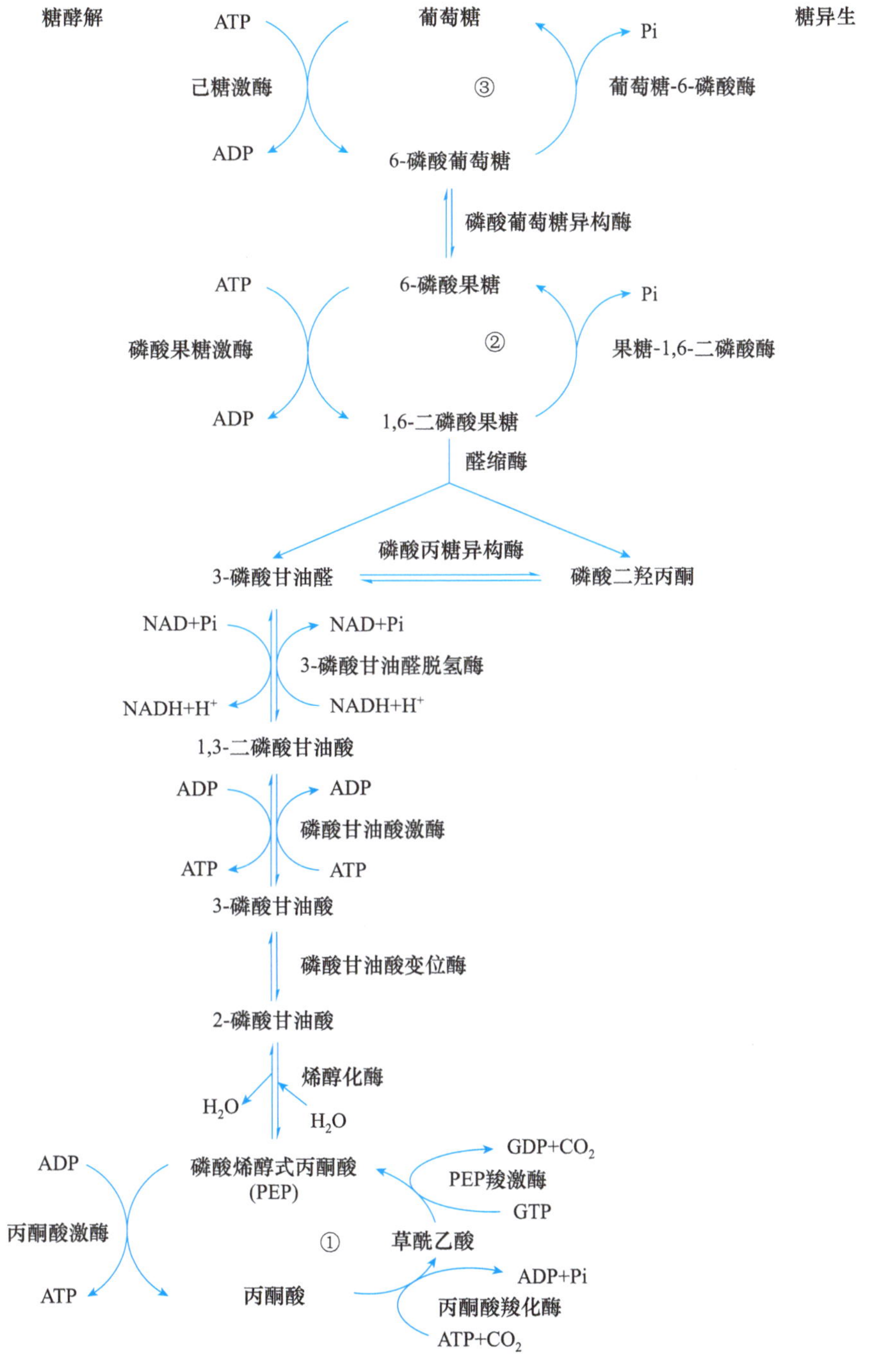

图 6-20 糖酵解和葡萄糖异生的关系

糖酵解的三个不可逆反应的酶分别被丙酮酸羧化酶和 PEP 羧激酶、果糖 -1,6-二磷酸酶、葡萄糖-6-磷酸酶取代后，就可逆转

糖异生途径中以丙酮酸作为起始物合成葡萄糖的耗能过程计算如下。

在糖异生过程中，从丙酮酸逆转到磷酸烯醇式丙酮酸消耗 1 分子 ATP 和 1 分子 GTP，3-磷酸甘油酸转为 1,3-二磷酸甘油酸还要用去 1 分子 ATP。由 1,3-二磷酸甘油酸转变成 3-磷酸甘油醛时还需要消耗 1 分子 $NADH+H^+$。因此，以丙酮酸为原料，糖异生总反应为

$$2\ \text{丙酮酸} + 2NADH + 2H^+ + 4ATP + 2GTP + 6H_2O \longrightarrow 1\ \text{葡萄糖} + 2NAD^+ + 4ADP + 2GDP + 6Pi$$

可见，由 2 分子丙酮酸合成 1 分子葡萄糖需要消耗 6 个高能磷酸键，此过程是一个吸能过程。

三、糖异生作用的生物学意义

糖异生作用是糖类合成代谢中的一条重要途径，其生物学意义主要有以下几方面。

（1）动物在饥饿或糖类摄入不足时，体内糖原水平下降。可通过糖异生途径将非糖类物质异生为糖，以维持血糖浓度的稳定；动物肌肉剧烈运动时由于供氧不足又缺乏能量，使糖酵解加速进而产生大量的乳酸。只有通过糖异生作用将乳酸重新转化为葡萄糖才能再利用，否则积累过多的乳酸导致肌肉酸痛，严重时还会引起代谢性酸中毒。肌肉等组织不能进行糖异生，乳酸可经血液运至肝脏进入糖异生，生成葡萄糖后再经血液返回肌肉等需糖较多的组织中，这一循环称柯立氏（Cori）循环，如图 6-21 所示。

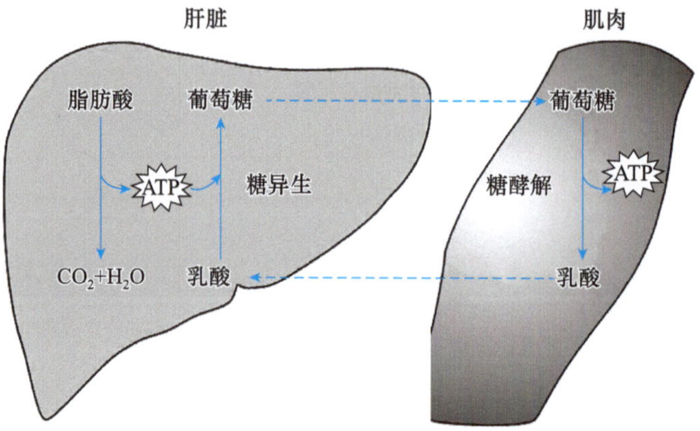

图 6-21　柯立氏循环

（2）许多微生物能够依赖乙酸、乳酸、丙酸这样简单的有机化合物而生存，是因为通过糖异生可将这些化合物转变为葡萄糖，以维持生存。

（3）植物油料种子萌发时，胚乳里储存的脂肪发生降解产生脂肪酸和甘油等非糖类物质，它们可通过糖异生作用转化为糖，除了补充能源供应外，还为纤维素等细胞壁结构物质的合成提供原料，满足植物的生长。

四、糖异生作用的调控

动物糖异生作用的调控主要包括一些效应物和激素等信息物质对糖异生途径中调节酶的调控。目前对于植物的糖异生调控还了解不多。

1. 酶的别构调节 糖异生途径中三个关键性调节酶为丙酮酸羧化酶、果糖-1,6-二磷酸酶和磷酸烯醇式丙酮酸羧激酶。

丙酮酸羧化酶存在于线粒体中，是别构酶，乙酰 CoA 是正效应物。此酶催化丙酮酸产生草酰乙酸。当能量供应充足时，三羧酸循环减慢，导致乙酸 CoA 积累，从而激活丙酮酸羧化酶，启动糖异生途径。当能量供应不足时，三羧酸循环加快，乙酰 CoA 减少，丙酮酸羧化酶活性随之降低。ADP 抑制丙酮酸羧化酶，促进糖酵解。

果糖-1,6-二磷酸酶的正效应物为 ATP，受 AMP 和 2,6-二磷酸果糖的强烈抑制。但 2,6-二磷酸果糖的抑制作用比较复杂，受激素的调控。

磷酸烯醇式丙酮酸羧激酶在胞质中，也是调节酶，活性受 GTP 促进。

2. 糖异生与糖酵解的联合调控 在糖酵解和糖异生途径中，很多调节酶起到了联合调控的作用。例如，糖酵解的关键酶都受 ATP 的抑制，受 AMP 或 ADP 的激活。而糖异生途径中的关键酶几乎都受 ATP 的促进或激活，而受 AMP 或 ADP 的抑制。

2,6-二磷酸果糖也是糖酵解和糖异生的共同效应物（调节物），强烈地促进糖酵解而抑制糖异生作用。值得重视的是，2,6-二磷酸果糖的生成和降解受不同激素的影响。

2,6-二磷酸果糖（F-2,6-BP）是磷酸果糖激酶-1（PFK-1）的正效应物，可消除 ATP 对 PFK-1 的抑制。同时又是果糖-2,6-二磷酸酶的负效应物。2,6-二磷酸果糖与 1,6-二磷酸果糖都来自 6-磷酸果糖的磷酸化。磷酸果糖激酶-2（PFK-2）催化 6-磷酸果糖转化为 2,6-二磷酸果糖。果糖-2,6-二磷酸酶催化 2,6-二磷酸果糖水解为 6-磷酸果糖。

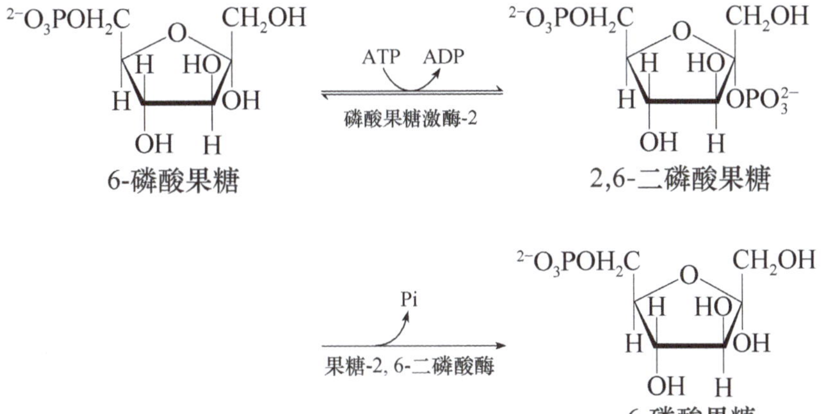

6-磷酸果糖　2,6-二磷酸果糖　6-磷酸果糖

具有特别意义的是，磷酸果糖激酶-2 与果糖-2,6-二磷酸酶是同一个酶分子，相对分子质量为 53 000，差别只在于一个丝氨酸残基的磷酸化与否，这种酶称为双功能酶。酶分子的磷酸化状态具有果糖-2,6-二磷酸酶活性，而脱磷酸化状态具有激酶活性，如图 6-22 所示。

当机体葡萄糖水平降低，血糖浓度过低时，胰高血糖素分泌，使胰高血糖素水平升高，被细胞膜受体接收，引发受体的联动，通过 G 蛋白使膜内侧的腺苷酸环化酶激活，使 ATP 环化为 cAMP，cAMP 作为第二信使激活蛋白激酶，使蛋白质发生磷酸化，双功能酶具有果糖-2,6-二磷酸酶活性，结果使 2,6-二磷酸果糖水解，消除对糖异生作用的抑制，使糖异生加速，产生葡萄糖以增加血糖浓度。

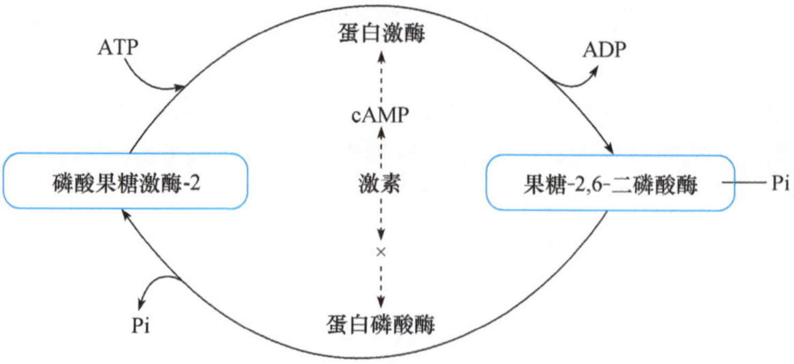

图 6-22 磷酸果糖激酶-2 与果糖-2,6-二磷酸酶的转化示意图

当葡萄糖丰富导致血糖水平升高时，胰高血糖素水平降低，胰岛素水平升高，同样使细胞膜另一受体联动，在细胞内产生另一种信息物质，激活蛋白磷酸酶，使蛋白质脱磷酸化，双功能酶具有激酶活性，结果使 2,6-二磷酸果糖浓度增加，抑制糖异生作用，促进糖酵解过程，从而降低血糖浓度。

第七节 蔗糖和多糖的生物合成

一、糖核苷酸的形成及作用

糖核苷酸（sugar nucleotide）是指单糖与核苷酸通过磷酸酯键结合的化合物。其作用是在高等动植物体内合成双糖和多糖时，作为葡萄糖的活化形式和供体。

目前发现的糖核苷酸主要有 UDPG、ADPG、TDPG、GDPG 和 CDPG 等。在糖类代谢中，以 UDPG 和 ADPG 最为重要。

葡萄糖是生物体内合成双糖或多糖常用的单体。下面以葡萄糖为例说明糖核苷酸的形成过程。

葡萄糖的活化是葡萄糖先磷酸化为 6-磷酸葡萄糖，一般由己糖激酶催化，在肝脏内由葡萄糖激酶催化。这与糖酵解的起始相似。

6-磷酸葡萄糖在磷酸葡萄糖变位酶（phosphoglucomutase）的催化下转化为 1- 磷酸葡萄糖，该反应是可逆反应。

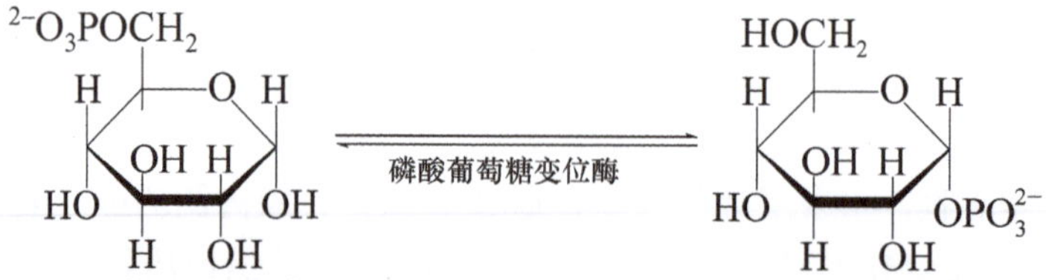

6-磷酸葡萄糖 1-磷酸葡萄糖

1-磷酸葡萄糖与 UTP 结合产生 UDP-葡萄糖（UDPG，尿苷二磷酸葡萄糖），反应由

UDP-葡萄糖焦磷酸化酶（UDP-glucose pyrophosphorylase）催化。

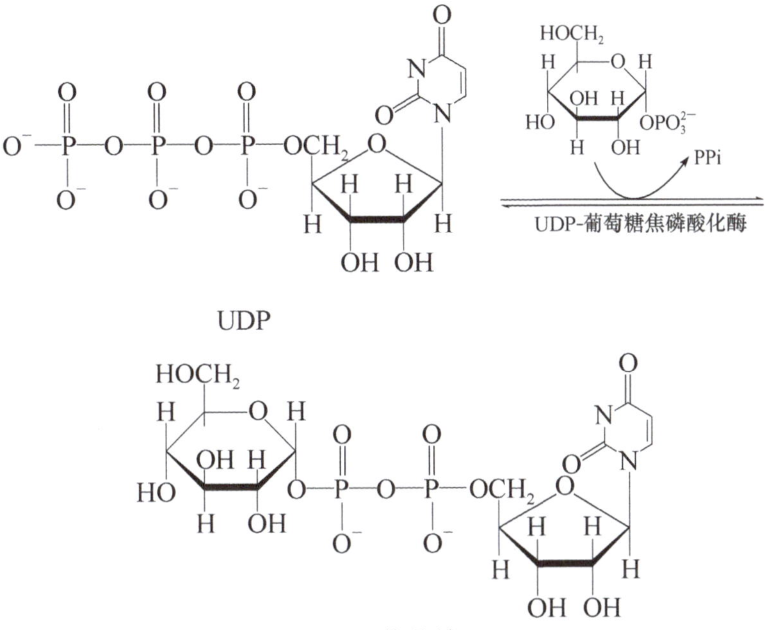

UDP

UDP-葡萄糖

UDP-葡萄糖是双糖、糖原合成的葡萄糖基供体。

葡萄糖与 ATP 结合生成 ADP-葡萄糖（ADPG，腺苷二磷酸葡萄糖），是淀粉合成的葡萄糖基供体。反应由 ADP-葡萄糖焦磷酸化酶（ADP-glucose pyrophosphorylase）催化。

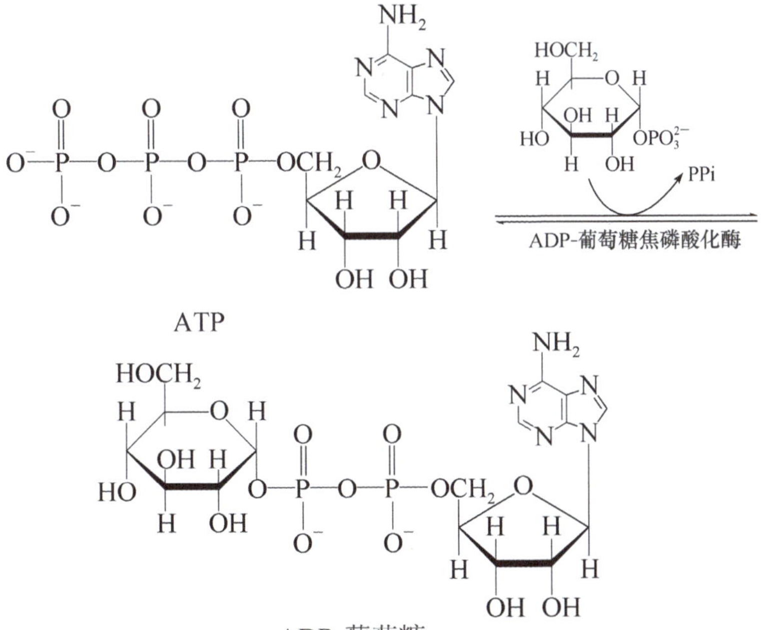

ATP

ADP-葡萄糖

二、蔗糖的生物合成

蔗糖是植物光合作用的主要产物，也是植物体内糖的主要运输形式，在少数植物中也是糖的储藏形式。

蔗糖的合成途径在不同的组织中略有差异，由不同的酶催化。

（一）蔗糖磷酸合酶途径

蔗糖磷酸合酶（sucrose phosphate synthase）以 UDPG 为葡萄糖的供体，以 6-磷酸果糖为葡萄糖受体，反应产物是 6-磷酸蔗糖。然后经 6-磷酸蔗糖磷酸酶作用水解去磷酸基生成蔗糖。

$$\text{6-磷酸果糖} + \text{UDPG} \xrightarrow{\text{蔗糖磷酸合酶}} \text{6-磷酸蔗糖} + \text{UDP}$$

$$\text{6-磷酸蔗糖} + H_2O \xrightarrow{\text{6-磷酸蔗糖磷酸酶，}Mg^{2+}} \text{蔗糖} + \text{Pi}$$

该途径主要在光合组织的细胞质中。蔗糖磷酸合酶在光合组织中活性较高，对 UDPG 有专一性，并要求果糖为 6-磷酸果糖。

（二）蔗糖合酶途径

在非绿色组织中，还有另一种可利用果糖的蔗糖合酶（sucrose synthase），不要求 6-磷酸果糖。

$$\text{果糖} + \text{UDPG} \underset{}{\overset{\text{蔗糖合酶}}{\rightleftharpoons}} \text{蔗糖} + \text{UDP}$$

蔗糖合酶对 UDPG 的专一性不高，也可以利用其他核苷二磷酸葡萄糖，如 ADPG、GDPG、CDPG 等。但这一合成反应的正反应不如其逆反应容易，所以这一途径起分解蔗糖的作用大于合成作用，多数情况下将蔗糖分解用于合成其他糖类。

另外，在微生物中，蔗糖磷酸化酶可催化 1-磷酸葡萄糖和果糖合成蔗糖，是可逆反应。

三、淀粉的生物合成

植物的大部分组织或器官都能合成淀粉，合成最多的器官是种子及块根、块茎。

（一）直链淀粉的合成

1. 淀粉合酶途径 淀粉合成需要葡萄糖供体 ADPG，还需要提供非还原末端的糖链引物，至少是麦芽三糖，淀粉合成在细胞质中进行。淀粉合酶（starch synthase）可催化供体葡萄糖残基的 C_1 位羟基与引物非还原末端的 C_4 位羟基缩合，形成以 α（1 → 4）糖苷键连接的直链淀粉。直链延长最多可达 300 个葡萄糖残基以上。

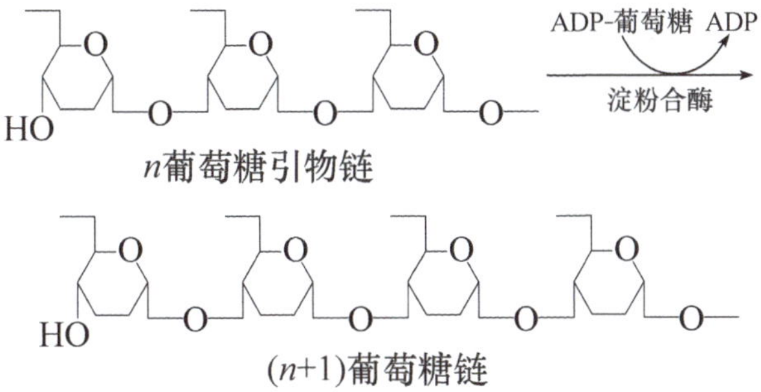

淀粉合酶受 ADPG 和 K^+ 激活，所以块根块茎类植物需要钾肥。淀粉合酶的催化活性很高，合成淀粉速度很快，此酶有同工酶存在，其中一种可利用 UDPG 作为葡萄糖供体。

2. 淀粉磷酸化酶途径 植物组织内还有一种淀粉磷酸化酶也能催化直链淀粉的合成，引物是含 α(1 → 4) 糖苷键的葡萄多糖，最小为麦芽三糖，作为 1-磷酸葡萄糖的受体，转移来的葡萄糖分子结合在引物非还原末端 C_4 的羟基上。反应须在酸性条件下（pH 5）进行，在中性条件下（pH 7）催化分解的活性最大。合成时要求磷酸浓度较低，磷酸和 1-磷酸葡萄糖的比值要小于 3.6 才能合成，但细胞中往往在 100 以上，所以此酶实际上只催化淀粉降解。

（二）支链淀粉的合成

支链淀粉是在直链淀粉的基础上合成的。淀粉的分支是由一段直链淀粉的还原性末端 C_1 位羟基通过酶促反应与另一直链淀粉的 C_6 羟基缩合，形成 α（1 → 6）糖苷键。催化支链形成的酶称为淀粉（1,4 → 1,6）转糖基酶，习惯称为分支酶，也称 Q 酶。

Q 酶具有内切和缩合双重功能，既能催化 α(1 → 4) 糖苷键的断裂，又能催化 α(1 → 6) 糖苷键的形成。在合成支链时先由 Q 酶切下一小段非还原端葡萄糖链，并携带此葡萄糖链将还原端与直链某葡糖基 C_6—OH 连接（图 6-23）。

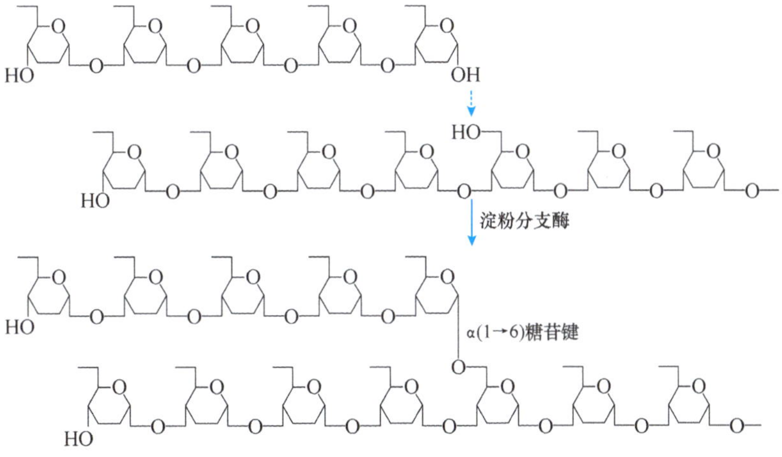

图 6-23 淀粉分支合成示意图

支链淀粉的相对分子质量要比直链淀粉大得多，为 10 万～ 100 万。

四、糖原的合成

糖原是人体及动物的营养储藏性多糖，俗称动物淀粉。有些微生物也以糖原作为储藏营养。当机体需要能量时可迅速水解糖原，在几秒内升高血糖浓度，进入糖的分解代谢产生能量供应，这是脂肪和氨基酸所不及的。糖原的合成主要在肝细胞和肌细胞中进行。

（一）糖原直链的合成

糖原的合成与淀粉的合成很相似，也需要寡聚葡萄糖引物，引物为至少 4 个葡萄糖基的糖链，以提供非还原端的 C_4—OH。与淀粉合成不同的是糖原合成以 UDPG 作为糖基供体，由糖原合酶（glycogen synthase）催化，将尿苷葡萄糖基的 C_1—OH 与引物糖链非还原端 C_4—OH 脱水形成 α（1 → 4）糖苷键。这一合成途径是糖原合成的主要途径，也称为糖原合酶途径。

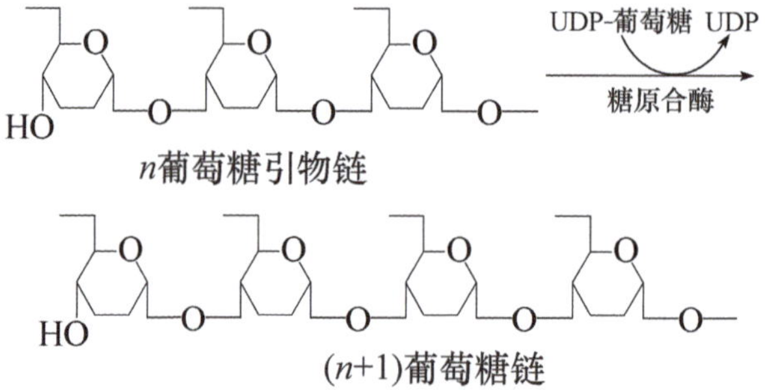

一个新的糖原分子合成时，如果没有引物葡萄糖基，则需要一种引发蛋白（glycogenin），这种蛋白质即新糖链在其上合成的引物，也是催化合成的酶。第一个葡萄糖残基以共价结合方式连接到引发蛋白的酪氨酸残基（Tyr194）上形成一个糖基-蛋白复合物，然后依次在复合物上增加新的糖基，每个葡萄糖基也来自 UDPG。新糖链可增至 7 个糖基，然后转移到糖原合酶上继续延长。

（二）糖原分支的合成

糖原的分支特别多，分支上还有分支。分支多可增加合成位点，使合成速度加快。

糖原分支的合成由糖原分支酶催化。与淀粉分支合成相同，糖原分支酶也具有内切和连接双重功能，可以切开 α（1 → 4）糖苷键，将一小段葡萄糖链直接加在直链糖基 C_6—OH 上形成 α（1 → 6）糖苷键。糖原分支的受体链至少要 11 个葡萄糖基。

此外，糖原磷酸化酶在特定条件下可催化糖原合成。糖原磷酸化酶可催化糖原降解与合成的可逆反应，但反应条件不同。在 pH 为酸性条件下（pH 5），催化合成活性大；在中性或偏碱性条件下催化糖原分解活性大。动物细胞内 pH 为 7.4，所以糖原磷酸化酶实际上主要催化糖原分解。

知识窗

新能源与光合产物

以往人们关注光合产物是因为光合产物与农作物生产关系密切。但随着能源的日益缺乏，人们又将新能源的目光投向光合产物。

利用光合产物生产新能源，有直接生产和间接生产两种途径或方式。直接生产途径是以光合产物直接作为能源物质，目前主要以产氢微生物培养进行生物制氢为主；间接生产途径是以光合产物经加工转化为能源物质，目前主要以纤维素生产乙醇较为普遍。

1937年Nakamura发现了生物产氢现象。产氢微生物有厌氧细菌、固氮菌、光合细菌、蓝藻和真核藻类。生物制氢是指在常温常压条件下，利用微生物代谢来获取氢气的方法。主要包括三大类方法：发酵产氢、光合细菌产氢和微藻光解水产氢。

利用纤维素生产乙醇作为新能源已经成为全世界瞩目的焦点。这是因为乙醇作为生物液体燃料与化石液体燃料有许多共同点，便于纳入现有的交通液体燃料体系。

随着能源危机的进一步加剧，美、德、日等很多国家相继制订了氢能发展规划和纤维素乙醇发展计划。我国也把光合生物产氢研究和纤维素乙醇研究纳入国家重点攻关项目（863计划和973计划），并已取得初步成果，同时随着其研究的不断深入正在迅速发展。

思考题

1. 单糖、双糖及多糖在生物学作用上有哪些区别？
2. 糖分解代谢的几条途径之间有何联系？
3. 除非在发酵混合物中加入磷酸盐，否则酵母不能由纯糖生产乙醇，请解释其原因。
4. 为何糖酵解在无氧条件下加快，在有氧条件下减慢，有哪些调控机制？
5. 为什么说三羧酸循环是物质代谢的枢纽？
6. 简述磷酸戊糖途径的生物学意义。
7. 糖异生作用对动物和植物的作用有何不同？生物细胞如何避免糖异生和糖酵解之间同时进行？
8. 糖异生作用与糖酵解代谢途径有哪些差异？
9. 糖原的分解与合成是如何协同调节的？激素在调节中起到什么作用？
10. 比较α-淀粉酶与β-淀粉酶的异同点。

请扫描二维码
进行在线测试

第七章 >>>

生 物 氧 化

学习要点

新陈代谢是生命活动最基本的特征，是物质代谢和能量代谢的统一。生物体代谢所需的能量主要是通过生物氧化作用来产生的。生物氧化过程脱下的氢经过线粒体内膜上被称为电子传递链的一系列氢传递体和电子传递体的作用，最后将氧气还原为H_2O，这是一个放能过程，ADP利用生物氧化释放的能量磷酸化为细胞内的“能量通货”ATP，这种在氧化放能的同时进行ATP的合成就是氧化磷酸化作用，化学渗透学说较好地解释了氧化磷酸化的机制。

糖类、脂类和蛋白质等有机物质在生物体内进行氧化分解产生CO_2和H_2O，并释放出大量能量的过程称为生物氧化（biological oxidation）。生物氧化的意义就是为生命活动提供能量及生物大分子的合成提供中间产物。

物质的氧化和还原是相互偶联的，有物质的氧化，就一定有物质的还原，所以生物氧化实际上是有机物在生物体内进行的一系列氧化还原反应的总称。由于生物氧化是由O_2参与的在细胞内完成的，其产物主要是CO_2和H_2O，如同动物的呼吸作用要吸进O_2，呼出CO_2一样，因此生物氧化又称细胞呼吸或组织呼吸。

氧化还原反应的本质实际上是电子的转移，所以生物氧化和有机物质的体外燃烧在化学本质上是相同的，它们的氧化过程都遵循氧化还原反应的一般规律，这就是同一物质在体外进行剧烈燃烧和在体内进行生物氧化所耗的氧量、最终产物和释放的能量均相同。基于糖类、脂类和蛋白质等有机物在元素组成上的特性，生物氧化基本上都是通过加氧、脱氢、失电子的方式来完成的，最后生成CO_2和H_2O。考虑到生物氧化必须在一系列氧化还原酶的作用下才能进行，所以生物氧化和体外燃烧的氧化过程相比，又有其特点。主要表现在：生物氧化是在细胞内温和的环境条件下（常温、常压和近中性的pH溶液）经酶催化来完成的，这和酶的作用特点是一致的；生物氧化过程中的能量释放是逐步进行的，有利于能量的储存和利用，不像体外燃烧过程骤然产生的高温高热现象；反应中逐步释放的能量有相当一部分用于ATP的合成供机体利用，还有一部分以热能形式散发，以维持体温；另外，体内生物氧化的速度还受体内能量需求等因素的调控。

第一节 电子传递链

一、电子传递链的概念

生物氧化的实质是电子的转移，失去电子者为还原剂，得到电子者为氧化剂。在生物体内，生物氧化作用的产物是二氧化碳和水，二氧化碳的生成主要是通过脱羧作用来完成的。而水的生成则是在脱氢酶的作用下通过脱氢反应来实现的，代谢物上脱下来的氢原子和活化后的氧结合最后生成水，但是脱下来的氢不能和氧直接结合生成水分子，而必须经过称为电子传递链的一系列的电子传递体和氢传递体才能完成这个过程。

电子传递链（electron transport chain，ETC）是指在脱氢酶的作用下，代谢物上脱下来的氢，经过一系列的传递体，最后被传递给激活的氧分子而生成水的全部体系。因为电子传递链和细胞摄取氧的过程相关，所以又称为呼吸链（respiratory chain）或电子传递体系（electron transport system）。在具有线粒体的生物细胞中，根据接受氢的初始受体不同，电子传递链一般分为 NADH 和 $FADH_2$ 两种类型。而在一些微生物中，除了这两种类型的电子传递链以外，还有其他一些类型的电子传递链。

二、电子传递链的组成及排列顺序

原核生物因为没有线粒体，所以电子的传递是在质膜上进行的。对于真核生物而言，电子传递链定位于线粒体内膜上。当用一定的实验方法将线粒体内膜上的电子传递链进行拆分后，可获得具有不同催化活性的 4 种复合体，即复合体Ⅰ、复合体Ⅱ、复合体Ⅲ和复合体Ⅳ，还有游离的辅酶 Q 和细胞色素 c。

1. 复合体Ⅰ 复合体Ⅰ的主要成分是 NADH-Q 还原酶，又称 NADH 脱氢酶复合体（NADH-dehydrogenase complex）。该酶以 FMN 和铁硫簇（iron-sulfur clusters，Fe-S）为辅基，接受 NADH 上的氢后，FMN 本身被还原为 $FMNH_2$，紧接着 $FMNH_2$ 再将电子转移到 Fe-S 辅基上完成在复合体Ⅰ内的电子传递过程，再由复合体Ⅰ中的 Fe-S 辅基将电子传递给辅酶 Q。所以它的作用是催化电子从 NADH 转移到辅酶 Q 上。复合体Ⅰ是线粒体内膜上最大的蛋白成分，由43个不同的多肽链组成。除了含有一分子以FMN为辅基的黄素蛋白外，还含有 7 个铁硫簇中心。典型的铁硫簇中心是由 2 个或 4 个铁原子同 2 个或 4 个等量的硫原子结合而成，如图 7-1 所示。

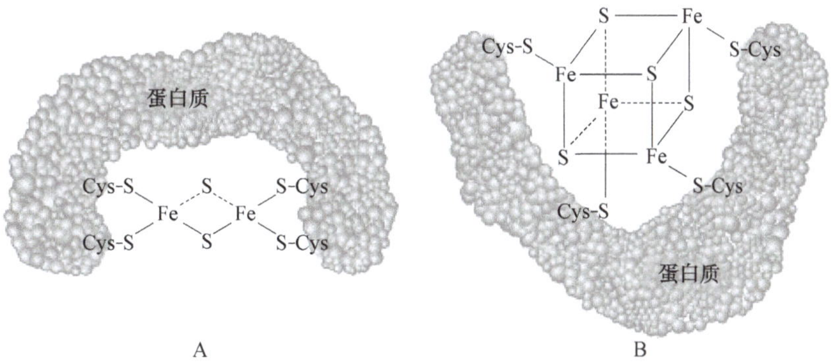

图 7-1 铁硫蛋白的结构简图

A. 2Fe-2S 铁硫簇；B. 4Fe-4S 铁硫簇

事实上，复合体Ⅰ在传递电子的同时还起着一个质子泵的作用，将 4 个质子泵到膜间隙中，质子泵由电子传递过程中释放的自由能所驱动。

铁硫簇和蛋白质结合后称为铁硫蛋白，这种包含铁硫簇的蛋白质也称为非血红素铁蛋白，以区别于血红素中的铁。铁硫簇传递电子主要是通过铁的变价来实现的。尽管复合体Ⅰ的结构和功能还没有完全阐明，但可以肯定的是，复合体Ⅰ的作用就是催化电子从NADH转移给辅酶Q。

辅酶Q（coenzyme Q，CoQ）又称泛醌（ubiquinone），简写为Q，它不参与电子传递链上复合体的形成，但却是电子传递链中的一个重要成员，也是电子传递链中唯一的非蛋白电子载体。CoQ的化学结构为一种脂溶性醌类化合物，由于它的脂溶性特征，在线粒体内膜上可以自由扩散，通过其本身的氧化还原状态在不同的复合体之间传递质子和电子。CoQ可以接受一个电子成为半醌自由基，也可以再接受一个电子成为还原型CoQ。和黄素蛋白一样，它可以把双电子供体和单电子受体连接起来。由于泛醌既能携带电子又能携带质子，因此它在电子流动和质子传递中起着关键作用，如图7-2所示。

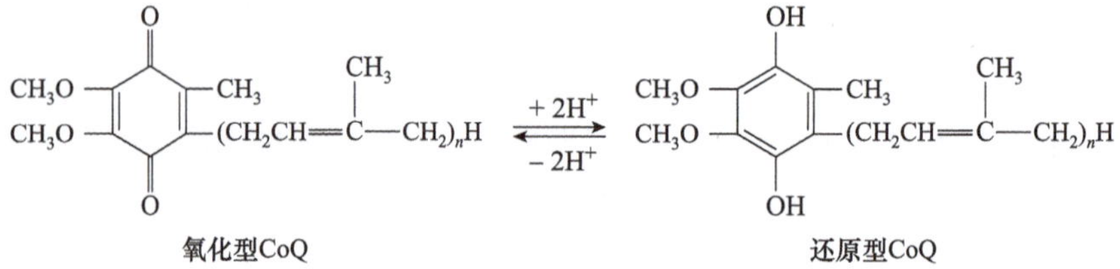

图7-2　泛醌传递电子和质子的反应过程

2. 复合体Ⅱ　复合体Ⅱ又称琥珀酸-Q氧化还原酶或琥珀酸脱氢酶复合体（succinate dehydrogenase complex），该复合体除含有琥珀酸脱氢酶外，还包含3个铁硫蛋白。琥珀酸脱氢酶是处于复合体Ⅰ下游的镶嵌在线粒体内膜上的酶蛋白，该酶的辅基是FAD，FAD接受琥珀酸上脱下来的氢，然后再将电子传递给铁硫簇，电子经过铁硫簇再传递给CoQ，从而进入电子传递链，如图7-3所示。

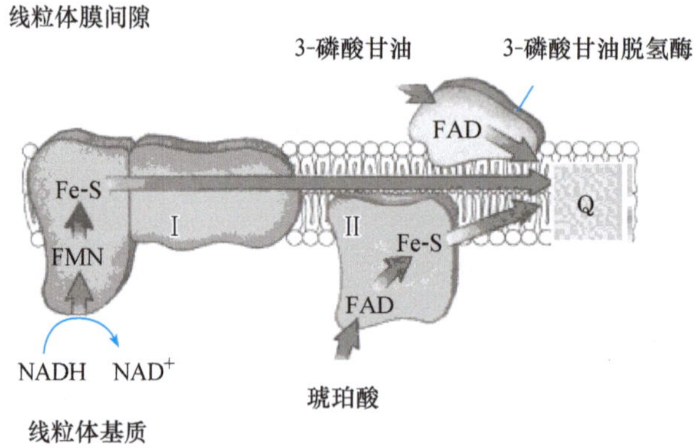

图7-3　电子从复合体Ⅰ或复合体Ⅱ向CoQ的传递

3. 复合体Ⅲ　复合体Ⅲ又称细胞色素还原酶或辅酶Q-细胞色素c氧化还原酶（coenzyme Q-cytochrome c oxidoreductase）。它的作用是把还原型CoQ上的电子转移给细胞色素c。由于它含有两个b型细胞色素和一个细胞色素c_1，还有一个铁硫蛋白，因此复合体

Ⅲ又称细胞色素 bc_1 复合体。

细胞色素是一类以铁卟啉即血红素为辅基的膜结合的电子传递蛋白，如图 7-4 所示。其传递电子的作用也是通过铁的变价实现的。由于细胞色素含有铁卟啉辅基，在可见光范围内都有特异性吸收光谱。根据它们的结构与吸收光谱的不同可将线粒体中的细胞色素分为 a、b 和 c 三类，其中细胞色素 a 又分为细胞色素 a、细胞色素 a_3，细胞色素 c 分为细胞色素 c、细胞色素 c_1。细胞色素 c 是膜间隙中的一个水溶性蛋白，同 CoQ 一样并不参与复合体的形成。

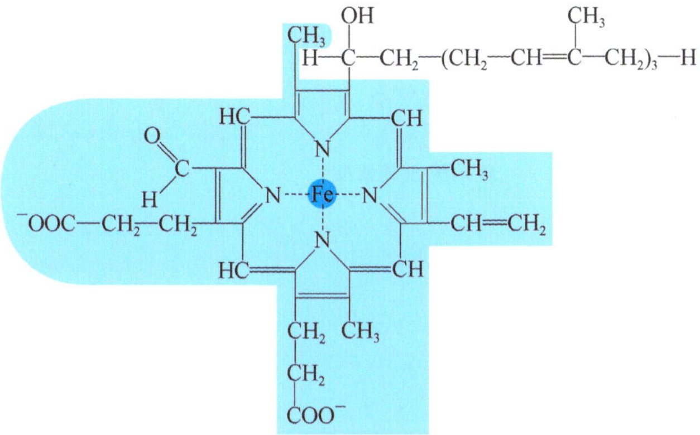

图 7-4　细胞色素 a 和细胞色素 a_3 中的血红素 A

电子从还原型 CoQ 到细胞色素 c 是一个十分复杂的过程。CoQ 作为一个流动的电子载体，负责从复合体Ⅰ或复合体Ⅱ获取电子，然后流动到复合体Ⅲ，并交出电子。电子在复合体Ⅲ内部的流动方向是：还原型 CoQ →细胞色素 b →铁硫蛋白→细胞色素 c_1 →细胞色素 c。细胞色素 c 为电子的最终受体。1 对电子在流过复合体Ⅲ时，通过 Q 循环将 4 个质子从线粒体基质泵入膜间隙。

4. 复合体Ⅳ　复合体Ⅳ又称细胞色素氧化酶（cytochrome oxidase），其作用是催化 4 个电子将氧分子还原为 2 分子水。在哺乳动物细胞中，复合体Ⅳ是由 13 个不同亚基组成的跨膜蛋白复合体。其中，亚基Ⅱ包含 2 个铜离子，可以和半胱氨酸上的—SH 结合，其结合方式类似于 2Fe-2S 的铁硫蛋白。亚基Ⅱ上的铜称为 Cu_A，它负责接受来自细胞色素 c 从复合体Ⅲ获得的电子。亚基Ⅰ包含两个血红素即血红素 a 和血红素 a_3 及另外一个铜离子，亚基Ⅰ上的铜离子称为 Cu_B，血红素 a_3 和 Cu_B 形成了一个双核中心（binuclear center）。这个双核中心的作用是接受血红素 a 上传递来的电子，并将电子传递给结合在血红素 a_3 上的氧分子。复合物Ⅳ的电子传递顺序是：细胞色素 c → Cu_A →血红素 a →血红素 a_3-Cu_B → O_2。1 对电子在流过复合体Ⅳ时，共有 2 个质子从线粒体基质泵入膜间隙。

组成电子传递链的 4 个复合体及 CoQ 和细胞色素 c 在线粒体膜上的排列如图 7-5 所示。

由图 7-5 可见，在电子传递链中，氢和电子的传递有着严格的顺序和方向，这些顺序和方向是依据一些实验证据确定的，这些证据简述如下。

1）测定各组分的标准氧化还原电位　通过测定比较电子传递链不同组分中的氧化还原对之间的标准氧化还原电位，可以确定组成电子传递链成员的排列顺序，电子传递链中有关组分的氧化还原电位如表 7-1 所示。由于电子的流动趋势总是从还原电位低的传递体（电子亲和力弱）向还原电位高的传递体（电子亲和力强）传递，据此可推测出电子传递链的排列顺序。但是据此推测出的顺序不一定和实际测定的生理状态时顺序完全一致，因为实际测定时的参数依赖于氧化还原对之间氧化态和还原态的浓度。

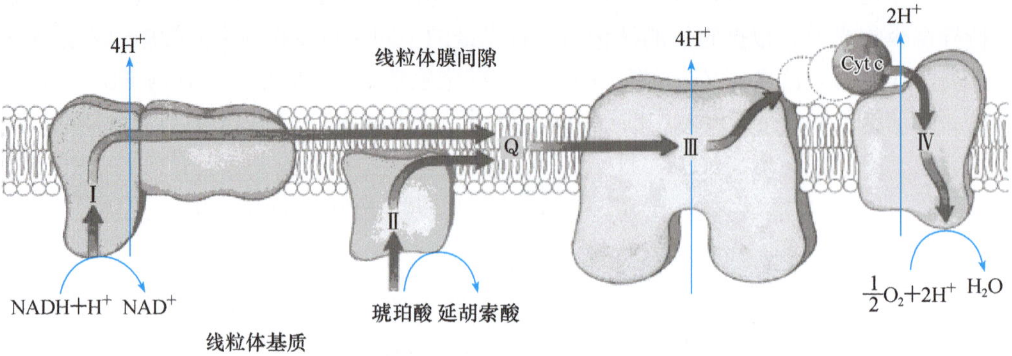

图 7-5 包埋在线粒体内膜中的 4 种复合体

表 7-1 电子传递链各组分的标准氧化还原电位

氧化还原反应（半反应）	$E^{0\prime}$/V
$2H^+ + 2e^- \longrightarrow H_2$	−0.414
$NAD^+ + H^+ + 2e^- \longrightarrow NADH$	−0.320
$NADP^+ + H^+ + 2e^- \longrightarrow NADPH$	−0.324
NAD脱氢酶(FMN) + $2H^+ + 2e^- \longrightarrow$ NADH脱氢酶($FMNH_2$)	−0.30
氧化型辅酶Q+$2H^+$+$2e^-$ $\longrightarrow$ 还原型辅酶Q	0.045
细胞色素b(Fe^{3+}) + e^- $\longrightarrow$ 细胞色素b(Fe^{2+})	0.077
细胞色素c_1(Fe^{3+}) + e^- $\longrightarrow$ 细胞色素c_1(Fe^{2+})	0.22
细胞色素c(Fe^{3+}) + e^- $\longrightarrow$ 细胞色素c(Fe^{2+})	0.254
细胞色素a(Fe^{3+}) + e^- $\longrightarrow$ 细胞色素a(Fe^{2+})	0.29
细胞色素a_3(Fe^{3+}) + e^- $\longrightarrow$ 细胞色素a_3(Fe^{2+})	0.35
$\frac{1}{2}O_2 + 2H^+ + 2e^- \longrightarrow H_2O$	0.8166

2）测定各组分的氧化状态　给电子传递链提供电子供体，但不提供电子受体如氧气，当将氧突然再提供给电子传递链时，可以检测每一个电子供体的被氧化状态。离氧气最近的电子载体即电子传递链最末端的电子载体，最先停止电子传递，依次类推，离氧气最远的一个电子载体最后才停止电子传递。

3）利用电子传递链抑制剂　一些试剂可以特异性的阻断电子在电子传递链的传递（图 7-6），即电子传递链抑制剂（electron transport chain inhibitor）。电子的传递可以用氧电极测定，在电子供体和氧气存在的条件下，被抑制点以前的电子载体完全处于还原状态，而此位点以后的电子载体完全处于氧化状态。例如，抗霉素 A（antimycin）可以抑制电子从细胞色素 b 向细胞色素 c_1 的传递。将抗霉素 A 加入完整的线粒体悬液中后，NAD^+、FMN 和细胞色素 b 分别处于还原状态，而细胞色素 c_1、细胞色素 c 和细胞色素 a 均处于氧化状态。利用这一方法发现，鱼藤酮、安密妥和杀粉蝶菌素等可以通过与复合体 I 中的铁硫蛋白结合而阻断电子在 NADH 和 CoQ 之间的传递。H_2S、CO、CN^- 和 N_3^- 则抑制细胞色素氧化酶，使电子不能传递给氧。

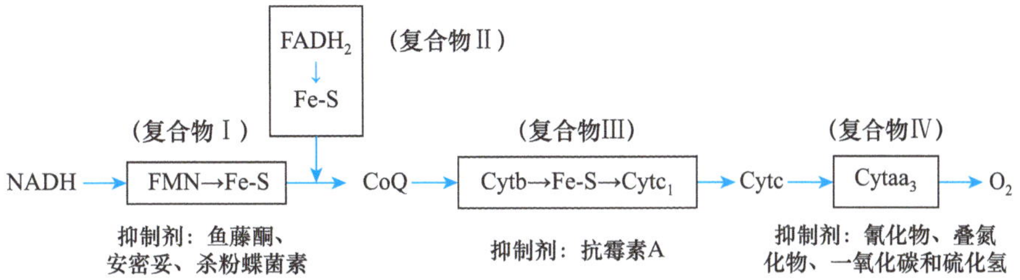

微课视频

图 7-6 呼吸链中电子传递体的排列顺序及抑制剂作用部位

三、电子传递过程释放的自由能

电子沿电子传递链传递到 O_2 是一个高度放能的过程。释放的能量可以通过标准氧化还原电位差计算。

例如，每一对电子从 NADH 传递到 O_2 的总反应方程式为

$$NADH + H^+ + 1/2O_2 \longrightarrow NAD^+ + H_2O$$

从表 7-1 可查出氧化还原对 $NAD^+/NADH$ 的 $E^{0\prime}$ 为 −0.320V，O_2/H_2O 的 $E^{0\prime}$ 为 0.816V，因此上述反应的 $\Delta E^{0\prime}$ 为 1.14V，由此计算出：$\Delta G^{0\prime}=-nF\Delta E^{0\prime}=-2[96.5kJ/(V \cdot mol)](1.14V)=-220kJ/mol$，即一对电子从 NADH 传递到 O_2 释放的自由能为 220kJ/mol。

同理得到一对电子从 $FADH_2$ 传递到 O_2，释放的自由能为 193kJ/mol。

第二节 氧化磷酸化

生物体产生能量的方式主要有氧化磷酸化、底物水平磷酸化和光合磷酸化。底物水平磷酸化（substrate level phosphorylation）是指物质在生物氧化过程中，产生高能代谢物并直接将高能代谢物中的能量转移给 ADP（GDP）生成 ATP（GTP）的过程。光合磷酸化（photophosphorylation）是指光合作用中与电子传递相偶联的 ADP 与 Pi 形成 ATP 的作用，由于形成 ATP 所需能量来自光能，因此称为光合磷酸化。三种方式中，氧化磷酸化是需氧生物合成 ATP 的主要途径。

一、氧化磷酸化的概念

电子从底物沿电子传递链到 O_2 的传递过程，释放大量的自由能，其中很大一部分用来驱

动 ADP 磷酸化生成 ATP，这种与电子传递相偶联的 ATP 合成方式称为氧化磷酸化（oxidative phosphorylation）。可见，氧化磷酸化与底物水平磷酸化有原则性区别，后者是指 ATP 的形成直接与高能中间代谢物（如 PEP）进行的反应相偶联。在有 O_2 或无 O_2 条件下均可发生底物水平的磷酸化。

二、氧化磷酸化的偶联机制

电子在电子传递链中的传递是一个放能的氧化过程，而 ADP 磷酸化为 ATP 是一个储能的磷酸化过程，这两个不同的过程是怎样偶联在一起的？或者说其机制是什么？目前关于氧化磷酸化的机制有三个假说，即化学偶联假说、构象偶联假说和化学渗透学说。

（一）化学偶联假说

化学偶联假说（chemical coupling hypothesis）是 E. Slater 于 1953 年提出的，该假说认为，电子经电子传递链传递所释放的能量通过一系列连续的化学反应可以形成高能共价中间物，这些高能共价中间物随后裂解，释放的能量驱动 ADP 形成 ATP。尽管在底物水平磷酸化过程中能够形成高能共价中间物，但时至今日，在电子传递体系中，人们通过各种实验方法并没有分离得到这样的高能中间产物，因此该假说早已被彻底否认。

（二）构象偶联假说

1964 年 P. Boyer 提出了构象偶联假说（conformational coupling hypothesis），该假说认为电子沿电子传递链传递时，可使线粒体内膜的蛋白质组分发生构象变化，结果可形成一种高能构象，这种高能构象蛋白质中储存的能量可使 ADP 磷酸化为 ATP，而 ATP 的合成又可以使这些高能构象蛋白质恢复其原来的构象。尽管在电子传递过程中确实存在蛋白质的构象变化，但至今并没有分离到构象变化后的高能蛋白质，故这一假说也很快被抛弃。

（三）化学渗透学说

1961 年，英国生物化学家 P. Mitchell 提出了一个电子传递过程中产生的自由能驱动 ATP 合成的学说，即化学渗透学说（chemiosmotic theory）。

1. 化学渗透学说的基本要点

（1）当电子通过电子传递链进行转移时，组成电子传递链的复合体具有质子泵的作用，将 H^+ 从线粒体基质转运到内膜外侧的膜间隙。

（2）H^+ 被不断地从内膜内侧泵到外侧，而又不能自由返回内膜内侧，从而在内膜两侧建立起质子浓度梯度和电位梯度即电化学梯度，这种电化学梯度中蕴含的能量，就是所谓的质子驱动力。

（3）当存在足够的跨膜电化学梯度时，强大的质子流通过镶嵌在线粒体内膜上的 ATP 合酶返回基质，质子电化学梯度中蕴藏的自由能释放，驱动 ATP 的合成。

P. Mitchell 认为，自由能的释放和电子传递及 ATP 合成之间的偶联是在电子传递链的质子驱动力作用下完成的，之所以把这个过程称为化学渗透，就是因为生成ATP的过程是和渗透压驱动的质子流动过程相偶联的。

化学渗透学说可以解释许多关键现象，所以目前人们已经普遍接受这一学说，P. Mitchell也因此获得了1978年的诺贝尔化学奖。

2. 支持化学渗透学说的实验证据

（1）线粒体内膜对物质的进出具有高度的选择性，H^+、OH^-、K^+和Cl^-等离子均不能透过线粒体内膜。当电子通过电子传递链进行转移时，将H^+从线粒体基质泵出到线粒体膜间隙。使用精确的pH计测定时发现，一个呼吸活跃的线粒体膜间隙的pH要比其基质中的pH低0.75个单位。

（2）氧化磷酸化作用的进行需要封闭完整的线粒体内膜存在，当内膜的完整性遭到破坏时，ATP合酶则不能合成ATP。例如，把线粒体置于高渗溶液中，尽管仍然有电子的传递现象，但ATP合酶则不再合成ATP。这是由于高渗溶液使线粒体肿胀破裂，在内膜两侧发生了质子泄露，消除了电化学梯度。

（3）氧化磷酸化解偶联剂能特异性地破坏质子梯度，按照化学渗透理论，没有了质子梯度也就没有了质子驱动力用以合成ATP。这些物质包括2,4-二硝基苯酚和一些离子载体。

（4）当把分离后的线粒体悬浮于含ADP、无机磷酸和琥珀酸的缓冲液中时，很容易就能检测到：①琥珀酸被氧化为延胡索酸；②有氧气被消耗；③有ATP生成。这些现象说明氧气的消耗和ATP的合成依赖于琥珀酸、ADP和无机磷酸的存在，即氧化磷酸化是偶联的。

（5）人工建立的跨线粒体内膜的质子梯度也可以驱动ATP的合成。

由于获得了大量实验证据的支持，化学渗透学说已被人们广泛接受。但是某些问题至今仍然没有完全解决。例如，电子传递过程中质子是如何泵出膜外的？ATP合酶又是如何利用质子梯度合成ATP的？

三、质子泵到膜间隙的机制

目前，人们一般用“Q循环”解释复合体Ⅲ产生质子梯度的机制，而复合体Ⅰ产生质子梯度的机制在近年来才有所突破。

Q循环发生在复合体Ⅲ上，该复合体为二聚体，由两个单体组成。每个单体含有1个功能核心，其中包括2个b型细胞色素（1个高电势b_H；1个低电势b_L）、1个Cyt c_1和1个铁硫蛋白，单体结构见图7-7。复合体Ⅲ伸向线粒体基质的部分称为N侧，而距离膜间隙较近的部分称为P侧。

Q循环由两个半循环组成，如图7-7所示。在第一个半循环（图7-7A）中，1个流动到内膜P侧的QH_2将其中的1个电子经铁硫蛋白和细胞色素c_1交给细胞色素c，同时将2个质子释放到膜间隙，而另一个电子经细胞色素b_L和b_H交回到N侧的氧化型CoQ而生成CoQ^-。接下来在第二半个循环（图7-7B）中，另外一个QH_2以同样的方式将1个电子经铁硫蛋白和细胞色素c_1交给细胞色素c，同时将2个质子释放到膜间隙，第二个电子经细胞色素b_L和b_H交给第一个半循环中生成的CoQ^-并结合基质内的2个质子，再生成还原型的QH_2，并进入下一轮循环。可见，一对电子在经复合体Ⅲ传递时共有4个质子被泵入膜间隙。

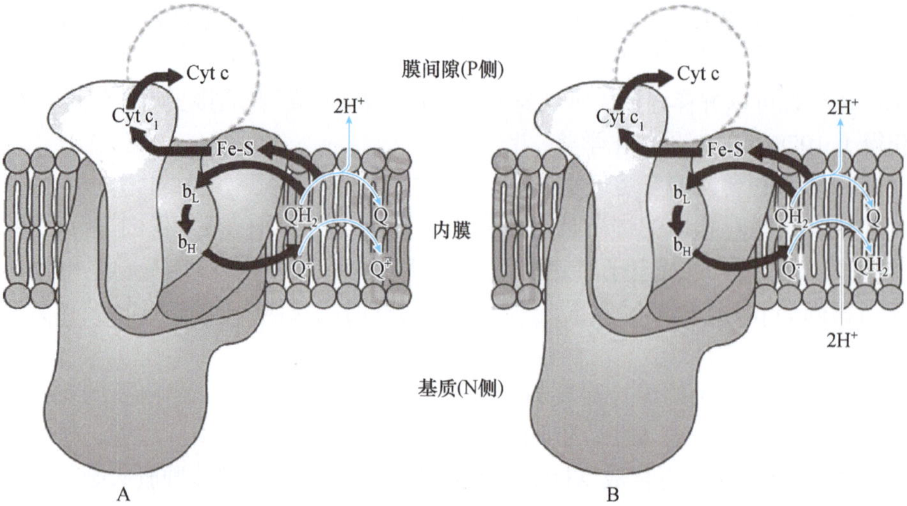

图 7-7 复合体III的单体结构及 Q 循环示意图（Nelson and Cox，2008；杨荣武，2012）

A. 第一个半循环；B. 第二个半循环

复合体Ⅰ是电子传递链 4 个复合体中最大的一个。目前认为“构象变化”在复合体Ⅰ的电子传递过程中发挥了重要作用，用“质子移位”来解释复合体Ⅰ产生质子梯度的机制。

对大肠杆菌复合体Ⅰ的跨膜区和一种嗜热菌的完整复合体Ⅰ晶体结构分析表明，形如 L 的复合体Ⅰ在电子传递过程中，在两个主要结构域的界面处发生了明显的构象变化，进而驱动一段长的 α 螺旋发生一种活塞式的运动，造成附近 3 段不连续的跨膜螺旋倾斜，从而改变由它们组成的各质子通道内可解离基团的性质，最后导致 3 个质子转位至膜间隙一侧（图 7-8）。对第 4 个质子的转运推测是由于在两个结构域间发生的移位造成的。

于是复合体Ⅰ像一个蒸汽机一样，电子传递释放的能量用来驱动活塞移动，由此再驱动一组不连续的螺旋移动。

复合体Ⅳ中电子传递的机制已经很清楚了，一对电子流过复合体Ⅳ时共有 2 个质子由线粒体基质泵入膜间隙（图 7-9）。已有证据表明，亚基Ⅰ上的带电荷氨基酸残基构成通道，质子通过该通道从线粒体基质一侧进入膜间隙一侧。

知识窗

线粒体电子传递链提供细胞生存所需约 95% 的能量，据统计有 30% ～ 40% 线粒体病是由于线粒体电子传递链的酶复合体缺陷所致，人类的多种神经退行性疾病与线粒体复合物的功能障碍有关，通常采用线粒体基因组分析与线粒体电子传递链酶活性检测相结合的方式予以确诊。帕金森病（PD）、亨廷顿舞蹈病（HD）等神经退行性疾病的线粒体功能障碍和能量代谢异常已成为当今共识的早期病理现象。PD 的症状特点是震颤、运动功能减退和姿势不稳定等，其病理特征为黑质多巴胺使神经元损伤，患者线粒体复合体Ⅰ和复合体Ⅳ的酶活性功能受损。此外，研究发现抑制剂鱼藤酮对线粒体电子传递链复合体Ⅰ的活性具有抑制作用，并可诱发 PD。HD 是发病年龄较早的一类家族显性遗传性疾病，其主要症状为舞蹈样动作、扭体动作、抽搐和摇摆不稳等，严重者出现死亡。近年研究证明，线粒体机能障碍在 HD 发病机制中扮演着重要角色，其线粒体复合体Ⅱ的酶活性丢失，铁硫中心和 FAD 两个亚基表达降低。此外，线粒体电子传递链酶异常还会导致多系统线粒体病，如母系遗传 Leigh 综合征、Leer 遗传性视神经病、婴儿猝死综合征、线粒体脑肌病、癫痫和耳聋等疾病。

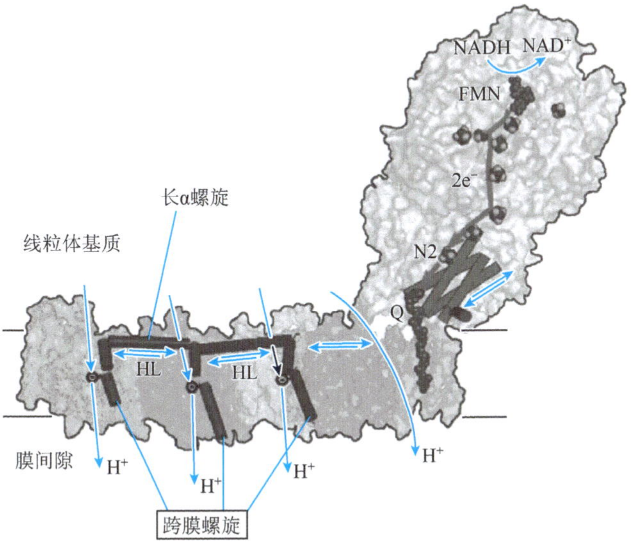

图 7-8 复合体Ⅰ产生质子梯度的模型

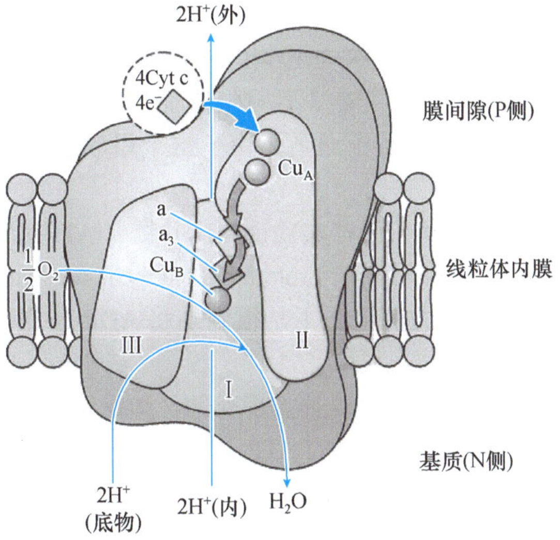

图 7-9 复合体Ⅳ上的电子流向及质子梯度产生的示意图（Nelson and Cox，2008；杨荣武，2012）

四、ATP 合酶的结构与功能

1. ATP 合酶的结构 早期对线粒体进行的电子显微镜观察发现，有许多类似噬菌体形态的结构，像大头针一样钉在线粒体的内膜表面，后来发现，每一个这样的结构就是一个 ATP 合酶（ATP synthase），ATP 合酶由 F_1 和 F_0 两部分组成（图 7-10），所以也被称为 F_1F_0-ATP 合酶。由于在体内或体外特殊条件下，它也能够催化 ATP 水解，因此也称为 F_1F_0-ATP 酶。

F_1 部分是最先从线粒体中分离到的和氧化磷酸化相关的因子，这是一个外周膜蛋白，包含 3 个 α 亚基、3 个 β 亚基、1 个 δ 亚基、一个 ε 亚基和一个 γ 亚基。α 亚基和 β

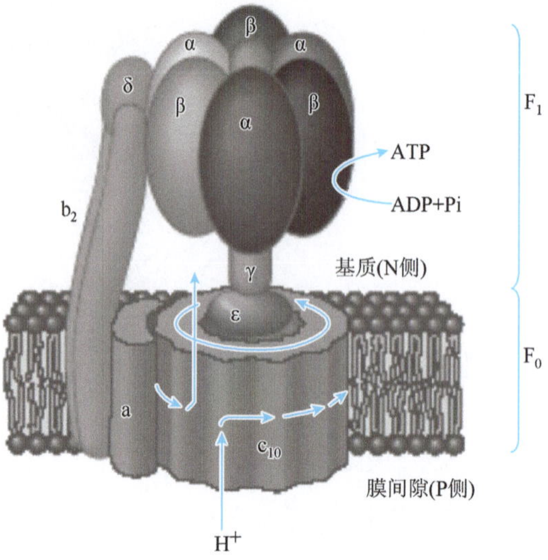

图 7-10　ATP 合酶结构模型

微课视频

亚基交替排列成一种环状结构，直接与 ATP 的合成有关，γ 亚基形成一个中央柄穿过该环状结构的中心，δ 亚基和 ε 亚基直接与 F_0 相互作用。F_0 部分包含 1 个 a 亚基，2 个 b 亚基和 10 ～ 14 个 c 亚基（亚基数目依据不同生物而定），所有的 c 亚基横跨线粒体内膜，与 a 亚基一起构成一种桶状的质子通道。由于这个组成部分对寡霉素（oligomycin）敏感，因此以 F_0 表示。

2. ATP 合酶的催化机制　基于一些实验证据，并结合 ATP 合酶的结构分析，1977 年 P. Boyer 提出了 ATP 合成的旋转催化机制（rotational catalysis mechanism）。主要内容如下。

（1）ATP 合酶在没有质子动力的情况下，很容易将 ADP 和 Pi 合成 ATP，自由能变化几乎为零。

（2）合成好的 ATP 离开活性中心却是需要能量的，如果没有质子从膜间隙通过 F_o 回流至线粒体基质一侧，紧密结合在活性中心的 ATP 不会解离。

（3）3 个 β 亚基与 γ 亚基的不同表面结合，将采取不同的构象，尽管 3 个 β 亚基的氨基酸排列顺序是一样的。在某一时刻，3 个 β 亚基的构象分别为 T 态（ADP 和 Pi 紧密结合）、L 态（ADP 和 Pi 松散结合）和 O 态（ATP 的释放）。

（4）3 种状态的 β 亚基可以由 γ 亚基的转动所驱动从而实现相互转变，γ 亚基转动的动力源于质子通过 F_0 的流动，每消耗 3 个质子，γ 亚基转动 120°。

ATP 合酶的催化过程如图 7-11 所示，在 F_1 上有由 3 个 β 亚基形成 3 个活性位点，质子流驱动 γ 亚基的第一次旋转诱导 β_1 亚基从 O 态变为 L 态，使 ADP 和 Pi 松散结合在活性中心，β_3 亚基合成 ATP，为 T 态，β_2 亚基释放 ATP，为 O 态；质子流驱动 γ 亚基的第二次旋转诱导 β_1 亚基从 L 态变为 T 态，使 ADP 和 Pi 紧密结合并合成 ATP，β_3 亚基释放 ATP，β_2 亚基 ADP 和 Pi 松散结合；质子流驱动 γ 亚基的第三次旋转诱导 β_1 亚基从 T 态变为 O 态，释放已合成 ATP，β_3 亚基松散结合 ADP 和 Pi，β_2 亚基 ADP 和 Pi 紧密结合。3 个活性位点轮流催化 ATP 的合成并释放。

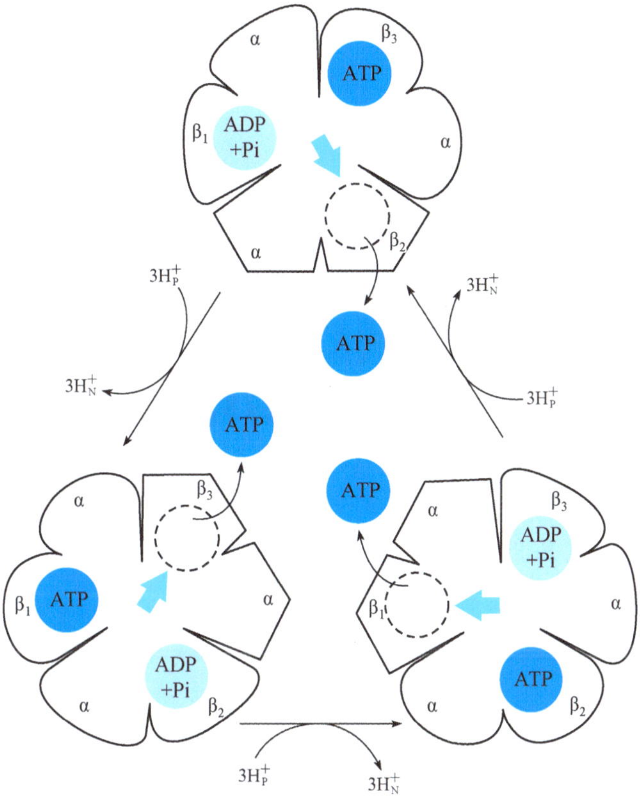

图 7-11 ATP 合酶的作用模式

旋转催化机制已被许多实验所证明，主要的实验证据包括以下几个方面。

微课视频

（1）同位素交换实验表明，当化学剂量的 ATP、ADP 和 Pi 与纯化的 F_1 保温在一起时，酶-ADP/Pi 和酶-ATP 的交换反应在没有质子梯度的情况下很容易在酶表面发生。说明与 F_1 紧密结合的 ATP 的合成并不需要质子驱动力，而质子驱动力的作用仅在于促进 ATP 的释放。

（2）英国科学家 J. Walker 通过 X 射线衍射分析获得高分辨率的牛心线粒体 ATP 合酶晶体的三维结构，证明在 ATP 合酶合成 ATP 的催化循环中 3 个 β 亚基的确有不同的构象，从而有力地支持了 Boyer 的假说。

（3）日本的研究小组将嗜热菌的 F_1 通过基因工程技术在 α 和 β 亚基的 N 端尾部加上 16 个 His，将 γ 亚基原来的 Cys193 突变成 Ser193，同时将柄状区的 Ser107 替换为 Cys107。Cys107 是 ATP 合酶分子上唯一的 Cys 残基，对它可进行生物素标记。3 个亚基在 *E. coli* 中表达后提纯重组，$\alpha_3\beta_3\gamma$ 通过 α 和 β 亚基上的 His 尾被固定在表面涂满 Ni-NTA（镍离子金属螯合亲和层析介质）的玻璃板上，然后加入被亲和素和荧光标记过的生物素化肌动蛋白丝，肌动蛋白丝通过亲和素与生物素标记的 γCys107 连接上。因为肌动蛋白丝比 F_1 大好多倍，所以被荧光标记的肌动蛋白丝的运动在荧光显微镜下可以直接观察到。在有 Mg^{2+}-ATP 存在的条件下，在荧光显微镜下可以直接看到肌动蛋白丝沿逆时针方向在做有规律的转动（图 7-12）。这一实验结果说明，ATP 的水解在体外能够驱动 γ 亚基的旋转。同时，这也意味着质子动力在体内可以驱动 F_1F_0-ATP 合酶 γ 亚基的旋转，为 ATP 的合成与释放提供了可靠实验证据。

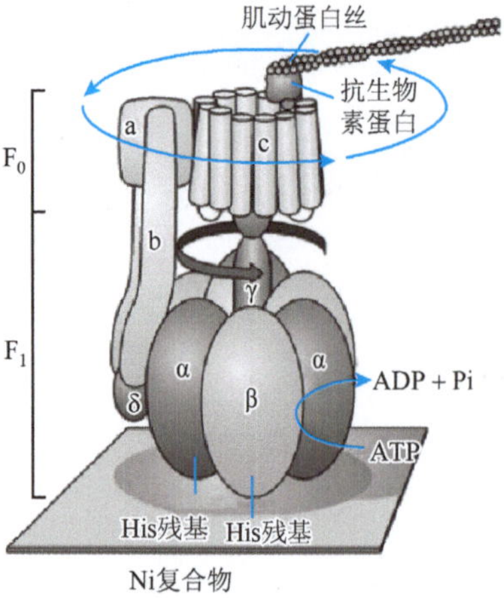

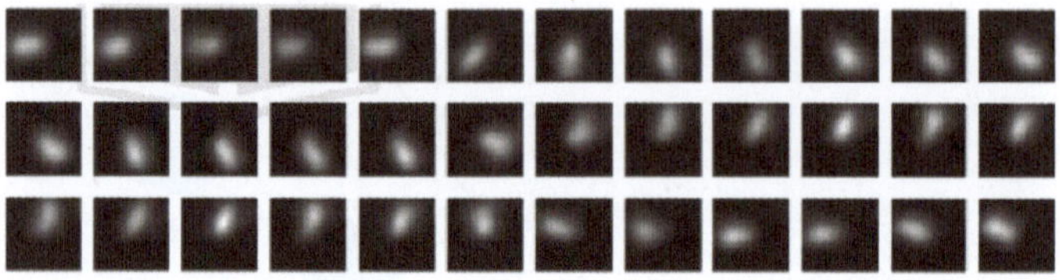

图 7-12 日本科学家的γ亚基旋转实验及肌动蛋白丝的旋转轨迹（Nelson and Cox，2008；杨荣武，2012）

至于质子是如何通过 F_0 的，有观点认为质子是通过与 ATP 合酶各 c 亚基上的 Asp 残基可逆结合和解离而进行的。

五、P/O 比

P/O 比（P/O ratio）是指在每两个电子经电子传递链传给氧的过程中，消耗的磷原子数与消耗的氧原子数之比。相当于一对电子经电子传递链传递至分子氧所产生的 ATP 分子数。P/O 比可以反映氧化磷酸化的效率，P/O 比越高，氧化磷酸化的效率也越高。P/O 比的测定很困难，因为发生在线粒体基质中的许多反应都需要消耗无机磷，而且对氧的消耗也不只是用来进行氧化磷酸化。绝大多数实验结果表明，当以 NADH 作为最初的电子供体进入电子传递链后，其 P/O 比为 2 ～ 3，而以 $FADH_2$ 作为最初的电子供体进入电子传递链的 P/O 比为 1 ～ 2。

多年来，通过对氧化磷酸化机制的研究，现在比较公认的是，NADH 电子传递链每传递一对电子，质子泵共向外泵出 10 个质子，其中复合体Ⅰ和复合体Ⅲ分别向外泵出 4 个质子，复合体Ⅳ向外泵出 2 个质子。而 $FADH_2$ 电子传递链每传递一对电子，复合体Ⅲ和复合体Ⅳ共向外泵出 6 个质子。每合成一个 ATP 分子需要 4 个质子通过 ATP 合酶回流到线粒体基质，其中一个质子被用来运输无机磷酸、ADP 和 ATP 穿过线粒体膜，所以当 NADH 作为电子供体进行电子传递时的 P/O 比就是 10/4=2.5，而 $FADH_2$ 的 P/O 比则为 6/4=1.5，这就是说每 1mol 的 $NADH+H^+$ 完全经过电子传递链生成水后可以生成 2.5mol 的 ATP，而每 1mol 的 $FADH_2$ 可以生成 1.5mol 的 ATP。

知识窗

质子电化学梯度的主要作用是作为合成 ATP 的驱动力，除此之外，质子浓度梯度还要驱动其他一些氧化磷酸化的转运过程。我们知道，线粒体内膜是不允许带电分子任意穿过的，因为这会破坏内膜两侧的质子电化学梯度。有两个特异的系统可以将 ADP 和无机磷酸转运进线粒体基质，而将

ATP 从线粒体基质转运进胞质。这两个体系是腺苷酸转移酶（adenine nucleotide translocase）和磷酸转移酶（phosphate translocase）。腺苷酸转移酶整合在内膜上，可以在膜间隙和 ADP^{3-} 结合将 ADP^{3-} 转运进线粒体基质，同时将 ATP^{4-} 转出基质，由于每次转运出 4 个负电荷而转运进 3 个负电荷，因此跨膜电化学梯度有利于此酶的活性，质子驱动力有利于驱动 ATP-ADP 交换。苍术苷可以特异性地抑制腺苷酸转移酶的活性，阻止 ADP 和 ATP 转换，造成胞质内 ATP 不能再生，这是苍术苷具有毒性的原因。

磷酸转移酶可以将一个 $H_2PO_4^-$ 和一个 H^+ 转运进线粒体基质，值得注意的是，这个过程需要从内膜外侧向基质中转运一个质子，要消耗电子传递过程中产生的能量。

六、氧化磷酸化的解偶联剂和抑制剂

1. 氧化磷酸化的解偶联剂 氧化磷酸化是需氧生物机体中重要的产能机制。正常生理条件下，氧化和磷酸化是紧密偶联的生化过程，然而在某些条件下，如用去垢剂或物理剪切力处理完整的线粒体后，线粒体就会破裂，破裂的线粒体膜片段仍然能催化电子从 $NADH+H^+$ 或 $FADH_2$ 到氧的传递，但却没有 ATP 的生成。一些化合物不破坏线粒体膜的结构，也不影响电子在电子传递链的传递，它通过破坏跨线粒体内膜的质子梯度（或电化学梯度）而不能完成 ATP 的生成，这些试剂称为氧化磷酸化的解偶联剂（uncoupler），这种现象称为氧化磷酸化的解偶联。常用的解偶联剂为 2,4-二硝基苯酚（2,4-dinitrophenol，DNP），DNP 的解偶联机制如图 7-13 所示。在接近生理 pH 条件下，DNP 以解离的带负电荷的形式存在，这种形式不能自由穿过线粒体膜，在膜外酸性条件下，DNP 可以接受质子成为脂溶性分子，能自由透过线粒体膜，当 DNP 进入线粒体基质后释放出质子，从而使通过电子传递作用产生的电化学梯度即 ATP 合成的驱动力遭到破坏，由于这种解偶联现象造成的质子回流方式没有通过 ATP 合酶，因此不能产生 ATP。这种通过破坏质子梯度而引起的解偶联试剂又称质子载体。由于解偶联剂不能阻滞电子传递的氧化过程，因此氧化过程中的自由能都以热能的形式释放出来。

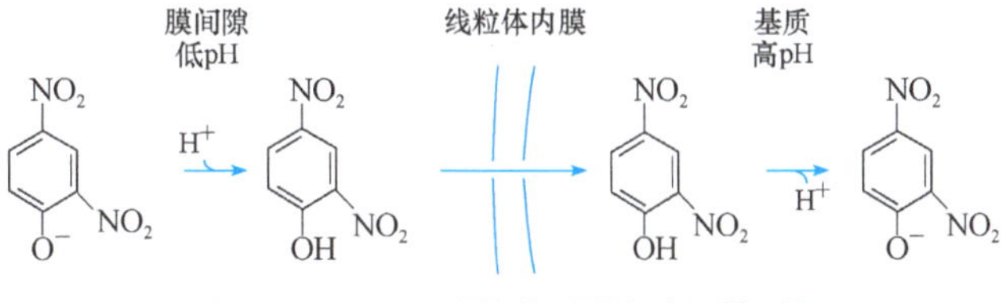

图 7-13 2,4-二硝基苯酚的解偶联机制

包括人类在内的大部分哺乳动物的新生儿、有冬眠习性的动物及适应寒冷环境的动物都需要获得更多的热能，这些动物组织中存在的褐色脂肪组织含有大量的线粒体和细胞色素，所以呈现出棕褐色，可以强烈吸收可见光。在这一组织中经过电子传递后产生的绝大部分能量不是被用来合成 ATP，而是用来散热保暖的。这是由于在褐色脂肪细胞线粒体内膜上含有一种特有的解偶联蛋白（uncoupling protein），该蛋白上有质子通道，当解偶联蛋白处于活化状态时，膜外侧的质子可以通过解偶联蛋白上的质子通道返回线粒体基质，消

除了内膜两侧的质子梯度，同样质子的回流也不通过 ATP 合酶，产生的自由能以热能形式放出，温血动物利用这些热能保持体温，所以褐色脂肪组织的作用通常都是产热御寒。近年来发现在骨骼肌和心肌等组织的线粒体内膜上也存在解偶联蛋白，这种产热机制是生物长期进化的结果。但是在正常生理条件下，电子传递和 ATP 的合成是紧密偶联的，热量的产生保持在最低限度之内。

质子载体破坏了线粒体内膜两侧的质子浓度梯度，从而使氧化磷酸化解偶联。还有一类称为离子载体解偶联剂，是一类脂溶性物质。例如，缬氨霉素（valinomycin）是一个小的环状多肽，可以携带 K^+ 穿过细胞膜从而降低膜两侧的离子浓度梯度。离子载体解偶联剂和质子解偶联剂是有区别的，前者是除 H^+ 之外的其他一价阳离子的载体，这类解偶联剂主要是通过增加线粒体内膜对一价阳离子的通透性从而消除了膜两侧的电化学梯度来破坏氧化和磷酸化的偶联。

2. 氧化磷酸化的抑制剂　这里所说的氧化磷酸化抑制剂主要是指 F_1F_0-ATP 合酶抑制剂，是指直接作用于 ATP 合酶而导致 ATP 不能生成的一类化合物，如金轮霉素、寡霉素和双环己基碳二亚胺（DCCD），其中金轮霉素直接抑制 F_1 的活性，寡霉素抑制 F_0 活性，而 DCCD 可阻止质子通过 F_0 通道。

七、线粒体穿梭系统

代谢物上脱下的氢被 NAD^+ 接受后变为 NADH 进入电子传递链，其中，NADH 可以在胞质中产生，也可以在线粒体中产生。线粒体中的 NADH 可以直接进入电子传递链，而胞质中产生的 NADH 必须先进入线粒体才能进入电子传递链，但 NADH 不能直接透过线粒体内膜，必须通过某些能自由通过线粒体内膜的物质带入线粒体内，这种机制就是线粒体穿梭系统（mitochondrial shuttle system）。

1. α-磷酸甘油穿梭　α-磷酸甘油穿梭（glycerol-α-phosphate shuttle）主要存在于神经和肌肉系统中。胞质中的 NADH 将氢转移给磷酸二羟丙酮，后者被还原为可以自由通过线粒体内膜的 α-磷酸甘油，α-磷酸甘油在膜内将氢再转移给 FAD 形成 $FADH_2$，$FADH_2$ 可以进入电子传递链。而 α-磷酸甘油脱氢后转变为能透过线粒体内膜的磷酸二羟丙酮可再进行下一次循环。所以胞质中的 NADH 经 α-磷酸甘油穿梭后的 P/O 比是 1.5，具体过程如图 7-14 所示。

2. 苹果酸穿梭　这种穿梭作用主要存在于肝脏和心肌组织中。胞质中的 NADH 在苹果酸脱氢酶的催化下，将草酰乙酸还原成苹果酸，后者借助线粒体内膜上的苹果酸-α-酮戊二酸载体进入线粒体基质，进入基质内的苹果酸在线粒体内苹果酸脱氢酶的催化下重新生成草酰乙酸和 NADH，NADH 可以进入电子传递链。草酰乙酸经谷草转氨酶催化生成天冬氨酸，后者再经酸性氨基酸载体转运出线粒体转变成草酰乙酸。所以胞质中的 NADH 经苹果酸穿梭后的 P/O 比仍然是 2.5，如图 7-15 所示。

3. 外 NADH 脱氢酶　α-磷酸甘油穿梭和苹果酸穿梭是动物细胞中胞质内形成的 NADH 进入线粒体内电子传递链的主要途径。而在真菌和高等植物细胞的线粒体内膜上存在两种 NADH 脱氢酶，一种位于线粒体内膜的内侧，即复合物 I 中的 NADH 脱氢酶，它以

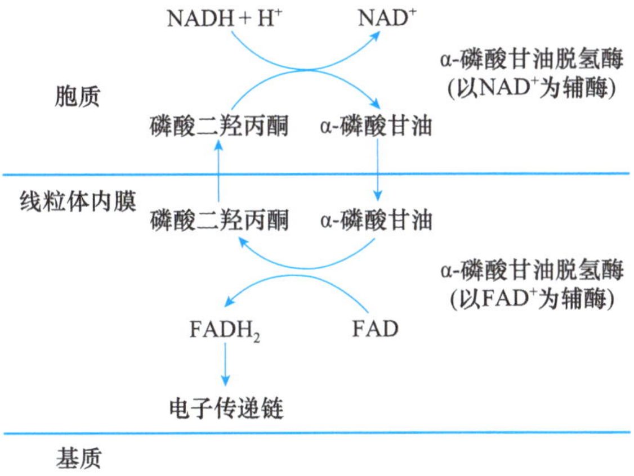

图 7-14 α-磷酸甘油穿梭系统

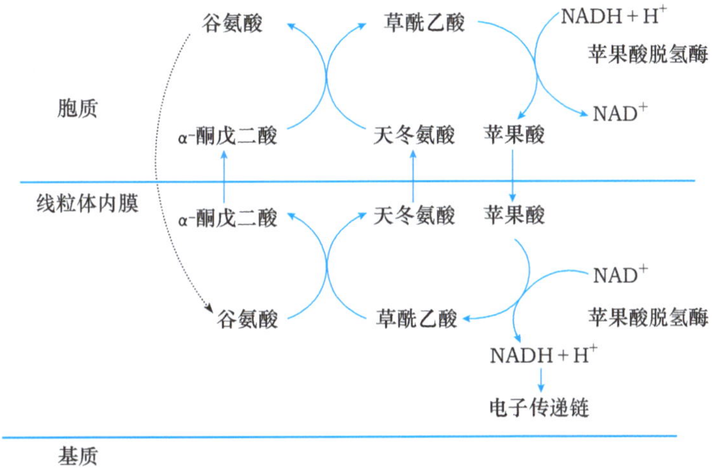

图 7-15 苹果酸穿梭系统

FMN 为辅基，只能作用于线粒体基质中的 NADH，称为内 NADH 脱氢酶。另一种分布在内膜的外侧朝向膜间隙，是一种以 FAD 为辅基的黄素蛋白，接受来自线粒体外（胞质）的 NADH 上的氢原子（电子），再传递给 CoQ，最后通过电子传递链将电子传递给 O_2 生成 H_2O，同时生成 ATP，这种酶称为外 NADH 脱氢酶。胞质中的 NADH 很容易穿过线粒体的外膜进入膜间隙，在内膜的外表面 NADH 被外 NADH 脱氢酶催化直接脱氢给 FAD 形成 $FADH_2$，这是一种直接进入电子传递链的途径，它不通过复合物 I，因此不受鱼藤酮等的抑制。此时 NADH 的 P/O 比为 1.5。

知识窗

2,4-二硝基苯酚（DNP）是一个解偶联剂，然而 20 世纪 20 年代 DNP 曾被作为减肥食品使用，之后发现长期或过量食用 DNP 可以造成死亡现象。尸体解剖表明，食用 DNP 死亡的主要原因是 DNP 对肝脏的损伤，由于肝脏在能量代谢及生物转化过程中具有重要作用，与其他组织细胞相比，肝脏细胞含有较多的线粒体，DNP 的解偶联作用是造成肝损伤的根本原因。

思考题

1. 什么叫生物氧化？其包括几方面内容？

2. 简述体内 ATP 产生的机制。

3. 计算 1mol 葡萄糖在肝脏和肌肉组织中完全分解为 CO_2 和 H_2O 分别生成多少 ATP？

4. 指出用鱼藤酮、2,4-二硝基苯酚和寡霉素分别作用于线粒体时，电子传递、质子电化学梯度和 ATP 合成的变化。

5. 阐述化学渗透学说的要点及支持该学说的主要实验证据。

请扫描二维码
进行在线测试

第八章 >>>

脂类代谢

学习要点

脂类代谢主要内容是脂肪的代谢，包括脂肪的分解代谢和合成代谢。其中最重要的是了解脂肪酸的代谢，需要掌握脂肪酸的 β-氧化和从头合成；明确糖代谢与脂类代谢的联系。

脂类（lipid）是脂肪和类脂（磷脂、糖脂、固醇和固醇酯）的总称，是一类结构多样、难溶于水而易溶于非极性溶剂的生物有机分子。通常脂类可按不同化学组成分为三大类，即单纯脂类、复合脂类及衍生脂类。

单纯脂类是由脂肪酸与醇脱水缩合形成的化合物，可分为三酰甘油和蜡，前者由 3 分子脂肪酸和 1 分子甘油组成，后者主要由长链脂肪酸和长链醇或固醇组成；复合脂类分子组成中除脂肪酸和醇外，还有其他非脂分子成分，按非脂分子成分的不同可分为磷脂、糖脂和硫脂等；衍生脂类是指不含脂肪酸，不能进行皂化反应的脂，包括固醇类和萜类等。

脂类的生物学功能主要包括：①脂肪是机体的良好能源，脂肪储存的能量比等量的蛋白质或糖高 1 倍以上，通过氧化可为机体提供丰富的热能。②可作为生物体对外界环境的屏障，防止机体热量过多散失，也是许多组织器官的保护层。③脂类物质也是细胞质和细胞膜的重要组分。④脂类代谢与糖代谢和某些氨基酸的代谢密切相关。⑤脂类广泛参与细胞间的信息传递和代谢调节：如二十碳多价不饱和脂肪酸可衍变成前列腺素、血栓素及白三烯等，在调节细胞代谢上具有重要作用；胆固醇可转变成维生素 D_3 及类固醇激素，从而调节钙代谢和发挥其他重要的生理调节作用；磷脂可代谢生成二脂酰甘油和三磷酸肌醇，作为某些激素的第二信使起到调节代谢的作用。

第一节　脂肪的分解代谢

脂肪即三酰甘油（triacylglycerol），是脂类中含量最丰富的一大类，它是由甘油的三个羟基和三个脂肪酸分子的羧基脱水缩合形成的酯，是植物和动物细胞储脂的主要组分。动物体在糖源不足时可利用食物中的脂肪或自身储存的脂肪作为能源物质；油料种子萌发时所需的能量和碳骨架也主要来自脂肪。这都需要通过脂肪的分解代谢实现。

一、脂肪的水解

脂肪降解的第一步是水解成甘油和脂肪酸，此反应由脂肪酶（简称脂酶，lipase）催化。动物体内脂肪的消化需要 3 种脂肪酶参与，即三酰甘油脂肪酶、二酰甘油脂肪酶和单酰甘油脂肪酶，逐步水解脂肪的 3 个酯键，最后生成甘油和脂肪酸。脂肪水解的步骤如图 8-1 所示。

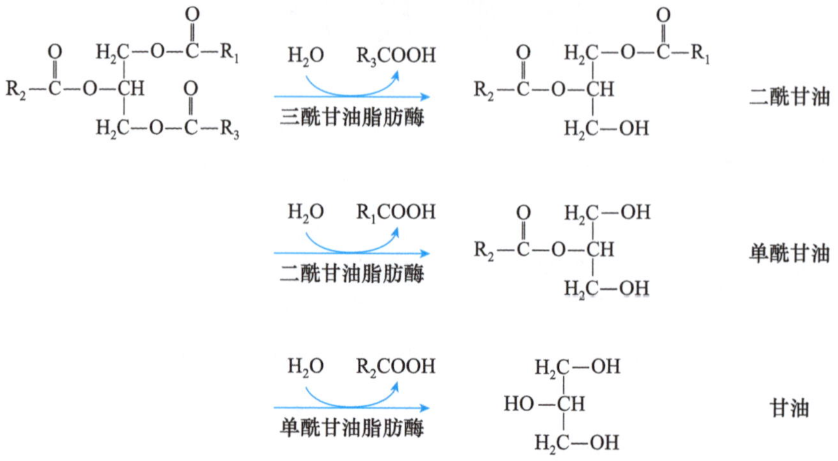

微课视频

图 8-1　脂肪的水解

（一）人体对脂肪的消化

人体消化脂肪的部位主要是小肠，口腔没有脂肪酶不能消化脂肪。胃内能分泌极少量脂肪酶，但胃液呈酸性，胃脂肪酶要求 pH 中性，所以胃内也不能消化脂肪。但婴儿例外，婴儿胃内胃酸很少，并且奶中脂肪已乳化，吸吮活动及乳脂均能刺激舌腺，分泌舌脂酶，因此可消化部分脂肪。

人体在十二指肠有胰腺和胆囊的开口，可释放脂肪酶和胆汁进入小肠。胆汁来源于肝的分泌，其作用是促进脂类的乳化和溶解，具有帮助消化脂肪的作用。但胆汁不是完全必需的，胆道梗阻患者仍可消化脂肪，但耐受性较差。

脂肪经过消化后，产生的脂肪酸、甘油、甘油一酯（单酰甘油）都可与胆汁酸盐乳化形成混合微团，具有很大极性，可穿过小肠黏膜细胞表面的水屏障，易被肠黏膜直接吸收（图 8-2）。

甘油、脂肪酸及甘油一酯在进入小肠上皮细胞后将重新酯化为三酰甘油。三酰甘油不溶于水，如直接进入血液会使血液变成乳浊液从而影响血液流动。血液中的载脂蛋白负责解决这一问题。小肠上皮细胞中重新酯化的脂质可与内质网上的载脂蛋白结合成脂蛋白复合体，进而经淋巴进入血液循环实现脂质在血液中的运输（图 8-2）。

人体血浆中的脂蛋白复合体，按密度可分成 4 类：乳糜微粒（chylomicron，CM）、极低密度脂蛋白（very low density lipoprotein，VLDL）、低密度脂蛋白（LDL）和高密度脂蛋白（HDL）。这 4 种脂蛋白复合体的结构都是以脂质为核心，载脂蛋白在外层（图 8-3A）。其中 CM 和 VLDL 以疏水的甘油酯为核心，有单极性脂在外层；LDL 和 HDL 以胆固醇脂为核心。

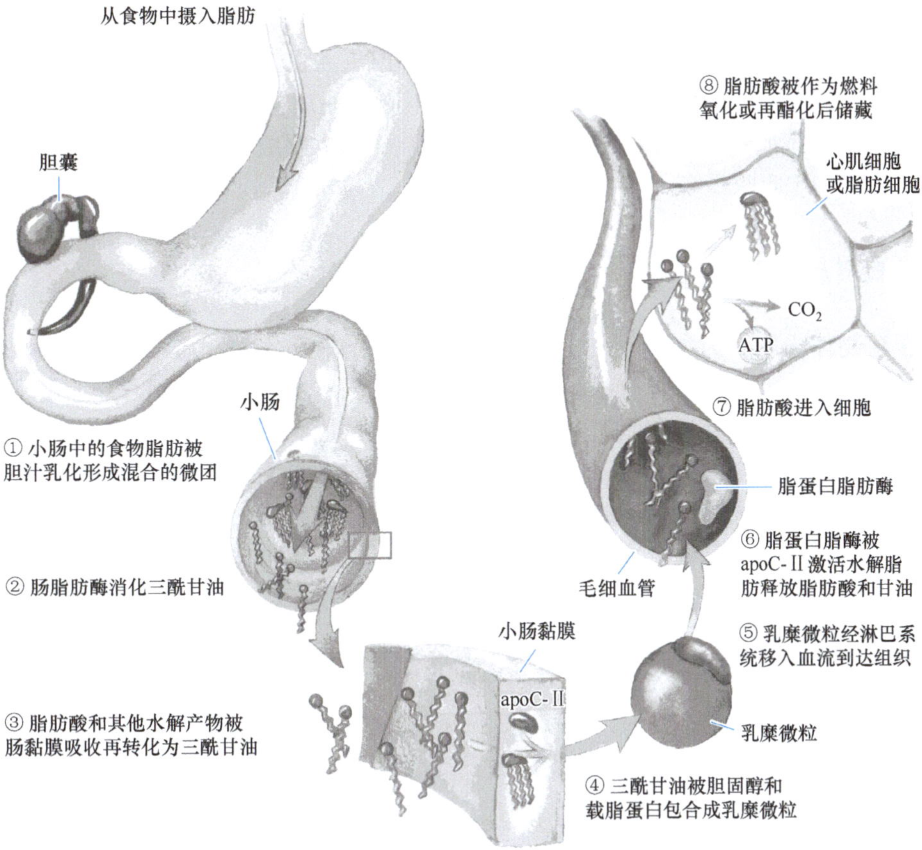

图 8-2 人体对脂肪的吸收与转运

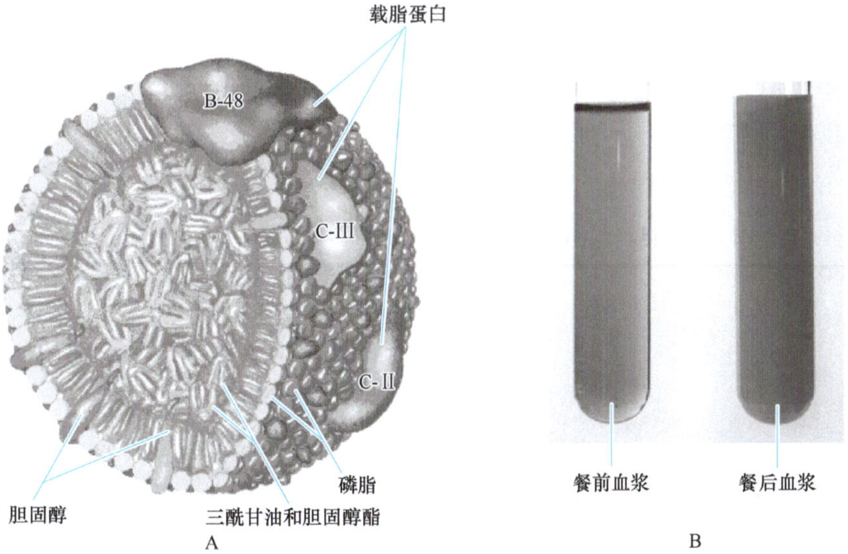

图 8-3 乳糜微粒的结构（A）及在血液中的状况（B）

A. 乳糜微粒的结构，表面是磷脂、胆固醇和载脂蛋白，内部是脂肪和胆固醇；B. 餐后血浆中乳糜微粒增加乳糜微粒是转运外源甘油酯及胆固醇的主要形式，三酰甘油占80%以上，乳糜微粒的直径为100～500nm。在肠黏膜细胞形成的CM经淋巴进入血液，所以，餐前和餐后的血液中CM含量是不同的（图8-3B），CM在运行中不断有脂质被水解释放出脂肪酸和甘油。未水解的脂质与载脂蛋白结合，继续随血液转运。一些水解成分可逐步被一些组织吸收利用，其中以肝细胞吸收最多。

（二）植物对脂肪的消化

关于植物体内脂肪的水解，关注较多的是种子中的脂肪水解，这涉及种子（粮食）的储藏和种子的萌发。种子中含有水解脂肪的脂肪酶，当种子吸水膨胀后，脂肪酶活性明显增加，可将脂肪水解为甘油和脂肪酸。植物脂肪酶水解脂肪的速率很快，尤其在较酸性条件下水解脂肪的速率会大大增加，由于水解脂肪后产生大量脂肪酸使酸性增加，则更有利于脂肪水解，这一现象也称为脂肪的自我催化，这对植物种子的萌发是有利的。例如，油料植物种子萌发需要大量的营养进行生长，脂肪的迅速水解可以满足生长需要。但对于种子的储藏而言，脂肪的自我催化会导致食用品质下降或发芽率下降，所以储藏油料植物种子特别需要保持干燥。

植物其他组织对脂肪的分解有不同的途径。例如，植物叶组织中的过氧化物酶体可以氧化脂肪，当有过氧化物产生时，可引起脂肪酸氧化，甚至还可引起胡萝卜素或其他色素氧化，这一特点可用于面粉等食物的漂白。

二、甘油的氧化分解与转化

脂肪水解后产生的甘油没有特定的代谢途径，甘油首先转化为磷酸甘油，之后既可进行分解代谢也可用于合成代谢，根据机体的需要而定。甘油先由甘油激酶催化，生成α-磷酸甘油。然后再被氧化脱氢生成磷酸二羟丙酮（图8-4）。磷酸二羟丙酮为磷酸丙糖，是糖酵解途径的中间产物，经异构化生成3-磷酸甘油醛，3-磷酸甘油醛可以继续氧化形成丙酮酸，然后进入三羧酸循环，从而被彻底氧化；磷酸二羟丙酮也可经过糖异生途径合成葡萄糖乃至合成多糖。

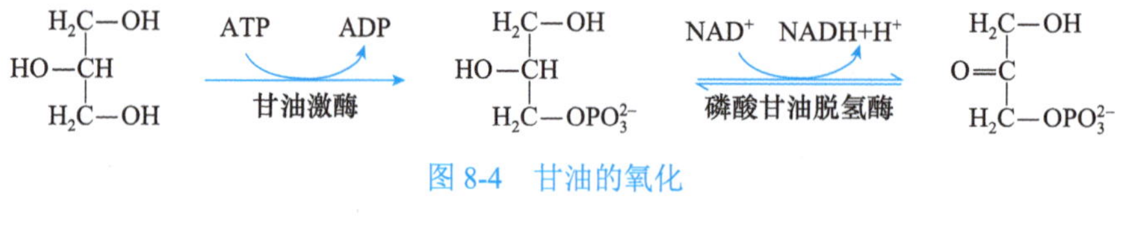

图8-4 甘油的氧化

三、脂肪酸的分解

脂肪酸的分解代谢发生在原核生物的细胞质及真核生物的线粒体基质中。生物体内脂肪酸的氧化分解存在几条不同的途径，主要有β-氧化、α-氧化和ω-氧化，其中β-氧化途径是最为普遍和主要的分解途径。

（一）脂肪酸的β-氧化

1. β-氧化的发现 对于脂肪酸分解代谢反应机制的探索，自20世纪初就已经开始了，F. Knoop在此方面做出了关键性的贡献。当时用于研究反应机制的重要手段——放射性同位素标记尚未出现，F. Knoop巧妙地设计出第一个用于生物化学实验的“示踪物”，他把偶数碳或奇数碳的脂肪酸分子的末端甲基接上苯基，用这种带“示踪物”的脂肪酸饲喂狗。在动物体内，苯基不被破坏，而是通过解毒机制，形成无毒性的衍生物从尿中排出，所以可以通过检测尿中含苯基的化合物，来推测脂肪酸在体内的分解途径。结果发现，食用含偶数碳脂肪酸的狗的尿中有苯乙酸的衍生物苯乙尿酸，而食用含奇数碳脂肪酸的狗的尿中有苯甲酸的衍生物马尿酸（图8-5）。

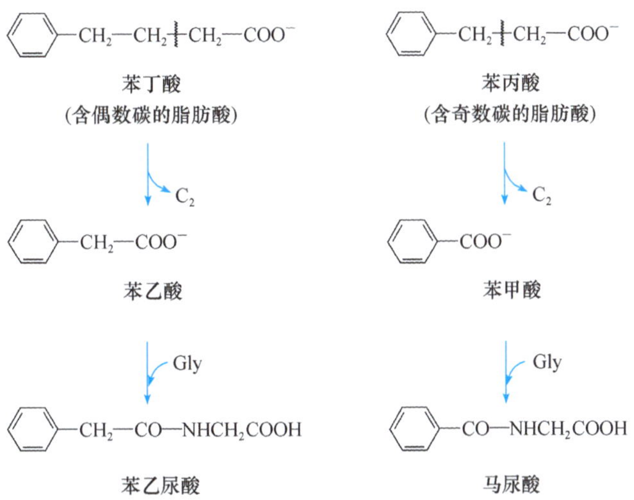

图8-5 F. Knoop的苯基标记饲喂实验原理

F. Knoop推测，无论脂肪酸链的长短，脂肪酸的降解总是每次水解下两个碳原子。那么对于偶数碳脂肪酸，最终都要形成苯乙酸，与甘氨酸缩合而成苯乙尿酸；而对于奇数碳脂肪酸，最终都要形成苯甲酸，与甘氨酸缩合形成马尿酸。

他由此推论：脂肪酸氧化每次降解下一个二碳单元的片段，氧化是从羧基端的β-碳原子开始的。以后的实验证明了F. Knoop推测的准确性，由此提出了脂肪酸β-氧化的概念。

2. β-氧化的概念 脂肪酸在一系列酶的作用下，羧基端的β位C原子发生氧化，碳链在α位C原子与β位C原子间发生断裂，每次生成一个乙酰CoA和较原来少2个碳单位的脂肪酸，这个不断重复进行的脂肪酸氧化过程称为β-氧化（β-oxidation）。

3. β-氧化的过程 在动物和一般的植物组织中，脂肪酸的β-氧化作用是在线粒体基质中进行的，但在发芽的油料作物种子内，β-氧化还可以发生在乙醛酸循环体中。脂肪酸发生β-氧化之前需要进行活化，然后再转运到氧化部位进入氧化过程。

1）脂肪酸的活化 脂肪酸的活化是指脂肪酸的羧基与CoA酯化形成脂酰CoA的过程。该反应由脂酰CoA合成酶（acyl-CoA synthetase）催化，需要ATP和CoA参与，总反应为

$$RCOOH + ATP + CoA—SH \longrightarrow RCO—S—CoA + AMP + PPi$$

由反应可知，形成一个活化的脂酰 CoA 需要消耗两个高能键，将 ATP 水解生成 AMP 和焦磷酸。这一反应实际很难进行，但由于体内焦磷酸酶可迅速将产物焦磷酸水解为无机磷酸，从而使反应不可逆。

细胞中有两种活化脂肪酸的酶，存在于线粒体外膜上的脂酰 CoA 合成酶，专门活化胞质中 13C 及以上的长链脂肪酸；而存在于线粒体内膜上的脂酰 CoA 合成酶，可以直接活化从细胞质进入线粒体基质的 2 ～ 12C 的中短链脂肪酸。

2）脂肪酸的转运　β-氧化是在线粒体基质中进行的，脂肪酸形成脂酰 CoA 后还需要进入线粒体才能进一步氧化分解。但是长链的脂酰 CoA 不能轻易透过线粒体内膜，需要一个特殊的转运系统。转运脂酰 CoA 的载体是肉碱（也称肉毒碱，carnitine），即 L-β-羟基-γ-三甲铵丁酸。它可将脂肪酸以酰基形式从线粒体膜外转运至膜内。肉碱的结构如图 8-6 所示。

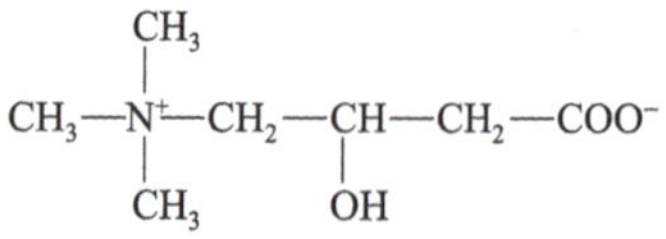

图 8-6　肉碱的结构式

长链脂酰 CoA 和肉碱反应，生成脂酰-肉碱，脂酰基与肉碱的 β-羟基通过酯键相连接，催化此反应的酶为肉碱脂酰转移酶（carnitine-acyltransferase）。线粒体内膜的内外两侧均有此酶，为同工酶，分别称为肉碱脂酰转移酶 I 和肉碱脂酰转移酶 II。酶 I 使胞质的脂酰 CoA 转化为 CoA 和脂酰-肉碱，后者借助于内膜上的蛋白质载体进入线粒体内膜。位于线粒体内膜内侧的酶 II 又使脂酰-肉碱转化成肉碱和脂酰 CoA，游离的肉碱被运回内膜外侧循环使用发挥其载体功能，脂酰 CoA 则进入线粒体基质，成为脂肪酸 β-氧化酶系的底物。其转运机制见图 8-7。

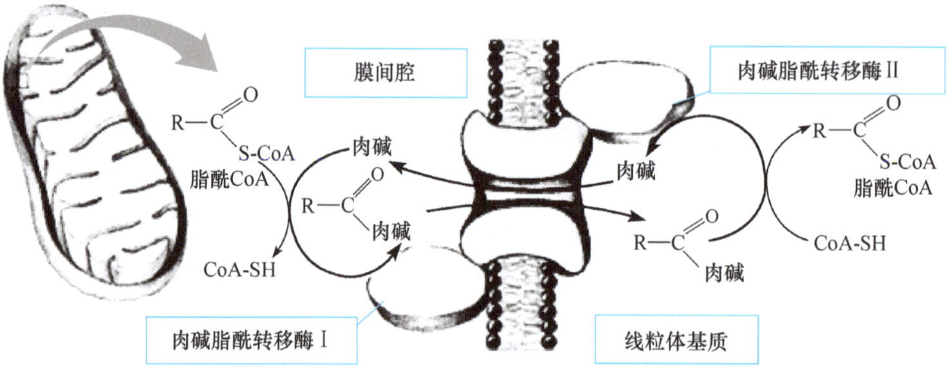

图 8-7　脂肪酸转运至线粒体的机制

知识窗

左旋肉碱又称为肉毒碱，人体可以自行合成，也可以从肉类和乳制品中摄取，为人体代谢所必需。左旋肉碱能够促进脂肪酸进入线粒体氧化分解，产生人体所需能量。在长时间高强度运动中，左旋肉碱提高了脂肪的氧化速率，减少了糖原的消耗，同时也延缓了疲劳。目前不仅被应用于竞技运动员减脂、抗疲劳，还可作为一类新型饲料添加剂，在提高动物生产性能和饲料利用率、减少体脂沉积、提高瘦肉率、改善胴体品质等方面有着一定的应用前景。

3）β-氧化的反应历程　脂酰 CoA 进入线粒体后，在线粒体基质中进行的β-氧化便真正开始了，此后将循环发生脱氢、水化、再脱氢和硫解反应，直到脂酰 CoA 的碳链完全氧化裂解成乙酰 CoA。反应中形成的 NADH 和 $FADH_2$ 进入呼吸链，而乙酰 CoA 进入 TCA 循环继续氧化分解。

（1）脱氢：脂酰 CoA 在脂酰 CoA 脱氢酶（acyl-CoA dehydrogenase）的催化下，在 α、β 位碳原子之间脱氢，形成反式双键的脂酰 CoA，即反式-Δ^2-烯脂酰 CoA。同时 FAD 接受氢被还原成 $FADH_2$。

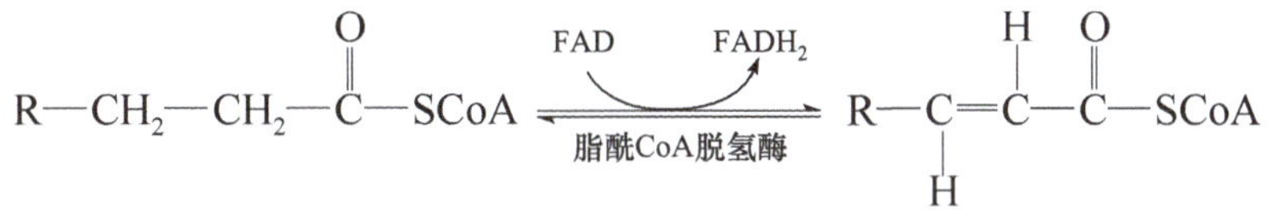

脂酰CoA　　反式-Δ^2-烯脂酰CoA

（2）水化：反式-Δ^2-烯脂酰 CoA 在烯脂酰 CoA 水化酶（enoyl CoA hydratase）的催化下，在双键上加水生成L(+)-β-羟脂酰CoA，此酶具有立体化学专一性，只催化L-异构体的生成。

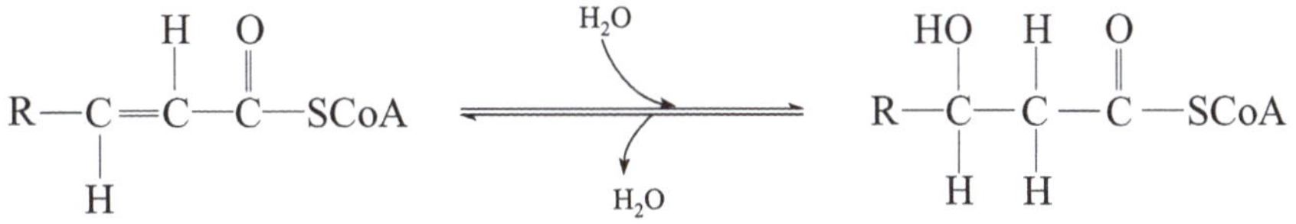

反式-Δ^2-烯脂酰CoA　　L(+)-β-羟脂酰CoA

（3）再脱氢：在β-羟脂酰 CoA 脱氢酶（L-3-hydroxyacyl CoA dehydrogenase）的催化下，L-β-羟脂酰 CoA 的羟基上脱氢氧化形成β-酮脂酰 CoA，同时 NAD^+ 接受氢被还原成 $NADH+H^+$。

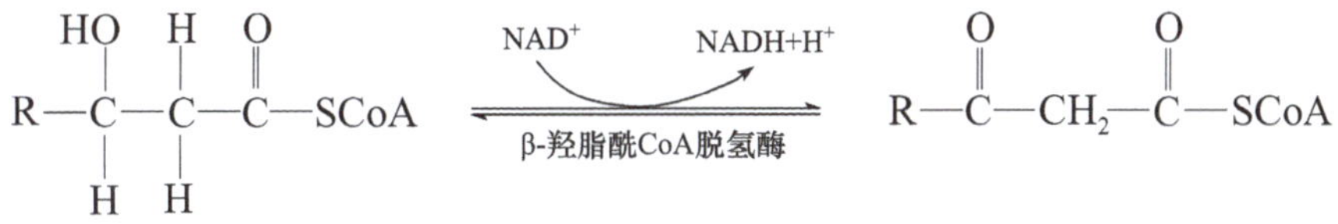

L(+)-β-羟脂酰CoA　　β-酮脂酰CoA

（4）硫解：在硫解酶（thiolase）即酮脂酰硫解酶的催化下，β-酮脂酰 CoA 被第二个 CoA—SH 分子硫解，产生乙酰 CoA 和比原来脂酰 CoA 少 2 个碳原子的脂酰 CoA。

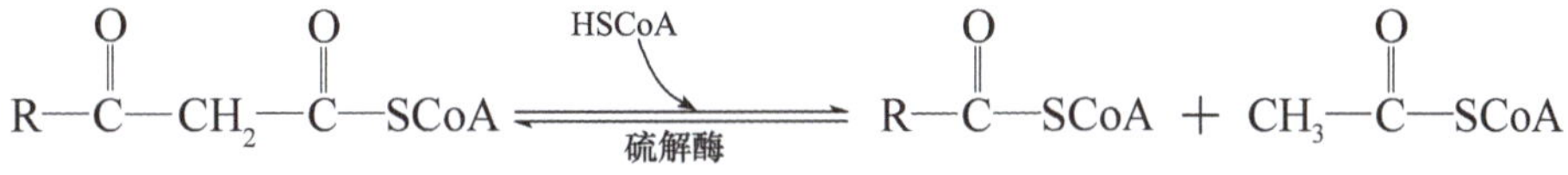

β-酮脂酰CoA　　脂酰CoA　　乙酰CoA

尽管β-氧化作用中 4 个反应步骤都是可逆的，但是由于β-酮脂酰 CoA 硫解酶催化的硫解作用是高度的放能反应（$\Delta G^{0\prime}$=−28.03kJ/mol），整个反应平衡点趋于裂解方向，难以进行逆向反应，因此使脂肪酸氧化得以继续进行。

经上述几步反应，原脂肪酸脱掉一个二碳单位，新形成的脂酰 CoA 又可经脱氢、水化、再脱氢和硫解4步反应进行再一次的β-氧化作用。按此重复多次，直至剩下二碳的乙酰CoA（当脂肪酸含偶数碳时）或三碳的丙酰CoA（当脂肪酸含奇数碳时）。例如，软脂酸（棕榈酸，$C_{15}H_{31}COOH$）的β-氧化反应历程需经历7轮β-氧化作用而生成8分子乙酰CoA，如图8-8所示。

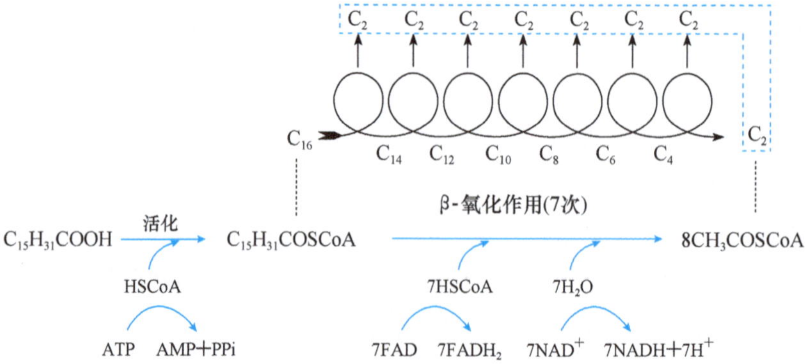

微课视频

图8-8 软脂酸的β-氧化

4. 偶数碳饱和脂肪酸β-氧化的能量计算 脂肪酸氧化的功能是产生代谢能。对于偶数碳饱和脂肪酸，其氧化降解主要是先经历若干轮β-氧化途径，其中每一轮产生1分子NADH、1分子$FADH_2$和1分子乙酰CoA。每分子NADH和$FADH_2$经呼吸链氧化磷酸化可分别产生2.5和1.5分子ATP；每1分子乙酰CoA进入三羧酸循环又生成$FADH_2$和NADH，可折合为10分子ATP。

以软脂酸彻底氧化为例，1分子软脂酰CoA（C_{16}-酰基-CoA）需经7轮β-氧化，到最后生成8分子乙酰CoA，因此软脂酰CoA彻底氧化的能量计算如下。

$$1\text{分子软脂酰CoA} \longrightarrow 8\text{乙酰CoA}+7FADH_2+7NADH$$

$$8\text{乙酰CoA}:(8\times10)\ ATP=80\ ATP$$

$$7FADH_2:(7\times1.5)\ ATP=10.5\ ATP$$

$$7NADH:(7\times2.5)\ ATP=17.5\ ATP$$

以上总计为108分子ATP，但是软脂酸活化为软脂酰CoA时消耗了2个高能磷酸键，所以1分子软脂酸可生成106分子ATP。106分子ATP水解的标准自由能为−30.54kJ/mol×106=−3237kJ/mol，软脂酸彻底氧化的标准自由能是−9790kJ/mol。因此软脂酸经β-氧化作用彻底氧化的能量转换率为

$$(30.54\times106)\div9790\times100\% \approx 33\%$$

即约有33%的能量转换成化学能储存在高能磷酸化合物中。

5. β-氧化的生理功能 脂肪酸β-氧化的主要生理功能是产生ATP，其产生ATP的数量要远远多于葡萄糖。

脂肪酸β-氧化的另一生理功能是与呼吸链一起为机体产生大量的H_2O。虽然在β-氧化的水化反应中消耗水，但产生的乙酰CoA、NADH和$FADH_2$经彻底氧化可以产生更多的水。这对于某些生活在干燥缺水环境的生物十分重要，像骆驼已将β-氧化作为获取水的一种特殊手段。

6. 不饱和脂肪酸的氧化 生物体中的不饱和脂肪酸的双键都是顺式构型，第一个双键一般在 C_9 和 C_{10} 之间（写作 Δ^9），以后每隔 3 个碳原子出现一个。

不饱和脂肪酸的氧化也是发生在线粒体中，它的活化和跨越线粒体内膜运输都与饱和脂肪酸相同，只是 β-氧化的 4 步反应中某些反应步骤还需要其他酶的参与。其中烯脂酰 CoA 异构酶最为重要，它除将顺式双键结构转为反式结构外，还有双键移位作用，当双键不在 β- 位时，可将双键移位，然后免去脱氢一步，直接进行水解反应。

（1）单不饱和脂肪酸的氧化：油酸（18 : 1Δ^9）是 18 个碳的一烯酸，在 C_9 和 C_{10} 之间有一个不饱和键。它的氧化过程如图 8-9 所示。它按与饱和脂肪酸同样的方式活化和转入线粒体内，并且进行 3 次 β-氧化循环，在第三轮循环中形成 Δ^3-顺式烯脂酰 CoA，其在 β、γ 位有一顺式双键，不能被烯脂酰 CoA 水化酶作用，因此接下来的反应不是脱氢，而是双键的异构化，在烯脂酰 CoA 异构酶作用下生成反式的 α、β 双键，然后 β 氧化作用继续正常进行。

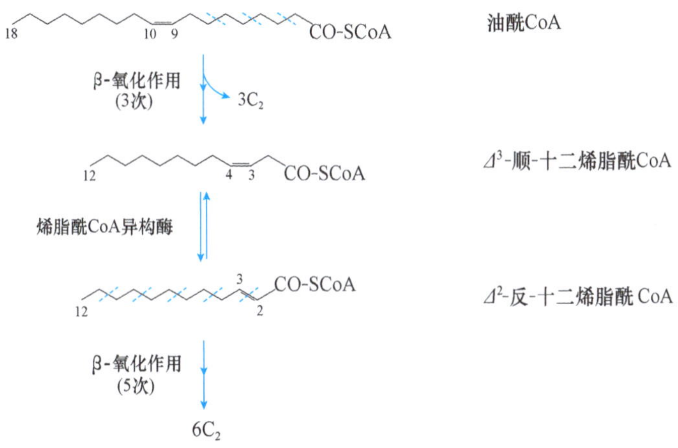

图 8-9 油酰 CoA 的 β-氧化历程

因此与相同碳的饱和脂肪酸（硬脂酸）相比，油酸的氧化只是以 1 次双键异构化反应取代了 1 次脱氢反应，所以少产生 1 分子 $FADH_2$。

所有的单不饱和脂肪酸，其前三轮 β-氧化作用都与油酸相似，都在第四轮时需要一种异构酶的参与。

（2）多不饱和脂肪酸的氧化：亚油酸（18 : 2$\Delta^{9,12}$）是 18 个碳的二烯酸，在 C_9 和 C_{10} 及 C_{12} 和 C_{13} 之间有顺式双键，在它的 8 轮 β-氧化中，前 4 轮与油酸的基本相同，生成 Δ^4- 顺 - 烯脂酰 CoA，随后，进入第五轮 β-氧化作用，在脂酰 CoA 脱氢酶的催化下生成 Δ^2 反式，Δ^4-顺-烯脂酰 CoA。此处，要增加两步特殊反应，即加氢还原和异构化，结果转化为 Δ^2 反式异构体，继续按 β-氧化途径进行后面的 4 轮反应（图 8-10）。哺乳动物的多不饱和脂肪酸氧化在这种情况下首先由 2,4-二烯脂酰 CoA 还原酶将双键还原，NADPH 为供氢体，还原后再由异构酶对顺式双键异构化为反式结构。大肠杆菌的 2,4-二烯脂酰 CoA 还原酶可以直接将双键还原为反式结构。

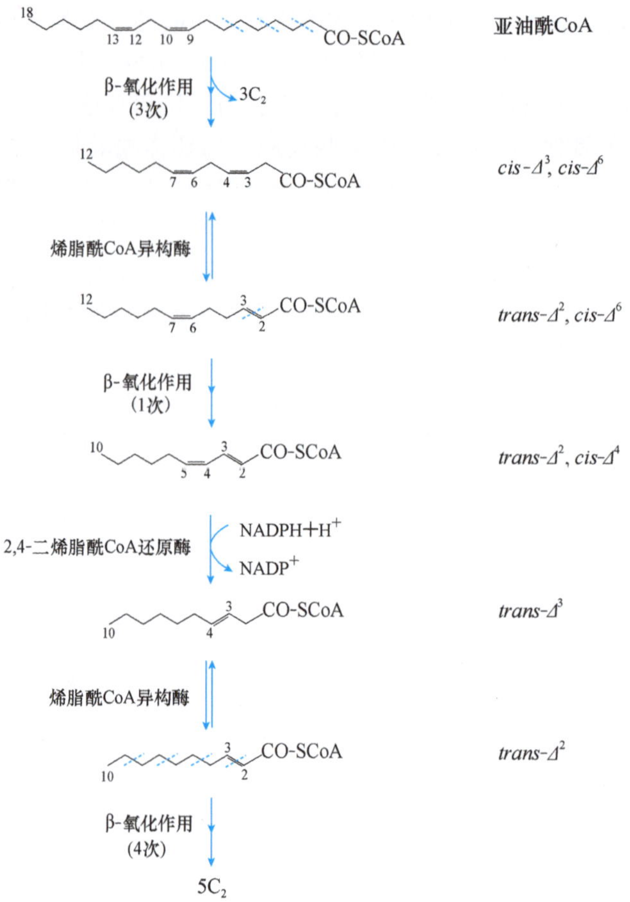

图 8-10 亚油酰 CoA 的 β-氧化历程

7. 奇数碳原子脂肪酸的氧化 人体内和膳食中含极少量的奇数碳原子脂肪酸，一些植物和海洋生物能合成奇数碳原子脂肪酸，它们经历最后一轮 β-氧化作用后，除生成乙酰 CoA 外还生成 1 分子丙酰 CoA；某些氨基酸如异亮氨酸、甲硫氨酸和苏氨酸的分解代谢过程中也有丙酰 CoA 生成；反刍动物瘤胃中，碳水化合物经细菌发酵可产生大量丙酸，进入宿主细胞后，在硫激酶作用下活化成丙酰 CoA。丙酰 CoA 有两条代谢途径，一条是通过羧化途径生成琥珀酰 CoA，这是动物体中的代谢途径；另一条是经过脱羧途径通过 β-羟丙酸生成乙酰 CoA，这在植物和微生物中较普遍。

（1）丙酰 CoA 转化成琥珀酰 CoA，进入 TCA：在该途径中，丙酰 CoA 先进行羧化，然后经过两次异构化，形成琥珀酰 CoA（图 8-11）后可以进入 TCA 循环，其中第一步的羧化作用需要生物素，最后一步的变位作用需要维生素 B_{12} 作为辅酶。

（2）丙酰 CoA 转化成乙酰 CoA，进入 TCA：丙酰 CoA 先经历 β-氧化的两步反应（脱氢和水化），生成 β-羟丙酰 CoA，然后水解成 β-羟丙酸，后者继续氧化脱羧，形成乙酰 CoA。形成的乙酰 CoA 可以进入 TCA 循环进行代谢（图 8-12）。

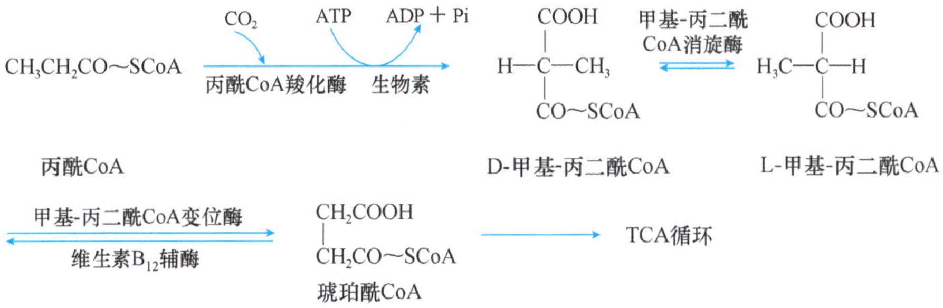

图 8-11　丙酰 CoA 转变为琥珀酰 CoA

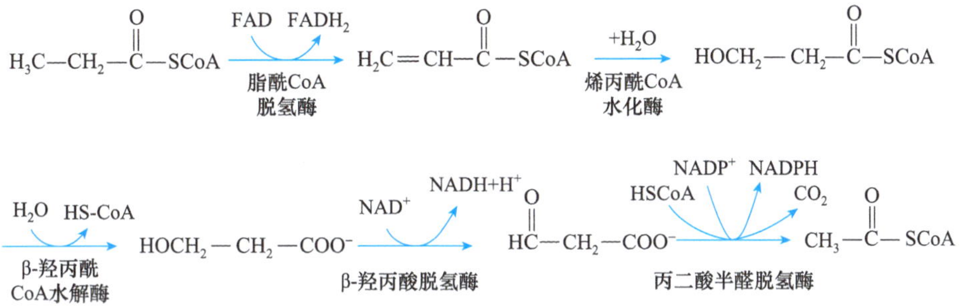

图 8-12　丙酰 CoA 转化为乙酰 CoA

（二）脂肪酸的其他氧化途径

1. 脂肪酸的 α-氧化途径　脂肪酸的 α-氧化途径是 1956 年由 P. K. Stumpf 首先在植物种子和叶片中发现的，后来在动物的脑和肝细胞中也发现了脂肪酸的这种氧化作用。脂肪酸的α-氧化（α-oxidation）是指脂肪酸在一些酶的催化作用下，其 α-碳原子发生氧化作用，结果生成一分子 CO_2 和较原来少一个碳原子的脂肪酸。

在 α-氧化途径中，脂肪酸无需活化，直接以游离脂肪酸作为底物，在 α-碳原子上发生羟化（—OH）或过氧化（—OOH），然后进一步氧化脱羧，其反应历程如图 8-13 所示。长链脂肪酸在一定条件下，可直接羟化，产生 α-羟脂肪酸，再经氧化脱羧作用，形成以 CO_2 形式去掉一个碳原子的脂肪酸；或在过氧化氢存在下，脂肪酸经过氧化物酶催化，形成 D-α-过氧脂肪酸，再脱羧成为脂肪醛，然后被以 NAD^+ 为辅酶的专一性的醛脱氢酶氧化成脂肪酸。

α-氧化对于降解支链脂肪酸、奇数碳原子脂肪酸或过长链脂肪酸（如脑中 C_{22} 和 C_{24} 的脂肪酸）有重要作用，哺乳动物降解绿色蔬菜中的植烷醇也是通过这种途径实现的。植烷酸（phytanic acid，3,7,11,15-四甲基十六烷酸）因在β-碳原子上有甲基，在细胞内难以进行β-氧化，必须先经 α-氧化除去 1

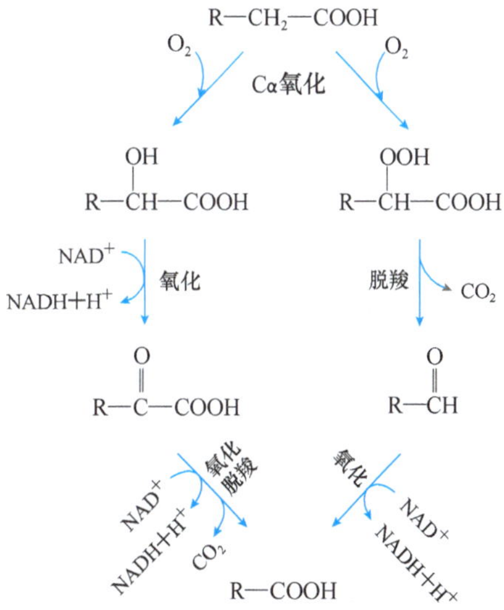

图 8-13　脂肪酸的 α- 氧化

个碳原子。已经发现有α-氧化障碍的人群不能氧化植烷酸，而牛奶和动物脂肪中均有此成分，其在人体内大量堆积便可引起 Refsum 氏病（遗传性运动失调、多发性神经炎和夜视能力减弱）。可见脂肪酸的α-氧化对于人类健康是必不可少的。

2. 脂肪酸的ω-氧化途径 动物体内储存的多是碳原子数在 12 个以上的脂肪酸，这些脂肪酸可进行β-氧化，不产生二羧酸。1932 年，P. E. Verkade 等将制备的 C_{11} 饱和脂肪酸的三酰甘油饲喂动物后，收集尿液并检验其中的脂肪酸降解产物，发现 C_{11} 脂肪酸能产生 C_{11}、C_9 和 C_7 二羧酸，说明 C_{11} 脂肪酸远离羧基的末端碳原子即ω碳原子被氧化了，形成了α, ω-二羧酸，由此提出了ω-氧化途径。

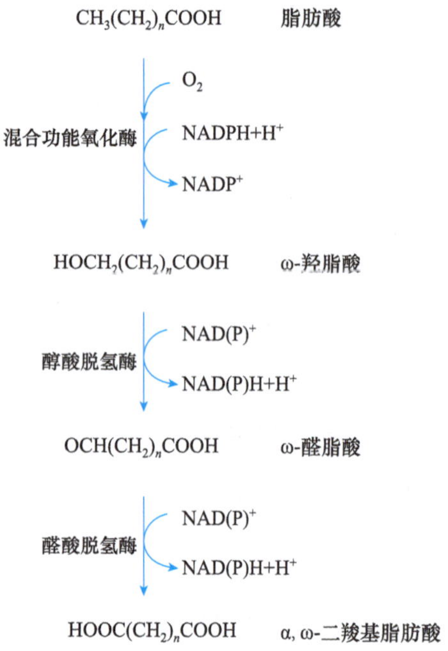

图 8-14 脂肪酸的ω-氧化

ω-氧化（ω-oxidation）是指脂肪酸在混合功能氧化酶等酶的催化下，其ω碳（末端甲基碳）原子发生氧化，先生成ω-羟脂酸，继而氧化成α, ω-二羧酸的反应过程（图 8-14）。最后生成的α, ω-二羧酸可以从两端同时进行β-氧化降解。

由于ω-氧化在脂肪酸分解代谢中不占重要地位，因此从发现以来未受到重视。近年来从土壤中分离出的许多细菌及某些海面浮游生物均具有ω-氧化途径，能将烃类和脂肪酸迅速降解成水溶性产物，这种降解过程首先进行的是ω-氧化作用，生成二羧基脂肪酸，而后再通过β-氧化进行降解，这使得有些海面浮游细菌对脂肪酸分解速率达 0.5g/(m^2 • d)，对清除海洋中的石油污染具有重大意义，因此ω-氧化作用的研究日益受到重视。

（三）产物乙酰 CoA 的去向

（1）在动物肝脏线粒体中，脂肪酸降解生成的乙酰 CoA 最主要是进入三羧酸循环彻底氧化分解，产生 CO_2 和 H_2O，并放出能量。

（2）在动物体内，乙酰 CoA 还可以作为类固醇、脂肪酸合成的前体，生成胆固醇和脂肪酸。

（3）在动物的肝、肾、脑组织中，尤其在饥饿、禁食、糖尿病等情形下，乙酰 CoA 还有另一条去向，最终生成乙酰乙酸、D-β-羟丁酸和丙酮，这 3 种产物统称为酮体（ketone bodies）。

（4）在某些植物、微生物中，脂肪酸分解产生的乙酰 CoA 可在乙醛酸体内进行乙醛酸循环。

下面着重介绍酮体和乙醛酸循环。

1. 酮体

1）酮体的生成　酮体的合成主要在肝脏中进行。在肝脏线粒体中，决定乙酰 CoA

去向的是草酰乙酸，它带动乙酰 CoA 进入三羧酸循环。但在饥饿、禁食或某些病理状态下（如糖尿病等），机体内脂肪的动员加强，大量的脂肪酸被肝细胞吸收并氧化。与此同时，为了维持血糖浓度，体内的糖异生作用也被激活，草酰乙酸作为糖异生的原料被消耗，导致肝细胞中草酰乙酸的浓度急剧下降，进而影响 TCA 循环，大量由脂肪酸氧化产生的乙酰 CoA 不能及时氧化分解而积累，便转向酮体的合成途径（图 8-15）。

2）酮体的分解　在肝脏中，催化酮体生成的酶类很活泼，但没有能利用酮体的酶类，相反肝外许多组织具有活性很强的利用酮体的酶。因此，肝脏线粒体合成的酮体，迅速透过线粒体并进入血液循环，送至全身。酮体的分解途径见图 8-16。

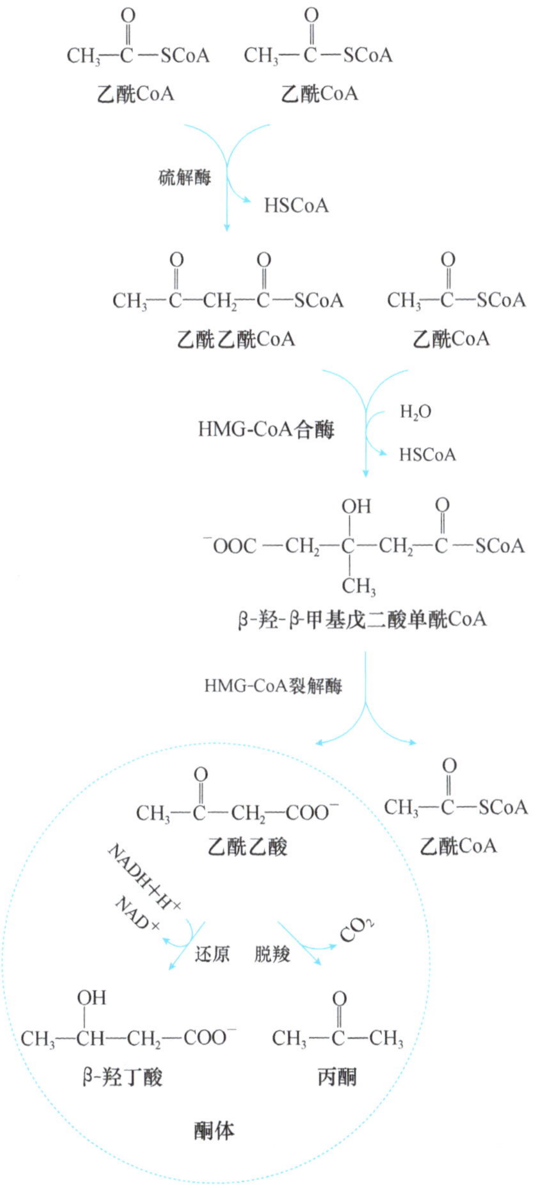

图 8-15　酮体的生成

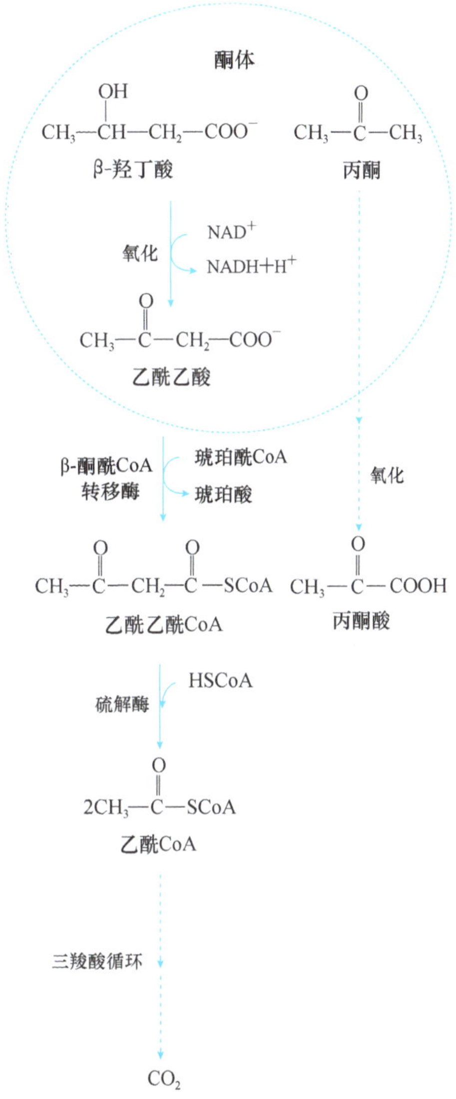

图 8-16　酮体的分解

由酮体代谢可以看出，肝组织将乙酰 CoA 转变为酮体，而肝外组织则再将酮体转变为乙酰 CoA。这并不是一种无效的循环，而是乙酰 CoA 在体内的运输方式。

酮体分子小、溶于水，能通过血脑屏障及肌肉毛细管壁，是心、脑组织的重要能源。脑组织不能氧化脂肪酸，却能利用酮体。长期饥饿，糖供应不足时，酮体可以代替葡萄糖，成为脑组织及肌肉的主要能源。正常情况下，血中酮体为0.03～0.5mmol/L。在饥饿、高脂低糖膳食时，酮体的生成增加，当酮体生成超过肝外组织的利用能力时，引起血中酮体升高，导致酮血酸（乙酰乙酸、β-羟丁酸）中毒，引起酮尿，即尿液酸性增强。

2. 乙醛酸循环 乙醛酸循环（glyoxylate cycle）又称乙醛酸途径，此途径只存在于植物和微生物中。在不少的细菌、藻类和处于一定生长阶段的高等植物（如油料种子萌发时）体内，其脂肪酸水解的主要产物乙酰 CoA 还可以通过这条途径，将 2 分子乙酰 CoA 合成 1 分子四碳化合物——琥珀酸。乙醛酸循环在乙醛酸循环体内进行。

1）*乙醛酸循环的反应历程* 乙醛酸循环共 5 步反应（图 8-17），在一次循环中，消耗 2 分子乙酰 CoA，生成 1 分子琥珀酸和 1 分子 NADH。该循环有两个关键反应，一个是异柠檬酸裂解酶催化异柠檬酸裂解为琥珀酸和乙醛酸，另一个是苹果酸合酶催化乙醛酸与乙酰 CoA 结合生成苹果酸。乙醛酸循环和三羧酸循环很相似，但又不同。也可以将乙醛酸循环看作 TCA 循环的分支。

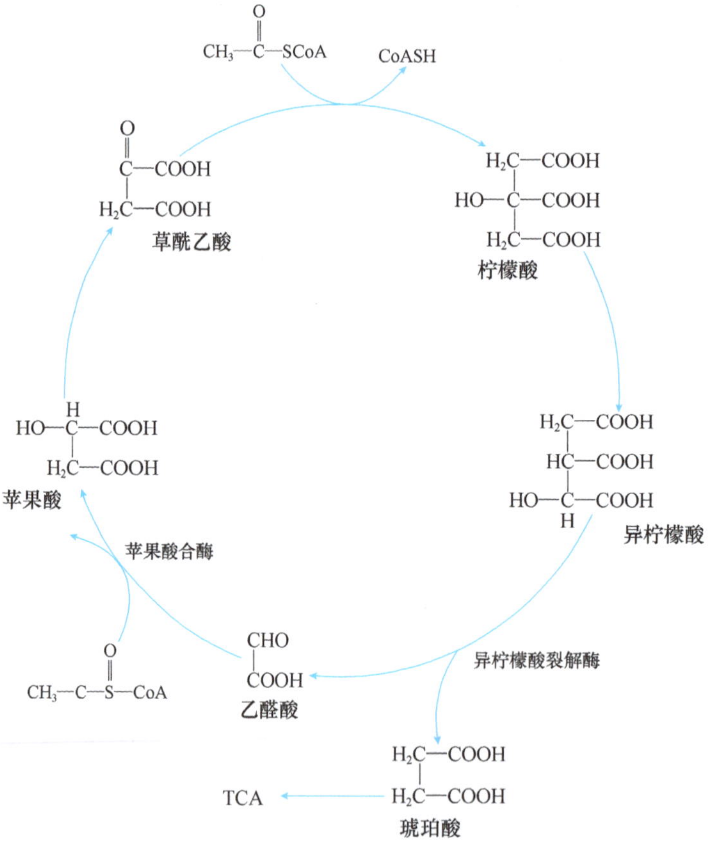

图 8-17 乙醛酸循环

由上述循环反应可见，乙酰 CoA 可在两处进入乙醛酸循环，一处是与草酰乙酸合成柠檬酸，另一处是与乙醛酸合成苹果酸。乙醛酸循环实质上是将 2 分子乙酰 CoA 转变成 1 分子琥珀酸。其总反应式为

$$2\text{乙酰 CoA}+NAD^{+} \longrightarrow \text{琥珀酸}+2CoA+NADH+H^{+}$$

2）*产物琥珀酸的代谢*　琥珀酸被认为是先转化成苹果酸，再进入其他代谢。如图 8-18 所示，在油料种子萌发过程中，生成的琥珀酸从乙醛酸循环体转移到线粒体，进入三羧酸循环后可以氧化成苹果酸，苹果酸被运出线粒体进入细胞质，沿糖异生途径合成糖或淀粉，可以为种子的萌发提供碳水化合物。

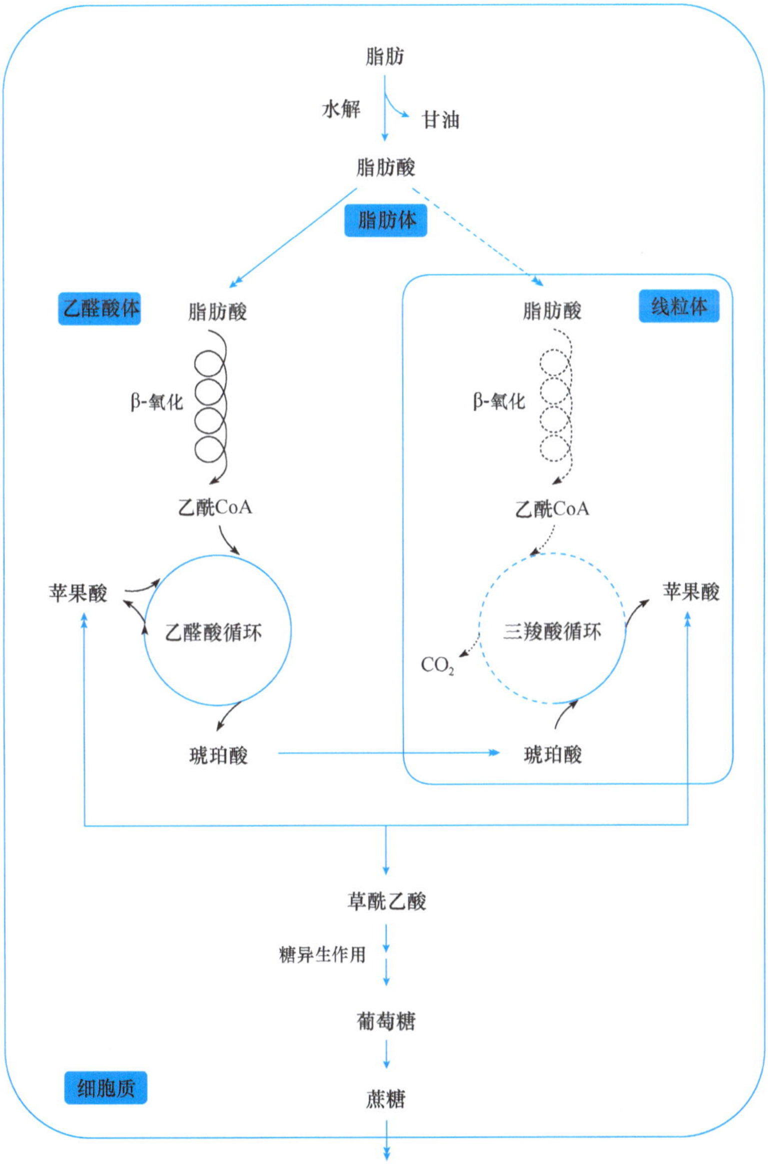

图 8-18　油料种子萌发时脂肪酸的代谢途径

虚线是脂肪用作能源时的代谢途径；实线是脂肪异生成糖时的代谢途径

3）乙醛酸循环的生物学意义　首先，油料种子萌发时储存的脂肪通过乙醛酸循环可转化为糖，乙醛酸循环是连接糖代谢和脂代谢的枢纽。其次，微生物能利用乙酸、乙酸盐为碳源生存，主要依赖于乙醛酸循环。

（四）脂肪酸分解代谢的调控

脂肪酸最主要的分解代谢途径是β-氧化，其限速步骤是活化的脂酰 CoA 从线粒体外转运至线粒体内。在参与转运的酶及蛋白质中，关键的调控位点是肉碱脂酰转移酶Ⅰ，它强烈地受丙二酸单酰 CoA 的抑制，而后者在脂肪酸合成中担负着重要角色。当细胞中能荷较高时，丙二酸单酰 CoA 含量丰富，使肉碱脂酰转移酶Ⅰ活性降低，脂酰 CoA 不能穿膜进入线粒体。并且，当细胞中能荷较高时，参与β-氧化的另外两种酶的活性也会被抑制，其中β-羟脂酰 CoA 脱氢酶被 NADH 抑制，硫解酶被乙酰 CoA 抑制。

第二节　脂肪的合成代谢

作为大量能量的储藏形式，生物体内脂肪的合成是十分活跃的，脂肪的合成场所是细胞质。在高等动植物中，三酰甘油的合成需要3-磷酸甘油和脂肪酸作为原料。因此，脂肪合成首先要合成磷酸甘油和一定碳链长度的脂肪酸（脂肪酰CoA），然后才结合为三酰甘油。

一、磷酸甘油的生物合成

三酰甘油水解（如脂肪动员）生成甘油。甘油在细胞内的再利用必须先形成3-磷酸甘油（也称为α-磷酸甘油），此活化过程由甘油磷酸激酶催化完成。肝、肾及小肠黏膜中均富含甘油磷酸激酶。

甘油　　**3-磷酸甘油**

3-磷酸甘油也可来自糖代谢的中间物质磷酸二羟丙酮，后者经α-磷酸甘油脱氢酶催化生成3-磷酸甘油。反应是可逆的。

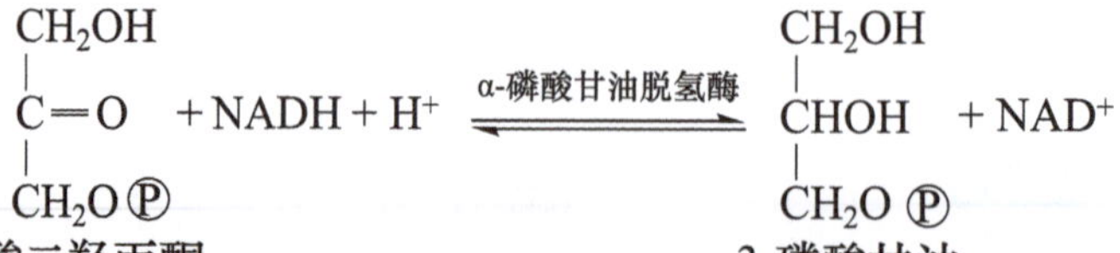

磷酸二羟丙酮　　**3-磷酸甘油**

上述两途径中，由于脂肪组织缺乏有活性的甘油磷酸激酶，因此该组织中脂肪合成所需要的3-磷酸甘油来自第二个途径。

二、脂肪酸的生物合成

一般生物都能利用糖类或者更简单的含碳化合物作为碳源来合成脂肪酸，其中糖酵解产生的丙酮酸经氧化脱羧后形成的乙酰 CoA 是主要的碳源。由于生物体内的脂肪酸多种多样，链的长短不一，不饱和双键的数目、位置也各不相同，因此合成过程比较复杂。它可分为饱和脂肪酸的从头合成、饱和脂肪酸碳链的延长、奇数脂肪酸的合成和不饱和脂肪酸的合成几部分内容。

（一）饱和脂肪酸的从头合成

动物体内这一过程在细胞质中进行，植物则在叶绿体和前质体中进行。该过程以乙酰 CoA 为碳源，合成不超过 16C 的饱和脂肪酸。

1. 乙酰 CoA 的来源及转运 合成脂肪酸的原料主要是乙酰 CoA，它主要来自脂肪酸的 β-氧化、丙酮酸氧化脱羧及氨基酸氧化等过程。在动物细胞中这些代谢过程大多是在线粒体内进行的，而脂肪酸的合成发生在细胞质，因此线粒体内产生的乙酰 CoA 必须转移到细胞质。

乙酰 CoA 不能直接穿过线粒体内膜，它利用柠檬酸作为乙酰基的载体，通过“柠檬酸穿梭”（citrate shuttle）的方式从线粒体基质转运到细胞质。“柠檬酸穿梭”的过程见图 8-19，具体流程如下。

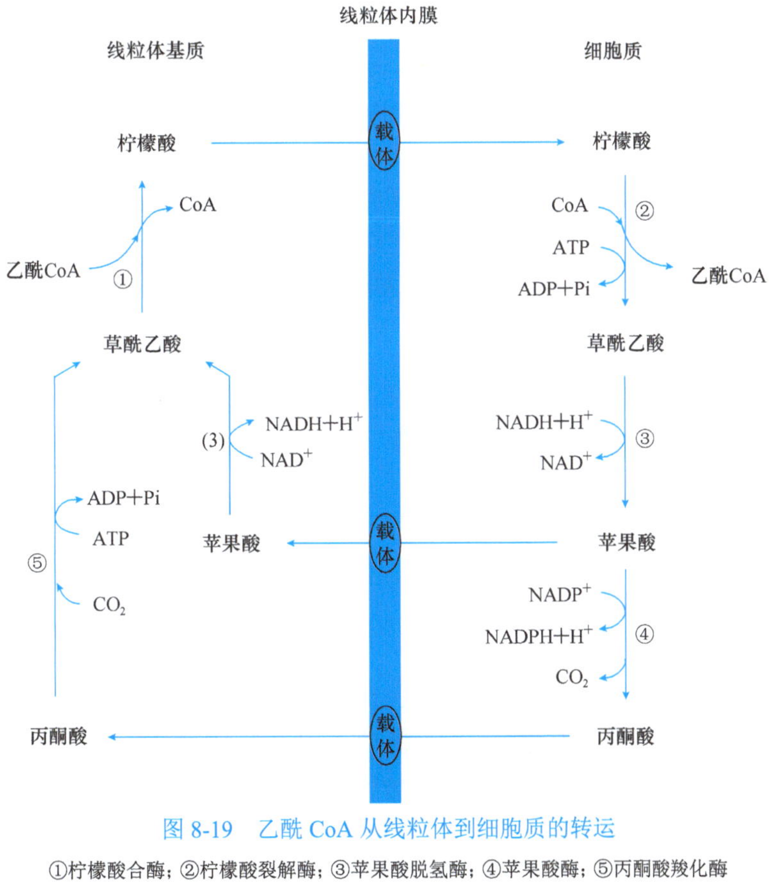

图 8-19 乙酰 CoA 从线粒体到细胞质的转运

①柠檬酸合酶；②柠檬酸裂解酶；③苹果酸脱氢酶；④苹果酸酶；⑤丙酮酸羧化酶

（1）线粒体内的乙酰 CoA 先与草酰乙酸缩合形成柠檬酸，通过内膜上的柠檬酸载体由线粒体进入细胞质。

（2）细胞质中的柠檬酸裂解为乙酰 CoA 和草酰乙酸。乙酰 CoA 即可参与脂肪酸的合成；而草酰乙酸也不能透过内膜，它必须转变成苹果酸或丙酮酸，再经内膜载体返回线粒体，到达线粒体后的苹果酸或丙酮酸分别以不同的方式重新生成草酰乙酸。

至此完成了乙酰 CoA 的一次转运。循环的结果是将乙酰 CoA 从线粒体转运到细胞质，同时也消耗 ATP。

植物细胞的脂肪酸合成在叶绿体中，叶绿体中不缺乏乙酰 CoA。至于植物细胞中线粒体内的乙酰 CoA 能否和动物一样，经过柠檬酸穿梭运到细胞质，或有其他转运二碳单位的途径尚不清楚。

2. 丙二酸单酰 CoA 的形成　人们用细胞提取液进行脂肪酸从头合成的研究时发现，脂肪酸的从头合成需要 HCO_3^-，掺入脂肪酸链的二碳单位不是乙酰 CoA 而是丙二酸单酰 CoA。而乙酰 CoA 的直接作用只是作为脂肪酸合成的引物和作为丙二酸单酰 CoA 合成的前体。以合成 1 分子软脂酸为例，合成中所需的 8 分子乙酰 CoA 中，只有 1 分子是乙酰 CoA 形式，而其他 7 分子均以丙二酸单酰 CoA 形式参与合成反应。

丙二酸单酰 CoA 是由乙酰 CoA 和 HCO_3^- 在乙酰 CoA 羧化酶（acetyl-CoA carboxylase，ACC）的催化下形成的，该酶的辅基为生物素，反应中消耗 ATP，其反应如下。

$$\text{乙酰 CoA} + ATP + HCO_3^- + H^+ \longrightarrow \text{丙二酸单酰 CoA} + ADP + Pi$$

大肠杆菌中的乙酰 CoA 羧化酶由 3 个亚基组成，分别具有生物素羧基载体蛋白（biotin carboxyl-carrier protein，BCCP，生物素共价连接到该蛋白的一个赖氨酸的 ε-氨基上）、生物素羧化酶（biotin carboxylase）和羧基转移酶（transcarboxylase）的活性。真核生物的乙酰 CoA 羧化酶是一条多肽链，同时具有 3 种功能，但只有在多聚体存在状态时才有活性。

乙酰 CoA 羧化酶的作用机制可简要表示为图 8-20。

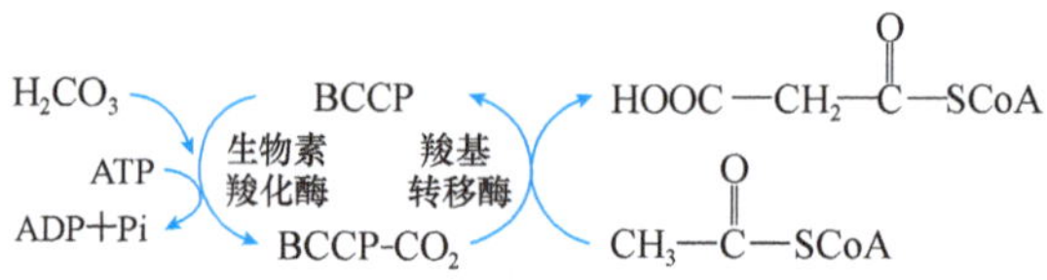

图 8-20　乙酰 CoA 羧化酶的作用机制

乙酰 CoA 的羧化为不可逆反应，是脂肪酸合成的限速步骤，故乙酰 CoA 羧化酶的活性控制着脂肪酸合成的速率。

3. 脂肪酸链的形成

1）脂肪酸合酶系统　在大肠杆菌中，脂肪酸合酶系统（fatty acid synthase system，FAS）包含以下 6 种酶和一种载体蛋白，即乙酰 CoA-ACP 酰基转移酶（ACP-acyl transferase）、丙二酸单酰 CoA-ACP 酰基转移酶（ACP-malonyl transferase）、β-酮脂酰-ACP 合酶（β-ketoacyl-synthase）、β-酮脂酰-ACP 还原酶（β-ketoacyl reductase）、β-羟脂酰-ACP 脱水酶（β-hydroxyacyl-ACP dehydrase）、烯脂酰-ACP 还原酶（enoyl-ACP reductase）和酰基载体蛋白（acyl carrier protein，ACP）。6 种酶以 ACP 为中心，有序地组成多酶复合体。酰基载体蛋白（ACP）是脂肪酸合成多酶复合物的核心，作用是承载脂酰基利于多酶复合物催化。

尽管不同生物体内脂肪酸的合成过程相似，但 FAS 的组成却不相同（图 8-21）。高等植物和细菌的多酶复合物是多条肽链构成的多酶复合物，每条肽链为一个功能酶，6 个酶和 ACP 共 7 个功能单位由 7 条肽链构成。脊椎动物的脂肪酸合酶是一种多功能酶，由两个完全相同的亚基首尾相连。每一个亚基都有 ACP 和 7 种酶的功能，但只有形成二聚体后才有活性。酵母的脂肪酸合酶由 6 个 α 亚基和 6 个 β 亚基组成，其中 α 亚基具有 ACP、β-酮脂酰-ACP 合酶和 β-酮脂酰-ACP 还原酶的活性；β 亚基具有乙酰 CoA-ACP 酰基转移酶、丙二酸单酰 CoA-ACP 酰基转移酶、β-羟脂酰-ACP 脱水酶和烯脂酰-ACP 还原酶的活性。

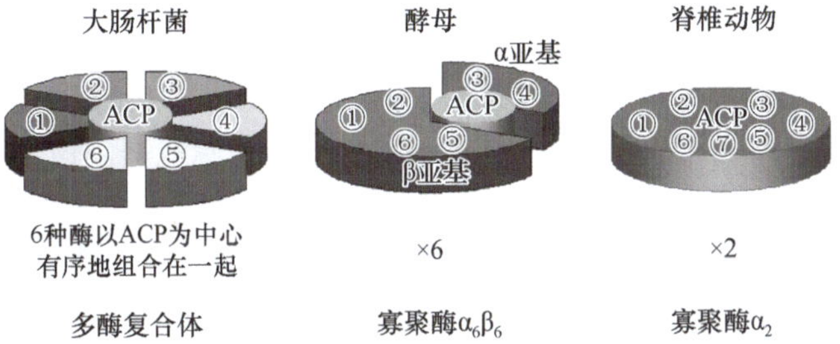

图 8-21 不同生物中脂肪酸合酶系统模式图

①乙酰 CoA-ACP 酰基转移酶；②丙二酸单酰 CoA-ACP 酰基转移酶；③ β-酮脂酰-ACP 合酶；④ β-酮脂酰-ACP 还原酶；⑤ β-羟脂酰-ACP 脱水酶；⑥烯脂酰-ACP 还原酶；⑦软脂酰-ACP 硫酯酶

即便是这样，不同生物体的 ACP 却十分相似。ACP 最初自 *E. coli* 分离得到，此蛋白包含 77 个氨基酸残基（M=10 000Da），4′-磷酸泛酰巯基乙胺的磷酸基团与 ACP 的 Ser_{36} 的羟基酯化相接（图 8-22）。脂肪酸合成过程中的中间产物，以共价键与 ACP 辅基上的—SH 基相连，ACP 辅基就像一个转动的手臂，携带脂肪酸合成的中间产物依次旋转到各种酶的活性中心发生反应。因此，ACP 可视为在功能上放大的 CoA，如图 8-23 所示。

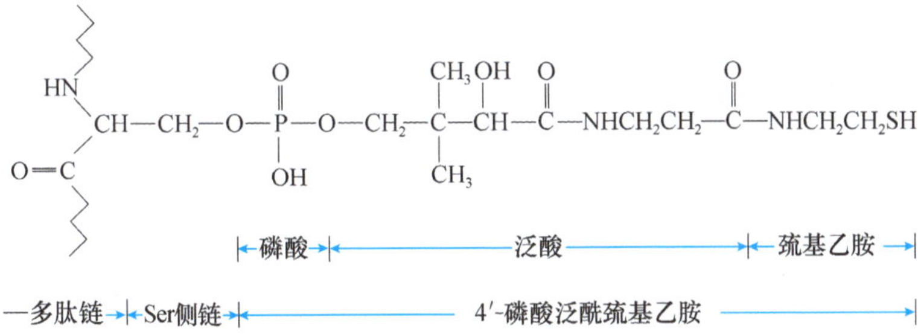

图 8-22 ACP 辅基的结构

除 ACP 上有一活性巯基外，β-酮脂酰-ACP 合酶上也有一个活性巯基（图 8-24），它是脂肪酸合成过程中脂酰基的另一个载体。因此，脂肪酸合酶系统上有两种活性巯基，通常把 ACP 上的称为中央巯基，β-酮脂酰-ACP 合酶上的称为外围巯基。

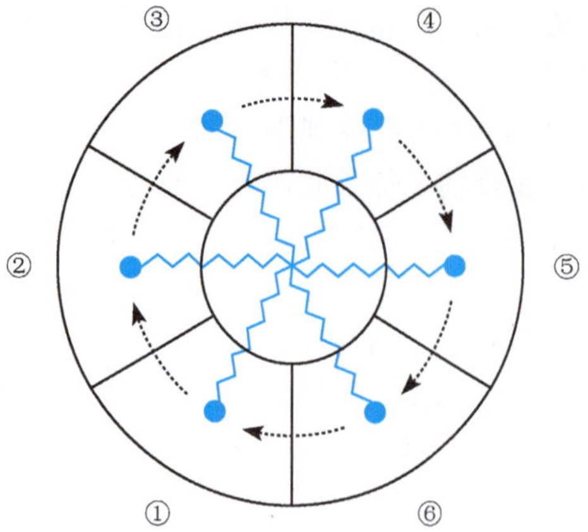

图 8-23　ACP 辅基的作用模式

中央的圆为 ACP；①～⑥为 FAS 的 6 种酶

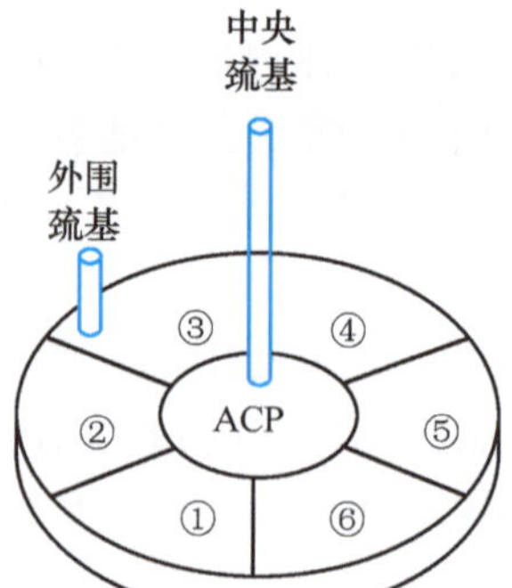

图 8-24　FAS 中的活性巯基

2）从头合成的反应历程　脂肪酸的从头合成是以乙酰 CoA 为起点，在其羧基端由丙二酸单酰 CoA 逐步添加二碳单位，合成不超过 16 碳的脂酰基，该过程由脂肪酸合酶系统催化完成。整个脂肪酸从头合成过程可以分为以下几个步骤（图 8-25）。

（1）起始“引物”乙酰 CoA 连到 FAS 上，为转酰基反应：乙酰 CoA 在乙酰 CoA-ACP 酰基转移酶的催化下，乙酰基被转移到中央巯基上，再转运至 β-酮脂酰-ACP 合酶的巯基上。但在哺乳动物体内可以不经过乙酰-S-ACP 中间体，直接将乙酰基连接在 β-酮脂酰-ACP 合酶的巯基上。

$$\text{乙酰CoA} + \text{ACP-SH} \rightleftharpoons \text{乙酰-S-ACP} + \text{CoA-SH}$$

$$\text{乙酰-S-ACP} \rightleftharpoons \text{乙酰-S-合酶} + \text{ACP-SH}$$

（2）丙二酸酰基转移反应：丙二酸单酰 CoA-ACP 酰基转移酶催化丙二酸单酰 CoA 加载到 ACP 上。在此反应中，ACP 的自由巯基攻击丙二酸单酰 CoA 的羰基，形成丙二酸单酰 -ACP。此时一个丙二酸单酰基与 ACP 相连，另一个脂酰基（乙酰基）与 β- 酮脂酰 -ACP 合酶相连，FAS 上连接了两个酰基，可以进行下一步缩合反应。

$$\text{丙二酸单酰CoA} + \text{ACP-SH} \rightleftharpoons \text{丙二酸单酰-S-ACP} + \text{CoA-SH}$$

（3）缩合反应：此步反应为 β-酮脂酰-ACP 合酶催化下的乙酰基和丙二酸单酰基的缩合反应。丙二酸单酰-ACP 的脱羧活化了它的次甲基，使之成为一个好的亲核基团，可攻击乙酰基团的羰基碳原子，形成的产物是连在 ACP 上的乙酰-乙酰基团。同位素实验证明，释放的 CO_2 来自形成丙二酸单酰 CoA 形成时所羧化的 HCO_3^-，羧化上的碳原子并未掺入脂肪酸，HCO_3^- 在脂肪酸合成中只起催化作用。

$$\text{丙二酸单酰-S-ACP} + \text{乙酰-S-合酶} \xrightleftharpoons{\beta\text{-酮脂酰ACP合酶}} \text{乙酰-乙酰-S-ACP} + \text{合酶-SH} + CO_2$$

（4）还原反应：由 β-酮脂酰-ACP 还原酶催化，是脂肪酸合成中的第一个还原反应，此还原反应类似于 β-氧化中发生在 β-碳原子上的氧化反应，NADPH 作为还原剂，产物为 D 型的 β-羟丁酰-S-ACP。值得注意的是脂肪氧化分解时形成的是 L 型。

$$\beta\text{-酮脂酰-S-ACP} \xrightleftharpoons{\beta\text{-酮脂酰-ACP还原酶/NADPH+H}^+} \beta\text{-羟丁酰-S-ACP+NADP}^+$$

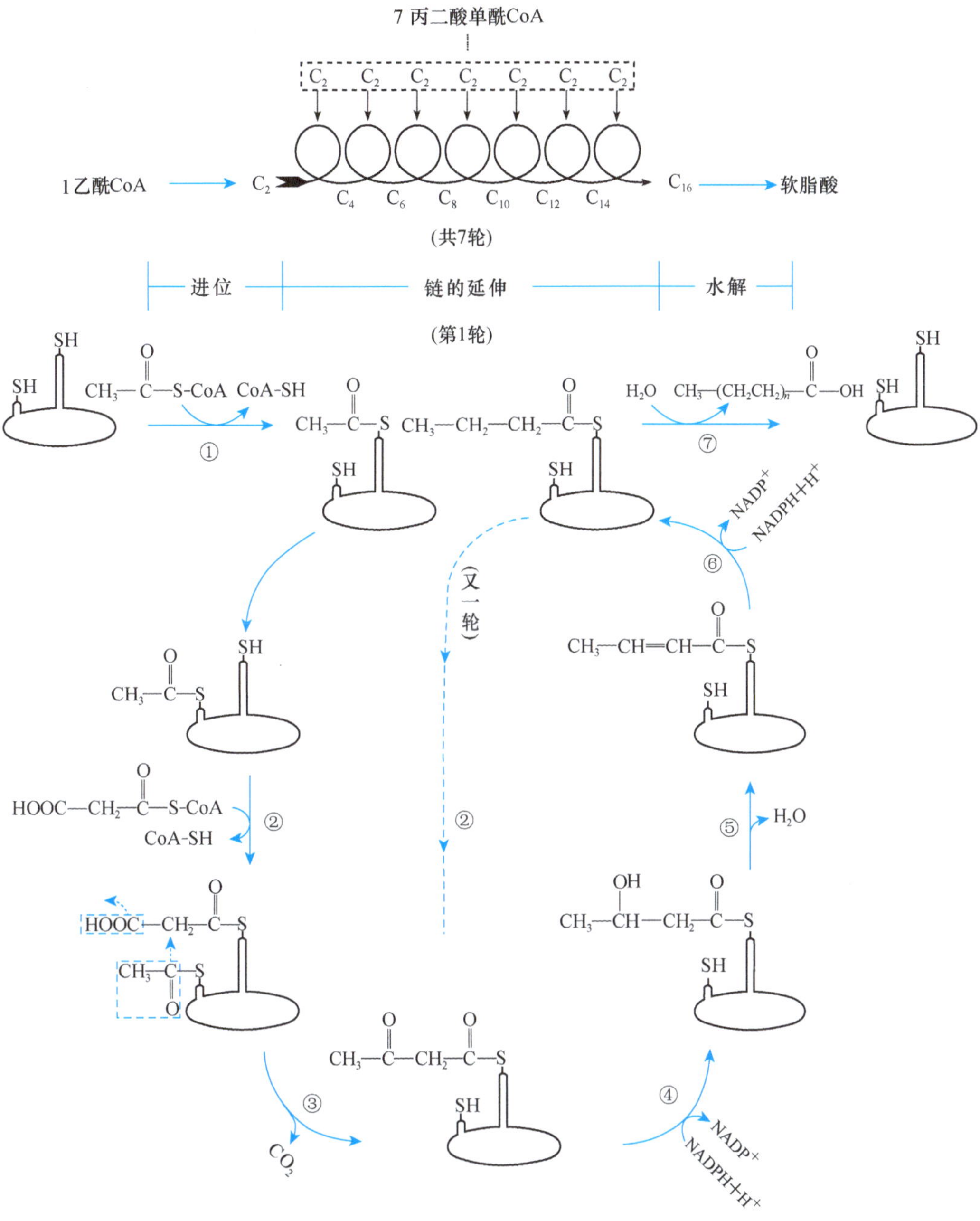

图 8-25 软脂酸合成的流程图（上）及反应历程（下）

①乙酰 CoA-ACP 酰基转移酶；②丙二酸单酰 CoA-ACP 酰基转移酶；③ β-酮脂酰-ACP 合酶；④ β-酮脂酰-ACP 还原酶；⑤ β-羟脂酰-ACP 脱水酶；⑥烯脂酰-ACP 还原酶；⑦硫酯酶

（5）脱水反应：由 β-羟脂酰-ACP 脱水酶催化实现，产物为 α，β-反式-丁烯酰-ACP（巴豆酰 ACP），也称为 β-烯脂酰-S-ACP。

$$\beta\text{-羟丁酰-S-ACP} \xrightleftharpoons{\beta\text{-羟脂酰-ACP脱水酶}} \beta\text{-烯脂酰-S-ACP}$$

（6）再还原反应：形成丁酰-S-ACP，这步还原反应由 NADPH 作为电子供体，在 β-碳原子上发生反应，由烯脂酰-ACP 还原酶催化。

$$\beta\text{-烯脂酰-S-ACP} \xrightleftharpoons{\text{烯脂酰-ACP还原酶/NADPH+H}^+} \text{丁酰-S-ACP+NADP}^+$$

经过上述 6 步反应，乙酰基变为丁酰基。碳链延长一次增加 2 个碳原子。但在第二次碳链延长的起始步骤中转酰基已不是转乙酰基，而是转丁酰基，即丁酰基从 ACP 转移到 β- 酮脂酰合酶的—SH 上，然后第二个丙二酸单酰 CoA 转到 ACP 上再开始缩合，之后再延长则为转己酰基、转辛酰基等。

如此循环反应，当碳链延长到 16 个碳时，动物体内的 β-酮脂酰-ACP 合酶对软脂酰-ACP 丧失活性，这时在其合酶系统中的第 7 种酶即软脂酰-ACP 硫酯酶发挥作用，将软脂酸从 ACP 上水解下来。

综上所述，脂肪酸合成每循环一次，碳链延长 2 个碳原子；CO_2 虽然在脂肪酸合成中参与起初的羧化反应，但在缩合反应中又重新释放出来，并没有消耗；在羧化反应中消耗的 ATP 由糖酵解提供；每次循环，历经两次还原，消耗 2NADPH+2H$^+$，其中 40% 的 NADPH 是由磷酸戊糖途径提供的，其余部分可由糖酵解间接提供；每次循环有一次脱水反应，7 次循环共产生 7 分子 H_2O。所以从头合成 1 分子软脂酸的总反应式如下。

$$8\text{ 乙酰 CoA+14NADPH+14H}^+\text{+7ATP} \longrightarrow \text{软脂酸 +8CoASH+14NADP}^+\text{+7ADP+7Pi+7H}_2\text{O}$$

4. 脂肪酸从头合成与 β-氧化的比较 比较脂肪酸的 β-氧化和从头合成这两个过程，可以看出它们绝不是简单的逆转关系，它们之间的区别参见表 8-1。

表 8-1 动物中软脂酸从头合成与 β-氧化的比较

区别	脂肪酸从头合成	脂肪酸 β-氧化
细胞中部位	细胞质	线粒体
酰基载体	ACP	CoA
二碳片段参加或断裂的形式	丙二酸单酰 CoA	乙酰 CoA
电子供体或受体	NADPH+H$^+$	FAD、NAD$^+$
β-羟脂酰基的立体异构	D 型	L 型
对 HCO_3^- 和柠檬酸的需求	要求	不要求
酶系	7 种酶（多功能蛋白）	4 种酶
能量变化	消耗 7 个 ATP 及 14 个 NADPH	产生 106 个 ATP
底物的转运	柠檬酸穿梭系统	肉碱转运
反应方向	从 ω 位到羧基	从羧基端开始

（二）饱和脂肪酸碳链的延长

由于 β-酮脂酰-ACP 合酶最多只能接受 14C 的酰基，不能接受 16C 酰基。因此，从头合成只能合成 16C 的软脂酸，较长碳链的脂肪酸如 18C 的硬脂酸和 20C 的花生四烯酸等，都是在软脂酸的基础上加长碳链形成的，须由另外的延长系统完成。催化脂肪酸碳链延长的酶系统，在不同生物体内不同部位的作用方式不甚相同，参见表 8-2。

表 8-2　脂肪酸碳链延长的不同方式

	动物		植物	
	线粒体	内质网	叶绿体、前质体	内质网
二碳单位的供体	乙酰 CoA	丙二酸单酰 CoA	丙二酸单酰 ACP	不明确
脂酰基的载体	CoA	CoA	ACP	
电子供体	NADH、NADPH	NADPH	NADPH	

动物体内可由两个酶系统经两条不同的途径来完成，一条途径是由线粒体中的酶系统催化，以乙酰 CoA 为二碳延长单位，形成 18C 的硬脂酰 CoA，该延长过程相当于脂肪酸β-氧化过程的逆转，只是第二次还原反应由还原酶而不是脱氢酶催化，电子载体为 NADPH 而不是 $FADH_2$；另一条途径是由粗糙内质网中的酶系统将碳链延长，该过程与从头合成过程相似，只是脂酰基的载体为 CoA 而不是 ACP。

植物的脂肪酸延长系统有两个：叶绿体或前质体只负责将软脂酸转变为硬脂酸，这一过程类似于从头合成途径；碳链的进一步延长则由内质网上的延长系统完成。

（三）奇数脂肪酸的合成

奇数脂肪酸除了由偶数脂肪酸经 α-氧化转变而来以外，还可以直接合成。其机制类似于偶数脂肪酸的从头合成，只是使用丙酰 CoA 代替乙酰 CoA 作为引物。

（四）不饱和脂肪酸的合成

在生物体内存在大量的不饱和脂肪酸，如棕榈油酸（$16:1\Delta^9$）、油酸（$18:1\Delta^9$）、亚油酸（$18:2\Delta^{9,12}$）、亚麻酸（$18:3\Delta^{9,12,15}$）等，它们都是由饱和脂肪酸经去饱和作用而形成的。

去饱和作用有需氧和厌氧两条途径，前者主要存在于真核生物中，后者存在于厌氧微生物中。

1. 需氧途径　该途径由去饱和酶系催化，需要 O_2 和 NADPH 的共同参与。

去饱和酶系由去饱和酶及一系列的电子传递体组成。在该途径中，一分子氧接受来自去饱和酶的两对电子而生成两分子水，其中一对电子通过电子传递体从 NADPH 获得，另一对则从脂酰基获得，结果 NADPH 被氧化成 $NADP^+$，脂酰基的特定部位被氧化成双键（图 8-26）。

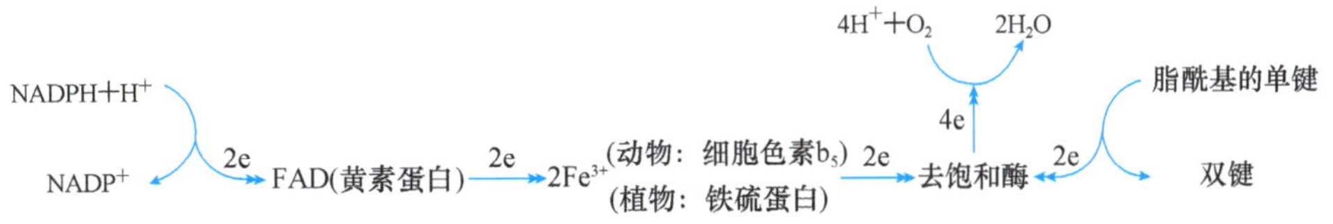

图 8-26　脂肪酸去饱和酶系的作用方式

动物和植物体内的去饱和酶系略有不同，前者结合在内质网膜上，以脂酰 CoA 为底物；后者游离在细胞质中，以脂酰-ACP 为底物。此外，两者的电子传递体组成也略有差别，动物体内细胞色素 b_5 的功能在植物体内由铁硫蛋白行使（图 8-26）。

动植物体内的去饱和作用一般均首先发生在饱和脂肪酸的 9、10 位碳原子上，生成单不饱和脂肪酸，如棕榈油酸（16：$1\Delta^{9}$）、油酸（18：$1\Delta^{9}$）。但是哺乳动物缺少能在 C_9 位以外引进双键的酶，因此不能合成亚油酸（18：$2\Delta^{9,12}$）和亚麻酸（18：$3\Delta^{9,12,15}$），必须从食物中获得，因此这些脂肪酸对人类和哺乳动物都是必需脂肪酸，而其他多不饱和脂肪酸都是由以上 4 种不饱和脂肪酸衍生而来，通过延长和去饱和作用交替进行来完成的。例如，花生四烯酸（20：$4\Delta^{5,8,11,14}$）可由亚油酸衍生而来；二十碳五烯酸（EPA，20：$5\Delta^{2,5,8,11,14,17}$）和二十二碳六烯酸（DHA，22：$6\Delta^{4,7,10,13,16,19}$）可由亚麻酸衍生而来。

由于不饱和脂肪酸对于促进生长、降低血脂、增加细胞膜的流动性等方面有重要作用，因此哺乳动物补充不饱和脂肪酸非常重要。同时，由于不饱和脂肪酸极易氧化，食用它们时应适量增加维生素 E 的摄入量。

植物体中的去饱和酶能在 C_9 位以外引进双键，因此能合成亚油酸和亚麻酸等多烯脂肪酸。需要注意的是，植物多不饱和脂肪酸的合成过程虽同样是需氧过程，但却是在内质网膜上由单不饱和脂肪酸以磷脂或甘油磷脂的形式去饱和形成的，其去饱和的原料不是单不饱和脂肪酸。

2. 厌氧途径 厌氧途径是厌氧微生物合成单不饱和脂肪酸的方式。

这一过程发生在脂肪酸从头合成的过程中。当 FAS 系统从头合成到 10 个碳的羟脂酰-ACP 时，接下来的脱水作用不是由 β-羟脂酰-ACP 脱水酶催化发生在 α、β 之间，而是由另一专一性的 β-羟癸酰-ACP 脱水酶催化发生在 β、γ 之间，生成 β，γ-烯癸酰-ACP，然后不再进行烯脂酰-ACP 的还原反应，而是继续加入二碳单位进行合成反应过程。这样就可产生不同长度的单不饱和脂肪酸。厌氧途径只能生成单不饱和脂肪酸，因此厌氧微生物中不存在多不饱和脂肪酸。

（五）脂肪酸合成代谢的调控

乙酰 CoA 羧化酶在脂肪酸合成中将乙酰 CoA 转化为丙二酸单酰 CoA，后者是脂肪酸合成的重要起始物之一。乙酰 CoA 的羧化反应为不可逆反应，是脂肪酸合成的限速步骤，故乙酰 CoA 羧化酶的活性高低控制着脂肪酸合成的速度。

在动物体内，乙酰 CoA 羧化酶包括无活性的单体和有活性的多聚体两种形式，乙酰 CoA 羧化酶的每个单体都具有一个乙酰 CoA 结合部位和一个柠檬酸结合部位，当柠檬酸结合到每个单体上时，能促进无活性的单体聚集成有活性的多聚体形式，从而加速脂肪酸的合成；软脂酰 CoA 是该酶的别构抑制剂，它抑制单体的聚合，从而抑制脂肪酸的合成。脂肪酸生物合成还与细胞的能荷水平有关，当细胞处于高能荷状态时，线粒体中乙酰 CoA 和 ATP 含量丰富，可抑制三羧酸循环中异柠檬酸脱氢酶的活性，使柠檬酸浓度升高，柠檬酸透出线粒体到达细胞质中，促进乙酰 CoA 羧化酶单体的聚合，加速脂肪酸的合成。当细胞含有过量的脂肪酸时，软脂酰 CoA 增多，可别构抑制乙酰 CoA 羧化酶的活性，从而抑制脂肪酸的合成。

另外，乙酰 CoA 羧化酶的活性还受到共价修饰的调节。当乙酰 CoA 羧化酶上某些丝氨酸残基结合磷酸基团后，酶分子处于失活状态；脱去磷酸基团后酶分子处于活化状态。

三、脂肪的生物合成

动物体中肝脏和脂肪组织是合成三酰甘油最活跃的场所，小肠黏膜在吸收脂类后，也能合成大量三酰甘油；高等植物也能合成脂肪；微生物则含三酰甘油较少。

合成三酰甘油的原料是3-磷酸甘油和脂酰 CoA，由3-磷酸甘油逐步与3分子脂酰 CoA 缩合生成（图 8-27）。

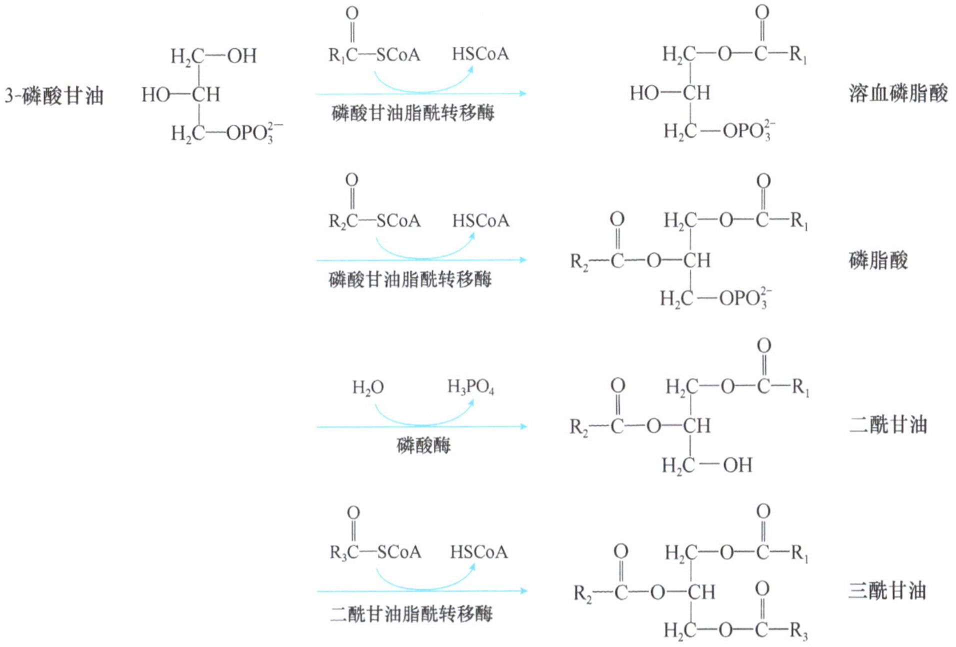

图 8-27　三酰甘油的生物合成

3-磷酸甘油先与两分子脂酰 CoA 缩合形成磷脂酸，反应由磷酸甘油脂酰转移酶催化。磷脂酸在磷酸酶催化下脱去磷酸生成二酰甘油。后者再与一分子脂酰 CoA 缩合形成三酰甘油，反应由二酰甘油脂酰转移酶催化。

知识窗

近年来，生物柴油作为化石能源的替代燃料，已成为国际上发展最快、应用最广的环保可再生能源之一。这不仅体现了人类对能源可持续发展的追求，更是贯彻新发展理念，推动绿色发展的生动实践。微藻的整个机体都能高效进行光合作用，光合生产率很高。用海洋微藻制取生物柴油是目前国际新能源领域的新方向。利用基因工程调控微藻脂类代谢途径，能显著提高微藻细胞的脂类含量，使单位面积的产油量至少翻一番。这不仅能有效降低生物柴油原料成本，增强藻类生物柴油的市场竞争能力，更对解决我国石油资源缺乏、减少原油进口、保证国家战略安全等意义重大。

第三节　其他脂质的代谢

一、甘油磷脂的水解与生物合成

细胞生物膜的脂双层结构中，大部分的磷脂是甘油磷脂，由于膜处于不断地代谢变化中，因此甘油磷脂在细胞内比脂肪有更高的代谢率，不断地进行着合成与分解代谢。

（一）甘油磷脂的水解

和三酰甘油一样，甘油磷脂的水解首先生成甘油、脂肪酸、磷酸及氨基醇，然后水解产物按各自不同的途径进一步分解或转化。现以卵磷脂为例来介绍水解的过程。

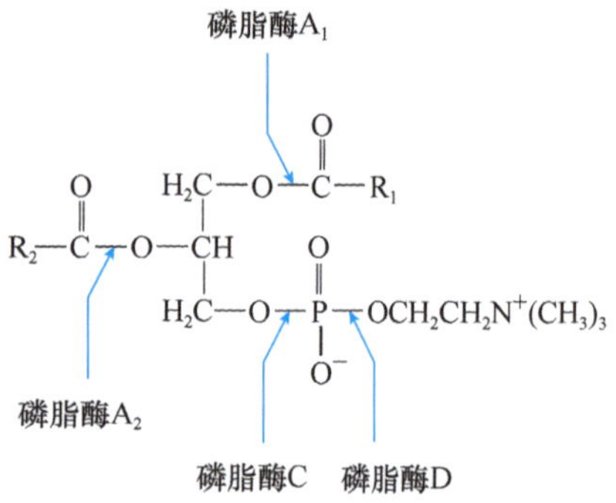

图 8-28　水解卵磷脂的 4 种酶

（1）第一步水解反应由磷脂酶催化。已发现的磷脂酶有 4 种，分别为磷脂酶 A_1、磷脂酶 A_2、磷脂酶 C 和磷脂酶 D。它们分别作用于磷脂分子中不同部位的酯键，因而产物也不一样（图 8-28）。磷脂酶 A_1 存在广泛，几乎所有细胞中都有；磷脂酶 A_2 存在不如磷脂酶 A_1 广泛，在蛇毒及蜂毒中大量存在，在动物体中主要以酶原形式存在于胰脏内；磷脂酶 C 普遍存在于动物（膜）中，某些植物及细菌分泌的毒素中也有；磷脂酶 D 主要存在于高等植物中。

磷脂酶 A_1 与磷脂酶 A_2 作用于卵磷脂水解掉一个脂肪酸后，生成的两种产物都具有溶血作用，因此称为溶血卵磷脂。

（2）溶血卵磷脂在溶血磷脂酶作用下，再水解掉一个脂肪酸，生成 3-磷酸甘油胆碱。

（3）由以上水解酶催化生成的 3-磷酸甘油胆碱、磷脂酸和二酰甘油等物质，在磷酸酯酶及脂肪酶的作用下进一步水解，最终生成脂肪酸、甘油、磷酸及胆碱。

（二）甘油磷脂的生物合成

甘油磷脂的合成首先是磷酸甘油与两分子脂肪酸缩合成磷脂酸，然后以此为前体加上各种基团而形成磷脂。

生物体中以磷脂酸为前体合成甘油磷脂的途径有两条（图 8-29），以磷脂酰乙醇胺（脑磷脂）为例，两条途径中基团的转移均需要 CDP 作为载体。一条途径是先形成 CDP-二酰甘油，然后将二酰甘油转移给丝氨酸；另一条途径是先形成 CDP-乙醇胺，然后将乙醇胺转移给二酰甘油。

以上两条途径，前一条较为普遍，而后一条途径主要存在于哺乳动物中。

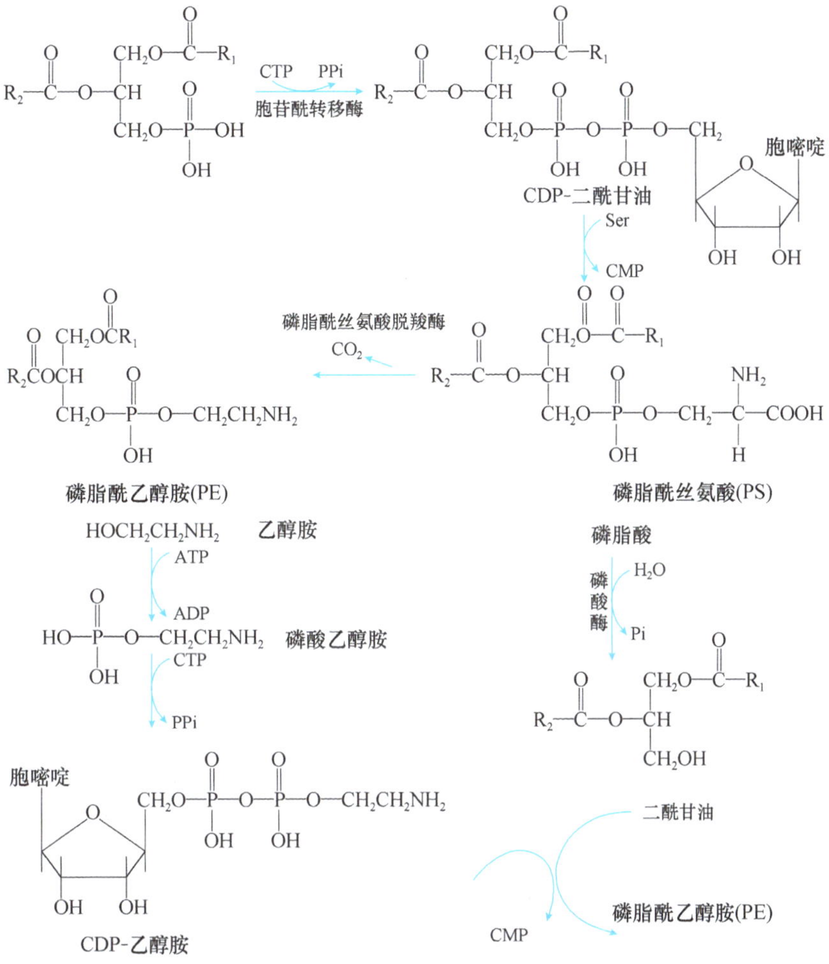

图 8-29 脑磷脂生物合成的两条途径

二、胆固醇的生物合成及转化

(一) 胆固醇的生物合成

合成胆固醇的碳源为乙酰 CoA，此外还需要还原剂 NADPH 和 ATP 的参与。其合成过程可分为 4 个阶段，简要介绍如图 8-30 所示。

1. 由 3 分子乙酰 CoA 合成 1 分子 3-甲基 3,5-二羟戊酸（甲羟戊酸，MVA） 先由 2 分子乙酰 CoA 缩合成乙酰乙酰 CoA，然后再与 1 分子乙酰 CoA 缩合生成 β-羟-β-甲基戊二酸单酰 CoA（HMG-CoA），之后 HMG-CoA 被还原为甲羟戊酸，此反应为胆固醇合成的限速步骤。

2. 由 MVA 生成异戊烯醇焦磷酸酯（IPP） MVA 在有关酶的催化下，经过磷酸化、脱羧等系列反应形成 IPP。IPP 不仅是合成胆固醇的活泼前体，也是植物合成萜类物质、昆虫合成保幼激素和蜕皮素等的活泼前体。

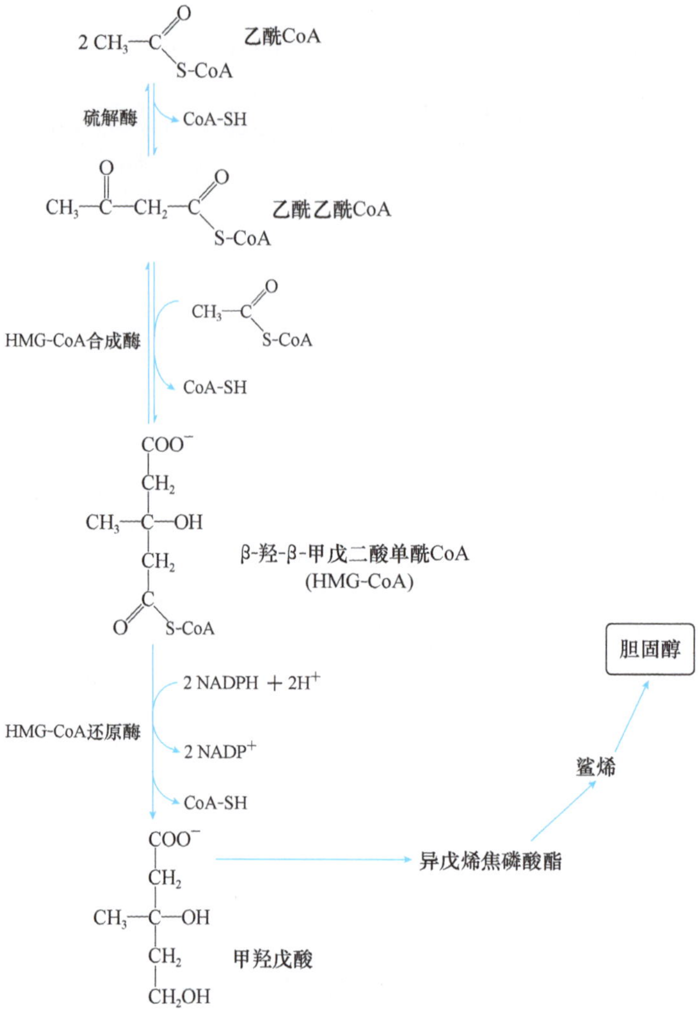

图 8-30 胆固醇的简要合成过程

3. 由 6 分子 IPP 缩合成 1 分子鲨烯 1 分子 IPP 先异构成 3,3-二甲基丙烯焦磷酸酯（DPP），然后与 2 分子 IPP 逐一进行头尾缩合，先后形成牻牛儿焦磷酸酯（GPP）和法尼焦磷酸酯（FPP）。2 分子 FPP 尾尾缩合并被还原脱去 2 分子焦磷酸生成鲨烯。

4. 由鲨烯生成胆固醇 鲨烯首先环氧化成环氧鲨烯，继而形成羊毛固醇。羊毛固醇经过脱甲基、还原等多步反应，最终形成胆固醇。

（二）胆固醇的转化

胆固醇在动物体内不仅可以在 C_3 位的羟基上接受脂酰 CoA 的脂酰基而酯化成胆固醇酯，还可以在有关酶催化下，转化成具有重要生理功能的物质，如胆酸、类固醇激素、维生素 D 等。

1. 转化为胆酸及其衍生物 胆固醇在羟化酶及脱氢酶的催化下，在 C_7、C_{12} 位上发生羟基化，侧链 C_{24} 位氧化成羧酸，从而转变为胆酸。胆酸在消耗 ATP 的条件下可形成胆酰

CoA，后者与牛磺酸或甘氨酸缩合形成牛磺胆酸或甘氨胆酸，这两种胆汁盐对脂质的消化和脂溶性维生素的吸收有重要作用。

2. 转化为类固醇激素 胆固醇在羟化酶、脱氢酶、异构酶和裂解酶的催化下，可转化成各种类固醇激素，如糖皮质激素、盐皮质激素、孕酮（黄体酮）、雄激素和雌激素等。

3. 转化为维生素 D 胆固醇先转化成 7-脱氢胆固醇，后者在紫外光作用下，C_9 和 C_{10} 间发生开环，再进一步转化为维生素 D_3。

思考题

1. 计算 1 分子十二碳饱和脂肪酸（月桂酸）彻底氧化为 CO_2 和 H_2O 时所生成的 ATP 数目。
2. 为什么说脂肪酸的从头合成过程不是脂肪酸 β-氧化过程的逆转？
3. 脂肪酸的 β-氧化作用的原料是如何从细胞质转运到线粒体基质中的？
4. 为什么糖摄入量不足的爱斯基摩人，从营养学的角度看，吃含奇数碳原子脂肪酸的脂肪比含偶数碳原子脂肪酸的脂肪好？
5. 油料种子萌发时，脂肪是怎样转化为糖的？
6. 请简要阐述脂代谢与糖代谢的关系。

请扫描二维码
进行在线测试

第九章 >>>

蛋白质的酶促降解与氨基酸代谢

学习要点

细胞内的蛋白质在不断更新。一方面，细胞在不断降解蛋白质，另一方面，细胞又不断利用氨基酸合成新的蛋白质。高等动物从食物中摄入的蛋白质经消化道内的胃蛋白酶、胰蛋白酶及胰凝乳蛋白酶等催化水解后生成游离氨基酸，而后被吸收入血液，供给细胞生命活动需要。

真核细胞内蛋白质的降解有多条途径，主要包括溶酶体途径、泛素-蛋白水解酶复合体通路等。蛋白质降解为氨基酸后，再进一步分解。氨基酸分解代谢的主要途径是脱氨基作用。不同种类的生物对脱掉的氨的处理方式不同，可以直接排出体外，或者转化为尿酸，或者通过尿素循环转化为尿素。生物体内氨的同化主要通过谷氨酸的形成途径和氨甲酰磷酸的形成途径来完成。氨基酸的合成根据碳骨架来源，划分为 5 个族：丙氨酸族、丝氨酸族、天冬氨酸族、谷氨酸族、组氨酸和芳香族氨基酸族。在同一族中的氨基酸都有共同的碳骨架来源。

活细胞的组成成分在不断地进行新陈代谢。生物体内的蛋白质都有一定的寿命，或长或短。蛋白质在生物体内的降解，是在酶的催化作用下使肽键断裂，生成氨基酸，氨基酸再进一步分解。蛋白质的降解有双重功能，其一是清理那些不正常的蛋白质，如果它们积累，会对细胞造成伤害；其二是排出累积过多的酶及调节蛋白，使新陈代谢有条不紊地进行。同时，细胞内又不断地进行着氨基酸和蛋白质的合成。体内蛋白质的更新和氨基酸分解均需要食物蛋白质来补充。

第一节　蛋白质的酶促降解

一、外源蛋白质的降解

对于人和动物，当食物中缺少蛋白质，或处于饥饿状态或患有消耗性疾病时，体内组织的蛋白质分解加强。人和动物要不断从食物中摄取蛋白质，才能保障体内蛋白质的更新。

外源蛋白质进入体内后，首先经过水解作用转变为小分子的氨基酸，然后才能被吸收。以人体为例，膳食蛋白质经口腔进入胃，胃中消化蛋白质的酶为胃蛋白酶。胃蛋白酶由胃黏膜细胞分泌的胃蛋白酶原经胃酸激活而形成，其最适 pH 为 1.5 ～ 2.5，可以将蛋白质分解为大小不等的肽段和少量氨基酸。随后进入小肠，在胰液及肠黏膜细胞分泌的多种蛋白酶及肽酶共同作用下，大小不等的肽段进一步被水解为更小的肽和游离氨基酸。这些蛋白酶基本分为两大类：内肽酶和外肽酶。内肽酶断裂肽链内部的肽键，胰蛋白酶、胰凝乳蛋白酶、弹性蛋白酶等均属于内肽酶，它们对断裂肽键两端的氨基酸残基有一定的要求（见第一章）。外肽酶从肽链的N端或C端断裂肽键，水解下氨基酸残基。经过上述消化道内各种酶的协同作用，蛋白质最后全部转变为游离的氨基酸、二肽或三肽，由肠黏膜上皮细胞吸收后将二肽和三肽进一步水解成游离氨基酸再进入血液，通过血液运输至全身。

食虫植物猪笼草也能够分泌一些水解酶如蛋白酶，将捕获的动物进行消化吸收。

二、细胞内蛋白质的降解

与蛋白质在消化道内进行的不受控制、也完全不需要ATP的降解相比，在细胞内发生的蛋白质降解是受到严格调控的，其中有的降解过程需要ATP，有的不需要。目前发现真核细胞内有多条蛋白质降解途径，主要包括溶酶体途径、泛素-蛋白酶体途径等。

（一）溶酶体途径

溶酶体是真核细胞内重要的细胞器，溶酶体内部pH在5左右，内含60多种酸性水解酶，分解蛋白质、核酸、多糖及脂类。溶酶体降解蛋白质是一条非特异性的蛋白质降解系统，真核细胞内90%以上的长寿命蛋白和一部分短寿命蛋白都是在溶酶体中降解的。蛋白质等大分子在溶酶体的酸性环境中被相应的酶降解，降解产生的氨基酸可被细胞再利用。溶酶体通过自噬泡（autophagic vacuole）将待分解物纳入，并随即将其分解。通过胞吞作用从外界环境中摄入细胞的蛋白质也是在溶酶体中被降解的。

自噬（autophagy）是指细胞在营养缺乏或应激条件下，通过降解细胞内物质，为细胞的重建、再生和修复提供必需原料，实现营养物质的再循环和再利用，是生物体内的一种重要防御和保护机制，也是生物体物质降解的一个重要途径。细胞自噬普遍存在于真核细胞中。autophagy一词来源于希腊语aut-（自我）和phagein（吞噬），意为“自己吃自己”。细胞可以通过自噬作用调节自身长寿命蛋白、大分子复合体和受损细胞器的降解，在动物细胞中由溶酶体介导该过程，而在植物细胞中由液泡介导这一过程，降解的产物可被细胞再重新利用。细胞内主要有3种类型的自噬：分子伴侣介导的自噬、巨自噬和微自噬。其中分子伴侣介导的自噬具有高度的选择性，并且只能降解一些特定的蛋白质而不能降解细胞器。日本东京工业大学Y. Ohsumi（大隅良典）教授因为发现并阐明了细胞自噬机制而获得了2016年诺贝尔生理学或医学奖。

（二）泛素-蛋白酶体途径

最初，人们以为真核细胞中的蛋白质降解，主要涉及溶酶体的活动过程。但是，缺少溶酶体的网织红细胞却能够在依赖 ATP 的条件下有选择性地降解蛋白质，在这个过程中，有泛素的参与，从而发现了泛素-蛋白酶体途径。

泛素是一种由 76 个氨基酸残基组成的低分子质量蛋白质，它广泛存在于真核细胞中且含量丰富，又称遍在蛋白（ubiquitin）。泛素的氨基酸序列极其保守，不同物种间的氨基酸序列变化极少。例如，人和酵母的泛素仅有 3 个氨基酸残基是不同的。

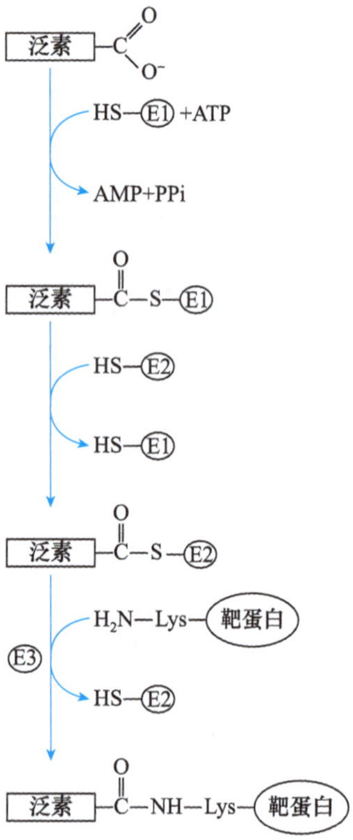

图 9-1　靶蛋白的泛素化标记过程

微课视频

机体首先把被选定降解的蛋白质加上标记，即以共价键与泛素连接，这预示着被标记的蛋白质将要被降解。该途径包括以下两个步骤。

1. 靶蛋白的泛素化　泛素化是指底物蛋白被活化的过程，是在一系列酶的参与下完成的。首先泛素的羧基末端通过硫酯键与泛素活化酶（ubiquitin activating enzyme，E1）连接；活化的泛素再被转移到泛素结合酶（ubiquitin conjugating enzyme，E2）的巯基上；在泛素连接酶 E3 的作用下，泛素分子从 E2 转移到靶蛋白（target protein），与靶蛋白的赖氨酸 ε-氨基形成异肽键。图 9-1 显示了蛋白质的泛素化过程。在蛋白质被选择标记过程中，可能 E3 起着关键的作用，E1 和 E2 起到了泛素传递体的作用。在一般情况下，由若干泛素分子与那些宣布无用的蛋白质相连。蛋白质的泛素化有单泛素化、多重泛素化和多聚泛素化 3 种形式。如果靶蛋白上仅连接一个泛素分子被称为单泛素化；如果靶蛋白上有几个赖氨酸的 ε-氨基都分别连接上单个泛素分子，就称为多重泛素化；如果连接到靶蛋白上的泛素分子本身的赖氨酸残基（Lys48、Lys63、Lys29）又发生泛素化，以致多个泛素分子连接在一起，称为多聚泛素化。现在已经证明，只有发生在泛素的 48 位赖氨酸残基上的多聚泛素化蛋白，才参与蛋白酶体内的蛋白质降解。

2. 蛋白酶体降解蛋白质　泛素化的蛋白质能被蛋白酶体识别、降解。蛋白酶体是一个大的复合物，由 30 多种蛋白质及酶组成，其沉降系数为 26S，又称为 26S 蛋白酶体。26S 蛋白酶体具有胰凝乳蛋白酶、胰蛋白酶等水解酶活性。经过泛素标记的底物蛋白可以被 26S 蛋白酶体水解为寡肽，最后从蛋白酶体中释放出来。泛素则在去泛素化酶的作用下与底物解离后回到胞质重新被利用。

泛素-蛋白酶体途径是真核细胞中具有高效和高度选择性的特异性降解蛋白质的重要途径，广泛参与机体多种代谢活动，主要降解细胞周期蛋白、纺锤体相关蛋白、细胞表面受体如表皮生长因子受体、肿瘤抑制因子如 P_{53} 及一些癌基因产物。应激条件下胞内变性蛋白及异常蛋白也可以通过泛素-蛋白酶体途径降解。

除以上重要途径外，细胞还具有其他的蛋白水解途径，如胱天蛋白酶（caspase）水解途径等。这些途径的正常运行，能够确保细胞内各项代谢活动有条不紊地进行。

知识窗

N 端规则

A. Varshavsky 发现每一种蛋白质的半衰期与其 N 端氨基酸的性质有关。如果一种蛋白质 N 端的氨基酸是 Met、Ser、Ala、Thr、Val 或 Gly，则半衰期较长，大于 20h。如果一种蛋白质的 N 端氨基酸是 Phe、Leu、Asp、Lys 或 Arg，则半衰期较短，只有 3min 或者更短。

第二节　氨基酸的分解和转化

氨基酸分解代谢的第一步就是脱去氨基。氨基酸脱掉的氨基对动植物组织是有害的，不同种类的生物处理氨的方式各不相同。氨基酸脱掉氨基之后的碳骨架，也会经历不同的降解途径。

一、脱氨基作用

氨基酸分解代谢的最主要反应是脱氨基作用（deamination），即氨基酸失去氨基的作用。氨基酸的脱氨基作用可以通过多种方式进行，如氧化脱氨基作用、转氨基作用、联合脱氨基作用、非氧化脱氨基作用、脱酰胺基作用等，其中以联合脱氨基作用为主，非氧化脱氨基作用主要存在于微生物中，动物体内偶有发生。

（一）氧化脱氨基作用

氨基酸在酶的催化下氧化生成相应的酮酸并脱去氨基的过程，称为氧化脱氨基作用（oxidative deamination）。催化这一过程的酶为氨基酸氧化酶或氨基酸脱氢酶，脱氢酶中最重要的是 L-谷氨酸脱氢酶，辅酶是 NAD^+ 或 $NADP^+$，它催化 L-谷氨酸氧化脱氨，生成 α- 酮戊二酸及氨（图 9-2）。

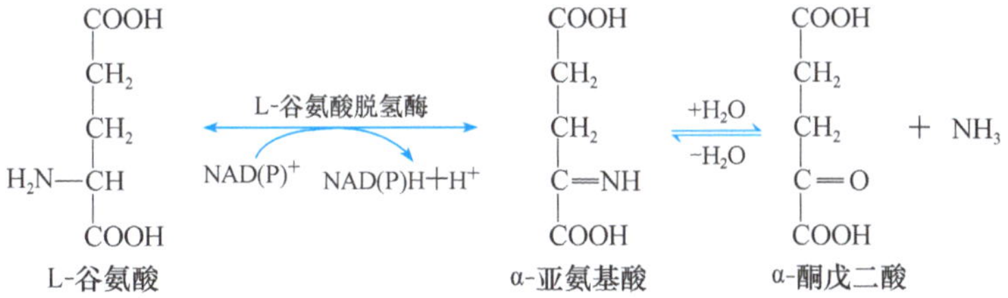

图 9-2　谷氨酸脱氢酶催化谷氨酸脱氨的反应

L-谷氨酸脱氢酶广泛存在于动物、植物及微生物体内，其催化的反应为可逆反应。一般情况下，反应易于向生成谷氨酸的方向进行，但是当谷氨酸浓度较高，氨浓度较低时，反应则利于向生成 α-酮戊二酸的方向进行。L-谷氨酸脱氢酶是一种别构酶，分子质量为 330kDa，由 6 个相同的亚基组成，已知 GTP 和 ATP 是该酶的别构抑制剂，GDP 和

ADP 是该酶的别构激活剂。因此，当细胞能荷低时（GTP 和 ATP 不足时），谷氨酸氧化脱氨加速，生成的α-酮戊二酸可进入三羧酸循环，这对于利用氨基酸氧化供能起到重要的调节作用。

另外，催化氨基酸氧化脱氨的酶还有 D-氨基酸氧化酶和 L-氨基酸氧化酶。D-氨基酸氧化酶在体内分布很广，是以 FMN 为辅基的黄素蛋白，最适 pH 接近生理 pH，活性很强，但其作用的底物是 D-氨基酸，而对 L-氨基酸不起作用，所以该酶在氨基酸氧化脱氨过程中起的作用不大。L-氨基酸氧化酶的作用底物是 L-氨基酸，最适 pH 为 10 左右，在体内分布不普遍，所以在正常生理条件下该酶也不是氨基酸氧化脱氨基作用的主要酶。

（二）转氨基作用

转氨基作用（transamination）是指α-氨基酸和α-酮酸之间氨基的转移作用。在转氨酶（transaminase）的作用下，α-氨基酸的氨基转移到α-酮酸上，变为相应的酮酸，而原来的酮酸变为相应的氨基酸，这种作用称为转氨基作用（图 9-3）。

图 9-3 转氨基反应

转氨酶的种类很多，在动物、植物及微生物中广泛分布。动物和高等植物的转氨酶都只催化 L-氨基酸和α-酮酸的转氨基作用，而某些细菌，如枯草杆菌的转氨酶则能催化 D 和 L 两种氨基酸的转氨基作用。

不同氨基酸与α-酮酸之间的转氨基作用只能由专一性的转氨酶催化，大多数转氨酶以α-酮戊二酸作为氨的受体。在各种转氨酶中以谷丙转氨酶（glutamate-pyruvate transaminase，GPT）和谷草转氨酶（glutamic-oxaloacetic transaminase，GOT）最为重要，前者催化谷氨酸与丙酮酸之间的转氨基作用（图 9-4），后者催化谷氨酸与草酰乙酸之间的转氨基作用（图 9-5），两种转氨酶在体内广泛存在，但各组织器官中含量不等，以心脏和肝脏中最高。当某种原因使细胞膜透性增高或细胞受损伤遭到破坏时，则转氨酶从细胞内大量释放入血清，造成血清中转氨酶活性明显升高。例如，肝炎患者血清中 GPT 活性显著升高，临床上可作为疾病诊断和愈后诊疗参考的指标之一。

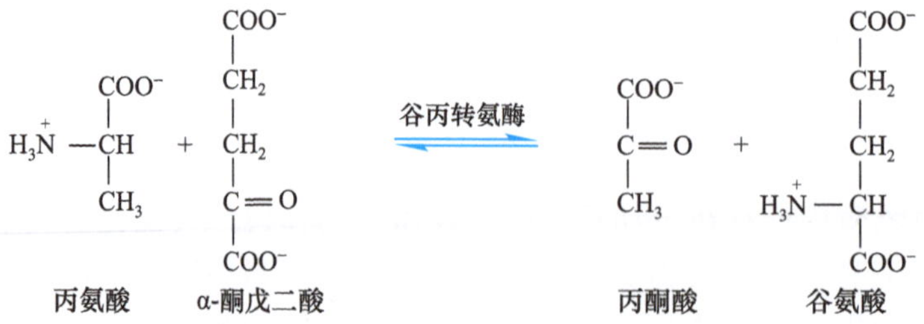

图 9-4 谷丙转氨酶催化的转氨基反应

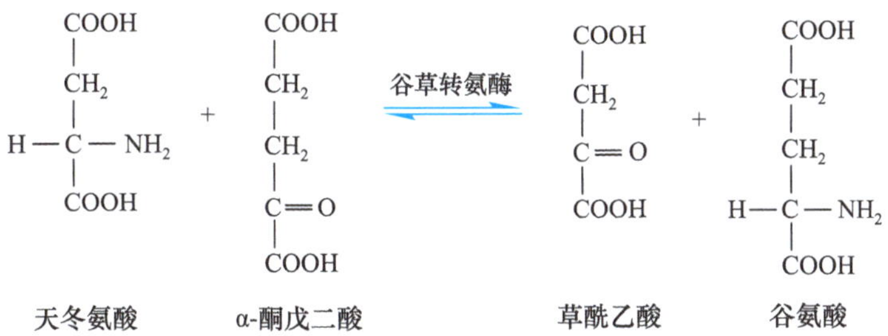

图 9-5 谷草转氨酶催化的转氨基反应

转氨酶催化的反应是可逆反应，它们的平衡常数在 1.0 左右，反应的实际方向取决于 4 种反应物的相对浓度。

转氨酶的种类虽多，但其辅酶只有一种，即磷酸吡哆醛。在催化过程中，磷酸吡哆醛接受氨基酸未质子化的 α-氨基而变成磷酸吡哆胺，同时氨基酸则变成相应的 α-酮酸。磷酸吡哆胺进一步将其氨基转移给另一分子 α-酮酸生成相应的氨基酸，自身又变成磷酸吡哆醛。转氨酶就是借助于磷酸吡哆醛与磷酸吡哆胺之间的相互转变将氨基酸的 α-氨基转移到酮酸上去。其作用机制如图 9-6 所示。

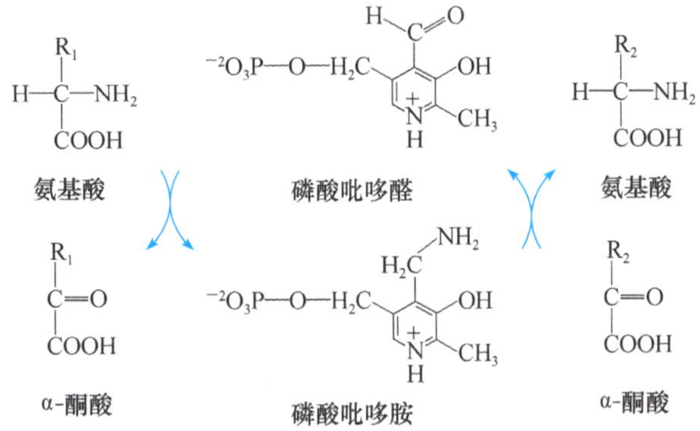

图 9-6 磷酸吡哆醛协助转氨基的作用机制

（三）联合脱氨基作用

氨基酸的转氨基作用虽然在生物体内普遍存在，但是只依靠转氨基作用并不能最终使氨基脱掉，并且氧化脱氨基作用也不能满足机体脱氨基的需要。因为在氧化脱氨基作用中只有 L-谷氨酸脱氢酶活性高，其余 L-氨基酸氧化酶的活性都较低，所以一般认为体内氨基酸脱氨基主要是通过联合脱氨基作用（transdeamination）完成的，联合脱氨基作用包括两种方式：一种是以 L-谷氨酸脱氢酶为中心的联合脱氨基作用；另一种是以嘌呤核苷酸循环为中心的联合脱氨基作用。

1. 以 L- 谷氨酸脱氢酶为中心的联合脱氨基作用 这种脱氨基作用是转氨作用和氧化脱氨作用相偶联进行的，因此称为联合脱氨基作用。氨基酸的氨基首先借助转氨基作用转移到受体分子 α-酮戊二酸上，生成相应的 α-酮酸和谷氨酸，然后谷氨酸在 L-谷氨酸脱氢酶的作用下，经过氧化脱氨基作用脱去氨基又形成 α-酮戊二酸，α-酮戊二酸继续参加转氨基作用。具体过程概括如图 9-7 所示。

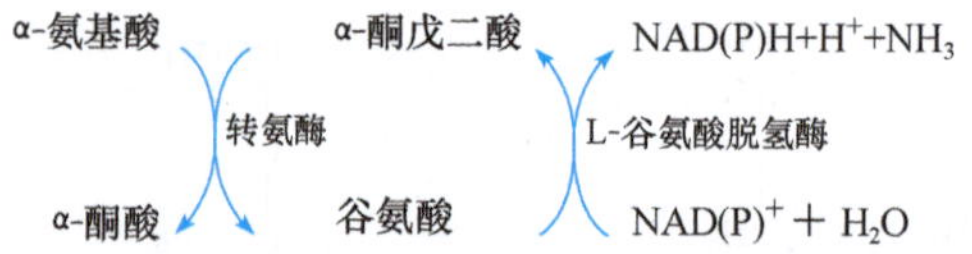

图 9-7　以 L- 谷氨酸脱氢酶为中心的联合脱氨基作用

2. 以嘌呤核苷酸循环为中心的联合脱氨基作用　L-谷氨酸脱氢酶在肝脏、肾脏中含量较高，活力较强，但在心肌、骨骼肌和脑组织中含量较少，活性较弱，这些组织中腺苷酸脱氨酶、腺苷酸代琥珀酸合成酶和腺苷酸代琥珀酸裂解酶的含量及活性都很高，因此认为这些组织中主要利用转氨基作用与嘌呤核苷酸循环相偶联的联合脱氨基作用来完成脱氨过程。氨基酸通过连续的转氨基作用将氨基转移给草酰乙酸生成天冬氨酸，天冬氨酸与次黄嘌呤核苷酸（IMP）反应生成腺苷酸代琥珀酸，进一步在裂解酶作用下形成延胡索酸和腺嘌呤核苷酸（AMP），后者在腺苷酸脱氨酶催化下脱去氨基生成次黄嘌呤核苷酸，完成氨基酸的脱氨基作用。次黄嘌呤核苷酸可继续参加上述反应，因此这种脱氨基方式被称为以嘌呤核苷酸循环为中心的联合脱氨基作用（图 9-8）。

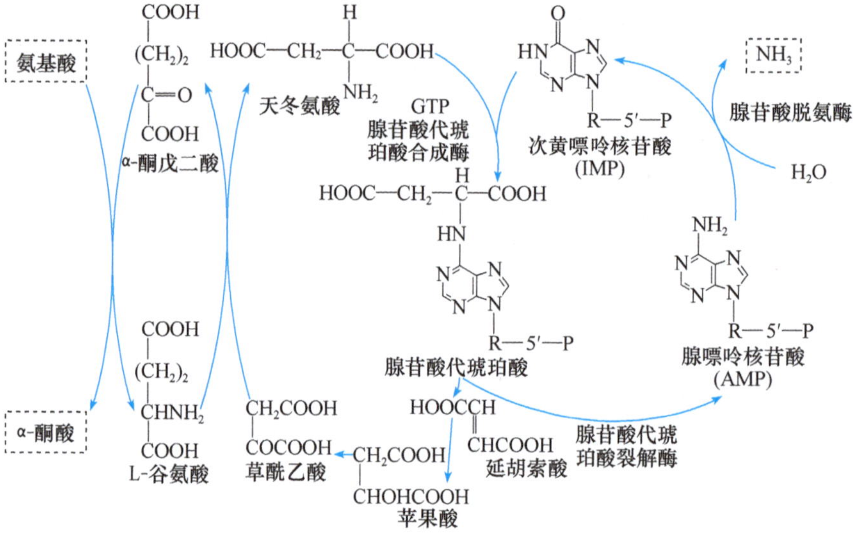

图 9-8　以嘌呤核苷酸循环为中心的联合脱氨基作用

（四）非氧化脱氨基作用

非氧化脱氨基作用（nonoxidative deamination）大多在微生物体内进行。非氧化脱氨基的方式主要包括还原脱氨基作用、解氨酶脱氨基作用、脱水脱氨基作用等。在解氨酶脱氨基作用中，苯丙氨酸解氨酶催化的脱氨基作用最为典型，反应式如图 9-9 所示。

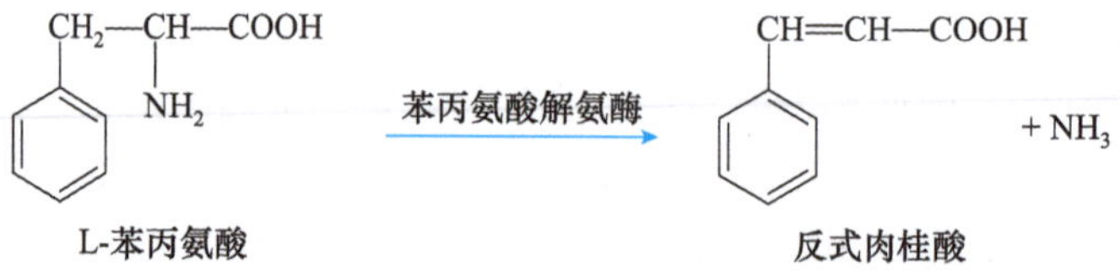

图 9-9　解氨酶脱氨基作用

（五）脱酰胺基作用

谷氨酰胺和天冬酰胺可在谷氨酰胺酶和天冬酰胺酶的作用下分别发生脱酰胺基作用（deamidation）而形成相应的氨基酸和氨（图 9-10）。谷氨酰胺酶和天冬酰胺酶广泛存在于动物、植物和微生物中，具有很高的专一性。

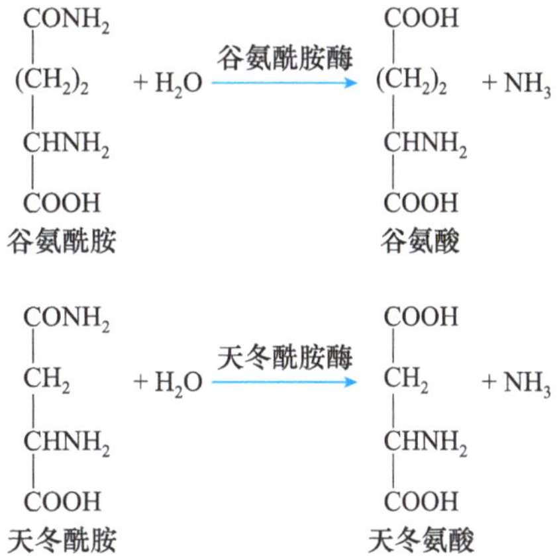

图 9-10　氨基酸的脱酰胺基作用

二、氨的进一步转变

游离氨对动物、植物组织是有害的，因此在正常情况下，动物、植物组织中游离氨的浓度非常低。不同种类的生物处理氨的方式或者说解除氨毒的方法是不同的。例如，大多数水生动物可直接将氨排出体外；鸟类和陆生的爬行类动物将氨以尿酸的形式排出体外；陆生脊椎动物则将氨转变为无毒的尿素排出体外。

（一）直接排出体外

大多数水生动物（排氨动物），如鱼类，生活在水环境之中，它们对氨不需要做任何处理，可直接通过鳃排出体外。

（二）转变成尿酸

鸟类和陆生爬行类动物（排尿酸动物）以尿酸作为氨基酸氨基排泄的主要形式，尿酸同时也是灵长类、鸟类和陆生爬行类动物嘌呤代谢的最终产物。鸟类和陆生爬行类动物将氨转变为尿酸的形式，与其卵生的繁殖方式密切相关。这些动物的卵壳透水性很差，在胚胎整个发育过程中不再从卵外摄取水，而是完全依靠卵内仅存的水分，如果以氨或尿素排泄，卵内的氨或尿素的浓度将很高，这将对胚胎产生毒害。尿酸不易溶于水，形成的尿酸结晶在尿囊内不需要排出体外就解除了氨毒，卵内的水可供胚胎其他生理过程使用，保证胚胎的存活。

（三）转变成尿素

排尿素动物合成尿素是在肝脏中进行的。正常成人尿素占排氮总量的 80% ～ 90%，少部分氨在肾脏中以铵盐形式由尿排出。植物中也能合成尿素，主要通过两条途径：精氨酸的分解途径和嘌呤的降解途径。前一途径与排尿素动物中的尿素循环类似，由精氨酸酶催化形成鸟氨酸和尿素，所不同的是，尿素不是排出体外，而是在脲酶的催化作用下水解，产生氨态氮源，供给植物生长发育；后一途径是指嘌呤分解产生的尿囊酸在酶的催化下产生尿素。这里仅介绍肝脏中尿素循环的反应过程。

1. 尿素循环的发现　尿素循环（urea cycle），也称为鸟氨酸循环或 Krebs-Henseleit 循环，是最早发现的循环代谢途径。早在1932年，德国科学家H. Krebs和K. Henseleit发现大鼠肝的切片在有氧条件下与铵盐保温数小时，铵盐含量减少，而同时检测到有尿素合成，并且尿素合成的速率因加入鸟氨酸、瓜氨酸和精氨酸而大大提高，但这3种氨基酸的含量并不减少，实验还观察到鸟氨酸与肝切片及铵盐保温时有瓜氨酸生成。之前已经发现在肝脏中存在精氨酸酶，可将精氨酸水解为鸟氨酸和尿素。H. Krebs和K. Henseleit综合以上实验结果，并结合鸟氨酸、瓜氨酸和精氨酸的化学结构进行分析，提出了尿素生成的循环机制（图9-11）。

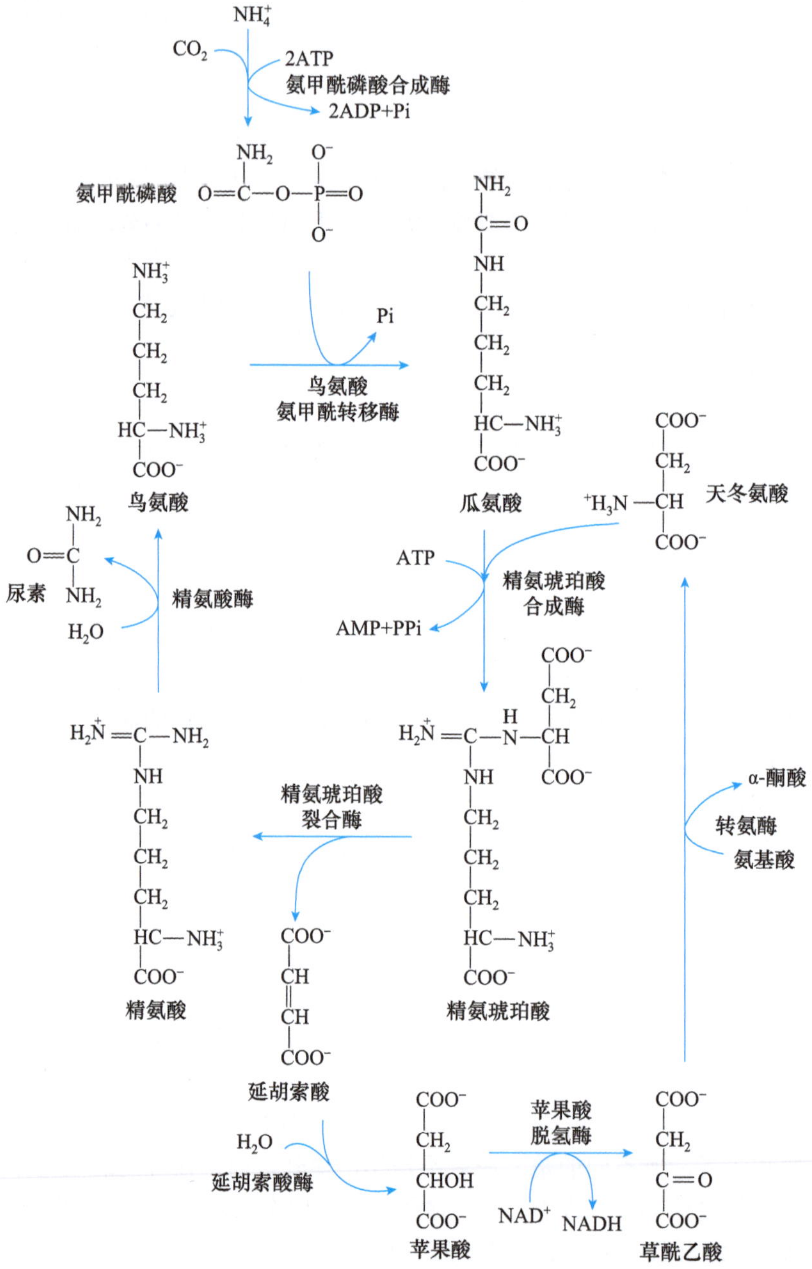

图9-11 尿素循环

2. 尿素循环的反应历程 尿素循环的一部分反应发生在肝脏细胞的细胞质中，另一部分反应发生在线粒体基质中，现分阶段加以讨论。

1）第一阶段：瓜氨酸的合成 此阶段的反应发生在线粒体内，瓜氨酸合成的前体物质是鸟氨酸和氨甲酰磷酸。氨甲酰磷酸的合成是游离氨与 CO_2 在氨甲酰磷酸合成酶 I（carbamyl phosphate synthetase，CPS Ⅰ）催化下完成的，并且需要 Mg^{2+} 和 ATP。氨甲酰磷酸在鸟氨酸转氨甲酰酶的作用下将其氨甲酰基团转移给鸟氨酸形成瓜氨酸（图 9-12）。鸟氨酸转氨甲酰酶位于线粒体基质中，形成的瓜氨酸随后离开线粒体进入细胞质中，随后的尿素循环反应阶段在细胞质中进行。

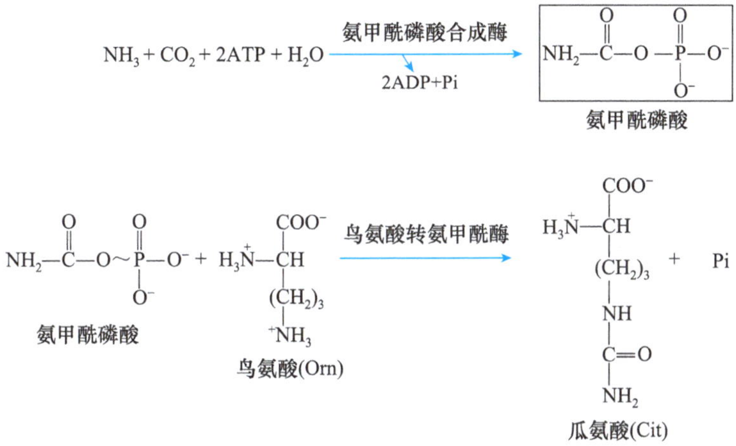

图 9-12 瓜氨酸的形成

2）第二阶段：精氨酸的合成 由瓜氨酸形成精氨酸的反应包括两个连续的步骤。首先，转移到细胞质中的瓜氨酸在精氨琥珀酸合成酶催化下，与天冬氨酸形成精氨琥珀酸，此步反应需要 ATP 供能（图 9-13）。天冬氨酸提供了尿素分子中的第二个氨基，而天冬氨酸的氨基是经细胞质中的天冬氨酸转氨酶的作用由谷氨酸获得的，谷氨酸的氨基又可来源于体内的多种氨基酸。其次，精氨琥珀酸在精氨琥珀酸裂解酶催化下形成游离的精氨酸和延胡索酸（图 9-14），精氨酸是尿素的直接前体，延胡索酸可进入三羧酸循环转变为草酰乙酸，草酰乙酸与谷氨酸通过转氨基作用又能重新形成天冬氨酸，这样就把尿素循环与三羧酸循环联系在一起了。

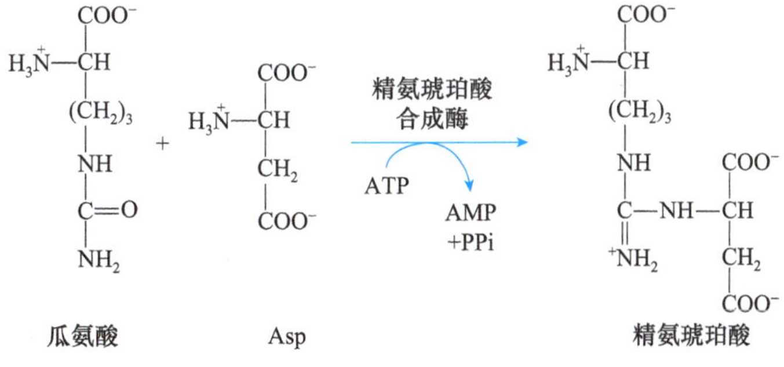

图 9-13 瓜氨酸形成精氨琥珀酸

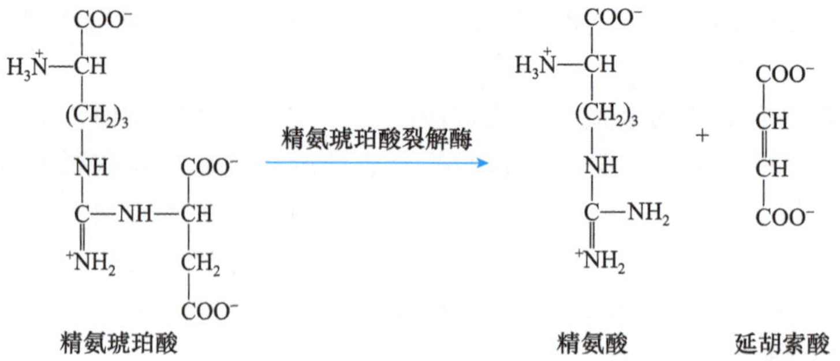

图 9-14 精氨琥珀酸裂解形成精氨酸

3）*第三阶段：尿素的形成*　这是尿素循环的最后一步反应，由精氨酸酶催化完成，它的作用是使尿素从精氨酸分子上水解下来并生成鸟氨酸（图 9-15）。鸟氨酸通过线粒体内膜上的转运载体进入线粒体，再次进入尿素循环。

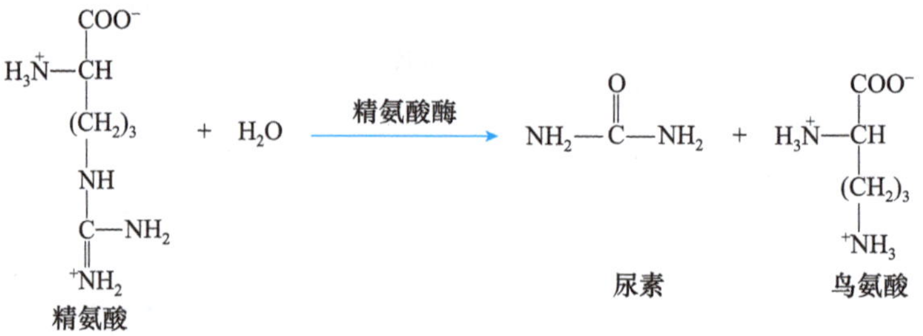

图 9-15 精氨酸水解形成尿素

综上所述，尿素合成的总反应式如下：

$$NH_3+CO_2+3ATP+Asp+2H_2O \longrightarrow NH_2-\overset{\overset{\displaystyle O}{\|}}{C}-NH_2+2ADP+2Pi+AMP+PPi+\text{延胡索酸}$$

从尿素合成的过程来看，尿素分子中的两个氮原子，一个来自氨，另一个则来自天冬氨酸，虽然两个氮原子来源不同，但都直接或间接来自氨基酸。另外，尿素合成是一个高度耗能的过程，合成 1 分子尿素需要消耗 3 分子 ATP（4 个高能磷酸键）。尿素易溶于水，毒性较小，在肝脏中形成后，经肾脏随尿液排出体外，以解除氨毒。

3. 尿素循环的调节　正常情况下，机体以适宜的速度合成尿素，来保证及时充分地解除氨毒。尿素合成的速度受饮食中蛋白质含量、氨甲酰磷酸合成酶Ⅰ、精氨琥珀酸合成酶等多种因素的调节。

4. 高血氨症和氨中毒　在正常生理情况下，机体血氨的浓度处于较低水平，其来源与去路保持动态平衡，氨在肝中合成尿素是维持这种平衡的关键。当氨清除不足（尿素循环障碍）和（或）氨生成增多时，导致血氨浓度升高，称为高血氨症。血氨浓度升高可引起大脑功能障碍，严重时发生昏迷，称为氨中毒。这是由于氨进入脑组织后，可与脑中的α-酮戊二酸结合生成谷氨酸，还可进一步与谷氨酸结合生成谷氨酰胺，于是导致脑中α-酮戊二酸含量减少，三羧酸循环减弱，ATP 生成量减少，引起大脑功能障碍。

（四）合成酰胺

氨可以在天冬酰胺合成酶或者谷氨酰胺合成酶作用下生成相应的酰胺（图 9-16）。植物通常利用天冬酰胺、动物通常利用谷氨酰胺来作为各自氨的载体。这些酰胺又可以经过谷氨酰胺酶或天冬酰胺酶催化将氨重新释放出来。因此可以认为，酰胺形式既是生物体储存和运输氨的主要方式，也是解除氨毒的重要途径。

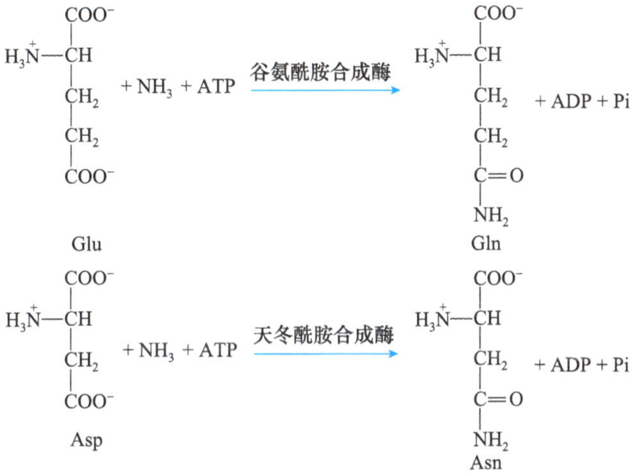

图 9-16　谷氨酰胺和天冬酰胺的合成

三、氨基酸碳骨架的代谢

组成蛋白质的 20 种常见氨基酸都有各自的碳骨架，当 α-氨基脱去后，这些碳骨架可以降解转变为 7 种不同的分子：丙酮酸、乙酰 CoA、乙酰乙酰 CoA、琥珀酰 CoA、α-酮戊二酸、延胡索酸和草酰乙酸（图 9-17）。它们可以通过三羧酸循环被氧化，也可以转变为葡萄糖或酮体，或者重新用于合成氨基酸等。

（一）生成糖

一些氨基酸的碳骨架在体内被代谢为丙酮酸或三羧酸循环途径中的中间产物（α-酮戊二酸、琥珀酰 CoA、延胡索酸和草酰乙酸），它们作为糖异生的前体可生成葡萄糖，这类氨基酸称为生糖氨基酸（glucogenic amino acid）。

（二）生成酮体

一些氨基酸的碳骨架在体内被代谢为乙酰 CoA 或乙酰乙酰 CoA，前者为合成酮体的原料，后者为酮体合成途径的中间物，这些氨基酸称为生酮氨基酸（ketogenic amino acid）。

（三）生糖兼生酮氨基酸

苏氨酸、异亮氨酸、色氨酸、酪氨酸和苯丙氨酸这 5 种氨基酸的碳骨架较大，其中一

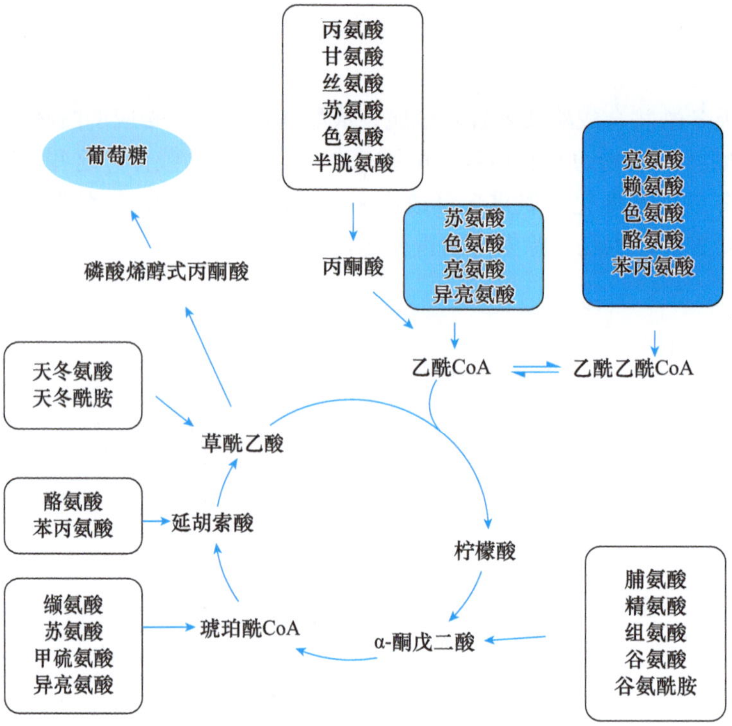

图 9-17 氨基酸碳骨架的代谢

微课视频

部分碳原子成为葡萄糖合成的前体，另一部分碳原子被代谢成乙酰 CoA 或乙酰乙酰 CoA，这些氨基酸称为生糖兼生酮氨基酸（both glucogenic and ketogenic amino acid）。

（四）重新合成氨基酸

氨基酸的碳骨架可被重新利用，经转氨基作用重新合成氨基酸。

（五）氧化释放能量

氨基酸的碳骨架可经三羧酸循环彻底氧化为 CO_2 和 H_2O，并释放能量。

四、脱羧基作用

氨基酸的脱羧基作用（decarboxylation）是指氨基酸在脱羧酶的作用下脱去羧基，生成伯胺的过程（图 9-18）。氨基酸脱羧酶广泛存在于动物、植物及微生物体内，专一性很高，一般是一种氨基酸脱羧酶只对一种 L-氨基酸起作用，除组氨酸脱羧酶不需要辅酶外，其他氨基酸脱羧酶均以磷酸吡哆醛为辅酶。一些氨基酸脱羧基后形成的胺类物质通常具有重要的生理功能。例如，谷氨酸在谷氨酸脱羧酶作用下脱去羧基后形成的 γ-氨基丁酸，是抑制性神经递质，可以抑制中枢神经系统的传导；组氨酸脱羧后形成的组胺是强烈的血管舒张剂，具有降低血压的作用。氨基酸脱羧产生的胺类物质，如大量聚集会对生物体有害，需经进一步代谢转变为生理活性物质或废物进行排泄。

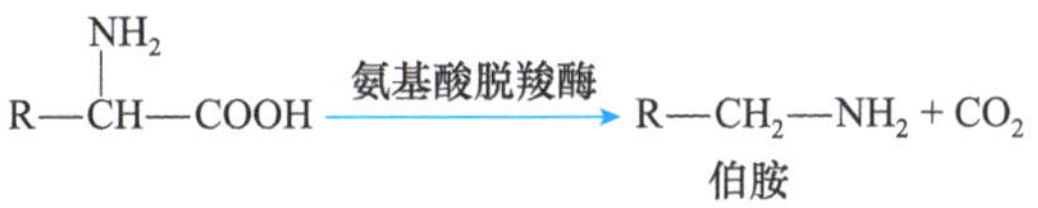

图 9-18　氨基酸脱羧酶催化的脱羧基作用

在胺氧化酶催化下，胺类氧化脱氨，生成相应的醛和氨，醛进一步氧化为羧酸并进入有机酸代谢或糖代谢，氨则进入氨代谢。一些胺类本身就是具有生理活性的小分子，也可作为前体或原料来合成生物碱、激素、神经递质、色素等含氮的活性化合物。

知识窗

氨基酸代谢缺陷病

氨基酸代谢中缺乏某一种酶都可能引起疾患，这种疾病称为氨基酸代谢缺陷症。在黑色素细胞中，酪氨酸可经酪氨酸酶等催化合成黑色素，人体缺乏酪氨酸酶，黑色素合成障碍，皮肤、毛发等发白，称为白化病（albinism）。

五、氨基酸与一碳单位

1. 一碳单位的概念及种类　在物质代谢过程中，某些化合物可以分解产生含有一个碳原子的活性基团，称为一碳单位（one carbon unit）或一碳基团（one carbon group）。体内的一碳单位有多种形式，见表 9-1。

表 9-1　几种主要的一碳单位形式

一碳单位名称	结构	与四氢叶酸结合部位
甲基	$—CH_3$	N_5
亚甲基（甲烯基）	$—CH_2—$	N_5 和 N_{10}
甲酰基	—CHO	N_5
次甲基（甲川基）	—CH═	N_5 和 N_{10}
羟甲基	$—CH_2OH$	N_5
亚氨甲基	—CH═NH	N_5

2. 一碳单位的来源及生物学意义　在生物合成过程中，一碳基团常常从一个化合物转移到另一个化合物的分子上，这一过程需要一碳单位转移酶催化，而这类酶的辅酶就是四氢叶酸，一碳基团通常结合在四氢叶酸的 N_5、N_{10} 位上。

一碳单位主要来源于甘氨酸、丝氨酸、苏氨酸和组氨酸的代谢。例如，甘氨酸经氧化脱氨生成乙醛酸，后者在甘氨酸裂解酶的作用下与四氢叶酸形成 N_5，N_{10}-亚甲四氢叶酸；乙醛酸也可直接被氧化为甲酸，甲酸与四氢叶酸反应生成 N_{10}-甲酰四氢叶酸。在羟甲基转移酶作用下，丝氨酸的羟甲基转移到四氢叶酸，生成 N_5，N_{10}-亚甲四氢叶酸和甘氨酸。

一碳单位除了与氨基酸的代谢有关外，还参与嘌呤、胸腺嘧啶的生物合成。嘌呤及胸腺嘧啶是核酸合成的原料，因此，一碳单位在核酸的生物合成中占有重要地位。此外，一碳单位还与生物体内许多生物活性物质（如肌酸、*S*-腺苷甲硫氨酸）的生物合成有关。

第三节　氨同化和氨基酸的生物合成

一、氨的来源

氮是构成氨基酸的一种重要元素，自然界中的大气、陆地和海洋中均有氮的分布，在空气中除了微量的气态氮化物（如 NO、NO_2、NH_3）外，氮主要以 N_2 分子形式存在，占大气体积的 79%。虽然在大气中氮含量丰富，但是绝大多数生物却无法直接利用，只有少数细菌和蓝绿藻类能够将空气中的 N_2 还原为 NH_3（NH_4^+），将分子氮转化为含氮有机化合物的过程称为固氮（nitrogen fixation）。土壤细菌几乎能将所有进入土壤里的氨都氧化成硝酸盐，这一过程称为硝化作用。

土壤中的铵盐和硝酸盐被植物吸收后，在植物体中氨就能够转移到氨基酸中。动物利用植物作为（必需和非必需）氨基酸的来源来合成自身的蛋白质，从而转变为动物体内的含氮化合物。在动物的排泄物、动植物的尸体及残骸中的含氮有机化合物被微生物分解后，可重新转变为氨回到土壤中，土壤中的部分硝酸盐也可经反硝化作用转变为氮气返回到大气中。

二、氨同化

氨同化是指无机态氨转化为含氮有机化合物的过程。在氨基酸合成过程中，氨转化为氨基酸的氨基。生物体内氨同化主要通过谷氨酸合成途径和氨甲酰磷酸合成途径来完成。

（一）谷氨酸合成途径

一般认为，由无机态的氨转变为氨基酸主要是通过谷氨酸合成途径，其他氨基酸则通过转氨基作用形成。谷氨酸合成途径包括谷氨酸脱氢酶途径及谷氨酰胺合成酶。

1. 谷氨酸脱氢酶途径　α-酮戊二酸与游离氨可在谷氨酸脱氢酶催化下通过还原和氨基化形成谷氨酸。

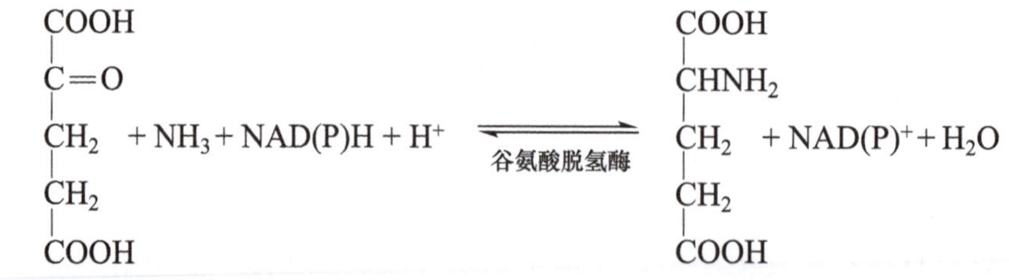

α-酮戊二酸　　　　L-谷氨酸

2. 谷氨酰胺合成酶途径　谷氨酸脱氢酶（K_m=5 ～ 100mol/L）对氨的亲和力比谷氨酰胺合成酶（K_m=10^{-5} ～ 10^{-4}mol/L）对氨的亲和力低得多，当细胞内氨的水平较低时，谷氨酰胺合成酶催化的反应更容易进行。谷氨酰胺合成酶催化谷氨酸与氨形成谷氨酰胺，随后谷氨酰胺作为氨的供体，在谷氨酸合酶作用下，将酰胺的氨基转移给α-酮戊二酸，形成谷氨酸。形成谷氨酰胺既是氨同化的一种方式，又可以消除高浓度的氨带来的毒害，还可以作为氨的供体，用于谷氨酸的合成。

谷氨酸　　谷氨酰胺

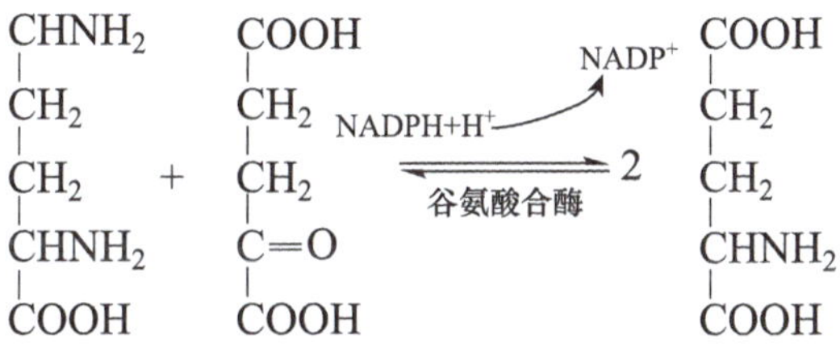

谷氨酰胺　α-酮戊二酸　谷氨酸

可见，在谷氨酰胺合成酶和谷氨酸合酶共同作用下，一分子氨和一分子α-酮戊二酸可以净合成一分子谷氨酸。

（二）氨甲酰磷酸合成途径

氨同化的另一途径是氨甲酰磷酸的形成。氨甲酰激酶和氨甲酰磷酸合成酶均能够催化合成氨甲酰磷酸（图 9-19）。

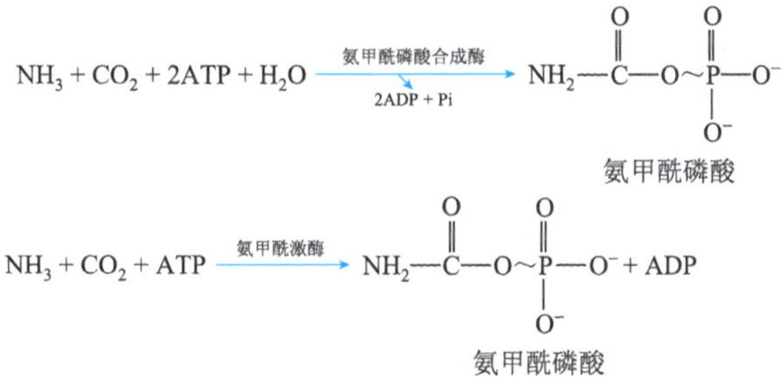

图 9-19　氨甲酰磷酸的生成

三、氨基酸的生物合成

不同的生物合成氨基酸的能力有所不同，有合适的氮源时，植物和微生物能够从头合成 20 种组成蛋白质的常见氨基酸，而动物则只能合成非必需氨基酸。不同氨基酸生物合成的途径不同，但许多氨基酸的生物合成与转氨基作用密切相关。

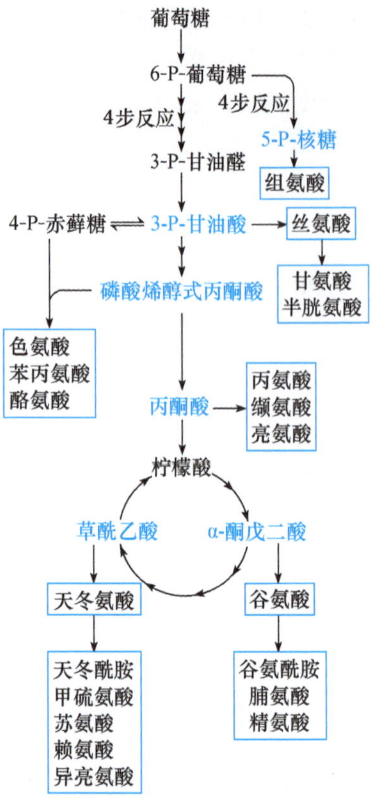

图 9-20　20 种常见氨基酸生物合成的碳骨架类别示意图

依据氨基酸合成起始碳骨架的不同，将 20 种常见氨基酸划分为5个族：丙氨酸族、丝氨酸族、天冬氨酸族、谷氨酸族、组氨酸和芳香族氨基酸。在同一族中的氨基酸都有共同的碳骨架来源。下面分别讨论各族氨基酸的生物合成（图 9-20）。

（一）丙氨酸族

此类型氨基酸包括丙氨酸、缬氨酸、亮氨酸。它们的共同碳骨架来源于糖酵解途径中生成的丙酮酸。丙氨酸由丙酮酸经转氨反应生成。在植物和细菌中可以合成缬氨酸、亮氨酸和异亮氨酸。丙酮酸在乙酰羟酸合酶催化下形成 α-乙酰乳酸，随后由乙酰羟基酸还原异构酶作用生成 α，β-二羟基异戊酸，脱水后形成 α-酮异戊酸，由谷氨酸提供氨基形成缬氨酸，α-酮异戊酸为底物，可经 4 步反应形成亮氨酸。苏氨酸脱氨基产物 α-酮丁酸与丙酮酸经历相似的途径，在乙酰羟酸合酶催化下形成 α-乙酰-α-羟丁酸，之后经过 4 步反应形成异亮氨酸（图 9-21）。由于异亮氨酸的 6 个碳原子有 2 个来自丙酮酸，4 个来自天冬氨酸，一般把异亮氨酸归为天冬氨酸族。

（二）丝氨酸族

此类型氨基酸包括丝氨酸、甘氨酸和半胱氨酸。它们的共同碳骨架来源于 3-磷酸甘油酸，3-磷酸甘油酸在磷酸甘油酸脱氢酶作用下生成 3- 磷酸羟基丙酮酸，经磷酸丝氨酸氨基转移酶作用，谷氨酸提供氨基形成 3- 磷酸丝氨酸，后者在磷酸丝氨酸磷酸酶作用下脱去磷酸基团生成丝氨酸。丝氨酸在转羟甲基酶催化下脱去羟甲基，生成甘氨酸。

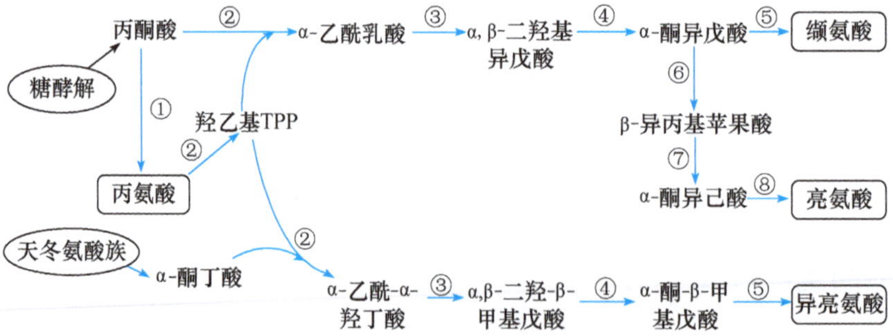

图 9-21　丙氨酸族氨基酸合成概况

①谷丙转氨酶；②乙酰羟酸合酶；③乙酰羟酸还原异构酶；④二羟酸脱水酶；⑤转氨酶；⑥异丙基苹果酸合酶；⑦异丙基苹果酸脱氢酶；⑧亮氨酸转氨酶

大多数植物和微生物中，丝氨酸在丝氨酸转乙酰酶催化下，接受来自乙酰 CoA 的乙酰基后生成 *O*-乙酰丝氨酸，后者在 *O*-乙酰丝氨酸裂解酶的催化下生成半胱氨酸。哺乳动物中，半胱氨酸来源于丝氨酸和甲硫氨酸这两种氨基酸，其中丝氨酸提供碳骨架，甲硫氨酸提供硫原子。

在植物的光合组织中，丝氨酸族的氨基酸的碳骨架也可来自于光呼吸的中间产物乙醛酸，首先经转氨作用形成甘氨酸，再通过其他反应转变成丝氨酸和半胱氨酸（图 9-22）。

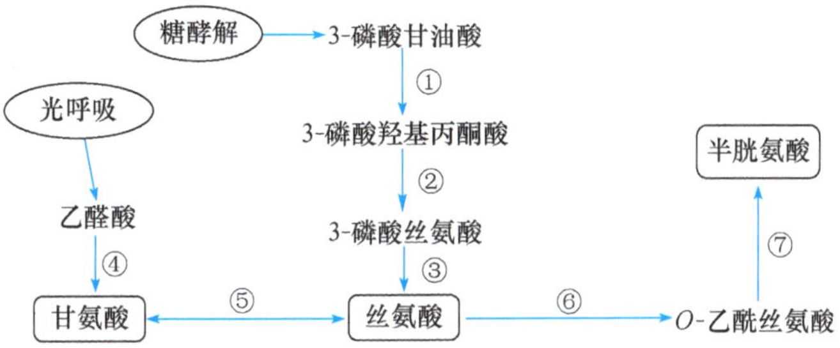

图 9-22 丝氨酸族氨基酸合成概况

①磷酸甘油酸脱氢酶；②磷酸丝氨酸转氨酶；③磷酸丝氨酸磷酸酶；④转氨酶；⑤丝氨酸转羟甲基酶；⑥丝氨酸转乙酰酶；⑦ *O*-乙酰丝氨酸裂解酶

（三）天冬氨酸族

该族氨基酸包括天冬氨酸、天冬酰胺、甲硫氨酸、苏氨酸、赖氨酸和异亮氨酸。它们的共同碳骨架来源于三羧酸循环中的草酰乙酸。草酰乙酸与谷氨酸在转氨酶作用下经转氨基作用形成天冬氨酸，天冬氨酸在有谷氨酰胺和 ATP 的情况下经天冬酰胺合成酶催化，从谷氨酰胺上获取酰胺基团而形成天冬酰胺，天冬氨酸还可以合成赖氨酸、甲硫氨酸、苏氨酸和异亮氨酸（图 9-23）。

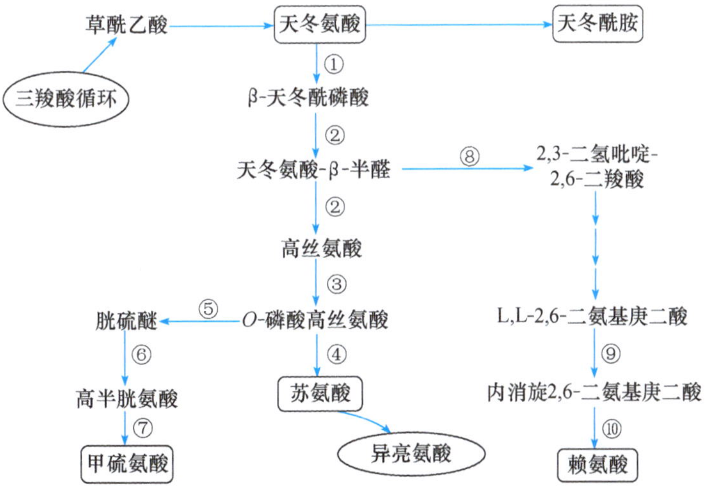

图 9-23 天冬氨酸族氨基酸合成概况

①天冬氨酸激酶；②脱氢酶；③激酶；④苏氨酸合成酶；⑤胱硫醚-γ-合成酶；⑥胱硫醚-β-裂解酶；⑦甲硫氨酸合成酶；⑧二氢吡啶二酸合成酶；⑨二氨基庚二酸差向异构酶；⑩二氨基庚二酸脱羧酶

（四）谷氨酸族

该族氨基酸包括谷氨酸、谷氨酰胺、脯氨酸和精氨酸。它们的碳骨架来源于三羧酸循环的α-酮戊二酸。α-酮戊二酸与氨在谷氨酸脱氢酶的催化下还原氨基化，生成谷氨酸，谷氨酸与氨在谷氨酰胺合成酶的催化下形成谷氨酰胺（此反应需要消耗ATP）。在细菌和植物中，谷氨酰胺可在谷氨酸合酶的催化下提供氨基给α-酮戊二酸生成2分子谷氨酸。谷氨酸的γ-羧基与ATP在激酶作用下形成5-磷酸谷氨酸，再由NAD（P）H还原成谷氨酸-5-半醛，然后自发脱水环化形成二氢吡咯-5-羧酸，再由二氢吡咯还原酶催化形成脯氨酸。谷氨酸经转乙酰基酶催化生成*N*-乙酰谷氨酸，经过几步反应后生成精氨酸（图9-24）。

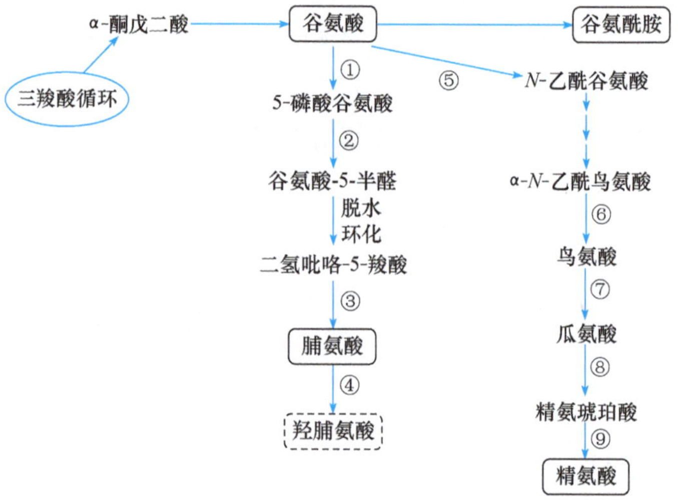

图9-24 谷氨酸族氨基酸合成概况

①谷氨酸激酶；②谷氨酸脱氢酶；③二氢吡咯-5-羧酸还原酶；④脯氨酸氧化酶；⑤谷氨酸转乙酰基酶；⑥乙酰鸟氨酸脱乙酰基酶；⑦转氨甲酰酶；⑧精氨琥珀酸合成酶；⑨裂解酶

（五）组氨酸和芳香族氨基酸

组氨酸的合成途径较复杂，它的碳骨架主要来源于磷酸戊糖途径的中间产物5-磷酸核糖（图9-25）。芳香族氨基酸的碳骨架来源于磷酸戊糖途径中的4-磷酸赤藓糖和糖酵解途径中的磷酸烯醇式丙酮酸（PEP），二者经过一系列酶促反应形成莽草酸，再经3步反应形成分支酸，由分支酸形成芳香族氨基酸（图9-26）。

四、氨基酸衍生的重要生物分子

氨基酸除了作为蛋白质的基本构造单元外，还可作为许多重要生物分子如核苷酸、辅酶、色素和神经递质等的前体。表9-2列举了一些由氨基酸转变而来的重要生物分子。

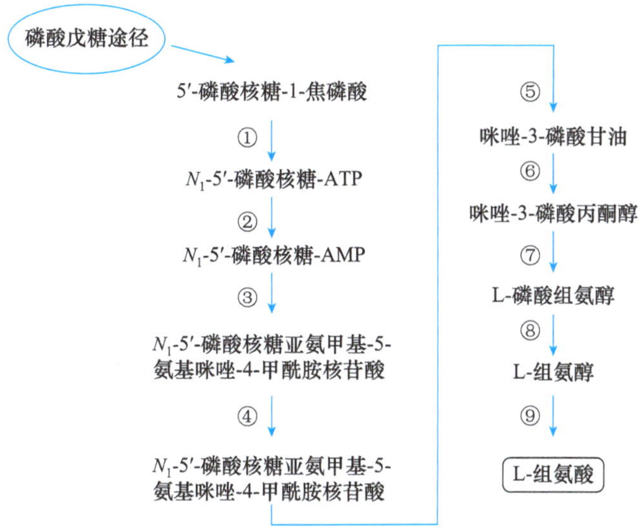

图 9-25　组氨酸的合成

① ATP 磷酸核糖转移酶；②焦磷酸水解酶；③磷酸核糖-AMP 环化脱水酶；④磷酸核糖亚胺甲基-5-氨基咪唑-4-甲酰胺核苷酸异构酶；⑤谷氨酰胺氨基转移酶；⑥咪唑-3-磷酸甘油脱氢酶；⑦ L-磷酸组胺醇氨基转移酶；⑧磷酸组胺醇磷酸酶；⑨组胺醇脱氢酶

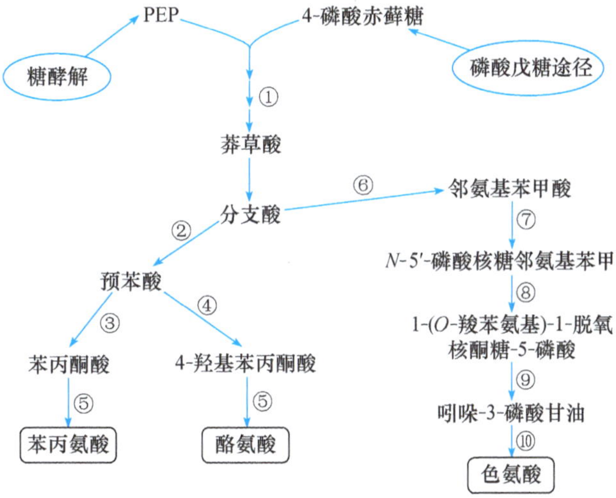

图 9-26　芳香族氨基酸合成概况

①莽草酸途径；②分支酸变位酶；③预苯酸脱水酶；④预苯酸脱氢酶；⑤转氨酶；⑥邻氨基苯甲酸合酶；⑦邻氨基苯甲酸磷酸核糖转移酶；⑧邻氨基苯甲酸磷酸核糖异构酶；⑨吲哚-3-甘油磷酸合酶；⑩色氨酸合酶

表 9-2　氨基酸转变的重要生物分子

氨基酸种类	转变产物	生物学功能
甘氨酸	嘌呤碱	核苷酸的合成原料
	肌酸	肌肉和脑中的储能物质
	卟啉	血红素、细胞色素的辅基
丝氨酸	乙醇胺	磷脂的成分
半胱氨酸	牛磺酸	结合胆汁酸的成分

续表

氨基酸种类	转变产物	生物学功能
谷氨酸、半胱氨酸、甘氨酸	谷胱甘肽	保护红细胞免受氧化损伤等
天冬氨酸	嘧啶碱	组成核苷酸
谷氨酸	γ-氨基丁酸	抑制性神经递质
酪氨酸	儿茶酚胺类	神经递质
	黑色素	皮肤、毛发形成黑色
精氨酸	一氧化氮	重要的信息分子

知识窗

一氧化氮与心脑血管疾病

诺贝尔因为发明安全炸药而获得了荣誉和巨额财富，并且创立了科学界的最高奖项——诺贝尔奖。巧合的是1998年诺贝尔生理学或医学奖的三位获得者（R. F. Furchgott、L. J. Ignarro和F. Murad）的工作与炸药的主要成分硝酸甘油有关。

硝酸甘油除了用于生产炸药外，另一重要用途是扩张动脉血管，改善心脏供血等。但是很长一段时间，人们对于硝酸甘油扩张血管的机制并不清楚。直到20世纪80年代，3位科学家R. F. Furchgott、L. J. Ignarro和F. Murad研究发现，硝酸甘油及其他有机硝酸酯通过释放信号分子一氧化氮（nitric oxide，NO）来舒张血管平滑肌，进而扩张血管。1992年，*Science*期刊上NO被评为年度明星分子，同时以“Just Say NO”作为封面，以“NO News is Good News”为标题发表专论，对NO的发现及生物学功能进行了高度评价。

人们对NO并不陌生，过去认为NO主要是烟雾的组成成分，很难想象人体内存在有这种生物小分子。现在认识到它是一种重要的信息分子。在体内，以L-精氨酸为底物，在NADPH（H^+）与O_2存在的条件下，由一氧化氮合酶催化，生成瓜氨酸和NO，NO可以透过生物膜扩散进入周围的靶细胞进而发挥功能。当NO的代谢失衡时，就会导致动脉粥样硬化、高血压和心脏病等多种疾病。

思考题

1. 细胞内蛋白质的主要降解途径有哪些？
2. 氨基酸脱氨有哪些方式？各有何特点？
3. 尿素在体内如何形成？有何生理意义？
4. 氨基酸分解后产生的氨是如何排出体外的？
5. 1分子丙氨酸在哺乳动物体内彻底氧化可净生成多少ATP？
6. 何为生糖氨基酸、生酮氨基酸、生糖兼生酮氨基酸？
7. 生物固氮有何意义？
8. 氨基酸生物合成途径共分为几种类型？分别是什么？
9. 何为一碳单位？它与氨基酸代谢有何联系？

请扫描二维码进行在线测试

第十章 >>>

核酸的酶促降解与核苷酸代谢

学习要点

核酸在酶的作用下被降解成核苷酸。降解核酸的酶有外切核酸酶和内切核酸酶，还有来自细菌的限制性内切核酸酶。核苷酸可分解为核苷和磷酸，核苷可再分解为碱基和戊糖。嘌呤碱基的分解是一个氧化过程，因生物种类不同其产物不同。嘧啶碱基的分解是一个还原过程。

核糖核苷酸的合成包括从头合成途径和补救合成途径，脱氧核苷酸的合成主要是在核苷二磷酸基础上经过还原合成的。

核酸的基本结构单位是核苷酸，核苷酸是极为重要的生物有机分子，在细胞中具有多种功能。例如，作为DNA和RNA合成的前体；ATP是生物能量代谢中的通用载体；有的核苷酸作为调节分子在信号传递中发挥重要作用；核苷酸衍生物是许多生物合成反应的活性中间物。

核酸降解产生核苷酸，核苷酸还能进一步分解。不同动物体内嘌呤核苷酸降解代谢的最终产物不同，它反映了代谢与进化和代谢与环境的关系。体内合成核苷酸有2条途径：从头合成途径和补救途径。已发现人类很多遗传性疾病与核苷酸代谢异常有关，因此研究核苷酸代谢及相关调控机制具有非常重要的意义。

第一节　核酸的酶促降解

所有生物体内都含有与核酸降解有关的酶类，能够促进生物体内的核酸降解。核酸在核酸酶的作用下，水解为寡核苷酸或单核苷酸，单核苷酸可进一步分解为碱基、戊糖和磷酸。核酸的降解过程如图10-1所示。

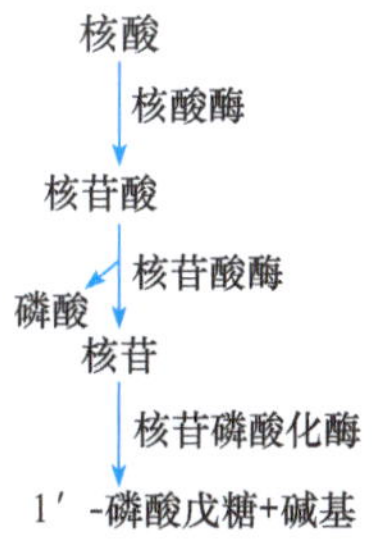

图10-1　核酸的酶促降解过程

凡能水解核酸的酶均称为核酸酶（nuclease）。核酸酶催化的反应都是使磷酸二酯键水解，故核酸酶属磷酸二酯酶。高等动物核酸酶在胰脏中形成，分泌到十二指肠后将核酸降解；在高等植物发芽种子的储藏组织及衰老叶片中也已经观察到核酸酶。不同来源的核酸酶，其专一性、作用方式都有所不同。按照核酸酶作用底物的专一性不同，将其分为三类：有些核酸酶只能作用于RNA，称为核糖核酸酶（RNase）；有些核酸酶只能作用于DNA，称为脱氧核糖核酸酶（DNase）；有些核酸酶专一性较低，既能作用于 RNA 也能作用于 DNA，称为非特异性核酸酶（nonspecific nuclease）。根据核酸酶作用的位置不同，又可将核酸酶分为外切核酸酶（exonuclease）和内切核酸酶（endonuclease）。

一、外切核酸酶

外切核酸酶是一类能从多核苷酸链的一端按顺序催化水解 3′，5′-磷酸二酯键降解核酸的酶。其水解的最终产物是单核苷酸。只作用于 DNA 的外切核酸酶称为外切脱氧核糖核酸酶，只作用于 RNA 的外切核酸酶称为外切核糖核酸酶；也有一些外切核酸酶既可以作用于 DNA，又可以作用于 RNA。核酸外切酶从 3′ 端开始逐个水解核苷酸，称为 3′ → 5′ 外切酶。例如，蛇毒磷酸二酯酶就是一种 3′ → 5′ 外切酶，从 DNA 或 RNA 的游离 3′ 羟基端开始，逐个水解下 5′-核苷酸。如果外切核酸酶从 5′ 端开始逐个水解核苷酸，则称为 5′ → 3′ 外切酶。例如，牛脾磷酸二酯酶就是一种 5′ → 3′ 外切酶，从游离 5′ 端开始，逐个水解下 3′-核苷酸。

二、内切核酸酶

内切核酸酶是一类能从多核苷酸链的内部水解 3′，5′-磷酸二酯键降解核酸的酶。有些内切核酸酶仅水解 5′-磷酸二酯键，把磷酸基团留在 3′ 位置上，称为 5′ 内切酶；而有些仅水解 3′-磷酸二酯键，把磷酸基团留在 5′ 位置上，称为 3′ 内切酶（图 10-2）。还有一些内切核酸酶对磷酸酯键一侧的碱基有专一要求。例如，胰脏核糖核酸酶（RNaseA）就是一种高度专一性内切核酸酶，它作用于嘧啶核苷酸的 C_3' 上的磷酸基团和相邻核苷酸 C_5' 之间羟基形成的磷酸酯键，产物为 3′-嘧啶单核苷酸或以 3′-嘧啶核苷酸结尾的寡聚核苷酸（图 10-3）。

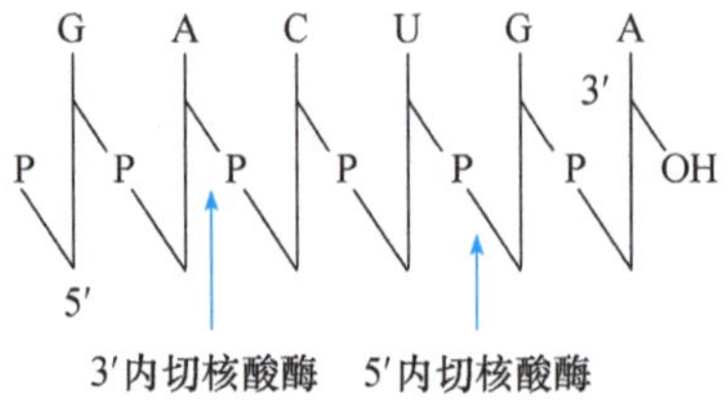

图 10-2 内切核酸酶的水解位置

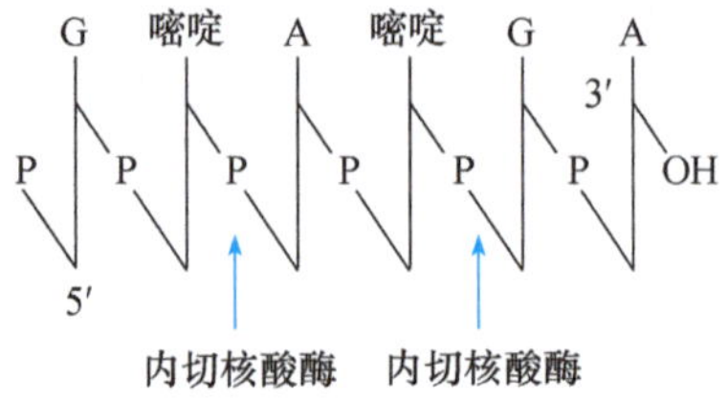

图 10-3 胰脏核糖核酸酶的水解位置

三、限制性内切核酸酶

20 世纪 70 年代，在细菌中陆续发现了一类内切核酸酶，能专一性地识别并水解双链 DNA 上的特异核苷酸序列，称为限制性内切核酸酶（restriction endonuclease），简称限制酶。

当外源 DNA 侵入细菌后，限制性内切核酸酶可将其水解成片段，从而限制了外源 DNA 在细菌细胞内的表达，而细菌本身的 DNA 由于在该特异核苷酸序列处被甲基化酶修饰，不被水解，从而得到保护，这种现象称为寄主控制的限制（restriction）与修饰（modification）现象，简称 R/M 体系。细菌的 R/M 体系同免疫体系类似，它能够辨别自身的 DNA 和外来的 DNA，并使后者降解。通过限制与修饰现象发现的限制性内切核酸酶有三类，分别称为限制性内切核酸酶Ⅰ、限制性内切核酸酶Ⅱ和限制性内切核酸酶Ⅲ。限制性内切核酸酶Ⅰ的分子质量大于100kDa，由多亚基组成，其活性的发挥需要*S*-腺苷甲硫氨酸、ATP和Mg^{2+}，该酶的识别位点与切割位点相差甚远，产物为非特异性酶解片段，是限制与修饰相排斥的多功能酶。限制性内切核酸酶Ⅱ的分子质量小于100kDa，其活性的发挥需要Mg^{2+}，切割位点位于识别位点上，产物为专一性片段，不具有修饰酶功能。它可以识别DNA上的特定位点（序列），这些识别位点的长度为4～8bp，具有回文结构（二次旋转对称性）。切割DNA后产生3种末端，即平头末端、5′黏性末端和3′黏性末端。限制性内切核酸酶Ⅲ识别位点为5～7bp的非对称序列，切割位点在离识别位点5～10bp处，切割双链，也可以进行单链切割，是限制与修饰相结合的多功能酶。限制性内切核酸酶Ⅱ现在已成为重组DNA技术的重要工具酶。

第二节　核苷酸的分解代谢

细胞中的核苷酸在核苷酸酶作用下分解为核苷和磷酸，核苷再经核苷磷酸化酶作用，磷酸解成自由的碱基及1′-磷酸戊糖。嘌呤的进一步分解是氧化过程，且在不同生物体内产物不同；而嘧啶的分解是还原过程。1′-磷酸戊糖可在变位酶催化下转变成5′-磷酸戊糖，5′-磷酸核糖可以通过磷酸戊糖途径进行代谢，5′-磷酸脱氧核糖可在组织中分解产生乙醛和3-磷酸甘油醛，3-磷酸甘油醛可进一步被氧化分解。

一、核苷酸和核苷的分解

在生物体内，广泛存在有核苷酸酶（nucleotidase）。核苷酸在核苷酸酶作用下，水解生成核苷和磷酸。

$$\text{核苷酸} + H_2O \longrightarrow \text{核苷} + Pi$$

核苷在核苷酶（nucleosidase）作用下降解为游离的碱基和戊糖。分解核苷的酶有两类，一类是核苷水解酶，主要存在于植物和微生物中，它催化下面的反应，而且只作用于核糖核苷，不能作用于脱氧核糖核苷，催化的反应不可逆。

$$\text{核苷} + H_2O \longrightarrow \text{嘌呤（或嘧啶）} + \text{戊糖}$$

在生物体中，除了存在核苷水解酶外，还有一类核苷磷酸化酶，它催化如下反应，反应是可逆的。

$$\text{核苷} + Pi \rightleftharpoons \text{嘌呤（或嘧啶）} + 1'\text{-磷酸戊糖}$$

核苷分解产生的戊糖和1′-磷酸戊糖可进入糖分解代谢或重新利用，嘌呤或嘧啶也可进一步分解。

二、嘌呤的分解

嘌呤的分解可在核苷酸、核苷或者碱基的水平上发生。在动物组织中，腺嘌呤的脱氨分解主要在其核苷酸和核苷水平上发生。由于鸟嘌呤脱氨酶分布广泛，鸟嘌呤的脱氨分解主要是在嘌呤水平上进行。腺嘌呤和鸟嘌呤分别脱氨氧化转变为黄嘌呤后再进一步分解。

腺嘌呤核苷酸既可以依次在5′-核苷酸酶（5′-nucleosidase）和核苷磷酸化酶的作用下水解为腺嘌呤，再在腺嘌呤脱氨酶作用下脱氨转化为次黄嘌呤；也可以在腺嘌呤核苷酸脱氨酶作用下形成次黄嘌呤核苷酸后，经核苷酸酶催化转变为次黄嘌呤核苷（肌苷），再在核苷磷酸化酶作用下转化为次黄嘌呤；还可以在5′-核苷酸酶作用下形成腺嘌呤核苷后，经腺嘌呤核苷脱氨酶作用转化为次黄嘌呤核苷，再在核苷磷酸化酶作用下转化为次黄嘌呤。次黄嘌呤进一步在黄嘌呤氧化酶作用下生成黄嘌呤和尿酸。鸟嘌呤核苷酸可以经鸟嘌呤核苷转变成鸟嘌呤，进一步在鸟嘌呤脱氨酶催化下形成黄嘌核呤。黄嘌呤在黄嘌呤氧化酶作用下氧化为尿酸。嘌呤核苷酸、嘌呤核苷和嘌呤的分解关系如图10-4所示。

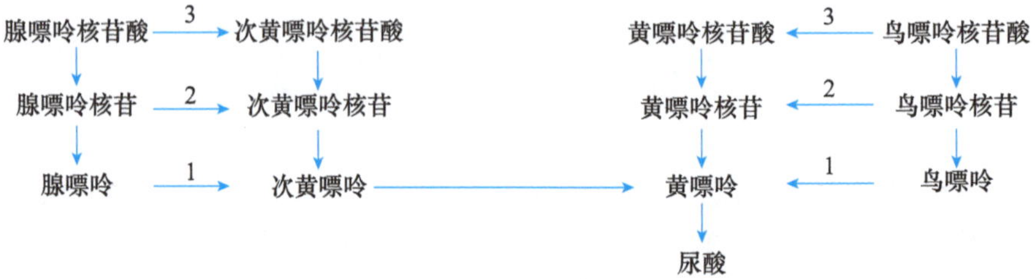

图10-4　嘌呤在核苷酸、核苷和碱基三个水平上的降解

腺嘌呤以2，3为主要途径分解，鸟嘌呤以1为主要途径分解

尿酸是人类、灵长类、鸟类、某些爬行动物及大多数昆虫中嘌呤碱分解代谢的最终产物，随尿排出体外，许多动物还含有降解尿酸的酶，可将尿酸进一步降解为其他产物。例如，人类及灵长类除外的哺乳动物、腹足类动物含有尿酸氧化酶，可将尿酸进一步氧化成尿囊素排出体外，某些硬骨鱼中则将尿囊素继续分解为尿囊酸，大多数鱼类及两栖类中尿囊酸再分解为尿素，海洋无脊椎动物则将尿素分解为氨和二氧化碳（图10-5）。

知识窗

微课视频

痛风与嘌呤代谢

痛风是嘌呤代谢紊乱和（或）尿酸排泄障碍所导致的一种疾病。正常人血浆中尿酸含量为0.12～0.36mol/L，由于尿酸或尿酸盐的溶解度很低，当其在血液中的浓度超过临界值时，易形成结晶沉积在关节、软组织、肾脏等部位，引起关节疼痛、尿路结石和肾病等。

尿酸是人体内嘌呤代谢的最终产物。人体内尿酸来源有两种：一是体内合成或核酸降解代谢产生（内源性），约占尿酸总量的80%；二是摄入含有嘌呤的食物代谢而来（外源性），约占尿酸总量的20%。每天尿酸的产生和排泄基本保持平衡。次黄嘌呤和黄嘌呤是产生尿酸的直接前体，在黄嘌呤氧化酶催化下转化为尿酸。

已经证实，嘌呤代谢形成尿酸受以下酶的调节：5′-磷酸核糖-1′-焦磷酸（PRPP）合成酶、磷酸核糖酰胺转移酶、次黄嘌呤-鸟嘌呤磷酸核糖转移酶（HGPRT）和黄嘌呤氧化酶。5′-磷酸核糖-1′-焦磷酸合成酶活性过高，PRPP合成加速，嘌呤生成增多，导致尿酸产生过多；磷酸核糖酰胺转移酶活性增强，加速嘌呤核苷酸的从头合成，尿酸生成增多；次黄嘌呤-鸟嘌呤磷酸核糖转移酶（HGPRT）活性降低或缺陷，一方面，嘌呤核苷酸补救合成途径受阻，PRPP消耗减少，另一方面，PRPP的积累使嘌呤核苷酸的从头合成加速，最终导致嘌呤碱基总量仍然增加，分解产生的尿酸增多；黄嘌呤氧化酶活性增强，使尿酸大量生成。

知识窗

临床上治疗痛风的方法之一就是减少尿酸的生成，其中包括：减少内源性尿酸的生成和减少外源性尿酸的生成。前者主要依靠药物来完成。例如，服用别嘌呤醇，此物质与次黄嘌呤结构相似，可竞争性抑制黄嘌呤氧化酶的活性，有效抑制尿酸的生成。后者主要是禁止或减少高嘌呤食物的摄入，如海鲜、动物内脏等。

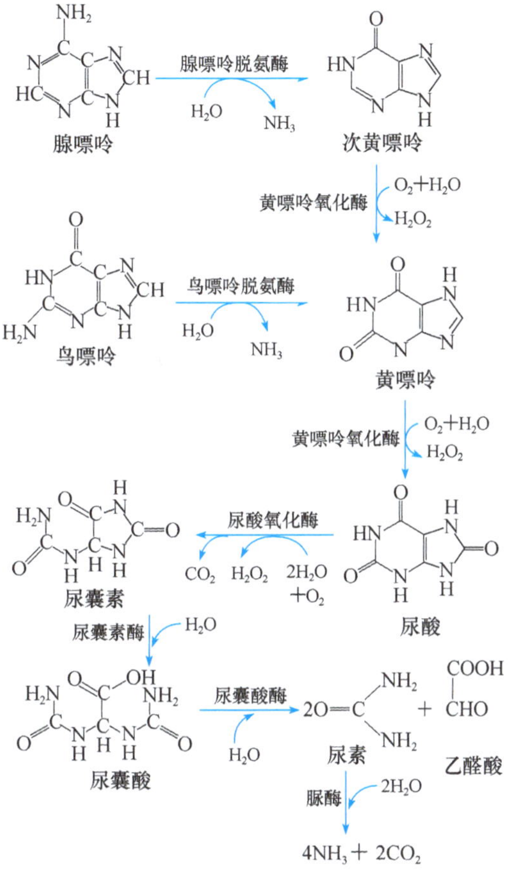

图 10-5　嘌呤的分解代谢

三、嘧啶的分解

嘧啶核苷酸的分解过程相对比较复杂，包括脱氨、还原、水解和脱羧等。

含有氨基的胞嘧啶首先水解脱去氨基形成尿嘧啶。尿嘧啶在二氢尿嘧啶脱氢酶催化下还原成二氢尿嘧啶后，在二氢嘧啶酶作用下生成开环化合物β-脲基丙酸，进一步脱羧脱氨形成β-丙氨酸、CO_2 和 NH_3。胸腺嘧啶首先在二氢尿嘧啶脱氢酶作用下还原形成二氢胸腺嘧啶，再在二氢嘧啶酶的作用下形成开环化合物β-脲基异丁酸，进一步脱羧脱氨形成β-氨基异丁酸、CO_2 和 NH_3。β-丙氨酸和β-氨基异丁酸脱氨基后进一步代谢（图 10-6）。

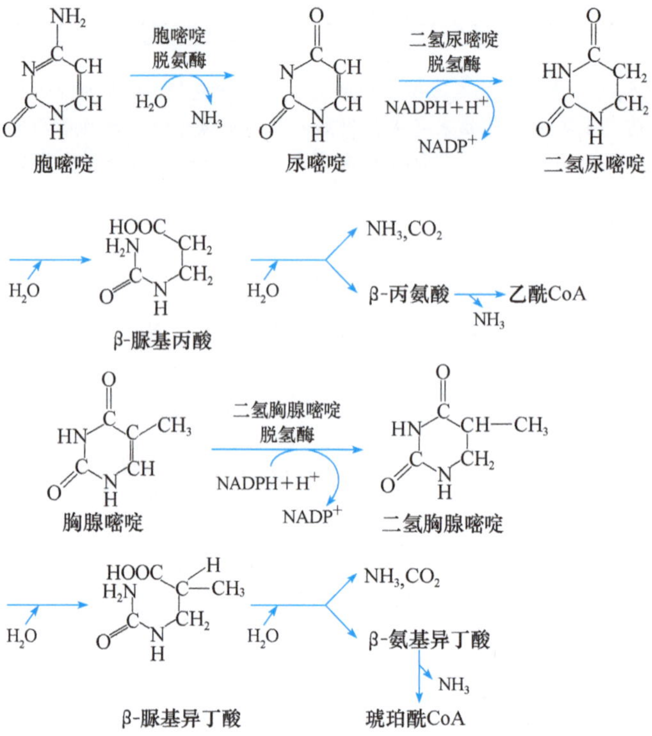

图 10-6 嘧啶的分解代谢

第三节 核苷酸的合成代谢

一、核糖核苷酸的合成

核苷酸是核酸合成的原料，动物、植物和微生物通常都能合成核苷酸，合成的途径有两条：从头合成途径（denovo synthesis）和补救合成途径（salvage pathway）。其中，从头合成途径是指利用简单的小分子物质如二氧化碳、氨基酸、磷酸戊糖等作为前体合成核苷酸的过程；补救合成途径是指利用体内游离的碱基和核苷，经过比较简单的反应过程合成核苷酸。

（一）嘌呤核苷酸的生物合成

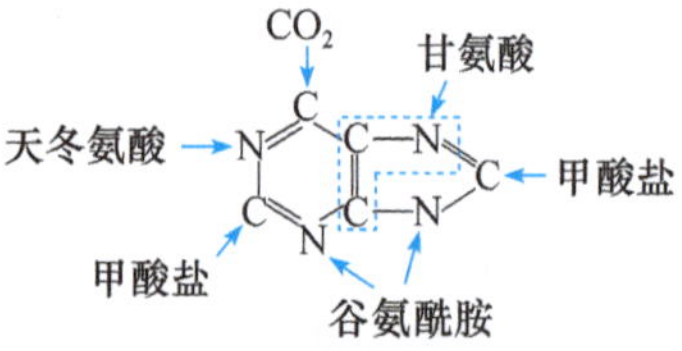

图 10-7 嘌呤环各元素来源

1. 嘌呤核苷酸的从头合成 20 世纪 50 年代，J. Buchanan 和 R. Greenberg 通过同位素实验确定了嘌呤碱的前体为简单的小分子物质——氨基酸、CO_2 等（图 10-7）。

嘌呤核苷酸的从头合成在细胞质中进行，生物体内嘌呤核苷酸的合成不是先合成嘌呤，再与核糖和磷酸结合成核苷酸，而是 5′-磷酸核糖-1′-焦磷酸（phosphoribosyl pyrophosphate，PRPP）经过一系列酶促反应，首先合成次黄嘌呤核苷酸（inosine monophosphate，IMP），然后再由次黄嘌呤核苷酸转变成腺嘌呤核苷酸（AMP）和鸟嘌呤核苷酸（GMP）。

1）次黄嘌呤核苷酸合成 次黄嘌呤核苷酸的合成从 PRPP 开始，经过 10 步连续的反应而完成。这 10 步反应可分为两个阶段，第一阶段包括 5 步反应，从 PRPP 开始形成五元环，即 5-氨基咪唑核苷酸；第二阶段也包括 5 步反应，从 5-氨基咪唑核苷酸形成次黄嘌呤核苷酸（图 10-8）。

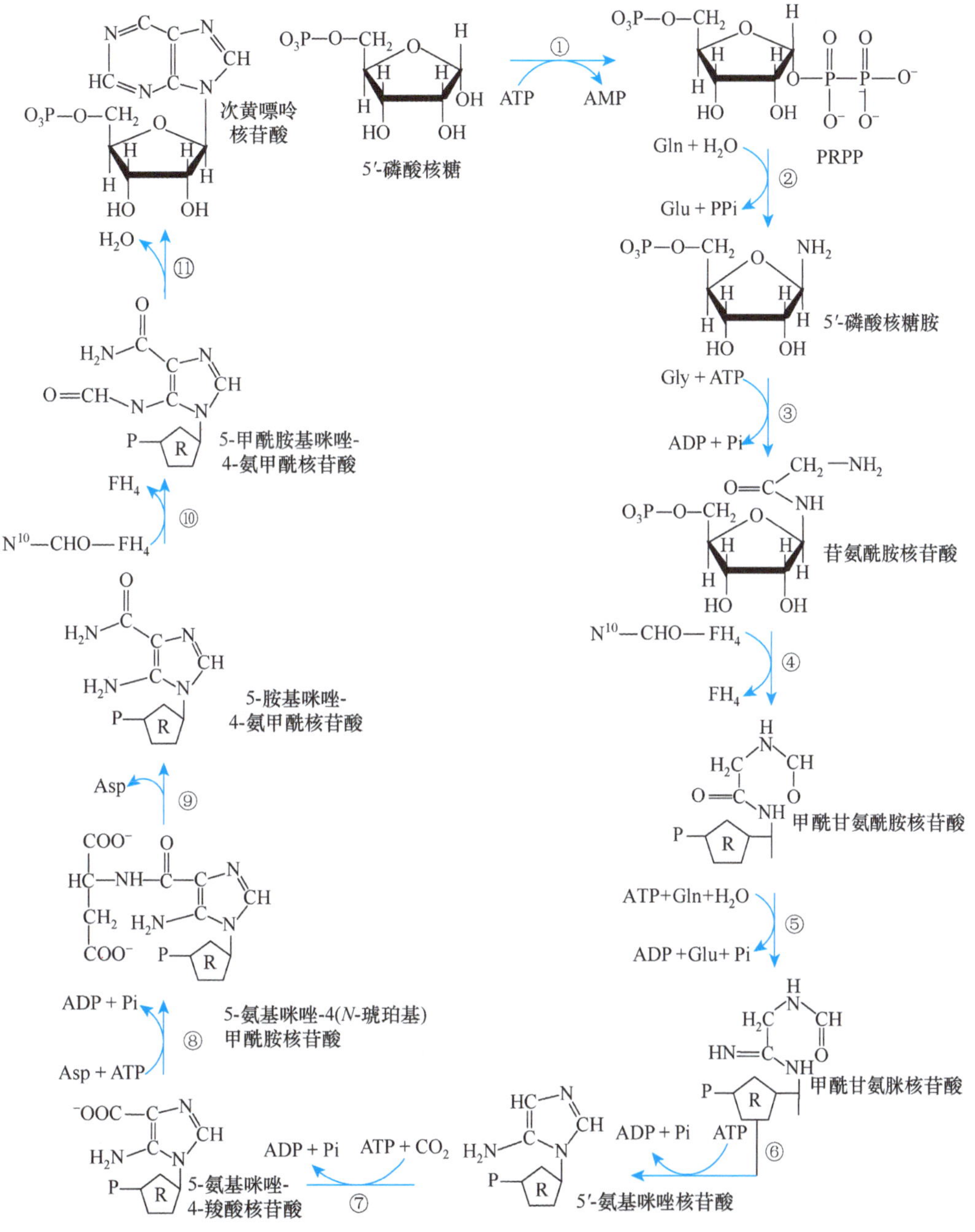

图 10-8 IMP 合成途径

①磷酸核糖焦磷酸激酶；②磷酸核糖焦磷酸酰胺基转移酶；③甘氨酰胺核苷酸合成酶；④甘氨酰胺核苷酸甲酰基转移酶；⑤甲酰甘氨咪唑核苷酸合成酶；⑥氨基咪唑核苷酸合成酶；⑦氨基咪唑核苷酸羧化酶；⑧氨基咪唑琥珀酸氨甲酰核苷酸合成酶；⑨氨基咪唑甲酰胺核苷酸裂解酶；⑩氨基咪唑甲酰胺核苷酸甲酰基转移酶；⑪次黄嘌呤核苷酸合酶

2）腺苷酸和鸟苷酸的合成　比较 IMP 与 AMP 二者的结构式可知，IMP 的嘌呤环 C_6 位上为氧原子，AMP 的嘌呤环 C_6 位上为氨基，即 AMP 是 IMP 氨基化的产物。在腺苷琥珀酸合成酶的催化下，IMP 与天冬氨酸和 GTP 反应，生成腺苷琥珀酸、GDP 和无机磷酸。接着，在腺苷琥珀酸裂解酶的催化下，腺苷琥珀酸分解为腺苷酸和延胡索酸。由此可知，AMP 的 C_6 位上的氨基来源于天冬氨酸（图 10-9）。

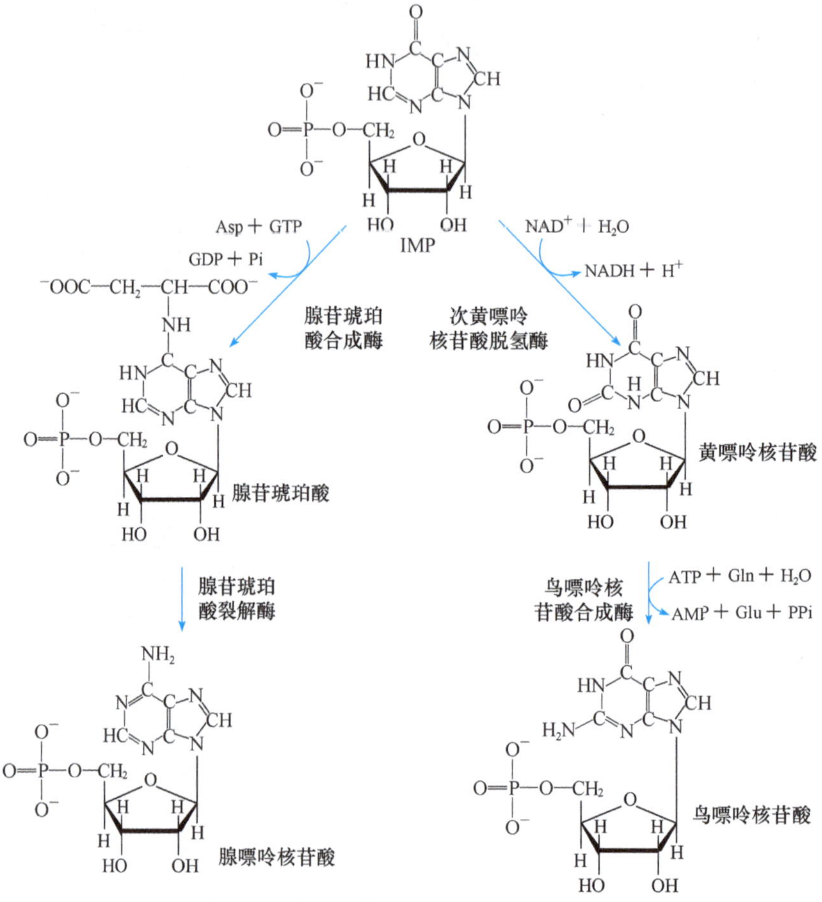

图 10-9　由 IMP 合成 AMP 和 GMP 的过程

GMP 与 IMP 相比，嘌呤环 C_2 位上多 1 个氨基。GMP 的合成通过对 IMP 的 C_2 进行氧化及随后加入氨基实现。即首先经次黄嘌呤核苷酸脱氢酶（以 NAD^+ 为辅基）催化发生氧化脱氢反应生成黄嘌呤核苷酸中间物，然后在鸟嘌呤核苷酸合成酶催化下，由谷氨酰胺提供氨基，ATP 供给能量，黄嘌呤核苷酸氨基化为 GMP，同时 ATP 水解为 AMP 和无机焦磷酸（图 10-9）。

2. 嘌呤核苷酸的补救合成途径　细胞通过补救途径合成核苷酸的过程比较简单，消耗能量较少。有两类酶可参与嘌呤核苷酸的补救合成，一类是核苷磷酸化酶和核苷激酶，前者将嘌呤与 1′-磷酸核糖转变为核苷，后者将核苷转变为核苷酸。另一类是嘌呤磷酸核糖转移酶，包含腺嘌呤磷酸核糖转移酶和次黄嘌呤-鸟嘌呤核糖转移酶，利用嘌呤直接合成核苷酸。

在核苷磷酸化酶的作用下，各种碱基可与1′-磷酸核糖反应生成核苷。

碱基+1′-磷酸核糖 ⇌（核苷磷酸化酶） 核苷+磷酸

核苷在适当的磷酸激酶作用下，由ATP供给磷酸基，便形成了核苷酸。

核苷+ATP ⇌（核苷磷酸化酶） 核苷酸+ADP

在生物体内，除了腺苷酸激酶外，缺乏其他嘌呤核苷激酶。因此，在嘌呤核苷酸的补救合成途径中，还存在着其他的补救途径——利用嘌呤碱直接合成嘌呤核苷酸的途径。

在核糖磷酸转移酶的作用下，嘌呤碱与5′-磷酸核糖-1′-焦磷酸合成嘌呤核苷酸，其中腺嘌呤磷酸核糖转移酶催化腺苷酸的合成，次黄嘌呤-鸟嘌呤磷酸核糖转移酶催化次黄嘌呤核苷酸和鸟苷酸的合成。

腺嘌呤+5′-磷酸核糖-1′-焦磷酸 ⇌（腺嘌呤磷酸核糖转移酶） 腺苷酸+PPi

次黄嘌呤(或鸟嘌呤)+5′-磷酸核糖-1′-焦磷酸 ⇌（次黄嘌呤-鸟嘌呤磷酸核糖转移酶） 次黄嘌呤核苷酸(或鸟苷酸)+PPi

（二）嘧啶核苷酸的生物合成

1. 嘧啶核苷酸的从头合成　通过同位素示踪实验证明，嘧啶环上的原子来源于谷氨酰胺、CO_2和天冬氨酸（图10-10）。

与嘌呤核苷酸的从头合成途径不同，在合成嘧啶核苷酸时首先合成嘧啶环，再与5′-磷酸核糖-1′-焦磷酸提供的磷酸核糖结合成尿苷酸，其中关键的中间产物是乳清酸，其他嘧啶核苷酸则是由尿苷酸进一步转化而成的。

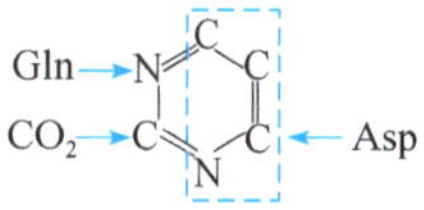

图10-10　嘧啶环各原子的来源

1）*尿嘧啶核苷酸的生物合成*　嘧啶环的合成开始于氨甲酰磷酸，氨甲酰磷酸还是尿素合成的原料（详见第九章氨基酸代谢相关内容）。但是尿素合成中所需要的氨甲酰磷酸是在肝细胞线粒体中由氨甲酰磷酸合成酶Ⅰ（carbamoyl phosphate synthetase Ⅰ，CPS Ⅰ）催化合成的；而嘧啶合成所需的氨甲酰磷酸则是在细胞质中用谷氨酰胺作为氮源，由氨甲酰磷酸合成酶Ⅱ（carbamoyl phosphate synthetase Ⅱ，CPS Ⅱ）催化形成的。这两种合成酶虽然都催化氨甲酰磷酸的合成，但是二者在性质上有着许多不同（表10-1）。

表10-1　两种氨甲酰磷酸合成酶的比较

	氨甲酰磷酸合成酶Ⅰ	氨甲酰磷酸合成酶Ⅱ
分布	线粒体（肝脏）	胞质（所有细胞）
氮源	氨	谷氨酰胺
别构激活剂	*N*-乙酰谷氨酸	无
反馈抑制剂	无	UMP（哺乳类动物）
功能	尿素合成	嘧啶合成

由氨甲酰磷酸合成酶Ⅱ催化合成的氨甲酰磷酸需要谷氨酰胺、CO_2 和 ATP 的参与，每合成 1 分子氨甲酰磷酸消耗 2 分子 ATP。

$$谷氨酰胺 + 2ATP + HCO_3^- \xrightarrow{氨甲酰磷酸合成酶Ⅱ} 氨甲酰磷酸 + 2ADP + Pi + 谷氨酸$$

形成的氨甲酰磷酸与天冬氨酸在天冬氨酸转氨甲酰酶的作用下形成氨甲酰天冬氨酸，后者经二氢乳清酸酶脱水后环化形成含有嘧啶环的二氢乳清酸，二氢乳清酸随后在二氢乳清酸脱氢酶的作用下脱氢形成乳清酸，乳清酸是合成尿嘧啶核苷酸的重要中间产物，然后在乳清苷酸磷酸核糖转移酶的催化下与5′-磷酸核糖-1′-焦磷酸化合形成乳清酸核苷酸，后者在乳清苷酸脱羧酶的作用下脱去羧基，即生成尿嘧啶核苷酸（图 10-11）。

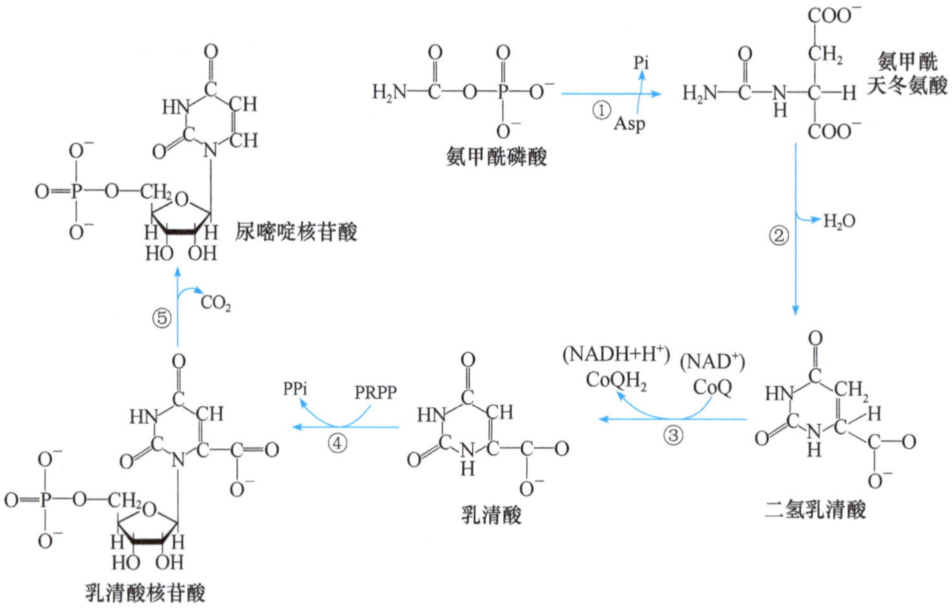

图 10-11 尿嘧啶核苷酸的从头合成途径

①天冬氨酸转氨甲酰转移酶；②二氢乳清酸酶；③二氢乳清酸脱氢酶；④乳清苷酸磷酸核酸转移酶；⑤乳清苷酸脱羧酶

从嘧啶核苷酸的从头合成可以看出，嘧啶核苷酸的从头合成途径比嘌呤核苷酸的从头合成途径简单，最初产物是 UMP，并且消耗的 ATP 少；首先合成含有嘧啶环的乳清酸，然后乳清酸再与 PRPP 反应生成乳清酸核苷酸，再形成 UMP。

2）胞嘧啶核苷酸的生物合成　　尿嘧啶核苷酸转变为胞嘧啶核苷酸是在尿嘧啶核苷三磷酸的水平上进行的。首先由尿嘧啶核苷酸在尿嘧啶核苷酸激酶催化下转变为尿嘧啶核苷二磷酸，再在核苷二磷酸激酶催化下转变为尿嘧啶核苷三磷酸。

$$UMP + ATP \xrightleftharpoons{尿嘧啶核苷酸激酶} UDP + ADP$$

$$UDP + ATP \xrightleftharpoons{核苷二磷酸激酶} UTP + ATP$$

尿嘧啶核苷三磷酸在胞苷三磷酸合成酶的作用下形成胞嘧啶核苷三磷酸，反应需要ATP提供能量。

$$\text{UTP}+\text{谷氨酰胺}+\text{ATP}+\text{H}_2\text{O}\xrightarrow{\text{胞苷三磷酸合成酶}}\text{CTP}+\text{谷氨酸}+\text{ADP}+\text{Pi}$$

需要指出的是，尿嘧啶、尿嘧啶核苷和尿嘧啶核苷酸都不能直接氨基化转变成相应的胞嘧啶化合物，只有尿嘧啶核苷三磷酸能被氨基化形成胞嘧啶核苷三磷酸。

2. 嘧啶核苷酸的补救合成 在嘧啶核苷酸的补救合成途径中，嘧啶磷酸核糖转移酶起着非常重要的作用。以尿嘧啶转变为尿嘧啶核苷酸为例，有两种途径，一是尿嘧啶与5′-磷酸核糖-1′-焦磷酸在尿嘧啶磷酸核糖转移酶作用下形成尿嘧啶核苷酸；另一种是尿嘧啶与1-磷酸核糖在尿苷磷酸化酶作用下形成尿嘧啶核苷，尿嘧啶核苷与ATP在尿苷激酶作用下形成尿嘧啶核苷酸。

$$\text{尿嘧啶}+5'\text{-磷酸核糖-}1'\text{-焦磷酸}\xrightleftharpoons{\text{尿嘧啶磷酸核糖转移酶}}\text{UMP}+\text{PPi}$$

$$\text{尿嘧啶}+1\text{-磷酸核糖}\xrightleftharpoons{\text{尿苷磷酸化酶}}\text{尿嘧啶核苷}+\text{PPi}$$

$$\text{尿嘧啶核苷}+\text{ATP}\xrightleftharpoons{\text{尿苷激酶}}\text{UMP}+\text{ADP}$$

胞嘧啶不能直接与5′-磷酸核糖-1′-焦磷酸反应生成胞嘧啶核苷酸，但是尿苷激酶能催化胞苷的磷酸化反应。

$$\text{胞嘧啶核苷}+\text{ATP}\xrightleftharpoons{\text{尿苷激酶}}\text{CMP}+\text{ADP}$$

二、脱氧核糖核苷酸的合成

脱氧核糖核苷酸是合成DNA的原料，生物体内脱氧核糖核苷酸一般由核苷酸还原生成，脱氧胸苷酸则由脱氧尿苷酸转变形成。

（一）核糖核苷酸的还原

脱氧核糖核苷酸包含脱氧嘌呤核苷酸和脱氧嘧啶核苷酸，它们的合成并不是先形成脱氧核糖分子然后再组合于脱氧核糖核苷酸分子中，而是通过核糖核苷酸的还原作用，以氢原子取代核糖分子C_2位上的羟基形成的。关于核糖核苷酸还原酶（ribonucleotide reductase）的催化机制在大肠杆菌中已经研究得很清楚，其作用底物是核苷二磷酸，也就是说，核糖核苷酸转变为脱氧核糖核苷酸的还原作用主要是在核苷二磷酸（NDP）水平上进行的。

核苷二磷酸的D-核糖还原为2′-脱氧-D-核糖时需要一对氢原子，由硫氧还蛋白的$NADPH+H^+$提供。硫氧还蛋白是一种参与氧化还原反应的小分子蛋白质，它含有的一对巯基，用于携带从$NADPH+H^+$转移到核苷二磷酸上的氢原子，提供了氢原子后硫氧还蛋白便成为氧化型或二硫化物型，可以在硫氧还蛋白还原酶催化下还原形成还原型。还原型的硫氧还蛋白在核苷二磷酸还原酶作用下使核苷二磷酸还原为脱氧核苷二磷酸。在大肠杆菌突变株内，还发现了类似于硫氧还蛋白和硫氧还蛋白还原酶的谷氧还蛋白及谷胱甘肽还原酶，它们也参与到了核糖核苷酸还原的过程中（图 10-12）。

以 4 种核糖核苷酸 ADP、GDP、CDP 和 UDP 分别为底物，可在相应核苷酸还原酶的催化下还原为对应的脱氧核糖核苷酸。核糖核苷酸还原为脱氧核糖核苷酸的反应通式见图 10-13。

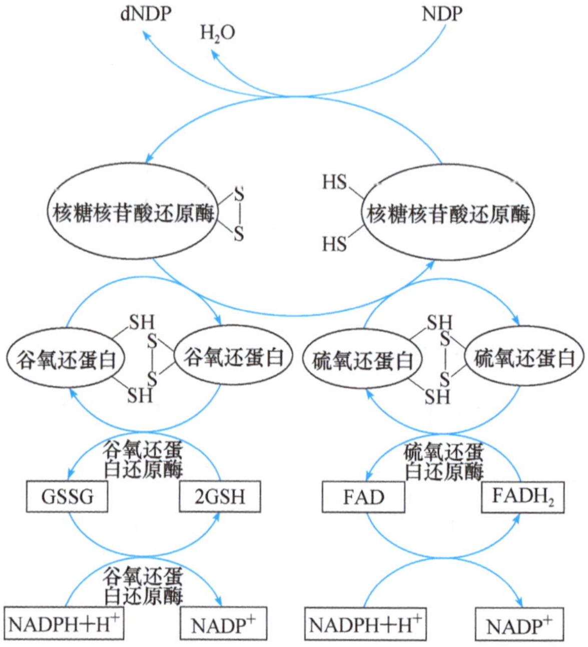

图 10-12　核糖核苷酸合成脱氧核糖核苷酸的反应

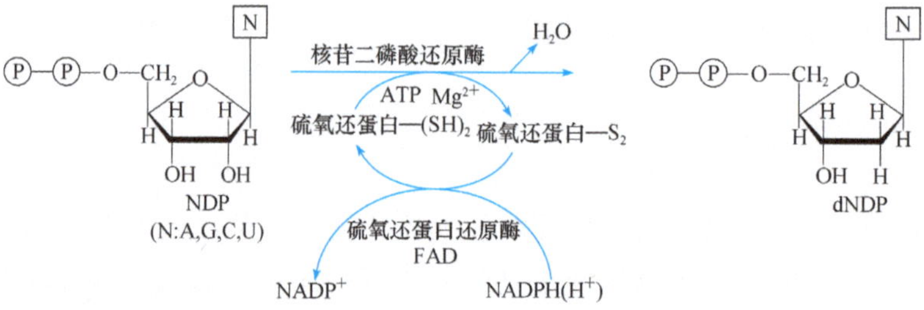

图 10-13　核糖核苷酸还原为脱氧核糖核苷酸

脱氧胸苷酸的合成与上述脱氧核糖核苷酸不同，它是由脱氧尿苷酸甲基化形成的。脱氧尿苷酸可由脱氧尿苷二磷酸水解而来，也可通过脱氧胞苷酸脱去氨基获得，脱氧尿苷酸甲基化形成脱氧胸苷酸的反应由胸苷酸合成酶催化（图 10-14）。N_5，N_{10}-亚甲基四氢叶酸是一碳单位甲基的供体，产物为脱氧胸苷酸和二氢叶酸，二氢叶酸在二氢叶酸还原酶的催化下可重新形成四氢叶酸，这个再生过程对于许多依赖四氢叶酸的反应都非常重要。

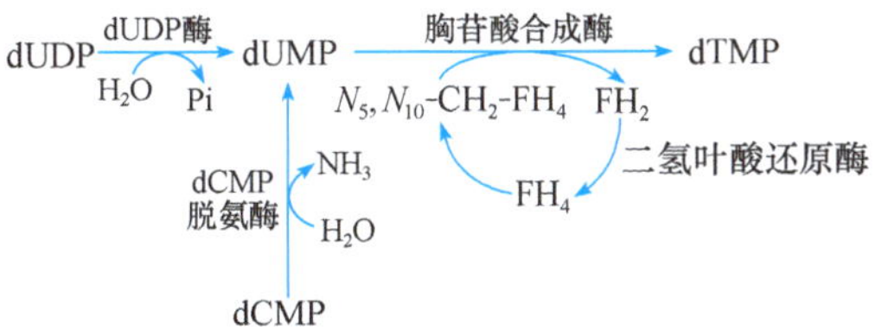

图 10-14　脱氧胸苷酸的生物合成

（二）补救途径

胸苷酸也可经补救途径合成，即由外源的胸腺嘧啶和脱氧核糖-1′-磷酸在胸苷磷酸化酶的作用下生成胸苷，再由胸苷激酶催化，ATP 提供能量，生成脱氧胸苷酸。

$$\text{胸腺嘧啶}+\text{脱氧核糖-1}'\text{-磷酸}\xrightarrow{\text{胸苷磷酸化酶}}\text{胸苷}+\text{磷酸}$$

$$\text{胸苷}+\text{ATP}\xrightarrow{\text{胸苷激酶}}\text{dTMP}+\text{ADP}$$

三、核苷酸磷酸化成核苷三磷酸

核苷酸不能作为合成核酸的直接原料，必须先转化成相应的核苷三磷酸后才能掺入 DNA 或 RNA 中。从核苷酸转化为核苷二磷酸的反应是由相应的激酶催化的，这些激酶只是对碱基专一，对底物是否含有核糖或脱氧核糖无特殊要求。

$$\text{(d)AMP+ATP}\xrightleftharpoons{\text{（脱氧）腺苷酸激酶}}\text{(d)ADP+ADP}$$

$$\text{(d)GMP+ATP}\xrightleftharpoons{\text{（脱氧）鸟苷酸激酶}}\text{(d)GDP+ADP}$$

核苷二磷酸进一步转化为核苷三磷酸由核苷二磷酸激酶催化完成，磷酸供体为 ATP。反应通式为

$$\text{(d)NDP+ATP}\xrightleftharpoons{\text{核苷二磷酸激酶}}\text{(d)NTP+ADP}$$

四、核苷酸合成的抑制剂

核苷酸合成的抑制剂是指一些在化学结构上与核苷酸合成的原料（嘌呤、嘧啶、氨基酸、叶酸等）类似的化合物，它们可以通过竞争性抑制或自杀性底物来抑制核苷酸合成代谢的某些酶，干扰或阻断核苷酸的合成，从而进一步抑制核酸的生物合成，阻断 DNA 的复制和转录。肿瘤细胞和病毒的核酸合成十分旺盛，因此核苷酸合成的抑制剂可作为临床上抗肿瘤、抗病毒药物。

（一）嘌呤类似物

嘌呤类似物有 6-巯基嘌呤（6-mercaptopurine，6-MP）、6-巯基鸟嘌呤、8-氮杂鸟嘌呤等，其中 6-巯基嘌呤应用最广泛。在化学结构上，6-巯基嘌呤与次黄嘌呤非常相似，唯一的不

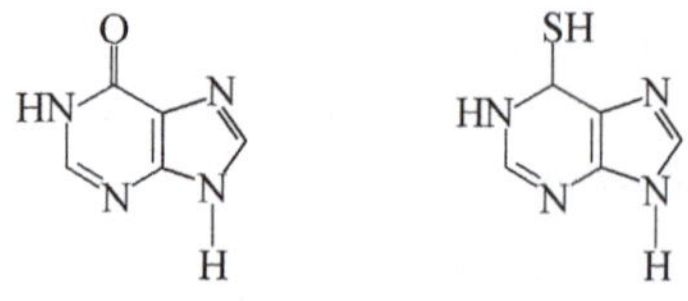

图 10-15 嘌呤类似物

同之处在于 C_6 位上所连接的基团不同，次黄嘌呤的 C_6 位上为羰基氧，6-巯基嘌呤的 C_6 位上为巯基，它主要抑制次黄嘌呤及次黄嘌呤核苷酸参与的反应（图 10-15）。

6-巯基嘌呤抑制嘌呤核苷酸的合成有以下三条途径：一是 6-MP 在体内可经磷酸核糖化途径形成巯基嘌呤核苷酸（与次黄嘌呤核苷酸 IMP 结构相似），抑制 IMP 转变为 AMP 或 GMP；二是 6-MP 通过竞争性抑制方式，影响次黄嘌呤-鸟嘌呤磷酸核糖转移酶（HPRGT），使 5′-磷酸核糖-1′-焦磷酸分子上的磷酸核糖不能向鸟嘌呤或次黄嘌呤转移，阻断了嘌呤核苷酸的补救合成途径；三是巯基嘌呤核苷酸可以反馈抑制嘌呤核苷酸从头合成途径中的 5′-磷酸核糖-1′-焦磷酸转酰胺酶的活性，从而抑制嘌呤核苷酸的合成。

（二）嘧啶类似物

嘧啶类似物有 5-氟尿嘧啶（5-fluorouracil，5-FU）、5-氟胞嘧啶等（图 10-16），5-FU 最常用，它们对代谢的影响及抗肿瘤作用与嘌呤类似物相似。

5-FU 的结构与胸腺嘧啶相似，不同之处在于 C_5 位所连接的基团不同，胸腺嘧啶 C_5 位连接的是甲基，5-FU 的 C_5 位连接的是氟原子。5-FU 作为 U 的类似物，能够掺入 RNA 但不能掺入 DNA 中。5-FU 在细胞内可转化为 5-氟脱氧尿苷酸，后者与脱氧尿苷酸结构相似，作为自杀性底物抑制胸苷酸合成酶活性，从而阻断体内胸苷酸的合成。

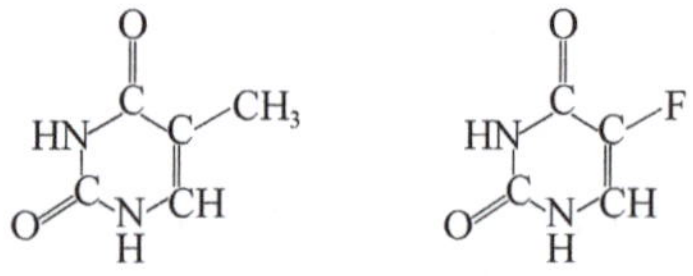

图 10-16 嘧啶类似物

（三）氨基酸类似物

谷氨酰胺和天冬氨酸是合成核苷酸的前体物质，氨基酸类似物主要包括谷氨酰胺类似物和天冬氨酸类似物、重氮丝氨酸、6-重氮-5-氧-正亮氨酸在结构上与谷氨酰胺类似，可抑制核苷酸生物合成中有谷氨酰胺参与的反应，羽田杀菌素与天冬氨酸结构上相似，可抑制核苷酸生物合成中天冬氨酸参与的反应（图 10-17）。

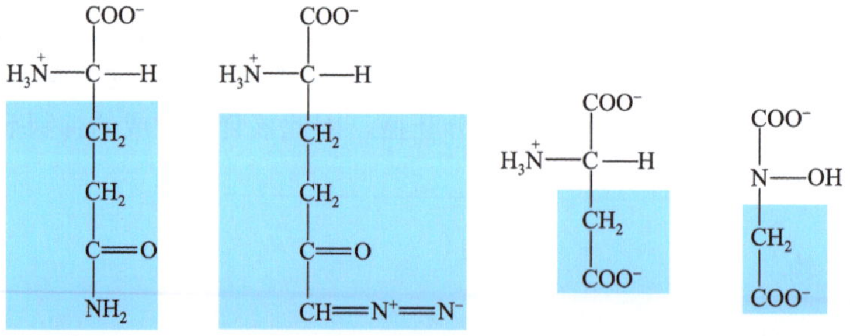

图 10-17 谷氨酰胺和天冬氨酸的类似物

（四）叶酸类似物

在嘌呤核苷酸的从头合成途径中，一碳基团是必需的前体物质，而一碳基团掺入嘌呤环中是由四氢叶酸携带并提供的。四氢叶酸由二氢叶酸在二氢叶酸还原酶的催化下还原而来，叶酸类似物如氨基蝶呤和氨甲蝶呤是二氢叶酸还原酶的抑制剂，可抑制四氢叶酸的形成，进而抑制嘌呤核苷酸的合成。

在嘧啶核苷酸合成中，胸苷酸合成酶催化脱氧尿苷酸转变为胸苷酸时，需要四氢叶酸提供一碳单位甲基，随后四氢叶酸被氧化成二氢叶酸，二氢叶酸再生为四氢叶酸需要二氢叶酸还原酶催化，若抑制了二氢叶酸还原酶的活性，便阻断了胸苷酸的合成。

思考题

1. 不同生物体嘌呤和嘧啶分解代谢的终产物分别有哪些？
2. 嘧啶环的合成与嘌呤环的合成有何异同？
3. 脱氧核苷酸是如何形成的？
4. 为何别嘌呤醇能够抑制痛风？
5. 核苷酸合成的抑制剂有哪几类？

请扫描二维码
进行在线测试

第十一章 >>>

核酸的生物合成

学习要点

DNA 是遗传信息的主要携带者，生物体的遗传信息以密码形式编码在 DNA 分子上，并以特定的核苷酸顺序表现出来，通过复制将遗传信息由亲代传递给子代，遗传信息的表达需要通过转录和翻译过程。DNA 的合成包括 DNA 的复制、逆转录、DNA 的突变和 DNA 的损伤修复。RNA 的合成包括 RNA 的转录和复制，转录产物通常需要经过一系列后加工过程才能成为成熟的 mRNA、rRNA 和 tRNA。本章重点讨论 DNA 的半保留复制方式、参与 DNA 复制的酶和蛋白质因子及原核生物的 DNA 复制过程。并讨论催化转录的 RNA 聚合酶的结构与功能及转录的详细机制。

双螺旋结构创始人之一的 F. H. Crick 于 1958 年提出了遗传信息传递的中心法则（genetic central dogma）。

$$\text{DNA} \xrightarrow{\text{转录}} \text{RNA} \xrightarrow{\text{翻译}} \text{蛋白质}$$

由 DNA 决定 RNA 分子的碱基顺序，又由 RNA 决定蛋白质分子的氨基酸顺序的理论称为中心法则。它揭示了核酸与蛋白质之间的内在关系，以及 RNA 作为遗传信息传递者的生物学功能，并指出了遗传信息在复制、传递及表达过程中的一般规律，即 DNA → RNA → 蛋白质。遗传信息以核苷酸顺序的形式储存在 DNA 分子中，它们以功能单位在染色体上占据一定的位置，构成基因（gene）。在细胞分裂过程中，DNA 通过复制把遗传信息由亲代传递给子代，在子代的个体发育过程中，遗传信息从 DNA 传递到 RNA，最后翻译成特异的蛋白质，表现出与亲代相似的遗传性状。

在某些情况下，RNA 也是重要的遗传物质，如在 RNA 病毒中，RNA 是遗传信息的携带者，具有自我复制的能力，并同时作为 mRNA，指导病毒蛋白质的生物合成。在致癌 RNA 病毒中，RNA 在逆转录酶的作用下，以逆转录的方式将遗传信息由 RNA 传递给 DNA 分子。因此，1971 年，F. H. Crick 对原来的中心法则作了进一步补充，如图 11-1 所示。

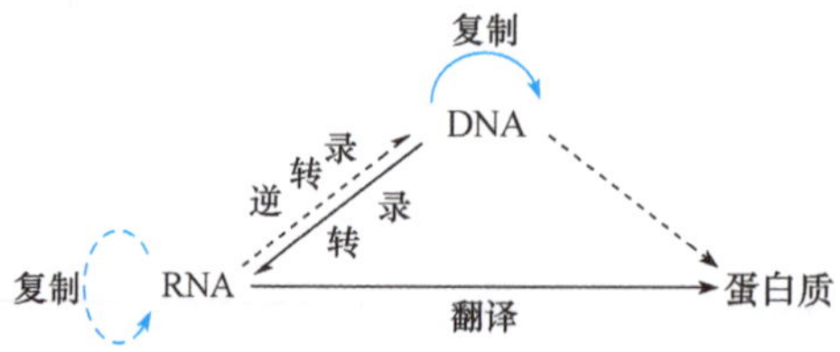

图 11-1　中心法则

图中实线表示遗传信息的一般流向，虚线表示特殊的流向情况中心法则揭示了核酸与蛋白质合成之间的密切联系和一般规律。遗传信息的传递和表达主要通过复制、转录和翻译进行。复制（replication）是指以DNA分子为模板，合成出相同DNA分子的过程；转录（transcription）是指以DNA分子为模板，合成出与其核苷酸顺序相对应的RNA的过程；逆转录（reverse transcription）又称反转录，是以RNA为模板，在逆转录酶的作用下合成DNA的过程；翻译（translation）是在由rRNA和蛋白质组成的核糖核蛋白体（简称核糖体）上，以mRNA为模板，根据每3个相邻核苷酸决定一种氨基酸的三联体密码规则，由tRNA运送活化的氨基酸，GTP提供所需能量，合成出具有特定氨基酸顺序的蛋白质肽链的过程。

第一节　DNA的生物合成

一、DNA复制

在生物界，物种通过遗传使其生物学特性、性状能世代相传。现代科学已经证明遗传的物质基础是核酸。核酸是储存和传递遗传信息的生物大分子。脱氧核糖核酸（DNA）是生物界遗传的主要物质基础。生物有机体的遗传信息以密码（code）的形式编码在DNA分子上，表现为特定的核苷酸排列顺序，即遗传信息。在细胞分裂前，DNA通过复制，将遗传信息由亲代传递给子代，在后代的个体发育过程中，遗传信息自DNA转录给RNA，并指导蛋白质合成，以执行各种生物功能，使后代表现出与亲代相似的遗传性状，这种遗传信息的传递方向，是从DNA到RNA再到蛋白质。在某些致癌RNA病毒中发现遗传信息也可存在于RNA分子中，由RNA通过逆转录的方式将遗传信息传递给DNA。环境因素可以导致DNA结构发生损伤，损伤的DNA可进行修复（repair）合成，即校正错误的序列，继续进行正确的合成反应，以保持遗传信息的稳定性。

（一）半保留复制的概念及实验证据

1. 半保留复制　1953年J. D. Watson和F. H. Crick在DNA双螺旋结构基础上对DNA复制进行了假设。他们根据DNA分子双螺旋结构模型，认为DNA分子的复制，首先是从它的一端氢键逐渐断开。当双螺旋的一端已拆开为两条单链时，各自可以作为模板，在复杂的酶系统作用下，按照碱基互补配对原则各自合成一条新的互补链。新形成DNA分子中一条链来自亲代DNA，另一条链是新合成的，这种复制方式称为半保留复制（semi conservative replication）。

2. DNA复制方式的实验证明　DNA的半保留复制方式对保持生物遗传的稳定具有非常重要的作用。这种建立在碱基互补基础上的半保留复制模型为转录、修复、重组、分子杂交等奠定了基础。1958年，M. Meselson和F. Stahl利用氮标记技术在大肠杆菌中首次证实了DNA的半保留复制。实验中，他们先将大肠杆菌细胞培养在用$^{15}NH_4Cl$作为唯一氮源的培养基（即重培养基）中培养很长时间（15代），使得细胞内所有的氮原子都以^{15}N的形式存在（包括DNA分子里的氮原子）。之后再用$^{14}NH_4Cl$作培养基（即轻培养基）进行培养，细菌从此开始摄入 ^{14}N，因此所有既存的“老”DNA 分子都应该是 ^{15}N 标记的，而新生的 DNA 则应该是未标记的。在不同时间收集细菌，裂解细胞，用氯化铯（CsCl）密度梯度离心法观察 DNA 所处的位置。由于 ^{15}N DNA 的密度比普通 DNA（^{14}N DNA）的密度大，在氯化铯密度梯度离心时，两种密度不同的 DNA 分布在不同的区带。实验结果表明，在重培养基中培养出的（^{15}N）DNA 显示为一条重密度带。转入轻培养基中繁殖两代，第一代得到了一条中密度带，这是由于其为（$^{15}N^{14}N$）DNA 的杂交分子，第二代有中密度带及低密度带两个区带，这表明它们分别为（$^{15}N^{14}N$）DNA 及（$^{14}N^{14}N$）DNA。随着在轻培养基中培养代数的增加，低密度带增强，而中密度带逐渐减弱。此实验结果符合半保留复制方式。若是全保留复制方式，亲代的两条 DNA（$^{15}N^{15}N$）链被完全保留在一个子代的 DNA 分子中，另一个子代 DNA（$^{14}N^{14}N$）链则是新合成的，这与半保留复制 DNA 分子中 ^{15}N 及 ^{14}N 标记链的情况是不同的（图 11-2）。

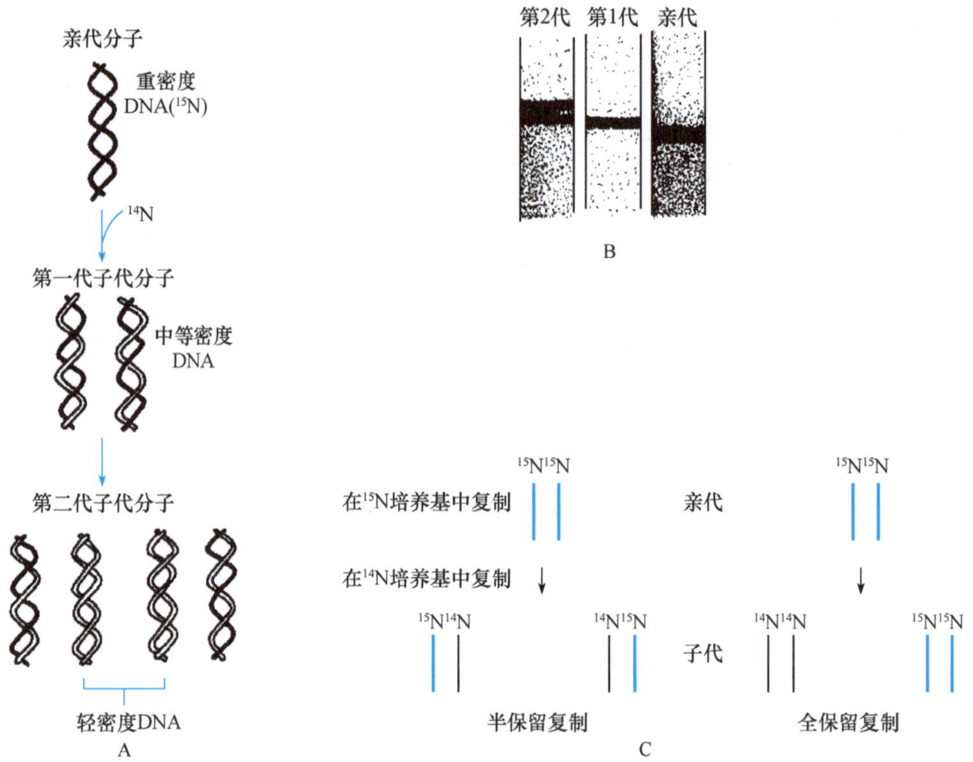

图 11-2 半保留及全保留复制时 DNA 中标记链的分布

A. DNA 半保留复制模式；B. 半保留复制的 CsCl 密度梯度离心结果；C. 假设的 DNA 全保留式复制

（二）参与大肠杆菌 DNA 复制的酶和蛋白质因子

DNA 的复制是以 4 种脱氧核糖核苷三磷酸为底物的聚合反应，该过程除了需要酶的催化之外，还需要适量的 DNA 模板、RNA（或 DNA）引物和 Mg^{2+} 的参与。

DNA 复制过程是很复杂的，参与该过程的酶有多种，除 DNA 聚合酶外，还有 RNA 引物合成酶（即引发酶）、DNA 连接酶、拓扑异构酶、解螺旋酶及多种蛋白质因子。现将与

DNA 合成有关的几种酶和相关的蛋白质因子简要介绍如下。

1. 引物合成酶 引物合成酶也称引发酶（primase），此酶以 DNA 为模板合成一段 RNA，这段 RNA 可作为合成 DNA 的引物（primer）。大肠杆菌的引发酶由 *dna G* 基因编码，在体内催化合成 11 ～ 12 个核苷酸的 RNA 引物。引发酶对利福平（rifampicin）不敏感，而且在一定程度上可用脱氧核糖核苷酸代替核糖核苷酸作为底物。由于 DNA 复制的半不连续性，引发酶在领头链上只需引发一次，而在后随链上则需要引发多次。

2. DNA 聚合酶 目前已知的 DNA 聚合酶（DNA polymerase）有多种，它们在 DNA 合成中的功能均不相同。在大肠杆菌中发现有 5 种 DNA 聚合酶，分别称为 DNA 聚合酶Ⅰ、DNA 聚合酶Ⅱ、DNA 聚合酶Ⅲ、DNA 聚合酶Ⅳ和 DNA 聚合酶Ⅴ。DNA 聚合酶Ⅰ是由 A. Kornberg 于 1956 年在大肠杆菌内发现的，是多功能酶，它具有 5′ → 3′ 聚合酶、5′ → 3′ 外切酶及 3′ → 5′ 外切酶的活性。它的主要功能是对 DNA 的损伤进行修复，以及在 DNA 复制时，RNA 引物切除后，填补其留下的空隙。

当有底物和模板存在时，DNA 聚合酶Ⅰ可将脱氧核糖核苷酸逐个地加到具有 3′-OH 端的多核苷酸（RNA 引物或 DNA）链上，形成 3′,5′-磷酸二酯键（图 11-3）。

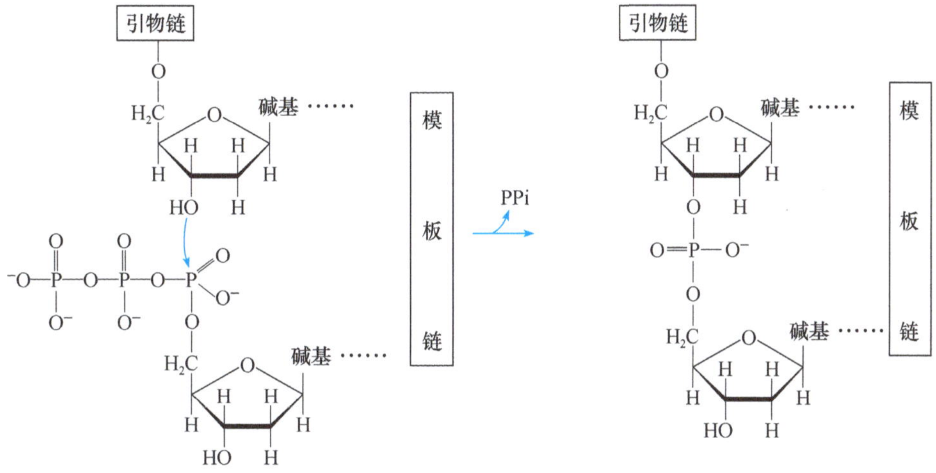

图 11-3 DNA 聚合酶Ⅰ的作用

至今已发现的 DNA 聚合酶都不能从无到有开始合成 DNA 链，只能在已有的引物链 3′ 端游离—OH 上合成 DNA，合成链的延伸方向为 5′ → 3′。DNA 聚合酶Ⅰ具有 3′ → 5′ 外切核酸酶的活性，能在 3′-OH 端将 DNA 链水解。在正常聚合条件下，它能够将错配的核苷酸切除，然后继续进行正常的聚合反应。该酶还有 5′ → 3′ 外切核酸酶活性，即由 5′ 端水解双链 DNA，切下单核苷酸或一段寡核苷酸。它可能起着切除 DNA 损伤部分或将 5′ 端 RNA 引物切除的作用。DNA 聚合酶Ⅰ在细胞中担负着多种功能，如双链缺口的填补，单链的置换合成，具有引物的环形、线形单链的合成。

H. Klenow 使用枯草杆菌蛋白酶或胰蛋白酶处理 DNA 聚合酶Ⅰ，结果得到大小两个片段：大片段称为 Klenow 片段或 Klenow 酶，它含有大小两个结构域，其中小结构域具有 3′ → 5′ 外切核酸酶活性，大结构域具有 5′ → 3′ 聚合酶活性；小片段只有 5′ → 3′ 外切核酸酶活性。

DNA 聚合酶Ⅱ是由一条分子质量为 120kDa 的多肽链组成，它的活力很低，可能在修复紫外光照射引起的 DNA 损伤中起某种作用。DNA 聚合酶Ⅱ和 DNA 聚合酶Ⅲ与聚合酶Ⅰ的特性和功能有相同之处，也有区别，如表 11-1 所示。

表 11-1　大肠杆菌 3 种 DNA 聚合酶的性质和功能比较

项目	DNA 聚合酶Ⅰ	DNA 聚合酶Ⅱ	DNA 聚合酶Ⅲ（复合物）
分子结构	单链分子	单链分子	核心酶 3 个亚基，全酶 22 个亚基
分子质量	109kDa	120kDa	400kDa
每个细胞酶数量	400	100	10～20
5′→3′聚合作用	+	+	+
3′→5′外切核酸酶	+	+	+
5′→3′外切核酸酶	+	–	–
聚合速度（37℃核苷酸 /min·酶分子）	1000	100～300	15 000 以上
生物功能	DNA 修复、RNA 引物切除	DNA 修复	染色体 DNA 复制

现在一般认为，DNA 聚合酶Ⅲ是原核生物 DNA 复制的主要聚合酶。DNA 聚合酶Ⅲ极为复杂，目前已知它的全酶含有 10 种共 22 个亚基和锌原子，其组成是 $\alpha_2\varepsilon_2\theta_2\tau_2\gamma_2\delta_2\delta'_2\chi_2\psi_2\beta_4$，如表 11-2 所示。其中 α 亚基的分子质量为 132kDa，具有 5′→3′ DNA 聚合酶活性。ε 亚基具有 3′外切酶的校对功能，使核苷酸掺入错误率降低至 5×10^{-9}，提高 DNA 复制的保真性。θ 亚基促进 ε 亚基外切酶活性。α、ε 和 θ 三种亚基组成全酶的核心酶（称为 pol Ⅲ）。核心酶本身活力较低，只作用于带缺口的双链 DNA。加上 τ 亚基后成为二聚体，称 pol Ⅲ′，pol Ⅲ′可以利用带有引物的长单链 DNA。γ 亚基是一种依赖 DNA 的 ATP 酶，两个 γ 亚基与 δ、δ′、χ 和 ψ 亚基组装成 γ 复合体，其主要功能是帮助 β 亚基夹住 DNA，γ 复合体与 pol Ⅲ′结合形成 pol Ⅲ*，再结合 β 亚基形成全酶。DNA 聚合酶Ⅲ为异二聚体（heterologous dimer），它使 DNA 解开的双链可以同时进行复制，但二聚化的两个聚合酶亚基种类并不完全相同，在这里 τ 亚基起着促使核心酶二聚化的作用。β 亚基的功能犹如夹子，两个 β 亚基夹住 DNA 分子并可向前滑动，使聚合酶在完成复制前不再脱离 DNA，从而提高了酶的持续合成能力（图 11-4）。

表 11-2　DNA 聚合酶Ⅲ全酶的亚基组成

亚基	分子质量 /kDa	亚基数目	其他名称
α	132	2	
ε	27	2	pol Ⅲ，核心酶（αεθ）（α、ε、θ）
θ	10	2	pol Ⅲ′$(\alpha\varepsilon\theta)_2\tau_2$（α～τ）
τ	71	2	
γ	52	2	pol Ⅲ*（α～ψ）
δ	35	2	
δ′	33	2	γ 复合体（γ～ψ）；全酶（α～β）
χ	15	2	
ψ	12	2	
β	37	4	

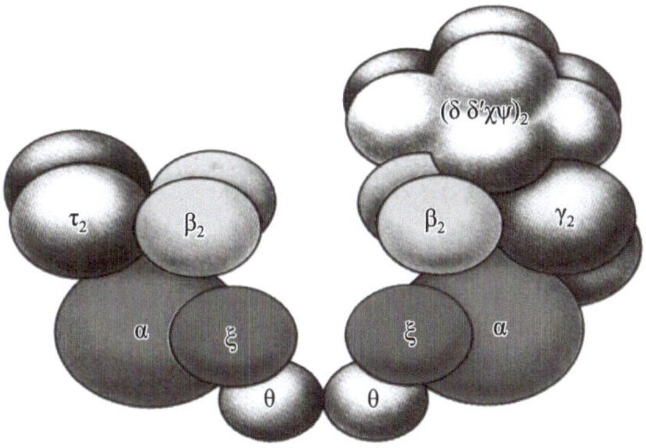

图 11-4 DNA 聚合酶Ⅲ异二聚体

DNA 聚合酶Ⅳ和 DNA 聚合酶Ⅴ于 1999 年被发现，它们参与 DNA 的错误倾向修复。当 DNA 严重损伤时，诱导产生。它们特别参与 SOS 修复过程中的跨损伤合成，使修复缺乏准确性，因而出现高突变率。高突变率虽会杀死许多细胞，但至少可以克服复制障碍，使少数突变的细胞得以存活。

3. DNA 连接酶 DNA 连接酶（DNA ligase）是 1967 年 3 个不同实验室同时从 T4 噬菌体感染的大肠杆菌中发现的。其功能是借助 ATP 或 NAD^+ 水解提供的能量催化双链 DNA 切口的 5′-磷酸基团与 3′-羟基生成磷酸二酯键。噬菌体和动物细胞的 DNA 连接酶以 ATP 作为能量来源，大肠杆菌和其他细菌的 DNA 连接酶以 NAD^+ 作为能量来源（图 11-5）。DNA 连接酶不能将两条游离 DNA 单链连接起来，必须要有模板存在，即连接与同一个模板互补的相邻两个单链 DNA 片段。而 T4 噬菌体的 DNA 连接酶不仅能在模板链上连接 DNA 和 DNA 链之间的切口，还能连接无单链黏性末端的平头双链 DNA。

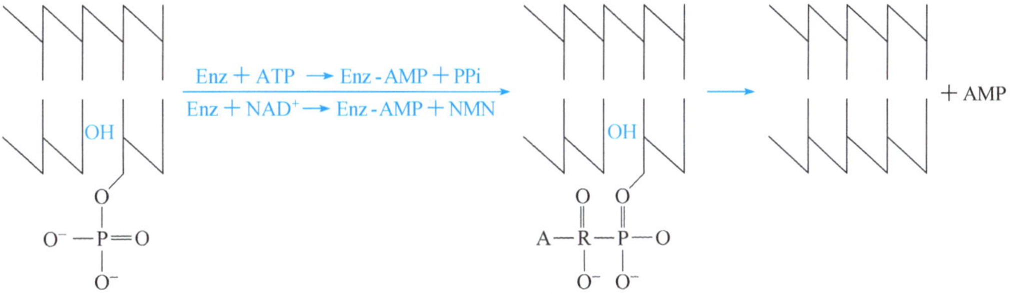

图 11-5 DNA 连接酶的作用机制

DNA 连接酶在 DNA 复制、修复和重组中起着重要的作用。DNA 连接酶在 DNA 复制中的作用是“缝合”相邻的冈崎片段，使不连续合成的后随链连接成为一条完整的链，而在 DNA 修复和重组中的作用则是连接 DNA 链上产生的切口。连接酶有缺陷的突变株不能进行 DNA 复制、修复和重组。

4. 拓扑异构酶 生物体内 DNA 分子通常处于超螺旋状态，而 DNA 的许多生物功能需要解开双链才能进行。拓扑异构酶（topoisomerase）就是催化 DNA 的拓扑链环数（双链闭环中两条链的互绕数，topological linking number）发生变化的酶，它可分为拓扑异构酶Ⅰ和拓扑异构酶Ⅱ。拓扑异构酶Ⅰ可使双链 DNA 分子中的一条链发生断裂和再连接，反应不需要提供能量，它们主要集中在活性转录区，与转录有关。拓扑异构酶Ⅱ（也称为旋转酶或回旋酶，gyrase）能使DNA两条链同时发生断裂和再连接，当它引入负超螺旋时需要由ATP提供能量。一个拓扑异构酶Ⅱ的分子1min可引入100个负超螺旋（图11-6）。它们主要分布在染色质骨架蛋白和核基质部位，与复制有关。

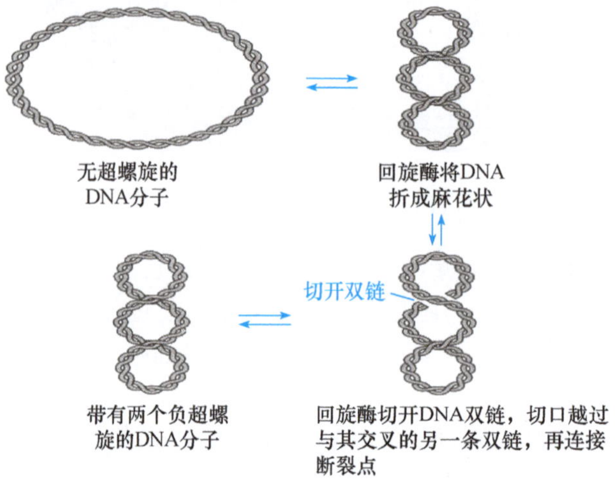

图11-6 拓扑异构酶Ⅱ水解ATP使松弛型DNA产生超螺旋

原核生物的拓扑异构酶Ⅰ可减少负超螺旋，拓扑异构酶Ⅱ可引入负超螺旋，它们协同作用控制着DNA的拓扑结构。拓扑异构酶在DNA复制、重组、修复和DNA的其他转变方面起着重要的作用。真核生物的拓扑异构酶Ⅰ既能消除负超螺旋，又能消除正超螺旋。真核生物的拓扑异构酶Ⅱ能够消除负超螺旋和正超螺旋，但不能引入负超螺旋。真核生物染色体DNA的负超螺旋可能是在DNA盘绕组蛋白核心时产生的，同时未与组蛋白结合的DNA部分则形成正超螺旋，随后正超螺旋即被拓扑异构酶消除。

5. 解螺旋酶 解螺旋酶（helicase）能通过水解ATP将DNA的两条链打开。大肠杆菌中的rep蛋白（*rep*基因的产物）就是这样一种酶，由分子质量为65kDa的一条多肽链组成。每解开一对碱基需要水解2分子ATP。大肠杆菌有许多种解螺旋酶，其中解螺旋酶Ⅰ、解螺旋酶Ⅱ和解螺旋酶Ⅲ可以沿着模板链的5′→3′方向移动，而rep蛋白则沿3′→5′方向移动。

6. 其他蛋白质因子

（1）单链结合蛋白（single strand DNA-binding protein，SSB），这种蛋白质又称为双螺旋去稳定蛋白（helix destabilizing protein），当解螺旋酶将双链打开以后，单链DNA具有一种潜在的恢复原来双链的能力，重新形成氢键，而且单链本身若有反向重复也会形成发夹结构，这两种情况都会影响复制。SSB是由177个氨基酸残基组成的蛋白质，*E. coli*的SSB以四聚体存在，分子质量为74kDa，可以结合在单链上，稳定已经解开的DNA单链，使之不再恢复成双链，同时保护DNA不被酶水解。在原核生物中SSB与DNA的结合表现出协同效应，若第一个SSB与DNA的结合能力为1，则第二个SSB的结合能力为10^3。这可能因为SSB之间的相互作用或是第一个SSB和DNA的结合改变了DNA的结构。真核生物的SSB则不表现协同效应。

（2）引发前体（preprimosome），大肠杆菌的引发前体由多种蛋白质即 Dna A、Dna B、Dna C、HU、Dna T、PriA、PriB 和 PriC 等组成。其中 Dna A 为复制起始蛋白，识别复制起始区；Dna B 蛋白解开 DNA 双链；Dna C 蛋白帮助 Dna B 结合于起点；HU 蛋白类似于真核生物的组蛋白，是 DNA 结合蛋白，有助于 Dna A 蛋白作用；Dna T 蛋白起辅助 Dna C 蛋白的作用；PriA、PriB 和 PriC 蛋白参与引发体的装配。引发前体再与引发酶结合，组装成引发体（primosome）。引发体具有识别合成起始位点的功能，可以沿模板链 5′ → 3′ 方向移动，移动到一定位置上即可以引发 RNA 引物的合成。

（三）原核生物 DNA 的复制过程

原核生物 DNA 的复制是按一定规律进行的，双螺旋 DNA 是边解开边合成新链的。复制从特定位点开始，可以单向或双向进行，但以双向复制为主。由于 DNA 双链的合成延伸均为 5′ → 3′ 的方向，因此复制是以半不连续（semi discontinuous）的方式进行，即其中一条链相对地连续合成，另一条链的合成是不连续的。在 DNA 复制叉（图 11-7）上进行的基本活动包括双链的解开、RNA 引物的合成、DNA 链的延长。

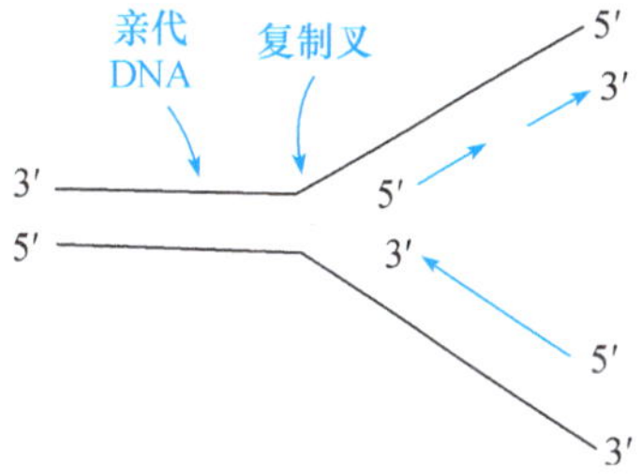

图 11-7　复制叉

1. 双链的解开　很多实验都证明了复制是从 DNA 分子的特定位置开始的，这一位置称为复制原点（origin），常用 *ori* 表示。许多生物的复制原点都是富含 A、T 的区段。这一区段产生的瞬时单链与单链结合蛋白结合，对复制的起始十分重要。原核生物基因组一般只有一个复制原点。在迅速生长的细菌中，当第一次复制起始后，在复制未完成之前，复制原点可以起始第二次复制，从而加快复制的速度。大肠杆菌的复制原点称为 *ori C*，由 245bp 构成，其序列和控制元件在细菌复制原点中十分保守，关键在于两组短的重复序列：3 个 13bp 的序列和 4 个 9bp 的序列（图 11-8）。4 个 9bp 的重复序列为 DnaA 蛋白的结合位点，20 ~ 40 个 DnaA 蛋白各带 1 个 ATP 结合在此位点上，HU 蛋白是细胞的类组蛋白，可与 DNA 结合，促使双链 DNA 弯曲。受其影响，邻近 3 个成串富含 AT 的 13bp 序列解链，成为开链复合物，所需能量由 ATP 提供。DnaB（解螺旋酶）结合于解链区，DnaB 借助水解 ATP 产生的能量，沿 DNA 链的 5′ → 3′ 方向移动，解开 DNA 的双链。DNA 双链的解开还需要拓扑异构酶 II 和单链结合蛋白（SSB），前者可消除解螺旋产生的张力，后者保护单链，防止复性。

在 DNA 的复制原点，双股螺旋解开成单链状态，在起点处形成一个“眼”状结构，在“眼”的两端，则出现两个叉子状的生长点，称为复制叉（replication fork）。在复制叉上结合着各种与复制有关的酶和蛋白质因子，如 DNA 解螺旋酶、引发体和 DNA 聚合酶等，它们在 DNA 链上构成与核糖体大小相似的复合体，称为复制体（replisome）。酶和蛋白质因子间彼此配合，进行高度精确的复制（图 11-9）。

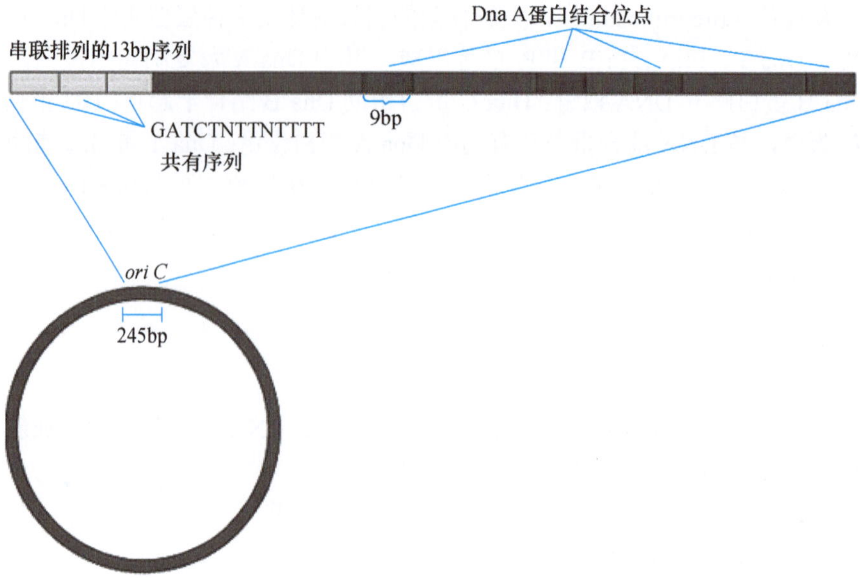

图 11-8　大肠杆菌复制原点成串排列的重复序列示意图

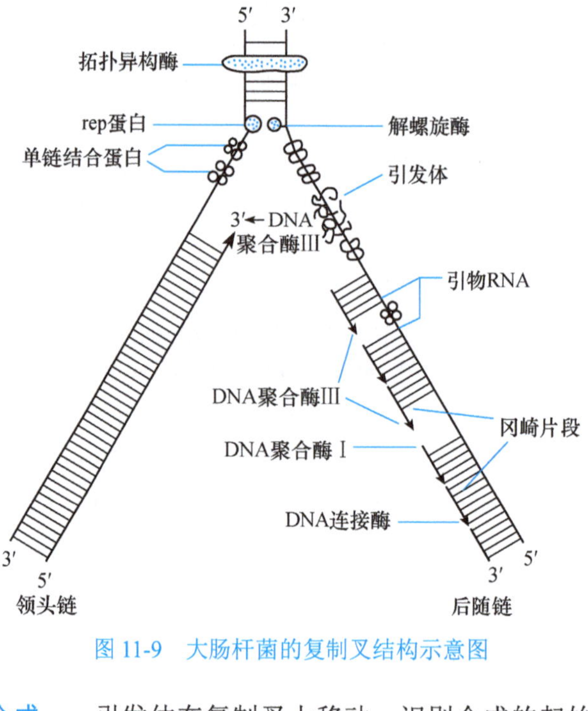

图 11-9　大肠杆菌的复制叉结构示意图

2. RNA 引物的合成　引发体在复制叉上移动，识别合成的起始位点，引发 RNA 引物的合成。移动和引发均需要由 ATP 提供能量。领头链先引发开始合成，以原来一条 DNA 单链为模板（3′ → 5′），按 5′ → 3′ 的方向合成一段 RNA 引物链。领头链开始合成后，后随链也开始合成其引物。引物长度为几个至 10 个核苷酸，个别情况可能有 60 个核苷酸。在引物的 5′ 端含 3 个磷酸残基，3′ 端为游离的羟基。

3. DNA 链的延长　当 RNA 引物合成之后，在 DNA 聚合酶III的催化下，以 4 种脱氧核糖核苷三磷酸为底物，在 RNA 引物的 3′ 端以磷酸二酯键连接上脱氧核糖核苷酸并释放出 PPi。DNA 链的合成是以两条亲代 DNA 链为模板，按碱基互补配对原则进行的。亲代 DNA 的双股链呈反向平行，一条链是 5′ → 3′ 方向，另一条链是 3′ → 5′ 方向。在一个复制叉内两条链的复制方向不同（图 11-10），所以新合成的两条子链极性也正好相反。由于迄今为止还没有发现一种 DNA 聚合酶能按 3′ → 5′ 方向延伸，因此子链中有一条链沿着亲代 DNA 单链的 3′ → 5′ 方向（即新合成的 DNA 沿 5′ → 3′ 方向）不断延长，这条新链称为领头链（leading strand），也称前导链。而另一条链的合成方向与复制叉的前进方向相反，只能不连续地合成 5′ → 3′ 的多个短片段。1968 年日本人冈崎发现了这些片段故称冈崎片段（Okazaki fragment）。它们随后连接成大片段，这条新链称为后随链（lagging strand），也称滞后链。这种与复制叉方向相同的领头链是连续合成的，而与复制叉方向相反的后随链是不连续合成的复制方式称为半不连续复制（semi discontinuous replication）。原核细胞的冈崎片段长度为 1000 ～ 2000 个核苷酸。真核细胞的较短，长度为 100 ～ 200 个核苷酸。

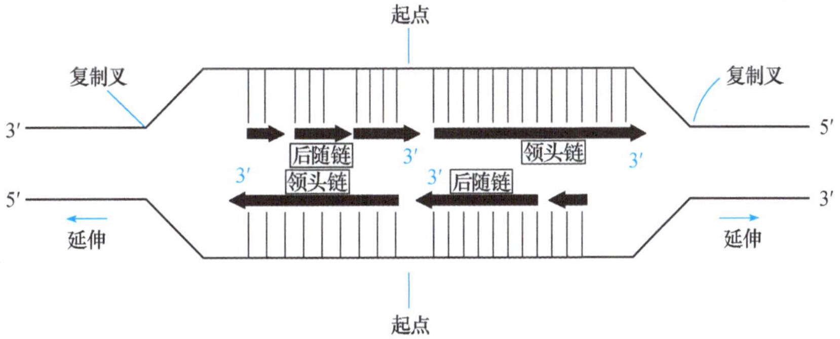

图 11-10　DNA 的双向复制

尽管领头链的合成总是领先一段，但是从来没有发现领头链跑得太远，而总是与后随链保持相对稳定的一段距离。1988 年 A. Kornberg 等从大肠杆菌中分离出分子质量为 800kDa 的 DNA 聚合酶Ⅲ* 和 900kDa 的 DNA 聚合酶Ⅲ全酶，其中各个亚基均有两个，并证明是具有双活性中心的非对称结构，这表明同一个 DNA 聚合酶Ⅲ全酶同时负责领头链和后随链的复制。后随链的模板在 DNA 聚合酶Ⅲ全酶上绕转 180° 形成一个小环，使冈崎片段的合成方向能够与领头链的合成方向及复制体的移动方向保持一致。随着冈崎片段的延长，回折的环从 DNA 聚合酶Ⅲ上释放。在此之前，领头链的合成已将另一部分后随链的模板置换出来，并在引发位点上由引发体合成新的引物，然后再形成一个小环，进行新的冈崎片段的合成，这一作用是由 DNA 聚合酶Ⅲ的 β 亚基“夹子”和 γ 复合物来完成的。当新形成的冈崎片段延长至一定长度，其 3′- 羟基端与上一个冈崎片段的 5′ 端接近时，即发生下列变化：在 DNA 聚合酶 I 的作用下，切去 RNA 引物；留下的空隙再由 DNA 聚合酶 I 催化合成一段 DNA 填补上，在 DNA 连接酶的作用下，连接相邻的 DNA 链，修复掺入 DNA 链的错配碱基，最终形成后随链（图 11-11）。

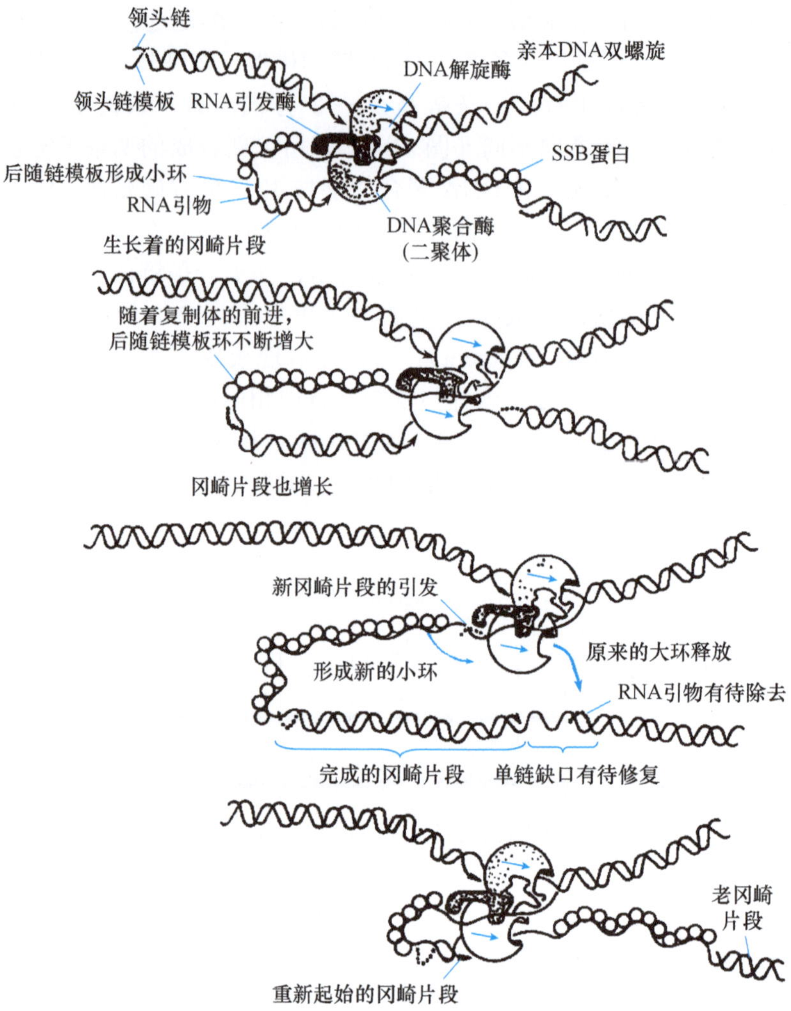

图 11-11 领头链-后随链同时复制模型

4. 复制的终止 大肠杆菌环状染色体 DNA 只有一个复制起点，两个复制叉方向相反，在终止区（terminus）相遇并停止复制，终止区并不是 DNA 复制必需的，若是人为地将其去除，DNA 复制也能终止。该区含有多个约 23bp 的终止子位点。大肠杆菌有 6 个终止子位点，分别称为 *ter*A ～ *ter*F。终止区两侧各有两组终止子位点，左侧一组含有 *ter*F、*ter*B、*ter*C，右侧一组含有 *ter*A、*ter*D、*ter*E。与 *ter* 位点结合的蛋白质称为 Tus（terminus utilization substance）（图 11-12）。Tus-*ter* 复合物只能够阻止一个方向的复制叉前移，即不让对侧复制叉超过终点后过量复制。两个复制叉在终止区相遇而停止复制，复制体解体，其间仍有 50 ～ 100bp 未被复制。其后两条亲代链解开，通过修复方式填补空缺。此时两环状染色体互相缠绕，成为连环体（catenane）。此连环体在细胞分裂前必须解开，否则将导致细胞分裂失败，细胞可能死亡。大肠杆菌分开连环体需要拓扑异构酶Ⅳ（属于类型Ⅱ拓扑异构酶）参与作用，每次作用可以使 DNA 两链断开和再连接，因而使两个连环体彼此分开。

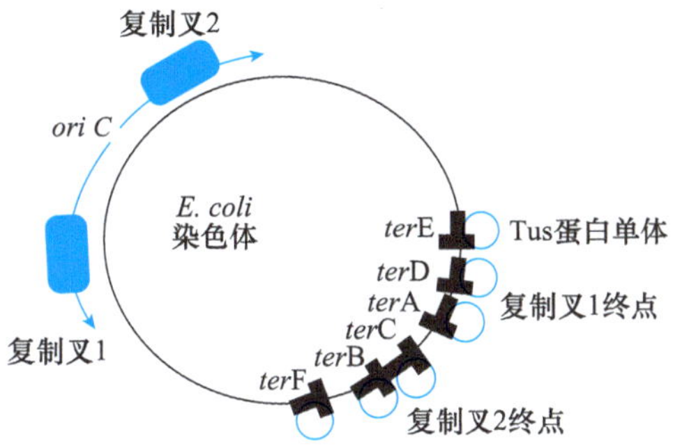

图 11-12　大肠杆菌复制终止区的结构

（四）真核细胞 DNA 的复制特点

DNA 复制的研究最初是在原核生物中进行的，真核生物比原核生物复杂得多，但 DNA 复制的基本过程还是相似的，表 11-3 对细菌和真核生物复制进行了比较。下面我们主要讨论真核生物复制的一些重要特点。

表 11-3　细菌和真核生物复制的比较

生物	复制子数	复制子长度 /kb	复制速率 /(kb/min)
细菌	1	4 200	50
酵母	500	40	3.6
果蝇	3 500	40	2.6
爪蟾	15 000	200	500
小鼠	25 000	150	22
植物	35 000	300	—

注：“—” 表示没有关于植物 DNA 复制速率的数据

1. 真核生物 DNA 复制有多个起始点　在原核生物中第一轮复制尚未结束前第二轮复制又从复制原点开始了，而在真核生物中一般要等第一轮复制结束后第二轮才开始。在真核生物中，从复制起点到复制终点称为一个复制子或一个复制单位。表 11-3 列出了细菌和真核生物的复制子数目、平均长度和复制叉移动的速率。真核生物复制起始点的数目和复制单位的大小随着细胞生长速率和组织细胞类型而改变。

2. 真核生物的 DNA 聚合酶更为复杂　真核生物的 DNA 聚合酶有多种，除了较早发现的 DNA 聚合酶 α、β、γ、δ 和 ε 以外（表 11-4），还有 θ、ζ、η、κ、λ 和 ξ 等，这些新发现的 DNA 聚合酶除了 θ 以外，一般无 3′→5′ 外切酶活性，因此无校对功能，它们主要参与修复损伤的 DNA。真核生物 DNA 聚合酶 ε 和 δ 分别负责延伸领头链和后随链，而原核生物的 DNA 聚合酶Ⅲ是两者兼顾。在真核生物内的 DNA 引发酶和 DNA 聚合酶 α 紧密偶联，而在原核细胞内引发酶和解螺旋酶偶联在一起，形成复制体的一部分。

表 11-4 真核生物 DNA 聚合酶 α、β、γ、δ 和 ε 的性质和功能

哺乳动物中的名称	DNA 聚合酶 α	DNA 聚合酶 β	DNA 聚合酶 γ	DNA 聚合酶 δ	DNA 聚合酶 ε
酵母中的名称	pol 1	pol 4	pol M	pol 3	pol 2
定位	细胞核	细胞核	线粒体	细胞核	细胞核
亚基数目	4	1	2	2	＞1
5′ → 3′ 聚合酶活性	+	+	+	+	+
3′ → 5′ 外切酶活性	–	–	+	+	+
引发酶活性	+	–	–	–	–
功能	细胞核 DNA 复制	细胞核 DNA 修复	线粒体 DNA 复制	延伸后随链	延伸前导链

微课视频

3. 真核生物体内存在端粒酶 真核生物线性染色体的两个末端具有特殊的结构，称为端粒（telomeres），是由许多成串短的重复序列构成的，无编码功能。例如，原生动物四膜虫端粒的重复序列是 TTGGGG（一条链上的顺序）；人的端粒重复序列为 TTAGGG。端粒的功能是稳定染色体末端结构，防止染色体间末端连接、重组和降解，并可补偿后随链 5′ 端在消除 RNA 引物后造成的空缺。由于所有生物 DNA 聚合酶都只能催化 DNA 从 5′ → 3′ 的方向合成，因此当复制叉到达线性染色体末端时，领头链可以连续合成到头，而由于后随链是以一种不连续的形式合成冈崎片段的，因此不能完成线性染色体末端的复制，如果这个问题不解决，真核生物在细胞分裂时，DNA 复制将产生 5′ 端隐缩，使 DNA 缩短。原核生物的染色体是环状的，其 5′ 末端冈崎片段的 RNA 引物被切除后可借助另半圈 DNA 链向前延伸来填补。真核生物通过形成端粒结构来解决这个问题。复制使端粒 5′ 端缩短，而端粒酶（telomerase）可外加重复序列到 5′ 端，维持端粒一定长度。端粒酶是一种含有 RNA 链的逆转录酶，它是由蛋白质和 RNA 两部分组成的。其中蛋白质具有逆转录酶的活性，其三维结构与其他逆转录酶有明显的相似性。不同来源的端粒酶在 RNA 长度上变化很大，但它们都能形成特定的二级结构，RNA 含有 1.5 拷贝的端粒重复序列的模板，作为模板的那一部分序列始终突出在外，处于单链状态，便于与端粒区的重复序列结合，并有效地充当逆转录的模板。

端粒酶的作用过程见图 11-13：首先其 RNA 中 0.5 拷贝的序列与端粒 DNA 最后一段重复序列配对，而剩余的 1 拷贝重复序列凸出在端粒的一侧作为模板，随后发生逆转录，在端粒 DNA 的 3′ 端增加 1 拷贝的重复序列。当逆转录反应结束后，端粒酶移位，重复上面的反应，直到端粒突出的一端能够作为合成新的冈崎片段的模板，从而填补上一个冈崎片段 RNA 被切除后留下的空隙。

在动物的生殖细胞中，由于端粒酶的存在，端粒一直保持着一定的长度。体细胞随着分化而失去端粒酶活性，主要是因为编码催化亚基的基因表达受到了阻遏。在缺乏端粒酶活性时，细胞连续分裂将使端粒不断缩短，短到一定程度即引起细胞生长停止或死亡。组织培养的细胞证明，端粒在决定细胞的寿命中起重要作用，经过多代培养的细胞端粒变短，染色体也变得不稳定。由此看来，端粒的缩短或丢失很可能是细胞衰老和老化的重要原因。

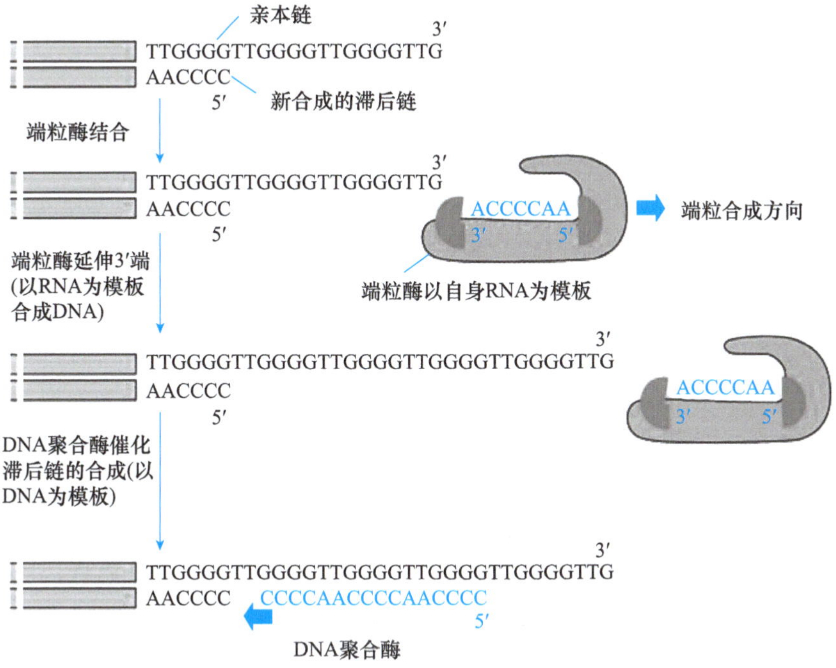

图 11-13　端粒酶的作用过程示意图

（五）确保 DNA 复制忠实性的机制

DNA 复制具有高度的忠实性（high-fidelity），其错误率为 $10^{-11} \sim 10^{-9}$，细胞内有多种机制来确保 DNA 复制的忠实性。

1. DNA 聚合酶的高度选择性　DNA 聚合酶直接催化脱氧核苷酸的掺入，它能根据模板链的顺序，按照碱基互补配对的规则进行正确选择。DNA 聚合酶通过与模板的结合引起空间构象变化，来识别并保障脱氧核苷酸的正确掺入，防止不恰当的碱基与模板链上的碱基形成氢键，避免了碱基的错配。

2. 依赖于 DNA 聚合酶 3′→5′ 外切酶活性的校对机制　DNA 聚合酶Ⅰ和Ⅲ既具有聚合活性，也具有 3′→5′ 外切酶活性，能够将新掺入的错配碱基进行特异性切除，这样就大大增加了 DNA 复制过程中的忠实性。

3. 使用 RNA 作为引物　研究表明，在 DNA 复制过程中出错概率最大的地方就是在最初几个脱氧核苷酸聚合的核酸链中。由引发酶催化的一段引物中，碱基配对错误率也最高。然而，这段引物最终要被去除，降低了 DNA 复制中产生的差错。

4. 依赖于核苷酸代谢库调节系统和体内多种修复系统的校对机制　在维持和平衡 dNTPs 的水平方面，核苷酸代谢库的调节非常重要，这是由于处于超高或超低水平的 dNTPs 比正常水平下更易出现掺入错误。通过一种别构调节酶，即核苷二磷酸还原酶对核苷酸代谢库中 4 种 dNTPs 水平，甚至其中某 1 种 dNTP 水平随时加以调整。

倘若真的出现了错配的核苷酸，机体还可以由特异性修复系统予以校正和修复，最终增强 DNA 复制的忠实性。

二、逆转录

以RNA为模板，按照RNA中的核苷酸顺序合成DNA，这与通常转录过程中遗传信息流从DNA到RNA的方向相反，故称为逆转录（reverse transcription）。在20世纪60年代，H. Temin等注意到RNA肿瘤病毒的复制行为与一般RNA病毒不同，用特异的抑制物（放线菌素D）能抑制RNA肿瘤病毒的复制，但不能抑制一般RNA病毒的复制。已经知道放线菌素D专门抑制以DNA为模板的反应，可见RNA肿瘤病毒的复制过程必然涉及DNA，H. Temin提出了前病毒的假设，认为由RNA肿瘤病毒逆向转录为DNA前病毒，然后由DNA前病毒再转录为RNA肿瘤病毒。直至1970年，H. Temin和D. Baltimore各自在鸟类劳氏肉瘤病毒和小鼠白血病病毒等RNA肿瘤病毒中找到了逆转录酶（reverse transcriptase），才证明了逆转录过程。逆转录酶的发现具有重要的理论和实践意义，表明遗传信息也可以从RNA传递到DNA，冲破了传统观念的束缚，从而丰富了中心法则的内容。它还促进了分子生物学、生物化学和病毒学的研究，为肿瘤的防治提供了新的线索。H. Temin和D. Baltimore因发现逆转录酶而获得1975年诺贝尔生理学或医学奖。

现在人们已发现各种高等真核生物的RNA肿瘤病毒都有逆转录酶。鸟类劳氏肉瘤病毒的逆转录酶有3种分子形式，分别为α、αβ和β_2，其中αβ是主要形式。α亚基分子质量为63kDa，β亚基分子质量为94kDa，α亚基是β亚基的水解产物，只有α亚基具有酶活性。哺乳动物RNA肿瘤病毒的逆转录酶一般为单亚基结构。例如，小鼠白血病病毒中的逆转录酶是分子质量为70kDa的一条多肽链。

逆转录酶需要以RNA（或DNA）为模板，以4种dNTP为原料，要求短链RNA（或DNA）作为引物，此外还需要适当浓度的二价阳离子Mg^{2+}和Mn^{2+}，沿5′→3′方向合成DNA，形成RNA-DNA杂合分子（或DNA双链分子）。以后，再以RNA-DNA杂交分子中的DNA链为模板，合成另一条DNA互补链，这样便形成新的双链DNA分子（前病毒）。

$$\text{单链病毒 RNA} \longrightarrow \text{RNA-DNA 杂合分子} \longrightarrow \text{双链 DNA（前病毒）}$$

逆转录酶是一种多功能酶，它具有多种酶活性：①以RNA为模板的DNA聚合酶活性，形成RNA-DNA杂合分子；②具有RNase H的活性，专门水解RNA-DNA杂合分子中的RNA；③以新合成的DNA链为模板的DNA聚合酶活性，形成双链DNA分子。此外，还具有DNA内切酶、DNA拓扑异构酶、DNA解链酶和tRNA结合酶的活性。

几乎所有真核生物mRNA（组蛋白mRNA除外）分子的3′端都有一段多聚腺苷酸。当加入寡聚dT作引物时，mRNA就可以成为逆转录酶的模板，在体外合成与其互补的DNA，称为cDNA（complementary DNA）（图11-14）。这种方法已成为生物技术和分子生物学研究中最常见的方法之一。逆转录酶现已提纯，可作为合成与某些特定RNA互补的DNA的工具酶，也可用于DNA的序列分析和克隆重组，使逆转录酶得到了更广泛的应用。

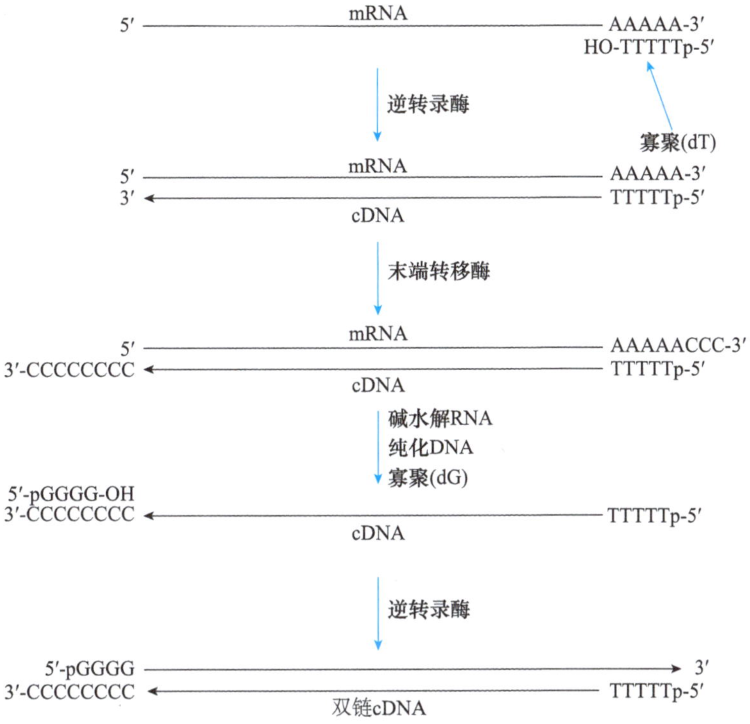

微课视频

图 11-14 cDNA 合成过程示意图

三、DNA 的损伤与修复

(一) DNA 的损伤及造成损伤的因素

DNA 与其他生物大分子一样，在各种内外因素的作用下，其结构可能会遭到损伤（damage）。然而在一定条件下，生物有机体能使其 DNA 的损伤得到修复。导致 DNA 损伤的因素有细胞内在因素和环境因素。细胞内因素包括：① DNA 复制过程中发生的错误；② DNA 结构本身的不稳定，如 C 自发脱氨基变成 U，A 自发脱氨基变成 I 等；③细胞内活性氧对 DNA 结构的破坏等。属于环境因素的有物理和化学因素，前者如紫外辐射和离子辐射，后者包括各种化学诱变剂等。

(二) DNA 的修复

细胞内具有一系列起修复作用的酶系统，可以除去 DNA 上的损伤，恢复 DNA 的正常双螺旋结构。这种修复是生物在长期进化过程中获得的一种保护功能。在这里着重介绍几种修复系统：光复活（photoreactivation）、切除修复（excision repair）、重组修复（recombination repair）和诱导修复（induction repair）。后 3 种机制不需要光照，因此又称为暗修复（dark repair）。

1. 光复活 早在1949年就已发现光复活现象。光复活的机制是可见光（最有效波长为400nm左右）激活了光复活酶（photoreactivating enzyme），它能分解由于紫外线照射而形成的嘧啶二聚体（图11-15）。

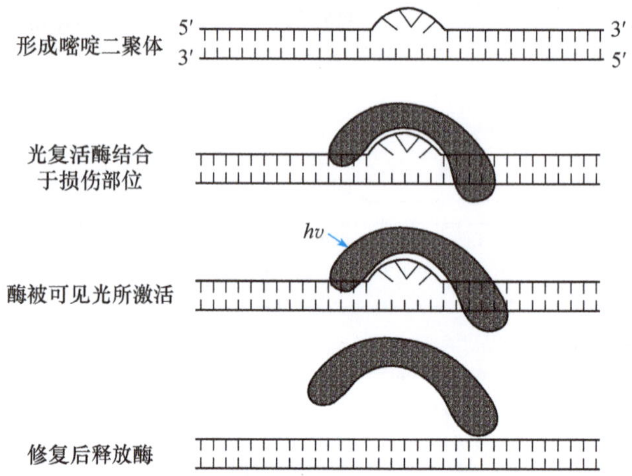

图11-15 紫外线损伤的光复活过程

光复活作用是一种高度专一的修复方式。它只作用于紫外线引起的DNA嘧啶二聚体。光复活酶在生物界分布很广，从低等单细胞生物一直到鸟类都有，而高等哺乳类动物却没有。这说明在生物进化过程中该作用逐渐被暗修复系统所取代，并丢失了这个酶。实验证明，DNA聚合酶和DNA连接酶在电离辐射损伤的修复过程中起着重要的作用。

2. 切除修复 所谓切除修复，即是在一系列酶的作用下，将DNA分子中受损伤部分切除掉，并以完整的那一条链为模板，合成出切去的部分，然后使DNA恢复正常结构的过程（图11-16）。

切除修复是比较普遍的一种修复机制，它对多种损伤均能起修复作用。对于DNA损伤较为严重的必须进行切除修复。参与切除修复的酶主要有：特异的核酸内切酶、核酸外切酶、聚合酶和连接酶。细胞内有多种特异的核酸内切酶可识别由紫外线或其他因素引起的DNA的损伤部位，在其附近将核酸单链切开，再由核酸外切酶将损伤链切除，然后由DNA聚合酶进行修复合成，最后由DNA连接酶将新合成的DNA链与已有的链连接上。大肠杆菌DNA聚合酶Ⅰ兼有5′外切酶活力，因此修复合成和切除两步可由同一酶来完成。真核细胞的DNA聚合酶不具有外切酶活力，切除必须由另外的外切酶来进行。现在已能利用有关的酶在离体情况下实现DNA损伤的切除修复。

切除修复系统和癌症的发生有一定关系。有一种称为着色性干皮病（xeroderma pigmentosa）的遗传病，该病患者对日光或紫外线特别敏感，往往容易出现皮肤癌。经分析表明，患者皮肤细胞中缺乏紫外线特异性核酸内切酶，因此对紫外线引起的DNA损伤不能修复。这说明修复系统的障碍可能是癌症发生的一个原因。

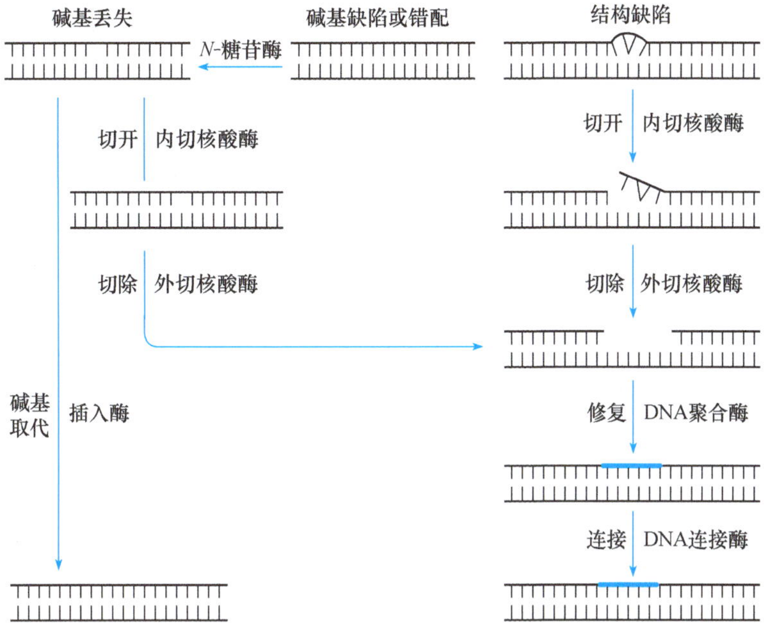

图 11-16 DNA 损伤的切除修复过程

3. 重组修复 上述切除修复过程发生在 DNA 复制之前，因此又称为复制前修复（prereplication repair）。然而，当 DNA 启动复制时尚未修复的损伤部位也可以先复制再修复。例如，含有嘧啶二聚体，烷基化引起的交联和其他结构损伤的 DNA 仍然可以进行复制，但是复制酶系在损伤部位无法通过碱基配对合成子代 DNA 链，它就跳过损伤部位，在下一个冈崎片段的起始位置或前导链的相应位置上重新合成引物和 DNA 链，结果子代链在损伤相对应处留下缺口。这种遗传信息有缺损的子代 DNA 分子可通过遗传重组而加以弥补，即从完整的母链上将相应核苷酸序列片段移至子链缺口处，然后用再合成的序列来补上母链的空缺（图 11-17），此过程称为重组修复，因为发生在复制之后，又称为复制后修复（postreplication repair）。

在重组修复过程中，DNA 链的损伤并未除去。当进行第二轮复制时，留在母链上的损伤仍会给复制带来困难，复制经过损伤部位时所产生的缺口还需通过同样的重组过程来弥补，直至损伤被切除修复所消除。但是，随着复制的不断进行，若干代后，即使损伤始终未从亲代链中除去，但在后代细胞群中却已被稀释，实际上消除了损伤的影响。

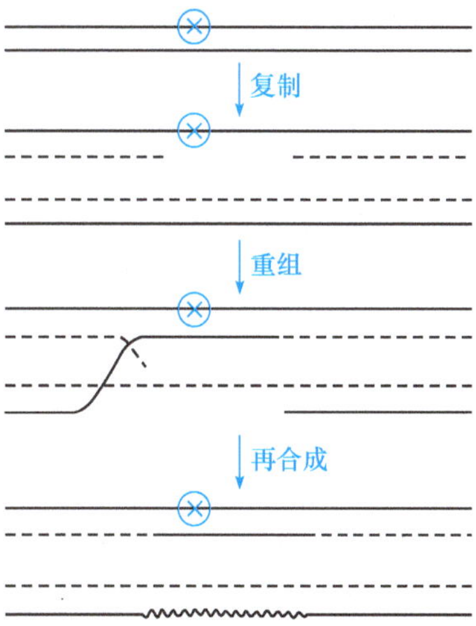

图 11-17 重组修复的过程

× 表示 DNA 链受损伤的部位。虚线表示通过复制合成的 DNA 链。锯齿线表示重组后缺口处再合成的 DNA 链

4. 诱导修复 前面介绍的 DNA 损伤修复功能可以不经诱导而发生。然而许多能造成 DNA 损伤或抑制复制的处理均能引起一系列复杂的诱导效应，称为应急反应（SOS response）。SOS 反应包括诱导出现的

DNA 损伤修复效应、诱变效应、细胞分裂的抑制及溶原性细菌释放噬菌体等。细胞的癌变也可能与 SOS 反应有关。

SOS 反应是细胞 DNA 受到损伤或复制系统受到抑制的紧急情况下，为求得生存而出现的应急效应。SOS 反应诱导的修复系统包括避免差错的修复（error free repair）和倾向差错的修复（error prone repair）两类。光复活、切除修复和重组修复能够识别 DNA 的损伤或错配碱基而加以消除，在它们的修复过程中并不引入错配碱基，因此属于避免差错的修复。SOS 反应能诱导切除修复和重组修复中某些关键酶和蛋白质的产生，使这些酶和蛋白质在细胞内的含量升高，从而加强切除修复和重组修复的能力。此外，SOS 反应还能诱导产生缺乏校对功能的 DNA 聚合酶，它能在 DNA 损伤部位进行复制而避免了死亡，可是却带来了高的变异率，这就属于倾向差错的修复。

（三）DNA 的突变

DNA 突变（mutation）是指 DNA 分子中的核苷酸序列发生突然而稳定的改变，从而导致 DNA 的复制及后来的转录和翻译产物随之发生变化，表现出异常的遗传特性。

1. DNA 的突变类型

1）碱基对的置换　碱基置换（substitution）包括转换（transition）和颠换（transversion）。转换是指两种嘌呤之间互换，或两种嘧啶之间互换。这种置换方式最为常见。颠换是指在嘌呤与嘧啶之间，或嘧啶与嘌呤之间的互换。因为它们突变的范围很小，所以属于点突变。

2）移码突变　由于插入或缺失 1 个或 2 个碱基对而使编码区该位点后的三联体密码子阅读框架发生改变，这种改变称为移码突变（frameshift mutation）。移码突变通常使该基因产物完全失活，如果出现终止密码子则使翻译提前结束。

2. 诱发 DNA 突变的因素　突变有自发突变和诱发突变。大量的 DNA 突变属于诱发突变，自然界中自发突变的概率很低。据估计，在 DNA 的合成中，大约每 10^9 个碱基对发生一次突变。然而，逆转录酶合成的 DNA 保真度差，错配碱基的出现率要比真核生物或大肠杆菌的高 1 ～ 3 个数量级，所以各种 RNA 肿瘤病毒具有很高的自发突变频率。

1）物理因素诱发的突变　诱发突变可以由物理因素引起，如电离辐射和紫外线等均可以诱发突变。电离辐射（如 X 射线、γ 射线等）的作用比较复杂，除射线的直接效应外，还可以通过水分子电离时所形成的自由基起作用（间接效应）。DNA 链可以出现双链断裂或单链断裂的情况。例如，X 射线可以在 DNA 链上形成切口（nick）；高剂量的紫外线辐射会使 DNA 分子中同一条链两相邻胸腺嘧啶碱基之间形成二聚体（TT）。这种二聚体是由两个胸腺嘧啶碱基以共价键联结成环丁烷的结构而形成的（图 11-18）。其他嘧啶碱基之间也能形成类似的二聚体（CT、CC），但数量较少。嘧啶二聚体的形成，影响了 DNA 的双螺旋结构，使其复制和转录功能均受到阻碍。

2）化学因素诱发的突变　除紫外线与电离辐射可引起 DNA 损伤外，某些化学诱变剂也会造成 DNA 结构的改变。最常见的化学诱变剂有以下几类。

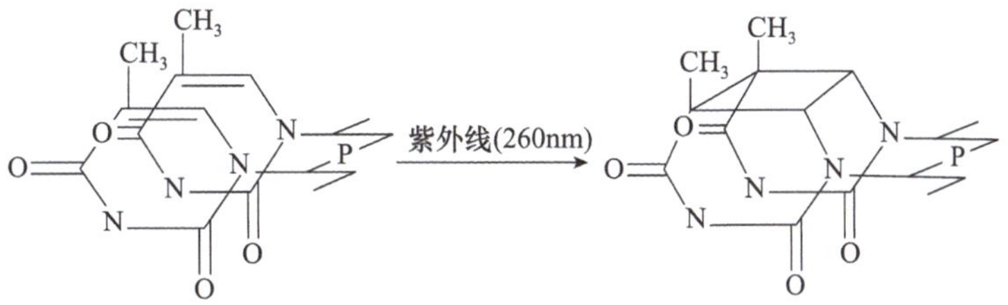

图 11-18　胸腺嘧啶二聚体的形成

（1）碱基类似物（base analog）：这是与 DNA 正常碱基结构类似的化合物，也能在 DNA 复制时取代正常碱基掺入并与互补链上的碱基配对。但是这些类似物易发生互变异构，在复制时改变配对的碱基，引起碱基对的置换。所有碱基类似物引起的置换都是转换，而不是颠换。

5-溴尿嘧啶是胸腺嘧啶的类似物，通常情况下以酮式结构存在，能与腺嘌呤配对，但有时以烯醇式结构存在，与鸟嘌呤配对。胸腺嘧啶也有酮式和烯醇式互变异构现象，但其烯醇式发生率极低，而 5-溴尿嘧啶中由于溴原子负电性很强，其烯醇式发生率要高得多，因此显著提高了诱变的能力。结果使 A-T 碱基对转变为 G-C 碱基对。

2-氨基嘌呤是腺嘌呤的类似物，如果掺入 DNA 分子中，在复制中能够与 T 或 C 配对。因此可引起 A-T 碱基对转换为 G-C 碱基对或 G-C 碱基对转换为 A-T 碱基对。

（2）碱基的修饰物（base modifier）：某些化学诱变剂通过对 DNA 碱基的修饰作用而改变其配对性质。

亚硝酸能脱去碱基上的氨基，如腺嘌呤脱氨后成为次黄嘌呤，它与胞嘧啶配对，胞嘧啶脱氨后成为尿嘧啶，与腺嘌呤配对，这种变换最终导致碱基对的转换。

烷化剂如硫酸二甲酯（DMS）可使鸟嘌呤的第 7 位氮原子发生甲基化，使之成为带一个正电荷的季铵基团，减弱 N_9 位上的 *N*-糖苷键，至使脱氧核糖苷键不稳定，易发生水解而丢失嘌呤碱，以后可被其他碱基取代，或引起 DNA 链的断裂。

羟胺可与胞嘧啶作用，生成 4-羟胺胞嘧啶，而与腺嘌呤配对，结果 G-C 碱基对变为 A-T 碱基对，从而诱发碱基对的转换。

（3）嵌入染料（intercalating dye）：一些扁平的多环分子，如吖啶橙（acridine orange）、原黄素（proflavin）、溴化乙锭（ethidium bromide）等，可以插入 DNA 的碱基对之间，这些分子插入 DNA 后将碱基对间的距离撑大约一倍，正好占据了一个碱基对的位置。嵌入染料插入碱基重复位点处可造成两条链错位。在 DNA 复制时，新合成的链或者增加核苷酸插入，或者使核苷酸缺失，结果造成移码突变。

知识窗

基因组编辑技术

基因组编辑（genome editing）是将外源 DNA 导入受体细胞染色体的特定位点上，特异地改造基因组，从而研究基因功能的重要手段之一。科学家一直在寻找精确而简单的编辑基因组的方法。研究者开发出识别特定序列的 DNA 核酸酶已经在定向基因敲除和其他的基因组编辑上展示了它们的能力，如锌指核酸酶（zinc-finger nuclease，ZFN）和类转录激活因子效应物核酸酶（transcription activator-like effector nuclease，TALEN）。它们都由可人为修改识别序列的 DNA 结合域和内切核酸酶 Fok1 组成。在这些核酸酶的作用下首先形成双链的断裂，然后通过非同源末端连接或同源重组进行修复。在不同物种中成功完成了基因组的改造。由于 ZFN、TALEN 对每一个基因位点的编辑都需要设计、合成和组装两个核酸酶，载体构建复杂，制约了其应用前景。

2013 年科学家开发了基因编辑的另一个突破性技术 CRISPR/Cas（clustered regularly interspaced short palindromic repeats/CRISPR-associated protein）系统。随着近几十年来全基因组测序常规化，在很多细菌和古细菌中发现了包含 CRISPR 序列的区域和 CRISPR 相关（Cas）基因。CRISPR 系统是细菌特有的一种获得性免疫系统。CRISPR 系统分为 3 种类型，现在常用的 CRISPR/Cas 系统由类型Ⅱ系统改造而来。类型Ⅱ系统的特征性蛋白为 Cas9 蛋白，只需该蛋白就可以实现免疫。该蛋白具有加工产生 CRISPR RNA 和切割外源核酸酶的功能。有研究者改造设计形成具有特定序列的 sgRNA，引导 Cas9 蛋白对 DNA 的定点切割。由 CRISPR/Cas 系统产生双链的断裂后，细胞通过非同源末端连接或同源重组进行修复，从而达到基因编辑的目的。CRISPR/Cas 系统操作简单，但要实现技术的广泛应用，还要解决脱靶、引起多余突变，提高同源重组效率和定向插入目标基因片段等问题。

第二节 RNA 的生物合成

DNA 是生物重要的遗传物质，储存于 DNA 中的遗传信息需通过转录和翻译而得到表达，转录和翻译统称为基因表达。在转录过程中，DNA 的一条链作为模板，合成出 RNA 分子。细胞的各类 RNA 分子都是以 DNA 为模板，在 RNA 聚合酶催化下合成的。但对于 RNA 病毒来讲，其遗传物质就是 RNA。以 RNA 为遗传物质的病毒会尽可能地以最经济、最简单的方式复制自己的遗传信息。

一、转录

（一）转录的概念及不对称性

以 DNA 的一条链为模板在 RNA 聚合酶催化下，以 4 种核糖核苷三磷酸为底物，按照碱基互补配对原则，合成一条与DNA链的一定区段互补的RNA链的过程称为转录（transcription）。RNA 的转录起始于 DNA 模板的一个特定位点，并在另一位点处终止。在生物体内，DNA 的两条链中仅有一条链可作为转录的模板，这称为转录的不对称性（transcription asymmetry）。对于不同的基因来说，其转录信息可以存在于两条不同的 DNA 链上，某些基因以 DNA 的一条链为模板，而其他基因以另一条链为模板。对某一个特定的基因来说，DNA 分子中作为模板的那一条链称为反义链（antisense strand），DNA 分子中另一条不作为模板的链称为有义链（sense strand），因为有义链的脱氧核苷酸序列正好与转录出的 RNA 的核苷酸序列相同（只是 T 与 U 的区别），所以也称编码链（coding strand）。但各个基因的有义链不一定位于同一条 DNA 链上。RNA 的合成沿 5′ → 3′ 方向进行（DNA 模板链方向为 3′ → 5′），5′ 端为核糖核苷三磷酸，即 5′ 位保留 PPP。

在真核生物细胞里，转录是在细胞核内进行的。合成的 RNA 包括 mRNA、rRNA 和

tRNA 的前体。rRNA 的合成发生在核仁内，而合成 mRNA 和 tRNA 的酶则定位在核质中。另外叶绿体和线粒体也能进行转录。原核细胞的转录酶类存在于细胞质中。

（二）大肠杆菌的 RNA 聚合酶

以一条 DNA 链或 RNA 链为模板催化合成 RNA 链的酶称为 RNA 聚合酶（RNA polymerase）。在 20 世纪 60 年代初，从大肠杆菌中分离得到了 DNA 指导的 RNA 聚合酶。该酶需要以 4 种核糖核苷三磷酸为底物，适量的 DNA 为模板，在 Mg^{2+} 的存在下，催化所有形式 RNA 的合成反应。

微课视频

目前对大肠杆菌的 RNA 聚合酶已有较深入的研究。这个酶的全酶由 5 种亚基（$\alpha_2\beta\beta'\omega\sigma$）组成，其中 β′ 亚基结合有 2 个 Zn 离子（表 11-5），分子质量为 460kDa。不含 σ 因子的酶仍有催化活性，称为核心酶（core enzyme）。两个 α 亚基所形成的二聚体可作为核心酶装配的骨架，与 DNA 启动子直接结合。β 和 β′ 亚基一起形成了酶的活性中心，负责 RNA 的催化。ω 亚基促进核心酶的装配。σ 亚基有识别转录起始部位的功能，σ 亚基催化效率很低。在 RNA 合成起始之后，σ 因子便与全酶分离。

表 11-5 大肠杆菌 RNA 聚合酶的组成

亚基	分子质量 /kDa	亚基数目	功能
α	65	2	与启动子结合
β	15	1	含催化部位，起催化作用
β′	51	1	与 DNA 模板结合
ω	11	1	促进核心酶的组装
σ	70	1	识别起始位点

细菌 RNA 聚合酶特异性的抑制剂包括利福霉素（rifamycin）和利链霉素（streptolydigin）。它们都能与细菌的 RNA 聚合酶形成紧密的复合物，作用的对象都是 β 亚基。它们并不抑制古细菌和真核生物的 RNA 聚合酶，因此，二者可被用作抗生素。

（三）原核细胞的转录过程

RNA 转录过程如图 11-19 所示，具体步骤为起始位点的识别、起始、延伸、终止。以大肠杆菌的研究为例进行介绍。

1. 起始位点的识别 RNA 的合成不需要引物。体外实验表明，不含 σ 亚基的核心酶会随机地在一个基因的两条链上启动转录。当有 σ 亚基时就会选择正确的起点。RNA 聚合酶先与 DNA 模板上的特殊启动子部位结合，σ 因子起着识别 DNA 分子上转录起始信号的作用。DNA 分子上的起始信号，即“启动序列”称为启动子（promoter）。为方便起见，习惯上 DNA 的序列按其转录的 RNA 同样序列的一条链来书写，由左到右相当于 5′→3′ 方向。在 DNA 上使 RNA 分子开始合成的第一个核苷酸标为 +1，它的 5′ 上游标为（-），3′ 下游标为（+）。通过比较原核生物启动子的结构，发现在转录起点上游大约 -10 处有 6 个碱基的 TATAAT 保守序列，称为 Pribnow 框，约在 -35 处有 TTGACA 保守序列，称为 Sextama 框。

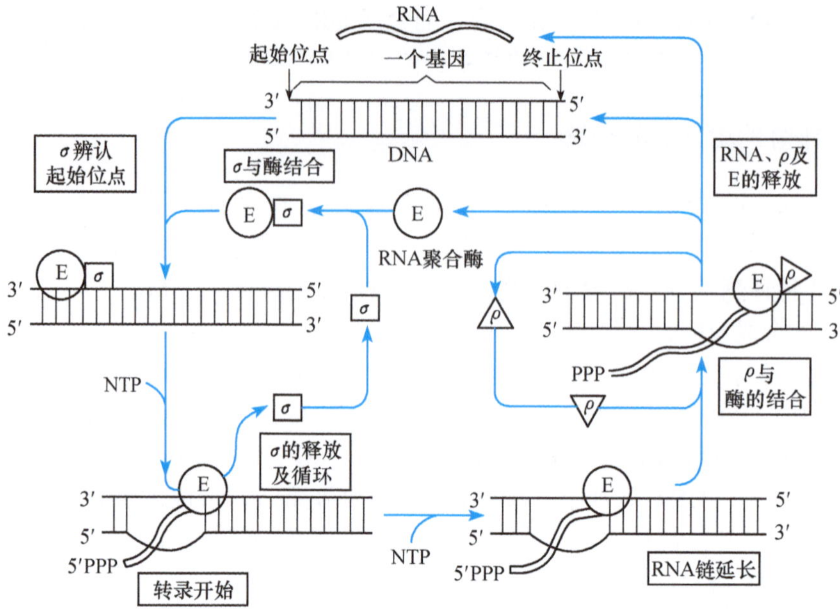

图 11-19 DNA 指导下的 RNA 转录过程示意图

启动子的结构至少由三部分组成：-35 序列提供了 RNA 聚合酶全酶识别的信号；-10 序列是酶的紧密结合位点；第三部分是 RNA 合成的起始点。虽然单独的核心酶能与 DNA 结合，但主要是由于碱性蛋白质与酸性核酸之间的非特异性静电引力造成的，DNA 仍保持双螺旋形式，而 σ 亚基能改变 RNA 聚合酶与 DNA 之间的亲和力，极大地增加了酶与启动子的结合常数和停留时间。因此开始时核心酶在 σ 亚基参与下与 DNA 分子接触，形成非专一性复合物，这样的复合物是很不稳定的，酶分子可在 DNA 链上滑动。在 σ 亚基作用下帮助全酶迅速找到启动子，并与之结合生成较松弛的封闭型启动子复合物。这时酶识别部位大约在启动子的 -35 位点处。接着是 DNA 构象改变，得到开放型的启动子复合物，也就是起始转录泡（transcription bubble），此时酶与启动子紧密结合，在 -10 位点处解开 DNA 双链，识别其中的模板链。由于该部位富含 A-T 碱基对，因此有利于 DNA 解链。开放型复合物一旦形成，DNA 就继续解链，酶移动到起始位点。

2. 起始　停留在起始位点的全酶结合第一个核苷三磷酸。加入的第一个核苷三磷酸常是 GTP 或 ATP。所形成的启动子、全酶和核苷三磷酸复合物称为三元起始复合物，第一个核苷酸掺入的位置称为转录起始点。这时 σ 亚基被释放，从核心酶脱离。解离出来的 σ 亚基可以循环使用，并参与新一轮转录反应。起始复合物的形成是转录的限速步骤，起始频率主要取决于启动子强度。强启动子每秒钟启动一次转录，弱启动子每分钟（甚至更长时间）启动一次转录。但一旦启动成功，RNA 链延伸的速率平均为 50nt/s，与启动子强度无关。

3. 延伸　DNA 分子和酶分子发生构象的变化，核心酶与 DNA 的结合松弛，核心酶可沿模板移动，并按模板序列选择下一个核苷酸，将核苷三磷酸加到生长的 RNA 链的 3′-羟基端，催化形成磷酸二酯键，并释放出 PPi。转录延伸方向是沿 DNA 模板链的 3′ → 5′ 方向，按碱基互补配对原则生成 5′ → 3′ 的 RNA 产物。RNA 链延伸时，RNA 聚合酶继续解开一段 DNA 双链，长度约 17 个碱基对，使模板链暴露出来。新合成的 RNA 链与模板形成 RNA-DNA 的杂交区，由于转录的方向始终是从 5′→3′，新掺入的核苷酸总是被添加在 RNA 链的 3′-羟基端，而每掺入一个新的核苷酸，RNA-DNA 杂交双链必须发生旋转，不利于转录的超螺旋可被结合在转录泡前面的拓扑异构酶解除。当新生的 RNA 链离开模板 DNA 后，两条 DNA 链则重新形成双股螺旋结构（图 11-20）。

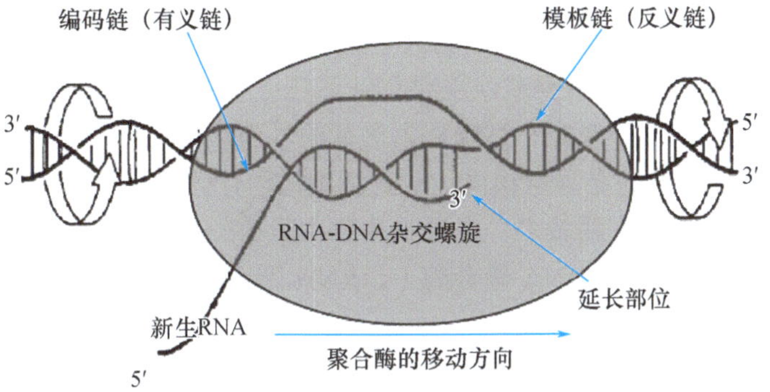

图 11-20　RNA 链延伸过程示意图

4. 终止　在 DNA 分子上（基因末端）有终止转录的特殊碱基顺序称为终止子（terminator），它具有使 RNA 聚合酶停止合成 RNA 和释放 RNA 链的作用。这些终止信号有的能被 RNA 聚合酶自身识别，而有的则需要有 ρ 因子的帮助。ρ 因子能与 RNA 聚合酶结合，但不是酶的组分。它的作用是阻止 RNA 聚合酶向前移动，于是转录终止，并释放出已转录完成的 RNA 链。对于不依赖于 ρ 因子的终止子序列的分析，发现有两个明显的特征：即在 DNA 上有一个 15～20 个核苷酸的回文结构，富含 G-C，位于 RNA 链结束之前，新合成的 RNA 链易形成发夹结构，阻碍 RNA 聚合酶的移动。接着有一串大约 6 个 A 的碱基序列，它们转录的 RNA 链的末端为一连串的 U（图 11-21）。寡聚 U 可能提供信号使 RNA 聚合酶脱离模板。这类不依赖于 ρ 因子的终止子也被称为强终止子。

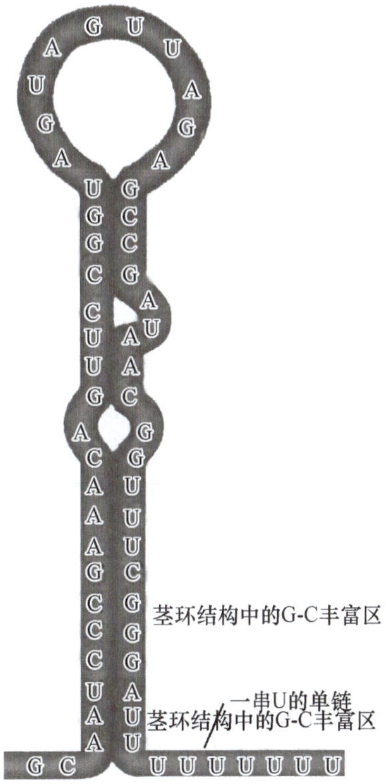

图 11-21　不依赖 ρ 因子的终止子转录出的 RNA 结构示意图

（四）真核生物 RNA 聚合酶及转录特点

1. 真核生物 RNA 聚合酶　真核生物的 RNA 聚合酶有 Ⅰ、Ⅱ、Ⅲ 3 种（表 11-6），分子质量为 500～700kDa，通常由 4～6 种亚基组成，并含有 Zn^{2+}。此外，线粒体和叶绿体也含有 RNA 聚合酶，其特性类似原核细胞的 RNA 聚合酶。

表 11-6 真核细胞 RNA 聚合酶

酶类	分布	产物	α-鹅膏蕈碱对酶的作用	分子质量 /kDa	反应条件
Ⅰ	核仁	rRNA	不抑制	500 ～ 700	低离子强度，要求 Mg^{2+} 或 Mn^{2+}
Ⅱ	核质	mRNA	低浓度抑制	约 700	高离子强度
Ⅲ	核质	tRNA、5S rRNA	高浓度抑制	约 500	高 Mn^{2+} 浓度

2. 真核生物转录的特点　真核生物 RNA 的转录与原核生物 RNA 的转录过程总体上基本相同，但是，其过程要复杂得多，主要有以下几点不同。

（1）真核生物 RNA 的转录是在细胞核内进行的，而蛋白质的合成则是在细胞质内进行的。所以，RNA 转录后首先必须从核内运输到细胞质内，才能指导蛋白质的合成。

（2）真核生物 RNA 聚合酶较多。在原核生物中只有一种 RNA 聚合酶，催化所有 RNA 的合成，而在真核生物中则有 RNA 聚合酶Ⅰ、RNA 聚合酶Ⅱ和 RNA 聚合酶Ⅲ 3 种不同的酶，分别催化不同类型 RNA 的合成。

（3）原核生物中 RNA 聚合酶可以直接起始转录合成 RNA，真核生物则不能。在真核生物中，3 种 RNA 聚合酶都必须在蛋白质转录因子的协助下才能进行 RNA 的转录。

（4）真核生物 RNA 聚合酶对转录启动子的识别也比原核生物更加复杂，如 RNA 聚合酶Ⅱ，至少有 3 个 DNA 的保守序列与其转录的起始有关，第一个称为 TATA 框（TATA box），具有共有序列 TATAAAA，其位置在转录起始点的上游约为 25 个核苷酸处，它的作用可能与原核生物中的 -10 区共有序列相似，与转录起始位置有关。第二个共有序列称为 CAAT 框（CAAT box），具有共有序列 GCCAATCT，位于转录起始位置上游 50 ～ 500 个核苷酸处。如果该序列缺失会极大降低转录水平。第三个区域一般称为增强子（enhancer），其位置可以在转录起始位置的上游，也可以在下游或者在基因之内。它虽不直接与转录复合体结合，但可以显著提高转录效率。

（五）核酸合成的抑制剂

某些核酸代谢的拮抗物和抗生素能抑制核苷酸或核酸的生物合成，因而在临床上被用作治疗某些疾病的药物。按照作用的性质不同分为三类：嘌呤和嘧啶类似物、DNA 模板功能的抑制物和 RNA 聚合酶的抑制物。

1. 嘌呤和嘧啶类似物　有些人工合成的碱基类似物能够抑制和干扰核酸的合成。其中重要的如 6-巯基嘌呤、硫鸟嘌呤和 5-溴尿嘧啶等。这些碱基类似物在体内至少有两方面的作用：它们或者作为代谢拮抗物，直接抑制核苷酸生物合成有关酶的活性；或者通过以假乱真掺入核酸分子中，形成异常的 DNA 或 RNA，从而影响核酸的功能并导致突变。

2. DNA 模板功能的抑制物　有一些化合物由于能够与 DNA 结合，使 DNA 失去模板功能，从而抑制复制和转录。例如，氮芥和磺酸酯，它们带有一个或多个活性烷基，能使 DNA 烷基化。通常烷基化试剂都具有较大毒性，并能引起细胞突变和致癌作用。放线菌素 D 与 DNA 形成非共价的复合物，抑制其模板功能（低浓度抑制转录，较高浓度抑制复制）。具有类似作用的还有色霉素 A3、橄榄霉素、普卡霉素。

3. RNA 聚合酶的抑制物　有些抗生素或化学药物，由于能够抑制 RNA 聚合酶，进而抑制 RNA 的合成，如利福霉素（rifamycin）、利链霉素（streptolydigin）和 α-鹅膏蕈碱。利福霉素和利链霉素能与细菌的 RNA 聚合酶形成紧密的复合物，作用的对象都是 β 亚基。利福霉素能阻止长度仅为 2 ～ 3 个核苷酸的新生转录物从 RNA 聚合酶离开，从而抑制转录的起始。利链霉素能阻止 RNA 聚合酶在催化过程中的构象变化，从而抑制转录的延伸。它们并不抑制古细菌和真核生物的 RNA 聚合酶。α-鹅膏蕈碱抑制真核生物 RNA 聚合酶，对细菌 RNA 聚合酶抑制作用极为微弱。

（六）转录产物的加工与修饰

在转录中新合成的 RNA 往往是较大的前体分子，需要经过进一步的加工修饰，才转变为具有生物学活性的、成熟的 RNA 分子，这一过程称为转录后加工，主要包括剪接、剪切和化学修饰。

1. mRNA 的加工　在原核生物中转录翻译相随进行，多基因的 mRNA 生成后，绝大部分直接作为模板去翻译各个基因所编码的蛋白质，不再需要加工。但在真核生物中转录和翻译的时间和空间都不相同，mRNA 的合成在细胞核内进行，而蛋白质的翻译是在细胞质中进行，而且许多真核生物的基因是不连续的。不连续基因中的插入序列，称为内含子（intron）；被内含子隔开的基因序列称为外显子（exon）。一个基因的外显子和内含子都转录在一条很大的原初转录物 RNA 分子中，分子质量达 1×10^4 ～ 2×10^4kDa，而且很不均一，故称为核内不均一 RNA（hnRNA）。它们的寿命很短，只有几分钟。首先降解为分子较小的 RNA，再经其他修饰转化为 mRNA。真核生物 mRNA 的加工包括：① hnRNA 被剪接（splicing），除去由内含子转录来的序列，将外显子的转录序列连接起来；②在 3′ 端连接上一段 20～200 个多聚腺苷酸（poly A）的“尾巴”结构，不同 mRNA 的长度有很大差异；③在 5′ 端连接上一个“帽子”结构 $m^7G_{ppp}Nm_p$；④在内部少数腺苷酸的腺嘌呤 6 位氨基发生甲基化（m^6A）。

2. tRNA 的加工　原核生物的 tRNA 基因的转录单元大多数是多基因的。不但相同或不同的 tRNA 的几个基因可转录在一条 RNA 中，有的 tRNA 还与 rRNA 组成转录单元，因此 tRNA 前体的加工过程包括剪切、剪接（需要内切核酸酶和连接酶催化）、在 3′ 端添加-CCA_{OH} 及核苷酸修饰，最后转化为成熟的 tRNA。核糖核酸酶 P 负责切除 5′ 端前导序列，核糖核酸酶 F 和 D 切除 3′ 端拖尾序列（图 11-22）。tRNA 中含有许多稀有碱基，所有这些碱基均是在转录后由 4 种常见碱基经修饰酶催化，发生脱氨、甲基化、羟基化等化学修饰而生成的。

真核生物的基因组通常含有成百上千个 tRNA 的基因。这些基因的初级转录物除了在 5′ 端和 3′ 端含有多余的核苷酸序列以外，某些还具有内含子。内含子的位置似乎是固定的，都位于反密码子的 3′ 端。此外，真核生物成熟的 tRNA 也是被高度修饰的。但与原核生物不同的是，真核生物 tRNA 的基因本来并没有 CCA 序列，需要通过加工添加上去。

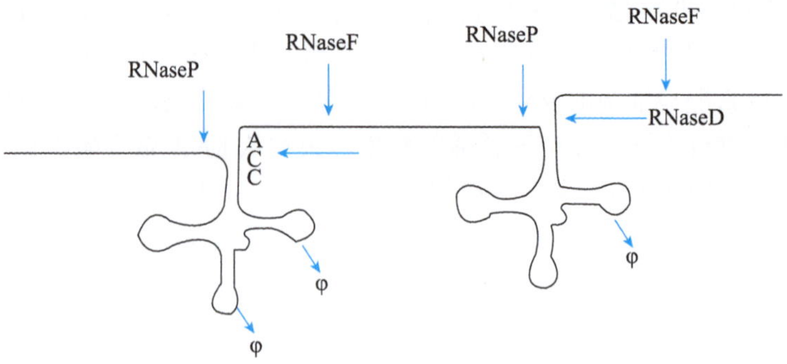

图 11-22 tRNA 前体加工示意图

↓表示内切核酸酶的作用；←表示外切核酸酶的作用；↘表示异构化酶的作用

3. rRNA 的加工 原核生物首先生成的是 30S 前体 rRNA，经核糖核酸酶作用，逐步裂解为 16S、23S 和 5S 的 rRNA，其裂解过程可归纳如下：

$$30S \begin{cases} \rightarrow 17.5S \rightarrow 16S\ rRNA \\ \rightarrow 25S \rightarrow 23S\ rRNA \\ \rightarrow 小碎片 \rightarrow 5S\ rRNA \end{cases}$$

原核生物 16S rRNA 和 23S rRNA 含有较多的甲基化修饰成分，特别是 2′-*O*-甲基核糖。一般 5S rRNA 中无修饰成分。在真核生物中 rRNA 的转录后加工与原核细胞类似，但更为复杂。28S、18S 和 5.8S 的 rRNA 作为一个多顺反子在核仁中由 RNA 聚合酶 I 催化合成，生成一个 35～45S 的前体 rRNA，前体 rRNA 分裂而转变为 28S、18S 和 5.8S 的 rRNA 分子。真核生物 5S rRNA 前体是由 RNA 聚合酶Ⅲ催化转录的。真核生物 rRNA 中也含有较多的甲基化成分。

二、RNA 的复制

大多数生物的遗传信息储藏在 DNA 中，遗传信息按中心法则由 DNA 转录成 RNA，再由 RNA 翻译成蛋白质。在某些生物中 RNA 也可以是遗传信息的基本携带者，并能通过复制而合成与自身相同的分子。例如，某些 RNA 病毒，当它侵入寄主细胞后可借助于复制酶而进行病毒 RNA 的复制。

RNA 病毒的种类很多，其复制方式也是多种多样的，主要有以下几类。

（一）病毒含有正链 RNA

通常把具有 mRNA 功能的链称为正链，与它互补的链称为负链。病毒进入宿主细胞后首先合成复制酶及有关蛋白质，然后在复制酶的作用下进行病毒 RNA 的复制，最后由病毒 RNA 和蛋白质装配成病毒颗粒。噬菌体 Qβ 和脊髓灰质炎病毒就是这种类型的代表。

研究 RNA 复制较多的是噬菌体 Qβ，它以单链 RNA 作为它的遗传物质。当 Qβ 侵染大肠杆菌时，噬菌体 RNA 通过复制产生新的噬菌体 RNA，这一过程被一个高度专一的以 RNA 为模板的 RNA 聚合酶（或称为 RNA 复制酶）所催化。即当 Qβ 噬菌体侵染大肠杆菌细胞后，其单链 RNA 充当 mRNA，利用宿主细胞中的核糖体合成噬菌体外壳蛋白质和复制酶，复制酶形成后就进行 RNA 复制。在噬菌体的复制酶形成后，酶就吸附到正链 RNA 的 3′ 端，以它为模板合成负链（图 11-23），直至合成结束，然后负链从正链模板上释放出来。同一个酶又吸附到负链 RNA 的 3′ 端，合成出病毒正链 RNA，正链 RNA 与外壳蛋白装配成噬菌体颗粒，所以正链和负链的合成方向都是由 5′ → 3′。

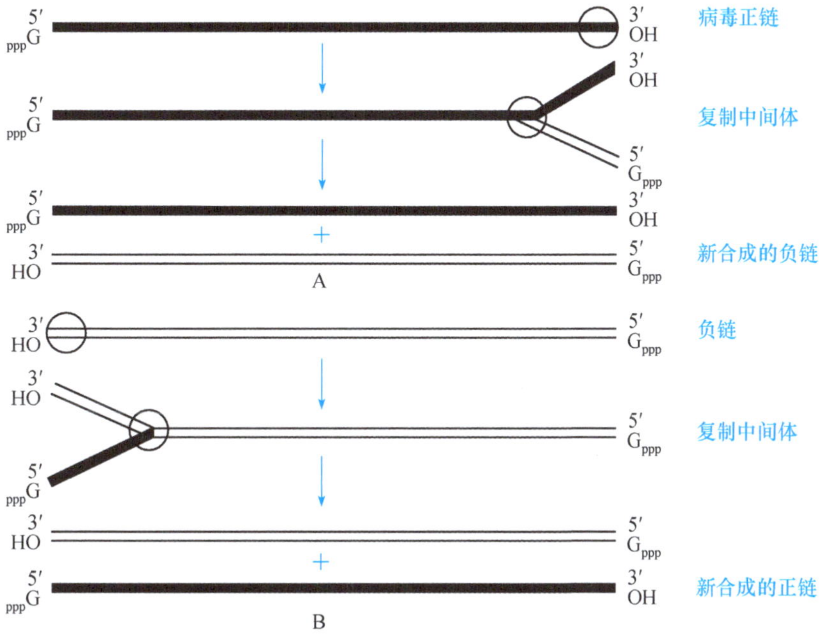

图 11-23　噬菌体 Qβ RNA 的合成

A. 负链的合成；B. 正链的合成

（二）病毒含有负链 RNA 和复制酶

这类病毒侵入细胞后，借助病毒带进去的复制酶合成正链 RNA，再以正链 RNA 为模板，合成病毒蛋白质和复制病毒 RNA，如狂犬病毒和马水疱性口炎病毒。

（三）病毒含有双链 RNA 和复制酶

这类病毒以双链 RNA 为模板，在病毒复制酶的作用下合成正链 RNA，并以正链 RNA 为模板翻译病毒蛋白质，然后再合成病毒负链 RNA，形成双链 RNA 分子，如呼肠孤病毒。

（四）致癌 RNA 病毒

这类病毒的复制需经过 DNA 前病毒阶段，由逆转录酶所催化。这类病毒的复制过程本章第一节已经叙述，这类病毒主要包括白血病病毒和肉瘤病毒。

第三节 基因工程简介

一、基因工程的概念

基因工程（genetic engineering）是指在基因水平上的遗传工程，它是用人为方法将所需要的某一供体生物的遗传物质——DNA大分子提取出来，在离体条件下用适当的工具酶进行切割后，把目的片段与作为载体的DNA分子连接起来，然后与载体一起导入受体细胞中，以让外源遗传物质在其中“安家落户”，进行正常复制和表达，从而获得具有一定优良性状的新种质的一种崭新的育种技术。基因工程在20世纪取得了很大的进展，这至少有两个有力的证明：一是转基因动植物，二是克隆技术。转基因动植物由于植入了新的基因，动植物具有了原先没有的全新性状，这引起了一场农业革命。如今，转基因技术已经开始广泛应用，如抗虫棉、抗虫番茄、抗除草剂大豆及生长迅速的鲫鱼等。

1997年世界十大科技突破之首是克隆羊的诞生。这只叫“多莉”的母绵羊是第一只通过无性繁殖产生的哺乳动物，它完全秉承了给予它细胞核的那只母羊的遗传基因。“克隆”一时间成为人们注目的焦点。尽管有着伦理和社会方面的忧虑，但生物技术的巨大进步使人类对未来的想象有了更广阔的空间。

二、基因工程的操作技术

基因工程一般包括4个方面的基本内容及其相关操作技术：①获得符合人们要求的DNA片段，这种DNA片段称为“目的基因”；②将目的基因与质粒或病毒DNA连接成重组DNA（质粒或病毒DNA称为载体）；③把重组DNA引入某种细胞（称为受体细胞）；④把能表达目的基因的受体细胞挑选出来。

（一）目的基因

体外操作DNA的首要步骤之一是提取载体DNA和所需要的外源目的基因。在细胞中，DNA并非以游离态分子存在，而是和RNA及蛋白质结合在一起形成复合体。DNA纯化的基本步骤：①从破坏了细胞壁和膜的细胞中释放出可溶性的高分子DNA；②通过变性或蛋白质分解，使DNA和蛋白质的复合体解离；③将DNA从其他大分子中分离出来；④DNA浓度和纯度的测定。

要进行DNA重组，首先要取得需要的目的基因，而基因处于DNA长链中某一特定部位，现在广泛采用的是限制性内切核酸酶降解法。这类酶能够催化双链DNA的断裂，产生限制性片段。整个基因组可切成许多片段，通过凝胶电泳将这些片段分离。然后用能够与目的基因特异结合的探针分别与这些DNA片段进行分子杂交，能够与探针杂交的DNA片段就是目的基因。探针可以是目的基因所对应的mRNA；或mRNA逆转录获得的cDNA；

或者利用目的基因表达产物的氨基酸序列，根据三联体密码学说推断的碱基序列，通过化学方法合成的一段寡聚脱氧核糖核苷酸。

（二）载体

外源 DNA 片段（目的基因）必须由一个适当的运载工具将其带入受体细胞内，并与运载的外源 DNA 一起进行复制与表达，这种运载工具称为载体（vector）。

1. 载体必须具备的条件

（1）在受体细胞中，载体可以独立地进行复制。而且插入外源 DNA 后不会影响载体本身的复制能力。

（2）易于鉴定、筛选。即载体要具有筛选标记，以便容易将带有外源 DNA 的重组体与不带外源 DNA 的载体区别开来。

（3）易于引入受体细胞。

2. 常用的载体　常用的载体主要有以下几类：细菌和酵母的质粒（plasmid），噬菌体如 λ 噬菌体和 M13 噬菌体。

（1）质粒是一种在细菌染色体以外的遗传单元，根据染色体对质粒复制的控制程度是否严格，可以将质粒分为松弛型控制（relaxed control）质粒和严紧型控制（stringent control）质粒。前一类质粒的复制并不严格地受宿主细胞染色体复制过程的控制。这类质粒可以独立进行复制，所以它的拷贝数也较多，每个细胞可含 10 ～ 20 个拷贝。当加入蛋白质合成抑制物如氯霉素时，拷贝数可以大大增加，每个细胞可含数千个拷贝。所以这类质粒可以用作载体。但是，目前用于基因工程的质粒大多数是经过人工改造过的，因为除了有自我复制能力外，还必须有某种限制性内切核酸酶的单一切点，以供外源 DNA 的插入，并且插入后不影响质粒自身的复制能力。

（2）噬菌体是细菌病毒。用作载体的主要有 λ 噬菌体和 M13 噬菌体。λ 噬菌体是大肠杆菌中的一种噬菌体，为 50kb 左右的 DNA，两端有 12 个核苷酸组成的黏性末端。在整个 λ 噬菌体基因组中，有很大一部分 DNA 序列对于噬菌体的感染性来说并不是必需的。因此可以用外源 DNA 取代这部分 DNA，λ 噬菌体作为载体的优点是易于使宿主细胞感染，携带外源 DNA 一起增殖。M13 噬菌体含有单链（+）DNA，当它感染大肠杆菌时，此正链 DNA 经复制而形成双链（+/−）复制型（replication form，RF）DNA。RF 型 DNA 可用作载体。

（三）连接

外源 DNA 与载体 DNA 之间可以通过多种方式相连接，如黏性末端连接形成重组体。许多限制性内切核酸酶并不是齐头切割 DNA 的，使双链形成一段末端 DNA 单链，称为黏性末端。先用某一种限制性内切核酸酶切割外源 DNA，并用凝胶电泳将拟插入的那个片段分离出来。再用同一种酶去切割载体 DNA（应该是单一切点），使外源 DNA 和载体 DNA 具有互补的黏性末端，它们可以通过黏性末端彼此连接起来。催化双链 DNA 之间连接反应的酶是 DNA 连接酶（DNA ligase），实验室中常用的是噬菌体 T4 DNA 连接酶。此外，还可以用平头末端连接；在 DNA 片段末端加上多聚寡核苷酸后连接；用接头（adapter）连接等方法产生重组体。

（四）转化

任何外源 DNA 重组到载体上，然后转入受体细胞中复制繁殖，这一过程称为 DNA 的克隆（DNA cloning）。许多细菌细胞和真核细胞都可以从环境中吸入 DNA 分子，但吸入的频率极低，约为 10^{-6}。现在已经知道可以用一定浓度的 Ca^{2+} 处理细胞，使细胞变得容易吸收外源 DNA。外源 DNA 进入受体细胞并使它获得新遗传特性的过程称为转化。所以转化作用是将外源 DNA 引入细胞的过程。最常用的大肠杆菌受体菌为 HB101。

λ 噬菌体很易感染宿主细胞，所以携带有外源 DNA 的 λ 噬菌体可以通过感染而将外源 DNA 带入受体菌。也可以用动物病毒作载体将重组 DNA 带入动物细胞；用 Ti 质粒作载体将重组 DNA 带入植物细胞；也可以用微量注射器将重组 DNA 注射到培养细胞的核内。

（五）筛选

即从大量宿主细胞中筛选出带有重组体的细胞。

三、PCR 介绍

聚合酶链反应（polymerase chain reaction），即 PCR 技术，是一种在体外快速扩增特定基因或 DNA 序列的方法，故又称为基因的体外扩增法。这种技术是由美国 Cetus 公司人类遗传研究室的科学家 K. B. Mullis 于 1983 年发明的。它可以在试管中建立反应，经数小时之后，就能将极微量的目的基因或某一特定的 DNA 片段扩增数十万倍，乃至千百万倍，从而获得足够数量的精确的 DNA 拷贝。PCR 技术操作简单，容易掌握，结果也较为可靠，为基因的分析与研究提供了一种强有力的手段，对整个生命科学的研究与发展都有着深远的影响。现在，PCR 技术不仅可以用来扩增与分离目的基因，还在农业分子辅助育种、临床医疗诊断、基因突变与检测及法医鉴定等诸多领域都有着重要的用途。

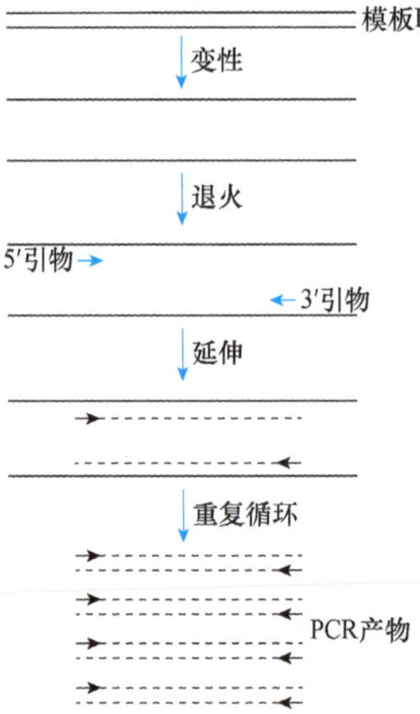

图 11-24　聚合酶链反应原理示意图

PCR 技术的原理与细胞内发生的 DNA 复制过程十分类似。PCR 由变性、退火、延伸三个基本反应步骤构成。①模板 DNA 的变性：经加热至 93℃左右一定时间后，模板双链 DNA 或经 PCR 扩增形成的双链 DNA 解离成为单链，以便与引物结合。②模板 DNA 与引物的退火（复性）：模板 DNA 经加热变性成单链后，温度降至 55℃左右，引物与模板 DNA 单链的互补序列配对结合。③引物的延伸：DNA 模板-引物结合物在 DNA 聚合酶（*Taq* 酶）的催化作用下，以 dNTP 为原料，按碱基互补配对原则，合成与模板 DNA 互补的一条新链。重复变性、退火、延伸三个过程就可获得更多 DNA 双链（图 11-24）。

PCR 每完成一个循环需 2 ～ 4min，2 ～ 3h 就能将目的基因扩增放大几百万倍。经 n 次循环之后（通常 n 为 35 ～ 42），反应混合物中所含有的双链 DNA 分子数，即两条引物结合位点之间的 DNA 区段的拷贝数，理论上的最高值应是 2^n。

知识窗

1. 小干扰 RNA　小干扰 RNA（small interfering RNA，siRNA）是双链 RNA（double-strand RNA，dsRNA）被 RNase Ⅲ家族中的核酸酶 DICER 降解后产生的长 21 ～ 25 个核苷酸的小片段，具有 5′-磷酸、3′-羟基和 1 ～ 2 个核苷酸的 3′-黏性末端。RNA 干扰（RNA interference，RNAi）是近年来发现的研究生物体基因表达、调控与功能的一项崭新技术，它利用了由小干扰 RNA 引起的生物细胞内同源基因的特异性沉默（silencing）现象。其本质是siRNA与对应的mRNA特异结合、降解，从而阻止 mRNA 的翻译。RNAi 是生物进化的结果，是生物体对病毒基因等外源核酸侵入的一种保护性反应。它普遍存在于各种生物，具有抗病毒、稳定转座子及监控异常表达 mRNA 的生物学功能。RNA 干扰现象不仅能提供一种经济、快捷、高效的抑制基因表达的技术手段，还有可能在基因功能鉴定、基因治疗等方面开辟一条新思路。

2. DNA 纳米技术　DNA 纳米技术（DNA nanotechnology）是指以 DNA 的理化特性为原理设计的纳米技术，主要应用于分子的组装。DNA 复制过程中所体现的碱基的单纯性、互补法则的恒定性和专一性、遗传信息的多样性及构象上的特殊性和拓扑靶向性，都是纳米技术所需要的设计原理。现在利用生物大分子已经可以实现纳米颗粒的自组装。将一段单链的 DNA 片段连接在 13nm 直径的纳米金颗粒 A 表面，再把序列互补的另一种单链 DNA 片段连接在纳米金颗粒 B 表面，将 A 和 B 混合，在 DNA 杂交条件下，A 和 B 将自动连接在一起。利用 DNA 双链的互补特性，可以实现纳米颗粒的自组装。利用生物大分子进行自组装，有一个显著的优点：可以提供高度特异性结合，这在构造复杂体系的自组装方面是必需的。

思考题

1. 什么是中心法则？
2. 什么是半保留复制？是否所有 DNA 的复制都以半保留的方式进行？
3. DNA 的复制过程可分为哪几个阶段？其主要特点是什么？
4. 什么是逆转录？
5. DNA 突变有几种主要形式？
6. DNA 损伤修复包括哪几种修复系统？
7. 叙述原核细胞的转录过程。
8. 简述原核生物中复制和转录的异同点。
9. 什么是 PCR 技术？
10. 确保 DNA 复制忠实性的机制是什么？
11. 原核生物 RNA 聚合酶的组成及各亚基的功能是什么？
12. 简述基因工程技术的主要内容。

请扫描二维码
进行在线测试

第十二章 >>>

蛋白质的生物合成

学习要点

蛋白质生物合成的原料是氨基酸，合成体系中的重要组分包括mRNA、tRNA、rRNA及几十种蛋白质因子。蛋白质的合成场所是核糖体，合成的过程分为几个阶段：氨基酸活化，肽链合成的起始、延长、终止和释放，肽链的折叠和修饰。许多蛋白质合成后，还要运送到它们发挥作用的部位。蛋白质的去向，由自身携带的信息决定。

生命活动离不开新陈代谢。细胞内的蛋白质也在不断更新。一方面，细胞在不断地降解蛋白质；另一方面，细胞又不断利用氨基酸合成新的蛋白质。蛋白质的生物合成是基因表达的重要内容之一。基因的遗传信息通过转录过程从DNA转移到mRNA，再由mRNA将这种遗传信息传递给蛋白质，这个将mRNA的核苷酸顺序表达为蛋白质中的氨基酸顺序的过程称为翻译（translation）。

第一节　蛋白质合成体系的重要组分

微课视频

蛋白质的生物合成十分复杂，在此过程中需要多种生物分子参加并相互协作，其中包括mRNA、rRNA、tRNA、核糖体、多种活化酶及各种蛋白质因子，还有合成蛋白质的原料氨基酸。

一、mRNA及遗传密码

（一）mRNA

mRNA是翻译的模板，原核细胞中每个mRNA分子常带有多个功能相关基因的编码信息，在翻译过程中可同时合成几种蛋白质，因此属于多顺反子mRNA（polycistronic mRNA）（图12-1）；而真核细胞中，每个mRNA分子一般只含有一个基因的编码信息，即只编码一种蛋白质，为单顺反子mRNA（monocistronic mRNA）（图12-2）。mRNA分子除含有编码区外，两端还有非编码区。非编码区对于mRNA模板的活性是必需的，特别是5′端非编码区在蛋白质合成中是与核糖体结合的部位。

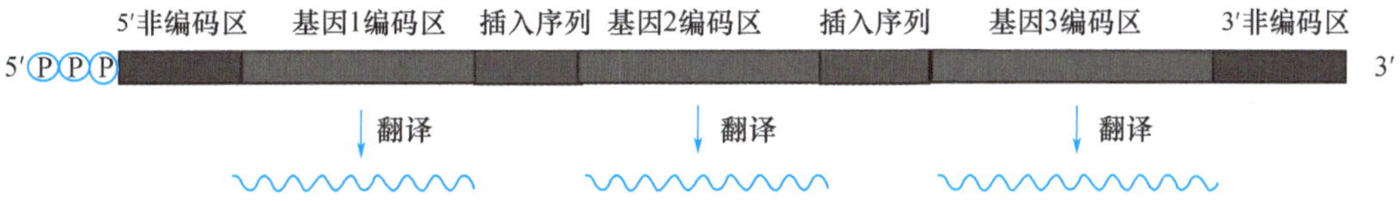

图 12-1　原核生物多顺反子 mRNA

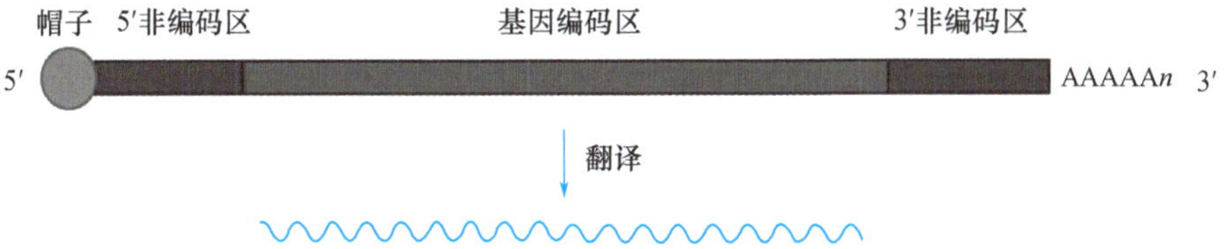

图 12-2　真核生物单顺反子 mRNA

（二）遗传密码的破译及其特征

mRNA 分子中的核苷酸序列是如何翻译成蛋白质的氨基酸序列的？要回答这个问题我们首先要了解遗传密码（genetic code），即 DNA（或其转录的 mRNA）中碱基序列和蛋白质中氨基酸序列之间的对应关系。

1. 遗传密码的破译　4 个字母表示的核苷酸语言和 20 个字母表示的氨基酸语言之间的关系问题引起了科学家极大的兴趣。1954 年，物理学家 G. Gamov 首先对遗传密码进行了探讨。用排列组合的方法分析，在 4 种碱基中，如果 1 个碱基对应一个氨基酸，那么 4 个碱基只能决定 4 个氨基酸，而常见氨基酸是 20 种，远远不能满足需求；如果 2 个碱基对应一个氨基酸，可以有 16 种不同的碱基组合。然而 16 种组合对于生物体中 20 种常见氨基酸的编码来说仍是不够的。如果 3 个碱基作为一组来对应一个氨基酸，可以得到 64 种不同的碱基组合，这样对全部 20 种常见氨基酸进行编码就足够了。这说明可能需要 3 个碱基编码一个氨基酸。

微课视频

1961 年，F. H. Crick 及其同事做了大量实验，进一步肯定 mRNA 分子中，连续的 3 个碱基编码一个氨基酸，此三联体碱基即称为密码子（codon）。他们发现缺失或插入一个（或两个）核苷酸，都会改变三联体密码的框架。但是缺失或插入三个核苷酸，或者插入一个核苷酸后又删除一个核苷酸，阅读框架仍维持不变，原来编码的信息能够在变异位点之后照旧表现出来。因此，F. H. Crick 提出遗传信息在核酸分子上是以非重叠、无标点、三联体的形式存在的。

64 种密码子和 20 种常见氨基酸之间是如何对应的？ 1961 年 M. Nirenberg 等利用人工合成的多聚核苷酸在大肠杆菌无细胞的蛋白质合成系统中寻找这种对应关系。他们以多聚尿嘧啶核苷酸（poly U）为模板合成出了多聚苯丙氨酸，并且只能合成多聚苯丙氨酸，从而发现 UUU 编码苯丙氨酸；以 poly C 为模板，产生的多肽链为多聚脯氨酸；以 poly A 为模板，产生的多肽链为多聚赖氨酸，这就证明 CCC 编码脯氨酸，AAA 编码赖氨酸。

M. Nirenberg 还设计了一种简便快速的结合分析法——核糖体结合技术。将分离得到的大肠杆菌核糖体与人工合成的三核苷酸及氨酰-tRNA 共同温育，三核苷酸能够与其相应的氨酰-tRNA 一起结合在核糖体上，形成三元复合体。将反应混合物通过硝酸纤维素滤膜时，三核苷酸、氨酰-tRNA和核糖体的三元复合体能被截留下来，而未结合的tRNA能通过滤膜。通过检测截留在滤膜上的氨酰-tRNA，就可以确定这个三联体所对应的氨基酸，从而破解这个密码子。

用一种或两种方法往往不能确切地破解全部密码子，还需要多种方法结合起来，互相印证。科学家经过5年的努力，于1966年破译了全部64种密码子（表12-1）。在64种密码子中，有61种密码子为20种常见氨基酸编码，另有3种密码子不编码任何氨基酸，是翻译的终止信号。

表12-1 遗传密码字典

第一位	第二位				第三位
	U	C	A	G	
U	苯丙氨酸（Phe）	丝氨酸（Ser）	酪氨酸（Tyr）	半胱氨酸（Cys）	U
	苯丙氨酸（Phe）	丝氨酸（Ser）	酪氨酸（Tyr）	半胱氨酸（Cys）	C
	亮氨酸（Leu）	丝氨酸（Ser）	终止密码子	终止密码子	A
	亮氨酸（Leu）	丝氨酸（Ser）	终止密码子	色氨酸（Trp）	G
C	亮氨酸（Leu）	脯氨酸（Pro）	组氨酸（His）	精氨酸（Arg）	U
	亮氨酸（Leu）	脯氨酸（Pro）	组氨酸（His）	精氨酸（Arg）	C
	亮氨酸（Leu）	脯氨酸（Pro）	谷氨酰胺（Gln）	精氨酸（Arg）	A
	亮氨酸（Leu）	脯氨酸（Pro）	谷氨酰胺（Gln）	精氨酸（Arg）	G
A	异亮氨酸（Ile）	苏氨酸（Thr）	天冬酰胺（Asn）	丝氨酸（Ser）	U
	异亮氨酸（Ile）	苏氨酸（Thr）	天冬酰胺（Asn）	丝氨酸（Ser）	C
	异亮氨酸（Ile）	苏氨酸（Thr）	赖氨酸（Lys）	精氨酸（Arg）	A
	甲硫氨酸（Met）	苏氨酸（Thr）	赖氨酸（Lys）	精氨酸（Arg）	G
G	缬氨酸（Val）	丙氨酸（Ala）	天冬氨酸（Asp）	甘氨酸（Gly）	U
	缬氨酸（Val）	丙氨酸（Ala）	天冬氨酸（Asp）	甘氨酸（Gly）	C
	缬氨酸（Val）	丙氨酸（Ala）	谷氨酸（Glu）	甘氨酸（Gly）	A
	缬氨酸（Val）	丙氨酸（Ala）	谷氨酸（Glu）	甘氨酸（Gly）	G

2. 遗传密码的特性

1）密码有方向性、无标点符号、互不重叠　　密码的阅读方向及它们在mRNA由起始信号到终止信号的排列方向均为5′→3′，与mRNA合成时的延伸方向相同。密码的无标点性是指两个密码子之间没有任何核苷酸隔开，另外在绝大多数生物中读码是不重叠的，即前后两个密码子没有共用的核苷酸。因此要正确阅读密码必须从起始密码子AUG开始，按三个核苷酸读作一个密码子连续读下去，核苷酸不重复使用，直至遇到终止密码子为止。从起始密码子到终止密码子为一个阅读框（reading frame）。在一个阅读框中间若插入或删去一个碱基，就会使这以后的读码发生错误，这种突变称为移码突变（frame-shift mutation）。

2）密码的简并性　　因为编码61种密码子20种常见氨基酸，所以大多数氨基酸都是由几个不同的密码子编码的，这一现象称为密码子的简并性（degeneracy）。编码相同氨基酸的密码子被称为同义密码子（synonym codon）。20 种常见氨基酸中只有色氨酸和甲硫氨酸仅有一个密码子。一个氨基酸对应的几个同义密码子中往往只是第三位碱基有差异，如丙氨酸有 4 组密码子：GCU、GCC、GCA 和 GCG，它们的前两位碱基都相同，均为 GC，只是第三位不同。这说明密码子的专一性主要取决于前两位碱基，第三位碱基的重要性不大。

密码的简并性具有重要的生物学意义。一方面可以减少有害的突变。如果每个氨基酸只有 1 个密码子，那么 20 种常见氨基酸只需要 20 个密码子编码即可，剩下的 44 个密码子都是无意义的，这样造成终止突变的可能性会大大提高。另一方面密码的简并性在保证物种的稳定上起一定作用。因为即使 DNA 上碱基组成有变化，密码的简并性仍可以保证由此 DNA 编码的多肽链上氨基酸序列不变。

微课视频

3）*起始密码子和终止密码子*　在 64 种密码子中，AUG 是肽链合成的起始密码子（initiation codon），也是编码甲硫氨酸的密码子。因此原核生物和真核生物多肽链合成的第一个氨基酸一般都是甲硫氨酸，当然在少数细菌中也有用 GUG 作为起始密码子的。另外，有 3 个密码子 UAA、UAG、UGA 不编码任何氨基酸而成为肽链合成的终止密码子（termination codon）。

4）*密码的基本通用性*　密码的通用性是指各种高等和低等的生物（包括病毒、细菌及真核生物等）共用同一套遗传密码。但是密码的通用性不是绝对的，有时也有例外，主要出现在某些生物的线粒体基因组中（表 12-2）。例如，在脊椎动物的线粒体 mRNA 中，UGA 不再是终止密码子，而编码色氨酸；AGA、AGG 不编码精氨酸，而是终止密码子。另外，个别生物的细胞核基因组中密码也有一定的变异，如原生动物门的锥体虫中，UGA 也被用于编码色氨酸。因此标准的遗传密码尽管被广泛采用，但并非绝对通用的。

表 12-2　线粒体内密码子的例外

	密码子				
	UGA	AUA	AGA，AGG	CUN*	CGG
通用密码	终止密码	Ile	Arg	Leu	Arg
脊椎动物	Trp	Met	终止密码子	+	+
果蝇	Trp	Met	Ser	+	+
酿酒酵母	Trp	Met	+	Thr	+
丝状真菌	Trp	+	+	+	+
高等植物	+	+	+	+	Trp

*N 为任意碱基；+ 代表与通用密码子相同

二、tRNA

在蛋白质合成中，氨基酸本身不能识别 mRNA 上的密码子，它需要由特异的 tRNA 分子携带到核糖体上，并由 tRNA 去识别在 mRNA 上的密码子，因此 tRNA 是氨基酸和 mRNA 之间的媒介，即 tRNA 运载氨基酸到核糖体并使氨基酸按照 mRNA 分子的指令对号入座。

tRNA 的功能是与其结构紧密相关的。tRNA 分子含有两个关键部位，一个是 3′ 端的氨基酸结合部位，tRNA 分子的 3′ 端的碱基顺序是-CCA，其中腺苷酸的核糖 3′-羟基可与氨基酸分子羧基通过共价键结合，从而携带氨基酸。这一过程由特异的氨酰-tRNA 合成酶催化完成。大多数氨基酸都有几种 tRNA 作为运载工具，这些携带相同氨基酸而反密码子不同的一组 tRNA 称为同功受体 tRNA（isoaccepting tRNA）。在书写时，将所携带的氨基酸写在 tRNA 的右上角，如 $tRNA^{Ala}$ 及 $tRNA^{cys}$ 分别表示转运丙氨酸和半胱氨酸的 tRNA。一种氨酰-tRNA 合成酶可以识别一种氨基酸和携带它的一组同功受体 tRNA。

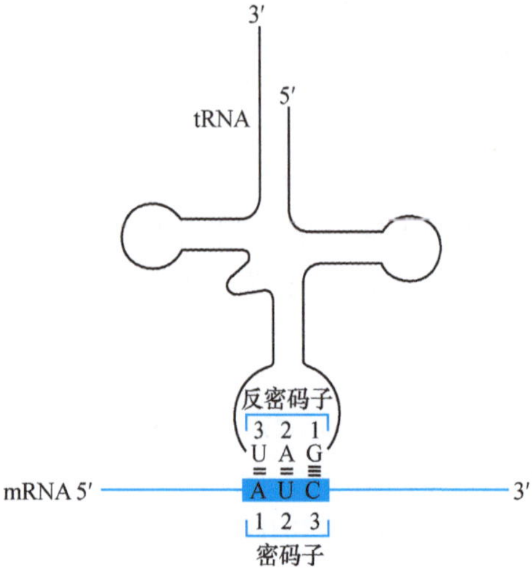

图 12-3 反密码子与密码子的结合

微课视频

tRNA 分子中另一个关键部位是与 mRNA 的结合部位，这一部位位于 tRNA 的反密码子环上，由 3 个特定的碱基组成，称为反密码子（anticodon）。反密码子按碱基配对原则反向识别 mRNA 上的密码子。氨基酸一旦与 tRNA 形成氨酰-tRNA，进一步的去向就由 tRNA 来决定了。tRNA 凭借自身的反密码子与 mRNA 分子上的密码子相识别（图 12-3）而把所带的氨基酸送到肽链的一定位置上。

tRNA 上的反密码子与 mRNA 密码子配对时，密码子第一、第二位碱基配对是严格的，第三位碱基可以有一定的变动。F. H. Crick 称这一现象为变偶性（wobble）（表 12-3）。所以一种 tRNA 分子往往能够识别一种以上的同义密码子。另外，在反密码子中除 A、U、G、C 4 种碱基外，还经常在第一位出现次黄嘌呤（I），次黄嘌呤的特点是可以与 U、A、C 三者之间形成碱基配对。这样，带有次黄嘌呤的反密码子可以识别更多的同义密码子。例如，酵母丙氨酰-tRNA 的反密码子 IGC 可以阅读 GCU、GCA、GCC。

表 12-3 反密码子与密码子之间的碱基配对

反密码子第一位碱基	密码子第三位碱基
A	U
C	G
G	U C
U	A G
I	U C A

三、核糖体

核糖体（ribosome）是细胞内蛋白质合成的场所，是由 rRNA 和几十种蛋白质组成的亚细胞颗粒。其中蛋白质占细胞总蛋白质的 10%，RNA 占细胞总 RNA 的 80%。

（一）核糖体的组成

核糖体由大小不同的两个亚基组成，这两个亚基分别由不同的 RNA 分子（称为 rRNA）与多种蛋白质分子共同构成。原核生物的核糖体为 70S，由 30S 小亚基与 50S 大亚基组成。30S 小亚基含有 21 种蛋白质，还含有一分子 16S rRNA。50S 大亚基含有 34 种蛋白质及 5S rRNA、23S rRNA 各一分子。真核生物的核糖体为 80S，由 40S 小亚基和 60S 大亚基组成。40S 小亚基含有 30 多种蛋白质及一分子 18S rRNA。60S 大亚基中有 50 多种蛋白质及 5S rRNA、28S rRNA 各一分子（表 12-4）。哺乳类核糖体的 60S 大亚基中还有一分子 5.8S rRNA。真核细胞中的叶绿体和线粒体也有自己的核糖体，为 70S 核糖体。

表 12-4　核糖体的组成

细胞类型	核糖体类型	亚基	rRNA	蛋白质
原核细胞	70S	50S	5S、23S	34 种
		30S	16S	21 种
真核细胞	80S	60S	5S、28S、5.8S	约 50 种
		40S	18S	约 33 种

（二）核糖体的结构特征

大肠杆菌的核糖体为一椭圆球体，大亚基外形好像一把特殊的椅子，边缘有三个突起，中央凹陷下去的部位有一个较大的空穴。小亚基外形好像动物的胚胎，长轴上有一个凹下去的颈部，将小亚基分成头部和躯干两个不等部分。当大小亚基结合为 70S 核糖体时，小亚基腹面与大亚基的空穴相抱，两亚基结合面上有相当大的空隙，蛋白质生物合成就在这个空隙中进行（图 12-4）。

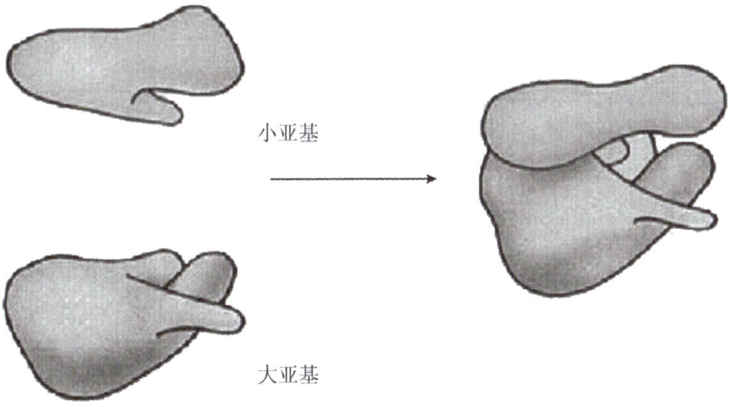

图 12-4　原核生物核糖体大小亚基及 70S 核糖体的结构模型

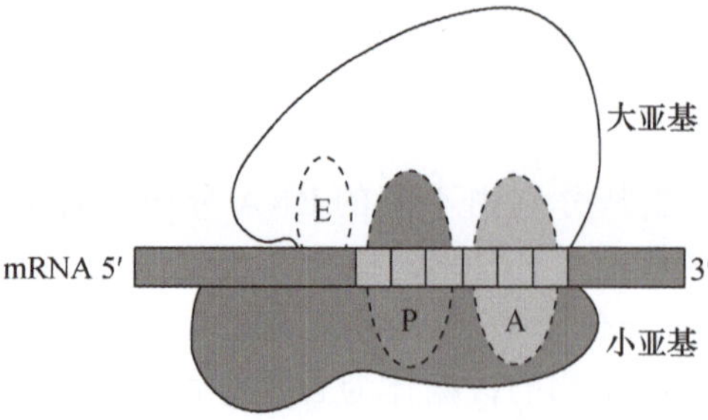

图 12-5　原核生物核糖体的主要功能部位

核糖体是蛋白质的装配机器，具有多个功能部位（图 12-5），主要包括以下几个位点。

（1）mRNA 结合位点：位于 30S 小亚基与 50S 大亚基的结合面上。

（2）A 位点（氨酰基位点，aminoacyl-tRNA site）：氨酰-tRNA 结合部位。

（3）P 位点（肽酰基位点，peptidyl tRNA site）：肽酰-tRNA 及起始氨酰-tRNA 结合部位。

（4）E 位点（exit site）：三位点模型学说认为，在核糖体上除了 A 位点和 P 位点外，还有 E 位点，它是空载 tRNA 临时结合并离开核糖体的位点。

（5）肽酰转移酶活性中心：位于大亚基上，催化肽键的形成。

（三）多核糖体

在原核和真核细胞合成蛋白质时，一条 mRNA 链上往往结合着多个核糖体，从而形成念珠状结构，称为多核糖体（polyribisome）。两个核糖体之间有一段裸露的 mRNA（图 12-6）。这表明核糖体可以依次与 mRNA 结合，每个核糖体都同时以同一 mRNA 为模板，独立完成一条多肽链的合成。所以这种多核糖体可以在一条 mRNA 链上同时合成多条相同的多肽链，这样就提高了翻译的效率。

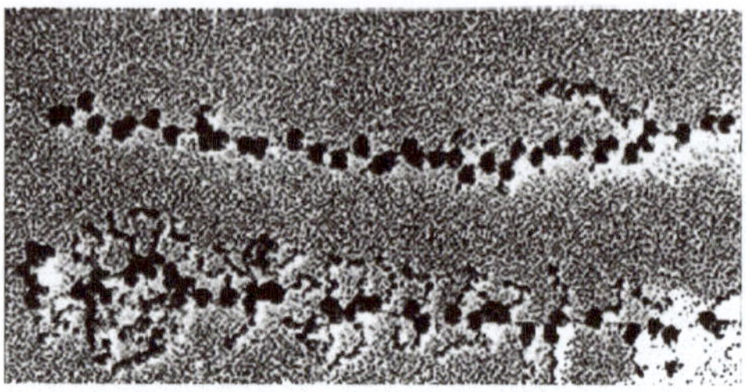
A

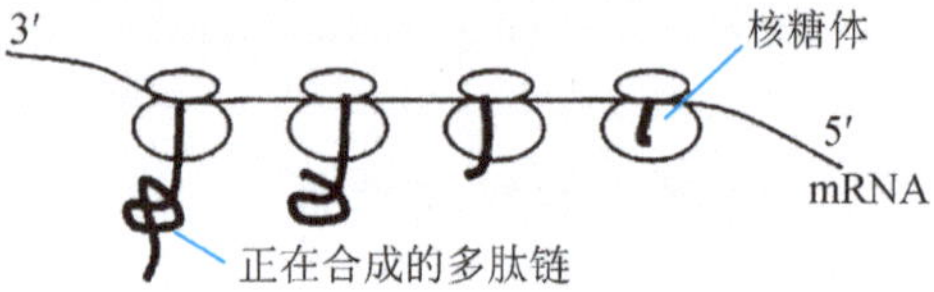

B

图 12-6　多核糖体的结构

A. 多核糖体的电镜照片；B. 多核糖体的工作模型

四、辅助因子

在蛋白质生物合成过程中，除了需要 mRNA、tRNA 和核糖体外，在起始、延伸和终止阶段还分别需要一系列相应的蛋白辅助因子参与，包括起始因子（initiation factor）、延伸因子（elongation factor）和释放因子（release factor）（表 12-5）。这些蛋白质因子在蛋白质合成过程中，短暂地与核糖体结合，执行完自己的功能后，就从核糖体上解离出来。

其中起始因子是参与蛋白质生物合成起始的蛋白质因子，原核细胞有 3 种起始因子：IF-1、IF-2 和 IF-3。真核细胞至少有 9 种 eIF。延伸因子是参与蛋白质生物合成过程中肽链延长的蛋白质因子，原核细胞的延伸因子有 EF-Tu、EF-Ts 和 EF-G。真核细胞的延伸因子有 EF-1 和 EF-2。释放因子是参与终止肽链合成的蛋白质因子，原核细胞的释放因子有 3 种：RF-1、RF-2、RF-3。而真核细胞只有一种释放因子 eRF。

表 12-5 蛋白质生物合成所需的辅助因子

生物种类	辅助因子	功能
原核生物	起始因子	
	IF-1	促进 IF-2 和 IF-3 的活性
	IF-2	促使起始 tRNA 与 30S 小亚基结合
	IF-3	促进核糖体解离成亚基；促使 30S 小亚基与 mRNA 起始部位结合
	延伸因子	
	EF-Tu	促使氨酰-tRNA 进入 A 位与 mRNA 结合
	EF-Ts	促进 EF-Tu · GDP 再生为 EF-Tu · GTP
	EF-G	水解 GTP，使核糖体按 5′ → 3′ 方向沿 mRNA 移动一个密码子的距离
	释放因子	
	RF-1	识别终止密码子 UAA、UAG
	RF-2	识别终止密码子 UAA、UGA
	RF-3	促进 RF-1、RF-2 的活性
真核生物	起始因子	
	包括 eIF-1、eIF-2、eIF-3、eIF-4 等至少 9 种	参与真核细胞蛋白质合成起始复合物的组装
	延伸因子	
	eEF-1A、eEF-1B	相当于 EF-Tu 和 EF-Ts 的功能
	eEF-2	相当于 EF-G 的功能
	释放因子	
	eRF	识别终止密码子 UAA、UAG、UGA

第二节 蛋白质的生物合成过程

蛋白质生物合成过程非常复杂，我们主要以原核生物为例来介绍。为了讲述方便，我们把蛋白质生物合成分为几个阶段：氨基酸的活化、多肽链合成的起始、肽链的延长、肽链的终止和释放。表 12-6 列举了大肠杆菌蛋白质合成的几个阶段所需要的重要组分。

表 12-6 大肠杆菌蛋白质合成的几个阶段所需要的重要组分

阶段	组分
氨基酸的活化	氨基酸 tRNA 氨酰-tRNA 合成酶 ATP、Mg^{2+}
起始阶段	mRNA 甲酰甲硫氨酰-$tRNA^{fMet}$ 起始密码子 AUG 30S 亚基 50S 亚基 起始因子：IF-1、IF-2 和 IF-3 GTP、Mg^{2+}

续表

阶段	组分
肽链的延长	70S 核糖体 mRNA 的密码子 氨酰-tRNA 延长因子：EF-Tu、EF-Ts 和 EF-G GTP、Mg^{2+}
肽链的终止	70S 核糖体 终止密码子 UAA，UAG，UGA 释放因子：RF1、RF2、RF3、RRF EF-G IF-3 GTP、Mg^{2+}

一、原核生物蛋白质的合成过程

（一）氨基酸的活化

氨基酸的活化是指氨基酸与特异 tRNA 形成氨酰-tRNA 的过程。游离氨基酸掺入多肽链以前需要先活化，原因有两个：一是 tRNA 是氨基酸和 mRNA 之间的接合器，蛋白质的合成依赖于 tRNA 的接头作用，以保证正确的氨基酸得到整合。二是氨基酸与 tRNA 之间形成的共价键是一个高能键，它使氨基酸和正在延伸的多肽链 C 端氨基酸反应形成新的肽键，因此这一氨酰-tRNA 的合成过程称为氨基酸的活化。

1. 氨基酸的活化过程 活化反应是在氨酰-tRNA 合成酶（aminoacyl tRNA synthetase）的催化下在细胞质内完成的，反应分为两步。

1）*形成氨酰-AMP-酶复合物* 氨酰-tRNA 合成酶催化氨基酸和 ATP 反应生成氨酰-AMP-酶复合物，同时释放出焦磷酸（PPi）。在氨酰-AMP-酶复合物中，氨基酸的羧基与 AMP 上的 5′ 磷酸基通过高能酸酐键相连接，从而使氨基酸的羧基得到活化。

$$\text{氨基酸}+\text{ATP}+\text{酶}\longrightarrow\text{氨酰-AMP-酶}+\text{PPi}$$

这一反应需要 Mg^{2+} 或 Mn^{2+}。氨酰-AMP 本身是很不稳定的，但是与酶结合后变得较为稳定。

2）*形成氨酰-tRNA* 氨酰-tRNA 合成酶催化氨酰-AMP-酶复合物中的氨基酸转移到相应的 tRNA 3′ 端腺苷酸的核糖上，生成氨酰-tRNA。

$$\text{tRNA}+\text{氨酰-AMP-酶}\longrightarrow\text{氨酰-tRNA}+\text{AMP}+\text{酶}$$

可以将上面两个由氨酰-tRNA 合成酶催化的反应总结为以下总反应式。

$$\text{氨基酸}+\text{ATP}+\text{tRNA}\longrightarrow\text{氨酰-tRNA}+\text{AMP}+\text{PPi}$$

有些氨酰-tRNA 合成酶可以使相应 tRNA 3′ 端腺苷酸核糖的 2′-OH 氨酰化，而有些氨酰-tRNA 合成酶氨酰化 tRNA 的 3′-OH。图 12-7 所示为氨酰-tRNA 合成酶催化形成的两种氨酰-tRNA。氨基酸一旦结合在最末端的核糖上，氨酰基还能在 2′-OH 和 3′-OH 之间进行交换。但只有 3′-OH 形式的酯，才能参与转肽反应。

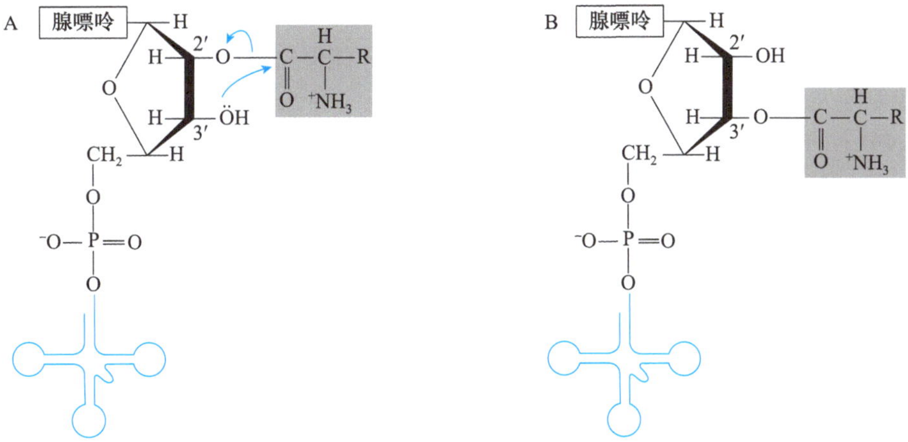

图 12-7　氨酰-tRNA 合成酶催化形成的两种氨酰-tRNA

A. 氨酰化腺苷酸核糖的 2′-OH；B. 氨酰化腺苷酸核糖的 3′-OH

2. 氨酰 -tRNA 合成酶的作用特点　在氨基酸活化过程中，对应于 20 种常见氨基酸的每一种，大多数细胞都只含有一种与之对应的氨酰-tRNA 合成酶，却有多种 tRNA（同功受体 tRNA）负责携带。氨酰-tRNA 合成酶的催化具有高度专一性，每一种氨酰-tRNA 合成酶既能识别一种特异的氨基酸，又能识别携带该种氨基酸的一组同功受体 tRNA，从而催化正确的氨酰-tRNA 的合成。这主要依靠氨酰-tRNA 合成酶能够辨认出各种氨基酸和各种 tRNA 之间结构上的细微差别。这是保证遗传信息准确翻译的关键因素之一，因为氨基酸和 tRNA 错误的连接会导致产生错误的蛋白质。

但氨酰 tRNA 合成酶有时也会辨别失误。例如，异亮氨酰-tRNA 合成酶催化异亮氨酰-tRNA 合成时，由于异亮氨酸比缬氨酸多一个亚甲基，很难区别，有时候不能在翻译过程中被有效地区分而发生错误。但这种错误发生概率非常低，因为异亮氨酰-tRNA 合成酶具有“校正阅读”机制。异亮氨酰-tRNA 合成酶具有两个校正部位，它们对底物具有“双重校正”的筛选作用。第一次校正将比异亮氨酸大的氨基酸从激活位点排除，但不能排除缬氨酸，因而使得 Val-AMP 得以保留，进而形成 Val-tRNA^{Ile}；第二次校正就是异亮氨酰-tRNA 合成酶使 Val-tRNA^{Ile} 水解，避免其错误地掺入到蛋白质多肽链中。因此，氨酰-tRNA 合成酶的校正作用使翻译过程的错误频率低于万分之一。

（二）肽链合成的起始

1. 起始氨基酸及起始 tRNA　蛋白质的合成是从由起始密码子 AUG 编码的甲硫氨酸开始的。原核细胞内有两种携带甲硫氨酸的 tRNA，其中 tRNA^{fMet} 负责识别起始密码子 AUG，携带甲硫氨酸后，通常缩写为 Met-tRNA^{fMet}。而 tRNA^{Met} 则负责识别阅读框内部的 AUG，携带甲硫氨酸后缩写为 Met-tRNA^{Met}。在原核细胞中有一种甲酰化酶，能催化 Met-tRNA^{fMet} 中的甲硫氨酸 α-NH_2 发生甲酰化，其中的甲酰基可由 N_{10}-甲酰四氢叶酸提供。

$$N_{10}\text{-甲酰四氢叶酸} + \text{Met-tRNA}^{fMet} \longrightarrow \text{四氢叶酸} + \text{fMet-tRNA}^{fMet}$$

所以原核细胞起始甲硫氨酸残基并不是以Met-tRNA^{fMet}，而是以*N*-甲酰甲硫氨酰-tRNA（fMet-tRNA^{fMet}）的形式掺入多肽链的。但是甲酰化酶不能催化游离的甲硫氨酸或Met-tRNA^{Met}中的甲硫氨酸发生甲酰化。

mRNA上的密码子AUG既可作为起始密码子，编码起始甲硫氨酸，也可编码多肽链内部的甲硫氨酸残基，核糖体是如何识别起始密码子的呢？1974年，J. Shine等发现大肠杆菌16S rRNA 3′端含有一段富含嘧啶的序列可以和mRNA上距起始密码子上游约10个核苷酸处的一段富含嘌呤的序列，称为Shine Dalgarno sequence（SD序列）互补（图12-8），现认为正是这样的配对使核糖体选择了正确的起始密码子。

lacZ mRNA	–UUCACACAGGAAACAGCUAUGACCAUG–
Qβ噬菌体复制酶mRNA	–UAACUAAGGAUGAAAUGCAUGUCUAAG–
核糖体L10 mRNA	–CUACCAGGAGCAAAGCUAAUGGCUUUA–
16S rRNA 3′端	3′AUUCCUCCACUAG–5′

图12-8 大肠杆菌16S rRNA与mRNA SD序列的识别

2. 70S起始复合物的形成 蛋白质生物合成的起始过程，就是核糖体大、小亚基与mRNA、tRNA共同构成70S起始复合物的过程。这一过程有3个起始因子IF-1、IF-2、IF-3及GTP与Mg^{2+}的参与。其中IF-3的功能是使核糖体的30S小亚基和50S大亚基分开，并促使30S小亚基与mRNA分子结合。随后在IF-2·GTP帮助下，fMet-tRNA^{fMet}与核糖体30S亚基结合，形成30S起始复合物，此时起始密码子AUG与fMet-tRNA^{fMet}上的反密码子反向配对。在此过程中IF-1有促进IF-2和IF-3活性的作用。当30S起始复合物形成后，50S大亚基进一步与复合物结合。50S大亚基的加入激活了IF-2的GTP酶活性，IF-2水解其结合的GTP生成GDP和Pi，释放的能量驱动IF-1、IF-2和IF-3的释放，最后形成70S起始复合物。该复合物中fMet-tRNA^{fMet}占据了核糖体上的肽酰位点（P位点），空着的氨酰-tRNA位点（A位点）准备接受另一个氨酰-tRNA，为肽链延伸做好了准备（图12-9）。

（三）肽链的延长

在这一阶段，多肽链上每增加一个氨基酸残基都需要经过进位、转肽和移位3个步骤。

1. 进位 70S起始复合物形成后，fMet-tRNA^{fmet}占据着核糖体P位点，A位点空缺，A位点对应的是mRNA的第二个密码子。一个新进入的氨酰-tRNA结合到70S核糖体的A位点上，新进入的氨酰-tRNA上的反密码子必须与在A位点的mRNA上的密码子互补。这一过程称为进位（registration）。进位需要GTP及两类延伸因子即EF-Tu和EF-Ts参与。EF-Tu先与GTP结合，再与氨酰-tRNA结合，形成三元复合物。在EF-Tu·GTP的帮助下氨酰-tRNA进入核糖体A位点。一旦正确的氨酰-tRNA进入A位点，EF-Tu的GTP酶活性即被激活，将结合的GTP水解成GDP，释放的能量驱动EF-Tu的构象发生变化，从而使EF-Tu·GDP从核糖体释放。EF-Tu·GDP再与EF-Ts及GTP反应，重新形成EF-Tu·GTP，并参与下一轮反应（图12-10）。

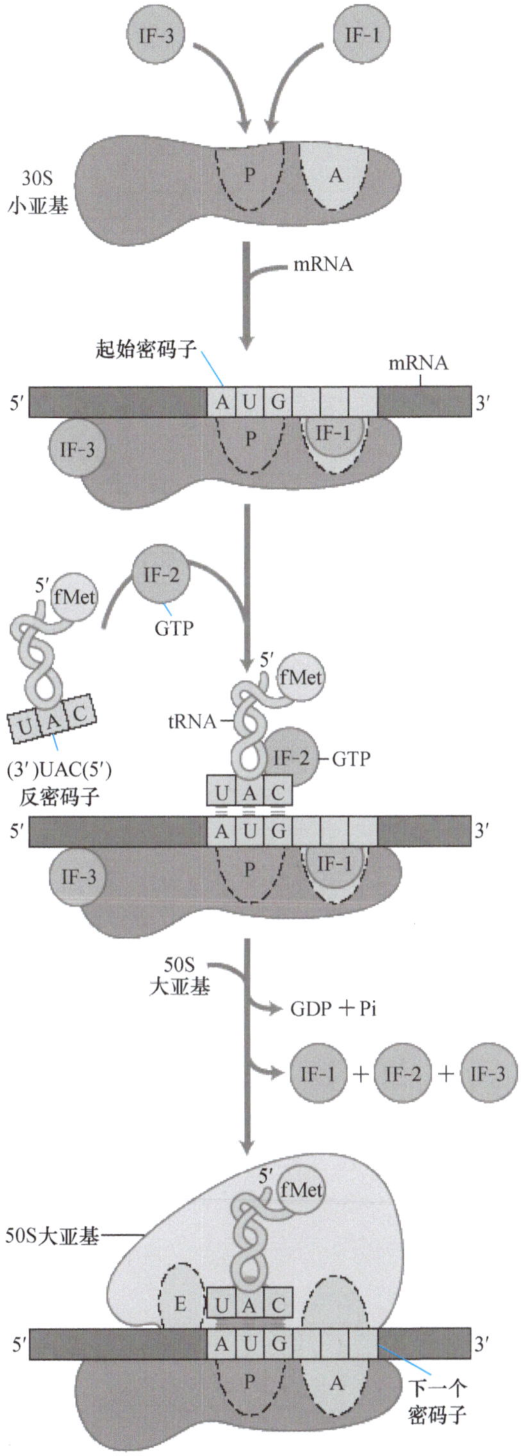

图 12-9 肽链合成的起始阶段

E. 空载 tRNA 结合的位置；P. 肽酰基部位；A. 氨酰基部位

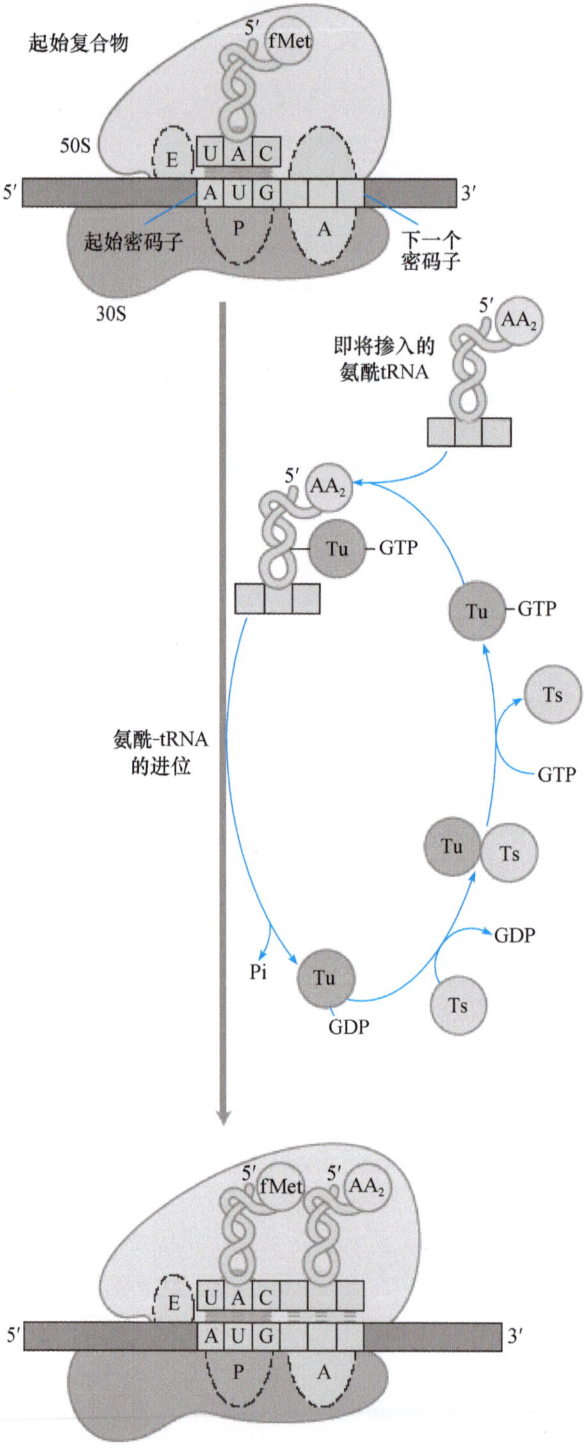

图 12-10　肽链延长阶段的进位过程

E. 空载 tRNA 结合的位置；P. 肽酰基部位；A. 氨酰基部位

除了 fMet-tRNA^{fMet} 外，所有氨酰-tRNA 必须与 EF-Tu 及 GTP 结合后才能进入 70S 核糖体的 A 位点。

2. 转肽　50S 大亚基的 23S rRNA 有肽酰转移酶的活性，可催化进入 A 位点的氨酰-tRNA 上氨基酸的 α-NH_2 对 P 位点上的肽酰-tRNA 上酯键的羰基作亲核进攻，形成肽键，此过程即转肽（transpeptidation）。转肽后，新生肽链连接在 A 位点的 tRNA 分子上，P 位点上则是卸载的 tRNA。在该过程需要 Mg^{2+} 与 K^+ 存在（图 12-11）。

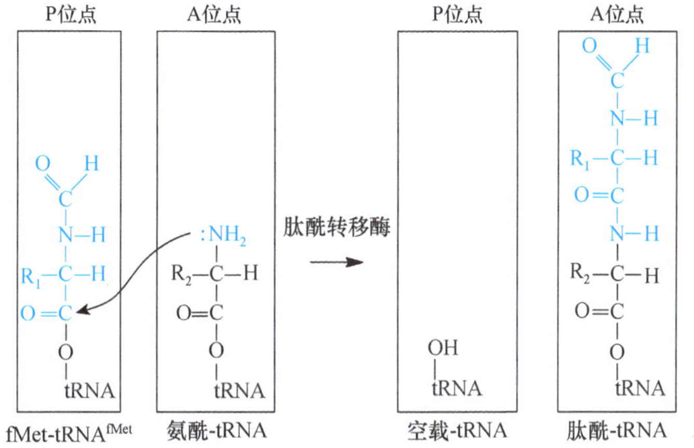

图 12-11　肽链延长阶段的转肽反应

3. 移位　转肽反应发生后，核糖体沿 mRNA 由 5′ 向 3′ 方向移动一个密码子的距离，即移位（translocation）。移位的结果是使原来在 A 位点上的肽酰-tRNA 转移到 P 位点上，原来在 P 位点上的无负载的 tRNA 进入核糖体 E 位点，然后从核糖体上脱落。从而下一个密码子进入 A 位点，可以接受下一个新的氨酰-tRNA，以供继续翻译。移位反应需要延伸因子 EF-G 和 GTP 的帮助。EF-G • GTP 在 A 位点附近与核糖体结合，随后 EF-G 催化 GTP 水解，释放的能量驱动 EF-G 的构象改变，进而引起核糖体构象改变，而发生移位（图 12-12）。

肽链延伸过程每重复一次，肽链就增加一个氨基酸残基的长度。肽链的延长方向是从氨基端到羧基端。

（四）肽链合成的终止和释放

当多肽链合成至 A 位点上出现终止密码子时，即转入终止阶段。无论原核生物还是真核生物都有 3 种终止密码子：UAG、UAA 和 UGA。没有一个氨酰-tRNA 能够识别这 3 种终止密码子，而是靠特殊的蛋白质因子即释放因子（release factor）来识别。原核生物有 3 种释放因子：RF-1、RF-2、RF-3。RF-1 识别 UAA 和 UAG，RF-2 识别 UAA 和 UGA。RF-1、RF-2 的结构与 tRNA 非常相似，因此可以结合到 A 位点。RF-3 不能识别终止密码子。RF-1 或 RF-2 结合到 A 位点后，可诱导大亚基的肽酰转移酶活性变为水解酶活性，将肽酰基从 tRNA 转移到水分子上，即肽链被水解释放出来。随后空载的 tRNA 离开核糖体。RF-3 是一个 GTP 结合蛋白，它与 EF-Tu 和 EF-G 类似，结合到核糖体后，引起 GTP 水解，并使 RF-1 或 RF-2 脱离。终止的最后是 mRNA、tRNA 从核糖体脱离及核糖体大小亚基解离，这需要核糖体再循环因子（ribosome recycling factor，RRF）、EF-G 和 IF-3 参与（图 12-13）。

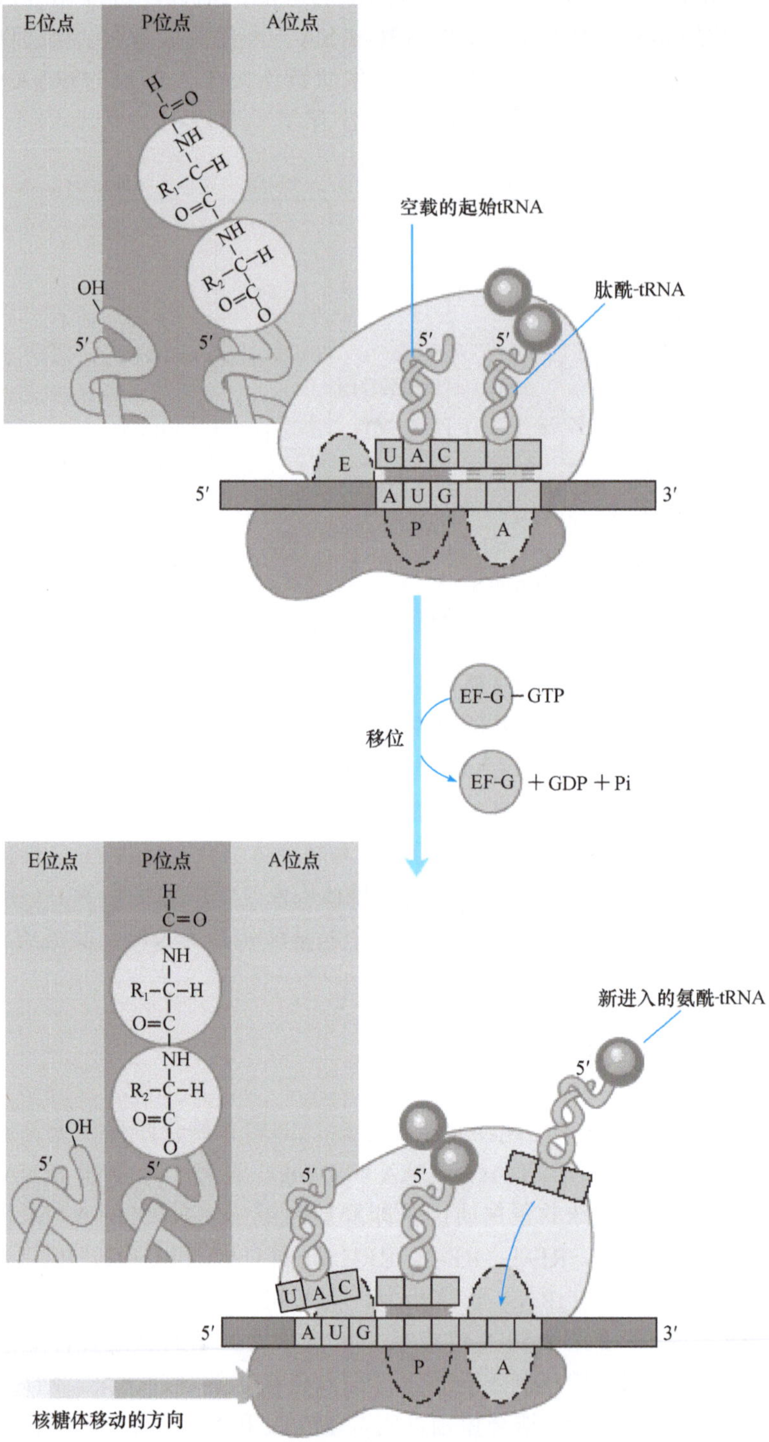

图 12-12　肽链延长阶段的移位过程

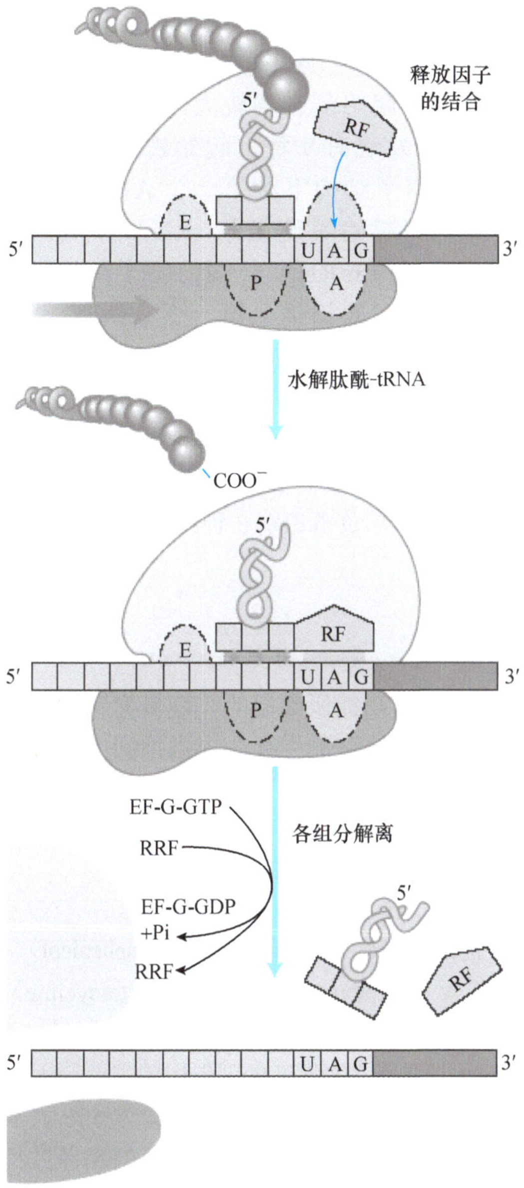

图 12-13　肽链合成的终止与释放

二、真核生物蛋白质合成的特点

真核生物蛋白质的合成过程与原核生物基本类似，但是有些步骤更为复杂，涉及的蛋白质因子也更多。具体区别总结如下。

（1）真核生物核糖体比原核生物的核糖体大。其内的 rRNA 及蛋白质也有所不同，如表 12-4 所示。

（2）真核生物蛋白质合成的起始氨基酸为甲硫氨酸，而不是*N*-甲酰甲硫氨酸。起始tRNA分子不含TφC序列，这在tRNA家族中是十分特殊的。

（3）真核生物蛋白质合成的起始复合物较大，为80S。其形成过程涉及的蛋白质因子比原核生物多，目前至少发现有9种。起始密码子AUG的上游5′端不富含嘌呤序列。通常在mRNA 5′端帽子结构下游第一个AUG就是起始密码子。首先起始因子eIF-3促使eIF-2·GTP和起始甲硫氨酰-tRNA与40S亚基结合，然后在起始因子eIF-4的帮助下，40S亚基与mRNA 5′端的帽子结构结合，形成40S起始复合物。随后40S亚基向mRNA 3′方向扫描至第一个AUG，从而找到正确的起始密码子。这一移动过程要消耗ATP。最后，60S亚基与40S起始复合物结合形成80S起始复合物。

（4）真核生物蛋白质合成的延伸因子有两种，其中eEF-1A和eEF-1B分别担当原核细胞中的EF-Tu和EF-Ts的功能，eEF-2以类似于原核EF-G的方式行使功能。真核细胞中的多肽合成的释放因子eRF只有一种，负责识别3种终止密码子。

三、蛋白质合成的抑制剂

蛋白质的合成是维持细胞正常功能所必需的，许多抑制剂能抑制参与翻译过程的某一重要组分的活性，从而抑制被作用细胞的生存。根据抑制剂对原核及真核生物蛋白质合成的抑制特异性不同，可将抑制剂分为3类。

（一）原核生物特异的蛋白质合成抑制剂

这类抑制剂大多数是抗生素类药物，如氯霉素（chloramphenicol）、林可霉素（lincomycin）、稀疏霉素（sparsomycin）、链霉素（streptomycin）、四环素（tetracycline）及红霉素（erythromycin）等。它们只抑制细菌的翻译，不作用于真核生物。但是如果用量过大，对真核生物细胞器翻译系统也能起一定的抑制作用，这是抗生素产生副作用的主要原因。

氯霉素、林可霉素和稀疏霉素一样，能与细菌核糖体50S大亚基结合，抑制50S大亚基的肽酰转移酶活性，阻断肽链的延长，从而抑制细菌的翻译过程。链霉素与细菌30S小亚基相结合，低浓度下可引起密码错读，高浓度则阻止fMet-$tRNA^{fMet}$与30S小亚基结合，抑制翻译的起始。四环素能与核糖体30S小亚基相互作用，抑制氨酰-tRNA与小亚基结合。红霉素的作用位点是50S大亚基，抑制正在延伸的肽酰-tRNA从核糖体A位点移至P位点，从而抑制细菌蛋白质的合成。

（二）真核生物特异的蛋白质合成抑制剂

这类抑制剂只抑制真核翻译系统，不抑制原核生物翻译系统。例如，由白喉棒状杆菌（corynebacterium diphtheriae）所产生的白喉毒素（diphtheria toxin）是由寄生于某些白喉杆菌内的溶原性噬菌体的基因组所编码的。几微克毒素足以致人于死命，因为白喉毒素与真核生物 eEF-2 结合，可以抑制核糖体的移位作用。放线菌酮与真核生物 60S 大亚基结合，抑制大亚基的肽酰转移酶活性，从而阻断肽链的延长。

（三）既抑制原核生物又抑制真核生物的蛋白质合成抑制剂

少数抑制剂既能抑制原核生物又能抑制真核生物蛋白质的合成，如嘌呤霉素。嘌呤霉素对蛋白质合成的抑制作用发生在延伸过程的转肽这一步。嘌呤霉素的结构与酪氨酰-tRNA 十分相似，也能进入核糖体的 A 位点，肽酰转移酶照样促使 P 位点肽酰-tRNA 的肽酰基转移给嘌呤霉素的氨基，形成肽酰嘌呤霉素。肽酰嘌呤霉素复合物很快从核糖体上脱落从而使蛋白质合成过程中断。

知识窗

核糖体对翻译保真性的贡献

蛋白质合成过程是一个高度精确的过程，通常错误率小于 10^{-5}。该过程容易发生错误的步骤有两个：一是氨酰 -tRNA 合成酶催化的氨基酸的活化；二是在核糖体上氨酰 -tRNA 通过反密码子与 mRNA 密码子配对。前面已经谈到，氨酰 -tRNA 合成酶的校正功能使氨基酸与 tRNA 连接的错误率小于 10^{-5}。但是反密码子与密码子的结合常数很小，远不足维持错误率在 10^{-5} 以下。核糖体可以通过一定的机制增强反密码子与密码子作用。一是核糖体能在结构上识别反密码子与密码子是否正确配对；二是能使不正确配对的氨酰 -tRNA 在多个步骤可以脱离，此过程需要蛋白质因子的参与。

第三节 蛋白质合成后的加工及定位

从核糖体释放出的新生多肽链多数不具备生物活性，必须经过一定的翻译后修饰与折叠才能转变为具有一定构象和功能的蛋白质。新生多肽需要被送往细胞的各个部位，以执行各自的生物学功能。新生多肽的运送是有目的、定向进行的。

一、肽链合成后的加工

（一）肽链的修饰

多肽链的修饰可以在肽链折叠前、折叠期间或折叠后进行。有些修饰对多肽链的正确折叠是重要的，有些修饰与蛋白质在细胞内的转移或分泌有关。

1. 肽链 N 端的修饰：N 端 fMet 或 Met 的切除 原核细胞蛋白质的 *N*-甲酰甲硫氨酸，往往被去甲酰酶水解除去甲酰基。然后氨肽酶催化切除 1 个或多个 N 端氨基酸。对于真核生物，N 端的甲硫氨酸常常在肽链还未完全合成时就已经被氨肽酶切除。

2. 部分肽段的切除 有些蛋白质在合成时带有一段称为“信号序列”的肽段，由 15 ～ 30 个氨基酸残基构成，用于指导蛋白质的定向运输。之后，信号序列往往会被切除。有些蛋白质前体在合成结束后尚需切除其他肽段。例如，胰岛素在合成结束时，并非是具有正常生理活性的胰岛素，而是其前体——胰岛素原（proinsulin）。胰岛素原变为胰岛素时，需去掉部分中间肽段。

3. 二硫键的形成 二硫键异构酶催化两个半胱氨酸残基之间形成二硫键，二硫键可以在链内形成，也可以在链间形成，对维持蛋白质空间结构起重要作用。例如，核糖核酸酶合成后，肽链中 8 个半胱氨酸残基构成了 4 对二硫键，这 4 对二硫键对它的酶活性是必要的。

4. 个别氨基酸的修饰 有些蛋白质氨基酸没有相应的遗传密码，它们是在肽链从核糖体释放后经化学修饰形成的。例如，胶原蛋白中含有大量的羟脯氨酸和羟赖氨酸，分别是脯氨酸和赖氨酸经羟化而成的。有些蛋白质中的天冬酰胺、丝氨酸和苏氨酸会发生糖基化修饰。有些酶的丝氨酸、苏氨酸或酪氨酸残基还要发生磷酸化。此外，有些蛋白质前体需要进行乙酰化（如组蛋白）、甲基化、ADP-核糖化等修饰。

5. 添加辅助因子 许多蛋白质和酶在合成后，必须与相应的辅助因子结合才有活性，如绝大多数羧化酶需要生物素，细胞色素需要血红素辅基。

（二）肽链的折叠

肽链折叠是指从多肽链的氨基酸序列形成正确空间结构的过程。新生肽链 N 端在核糖体上一出现，肽链的折叠即可开始。随着序列的不断延长肽链逐步折叠，产生正确的二级结构、结构域直到形成完整空间构象。一般认为，多肽链自身氨基酸顺序储存着蛋白质折叠的信息，即一级结构决定空间结构。然而，细胞中大多数天然蛋白质的折叠不是自动完成的，而需要其他酶和蛋白质的辅助。

在蛋白质折叠过程中，促进蛋白质折叠的大分子有以下几种。

1. 分子伴侣 L. A. Lasky 于 1978 年首先提出分子伴侣（molecular chaperone）的概念，分子伴侣是一类在原核生物和真核生物中广泛存在的蛋白质，它们可以通过抑制新生肽链不恰当的聚集，并排除与其他蛋白质不合理的结合，而协助多肽链的正确折叠。目前被确认的分子伴侣有热激蛋白（heat shock protein）60、70 等。

2. 蛋白二硫键异构酶 多肽链内或肽链之间二硫键的正确形成对稳定分泌蛋白、膜蛋白等的天然构象十分重要，这一过程主要在内质网进行。二硫键异构酶在内质网腔活性很高，可在较大区段肽链中催化错配二硫键断裂并形成正确二硫键连接，最终使蛋白质形成稳定的天然构象。

3. 肽酰 - 脯氨酰顺反异构酶 多肽链中肽酰-脯氨酸间形成的肽键有顺反两种异构体，空间构象有明显差别。肽酰-脯氨酰顺反异构酶可促进上述两种异构体之间的转换。肽酰-脯氨酰顺反异构酶是蛋白质三维构象形成的限速酶，在肽链合成需形成顺式构型时，可使多肽链在各脯氨酸残基弯折处形成准确折叠。

二、蛋白质的定位

真核细胞具有复杂的亚细胞结构，已发现数十种细胞器，每种细胞器都有一组特定的蛋白质。真核细胞除叶绿体和线粒体能少量合成蛋白质外，绝大部分蛋白质是在游离的核糖体或粗糙内质网结合的核糖体上合成的，最终运送到不同地点，形成成熟蛋白质并行使功能。

（一）蛋白质的信号序列

所有靶向输送的蛋白质结构中都存在分选信号，可引导蛋白质转移到细胞的适当靶部位，分选信号通常是位于肽链N端的一段特异氨基酸序列，长度为10～40个氨基酸残基，这一序列称为信号序列（signal sequence）。细胞器不同，相应的靶向蛋白的信号序列也不同（表12-7）。

表12-7　一些典型的信号序列

功能	信号序列特征
输入内质网、高尔基体、溶酶体、质膜及胞外	位于N端，一般由20个氨基酸残基组成，多数为疏水氨基酸残基
输入细胞核	位于肽链内部，由4～8个碱性氨基酸残基组成，还含有1个或几个Pro
输出细胞核	一致序列为-LXXXLXXLXL，L为疏水氨基酸残基，通常是Leu，X代表任意氨基酸
输入线粒体	位于N端，由15～70个氨基酸残基组成，内有一组带正电荷的碱性氨基酸残基，几乎无酸性氨基酸残基，其中穿插一些亲水氨基酸残基
输入叶绿体	大多数位于N端，由50个左右氨基酸残基组成，一般富含Ser、Thr和一些小的亲水氨基酸残基，很少有酸性氨基酸残基
滞留高尔基体	一段由20个氨基酸残基组成的肽段，两侧是带正电荷的碱性氨基酸残基
滞留内质网	位于C端，一致序列为-KDEL
输入过氧化物酶体	有两种，一种是位于C端，一致序列为-S/A-K/R-L/M，以-SKL最常见；另一种在N端，是一段九肽序列

（二）蛋白质定位方式

蛋白质合成后需要经过复杂的机制，被定向输送到最终发挥生物功能的细胞靶部位，这一过程称为蛋白质的靶向输送。蛋白质输送的方式有两种：翻译转运同步（co-translational translocation）机制和翻译后转运（post-translational translocation）机制。

1. 翻译转运同步机制　定位于内质网、高尔基体、质膜、溶酶体及胞外的分泌蛋白属于这种转运类型。翻译转运同步机制的特点是在游离核糖体上先合成一段含N端信号序列的肽段，该信号序列指令核糖体结合到粗面内质网膜上，然后肽链边合成边进入内质网腔，经初步加工和修饰后，部分多肽以囊泡形式被运往高尔基体，再经进一步加工和修饰后被运往质膜、溶酶体或被分泌到胞外。

按照翻译转运同步机制定位的蛋白质信号序列长度一般为10～40个氨基酸残基，N端至少含有一个带正电荷的氨基酸残基，序列中心为含有10～15高度疏水的氨基酸残基，如Ala、Leu、Val、Ile和Phe。在信号序列的C端有一个可被信号肽酶识别的位点，该信号序列能够被信号肽酶切去。

信号序列是如何指令核糖体结合到粗面内质网膜上的？信号识别颗粒（signal recognition

particle，SRP）介导这一过程。SRP 存在于细胞质中，其上有两个关键部位，即信号肽识别部位和翻译暂停功能域。当新生肽链 N 端的信号序列从核糖体中伸出后不久，SRP 就与信号序列及核糖体大亚基结合。一旦 SRP 与核糖体结合，多肽链的延长就暂时停止或放慢。然后 SRP 核糖体复合物向粗面内质网膜扩散，SRP 在膜上与 SRP 受体结合，二者的结合使各自的 GTP 酶活性被激活，使与它们结合的 GTP 发生水解，导致 SRP 与信号序列解离，一旦 SRP 解离，肽链即恢复合成。随后信号序列引导肽链通过膜上的移位子向内质网腔转移，并在腔中继续延伸至终止，同时肽链还在腔中被修饰，包括信号肽被信号肽酶切除、使线形多肽呈现一定的空间结构及糖基化作用等（图 12-14）。

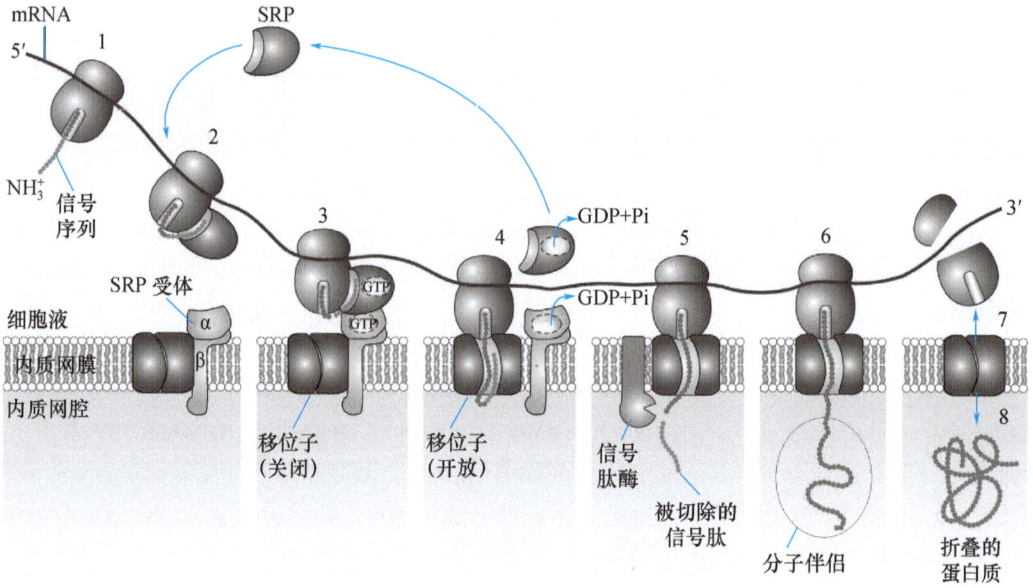

图 12-14　翻译转运同步机制示意图

如果是内质网膜蛋白，肽链中还有一个终止转运信号（stop transfer signal），它阻止后续肽段的继续穿膜，而只是插入内质网膜内，没有被转运到腔中。滞留在内质网中的蛋白质有滞留信号，在许多脊椎动物中滞留信号是 C 端的四肽 Lys-Asp-Glu-Leu。被转运到内质网的多肽多数还要运往他处。经过初步的翻译后修饰，蛋白质被运输到高尔基体，这种运输是经过囊泡进行的。然后又经高尔基体对糖蛋白上的寡聚核糖作进一步修饰，最后将蛋白质以囊泡的形式运往溶酶体，或运到质膜（图 12-15），或分泌到胞外。研究表明，糖基化对于指导蛋白质运送到细胞内的其他部位具有重要意义。

2. 翻译后转运机制　在细胞质游离核糖体上合成的蛋白质必须等蛋白质完全合成并释放到胞质溶胶中后，通过新生肽的信号序列直接运往目的地，这种转运方式称为翻译后转运。定位于线粒体、叶绿体、细胞核及过氧化物酶体的蛋白质（线粒体及叶绿体自身合成的蛋白质除外）属于这种定位类型。

线粒体的亚细胞空间包括外膜、内膜、膜间空间和基质。线粒体外膜蛋白的 N 端有一段肽链，富含带正电荷的氨基酸和 Ser、Thr，可以起信号序列的作用，与外膜上的相应位点相识别。而从胞质运往线粒体内膜、膜间空间和线粒体基质的过程较为复杂。以基质为

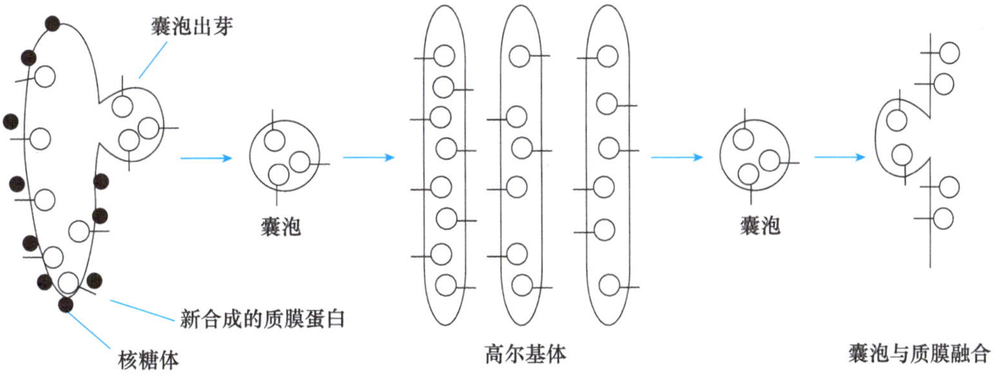

图 12-15　膜蛋白的转运

目的地的蛋白质通过其 N 端序列与外膜上的受体蛋白识别，被引导至膜上的运输通道并得以进入线粒体内基质，然后信号肽被信号肽酶切除，这一跨膜过程需要内膜两侧的电化学梯度储存的势能和 ATP 的水解提供的能量。蛋白质被送到内膜及膜间隙都需要两种信号：蛋白质先如前面描述的那样进入基质，然后第二个信号将其引导到内膜或穿过内膜进入膜间空间。

叶绿体蛋白质的定位与线粒体蛋白质类似，叶绿体也有外膜、内膜、膜间空间和基质，其内还有类囊体，蛋白质的定位十分复杂。叶绿体蛋白质的信号序列可分为几个不同功能的肽段。它首先引导蛋白质前体穿越叶绿体膜进入基质，切除第一个肽段，然后由第二个信号序列决定穿越类囊体膜还是再次穿越叶绿体膜，同样，在穿膜后第二个肽段也被切除，进而前体被加工成成熟的蛋白质。

思考题

1. mRNA、tRNA、rRNA 在蛋白质生物合成中各有什么作用？
2. 简述遗传密码的基本特点。
3. 翻译过程中，有哪些环节保证所合成多肽的正确性？
4. 氨酰-tRNA 合成酶有什么功能？
5. 肽链合成后主要有哪些加工处理方式？

请扫描二维码
进行在线测试

第十三章 >>>

代 谢 调 节

学习要点

代谢是发生在活细胞内的所有化学反应，它包括物质代谢、能量代谢和信息代谢三个方面。每一个代谢过程都不是彼此孤立的，而是互相联系、彼此交织在一起的。各代谢途径可通过交叉点上关键的中间物而相互转化，如6-磷酸葡萄糖、丙酮酸和乙酰CoA就是其中重要的中间物。生物有机体可以通过复杂的调节机制使得众多的代谢途径成为一个完整统一的整体。代谢调节可在三个水平上进行，即酶水平、细胞水平和整体水平。其中酶水平的调节是最基本也是最关键的调节，包括酶活性调节和酶含量的调节。

前面章节讨论了生物体内主要物质如蛋白质、核酸、糖、脂等物质的代谢变化，除此之外，还有很多其他物质也要发生代谢变化。已知在一个细菌细胞内的代谢反应就有上千种，而对于多细胞的高等生物来讲其代谢反应的复杂程度便可想而知了。机体内每种物质的代谢都不是孤立进行的，同一时间机体内多种物质代谢间彼此相互协调，物质代谢的方向、速度和强度都受到严格的精细调控。代谢调节可在三个水平上进行，即酶水平、细胞水平和整体水平，其中最主要的调节是酶水平的调节。

生物体内各种物质代谢都是由酶驱动的。酶有两种功能，一个是催化功能，一个是对代谢的调节功能。酶对代谢的调节功能主要通过酶活性和酶含量的变化来调节和控制代谢的速度、方向和途径。酶的活性调节主要包括共价修饰调节、别构调节、酶分子的聚合和解聚调节及调节蛋白对酶活性的调节等。细胞内酶的数量主要受合成速率和降解速率的调节，酶的合成主要受基因表达的调节。基因表达的调节可以在不同水平上进行，原核生物的基因组和染色体结构都比较简单，转录和翻译可同时发生，所以原核生物的基因表达调节主要在转录水平上进行。真核生物由于细胞结构复杂，转录和翻译在时间和空间上被分隔开，且在转录后和翻译后都有复杂的信息加工过程，所以真核生物的基因表达调节可以发生在不同水平上。

第一节　物质代谢的相互关系

细胞内的生物分子数以万计，代谢途径复杂多样。但这些分子、途径之间并不是孤立、互不相关的，而是相互协调和紧密联系着的。各代谢途径之间的这种相关性、协调性主要通过交叉点上关键的中间代谢物质来实现，即共同的中间代谢物使各条代谢途径得以沟通，形成了经济有效、运转良好的代谢通路网络。其中三个最关键的中间代谢物是6-磷酸葡萄糖、丙酮酸和乙酰CoA。这里主要讨论细胞内的四类主要物质：蛋白质、核酸、糖类、脂类的相互转变关系。

一、糖类代谢与蛋白质代谢的相互关系

糖类是生物体内重要的碳源和能源物质。糖代谢过程中产生的许多α-酮酸经过转氨基作用或氨基化作用，可以直接或间接生成相应的氨基酸。例如，葡萄糖（等单糖）在分解代谢过程中产生的丙酮酸、α-酮戊二酸、草酰乙酸等中间产物可通过相应的加氨酶或转氨酶催化，生成相应的丙氨酸、谷氨酸和天冬氨酸。在机体内组成蛋白质的20种常见氨基酸中的多数都可以通过这些氨基酸转变生成。此外，糖在分解代谢过程中产生的能量，可供氨基酸和蛋白质合成用。

蛋白质水解生成的氨基酸，在体内可以转变为糖。很多氨基酸脱去氨基后的α-酮酸可通过糖异生途径转变成糖，此类氨基酸称为生糖氨基酸，如甘氨酸、丙氨酸、丝氨酸、苏氨酸、缬氨酸、组氨酸、谷氨酸、谷氨酰胺、天冬氨酸、天冬酰胺、精氨酸、半胱氨酸、甲硫氨酸、脯氨酸及异亮氨酸等。此外，苯丙氨酸、酪氨酸、色氨酸也能转变成糖。

二、糖类代谢与脂类代谢的相互关系

糖类与脂类物质在体内也可以相互转变。糖经过酵解作用可以生成磷酸二羟丙酮及丙酮酸。磷酸二羟丙酮可被还原为磷酸甘油；丙酮酸氧化脱羧可转变为乙酰CoA，然后合成脂肪酸。脂类也可以转变为糖。脂类分解产生的甘油可以经过磷酸化生成3-磷酸甘油，然后转变为磷酸二羟丙酮，异生为糖。机体中的脂肪酸也可转变为糖，首先脂肪酸通过β-氧化生成乙酰CoA，在植物或微生物体内，乙酰CoA经乙醛酸循环生成三羧酸循环中的有机酸，继而转变为草酰乙酸，再经糖异生作用转变成糖。但在动物体内，不存在乙醛酸循环，乙酰CoA进入三羧酸循环氧化成二氧化碳和水，生成糖的机会很少。

知识窗

在某些病理状态下，也可以观察到糖代谢与脂代谢之间的密切关系。例如，糖尿病患者的糖代谢发生了障碍，同时也常伴有不同程度的脂类代谢紊乱。由于糖的利用受阻，体内必须依靠脂类物质的氧化来提供能量。因此，大量动员体内储存的脂肪，运到肝脏组织内进行氧化，结果产生大量酮体，再经血液运到其他组织，如在肌肉组织中被氧化。人处在饥饿时，体内无糖可利用，也会产生与糖尿病相类似的情况，即大量动用脂肪并造成酮体过多。酮体物质本身为酸性物质，血液中酮体增高时，常常有酸中毒的危险。

三、脂类代谢与蛋白质代谢的相互关系

脂类与蛋白质之间是可以相互转变的。脂类分子中的甘油可先转变为丙酮酸，再转变为草酰乙酸及α-酮戊二酸，然后接受氨基而转变为丙氨酸、天冬氨酸及谷氨酸。脂肪酸可以通过β-氧化生成乙酰CoA，乙酰CoA与草酰乙酸缩合进入三羧酸循环，从而与天冬氨酸

及谷氨酸相联系。但由脂肪酸合成氨基酸是受到一定限制的，因为当乙酰 CoA 进入三羧酸循环而再转变成氨基酸时，需要消耗三羧酸循环中的有机酸，如三羧酸循环无其他来源补充，反应便不能进行。在植物和微生物中由于存在乙醛酸循环，使三羧酸循环中的有机酸能够得到补充，从而促进脂肪酸合成氨基酸。而在动物体内不存在乙醛酸循环，故不易利用脂肪酸合成氨基酸。

蛋白质分解产生氨基酸，其中生酮氨基酸在代谢过程中能生成乙酰乙酸。由乙酰乙酸再缩合成脂肪酸。生糖氨基酸通过丙酮酸可以转变为甘油，也可以在氧化脱羧后转变为乙酰 CoA，进而合成脂肪酸。

四、核酸代谢与糖、脂类及蛋白质代谢的相互关系

核酸是细胞中重要的遗传物质，它通过控制蛋白质的合成，影响细胞的组成成分和代谢类型。许多核苷酸在物质代谢中起着重要作用，如 ATP 是能量和磷酸基团转移的重要物质；UTP 参与单糖转变成多糖的过程（活化单糖）；CTP 参与卵磷脂的合成；GTP 为蛋白质多肽链的合成提供能量。此外，许多重要的辅酶，如 CoA、NAD^+（$NADP^+$）和 FAD 等都是腺嘌呤核苷酸的衍生物。腺嘌呤核苷酸还可以转变为组氨酸。

核酸本身的合成又受到其他物质特别是蛋白质的作用和控制，如甘氨酸、天冬氨酸、谷氨酰胺参与嘌呤和嘧啶环的合成。核酸的合成除需要酶催化外，还需要多种蛋白质因子参与。

综上所述，糖、脂类、蛋白质和核酸等物质在代谢过程中是相互联系、彼此影响和密切相关的。三羧酸循环不仅是各类物质彻底氧化的主要途径，而且也是它们之间相互联系的枢纽。四大类物质的主要代谢关系如图 13-1 所示。

第二节 代谢调节

单细胞生物的代谢调节一般来说比较简单，而多细胞生物的代谢调节比较复杂。代谢调节总体可以概括为三种不同的水平：①酶水平的调节，包括酶活性、酶含量调节；②细胞水平的调节，即主要通过代谢途径的分隔控制、膜的选择通透性、膜与酶的结合等方式进行调节；③多细胞生物整体水平的调节，主要通过激素调节和神经调节等。以上三种调节水平之间是相辅相成、密切相关、高度协调统一的。其中，酶水平的调节机制是最原始、最基本也是最关键的调节机制。

一、酶水平调节

酶对细胞代谢的调节主要有两种方式：一种是通过激活或抑制酶的催化活性对物质代谢进行调节，即细调；另一种是通过控制酶的合成或降解速度，从而改变酶的含量对物质代谢进行调节，即粗调。因此，酶水平调节主要分为酶活性调节和酶含量调节两个方面。

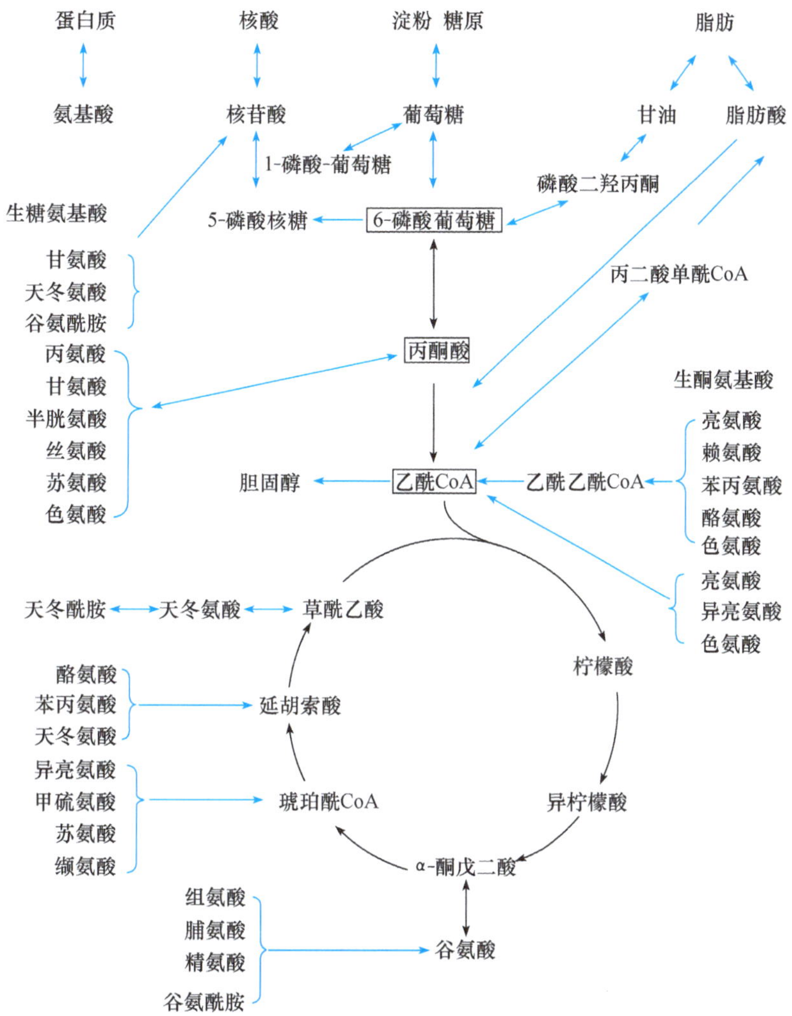

图 13-1 糖类、脂类、蛋白质及核酸代谢的相互关系示意图

一条代谢途径各个反应步骤的反应速度并不相同，其中反应速度最慢的步骤称为限速步骤，处于限速步骤的酶称为限速酶，也称关键酶或标兵酶。实验证明，并不是代谢途径的每个酶都具有调节作用，只有限速酶才有调节作用。

（一）酶活性调节

机体控制酶活性的方式有很多，主要包括共价修饰调节、别构调节和酶分子的聚合和解聚调节等方式。

1. 共价修饰调节 酶蛋白在一些酶的作用下发生共价修饰，从而会引起酶活性的改变，这种调节称为酶的共价修饰（covalent modification）或化学修饰（chemical modification）。酶的共价修饰调节又分为可逆的共价修饰和不可逆的共价修饰。酶的可逆共价修饰通过在酶蛋白某些氨基酸残基上共价结合或脱去某些基团的办法调节酶的活性态与非活性态间的相互转变，这也是酶活性的重要调节方式。其中最主要、最常见的化学修饰方式是磷酸化与去磷酸化，另外还有乙酰化与去乙酰化、甲基化与去甲基化、腺苷酰化和脱腺苷酰化、尿苷酰化和脱尿苷酰化等。酶原激活则属于酶的不可逆共价修饰调节方式。

1）磷酸化和脱磷酸化作用　催化磷酸化反应的酶称为蛋白激酶，由 ATP 供给磷酸基团和能量，磷酸基团转移到靶蛋白特异的丝氨酸、苏氨酸或酪氨酸残基的羟基上。催化酶蛋白脱磷酸反应的酶是蛋白磷酸酯酶，将磷酸基团水解除去。磷酸化和脱磷酸化分别由不同的酶促反应来完成，便于对反应的控制。

糖原磷酸化酶的激活过程（图 13-2）是研究得较清楚的通过可逆共价修饰调节酶活性的例子。当肾上腺素以 $10^{-10}\sim10^{-8}$mol/L 的浓度到达肝细胞表面时，迅速地与肝细胞表面的肾上腺素受体结合，使之局部结构发生变化，从而激活腺苷酸环化酶，该酶催化 ATP 形成 cAMP。在 cAMP 作用下，cAMP 依赖的蛋白激酶由无活性状态变为有活性状态，催化无活性的磷酸化激酶磷酸化转变为有活性的磷酸化激酶。无活性的糖原磷酸化酶 b 在磷酸化激酶的作用下与磷酸基团共价结合，转变为有活性的糖原磷酸化酶 a。糖原磷酸化酶 a 又催化糖原转化为 1-磷酸葡萄糖。在整个过程中，虽然开始只结合了极少量的肾上腺素（$10^{-10}\sim10^{-8}$mol/L），但到最后却引起极强烈的效应，能产生 5mmol/L 葡萄糖。反应过程中各个信号逐级放大了约 300 万倍。

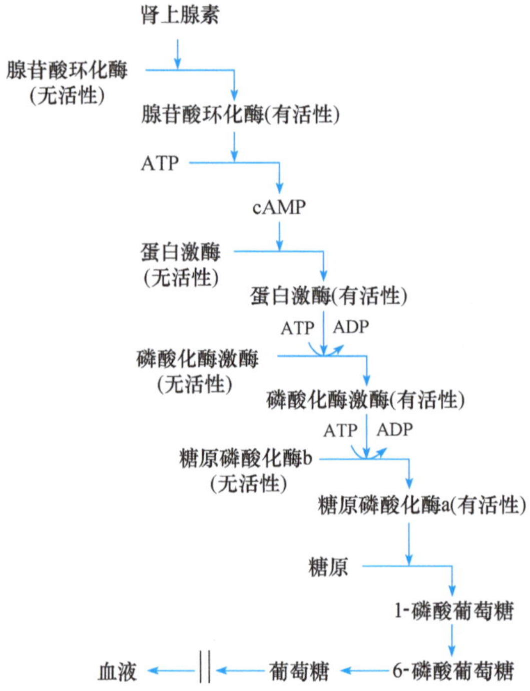

图 13-2　肾上腺素激活肝糖原分解的级联系统

酶的磷酸化和脱磷酸化作用，主要在细胞信号转导途径中发挥作用。磷酸化反应具有高度放大效应，一个活化的激酶能够在很短的时间内催化上千个靶蛋白发生磷酸化而被激活，新的被激活的激酶又能激活下一个激酶，由此引起级联激活，信号呈指数递增，使酶所催化的代谢反应能够迅速达到生理效应。所谓级联系统（cascade system），就是指在一个

连锁反应中，当起始的酶受到激活后，其他的酶依次被激活，从而引起原始信号放大的酶链反应体系。

2）*酶原激活* 有些酶在刚刚合成时并无活性，需要通过其他酶的作用切除部分肽段后才被活化。最熟知的例子是消化道水解酶类的激活。在胃和胰腺中合成的蛋白酶类，如胃蛋白酶、胰凝乳蛋白酶、胰蛋白酶、羧肽酶和弹性蛋白酶等，刚合成时都是以酶原的形式存在，当分泌到消化道后在其他酶的作用下才被激活。这些合成之初无活性的酶的前体称为酶原（zymogen），酶原切除部分寡肽或多肽片段后剩余部分转变为具有活性酶的过程称为酶原激活（zymogen activation）。

酶原激活属于酶的不可逆共价修饰类型，这种机制对机体具有保护作用，因为这些酶都具有较强的水解蛋白质的能力，如果由胰腺中合成的蛋白酶类在胰脏中就以活化的形式存在，那么胰脏就会被它们水解而破坏。胰腺炎就是酶原在胰脏中提早被活化造成的，严重时可以致命。图 13-3 表示胰凝乳蛋白酶原被激活的过程。

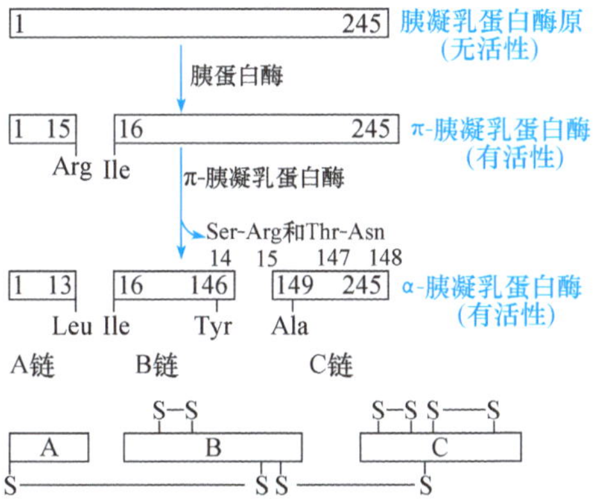

图 13-3 胰凝乳蛋白酶原的激活过程

2. 别构调节 别构调节是酶活性调节的重要方式之一，能提高酶活性的效应物称为别构激活剂；反之，称为别构抑制剂。在细胞反应中，别构酶的底物通常是它的别构激活剂，代谢途径的终产物通常是它的别构抑制剂。别构调节产生的效应主要有以下两种类型。

1）*反馈抑制* 反馈（feedback）在生物化学中是指代谢产物对代谢过程的作用。代谢终产物过剩表明代谢过强，超过了需求，常使代谢途径的关键酶受到别构抑制，即反馈抑制，从而降低整个代谢途径的速度，避免产生超过需求的产物。例如，长链脂酰辅酶 A 可反馈抑制乙酰辅酶 A 羧化酶，使代谢物的生产不致过多。别构调节也可控制机体的能量水平，如 ATP 可以别构抑制磷酸果糖激酶、丙酮酸激酶及柠檬酸合酶，从而对糖酵解、有氧氧化及三羧酸循环起到抑制作用，使 ATP 生成避免过剩而浪费。反馈抑制是最主要的作用类型，又分为以下多种形式。

（1）单价反馈抑制（monovalent feedback inhibition）：在线性代谢途径中，单一的末端产物对催化关键步骤酶的反馈抑制称为单价反馈抑制（图 13-4）。例如，在葡萄糖的磷酸化反应中，当 6-磷酸葡萄糖积累太多时，会对催化该反应的己糖激酶产生别构抑制作用。

（2）多价反馈抑制（multivalent feedback inhibition）：在分支生物合成中，有时催化共同途径第一步反应的酶活性可被两个或两个以上末端产物所抑制。在多价反馈抑制中，又根据产物对酶抑制的类型分为顺序反馈抑制、协同反馈抑制和累积反馈抑制。

A. 顺序反馈抑制（sequential feedback inhibition）：是指终产物抑制反应过程的酶，使中间产物积累，中间产物再抑制前面的酶，这样依次向反应起点抑制的方式称为顺序反馈抑制（图 13-5）。这种调节方式首先发现于枯草杆菌中芳香族氨基酸的合成。酪氨酸、苯丙氨酸、色氨酸单独过量时，各自首先抑制自身支路代谢速度，继而引起它们共同前体物质分支酸和预苯酸的累积，这些中间产物最后才反馈抑制共同途径的第一个酶的活性。

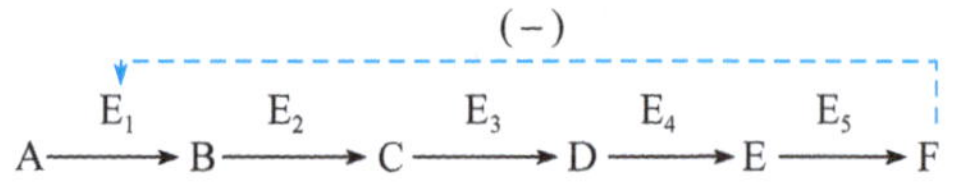

图 13-4　单价反馈抑制作用示意图

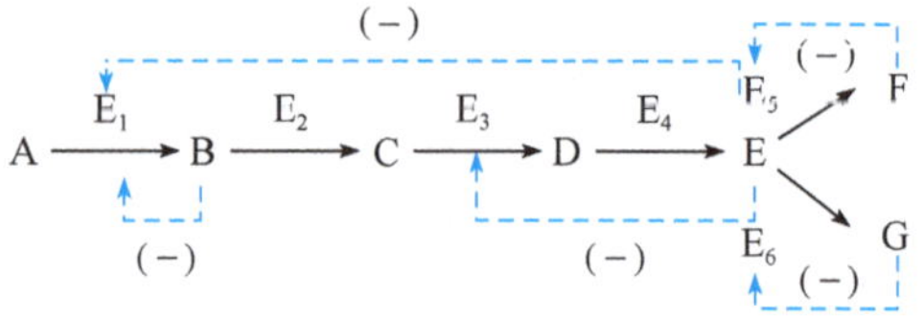

图 13-5　顺序反馈抑制作用示意图

B. 协同反馈抑制（concerted feedback inhibition）：是指分支代谢途径中，一种终产物单独过量时只抑制其分支反应的关键酶，而当几个终产物同时过量时才抑制共同途径的关键酶。这样一个终产物单独过量只会降低本身的代谢速度，并不影响其他分支途径的代谢。只有所有终产物都过量时，才降低整个途径的代谢速度（图 13-6）。例如，由天冬氨酸合成赖氨酸和苏氨酸的代谢过程中，其第一个酶——天冬氨酸激酶就受到终产物赖氨酸和苏氨酸的协同反馈抑制。

C. 累积反馈抑制（multivalent feedback inhibition）：分支代谢途径中一种终产物单独过量时不抑制其分支反应的酶，也不抑制共同途径的关键酶，当所有末端产物都积累时，对共同途径的关键酶起抑制作用。一个典型的例子就是大肠杆菌中谷氨酰胺合成酶的反馈抑制调节。该酶的产物谷氨酰胺是许多代谢产物的前体或氨基酸的供体，可用于合成甘氨酸、丙氨酸、组氨酸、色氨酸、AMP、CTP、氨基甲酰磷酸和 6-磷酸葡萄糖胺等物质，该酶受到这些终产物的累积反馈抑制（图 13-7）。

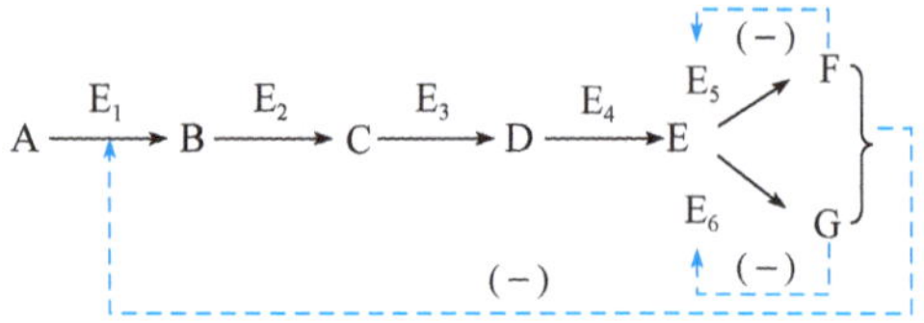

图 13-6　协同反馈抑制作用示意图

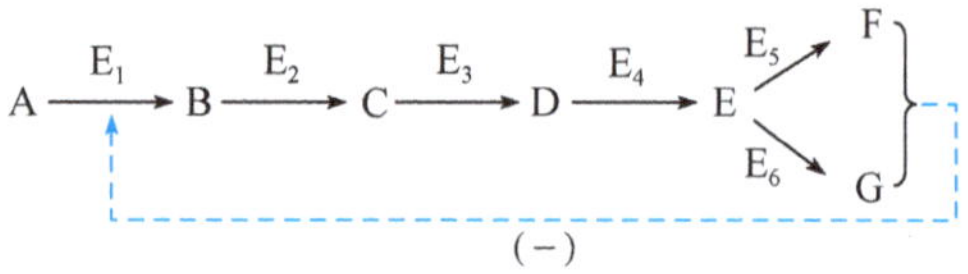

图 13-7　累积反馈抑制作用

另外，在分支代谢中，关键步骤的反应由一组同工酶催化，它们分别被各自分支途径的产物所抑制，这种对代谢反应的调节方式称为同工酶调节。例如，天冬氨酸激酶在大肠杆菌中有三种同工酶 AK_1、AK_2 和 AK_3，它们分别被终产物苏氨酸、甲硫氨酸和赖氨酸所抑制（图 13-8）。同工酶调节不属于别构调节的类型。

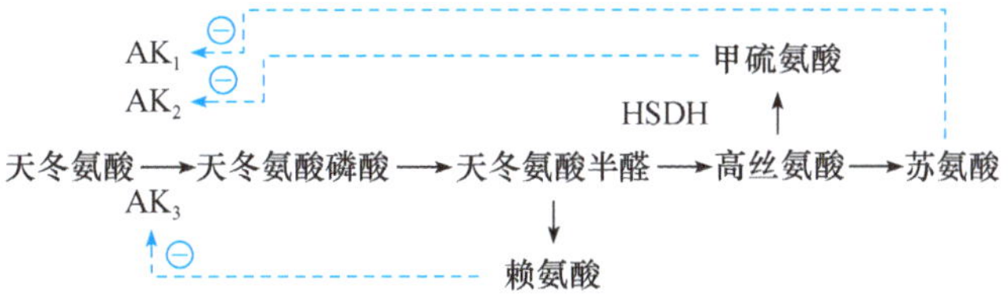

图 13-8 天冬氨酸代谢的同工酶调节

2）前馈激活 前馈（feedforward）在生物化学中是指代谢底物对代谢过程的影响。最常见的是前馈激活（feedforward activation）作用，即反应途径前面的底物对后面的某种调节酶有促进作用。例如，在糖原合成中，6-磷酸葡萄糖可以激活糖原合成酶，促进糖原的合成（图 13-9）。又如 1,6-二磷酸果糖对于磷酸烯醇式丙酮酸羧化酶的作用也是前馈激活作用。

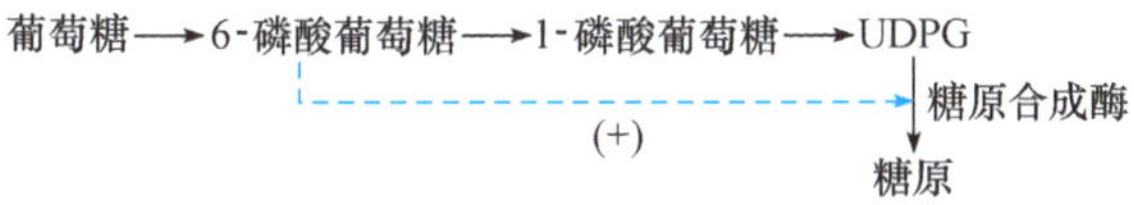

图 13-9 6-磷酸葡萄糖对糖原合成酶的前馈激活作用

在某些特殊情况下，当代谢物过量存在时，对代谢过程也可起前馈抑制作用。此时的代谢底物可以转向另外的途径。例如，高浓度的乙酰 CoA 是乙酰 CoA 羧化酶的别构抑制剂，从而可以避免丙二酸单酰 CoA 的过量合成（图 13-10）。

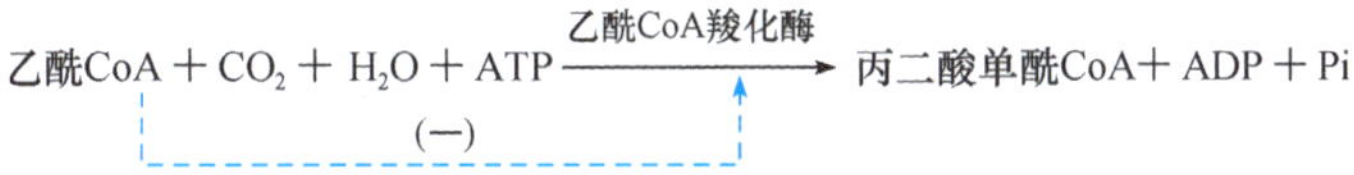

图 13-10 乙酰 CoA 对乙酰 CoA 羧化酶的前馈抑制作用

3. 酶分子的解聚和聚合调节 酶与一些小分子调节因子结合，引起酶的聚合与解聚，实现酶的活性态与无活性态间的相互转变，这是一种非共价结合。例如，脂肪酸合成过程中的乙酰 CoA 羧化酶，其单体是无活性的，而丝状聚合体是有活性的，两种形式的转变受一些小分子的别构调节。动物体中柠檬酸能促进聚合体的形成，是激活剂，从而促进脂肪酸的合成；而软脂酰 CoA 促使聚合体解聚，是抑制剂，从而抑制脂肪酸的合成（图 13-11）。

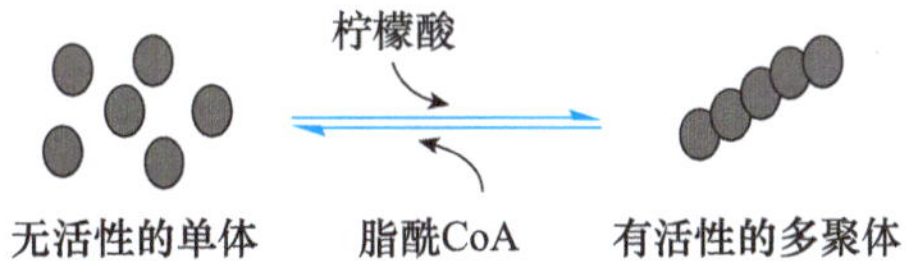

图 13-11 乙酰 CoA 羧化酶的解离和聚合

4. 调节蛋白对酶活性的激活或抑制 某些蛋白质可以作为配体与特定的酶结合从而

对酶的活性进行调节，能够调节酶活性的蛋白质称为调节蛋白（regulatory protein）。其中，能够激活酶活性的蛋白质称为激活蛋白，而抑制酶活性的蛋白质称为抑制蛋白。

抑制蛋白中最常见的一类是丝氨酸蛋白酶抑制剂（serine protease inhibitor，Serpin），它们专门与丝氨酸蛋白酶结合，并抑制丝氨酸蛋白酶的水解活性。往往一种丝氨酸蛋白酶抑制剂能够抑制几种丝氨酸蛋白酶的活性。使用激活蛋白来调节酶活性的重要例子就是周期蛋白（cyclin），它可以激活与调节细胞周期有关的蛋白质激酶。在细胞内有多种受周期蛋白调节的激酶，统称为依赖于周期蛋白的激酶（cyclin-dependent kinase，CDK）。不同的 CDK 一般受不同的周期蛋白激活。另外，在植物体内常见的钙调蛋白与 Ca^{2+} 结合后能够作为许多酶的激活蛋白，从而参与植物应答多种刺激的信号转导过程。

（二）酶含量的调节

酶含量的调节就是对酶合成和降解的调节。生物体通过对酶蛋白的合成和降解使体内酶的组成和含量发生变化，因而对代谢起到调节作用。而酶的合成主要属于基因表达的调控，酶的降解与蛋白质降解具有相似的调节方式。下面主要介绍原核生物的基因表达调控，而对真核生物的基因表达调节只作简要概述。

1. 原核生物基因表达的调节 F. Jacob 和 J. Monod 等对大肠杆菌乳糖发酵过程中酶的合成进行了广泛而深入的研究，并在 1960 ~ 1961 年提出了操纵子模型（operon model）。操纵子模型很好地解释了原核生物基因表达的调节机制。

1）操纵子模型　所谓操纵子（operon）即基因表达的协调单位（coordination unit），包括启动子（promoter，P）、操纵基因（operator，O）和在功能上彼此相关的结构基因（structural genes，S）。启动子和操纵基因是操纵子中的控制部位，不编码任何蛋白质。启动子是 RNA 聚合酶的结合部位，操纵基因（regulatory genes，R）是调节基因产物的结合部位，也是调控 RNA 聚合酶进行转录的部位。

操纵子有两类：一类是可诱导操纵子，许多负责分解代谢的操纵子属于这一类，如乳糖操纵子、半乳糖操纵子、阿拉伯糖操纵子等；另一类是可阻遏操纵子，负责合成代谢的操纵子如色氨酸操纵子、组氨酸操纵子等属于这一类。

F. Jacob 和 J. Monod 提出的操纵子模型（图 13-12），说明酶的诱导和阻遏是在调节基因产物阻遏蛋白的作用下，通过操纵基因控制结构基因或基因组的转录而发生的。由于经济的原则，细菌通常并不合成那些在代谢上不需要的酶，因此一些分解代谢的酶类只有在底物或底物类似物（也称为诱导物）存在时才被诱导合成（图 13-12A），即“需要就合成”的原则；而一些合成代谢的酶类在产物或产物类似物（也称为辅阻遏物）足够量时，其合成会被阻遏（repression，图 13-12B），即“不需要就不合成”的原则。在酶被诱导时，阻遏蛋白与诱导物相结合，因而失去与操纵基因结合的能力，结构基因就表达。在酶被阻遏时，原来无活性的阻遏蛋白与辅阻遏物相结合而被活化，从而与操纵基因结合，使结构基因不能表达。

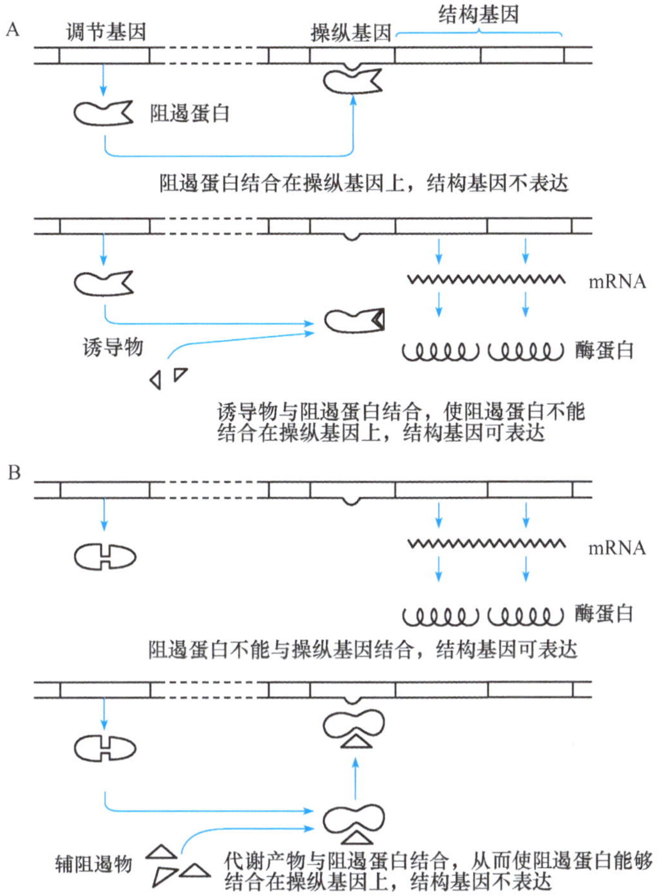

图 13-12 酶合成的诱导和阻遏的操纵子模型

A. 酶的诱导；B. 酶的阻遏

知识窗

操纵子的发现

1961 年，法国科学家 F. Jacob 和 J. Monod 在研究大肠杆菌中乳糖代谢的调节机制时发现，有些基因不是合成蛋白质的模板，而只是起到调节或操纵作用，故提出操纵子学说。从此，根据基因功能将基因分成结构基因、调节基因和操纵基因。1965 年，F. Jacob 和 J. Monod 荣获诺贝尔生理学或医学奖。1969 年，J. R. Beckwith 从大肠杆菌的 DNA 中分离出乳糖操纵子，证实了 F. Jacob 和 J. Monod 的模型和理论。

2）可诱导操纵子——乳糖操纵子

（1）乳糖操纵子的结构：大肠杆菌能够利用乳糖作为它唯一的碳源，这就说明它自身能够合成代谢乳糖的有关酶类，使乳糖能进入大肠杆菌细胞，并将乳糖水解为半乳糖和葡萄糖。已知水解乳糖的酶为β-半乳糖苷酶（β-galactosidase），能够使乳糖透过大肠杆菌质膜的酶为半乳糖苷透过酶（β-galactoside permease）。此外，还有一个酶称为β-半乳糖苷转乙酰酶

(β-galactoside acetylase)，该酶虽然不是乳糖代谢所必需的，但对通过透过酶输入的某些毒性物质有解毒作用。这三个酶都是在乳糖作为大肠杆菌培养基中唯一碳源时被诱导合成的诱导酶。

大肠杆菌乳糖操纵子是第一个被发现的操纵子，它包括依次排列着的启动子、操纵基因和三个结构基因。其中结构基因 *lacZ* 编码分解乳糖的 β-半乳糖苷酶，*lacY* 编码吸收乳糖的 β-半乳糖苷透过酶，*lacA* 编码 β-半乳糖苷转乙酰酶。在另一位点上的调节基因所编码的阻遏蛋白是一种别构蛋白，对乳糖操纵子的表达进行负调控（图 13-13 A）。

（2）乳糖操纵子受到阻遏蛋白的负调控：如果细胞中没有乳糖或其他诱导物（inducer）存在时，由调节基因编码合成的阻遏蛋白就和操纵基因结合，阻碍 RNA 聚合酶与启动子的结合，从而阻止了这三个结构基因的转录，因此就不能合成相应的诱导酶（图 13-13A）。也就是说在大肠杆菌的生长环境中如果没有乳糖，就没有必要合成与乳糖代谢有关的酶。但如果在培养基中加入乳糖或乳糖类似物 IPTG（异丙基-β-D-硫代半乳糖苷），诱导物可以和阻遏蛋白结合，并使阻遏蛋白发生构象变化从而失去活性，失活的阻遏蛋白不能再和操纵基因结合，此时与启动子结合的 RNA 聚合酶就可以行使转录功能，合成相应结构基因的 mRNA，继而翻译成乳糖代谢所需要的三种诱导酶（图 13-13B）。

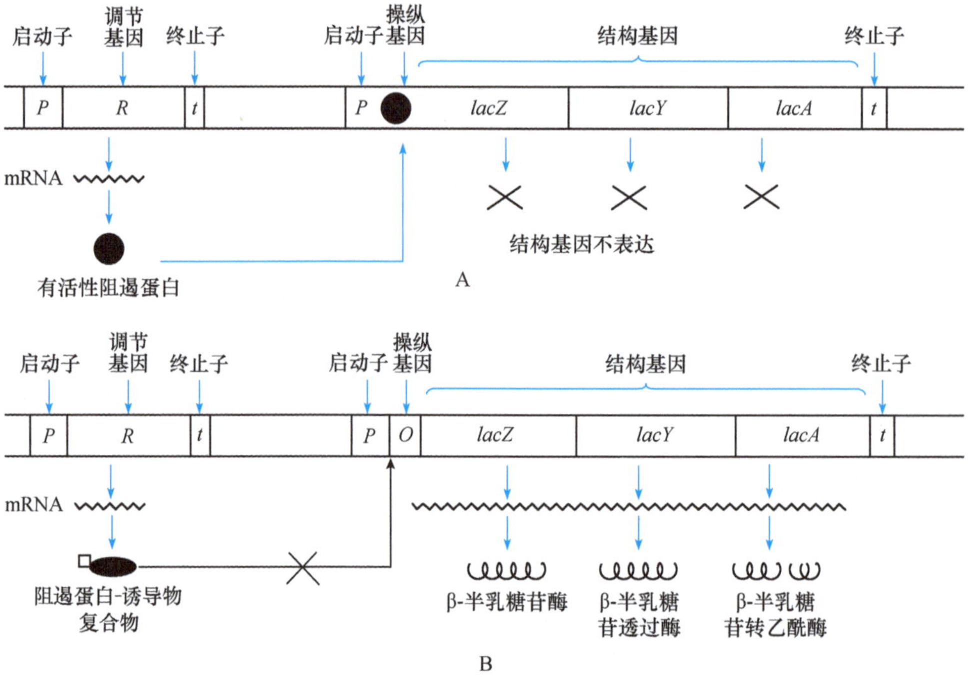

微课视频

图 13-13　大肠杆菌的乳糖操纵子与阻遏蛋白的负调控

A. 不能合成相应的诱导酶；B. 合成乳糖代谢所需的诱导酶

（3）乳糖操纵子受到 CAP 的正调控：乳糖操纵子中也存在正调节，在这里调节基因的产物对结构基因的表达起着正调控作用。在乳糖操纵子的附近存在另一个调节基因，其产物称为代谢产物基因活化蛋白（catabolite gene activator protein，CAP），也称为 cAMP 受体蛋白（cAMP receptor protein，CRP），CAP 结合 cAMP 后被活化，形成的

cAMP-CAP 复合物能够结合在启动子上游的特异位点，有利于 RNA 聚合酶与启动子的结合并促进了结构基因的转录（图 13-14）。所以 cAMP-CAP 复合物是一个不同于阻遏蛋白的正调控因子。

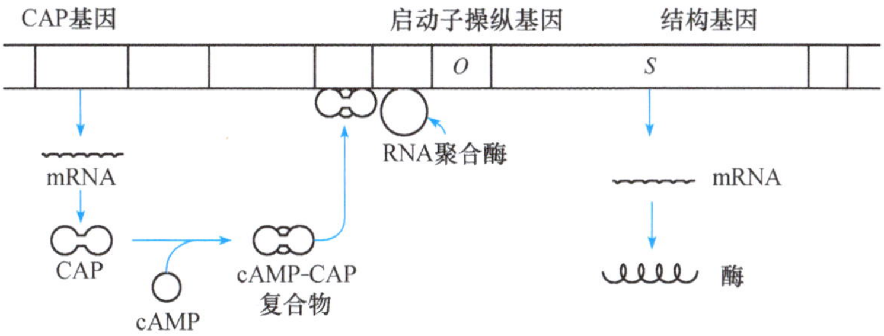

图 13-14　CAP-cAMP 复合物对乳糖操纵子的正调控

当大肠杆菌在含有葡萄糖和乳糖的培养基中生长时，通常优先利用葡萄糖，而不利用乳糖。只有当葡萄糖耗尽后，在乳糖诱导下体内合成代谢乳糖的酶，细菌才能充分利用乳糖，这种现象过去称为葡萄糖效应。后来了解到这是由于葡萄糖降解物引起的，因此又称为降解物阻遏（catabolite repression）。已知葡萄糖分解代谢的降解物能抑制腺苷酸环化酶的活性并活化磷酸二酯酶，因而降低了 cAMP 浓度，调节基因的产物 CAP 与 cAMP 难以形成复合物，使相应的结构基因不能被转录。

为了搞清楚 cAMP 浓度的变化与乳糖利用之间的关系，人们将一种能够透过大肠杆菌细胞膜的 cAMP 类似物——双丁酰-cAMP 加入含有葡萄糖和乳糖的培养基中，结果发现乳糖操纵子受到诱导，乳糖能够被利用了。这说明 cAMP 浓度的升高的确是细胞利用乳糖的前提，而 cAMP 是通过与 CAP 结合后起作用的。

除乳糖操纵子外受到降解物阻遏的酶类还包括代谢半乳糖、阿拉伯糖及麦芽糖等的操纵子。

3）可阻遏操纵子——色氨酸操纵子　　前面讨论的 *lac* 操纵子是编码分解代谢途径酶系的操纵子，负责碳源（如乳糖等）的分解代谢，这些操纵子的表达受相应碳源的诱导。在细菌中还有一些负责物质合成代谢的操纵子，如色氨酸操纵子就是负责色氨酸合成代谢的。色氨酸操纵子（tryptophane operon）包括启动子、操纵基因和 5 个与色氨酸合成相关的结构基因（*E*、*D*、*C*、*B*、*A*）。调节基因的产物阻遏蛋白是无活性蛋白，当有过量色氨酸（辅阻遏物）存在时与之结合，成为有活性的阻遏蛋白，它作用于操纵基因可阻止转录的进行；然而当色氨酸水平低时，阻遏蛋白就以一种非活性形式存在，不能结合操纵基因，在这样的条件下结构基因被转录，同时色氨酸生物合成途径被激活（图 13-15）。

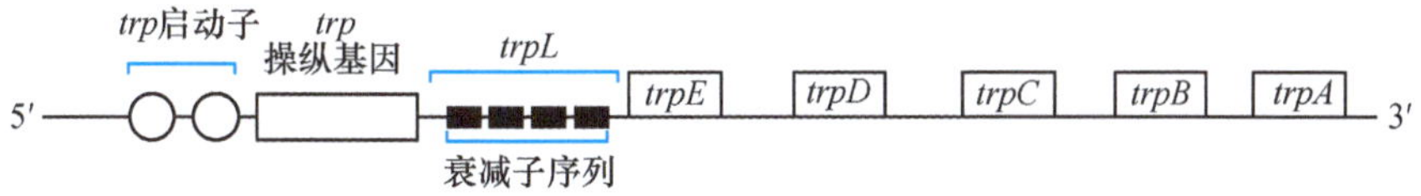

图 13-15　色氨酸操纵子

进一步研究发现，在色氨酸操纵子中，除了阻遏蛋白的负调节之外，还存在另一种转录水平的调节——基因表达的衰减作用用以终止和减弱转录。这种调节的作用部位称为衰减子（attenuator），是一种位于操纵基因和结构基因之间的前导区的终止子。前导区转录出的含有162个核苷酸的前导序列，这个序列可分为4个区，其中1区和2区间、2区和3区间、3区和4区间通过碱基配对能够形成茎环结构。一旦3区和4区间形成茎环结构，就产生了典型的不依赖于ρ因子的终止子结构。由于1区富含色氨酸密码子，因此在1区翻译时就需要多个色氨酸。

如果环境中缺乏色氨酸，不能形成Trp-tRNA^{Trp}。前导肽翻译至1区色氨酸密码子处便停止，核糖体占据1区位置，此时2区与3区间碱基配对，RNA链以图13-16B的结构存在，终止信号不能形成，转录继续进行。当环境中有足够的色氨酸时，前导肽被正常合成，此时核糖体占据1区和2区位置，3区和4区间配对形成茎环状终止子结构（图13-16C），转录终止。所以说，阻遏作用控制转录的起始，而衰减作用控制转录能否进行下去。

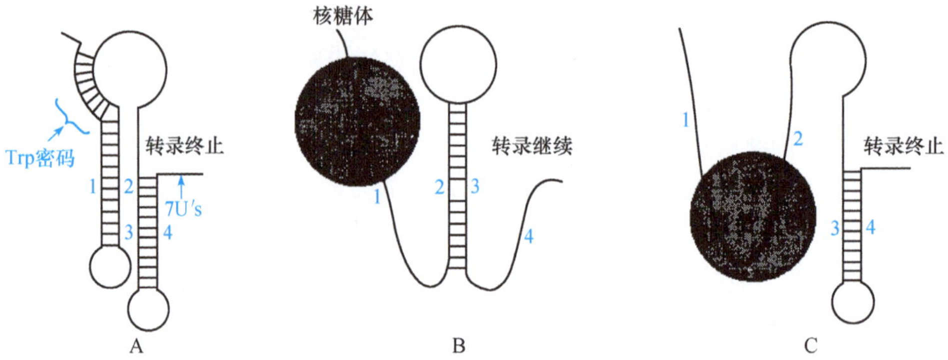

微课视频

图13-16 大肠杆菌色氨酸操纵子的衰减机制

A. 游离的mRNA中1与2及3与4碱基配对；B. 低浓度色氨酸使核糖体停留在1区，2与3碱基配对，转录得以完成；C. 高浓度色氨酸使核糖体通过1区到达2区，使3与4碱基配对，转录终止

细菌其他氨基酸合成系统的操纵子（如组氨酸、苏氨酸、亮氨酸等）中也有类似的衰减子存在。当氨基酸含量丰富时，可通过阻遏蛋白直接关闭mRNA的转录活性。只有氨基酸含量低于某一水平时，才需要衰减子进行精细调控。

2. 真核生物基因表达的调节 与原核生物一样，真核生物的基因表达也受到严格的调控。在这里我们重点总结了真核生物基因表达的调控与原核生物间的主要差别。

（1）调控的目的：原核生物的基因表达调控主要是更有效更经济地对环境变化做出反应。而真核生物基因表达的调节除了应对环境变化做出反应外，这一般也称为短期调控，更主要的需要在不同时期不同发育阶段有不同的基因表达模式，这也被称为长期调控或不可逆调控。

（2）调控的层次：原核生物没有染色体和核膜结构，基因转录和翻译可同时进行，基因表达的调控主要集中在转录水平。而真核生物的染色质结构对基因的表达活性有显著影响，核膜的存在将基因的转录和翻译分隔在细胞核和细胞质，转录和翻译的产物还需要复杂的加工和转运。所以真核生物基因的表达调控可在染色质水平、转录水平、RNA后加工水平（如可变剪切和编辑等）、翻译水平、翻译后加工过程的调节及蛋白质降解的调节等多个层次进行调控（图 13-17），由此构成的调控网络控制着机体的代谢过程和生理功能。

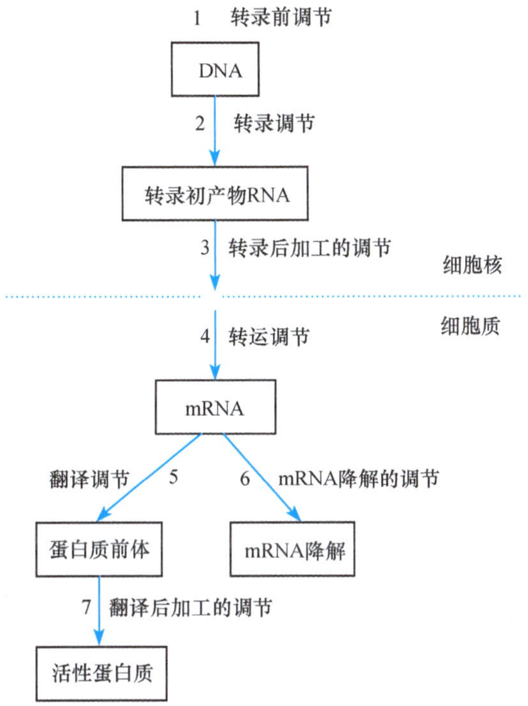

图 13-17 真核生物基因表达的调节控制

（3）调控的手段：原核生物绝大多数的基因组成操纵子，而真核生物一般无操纵子结构。虽然秀丽线虫的基因组约 15% 的基因组成类似原核生物的操纵子结构，但是秀丽线虫转录出来的共转录物需要被切割成单独的 mRNA，并在 5′ 端加上帽子结构才能被翻译。

二、细胞水平的调节

细胞是生物机体的结构和功能单位，原核生物的细胞没有明显的细胞器，各种代谢所需要的酶均分布在质膜上。真核生物的细胞结构比较复杂，具有由膜系统包围而形成的各种细胞器，如核、内质网、线粒体、高尔基体和溶酶体等。细胞的这种区域化将不同的酶分布在细胞的不同空间，因此，酶催化的代谢反应得以有条不紊、互不干扰地进行，同时又相互协调和制约，受到精确的调节。细胞水平的调节，主要是指生物膜对代谢的调节作用，可以概括为以下几个方面。

（一）内膜系统对代谢途径的分隔作用

内膜系统将细胞分成许多功能特异的区域，对代谢进行精细的调节。主要表现在以下几点。首先，这些分隔区成为分开的亚细胞反应器，其中包含一套浓集的酶类和辅助因子，因而有利于酶促反应的进行。其次，由于膜分隔，使参与不同代谢途径的酶也呈区域化分布（表 13-1），这样就决定了代谢途径的区域化。这种区域化可防止互不相容或竞争性的酶促反应彼此间的干扰。例如，脂肪酸代谢中乙酰 CoA 的分解代谢和以乙酰 CoA 为原料的脂肪酸合成代谢分别在线粒体和胞质内进行。又如，蛋白质的合成是在胞质和内质网膜的表面核糖体上进行的，而蛋白质的水解则是在溶酶体中进行的。再者，这种区域化分布也为代谢调节创造了有利条件。例如，某一代谢终产物稍微累积，由于膜的选择通透性限制，局部浓度会立刻过高，会发生终产物对关键酶的反馈抑制作用。另外，一些调节因素只有进入一定的区域，才能发挥作用，但又不影响其他代谢途径。

表 13-1　常见代谢中的一些酶在细胞内的区域化列表

细胞部位		酶种类	相关代谢
细胞膜		ATP 酶、腺苷酸环化酶、各类膜受体等	能量及信息转换
细胞核		DNA 聚合酶、RNA 聚合酶、连接酶等	DNA 复制、基因表达等
溶酶体		各种水解酶类	蛋白质、多糖、脂、核酸等水解
粗面内质网		蛋白质合成酶类	蛋白质合成
滑面内质网		加氧酶系、合成糖、脂的酶系等	加氧反应、糖蛋白、脂蛋白加工等
过氧化物酶体		过氧化氢酶、过氧化物酶等	处理 H_2O_2、过氧化物等
线粒体	外膜	单胺氧化酶、脂酰转移酶、NDP 激酶等	胺氧化、脂肪酸活化、NTP 合成
	间质	腺苷酸激酶、NDP 激酶、NMP 激酶等	核苷酸代谢
	内膜	呼吸链酶类、肉毒碱脂酰转移酶等	呼吸电子传递、脂肪酸转运
	基质	TCA 酶类、β-氧化酶类、氨基酸氧化脱氨酶类及转氨酶类等	糖、脂肪酸及氨基酸的有氧氧化等
胞质		EMP 酶类、PPP 酶类、胱氨酸合成、谷胱甘肽合成、卟啉合成酶系、氨酰 tRNA 合成酶等	糖分解、GSH 代谢、氨基酸活化等

（二）膜系统控制着细胞和细胞器的物质运输

细胞膜具有高度的选择通透性，不断地从外界环境中吸收有用的营养成分进入细胞，并将细胞内的代谢废物排出，从而维持细胞恒定的内环境，使细胞代谢得以顺利进行。同样，对细胞器来讲，膜系统也控制着对代谢底物的吸收和代谢产物的转移。所以说，细胞膜和细胞器膜中的运输系统担负着与周围环境的物质交换，对代谢进行调节。

三、多细胞生物整体水平的调节

单细胞生物的代谢调节主要涉及酶水平和细胞水平的调节，在此基础上，高等植物又发展了激素水平的调节，而高等动物更是在神经水平、激素水平、细胞水平和酶水平上对代谢进行调节。它涉及细胞与外界及细胞间的信息交流。

细胞与外界及细胞间的信息交流主要通过信号分子。信号分子作用于细胞后，细胞膜受体将外界信号转换为细胞内信使，使细胞对外界信号做出反应。这种将胞外信号转变为胞内信使的过程称为信号转导（signal transduction）。生物信号分为激素、神经递质、生长因子和细胞因子，其中研究最清楚的是激素的转导和作用，所以，有关细胞信号转导的内容我们以激素调节为主进行介绍。

（一）激素概念

激素（hormone），直译名称“荷尔蒙”，是生物体内产生的，对新陈代谢、生长发育等生命活动起着重要调节作用的一类含量甚微的有机化合物。在动物体内，激素由特定细胞分泌出来后，由体液（血液）运往敏感器官（称为靶器官）或细胞（靶细胞）而发挥作用。激素在体内虽然含量极微，但是作用大、效率高，它作为“化学信使”（一般称为第一化学信使）可引起靶组织细胞中一系列新陈代谢变化，进而产生生理效应。

（二）激素分类

激素按照来源可以分为高等动物激素、植物激素和昆虫激素。

1. 高等动物激素　按照化学本质，高等动物激素分为三类：①含氮激素，包括氨基酸衍生物类激素（如甲状腺素、肾上腺素等）、小肽类激素（如加压素、催产素等）和蛋白质类激素（如生长素、胰岛素等）；②类固醇激素（如肾上腺皮质激素、性激素等）；③脂肪酸衍生物激素（如前列腺素等）。

2. 植物激素　植物激素是指一些对植物生长发育（发芽、开花、结实和落叶等）及代谢有调节控制作用的有机化合物，常用含义更广泛的“植物生长调节物质”来代替“植物激素”的名称。目前国际上公认的高等植物激素有生长素、赤霉素、细胞分裂素、脱落酸及乙烯等五大类。

3. 昆虫激素　包括昆虫的内激素和昆虫的外激素。

（1）昆虫的内激素：是由昆虫的腺体分泌的激素，对昆虫的生长发育有很大影响，包括保幼激素、蜕皮激素和脑激素。保幼激素和蜕皮激素两者协调作用控制昆虫从卵到成虫的发育阶段，它们又受脑激素的控制。

（2）昆虫的外激素：研究较清楚的是昆虫的性外激素。它是由昆虫的成虫分泌的化学物质，分泌后分散在空气中，对同种的异性昆虫有刺激和吸引作用。

（三）动物激素的作用机制

1. 第二信使学说　大多数激素类信号分子不能直接进入细胞，只能通过与膜受体结合后进行信息转换，通常把细胞外的信号称为第一信使，而把细胞内最早产生的信号物质称为第二信使。第二信使则可对细胞内多条代谢途径进行调节。

2. 激素作用机制　以肾上腺素的作用机制（图 4-23）阐述激素类物质的作用机制。肾上腺素作为第一信使，随血液循环进入肝脏，首先与肝脏组织细胞膜上的肾上腺素受体结合，使受体构象发生变化，进而与 G 蛋白结合并促使 G 蛋白释放 α 亚基，α 亚基又专一性地与腺苷酸环化酶结合，使腺苷酸环化酶激活，该酶催化胞质内的 ATP 转化为 cAMP，cAMP 作为第二信使通过连锁反应调节细胞内的有关糖代谢途径（图 13-2）。当血糖浓度达到一定水平时，细胞内的磷酸二酯酶会促使 cAMP 降解为 AMP，从而不再起第二信使的作用。所以，细胞内的 cAMP 浓度是受到腺苷酸环化酶和磷酸二酯酶共同制约的。

知识窗

G 蛋白的发现

自第二信使 cAMP 被发现后，腺苷酸环化酶（AC）活化的详细机制引起人们的极大关注。M. Rodbell 在 1969 年首先证明了 AC 本身不是外源信号的受体，接着发现了 GTP 是 AC 活化所必需的。1971 年，A. G. Gilman 分离到一株细胞，该细胞株含有正常的肾上腺素受体和 AC，但肾上腺素并不能使 cAMP 浓度升高。经细胞膜成分重组，发现一种新的 GTP 结合蛋白为此信号转导所必需，并最终纯化了该蛋白质，进而证明了 G 蛋白是受体和 AC 之间的信号中介分子。A. G. Gilman 和 M. Rodbell 分享了 1994 年的诺贝尔生理学或医学奖。

目前，随着细胞信号转导研究的进展，相继发现了许多物质可以作为胞内第二信使发挥作用，如 cGMP、Ca^{2+}、IP_3（三磷酸肌醇）和 DG（二酰甘油）等。

思考题

1. 联系糖、脂、蛋白质和核酸代谢的重要中间代谢物质是什么？
2. 酶的别构调节与化学修饰调节有何不同？
3. 阐述肾上腺素促进糖原分解的级联放大作用。
4. 阐述基因表达调控的意义。
5. 什么是乳糖操纵子？以此说明可诱导操纵子的作用机制。
6. 阐述细胞膜系统在代谢调节中的作用。
7. 阻遏作用和衰减作用对基因表达的调控有何不同？

请扫描二维码
进行在线测试

主要参考文献

曹凯鸣，李碧羽，彭泽国 . 1991. 核酸化学导论 . 上海：复旦大学出版社 .

陈启民，王全忠，耿运琪 . 2001. 分子生物学 . 天津：南开大学出版社 .

方福德，高友鹤 . 2014. 蛋白质组学专刊序言 . 生物工程学报，7：1001-1003.

郭蔼光 . 2009. 基础生物化学 . 2 版 . 北京：高等教育出版社 .

郭尧君 . 2005. 蛋白质电泳实验技术 . 2 版 . 北京：科学出版社 .

贾弘禔 . 2005. 生物化学 . 3 版 . 北京：北京大学医学出版社 .

姜涌明，戴祝英 . 2000. 分子酶学导论 . 北京：中国农业大学出版社 .

克雷布斯 J E，戈尔茨坦 E S，基尔帕特里克 S T. 2013. Lewin 基因 X. 江松敏译 . 北京：科学出版社 .

李冠一，林栖凤，朱锦天，等 . 2007. 核酸生物化学 . 北京：科学出版社 .

李彦明，张映，关志刚 . 2004. 遗传的物质基础——DNA 结构的多态性 . 生物学通报，39（9）：22-24.

刘国琴，张曼夫 . 2011. 生物化学 . 北京：中国农业大学出版社 .

罗纪盛，张丽萍，杨建雄，等 . 2006. 生物化学简明教程 . 3 版 . 北京：高等教育出版社 .

聂剑初，吴国利，张翼伸，等 . 1999. 生物化学简明教程 . 3 版 . 北京：高等教育出版社 .

孙大业，郭艳林，马力耕，等 . 2001. 细胞信号转导 . 3 版 . 北京：科学出版社 .

孙乃恩，孙东旭，朱德煦 . 1990. 分子遗传学 . 南京：南京大学出版社 .

陶慰孙，李惟，姜涌明 . 1995. 蛋白质分子基础 . 北京：高等教育出版社 .

田亚平 . 2006. 生化分离技术 . 北京：化学工业出版社 .

王冬梅，吕淑霞 . 2010. 生物化学 . 北京：科学出版社 .

王金胜，吕淑霞 . 2014. 基础生物化学 . 北京：中国农业出版社 .

王金胜，王冬梅，吕淑霞 . 2007. 生物化学 . 北京：科学出版社 .

王金胜 . 2003. 基础生物化学 . 2 版 . 北京：中国林业出版社 .

王镜岩，朱圣庚，徐长法 . 2002. 生物化学 . 3 版 . 北京：高等教育出版社 .

王镜岩，朱圣庚，徐长法 . 2008. 生物化学教程 . 北京：高等教育出版社 .

王希成 . 2005. 生物化学 . 2 版 . 北京：清华大学出版社 .

吴冠云 . 2000. 生物化学与分子生物学实验常用数据手册 . 北京：科学出版社.

吴梧桐 . 2007. 生物化学 . 5 版 . 北京：人民卫生出版社 .

吴显荣 . 1999. 基础生物化学 . 北京：中国农业出版社 .

吴显荣 . 2011. 基础生物化学 . 2 版 . 北京：中国农业出版社 .

夏其昌，曾嵘 . 2004. 蛋白质化学与蛋白质组学 . 北京：科学出版社.

阎龙飞，张玉麟 . 1993. 分子生物学 . 北京：北京农业大学出版社 .

杨福愉 . 2005. 生物膜 . 北京：科学出版社 .

杨建雄 . 2015. 分子生物学 . 北京：科学出版社 .

杨歧生 . 2004. 分子生物学 . 杭州：浙江大学出版社 .

杨荣武 . 2006. 生物化学原理 . 北京：高等教育出版社 .
杨荣武 . 2012. 生物化学原理 . 2 版 . 北京：高等教育出版社 .
杨志敏，蒋立科 . 2005. 生物化学 . 北京：高等教育出版社 .
于自然，黄熙泰 . 2001. 现代生物化学 . 北京：化学工业出版社 .
袁勤生 . 2007. 现代酶学 . 2 版 . 上海：华东理工大学出版社 .
查锡良，药立波 . 2014. 生物化学与分子生物学 . 北京：人民卫生出版社 .
翟中和 . 2007. 细胞生物学 . 3 版 . 北京：高等教育出版社 .
张楚富 . 2003. 生物化学原理 . 北京：高等教育出版社 .
张洪渊 . 2006. 生物化学原理 . 北京：科学出版社 .
张曼夫 . 2002. 生物化学 . 北京：中国农业大学出版社 .
赵保路 . 2002. 氧自由基和天然抗氧化剂（修订版）. 北京：科学出版社 .
赵亚华 . 2011. 分子生物学教程 . 北京：科学出版社 .
周爱儒 . 2000. 生物化学 . 5 版 . 北京：人民卫生出版社 .
周爱儒 . 2005. 生物化学 . 6 版 . 北京：人民卫生出版社 .
周晓云 . 2005. 酶学原理与酶工程 . 北京：中国轻工业出版社 .
Berman H M，Westbrook J，Feng Z，et al. 2000. The protein data bank. Nucleic Acids Res，28（1）：235-242.
David H，Nigel H. 2009. 生物化学 . 北京：科学出版社 .
David L N，Michael M C. 2004. Lehninger Principles of Biochemistry. 4th ed. New York：W. H. Freeman and company.
David L N，Michael M C. 2008. Lehninger Principles of Biochemistry. 5th ed. New York：W. H. Freeman and company.
David L N，Michael M C. 2013. Lehninger Principles of Biochemistry. 6th ed. New York：W. H. Freeman and company.
Devlin T M. 2008. 生物化学——基础理论与临床 . 6 版 . 王红阳等译 . 北京：科学出版社 .
Fruton J S. 2005. 蛋白质、酶和基因：化学与生物学的交互作用 . 昌增益译 . 北京：清华大学出版社 .
Garrett R H，Grisham C M. 2002. 生物化学（影印版）. 2nd ed. 北京：高等教育出版社 .
Hames D，Hooper N. 2010. 生物化学：中译版 . 北京：科学出版社 .
Jin X，Awale M，Zasso M，et al. 2015. PDB-Explorer：a web-based interactive map of the protein data bank in shape space. BMC Bioinformatics，16：339.
Kollman J M，Pandi L，Sawaya M R，et al. 2009. Crystal structure of human fibrinogen. Biochemistry，48（18）：77-86.
Marians K J. 1992. Prokaryotic DNA replication. Ann. Rev. Biocbem.，61：673-719.
Matthews H R，Freedland R A，Miesfeld R L. 2001. 生物化学简明教程 . 吴相钰译 . 北京：北京大学出版社 .
McKee T，McKee J R. 2003. 生物化学导论 . 2 版 . 北京：科学出版社 .
Nelson D L，Cox M M. 2004. Lehninger Principles of biochemistry. 4th ed. San Francisco：W H Freeman and Company.
Nelson D L，Cox M M. 2005. Lehninger Principles of Biochemistry. 5th ed. New York：W H Freeman and Company.
Nelson D L，Cox M M. 2005. 生物化学原理 . 3 版 . 周海梦，昌增益，江凡等译 . 北京：高等教育出版社 .
Nelson D L，Cox M M. 2008. Lehninger principles biochemistry. 5th ed. San Francisco：W.H. Freeman and Company.
Nelson D L，Cox M M. 2013. Lehninger Principles of Biochemistry. 6th ed. San Francisco：W. H. Freeman and Company.
Parker C E，Pearson T W，Anderson N L，et al. 2010. Mass-spectrometry-based clinical proteomics a review and prospective. Analyst，135（8）：1830-1838.
Rawlings N D，Barrett A J，Finn R. 2016. Twenty years of the MEROPS database of proteolytic enzymes，their substrates and inhibitors. Nucleic Acids Res，44（D1）：D343-D350.
Robert A C. 2000. Enzymes：A Practical Introduction to Structure，Mechanism and Data Analysis. 2nd ed. New York：Wiley-VCH，Inc.
Schindeldecker M，Moosmann B. 2015. Protein-borne methionine residues as structural antioxidants in mitochondria. Amino Acids，47（7）：1421-1432.
Stryer L. 1992. 生物化学 . 唐有祺，张惠珠，吴相钰，等译 . 北京：北京大学出版社 .
Trudy M，James R M. 2003. 生物化学导论 . 2 版 . 北京：科学出版社 .